사회·문화편

사상통제(1)

사상통제 관련 법규와 통제 주체

사회·문화편

일제침탈사
자료총서 54

사상통제(1)

-사상통제 관련 법규와 통제 주체

동북아역사재단 일제침탈사 편찬위원회 기획
홍선영·윤소영·박미경·복보경 편역

동북아역사재단
NORTHEAST ASIAN HISTORY FOUNDATION

| 발간사

일본이 한국을 침탈한 지 100년이 지나고 한국이 일본의 지배로부터 벗어난 지 70년이 넘었건만, 식민 지배에 대한 청산은 이루어지지 못하고 있다. 일본의 독도영유권 주장은 도를 넘어섰다. 일본은 일본군'위안부', 강제동원 등 인적 수탈의 강제성도 인정하지 않고 있다. 일본군'위안부'와 강제동원의 피해를 해결하는 방안을 놓고 한·일 간의 갈등은 최고조에 이르고 있다. 역사문제를 벗어나 무역분쟁, 안보위기 등 현실문제가 위기국면을 맞고 있다.

한·일 간의 갈등은 식민 지배의 역사를 어떻게 볼 것인가 하는 역사인식에서 기인한다. 역사는 현재와 과거의 대화이며 이를 기반으로 미래로 나아갈 수 있다. 과거 침략의 역사를 미화하면서 평화로운 미래를 말하는 것은 불가능하다. 식민 지배와 전쟁발발의 책임을 인정하지 않고 반성하지 않으면 다시 군국주의가 부활할 수 있고 전쟁이 일어날 위험성도 배제할 수 없다. 미래지향적 한일관계를 형성하고 나아가 동아시아의 평화와 번영의 기틀을 조성하기 위해 일본은 식민 지배의 책임을 인정하고 그 청산을 위해 노력해야 할 것이다.

식민 지배의 역사를 청산하기 위해서는 식민 지배는 어떻게 이루어졌는지 그 실상을 명확하게 규명하는 일이 긴요하다. 그동안 일본제국주의에 맞서 조국의 독립을 위해 헌신한 독립운동가들의 활동을 찾아내고 역사적으로 평가하는 일에는 상당한 성과를 거두었다. 반면 일제 식민침탈의 구체적인 실상을 규명하는 일에는 충분한 노력을 기울이지 못했다. 제국주의가 식민지를 침탈했다는 것은 너무나 당연한 사실로 여겨졌기 때문에, 굳이 식민 지배에서 비롯된 수탈과 억압, 인권유린을 낱낱이 확인할 필요가 없었는지도 모른다. 그러는 사이 일본은 식민 지배가 오히려 한국에 은혜를 베푼 것이라고 미화하고, 참혹한 인권유린을 부인하는 역사부정의 인식을 보이는 데까지 이르고 있다. 일제의 통치와 침탈, 그리고 그 피해를 종합적으로 조사하고 편찬할 필요성이 여기에 있다.

일제침탈사를 체계적으로 정리하는 일은 개인이 감당하기 어렵다. 이에 우리 재단은 한국학계의 힘을 모아 일제침탈사 편찬위원회를 꾸렸다. 편찬위원회가 중심이 되어 일제의 식민지 침탈사를 정치·경제·사회·문화 모든 방면에 걸쳐 체계적으로 집대성하기로 했다. 일제 식민침탈의 실체를 파악하기 위해 2020년부터 세 가지 방면으로 사업을 추진하고 있다. 하나는 일제침탈의 실상을 구체적이고 생생한 자료를 통해서 제공하는 일로서 〈일제침탈사 자료총서〉로 편찬한다. 다른 하나는 이들 자료들을 바탕으로 연구한 결과물을 〈일제침탈사 연구총서〉로 간행한다. 그리고 연구의 결과를 대중들이 이해하기 쉽게 〈일제침탈사 교양총서〉를 바로알기 시리즈로 간행한다. 자료총서 100권, 연구총서 50권, 교양총서 70권을 기본목표로 삼아 진행하고 있다.

〈일제침탈사 자료총서〉에서는 정치·경제·사회·문화 모든 방면에 걸쳐 침탈의 역사를 자료적 차원에서 종합했다. 침략과 수탈의 역사를 또렷하게 직시할 수 있도록 생생한 자료를 제공하는데 목표를 두었다. 그동안 관련 자료집도 여러 방면에서 편찬되었지만 원자료를 그대로 간행한 경우가 많았다. 이번에 발간되는 자료총서는 해당 주제에 대한 침탈의 실상을 체계적으로 이해할 수 있는 구성방식을 취했으며, 지배자의 언어로 기록되어 있는 자료들을 독자들이 쉽게 읽을 수 있도록 모두 번역했다. 자료총서를 통해 일제 식민 지배의 실체와 침탈의 실상을 있는 그대로 이해할 수 있게 되기를 기대한다.

2021년

동북아역사재단 이사장

| 편찬사

1945년 한국이 일제 지배로부터 해방된 지 76년의 세월이 지났다. 그럼에도 불구하고 일본 사회 일각에서는 여전히 일제의 한국 지배를 합리화하고 미화하는 주장이 나오고 있으며, 최근에는 한국 사회 일각에서도 일제 지배를 왜곡하고 옹호하는 주장이 나오고 있다. 이는 한국과 일본 사회, 한일 관계와 동아시아 국제관계의 미래를 위해서도 결코 바람직하지 않은 일이다.

이에 동북아역사재단은 일제의 한국 침략과 식민 지배에 대한 학계의 연구 성과를 총정리한 〈일제침탈사 연구총서〉를 발간하기로 하였다. 이에 따라 2019년 9월 학계의 전문가를 중심으로 편찬위원회를 구성하였으며, 편찬위원회는 학계의 연구 성과를 토대로 정치·경제·사회·문화 부문에서 일제의 침탈이 어떻게 이루어졌는지 정리하여 연구총서 50권을 발간하기로 하였다.

주지하듯이 1905년 일제는 러일전쟁에서 승리한 뒤, 한국에 군대를 주둔시키면서 한국의 외교권을 빼앗고 통감부를 두어 내정에 간섭하였다. 1910년 일제는 군사력으로 한국 정부를 강압하여 마침내 한국을 강제 병합하였다. 이후 35년간 한국은 일제의 식민 통치를 받았다.

일제는 한국의 영토와 주권을 침탈하였을 뿐만 아니라, 군사력과 경찰력으로 한국을 지배하면서, 정치·경제·사회·문화의 모든 부문에서 한국인의 권리와 자유, 기회와 이익을 박탈하거나 제한하였다. 정치적으로는 군사력과 경찰력, 각종 악법을 동원하여 독립운동을 탄압하고, 한국인의 정치활동을 억압하고 참정권을 박탈하였으며, 집회와 결사의 자유를 억압하였다. 경제적으로는 일본자본이 경제의 주도권을 장악하고, 일본인 위주의 경제정책을 수행했으며, 식량과 공업원료, 지하자원 등을 헐값으로 빼앗아 갔고, 농민과 노동자 등 대다수 한국인의 경제생활을 어렵게 하였다. 사회적으로는 한국인들을 차별적으로 대우하고, 한국인의 교육의 기회를 제한하고, 한국인으로서의 정체성을 박탈하여 결국은 일본의 2등 국민으로 만들고자 하였다. 문화적으로는 표현과 창작의 자유, 종교와 사상의 자유를 억압하고,

한글 대신 일본어를 주로 가르치고, 언론과 대중문화를 통제하였다. 중일전쟁, 아시아태평양전쟁을 도발한 뒤에는 인적·물적 자원을 전쟁에 강제동원하고, 많은 이들을 전장에 징집하여 생명까지 희생시켰다.

〈일제침탈사 연구총서〉는 침탈, 억압, 차별, 동화, 수탈, 통제, 동원 등의 단어로 요약되는 일제의 침략과 식민 지배의 실상과 그 기제를 명확히 밝히고자 하였다. 이를 통해 일제의 강제 병합을 정당화하거나 식민 지배를 미화하는 논리들을 비판 극복하고, 더 나아가 일제 식민 지배의 특성이 무엇이었는지, 식민 통치의 부정적 유산이 해방 이후에 어떤 영향을 미쳤는지를 밝히고자 하였다.

편찬위원회는 연구총서와 함께 침탈사와 관련된 중요한 주제들에 관하여 각종 법령과 신문·잡지 기사 등 자료들을 정리하여 〈일제침탈사 자료총서〉도 발간하기로 하였다. 아울러 일반인과 학생들이 보다 쉽게 읽을 수 있는 〈일제침탈사 교양총서〉를 바로알기 시리즈로 발간하기로 하였다.

일제의 한국 침략과 식민 지배의 역사는 광복 후 서둘러 정리해냈어야 했지만, 학계의 연구가 미흡하여 엄두를 내기 어려웠다. 이제 학계의 연구가 어느 정도 축적되어 광복 80주년을 맞기 전에 이와 같은 작업을 할 수 있게 된 것을 다행으로 생각한다. 한일 양국 국민이 과거사에 대한 올바른 역사인식을 갖고 성찰을 통해 미래를 향해 함께 나아갈 수 있기를 기대하면서 삼가 이 책들을 펴낸다.

2021년

동북아역사재단 일제침탈사 편찬위원회

| 차례

일러두기

1. 일제침탈사 자료총서는 가급적 일반 시민들이 읽고 이해할 수 있는 현대적인 문장과 내용으로 구성했다.
2. 인명 및 지명 등 고유명사는 처음 등장할 때 원어를 병기하고 이후에는 한글만 표기했다. 한글 표기는 국립국어원 외래어표기법에 따랐다.
3. 연도는 서력 표기를 원칙으로 하고 관련 연호는 병기했다. 날짜는 원문 그대로 하고 음력과 양력 여부를 알 수 있는 경우에만 '(음)', 또는 '(양)'으로 기재했다.
4. 숫자는 천 단위까지 아라비아 숫자로 표기하고 만 단위 이상은 '만' 자를 넣어 표기했다. 도표 안의 숫자는 가급적 그대로 표기했다.
5. 국한문혼용체와 같이 탈초만으로 문장을 이해하기 힘든 경우 가급적 현대어에 가깝게 윤문했다. 단 풀어쓰기 어려운 낱말이나 문구는 원문을 병기하거나 편역자 주를 이용했다.
6. 낱말이나 문구에 대한 설명이 필요한 경우, 또는 편찬사업의 취지에 따라 자료 해설이 필요한 경우 편역자 주를 적극 활용했다. 단, 편역자 주는 1), 2) 등으로 표기하고, 원 자료의 주석이 있는 경우는 *, ** 등으로 표현했다.
7. 판독이 불가한 글자의 경우 ■로 표기했다.
8. 일본지명 및 인명은 일본어 발음대로, 중국지명 및 인명은 한자 발음대로 표기하고 원문에 수록된 한자를 괄호 병기하였다.
9. 번역문의 글자 크기와 줄 바꾸기는 원문의 방식에 따르지 않은 것도 있다.
10. 한자의 경우, 일본식 간자(簡字)는 정자(正字)로 바꾸었다.
11. 취체(取締)는 단속으로 통일하고, 법령의 경우에만 취체법(取締法)으로 남겼다.
12. 사건명은 고등학교 한국사 교과서에서 채택한 명칭을 준용했다.

    예) 일지사변, 지나사변→중일전쟁 / 일한합방, 한일합방→한국병합

| 편역자 서문

일제강점기 조선 내 일본 사법 당국은 조선인에 대해 집요한 사상통제 정책을 취했는데, 이 책은 그러한 사상통제와 관련된 법령, 당시 사회 인식, 사상통제 주체와 통치 기구와 관련한 한국과 일본의 자료를 시기별로 선별해 수록했다.

무엇보다 일제강점은 1910년 8월 29일에 '병합조약'이 선포되면서 시작됐지만, 1905년 을사늑약 후 한국통감부가 만들어지면서 일련의 사전 준비는 개시됐다. 또한 한국에 적용된 사상 탄압 법령 정비와 적용은 메이지 일본의 근대 사법 제도와 사상 탄압 법령의 연장선상에 위치한다. 다른 한편으로 이러한 탄압법의 성격을 띤 제도가 한국에서는 일제강점기에 처음 도입됐으리라고 쉽게 상상하겠지만, 실제로는 대한제국기였다. 사실상 전제 국가였던 대한제국 정부도 민중을 통제하고 탄압할 목적으로 일본의 근대법과 제도 수용이 조선에 적합하다고 생각했기 때문이다.[1] 그렇다고 하여 대한제국의 민중에 대한 사상 탄압과 일본제국주의의 조선 민중에 대한 사상 탄압을 통틀어 지배층 입장에서 보편성을 띤 사상 탄압 정책으로 일원화할 수는 없다. 일제강점기의 사상 탄압은 어디까지나 한국인을 영원한 피지배민족으로 가두고, 그 범주에서 벗어나지 못하도록 할 장치로 기능했기 때문이다.

이 책은 사상통제를 위한 법규와 통제 주체가 중심 대상이 된다. 즉 사상을 단속하기 위한 법령의 제정과 변천 과정, 또 사상 탄압을 구체적으로 실행한 조선총독부 경찰 조직과 일본 내무성의 공안경찰, 법무성의 사상검사 등의 조직이 편성, 구축되어 온 과정을 파악할 수 있는 사료를 수집하고, 구체적인 활동 체계를 밝히고자 하였다.

---

1 정긍식, 「서구법 수용의 왜곡」, 『역사비평』 1999 봄호, 291쪽.

책의 구성과 내용

1875~1945년 사이의 한국과 일본의 '사상통제' 관련 법령, 법규 및 법령 법규에 관한 해설서, 일본 내무성 경보국, 조선총독부 보안과 등의 공안 당국이 산출한 지침, 훈령, 통첩 등을 정리하여 국역하고, '사상통제' 관련 한국의 신문, 잡지 기사, 자료 목록도 함께 수록했다. 특히 사상 탄압 법령의 모체가 된 근대 일본의 법령을 포함해 대한제국기의 한국과 일본의 관련 법령을 번역 발췌하여 양자를 비교해 볼 수 있도록 하였다. 아울러 전체를 시대별로 망라하면서 사상통제의 제도, 정책, 인물 및 전개 과정이 한눈에 보이도록 소주제로 분류했고, 목차 및 색인, 해제 작업을 진행했다. 자료집의 구성은 7장으로 나누어 다음과 같이 이루어져 있다.

Ⅰ. 신문 기사

Ⅱ. 잡지 기사

Ⅲ. 사상통제 관련 법령

Ⅳ. 사상통제 관련 법규 제정의 목적과 의미

Ⅴ. 사상통제의 주체

Ⅵ. 사상통제의 관리체계와 방법

Ⅶ. 기타 중요 자료

Ⅰ장과 Ⅱ장에서는 한국어 신문과 잡지에서 사상 탄압과 관련한 주요 사설, 논설을 중심으로 모았다. 한국의 대표적인 일간지 및 잡지의 기사를 통해 각 시대별로 사상 탄압, 법률, 조직과 관련한 시간적인 흐름을 한눈에 알아볼 수 있도록 배열해 일본 공안 당국의 정책, 법에 대한 동시대 한국인의 시각을 담아내고자 하였다. 사상 탄압, 경찰 조직, 치안 관련 법률에 관한 기사를 중심으로 하되, 사상통제 관련 법규와 사상통제 관련 제반 이슈에 관한 주장과 입장을 두루 싣고자 하였다.

Ⅲ장은 〈사상통제 관련 법령〉로 '사상통제'와 관련 법령을 일제강점 이전의 일본 법령은 물론, 대한제국 시기의 한국 법령을 정리하고, 일제강점기 사상통제 관련 법령의 제정과 개

정, 재개정에 이르기까지 시대순으로 배치했다. 사상 탄압 법령의 모체가 된 근대 일본의 법령을 함께 정리하고 한국과 일본의 관련 법령을 번역 소개했다. Ⅳ장에서는 이러한 〈법령 법규의 제정 목적과 의미〉를 밝히고자, 1925년 치안유지법 제정 전후 일본의 상황 인식 그리고 치안유지법 제정 취지와 관련한 용어를 정리하였다. 이어 치안유지법 조문 적용의 실제, 1941년 개정 치안유지법 제정과 사상범 보호관찰제도를 둘러싼 일본의 자료를 통해 법령 제정의 의도와 법령 해석과 관련한 자료를 정리했다.

Ⅴ장은 〈사상통제의 주체〉와 관련한 내용이다. 먼저 조선에서의 경찰 조직의 체계와 변천, 사상경찰, 특별고등경찰에 관한 자료를 각각 모았고, 조선에서 활동한 주요 사상검사와 관련한 사항을 정리해 제시하였다. Ⅵ장은 사상통제 주체들에 의해 실제로 〈사상통제의 관리체계와 방법〉이 어떻게 이루어졌는지 알 수 있는 내용이다. 사상통제를 위한 기반 구축, 사상통제를 위한 방법과 실제의 순으로 중요 자료를 선별하여 배치했다. Ⅶ장의 기타 중요 자료는 위의 각 장에 포함하지 못했지만, 사료의 중요성을 판단해 따로 정리하였다. 도항 조선인에 관한 공문서, 밀항문제에 관한 공문서, 일본 측의 결사 집회 다중운동 단속법 해설 등에 관한 자료로써 조선에서의 사상통제와 매우 밀접한 내용을 담고 있다.

간략한 내용을 소개하면 아래와 같다.

먼저 '사상통제' 문제가 어떻게 대두했는지 살펴보았다. 1925년 치안유지법 제정 당시 일본 헌법이 규정한 정치·사회적 질서를 불법적 혹은 폭력적으로 변혁하고자 '실행'한 경우, 내란죄, 대역죄, 외환죄(外患罪), 소요죄 등으로 단죄했지만, 그 '실행' 이전에 그러한 목적을 가진 개인이나 단체를 탄압해 선제적으로 예방해야 한다는 것이 치안유지법 제정이유였다는 점을 주목하였다. 즉 1925년 치안유지법 제정은 본격적인 사상 탄압의 법적 토대를 구축하는 것이었으며, 인간의 사유(思惟)라는 내면세계까지 철저하게 탄압, 통제하고자 하는 것이었다. 사상은 눈에 보이지 않는 영역이지만, 사상을 표현하는 행동, 표현에 대한 억압 즉 결사, 집회, 대중운동과 관련한 모든 법률이 이에 포함된다. 이 자료집에는 이러한 법령의 모체가 된 일본의 메이지 법령에서 출발하여 일제강점 말기의 사상범 관련 법령에 이르기까지 사상통제와 관련한 제반 법령 법규를 검토하고 수록하였다. 인간의 내면과 사유의 세계를 법률로써 억압하고 통제할 수 있다고 생각한 근대 일본의 법률제도가 사상의 자유를 보장하는 '근대법사상'과 얼마나 괴리되고 야만적인지 새삼 확인할 수 있을 것이다.

둘째, 사상통제의 주체이자 실행자는 일본 내무성, 법무성 및 조선총독부의 경찰, 검찰 조직이었다. 일본 내무성 경보국 보안과장이자 경찰강습소 교수를 지낸 이시하라 쓰네지로(石原雅二郎, 1888~1946)는 사상경찰에 대해 "사상경찰은 정파와 파벌을 갖지 않으며 어디까지나 국가 관념에 입각해야 한다"고 역설했다. 여기서 국가 관념이란 만세일계의 천황이 통치하는 국가가 일본이며, 국무대신은 천황을 보필, 재판관은 천황의 위임으로 사법권을 담당하고 이에 인민은 무조건 복종해야 한다는 것이다. 나아가 사상경찰의 임무는 국가에 해악을 끼친 국가의 적(敵)을 즉시 규탄하고 진압 방법을 강구하는 것이었다. 사상범죄는 사건이 일어난 뒤 움직이는 게 아니라, 평소 예방 수단을 강구해야 한다. 이를 위해 예방 작용을 위한 정보 수집이 중요하며, 정보 수집 방법으로 시찰, 신문 기사, 밀고, 첩보(스파이 고용) 등을 들었다. 이러한 사료들은 일제강점기 조선에서의 사상 탄압이 조선총독부의 정책 여하에 의해 국내적으로 완결되는 것이 아니라 일본 당국의 방침과 밀접하게 연계되어 치밀하게 구조화되어 있었다는 사실을 이해할 수 있도록 한다. 이러한 점에서 일제강점기 사상운동 및 독립운동에 대한 일제의 탄압을 이해하는데에 새로운 시야를 제공할 수 있는 자료라 할 수 있다.

셋째, 이 책에는 통제하는 쪽의 '일본 천황제 이데올로기'와 통제에 저항하는 쪽의 '반천황제 사상운동'이 서로 대립 갈등하는 과정이 존재하며 이를 입체적으로 상상하게 만들어 주는 자료들을 수록하였다. 사상통제의 실행자들은 '요시찰' 대상이라는 표식을 비밀리에 만들어 내부에서 공유하고 미행하며 체포 구금하고, 형기를 마치면 '보호관찰'이라는 법과 제도를 새로이 고안해 무고하게 신체를 구속했다. 1930년대 중반에서 일제강점 말기까지 이루어진 '사상전향' 제도와 '보호관찰' 제도는 인간의 내면을 통제하고 신체를 강제로 구속함으로써 식민지민을 지배하려고 했던 가장 반인권적인 제도로, 일본 당국의 도덕적 파탄을 스스로 증명한다.

이상과 같이 이 자료집에는 사상통제와 관련한 일본의 근대법의 형성과 변천 그리고 통제 주체에 관한 치안 당국의 비밀문서를 발굴, 정리, 번역 수록되어 있어서 일제침탈사의 전체 양상을 보다 입체적으로 파악할 수 있게 하였다. 그동안 사상통제 관련 자료는 일본어 문어체 자료가 대부분이기 때문에 해독에 어려움이 있었다. 또 일부 연구에서는 번역문의 오독이 확인되고 있어 이러한 사료들은 일제강점기 조선에서의 사상 탄압이 조선총독부의 정책 여하에 의해 국내적으로 완결되는 것이 아니라 일본 당국의 방침과 밀접하게 연계되어 치밀하게 구조화되어 있었다는 사실을 이해할 수 있도록 한다. 이러한 점에서 일제강점기 사상운동 및 독립운동에 대한 일제의 탄압을 이해하는 데에 새로운 시야를 제공할 수 있는 자료라 할 수 있다. 정확한 국문 번역에 힘써 연구자와 일반 독자가 쉽게 접근할 수 있도록 하여 일제침탈의 실상을 알리는 데 기여하고자 한다.

편역자를 대표하여

홍선영

전체 해제

1. 1910년 이전 한일의 사상 탄압 법령과 주체

자료집에 수록된 각종 내용 이해에 도움이 되고자 근대 일본의 사상 탄압 관련 법령과 대한제국 및 일제강점기 사상 탄압 관련 법령의 관련성, 그 시기적인 변천 과정, 사상 탄압 주체가 어떤 모습으로 변하는지 살펴보고자 한다.

19세기 후반기 제국주의 시대의 격랑에 휩쓸리면서 일본은 한국보다 먼저 서구의 각 제도를 시찰하고 자국의 상황에 맞는 제도를 도입하여 운용하였다. 먼저 국가에 의한 사상 탄압의 첨병이자 주체는 경찰이다. 유럽의 경찰제도는 영국형과 대륙형(프랑스, 독일형)으로 나누어진다. 영국형 경찰은 시민의 경찰, 자치체로서의 경찰이라면, 대륙형 경찰은 정부의 경찰이며, 시민이 정부에게 가하는 범죄 제거와 예방에 주력하는 경찰이다.[1]

근대 일본의 경찰제도의 성격을 상징적으로 보여 주는 사례는 메이지 초기에 일본 정부로부터 서구의 경찰제도 조사를 의뢰받은 후쿠자와 유키치가 'police'의 번역어를 취체(取締)라 했다는 점에서 단적으로 살펴볼 수 있다. 후쿠자와는 그 뜻을 "사물의 조리를 수호하고 법률이 이루어지도록 하고자 시비곡직을 재판하는 일상적인 권력"이라고 하여 전시(戰時)에 동원되는 병력(兵力)과 구별했다.[2] 일본의 경찰제도 도입의 기본 목적은 반정부 폭동에 대한 대응, 탄압을 주요 목적으로 한 것이었다.

일본에서 보안조례가 제정된 것은 1887년 12월, 제1차 이토 히로부미(伊藤博文) 내각에서이다. 국회 개설을 앞두고 자유민권운동을 탄압하기 위해서였다. 내무대신 야마가타 아리토모(山縣有朋)는 1887년 7월부터 경보국장 기요우라 게이고(淸浦奎吾)에게 〈보안조례〉를 기초하게 했으며, 1887년 12월 26일에 관보 호외로 공포했다. 주요 내용을 살펴보면, "제1조 대개 비밀결사, 또는 집회는 이를 금함. 범한 자는 1개월 이상 2년 이하의 경금고(輕禁錮)에 처하며, 10원 이상 100원 이하의 벌금을 부과함.(중략) 제4조 황거(皇居), 또는 행재소(行在所)에서 3리 이내의 주거, 혹은 기숙하는 자가 내란을 음모하고 치안을 방해할 우려가 있다고 인

1 大日方純夫, 1990, 「日本近代警察の確立過程とその思想」, 『官僚制·警察』, 岩波書店, 466쪽.

2 위의 책, 469~470쪽.

정할 때는 경시총감, 또는 지방장관은 내무대신의 허가를 거쳐 기일 또는 시간을 정하여 퇴거를 명하고, 3년 이내 동일 거리 내에 출입 기숙, 또는 주거를 금할 수 있다"는 것이다. 이로 인해 보안조례가 공포된 당일부터 12월 28일까지 도쿄에 거주하는 민권파 정객 570명이 도쿄에서 퇴거 처분을 받았다.[3]

1900년 2월에 일본 내에 치안경찰법이 제정되고, 6월에 행정집행법을 제정하여 억압 체제를 굳혔다. 이 법률은 1946년에 폐지될 때까지 일본 정치경찰 활동의 법적 기초가 되었다.[4]

치안경찰법 제8조는 "① 안녕질서를 보지하기 위해 필요한 경우 경찰관은 옥외의 집회 또는 다중운동 혹은 군중을 제한, 금지 혹은 해산하고 옥내 집회를 해산할 수 있다. ② 결사(結社)로 전항(前項)에 해당할 때는 내무대신은 이를 금지할 수 있다"라고 규정했다.

한편 대한제국의 경우는 어떠했을까? 1898년 고종은 독립협회운동을 탄압한 후에 신문과 단체를 규제하는 법규를 제정하고자 했다. 대한제국 내부(內部)는 일본의 신문지규칙조례를 모방하여 초안을 만든 적이 있었다.[5] 1898년 9월 26일 자 《황성신문》 〈경찰론〉에서 법부 주사 정석규(鄭錫圭)는 이렇게 밝혔다.

> 첫째, 고등경찰이라 함은 국가의 법질서를 문란하며 공공의 생활을 해치고자 하는 자를 예방하는 경찰을 말함이라. 그러나 그중의 통상 고등과 특별고등의 두 종류가 있어 특별고등경찰은 지방에 대하여 위험한 사변을 방어하는 무리(輩)요, 통상 고등경찰은 결사 집회 및 인쇄, 신문 등에 관한 사항을 검열하여 사회의 방해됨을 제거한다. 둘째, 사법경찰이라 함은 즉 범죄자를 수색 체포하여 재판의 집행을 찬조하는 자로 사법기관을 보좌하여 미래에 대한 위해를 제지하고, 인민의 생명과 재산을 보호하는 무리요. 셋째로 보통행정경찰이라 함은 일반국민의 안녕질서를 보지함으로 그 행위가 홀로 법률에 위배한 자를 강제하고 공공에 대한 위해를 예방할 뿐 아니라 인민의 발달 부강함을 또한 도모하는 바의 경찰이라.[6]

---

3 副田義也, 2007, 『内務省の社会史』, 東京大學出版會, 255쪽.

4 위의 책, 259쪽.

5 정근식, 2003, 「식민지적 검열의 역사적 기원 1904~1910」, 『사회와 역사』 64, 10쪽.

6 정석규, 〈경찰론〉(논설), 《황성신문》, 1898.9.26.

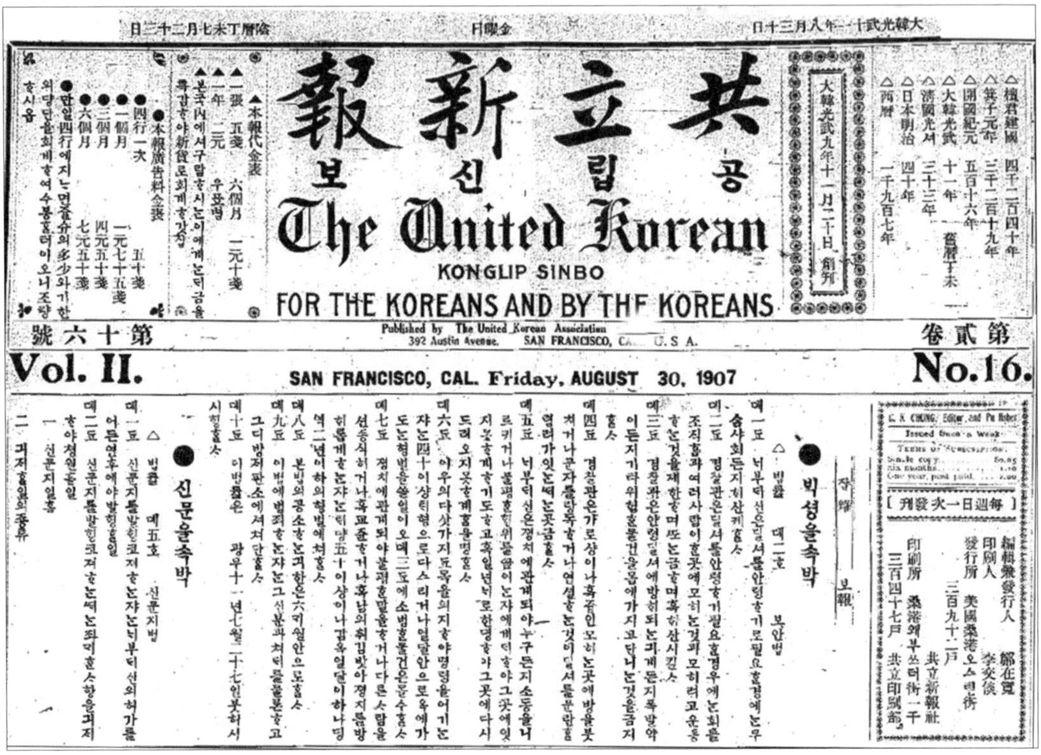
共立新報
공립신보
The United Korean
KONGLIP SINBO
FOR THE KOREANS AND BY THE KOREANS
Vol. II. SAN FRANCISCO, CAL. Friday, AUGUST 30, 1907 No.16.

<그림 1> 1907년 8월 30일 자《공립신보》. 백성을 속박한 보안법과 신문을 속박한 신문지법을 소개했다.

이상과 같이 경찰의 종류를 구별했는데, 이것은 1886년에 출판된 일본의 구메 긴야(久米金彌)의 『고등경찰론(高等警察論)』(1886)에 의거한 내용이었다.[7] 1909년《대한흥학보》에 게재된 남기윤의 글 〈경찰 성질의 관념〉 속에는 후쿠자와 유키치가 정의한 경찰의 개념이 고스란히 나타나고 있다. 남기윤은 "국가의 간성(干城)은 둘이 있으니, 하나는 전시(戰時)의 간성(干城)이요, 둘은 평시의 간성이다. 전시의 간성은 군대가 담당하며, 평시의 간성은 경찰이 주요 업무로 하는 바이다"라고 경찰을 평상시의 군대에 비유하여 설명한 것이다.

본격적인 사상 탄압은 러일전쟁기 일본군에 의해 이루어졌다. 1904년 7월 일본군 헌병사령부는 군사경찰훈령을 발표하여 치안에 방해되는 문서를 압수하고 관계자 처분을 규정했

7 송민호, 2014.8,「대한제국시대 출판법의 제정과 출판검열의 법-문자적 기원」,『한국현대문학연구』 43.

다. 신문은 발행 전에 군사령부의 검열을 받도록 했다.[8]

나아가 일제는 을사늑약 후 〈통감부 및 이사청관제〉(1905.12.21, 칙령 267호)를 시행해 통신 사무, 재판권 등 일본이 장악한 분야에서는 통감부가 입법권을 갖고, 그 외 분야에서 대한제국이 입법권을 갖도록 되어 있었음에도, 실제로 일본인 고문이 입법을 지도하고 기초했다.[9]

탄압 주체로서 경찰 조직의 정비도 신속히 단행됐다. 1906년 2월 한국통감부는 개청하자마자 칙령 27호로 내부의 경무국을 경보과와 위생과로 나누고, 경보과의 사무로 고등경찰에 관한 사항 및 도서출판에 관한 사항을 담당하도록 했다.[10]

1907년 헤이그 밀사 파견을 빌미로 하여 광무황제를 권좌에서 끌어내린 이토 히로부미 한국통감은 1907년 7월 24일, 실질적으로 한국 정부의 주권을 강탈한 한일신협약을 체결하도록 했다. 한일신협약에서는 한국의 시정에 대한 통감의 지도권(제1조), 법령 제정 및 중요 행정상 처분에 대한 사전승인권(제2조), 고등관 임명에 대한 통감의 동의권(제4조), 통감이 추천하는 일본인 관리의 임명권(제5조)을 명문화했다. 그리고 같은 날 신문지법을 공포하고, 7월 27일에 보안법(법률 2호)을 반포했다. 신문지법이 공포된 1907년 7월에 고종 양위 기사, 정미7조약 기사 등에 검열로 인한 삭제가 이루어졌다.

신문지법과 보안법의 제정 주체는 한국통감부였다. 신문지법은 일본 신문지법의 전신인 신문지조례(1875)를 모델로 하고 있으며, 두 법의 법체계는 거의 일치한다. 그러나 조선의 신문지법은 신문지 발행 허가제, 사전 납본 제도, 내부대신의 발행 정지·금지처분권을 정당화하고 있는 것을 비롯하여 발행 절차와 기사 내용의 양면에서 정부의 사전 통제권이 절대적이다. 이는 대한제국의 신문지법 입법자들이 이 법을 제정할 때 당시 일본의 신문지조례보다 현격하게 규제가 강했던 과거의 조례를 적용했기 때문이다. 이 법령은 통감부 촉탁으로 고용된 우메 겐지로(梅謙次郎)가 주도했다.[11] 보안법(법률 2호) 제7조는 정치에 관하여 불온 언론과 활동, 타인 선동 및 교사로 치안을 방해한 자는 50대 이상의 태형, 10개월 이상의 금옥, 2년 이하의 징역에 처한다고 규정했다.

---

8 정근식, 2003, 「식민지적 검열의 역사적 기원 1904~1910」, 『사회와 역사』 64, 12쪽.

9 정긍식, 1999, 「서구법 수용의 왜곡」, 『역사비평』 봄호, 290쪽.

10 송민호, 2014, 8, 「대한제국시대 출판법의 제정과 출판검열의 법-문자적 기원」, 『한국현대문학연구』 43, 14쪽

11 정근식, 2003, 「식민지적 검열의 역사적 기원 1904~1910」, 『사회와 역사』 64, 16쪽.

한편 신문지법으로 한국에서 외국인이 발행하는 신문과 외국에서 발행하는 신문을 규제하지 못했기 때문에 경시청에서는《대한매일신보》와 해외에서 발행되는 한인 신문의 검열이 가능하도록 신문지법을 개정했다(1908.4). 신문지법 개정과 동시에 통감부는 전명운, 장인환 의거를 칭송하고 일제의 한국병탄 조짐에 저항하는 기사를 다수 게재한《공립신보》와《대한매일신보》를 압수했다.

출판법의 경우는, 1908년 8월 안국선의 번안 소설인『금수회의록』을 압수 조치한 후, 출판물 단속 필요성이 제기됐고, 1908년 12월 내부대신 송병준과 법부대신 고영희가 이완용 내각총리대신에게 출판법 법률안을 제출해 1909년 2월 23일 만장일치로 법안이 통과됐다(법률 제6호).[12] 그 세부적인 법 조항은 한국통감부 측이 작성했다. 출판법 제정 이후 각종 잡지는 원고 사전 검열, 조판된 잡지의 대장 검열, 납본 검열이라는 3중 통제를 당했다.[13] 이로써 '안녕질서를 방해'한다는 명분하에 수많은 도서가 출판 금지 처분을 받았으며, 출판법을 소급 적용하는 조항도 마련돼 일제 통치를 반대하는 모든 도서에 대한 탄압이 가능하도록 했다.

사상 탄압 관련 법령의 정비는 조직 정비와도 직결된다. 1907년 12월 23일에는 재판소구성법을 공포하고, 일본의 제도와 마찬가지로 대심원, 공소원, 지방재판소, 구재판소를 두고 1908년 8월 1일 개청했다. 당시 일본인은 판사 74명, 검사 32명, 서기 및 통역관 4명, 한국인은 판사 36명, 검사 9명, 서기 4명이 임명됐다.[14] 1908년 경무국에는 보안과를 설치하여 고등경찰에 관한 사항과 도서출판 및 저작에 관한 사항을 담당하게 했다.[15]

12 송민호, 앞의 논문, 20쪽.

13 정근식, 2003,「식민지적 검열의 역사적 기원 1904~1910」,『사회와 역사』64, 25쪽.

14 문준영, 2008.8,「이토 히로부미의 한국사법정책과 그 귀결」,『법학연구』49권 1호, 부산대학교, 5쪽.

15 송민호, 2014.8,「대한제국시대 출판법의 제정과 출판검열의 법-문자적 기원」,『한국현대문학연구』43, 14쪽.

2. 일제강점기 사상 탄압 법령의 계보

사상 탄압의 시작은 일제의 한국병합 초, 1910년 8월 30일 조선경무총감부 고시 34호, 36호, 37호로 각종 신문에 대한 압수 및 발매 금지 조치로 시작되었다. 그 근거는 총감부령 12조와 신문지규칙 13조에 의거한 것이었다.[16] 신문지규칙은 조선 이외 지역에서 발행된 신문 잡지류에도 적용되도록 개정된 것이며, 조선 내 신문과 출판물은 한국통감부에 의해 제정된 신문지법(1907), 출판법(1909)에 근거해 탄압됐다.

일제강점기에 조선에서 통용하는 법률은 조선총독의 '제령'으로 정한다고 규정했다. '조선에 시행할 법령에 관한 건'에 의하면 조선에서 필요한 법률은 일본과 동일한 법을 조선에 적용하지 않았고, 조선총독이 임의로 발할 수 있게 돼 있었다.

실제로 일제가 식민지 조선에서 그 지배 구조를 구축하려고 제정, 공포하고 있는 법규에는 조서, 황실령, 법률, 칙령, 제령, 부령(府令), 각령(閣令), 성령(省令), 훈령, 도령(道令), 부령(部令), 훈시, 달(達), 유달(諭達), 유고(諭告), 통첩, 각종 공문, 고시 등이 있다. 이 중에 공포된 법률, 칙령, 제령, 부령(府令)만 보더라도 35년 일제강점기 중 총 1만여 개에 이를 정도로 치밀한 법망을 형성하고 있다.[17] 대한제국기에 제정된 법령은 조선인에게만 적용됐으며 조선에 거주하는 일본인에게는 적용되지 않았다.

강점 직후인 1910년대에 식민지 지배에서 치안유지 및 사상통제에 주로 적용된 법규들은 조선태형령, 조선형사령, 경찰범처벌규칙 등이었다. 경찰범처벌규칙은 1908년 제정된 경찰범처벌령을 강화한 것이다. 조선형사령은 1912년 3월 18일에 제정됐다. 제1조에는 일본에서 시행되는 적용 법률이 예시되어 있는데, 첫 번째는 형법이다. 한국 강점 직후에 대대적인 사상사건은 이른바 '105인 사건'으로 불리는 데라우치 총독 암살 미수 사건이었다.

당시 변호를 맡은 하나이 다쿠조(花井卓藏) 등은 이 사건이 일본 형법 77조부터 79조에 해

16 문한별, 2019.12, 「일제강점기 초기 교과서 검열을 통해서 본 사상통제의 양상」, 『Journal of Korean Culture』 44.

17 김철수, 1995, 「일제식민지 시대 치안관계법규의 형성과 적용에 관한 연구」, 『한국사회학』 제29집, 105~145쪽.

당[18]하는 것으로서 고등법원이 관할해야 하는 사안이라는 근거를 들어 경성지방법원에서 심리하는 것의 부당성을 지적했다.[19] 하나이 등은 이 사건이 한국의 국권 회복을 목적으로 한 내란죄에 해당한다고 하여 독립운동으로서의 성격을 강조했다. 그러나 검사 측은 이들에게 집단적인 폭동을 일으킬 의사가 있다고 인정할 수 없으므로 보통살인죄로 논해야 한다며 지방법원에서의 심리가 맞다고 이의 신청을 기각했다.[20]

한국 강점 직후, 일제가 신민회 회원인 서북 출신 지식인을 탄압하고자 조작한 이 사건의 성격이 자칫 많은 지식인이 참여한 독립운동으로 규정된다면, 한국병합의 취약성이 드러날 수 있었다. 따라서 보통살인미수죄를 적용한 것은 적당한 선에서 반골 기질의 인사들에게 탄압에 대한 두려움을 조장하여 한국병합의 현실에 저항하지 못하도록 하려는 의도가 있었음을 알 수 있다.

3·1운동 당시까지 사상 탄압 법률은 출판법과 보안법 위반죄 적용이 많았다. 3·1운동이 격화되는 상황에서 새로운 법령이 필요하자 제정된 것이 〈정치에 관한 범죄처벌의 건〉인 제령 7호이다. 제령이란, 특별히 조선에서 적용하기 위해 조선총독이 일왕의 재가를 얻어 총독의 명령으로 제정하는 법령이다. 그 가운데에는 국민의 권리와 의무, 재판소 구성과 사법관의 자격, 조세제도 등 국정의 주요 사항이 해당되며, 일제강점기 동안 반포된 제령은 676건이다.[21] 하세가와 총독이 사이토 총독에게 인계한 업무 인계서는 제령 7호 제정 동기를 다음과 같이 정리하고 있다.

---

18 일본의 형법(明治 40년 법률 제45호) 적용 범위는 기본적으로 일본 내의 국내법이지만, 77조~79조의 경우, 국외의 경우에도 적용한다고 되어 있다. 제77조(내란) 1. 국가의 통치 기구를 파괴하거나 또는 그 영토에서 국권을 배제하여 권력을 행사하고, 그 외 헌법이 정한 통치의 기본질서를 괴란시키는 것을 목적으로 폭동을 한 자는 내란죄로 다음의 구별에 따라 처단한다. 1) 주모자는 사형 또는 무기 금고에 처함. 2) 모의에 참여하거나 군중을 지휘한 자는 무기 또는 3년 이상 금고에 처하며, 그 외 제반 직무에 종사한 자는 1년 이상 10년 이하의 금고에 처함. 3) 부화수행하고 그 외 단순히 폭동에 참가한 자는 3년 이하의 금고에 처함. 2. 앞 항의 죄의 미수는 벌한다. 단지 동항 제3호에 규정한 자에 대해서는 이에 한하지 않는다. 제78조(예비 및 음모) 내란의 예비 또는 음모를 한 자는 1년 이상 이하의 금고에 처한다. 제79조(내란 등 방조) 병기 자금 혹은 식량을 공급하고, 또는 그 외의 행위로 전 2조의 죄를 방조한 자는 7년 이하의 금고에 처한다.

19 「다이쇼 원년 형공(大正元年 刑控) 제42호」, 윤치호 등 판결문, 경성복심법원 형사부, 1912.3.20, 국가기록원 독립운동관련판결문 참조.

20 위와 같음.

21 도면회, 2019, 「1910년대 한국의 형사재판제도와 3·1운동」, 『권력과 정치』(3·1운동 100주년 총서3), 휴머니스트, 60~61쪽.

> 정치적 범죄를 예방하고 안녕질서를 보지하기 위해 구한국 정부가 제정한 보안법이 습용되고 있지만 오늘날 죄형(罪刑)이 권형(權衡)을 잃어 시세에 적합하지 않다. 특히 그 효력이 조선 및 조선 내에 국한되고 도저히 그 목적을 달성할 수 없어서 본년(1919년-인용주) 4월 제령(制令)으로 정치에 관한 범죄처벌 건을 반포하여 공안 유지의 방도를 완전히 함과 아울러 지방 소요 제압이라는 긴급한 상황에 대처했다.[22]

즉 출판법, 보안법 등의 처벌 형량이 낮아 제령 7호를 제정하게 되었음을 밝혔다. 제령 7호 제1조는 "정치의 변혁을 목적으로 하여 다수가 공동으로 안녕질서를 방해하거나 방해하려고 한 자는 10년 이하의 징역 또는 금고"에 처벌할 것을 규정했다. 그리고 제3조는 일본 이외 지역의 제국 신민에게도 적용한다고 하여 국외에서 독립운동을 하는 조선인에게도 적용함을 명시했다. 3·1운동 피검자 1만 9,000여 명 중 보안법 위반으로 송치된 자는 70%이며, 소요죄 위반이 24%이다. 그리고 제령 7호 위반으로 분류된 이는 6.2%이다.[23] 제령 7호는 1919년 4월 15일 이후에 발생한 시위에 적용시켰다. 제령 7호의 반포는 일본에서 시위대를 탄압하기 위해 군대가 증파된 시기와 겹친다. 《오사카아사히신문》 보도에 의하면, 1919년 4월 8일에 일본육군성이 조선에 군대 증파를 결정하고 4월 10일 조선으로 6개 대대와 헌병 400명이 출발했다. 4월 14일에 파견부대 배치가 완료되었으며 〈조선소요가 급히 진정〉이라고 보도된다.(4월 16일 자) 소요는 13일에 1개소에서만 발생했고 14일은 한 군데도 없다고 하였다. 4월 14일 현재 검거 총수는 4,000명(4월 15일 자)이며, 6월 25일 자에는 구속 총수는 6,795명이라 하였다.[24] 4월 중순 이후의 탄압 관련 기사는 대대적인 가택 수색과 검거, 제암리 사건, 야소교 교회당의 알 수 없는 방화에 대한 보도가 보여 강력하고 잔혹한 진압이 이루어졌음을 알 수 있는데, 이는 제령 7호의 반포와도 무관하지 않다.

한편 3·1운동 후 한국의 독립운동은 국외에서 더욱 가열차게 전개되는 한편, 일본에서는

---

22 「長谷川総督の事務引継意見書」, 1919.6, 『現代史資料-朝鮮1』, みすず書房, 1990(제7쇄), 491쪽.

23 도면회, 2019, 「1910년대 한국의 형사재판제도와 3·1운동」, 『권력과 정치』(3·1운동 100주년 총서3), 휴머니스트, 98쪽.

24 윤소영, 2020, 「일본신문자료를 통해 본 3·1운동-오사카아사히신문과 오사카마이니치신문을 중심으로」, 『유관순연구』 25호, 백석대학교 유관순연구소 참조

러일전쟁과 제1차 세계대전을 거치면서 미쓰이, 미쓰비시, 스미토모 등 대기업을 중심으로 독점자본주의가 형성되고 대도시의 공장 노동자가 증가했다. 소작쟁의, 노동쟁의가 빈발했으며, 도시 하층민이 증가했고 여성들의 선거권 요구운동도 강화됐다. 그러나 1925년에 일본에서는 여성을 제외한 25세 이상의 모든 성인 남성에게 선거권이 주어지는 데에 그쳤다. 그 결과 사회민주당 등 진보정당이 등장하는 계기를 부여했지만, 다른 한편으로는 반정부 운동이 강화되는 상황을 초래했다. 일본 청년층 사이에서는 사회주의, 무정부주의, 공산주의 운동이 번성했다. 조선에서도 사회주의와 공산주의 대중운동이 본격적으로 등장하고 각종 노동단체가 결성되고 소작쟁의와 노동쟁의가 빈발했다. 일제는 이에 대한 대응의 일환으로 1925년에는 〈치안유지법〉이라는 새로운 법을 도입해 일본과 조선의 진보적 사상에 대한 통제를 강화해 나갔다.

치안유지법의 전신은 1922년의 〈과격사회운동 취체법안〉에서 시작되었다. 당시 거센 반대에 직면해 법안이 통과되지 못하다가, 이듬해인 1923년 관동대지진의 혼란을 틈타 사회주의, 무정부주의자를 탄압한 데 이어 일본 중의원은 〈치안유지를 위한 벌칙에 관한 건〉을 통과시켰다. 이것이 1925년 4월 22일 법률 제46호로 공포된다. 이어 1925년 5월 8일에는 〈치안유지법을 조선, 대만 및 사할린에 시행하는 건〉(칙령 제175호)을 공포하여 식민지 지배를 위한 사상 탄압의 본격적인 법체계를 마련하였다. 즉 사회주의 운동에 대한 강력한 통제가 필요했던 일본은 "국체 변혁과 사유재산을 부인할 목적으로 결사를 조직하거나 그 취지를 알고도 이에 가입한 자를 최고 10년 이하의 징역이나 금고에 처할 수 있다"라는 내용을 골자로 하는 치안유지법을 제정한 것이다. 조선총독부도 이 법률이 제정되자 곧바로 시행에 들어갔다.

1925년 치안유지법을 제정하던 당시에 일본 헌법이 정한 정치적·사회적 질서를 불법적 혹은 폭력적으로 변혁하고자 '실행'한 경우, 내란죄, 대역죄, 외환죄, 소요죄 등으로 단죄하지만, 그 '실행' 이전에 그러한 목적을 가진 개인이나 단체 세력을 탄압하여 내우외환 발생을 선제적으로 예방하기 위해 치안유지법 제정이 필요하다[25]고 한 지적을 주목하고자 한다. 또한 '정치범은 폭력 수단으로 변혁을 기도한 자'로 정의하고, '사상범은 그 정도가 가볍고

---

25 石原雅二, 1930,『思想警察概論』, 松華堂書店.

표면은 적법하고 문장은 온화하지만 점점 국민 사이를 좀먹고 점점 국가권력을 약화시키는 자'이며, 이러한 목적으로 결사하고 모의하기 때문에 이러한 결사와 모의가 쉽지 않도록 하기 위한 법이 치안유지법이라고 설명한다. 즉 치안유지법 제정의 핵심은 인간의 사유라는 내면세계까지도 철저하게 탄압, 통제하는 것이었다.

이후 1928년 6월과 1941년 3월 두 차례에 걸쳐 개정된 이 〈치안유지법〉은 일본 천황제 이데올로기를 수호하기 위한 강력한 무기로 작동했다.

만주사변과 중일전쟁을 거치면서 사상범에 대한 보다 강력한 사회적 통제가 필요해진 일본은 독립운동, 소작쟁의 및 노동쟁의 등의 각종 저항운동, 사회주의 사상과 관련된 여러 움직임을 탄압하고자 수많은 관련 법령을 제정, 실시했다. 이 시기 대표적인 법령으로는 〈불온문서임시취체령〉(1936년 8월), 〈조선사상범 보호관찰령〉(1936년 12월), 〈조선사상범 예방구금령〉(1941년 2월), 〈개정 치안유지법〉(1941년 3월), 〈조선사법보호사업령〉(1942년 3월) 등을 꼽을 수 있다. 이 가운데 사상범의 선도와 재범 방지라는 명목하에 제령 제16호로 제정 공포된 〈조선사상범 보호관찰령〉과 끝까지 전향하지 않는 사상범을 대상으로 실시된 총독부령 제48호 〈조선사상범 예방구금령〉은 평상시에 사상이 조금이라도 의심되는 자를 사찰하고 이들을 미리 구속할 수 있는 법령이었다.

일본의 대륙침략정책이 가속화되면서 반작용 현상이 노정되고 있었다. 이른바 '사상범' 격증으로 인한 감옥 사무의 증가 및 사회로 복귀한 사상범의 재범을 방지해야 한다는 명분으로 조선총독부로서는 이 두 가지 법령을 통해 검거된 사상범에 대해 더욱 지속적인 감시와 통제를 하려고 했던 것이다. 치안유지법 실시 이후 보호관찰령 및 예방구금령으로 이어지는 사상범 관련 법령체계는 일제하 조선총독부의 법령 체계가 갖고 있던 사상 탄압의 극단적인 측면을 단적으로 보여 주는 사례이다.[26]

결국 일제강점기 전반을 살펴보면 일제는 억압적인 식민지 지배 구조를 구축하기 위해 각종 법규를 제정, 공포하여 끊임없이 조선의 사상을 통제해 왔다는 사실을 알 수 있다.

---

26 황민호, 2005, 「전시통제기 조선총독부의 사상범 문제에 대한 인식과 통제」, 『사학연구』 79, 207~245쪽.

3. 일제강점기 사상 탄압 조직의 변천

한국병합 후 경찰관 관제를 반포하여 경무총감부, 경무부 및 경찰서 관서(官署)를 설치하고 경무총감, 경무관, 경무부장, 기사(技師), 통역관, 경시(警視), 경부(警部), 속(屬), 통역생, 경찰의(警察醫), 순사, 순사보를 두었다. 경무총장은 한국주차헌병의 장인 육군장관이 겸직하여, 전 도의 경찰 사무를 총괄하는 한편, 경성의 경찰사무를 관장했다. 각 도의 경무부장은 헌병대장인 좌관(佐官)이 겸직하고, 도(道) 내 경찰사무를 관장하도록 했다. 경찰서장은 경시, 경부가 담당하지만 경찰서를 두지 않는 지역의 경찰사무는 헌병분대 분견소가 담당하기로 했다. 이에 헌병분대장, 헌병분견소장인 헌병장교 하사 등은 필요에 따라 경시 또는 경부로 임명되었다. 즉 1910년대 이른바 무단통치하의 헌병경찰제도가 이렇게 완성된 것이다.

경무총장과 경무부장은 모두 부령(部令)을 반포할 권한이 있고, 경무총장이 발하는 부령에는 3개월 이하의 징역 또는 금고, 구류, 100원 이하의 벌금 또는 과료(科料)의 벌칙을 부과할 수 있고, 경무부장이 발하는 부령은 구류 또는 과료의 벌칙을 부과할 수 있었다. 1915년 3월 19일 경찰관서 관제가 개정되어 종래 경무총감부가 관장하던 경성에서의 경찰사무는 경기도 경무부장이 담당하게 된다. 또한 경무부장이 부령을 반포할 때는 도 장관의 승인을 받는 것으로 바뀌었다.

조선 경찰 조직의 원형은 일본에서 찾을 수 있다. 일본에서는 고토쿠 슈스이(幸德秋水) 사건을 계기로 하여 1911년 경시청의 고등과에서 특별고등과가 분리되었다. 이것은 과격화하는 사회운동 단속을 전담하는 부서가 탄생한 것이었다. 경시청 이외의 부현(府縣)의 경찰부에서는 사회운동 단속을 전담하는 고등과 또는 보안과가 설치되어 있었다. 1912년에는 오사카부에 특별고등경찰과가 설치되며, 1922년부터 1926년까지 홋카이도, 가나가와, 아이치, 교토, 효고, 야마구치, 후쿠오카, 나가사키, 나가노 등 각 부현에 특별고등경찰과가 설치되고 1928년에는 모든 부현으로 확대되었다.[27] 이 특별고등과 내에 1921년에 내선고등계

27 副田義也, 2007,『内務省の社会史』, 東京大學出版會, 489~490쪽.

(內鮮高等係)가 별도 설치되어 조선인 독립운동 단속을 전담하게 된다.[28] 내무성에 속한 특별고등과의 주된 업무는 일본공산당 등을 탄압하는 것이었다. 특별고등과가 운용하는 법률은 집회 결사의 자유를 제한하는 치안경찰법, 공안을 해할 우려가 있는 자를 검속할 수 있는 행정집행법, 국체변혁과 사유재산을 부인하는 사상을 단속하는 치안유지법이었다. 1928년 일본 내무성관제가 개정되어, 경보국 보안과의 업무 분장은 1. 특별고등경찰 및 외사경찰에 관한 사항, 1. 정보 및 조사에 관한 사항으로 된다. 1928년 7월 현재 특고경찰의 완성 형태는 3층 구조로, 내무성 경보국 보안과-경시청 특별고등과 및 각 도부현 경찰부 특별고등경찰과-각 경찰서 특고계로 긴밀하게 연결됐다. 경시청 특고과에는 고등문관시험에 합격한 과장이 임명되어 2~3년마다 교대된다. 직원은 경시청에서 채용된 경찰관으로 장기간에 걸쳐 특고로서 경험을 쌓은 사람이 많았다.

1922년 조선총독부 경무국 조직도를 보면, 고등경찰과와 보안과가 설치되어 있다. 고등경찰과는 고등경찰에 관한 사항과 신문, 잡지, 출판물에 관한 사항을 맡고 보안과는 행정경찰 및 범죄 즉결사무에 관한 사항을 맡았다. 도의 경찰부에도 고등경찰과와 보안과가 설치되었다.

사상 탄압은 일본과 식민지인 조선, 이른바 '불령조선인'과 '불령일본인'이 활동하는 러시아나 중국 지역에도 미치고 있었다. 이러한 국제적인 단속을 강화하기 위해 일본내무성과 조선총독부, 관동도독부 및 각 지역의 영사관은 긴밀하게 연결되어 있었다. 이러한 긴밀한 정보망을 통해 불온사상을 가진 조선인 등에 대한 정보를 주고받았다. 1910년 이후 일찌감치 조선총독부 경무국은 일본 내무성 경보국과 긴밀히 협조하여 병합 후 일본에 입국하는 조선인을 대상으로 〈조선인명부〉를 작성했다. 해당 조선인이 각 경찰서 관할지 내에서 체재하는지, 거주하는지, 배일사상의 유무가 기록되고 그러한 정보가 지사(知事) 앞으로 수집되었다.

1913년 내무성 경보국은 이 명부 작성을 위해 기초자료로 〈조선인 식별 자료에 관한 건〉을 지사에게 발송했다. 재일조선인 중에서도 경보국은 특히 유학생을 주목했다. 1919년 3·1운동 후 5월, 경보국은 각 부현청에 〈재류조선인 학생명부〉 작성을 명했다. 그중 유학생 다수

---

28 副田義也, 2007, 『內務省の社会史』, 東京大學出版會, 484쪽.

는 요시찰인으로 편입되었다는 기술이 있다. 요시찰인이란 〈요시찰조선인시찰내규〉에 의해 치안을 어지럽힐 우려가 있는 인물로 감시 대상이 된 자로, 갑호와 을호로 구별했다. 갑호는 5인, 을호는 3인의 경찰관이 미행했다.

내무성의 특고경찰과 사법성의 사상검찰은 사상 사찰과 탄압을 위해서 수레의 두 바퀴와 같은 관계였다. 사상계 검사가 일본에서 전국적으로 배치된 것은 1928년 7월이다.[29] 그 임무는 '좌경 사상에 입각한 범죄' 특히 '치안유지법 및 치안경찰법, 폭발물 취급벌칙 등의 범죄'의 사법 처리였다. 제도상 사상검사는 특고경찰관을 지휘 명령하는 권한을 가지고 있었다.[30] 특고과 계장의 학력은 중학이나 고등소학 졸업 정도라면, 사상검사는 대학졸업자였다.

경찰강습소 교수를 지낸 이시하라 쓰네지로(石原雅二郎, 1888~1946)는 사상경찰에 대해 "사상경찰은 정파와 파벌을 갖지 않으며 어디까지나 국가관념에 입각해야 한다"라고 역설한다. 국가관념이란 만세일계의 천황이 통치하는 국가가 일본이며, 국무대신은 천황을 보필, 재판관은 천황의 위임으로 사법권을 담당하고 이에 인민은 무조건 복종해야 한다는 것이다. 나아가 사상경찰의 임무는 국가에 해악을 끼친 국가의 적(敵)을 즉시 규탄하고 진압 방법을 강구하는 것이며 사상범죄는 사건이 일어나서 움직이는 것이 아니라, 평소 예방수단을 강구해야 하며 이를 위해 예방 작용을 위한 정보 수집이 중요하며, 정보 수집 방법은 시찰, 신문 기사, 밀고, 첩보(스파이 고용)를 들었다.[31]

일제강점기 조선에서 사상검사가 등장하는 것도 1928년으로 보인다. 관련 기록은《동아일보》1927년 5월 6일 자 〈사상운동 취체전문검사〉 기사에 사상검사 전임 검사를 둔다는 내용이 보도되었고,《중외일보》1928년 1월 13일 자에는 경성복심법원 판사 이토 노리오(伊藤憲郎)[32]가 사상검사에 임명되었다는 보도이다.[33] 그런데 김병로는 1929년 전후로 기억했

29 副田義也, 2007, 『内務省の社会史』, 東京大學出版會, 492쪽.

30 荻野富士夫, 2000, 『思想検事』, 岩波親書, 2쪽.

31 石原雅二郎, 1930, 『思想警察概論』, 松華堂書店.

32 1927년 사상검사 제도가 도입된 이래 첫 사상검사로 임명된 인물로, 조선 사회주의 운동에 관한 반공주의적 연구의 개척자라고 평가되고 있다(임경석, 2014, 「일본인의 조선 연구-사상검사 이토 노리오의 사회주의 연구를 중심으로-」, 『韓國史學史學報』 29, 229~258쪽.

33 水野直樹, 2008, 「植民地朝鮮の思想検事」, 『日本の朝鮮台湾支配と植民地官僚』 30, 387쪽.

다.[34] 미즈노 나오키는 1928년 8월에는 일본에서의 사상검사 배치에 즈음하여 조선에서도 사상사건 처리를 위해 검사 5명, 서기 5명의 증원이 이루어지고 경성, 평양, 대구, 광주, 부산 각 지방법원 검사국에 배치된다고 하였고, 1929년 1월 고등법원 검사국의 내부 규정이 개정되어 검사분실(檢事分室, 思想係) 설치의 법적 근거도 마련되었는데, 이것이 이른바 고등법원 검사국 사상부로 불리는 조직이라고 설명한다.[35] 1929년 6월에 경성지방법원 검사국에도 사상계 전문 검사가 임명되어 인천지청 검사 모리우라 후지오(森浦藤郎)가 부임했다. 당시 조선의 사상검사는 모두 일본인이며, 출신 대학별로 도쿄제국대학과 교토제국대학이 많았다.

일제강점기 내내 조선인 판검사의 권한은 민사에서 원고와 피고가 모두 조선인인 사건으로 제한되었고, 형사에서는 피고인이 조선인인 사건에 한정되어 있었다. 일제 말기 함흥지방법원에서 검사로 일했던 최대교의 회고에 의하면, 검사장 아래 차석검사, 삼등 검사 순으로 선후배 계열이 엄격했는데 조선인은 등급이 높아도 차석에 임용되지 못하는 불평등이 있었다고 지적했다.[36]

1936년에 조선에서 보호관찰령이 제정되어 사상범을 대상으로 사법 보호를 제도화하였다. 이를 근거로 하여 보호관찰소가 전국에 설치되며 이를 주관하는 단체로 사상보국연맹이 조직되었다. 이를 통합한 단체로 1941년에 대화숙이 만들어지는데, 이곳은 어디까지나 완전히 일본적인 환경을 만들어 사상 전향을 세뇌하고 사상범에 대한 일상적인 감시 체계를 확립하고자 하였다.[37]

전체 해제 집필

윤소영

---

34 김병로(金炳魯), 〈반도의 사상 판검사진, 고등·복심·지방의 삼 법원을 통하여〉, 《삼천리》 제7권 제3호, 1935. 3.1, "1929년(昭和 4) 이해를 전후하여 반도 사회에는 사상사건이 폭주하였다. 그래서 어느 법원이나 치안유지법 위반과 보안법, 제령을 위반한 모든 사건이 몰려 있지 않은 곳이 없었다. 이 추세를 간파하고 총독부 법무국에서는 우선 주요한 사법 기관에 사상부를 신설하고, 그 방면 지식 있는 사람을 추려 사상부 판검사로 진용을 다져 놓았다. 최초로 설립된 곳이 경성지방법원과 경성복심법원이고, 올해부터인가 평양과 대구에도 설치하기로 되었다".

35 水野直樹, 2008, 「植民地朝鮮の思想検事」, 『日本の朝鮮台湾支配と植民地官僚』 30, 387~388쪽.

36 최대교, 1984, 「사건과 회고-내가 보고 들은 일들」, 『사법행정』 25-4, 73쪽.

37 최선웅, 2019.3, 「일제시기 사법보호사업의 전개와 식민지적 성격-사상범 사법보호단체를 중심으로」, 『동방학지』 186쪽.

I

신문 기사

해제

한국 근대 신문은 1910년 경술국치부터 3·1운동이 일어난 1919년까지 언론의 암흑기라고 부를 정도로 철저한 통제가 이루어져 민간 신문이 자취를 감추는 시기를 겪었다. 1920년 《조선일보》, 《동아일보》, 《시사신문》 등 3개 지가 나타기 전까지는 대한제국 말에 발행되던 여러 종류의 일간지가 폐간되고 총독부 기관지로 한글 신문인 《매일신보》, 일본어 신문인 《경성일보》, 영자신문 《Seoul Press》만 남았다. 3·1운동 뒤 무단통치가 이른바 '문화통치'로 바뀌지만, 한국인의 신문·잡지 발행을 극도로 억제했을 뿐 아니라 허가받은 신문·잡지에 대해서도 여러 가지 방법으로 탄압을 가하였다. 특히 이러한 탄압은 1931년 만주사변 이후 더욱 극심해졌다. 1937년 중일전쟁 이후에는 황민화정책(皇民化政策)을 펴면서 일어사용·창씨개명 등을 강요하고 전보다 더욱 가혹한 언론 탄압이 이루어졌다. 그런 시기에 1937년 《조선중앙일보》는 베를린 올림픽 당시 손기정(孫基禎)의 일장기(日章旗) 말살 사건으로 폐간되고 말았다. 1940년에 들어와서는 《동아일보》와 《조선일보》에 강압적으로 자진 폐간을 요구하며 행정 처분·사법 처분을 사용해 탄압을 가하는 한편, 신문 용지 배급을 제한하는 등 여러 측면에서 압박이 가해졌다. 결국 이 두 신문은 1940년 8월 10일 폐간계를 제출한다. 그리하여 1945년 8·15 광복을 맞이할 때까지 무신문(無新聞)의 시대를 겪게 되었고, 이 시기에는 총독부 기관지인 《매일신보》만이 유일한 일간신문으로 존속했다.

일제강점기 이전에 이미 한국의 상황은 보안법 10조 반포로 집회, 결사, 대중운동 등의 모든 민주적 의사 표현에 대한 통제가 이루어졌음을 1907년 7월 31일 자 《황성신문》의 〈보안법 반포〉에 관한 기사를 통해 알 수 있다. 일체의 사상, 행동, 표현에 대한 억압은 더욱 가혹해졌고, 1910년에는 '헌병경찰' 조직이 재편되는 과정에서 치안 방해를 이유로 신문지 압수 등을 한 사실을 확인할 수 있다. 급기야 '3인 이상 집합 금지'를 통감부 공고만으로 결정하는 초유의 상황이 《황성신문》 기사에 드러난다.

1920년대는 이미 조선에 제령 7호라는 가혹한 법률이 존재하는데 그에 더해 치안유지법을 실시하는 엄혹한 상황을 풍자하고 비판하는 사설이 봇물 터지듯 쏟아졌다.《동아일보》의 경우, 치안유지법을 논한 사설과 사상범에 대한 사설에서 본색을 드러낸 총독정치를 직접 규탄하고 1925년 치안유지개정 전후 기사들에서 '준열한 사상법안'이라 규정하며 논리적으로 반박한다. 1936년 8월 일장기 말소 사건으로 무기 정간되었으며, 1940년 8월 10일 폐간 당했다. 그간《동아일보》는 무기 정간 4회, 판매 금지 63회, 압수 489회, 삭제 2,423회 등의 언론 통제를 당하였다.《동아일보》는 지면을 통한 민중 계몽에 힘쓰는 한편, 물산장려운동, 일제의 언론·집회 탄압 규탄운동, 민립대학 설립운동 등 국내의 대중적 민족운동에 앞장섰다. 실제 1930년대 동아일보의 사상 관련 기사들에는 사상의 자유로운 토론과 연구를 위한 결사를 보장함으로써 사상의 힘으로 사상을 대하여야 한다는 주장에서 민권사상, 정치사상에 관한 식견과 논리적 반박으로 동시대 독자들에게 상당한 영향을 발휘했을 것으로 보인다.

《조선일보》는 민족지로 탄생했지만 1930년대에는 변모가 보인다. 일본의 통제에 놓여 언론 자유가 제한적이어서 그 영향을 받았다. 지식인의 분열도 한몫했고 상업성에 치우치며 언론의 사명을 잊었다는 평가를 받는다. 그 결과 1930년대 들어서면《조선일보》는 1940년 8월 10일 강제 폐간 시기까지 이렇다 할 결기 있는 주장과 사설을 발견하기 어렵다. 다만 1930년 4월 20일 〈치안유지법 철폐안〉 기사에서는 일본 무산당의 의회 대책과 관련한 움직임을 소개하며 치안유지법 철폐를 다루고 있는 점은 흥미롭다.

이 시기에는 총독부 기관지인《매일신보》만이 유일한 일간신문으로 존속해 일본의 정책, 사상경찰, 사상검사 등에 대한 이른바 '사상사건' 보도가 이어져, 이 시기의 사상 탄압의 상황을 살펴볼 수 있다.

이 장에서는《황성신문》,《대한매일신보》,《매일신보》,《동아일보》,《조선일보》,《중앙일보》(1933년《조선중앙일보》로 개제) 기사 가운데 '사상', '사상범' 관련, '사상 탄압을 위한 경찰 조직'의 움직임, 치안유지법 등 사상 탄압을 위한 법규 관련 주요 기사를 중심으로 살펴보았다. 이는 본 자료집이 사상통제 관련 법령과 해설, 사상통제의 주체 그리고 방법과 관리 체계에 관한 일본의 단행본 자료들을 중심으로 이루어져 있기 때문이다. 그러므로 대표적인 일간지 신문 기사를 통해 시대별로 사상 탄압, 법률, 조직과 관련한 시간적인 흐름을 한눈에 알아볼 수 있도록 배열해 일제강점기 동안 사상 탄압의 시기적 변천 내용을 이해할 수 있을 것이다.

이를 위해 위 신문 기사를 일제강점 이전과 강점기로 나누고, 강점기는 연대별로 나열하였다. 1910년대는《황성신문》과《대한매일신보》기사가 중심이다. 이후 1920년에서 1940년대까지《동아일보》,《조선일보》,《조선중앙일보》,《매일신보》순으로 배치하였다.

끝으로 이 자료집의 주제를 담은 한국의 신문 기사를 모은 의미는 일본 공안 당국의 자료에 대한 동시대 한국의 시각을 담아내기 위해서이다. 다만 1910년대까지의 기사는 사상 탄압, 경찰 조직, 치안 관련 법률에 관한 단신이 다수를 차지하지만, 1920년대 이후 신문 기사에는 특히 사설을 중심으로 제반 이슈에 대한 주장과 입장을 두루 싣고자 하였다.

홍선영

1. 일제강점 이전

1) 《황성신문(皇城新聞)》

〈자료 01〉 신문지법(新聞紙法) 반포(頒布)(《황성신문》, 1907.7.29)

신문조례(新聞條例)를 칙령으로 반포된다 함은 누누이 게재한 바이어니와 38조를 재작일 관보에 반포되었더라.

〈자료 02〉 보안법 반포(《황성신문》, 1907.7.31)

안녕질서를 유지하기 위하여 보안법 10조를 반포했는데 그 대략은 결사 및 집회를 해산 또는 금지하며 다중의 운동, 혹은 군집하는 경우와 가로(街路)나 기타 공개한 장소에 문서, 도화(圖畫)의 게시와 정치에 관하여 불온한 동작을 행함과 정치에 관하여 불온한 언론과 타인을 선동 및 교사, 사용하는 등의 건을 엄금함이라더라.

〈자료 03〉 『금수회의록(禽獸會議錄)』 압수(被押)(《황성신문》, 1908.7.18)

재작일 하오 5시경에 경시청에서 각 분서에 지휘가 있었던지 각 서포에 소유한 『금수회의록(禽獸會議錄)』이라는 책자를 일일이 수색했는데 서적계의 압수함은 처음 있는 일이라더라.

〈자료 04〉 《대한매일신보(每日報)》 압수(押收)(《황성신문》, 1908.8.9)

영국인 만함(萬咸)[1] 씨가 발행하는 《대한매일신보》 국문으로 발간하는 354호와 국한문으

---

1 베델의 비서 Alfred W. Marnham의 한국식 이름. 대한매일신보사 사장이었던 베델은 사장직을 비서 만함에게

로 발간하는 877호는 치안을 방해함으로 인정하여 신문지법 제34조를 의하여 발매 반포를 내부 고시로 금지했더라.

〈자료 05〉 압수가 아닌 협의(非押乃協議)(《황성신문》, 1909.4.21)

본보 3049호 〈잡보란〉 내에 민회규약 압수라는 제하(題下)에 한성부민회(漢城府民會)에서 발간한 회칙을 경시청에서 압수하였다 함은 다시 들어 보니 압수한 것이 아니오, 출판법에 의하여 해당 회원 중에 1인을 불러서 협의한 일은 있다 하다더라.

〈자료 06〉 압수 책자 수(《황성신문》, 1909.5.27)

출판법으로 발매를 금지하고 압수한 책자의 수가 3,800여 부라더라.

〈자료 07〉 신경찰제 내용(《황성신문》, 1910.6.28)

별항 경무총감부(警務総監部)는 집행, 행정의 두 기관을 분리하여 조직하고, 현재의 헌병, 경찰의 배치를 변경하여 중복이 없게 경찰부, 분서, 파출소를 설치하고 경시, 경부, 순사, 순사보(한인)를 두되 헌병 장교 이하 병졸은 경시, 경부, 순사의 자격을 겸하게 함인데, 외관으로 경부를 확장한 듯하나 그 실상은 그 수뇌부를 헌병대에 이전하여 이에 관한 사무를 통일함이라더라.

〈자료 08〉 헌병경찰 동청(憲警同廳)(《황성신문》, 1910.6.29)

신설할 통감부 경무총감부(警務総監部)에 관한 특립 관제(特立官制)는 이틀간 반포할 터인데 전부는 이미 보도한 바와 같이 헌병사령부와 집무 연락상 전부 한 청사에 있음이 필요하

맡기고 자신은 언론인으로 활약했다고 한다.

다 하여 별항 경성 헌병분대에 충당하였던 청사를 택정(擇定)하였다더라.

〈자료 09〉 경비 기관 배치표(《황성신문》, 1910.7.8)

경찰권이 위임된 후의 경무 기관 조직을 들은즉 경성 이외의 각 지방 기관이 다음과 같더라. 헌병기관은 헌병사령부 관리 하에 헌병대 13, 헌병분대 77, 헌병분견소 527을 배치하고, 경찰기관은 경무총감부 관리 하에 경무부 13, 경찰서 97, 순사주재소 263을 배치함.

〈자료 10〉 경무과장 임명(《황성신문》, 1910.7.20)

경무총감부는 작일 각 과장, 과원을 임명하였는데 헌병 중좌 겸 경시 야마가타 시즈카(山形閑) 씨는 기밀과장으로, 경시 나가타니 다카시(永谷隆志) 씨는 관방이사로, 이스미 주조(亥角仲藏) 씨는 보안과장으로, 경무관 나카노 아리미츠(中野有光) 씨는 경무과장으로 각기 임명되었다더라.

〈자료 11〉 경시청과 유학생(《황성신문》, 1910.7.21)

일본 경시청은 재동경 아국(我國) 유학생 일동에 대하여 그 단속을 한층 엄중히 하며 통감부 경무총감부와 상대(相待)하여 불온 행동을 방어하기로 방침을 정하였다더라.

〈자료 12〉 통감 마중자 주의(《황성신문》, 1910.7.22)

데라우치(寺內) 통감이 명일(明日) 착임함은 수차례 보도한 바이어니와 당일 마중하는 자는 다음과 같은 사항을 주의한다더라.

1. 통감 입경할 제에 정거장 구내에는 특정 입장권을 소지한 자만 입장케 함.
2. 각 단체의 대표자는 1인만 입장 허가하되 처소의 사정으로 인하여 사절함도 있음.

3. 인천에서 통감 승차를 동승하는 자는 철도관리국 발행 승차 허가증을 휴대한 자에 한함.

4. 입장권은 미리 경무총감부에서 교부하되 그때 얻지 못한 자에게는 당일 남대문과 인천 정거장 일정 처소에서 경관을 교부함.

5. 승차 허가증은 미리 통감부에서 교부함.

6. 학도는 남대문부터 한국은행까지 각 단체는 동측에 편의 정례하고 일반 공중(公衆)은 그 후방 수비대의 정렬을 방해하지 않는 처소에 도열할 것.

7. 남대문부터 정거장까지 그리고 일본인 시가에는 일반 공중의 집회 도열을 불허함.

〈자료 13〉《황성신문》(皇城報) 정간(停刊)(《황성신문》, 1910.8.4)

《황성신문》 제3438호는 치안에 방해라 하여 압수하고 또 정간을 당하였다더라.

〈자료 14〉 검열 폐지(《황성신문》, 1910.8.9)

어제 정오에 경무총감부에서 아국(我國) 각 신문사 발행인을 소집하여 신문지의 검열을 폐지하였으니 지금부터는 자유 발간하되 제반 기사를 치안에 방해가 아니 되도록 주의하라 하였더라.

〈자료 15〉 파출소 증설(《황성신문》, 1910.8.12)

경무총감부(警務総監部)에서는 동부훈련원(東部訓鍊院) 및 성균관(成均館) 등 기타 5개소에 순사파출소를 증설하기로 결정하였다더라.

〈자료 16〉 해외재류인 사보(査報)(《황성신문》, 1910.8.13)

경무총감부에서 각 서에 신칙(申飭)하기를 한인(韓人)으로서 해외에 재류하는 사람의 도항 연월일과 직업의 유무를 일일이 조사 보고하라 하였다더라.

〈자료 17〉 광고(《황성신문》, 1910.8.19)

특고(特告)

어제 발행한 본보 제353호는 경무총감부에서 치안에 방해됨을 인정하여 발매 발포를 금지하며 발행 정지를 명하였으므로 애독자 제군에게 공람치 못하는 사유를 앙포(仰佈)[2]함.

융희 4년 8월 19일 대한민보사

〈자료 18〉 일본 13 신문의 압수(《황성신문》, 1910.8.20)

경무총감부에서는 다음의 일본 내지 신문 13종을 한국에 수입함이 치안에 방해라 하여 작일 전부를 압수하였다더라. 17일 발행《호치신문(報知新聞)》석간, 18일 동 신문 조간, 17일《오사카마이니치신문(大阪每日新聞)》〈호외〉및 18일 동 신문, 동《도쿄마이니치신문(東京每日新聞)》전보, 동《미야코신문(都新聞)》, 동《요미우리신문(讀賣新聞)》, 동《오사카아사히신문(大阪朝日新聞)》, 동《규슈니치니치신문(九州日日新聞)》, 동《오사카신보(大阪新報)》, 동《후쿠오카니치니치신문(福岡日日新聞)》, 동《규슈마이니치신문(九州每日新聞)》, 동《후쿠이신문(福井新聞)》, 동《바칸마이니치신문(馬關每日新聞)》.

2)《대한매일신보(大韓每日申報)》

〈자료 19〉 정부 당국자의 행색(《대한매일신보》, 1908.5.1)

대한국을 다스리는 당국자들은 당연히 행할 긴급한 사무는 진력하여 주의치 아니하고 다음에 게재한 이런 사건만 만들어내는 도다.

1908년(융희 2) 4월 29일 관보에 신문지법 개정한 조건을 칙령으로 반포하였는데 이왕에 반포한 신문지법 제33조 아래에 3조목을 새로 첨가하고 그 조목 호수는 차례로 개정하

---

2 '널리 알리다'라는 의미이다.

여 제34조를 37조로 개정함이라 하였는데 제34조 외국에서 발간하는 국문신문 혹 국한문 신문 또 순한문으로 발행하는 신문지나 또 외국 사람이 본국 내에서 국문이나 한문이나 또 혹 국한문으로 발행하는 신문지로 치안을 방해하거나 풍속을 괴란케 하는 때에는 내부대신이 그 신문지를 국내에서 매매와 분전함을 금지하고 그 신문지를 압수(거둬들이는 것)함을 행함. 제35조 제34조의 금지하는 규칙을 위반하여 신문지를 반포하거나 발매한 본국인은 300환 이하 벌금에 처함. 제36조 본국인이 제34조에 의지하여 발매와 반포를 금지된 신문을 알고도 해 신문을 운송하거나 분전하는 자는 50환 이하 벌금에 처함이라 하였더라. 이 대한매일신보 소유주(주인)는 대영국 사람이오, 대한과 대영 양국 간에 조약 아래에 있는 자이라. 이 두 나라 사이의 법률에만 위반치 아니하면 어느 때까지든지 아무런 침해를 받지 아니하고 자유로 영업하는 권한이 자재하거니와 지금 한국 순사가 본보 구람하시는 사람의 성명을 조사한다는 말을 들은고로 한 말씀을 광포하노니 본보를 구람하는 제씨가 지금 만여 명이나 되었슨즉 이것을 일일이 조사하려면 쓸데없이 허다한 공부를 허비할지로다. 우리는 지금 이 관보의 게재된 신문지법에 관한 여러 가지 조건이 아무 방해도 없고 아무 상관도 없는 우리 대한매일신보를 꼭 지목한 것이 아닌 줄로 믿으나 그러나 한국 정부에서 한문과 일문으로 섞어 발간하는 신문지(일인의 신문)를 구속코저 함도 아닌 줄은 또한 명백하도다. 그러나 내부대신의 진정한 의사가 어떠한지는 우리가 능히 질정하야 말하기 어려우나 지나(청국) 동편에 있는 저 지방에서 발간하는 공평 정직한 신문에 대하여도 이런 곤란을 받게 하는지 적실이 사출코저 하노라. 어떠하던지 우리는 이러한 강제적 사건에 원래 관계가 없으니 영자와 한문과 국문의 세 가지 신문을 매일 연속하여 발간할 터이며 본보를 구람하시는 제씨들은 무슨 부당한 행위로 만일 제씨를 압제하거든 본사에 통지하기를 바라오며 지어 분전하는 제씨에게도 한 말씀 할 것은 우리가 정정당당한 법으로 신문 사업을 하는 터인데 본보를 분전하는 일에 대하여 만일 불공평한 처벌을 당하고 보면 우리가 장차 이 일에 대하여 우리의 권력대로 정당한 법률을 쓰거나 배상금을 징출하여 각별히 보호할 터이로다.

〈자료 20〉 본보와 신문지법의 관계(《대한매일신보》, 1908.5.10)

한국 정부에서 신문지법을 개정한 후로 본 신보를 애독하시는 한국 동포들이 무단히 의심을 품고 날마다 투서를 하여 혹 새로 개정한 신문지법의 리허를 묻는 이도 있으며 혹 신문지법이 개정됨으로 인하여 본 사에서 어떻게 방침을 쓰는지 알고저 하는 이도 있기로 이에 수다스러움을 혐의치 아니하고 그 신문지법의 리허와 본 사의 쓸 주지를 자세히 설명하여 의심을 품은 제 군자에게 고하노라.

개정한 신문지법

제34조 외국에서는 외국인이 내국에서나 발행하는 국문 혹 국한문 또는 한문의 신문지로 치안을 방해하며 또 풍속을 괴란케 하는 줄로 아는 때에는 내부대신이 그 신문을 국내에서 발매하여 반포함을 금지하고 그 신문지는 압수함을 행함.

이 조건은 외국에서 발행하는 신문지와 내국에서 외국인이 발행하는 신문지를 구관하고자 하는 주의로 난 것이라. 대개 국가의 주권은 자기 나라 영토 밖에 넘어가지 못하는고로 외국에서 발행하는 신문지에 대하여 한국 신문지법을 능히 쓰지 못할 것은 의론도 말고 한국 안에서 발행하는 신문지라도 한국은 원래 외국인에 대하여 치외법권이 없는즉 외국인이 발행하는 신문지에 대하여 한국의 신문지법은 능히 쓰지 못할 바이라.

그러나 지금 한국 당국자들은 지난해에 신문지법을 반포하여 인민 언론의 자유를 제한하고 자기의 행동을 마음대로 하고자 하였는데 이 신문지법의 구관함을 받지 아니하는 신문지가 번번이 강직한 말을 하여 저의 계획을 마음대로 행하는데 방해됨이 적지 아니한지라 그런고로 이 계교를 지어내며 이런 신문지에까지 구관할 경영이라. 그러나 이 나라 주권에 복종치 아니하는 신문지에 대하여 그 발행함을 정지한다든지 금지하는 것은 능히 못 할 일인고로 다만 내국에서 발매하여 반포함을 금지하고 그 신문지를 압수한다 규정을 정한 바이오 또 이런 조관도 없이 이러한 제한을 행하려하면 사람의 권리를 능답함이 넘어 심한 고로 그 억제함을 행하고자 할 때 그 신문지가 치안을 방해하거나 풍속을 괴란케 하는 줄로 아는 시에 행하는 뜻을 뵈인 바이라.

제35조 제24조의 금지함을 거역하고 신문지를 발매하여 반포한 내국 사람은 3백 원 이내의 벌금에 처함.

이 조건은 전 조의 규정을 거역하는 자에게 대하여 억제를 행코저 하는 뜻으로조차 나온 자이니 대개 발매하고 반포를 금지하는 것도 불계하고 그냥 발매하고 반포하여도 아무 억제함이 없으면 이 규정 조건은 필경 시효가 없는데 이르겠는 고로 이같이 극중한 억제를 행코저 함이라.

그러나 이 위에 말한 바와 같이 외국인은 한국 법권에 복종치 아니하는 고로 내국인이라고 분명히 말한 바이오, 또 내국인이라도 발매나 반포하는데 관계가 없는 자 아무 억제함도 행할 수 없는 고로 특별히 발매와 반포한 내국인이라고 게재한 바이라.

제36조 내국인이 제24조와 같이 발매와 반포를 금지된 일을 알고도 그 신문지를 수송[3]하여 보내든지 반포하는 자는 5십 환 이내 벌금에 처함.

이 조건은 발매하고 반포하는 직무가 없는 내국인이 금지된 사실을 알고도 짐짓 수송하여 보내든지 혹 포전하는 경우에는 억제를 행코저 하는 뜻에서조차 나온 바이라.

대개 이 위에 말한 조건의 규정이 있어도 금하는 령을 받지 아니한 자가 수송하여 보내든지 반포를 하면 어찌할 수가 없는 고로 직접으로 금지하는 령을 받지 아니하였을지라도 그 사실을 알고 짐짓 수송하여 보내고 반포한 자에게 대하여 억제를 행할 뜻으로 뵈임이라.

슬프다. 이 위의 세 조목에 규정은 극히 공교하고 주밀함을 드러내는 도다. 그러나 본 기자는 한국에 있어 치외법권 아래 있는 당당한 대영국신민이라 우리 대영국법을 명령에 촉범되지 아니하는 때는 영업의 자유와 언론에 자유는 그 권리가 자재한 고로 이것을 조금도 염려치 아니하였더니 심하다. 한국 당국자들의 불법한 행위. 본보의 발매와 반포를 금지하는 때까지 이르렀으니 어찌 놀라고 탄식할 자가 아니리오. 이같이 부당한 억특의 압제를 행함은 국제간에 영업의 자유와 언론의 자유를 침해하고 옳은 인도를 절시함이어니와 제 군자는 무애히 신보를 구람할 권리가 자재하니 어떤 관이든지 제 군자를 방해하는 자가 있거든 본사에서 한국 정부의 행동에 대하여 질문하는 권한이 자재하니 제 군자는 조금도 의려치 말지어다. 본보는 전혀 한국을 위하여 붓을 잡은 것은 제 군자도 확실히 아는 바이니 한

3 《대한매일신보》 한글판 원문에서는 '수운'으로 표기되어 있으나, 한글판 하루전에 발행된(1908.5.9) 국한문판에 의하면 '수송(輸送)'으로 표기됨. 이 외에도 반포(頒布)'를 '포전'이나 '전포'로 표기하는 등 한글판의 오타(誤打)로 추정됨.

국 인민은 반드시 이 신보를 대하여 찬조하며 더욱 많이 구람하시고 무단히 의려하는 마음을 자아내지 말이어다. 그러나 혹 위협하는 일이 있거든 이런 폐단을 막는 것은 본사의 책임이니 즉시 본사에 통기하기를 바라노라.

〈자료 21〉 서책 압수(《대한매일신보》, 1908.7.18)

재작일 하오 5시에 경시청에서 각 분서에 지휘가 있더니 각 서화포에 있는 금수회의록을 수탐하여 갔는데 서적계에서 압수를 당함은 처음이라 하더라.

〈자료 22〉 서책 압수(《대한매일신보》, 1909.5.7)

어제 상오에 경시청에서 한성의 각 서포에 있는 월남망국사와 이십세기 조선론과 동국역사와 대한역사와 우스운 소리라 하는 각종 서적을 모다 압수하였는데 그때 관광하던 사람들이 모다 분함을 참지 못하였다더라.

〈자료 23〉 학정분서(學政焚書)(《대한매일신보》, 1909.5.27)

출판법에 의하여 학부에서 금지된 서책 중 압수한 수가 3천7백 여 책이라는데 혹 파전될 우려가 있다 하여 소화(燒火)한다더라.

〈자료 24〉 시사평론(學政焚書)(《대한매일신보》, 1909.8.11)

백두산에 높이 올라 구름같이 변환하는 한국정형 굽어보니 괴이한 일 많거니와 정치사회 말하기도 능견난사 알 수 없네. 이내 붓을 한번 내어 대강 평론하여 볼까.

사법 위임 하였슨즉 무위이치 절로 되어 전국 화평할 뿐더러 인민 시비 없어져서 범법자가 적을 텐데 감옥소만 널리 짓고 죄인 많이 가두는 일 능견난사 이 아닌가.

군부 폐지 하였슨즉 전쟁할 리 없거니와 총검까지 모두 걷어 위험 태도 막았으니 폭동염려 없을 텐데 정탐군만 많이 두고 밤낮없이 분주한 일 능견난사 이 아닌가.

학교 인허 하였슨즉 인민 지식 발달코저 선구 학문 연구 후에 갖은 서책 발간하여 박람토록 할 터인데 학부령을 반포하여 압수하고 금하는 일 능견난사 이 아닌가.

재정 고갈 하였슨즉 연희장과 화투판을 의례 금지하려니와 국가경용 말로서도 절용 절검할 터인데 위로금만 몇만 환씩 일인에게 내주는 일 능견난사 이 아닌가.

〈자료 25〉 벌금 징수와 압수(徵金押物)(《대한매일신보》, 1909.10.20)

이원(李源) 씨 외 1명이 출판법의 위법하였다 하여 지난 13일 목포구 재판소에서 이원 씨는 저작자로 이승일(李承壹), 김옥겸(金玉兼) 양 씨는 발행자로 각 벌금 20원에 처하고 서적 72책과 기타 물품을 몰수하였다더라.

〈자료 26〉 한없이 극심함(無已太甚)(《대한매일신보》, 1910.5.12)

내부(內部)에서 출판법을 반포한 후 일반서적을 자유 간행치 못함은 일반이 모두 아는 바이거니와 개인가에 보첩(譜牒) 편찬도 이 출판법을 의거한다더라.

3) 《신한민보》

〈자료 27〉 압제가 이와 같음(《신한민보》, 1909.6.9)

경시청에서 각 책사에 순사를 파송하여 한국 인민이 보아서 애국사상이 날 만한 서책을 모두 압수하였는데 그 서책은 다음과 같더라.

『동국사략』, 『유년필독』, 『20세기 조선론』, 『월남망국사』, 『금수회의록』, 『우스운 소리』 소설

2. 일제강점기

1) 1910년대

(1) 《황성신문》

〈자료 28〉 경관의 상여금(《황성신문》, 1910.8.24)

경무총감부에서는 근일 내로 사무의 번다함으로 인하여 본국인 경관에 대하여 50전에서 2환의 상여금을 지급하였다더라.

〈자료 29〉 3인 이상 집회 금지(《황성신문》, 1910.8.25)

통감부 공고 사의(辭意)는 어제 보도했거니와 다시 물어보니 경무총감부에서는 각 사회에 지시하고 타일러 수일간은 3인 이상의 집회를 금지하였다더라.

〈자료 30〉 승인 후 회합(《황성신문》, 1910.8.26)

경무총감부에서 각 사회에 대하여 수일간은 3인 이상의 집회를 금지함은 이미 보도한 바이어니와 다시 물어보니 특별한 사고가 있는 경우에는 신청 승인한 후에 회합하게 하였다더라.

〈자료 31〉 출장 순사 위로금(《황성신문》, 1910.9.3)

경무총감부에서는 북간도 통감부 출장소에 재근하던 순사에게 위로금 20환식(圜式)을 지급하는데 순직한 순사에게는 100원(圓)을 지급한다더라.

〈자료 32〉 총감부 임시회의(《황성신문》, 1910.9.6)

경무총감부에서는 재작일 일요일 오후 3시 반에 중요 직원이 회동하여 임시회의를 열었다더라.

〈자료 33〉 신문 잡지 압수(《황성신문》, 1910.9.8)

《대동공보(大東共報)》 24권 18호 및 동 49호와 《하와이한인교보(布哇韓人教報)》 5권 5호 및 동 6호, 《대도(大道)》 권2호 및 동 6호는 공히 치안 방해로 재작일 경무총감부에서 그 수입을 금지하고 압수하였다더라.

〈자료 34〉 잡보 전기 압수 (《황성신문》, 1910.9.9)

경무총감부는 『양의사합전(兩義士合傳)』이라는 제목의 출판물이 치안에 방해라 하여 압수하고 발매 반포를 금지하였다더라.

(2) 《대한매일신보》

〈자료 35〉 그렇겠지(《대한매일신보》, 1910.6.28)

일본이 경찰사무의 위탁을 받은 후에 한국 경찰은 모두 통감부 관할이 되어 통감부에 경무총감부를 설치하고 아카시 모토지로(明石元二郎)[4] 헌병사령관이 경무총감을 겸임하리라 더라.

---

4 아카시 모토지로(明石元二郎, 1864~1919) 아카시 모토지로. 일본의 육군 군인, 한국주차군참모장, 한국주차헌병대사령관, 경무총감 등을 역임하고 1918년 대만총독 재임 중 병사.

〈자료 36〉 경리(警吏)와 하사금(賜金)(《대한매일신보》, 1910.6.29)

경찰권 위임으로 인하여 현재 일본 경찰 관리는 신설될 통감부 경무총감부로 전용될 것은 세인의 상상하는 바이나, 이들 전임하는 경리에게 일본 정부에서 퇴관 하사금과 특별 상여금의 지급 여부에 대하여 두 가지 설이 있다. 일설은 관제개혁으로 인하여 면관(免官)된 자는 당연히 하사해야 하겠지만, 바로 통감부 경찰 관리로 채용될 뿐 아니라 일본 정부에서 그 비용을 지출할 터이므로 퇴관 하사금과 특별 상여금을 줄 필요가 없다고 한다. 한편 일설은 사법권을 위임할 때도 하사금과 상여금을 준 선례가 있는바 금번에도 주자는 설이 있어 현재 경리 간에는 중대 문제가 되어 담화를 교환한다는 설이 있다더라.

〈자료 37〉 경무총감부(警務總監部)(《대한매일신보》, 1910.6.30)

경찰 사무 위임의 결과로 경시청과 내부경무국은 자연 폐지될 터인 고로 헌병사령부 구내(경성헌병분대 구청사)에 통감부 경무총감부를 설치하고 중앙과 지방의 경찰 사무를 관리한다더라.

〈자료 38〉 신문과 잡지의 이송(《대한매일신보》, 1910.7.8)

각 경찰서에서는 어제 오전 9시에 각 신문 및 월보 잡지 등의 발행인을 불러 내부경무국 및 경시청에 발송하던 신문 및 잡지를 통감부 경무총감부로 보내라 하였다더라.

〈자료 39〉 고등순사의 만행(《대한매일신보》, 1910.7.13)

통감부 경무총감부 고등형사 순사 일인 무라카미 마사지로(村上政治郎)는 재작일 한성부민회 사무원 정달영(鄭達永) 씨를 무단 구타하였으므로 정 씨가 소관 경찰서에 호소하였다더라.

〈자료 40〉 경무총장의 경고(《대한매일신보》, 1910.7.19)

아카시(明石) 경무총장은 어제 오전 11시에 한글 신문 각 사장과 발행인을 경무총감부로 소집하고 신문 단속에 관하여 경고하였는데, 그 요항은 금회에 한국 경찰 사무를 위탁한 결과로 기왕에 경시청에서 단속하던 것을 앞으로는 총감부에서 행할 터이니 모두 알라고 하였다더라.

〈자료 41〉 유학생의 행동 단속(《대한매일신보》, 1910.7.21)

경시청에서는 재동경 유학생 일동의 행동에 대하여 한층 단속을 엄히 하여 통감부 경무총감부와 상응하고 불온한 행동이 없도록 방침을 정한다더라.

〈자료 42〉 경무월보 발행(《대한매일신보》, 1910.7.28)

경무총감부에서는 이번에 재차 경무월보를 간행하여 소속 경찰관의 지식을 계발하게 한다더라.

〈자료 43〉 형사순사(刑巡)와 정탐(偵探)의 단속(《대한매일신보》, 1910.7.30)

경무총감부에서는 형사 순사 및 정탐인 등이 주사청루(酒肆靑樓)에 횡행하며 불법 행위가 종종 있다 하므로 이들 폐풍을 제거하기 위하여 엄격하게 단속 중이라더라.

〈자료 44〉 양반 및 유생 조사(《대한매일신보》, 1910.8.27)

어제 경무총감부에서는 경성 각부 경찰서에 훈령으로 경계하고 각 관내에 현재한 양반 및 유생 중 60세 이상 70세 미만자의 수효를 시급히 조사 보고하라 하였다더라.

〈자료 45〉 통감부 소속 정원(《대한매일신보》, 1910.8.28)

경무총감부는 26일 훈령 제3호로 소속 정원을 정하였는데 그 합계 인원이 다음과 같다 함.

경시 일본인 36, 한인 16, 통역 일본인 3, 기사 1, 경시구 68, 속(屬) 8, 이상은 고등관.

경부 일본인 167, 한인101, 기수 일본인 2, 통역생 일본인 21, 한인 58, 이상은 판임관.

(3) 《매일신보》

〈자료 46〉 잡보 순사 정원표 배급(《매일신보》, 1910.10.20)

경무총감부에서 일반 순사 및 순사보의 정원표를 제정하여 각 경찰서에 한 건씩 배급하였다더라.

2) 1920년대

(1) 《동아일보》

〈자료 47〉 동아만화 설상가상(《동아일보》, 1925.4.27)

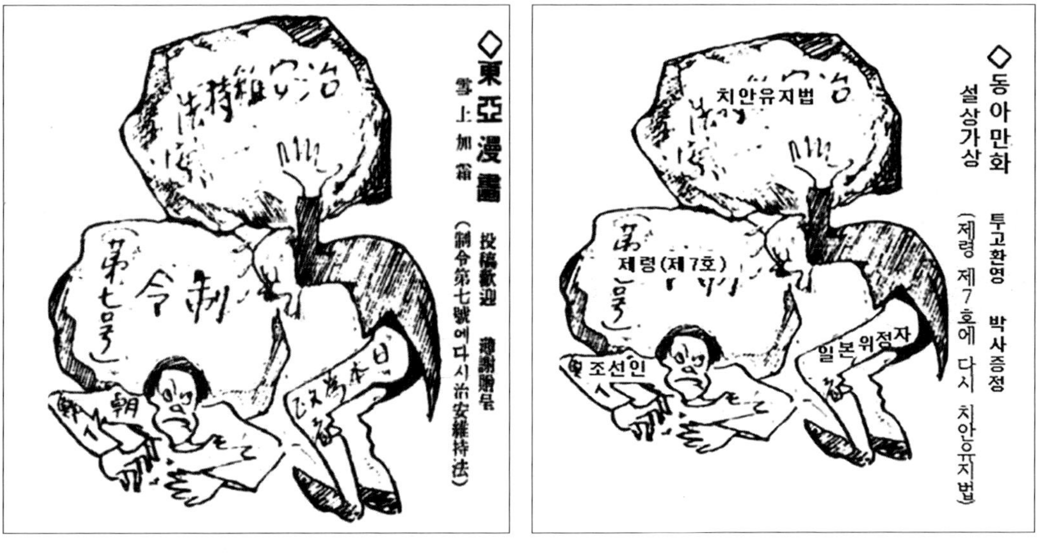

〈자료 48〉 사설

경찰정치와 사상 단체 치안법을 빙자(憑藉)하야(《동아일보》, 1925.5.6)

1.

조선총독부에서는 표본적 악법인 치안유지법을 조선에 실시하는 제일착(第一着)으로 기성 단체의 해산을 단행할 터이라 하니 이제 악법이 실시되며 그 악법을 조선총독부에서 활용하는 데 있어서 의론도 비평도 가부(可否)도 원래 있는 바 아니지마는 여하(如何)히 강권을 발휘하야 만사를 마음대로 할지라도 그 형식과 또는 실질에 있어서 전혀 기대만 한 곳이 없는 것을 한갓 위력으로써 무리하게 고압하는 것은 정의(正義)와 인도(人道)를 위하야 즉 인간 생활의 향상과 발달을 위하야 도저히 묵과할 수 없는 것이다. 일 즉 우리는 치안법 일본의회에서 문제 되든 때에 이것이 법률로 확정되면 조선에도 시행될 것과 조선에서 실시되면 그 적용하는 정도 또는 범위가 일본보다 십 배나 가혹(苛酷), 또한 확대될 것을 논한 바 있거니와 이제 실시하는 벽두(劈頭)에 이와 같이 노골적으로 위협의 독아(毒牙)를 철저히 발휘하는 것은 너무나 총독 정치의 본색을 대담히 선명하는 것이 아닐가 한다.

2.

조선의 기성 단체는 결사의 자유가 없는 조선에서의 결합이니 물론 어떠한 실제의 정강 정책을 수립하야 이것이 현실적 실현을 기도하려는 정당도 아니오 한갓 파괴를 목적하는 공포주의적 테로리스트의 그것도 아니다. 다뭇 정서와 사상으로 취합한 일종의 사상 단체에 불과하며 그 단체의 주지와 강령은 물론 신사회의 건설을 동경하는 현대적 개혁 사상에 합류하려는 것이지마는 문자로나 혹은 실행으로나 공연히 교격(矯激)한 행동을 고조하지 못하는 것은 종래의 총독 정치의 위압과 감금과의 단속 방침하에 임의 빠짐없이 봉쇄된 바이다. 그리하고 사상 단체는 정치결사와 같이 실제 문제를 처리하는 것이 아니오 무책임한 입지에서 아무 구속이 없이 학술적 이론적으로 사회 문제를 연구하며 비평하며 또 건설적의 창조적의 인간 생활을 경륜하며 포부하는 것이니 이럼으로 각 개인의 사상이 자유인 것과 같이 그 집단도 자유이라야 할 것이다. 만일 그러치 아니하면 이로 말미암아 개인 사상의 자유가 그대로 억압이 되어 그 국가 사회의 인간 생활은 인간으로의 생활을 영위치 못하고 바로 금수 기계의 모형이 되고 마는 것은 물론이오 이와 동시에 문화의 소장(消長)도 마침내 그 사회와 같이 화석화(化石化)하고 말 것이다.

3.

그러나 도공은 점토로써 목공은 목재로써 줄자와 흙손 인두(繩尺鏝鋸)를 사용하야 각각 그의 의장(意匠)과 도안대로 크고 작은 사각형과 원형(大小方圓) 깊고 얕음, 길고 짧음(深淺長短)의 기구를 제조하지마는 위정자가 권력으로써 승척만거에 대신하야 민중으로써 그의 도안과 의장대로 기구를 만들려고 하는 것은 사람은 점토도 목재도 아닌 생명체인 관계상 절대로 실현되지 못할 것은 인류사가 다 같이 입증하는 바이오 특히 조선에 있어서는 갓가온 데라우치 총독(寺內總督)의 무단 정치(武斷政治)가 분명히 증거하는 바어니와 이러함에 불구하고 이제 또다시 사상 압박을 감행하려는 것은 너무도 경험의 뛰어난 재능(良知)이 결여한 완고하고 어리석음(頑愚)의 준동일 것이다. 두고 보자 어찌 되는가 "루이"와 "찰쓰"의 운명은 저들의 자기 손으로 지은 것이오. 결코 당시 프랑스 민중도 영국 민중도 그의 마지막을 재촉한 것이 아님을 누구나 안다. 더욱이 프랑스의 혁명 사상을 박멸하기 위하야 신성동맹(神聖同盟)을 체결하는 러·독·오(露獨墺)의 삼국제국(三國帝國)을 보라 지금에 어찌 되고 있는가.

4.

그리하고 조선의 사상 단체가 치안법의 적용으로 인하야 해산의 액(厄)을 당하게 될 것이면 치안법이 실시되기 전에도 조선에서는 존재할 수 없었을 것이다. 엇지 그러냐 하면 조선에는 치안법보다도 가혹(苛酷)한 제령(制令)이 있으며 이 밖에 각종의 악법이 있는 것은 물론 이러한 법률이 없을지라도 경무국이나 경찰부 또는 경찰서의 한 장의 명령장이면 못될 일이 없었으니 이제 새삼스럽게 치안법을 가탁할 필요가 없지 아니하냐. 치안법에는 '국체와 사유재산제도의 근본 조직' 을 말하였으니 국체에 관한 것은 제령 제7호로써 넉넉히 단속하였을 것이오. 사유재산에 관하여는 종래에 있어서도 개인으로는 여하한 사상을 동경하든지 간에 단체로는 근본적 변혁을 주창할 수도 없었으려니와 이를 주장하는 자가 있었다 하면 그는 대체로 토지 또는 가옥 등의 일부 재산제도의 변혁을 이론함에 불과하였음은 조선의 경제 또는 산업 상태에서 결정되는 바이니 말하자면 일족비(一足飛)[5]의 건설이 될 수 없는 것은 조선의 사상 단체가 비록 러시아(露西亞)를 모방한다 할지라도 현재의 러시아의 경제 정책을 요해한다 하면 명백한 사실이니 그런즉 국체에도 사유재산에도 저촉이 되지 아니 하면 기성 단체는 물론이오 새로 조직되는 결사에도 종래와 현재와의 다를 것이 없지 아니하냐. 국체 또는 사유재산 문제에 관하여 공공연히 저촉된 바 있었으며 종래에도 결코 이것을 묵과치 아니하였을 것이니 그러면 종래에는 없었던 일을 인제 단행한다는 것은 그 무엇으로써 설명할 것이냐. 이와 같이 무리한 위압은 법률도 법률이려니와 이러한 법률을 빙자하여 일층 경찰 정치에 철저하려는 것일 뿐이니 따라 이로부터 우리는 사상과 경찰이 도처마다 절대 충돌하는 참극을 볼 것이다. 이것이 누구의 죄이냐.

〈자료 49〉 금일부터 실시하는 "특법" 치안유지법 위선(爲先) 관계 당국 의견(《동아일보》, 1925.5.12)

일본 정부에서 새로이 만들어낸 소위 치안유지법은 드디어 이번 12일부터 실시하게 되었는데 입법 정신이라든지 적용의 범위와 아울러 일본 정부의 조문해석 등은 기보와 같거니와 이제 실시함에 당하야 위선 조선 관계 당국자의 의견을 듣건대 아래와 같다.

실시의 구체적인 방침

언명회피(言明回避)

접촉되면 해산, 안 되면 금후 태도 주시

다나카(田中) **고등과장 담**

◆ 경무국 다나카(田中)고등경찰과장은 말하되 조선에는 벌써부터 치안유지법과 대동소이한 제령(制令)이 있었으므로 치안유지법을 실시한다 하더라도 특별히 새로운 현상이 없을 줄로 압니다. 즉 제령은 그 목표가 독립운동자에게 있고 치안유지법은 무정부주의나 공산주의자에게 있을 뿐으로 실질에 있어서는 공통되는 점이 많아서 실상 제령으로도 무정부주의나

5 한꺼번에 두 발을 모아 뛰는 것을 의미함. 비약, 도약, 폭등, 급등, 증가 등의 의미이다.

◆ 공산주의자를 넉넉히 단속할 수 있는 동시에 치안유지법으로도 독립운동자를 넉넉히 단속할 수 있는 것이외다. 적용 범위로 말하면 재래의 제령은 "어떠어떠한 일을 하라고 한 자까지 처벌" 하게 되었으나 치안유지법안은 "어떠어떠한 일을 한 자를 처벌"하게 된 것임으로 이점으로 보아서는 오히려 재래의 제령이 그 범위가 광범하다 할 수 있습니다. 이제 실시를 당하야 당국의 구체적 방침으로 말하면 치안유지법에 접촉되는 단체가 있으면 해산할 것이고 접촉되지 않는 단체나 개인에게 대하여는

◆ 금후의 태도를 보아서 단속할 것뿐인데 현재 조선의 사상 단체 중 이 치안유지법에 접촉되는 단체가 있고 없는 것은 아직 명언할 시기가 아님으로 말할 수 없습니다.

단(但) **지부지**(知不知)[6]
관보를 본 뒤에
차차 연구할 계획
미즈노(水野) **형사과장 담**

◆ 법무국 미즈노(水野) 형사과장을 경복궁 안 신청사 삼층 꼭대기로 방문한즉 그는 춘곤이 심하였던지 치안유지법 조문 전체가 관보에까지 발표된 지가 벌써 오래였고 또는 조선에도 실시한다는 칙령(勅令)까지 지난 7일에 발표되었음도 불구하고 이것도 모른다 저것도 모르겠다 하다못해 관보에 발표된 것도 못 보고

◆ 칙령(勅令) 것으로 발표된 것도 나는 모른다고 대답하면서 "이제 관보를 보고 충분히 연구한 뒤가 아니면 뭐라고 말할 수 없다고"대답하더라.

현재의 단체 개인
촉법(觸法) **다수**
적용하는 범위는
사법관 판례
야마모토(山本) **사무관 담**

---

6 아는 것이라고는 오로지 모른다 뿐.

◆ 참사(參事)관실 야마모토(山本) 사무관은 말하되 이 치안유지법안의 입법 정신은 국체 파괴자와 사유재산 부인자를 단속함에 있습니다. 즉 국체 파괴 운운은 무정부주의자를 목표로 한 것이고 사유재산 부인 운운은 공산주의자를 목표로 한 것입니다. 그럼으로 현재 조선에 있어서도 이 법률이 실시됨을 따라서 단체나 개인으로 단속받을 자가 상당히 있을 줄 압니다. 적용 범위에 대하여서는 저번 의회에서도

◆ 상당히 의론들이 많았던 모양이나 결국 사법관의 "인정(認定)"에 의거하야 뒷날 판결 사례를 보아서 알 수밖에 없을 줄 압니다.

〈자료 50〉 사설

치안유지법 실시에 대하여 파급되는 영향은 어떠한가(影響如何)

(《동아일보》, 1925.5.13)

1.

오인(吾人)이 본 란에서 논평하였던 소위 치안유지법은 어제 12일부터 조선에도 실시하게 되었다. 과연 치안유지법을 실시한 결과 당국자의 소료(所料)와 같이 완전한 효과를 수(收)할까 또는 도리어 일반 사상계에 악영향을 파급할 뿐일까 하는 것은 해법안(該法案)을 실시하는 금일에 있어서 더욱 중요한 문제이며 또한 해법(該法)을 적용하는 범위와 정도에 있어서도 당국자의 신중한 고려를 요치 아니하면 아니 될 것이다.

2.

첫째 일본에 있어서는 보선안(普選案)을 실시한 결과 정계의 급격한 변혁을 예방하기 위하여 사상에 관한 법안을 통과한다는 것이 넉넉히 이러한 악법을 변호하는 구실이 되겠지만 조선에 있어서 과연 이 법안을 실시할 만한 근거 있는 이유가 있는가. 그리 안 해도 모든 준열한 법망이 구비해 있는 조선에 더욱이 해법(該法)까지 실시한다 하는 것은 한갓 현재의 총독 정치는 어디까지든지 전제 정치이며 압박 정치이며 위협 정치라는 것을 더 일층 심각하게 조선 민중의 심리에 나쁜 인상을 줄 뿐이 아닌가 하며 치안유지법이 아니라 할지라도 제령(制令) 7호만 가지고도 현하 사상운동을 형식적으로는 위살협살할 수가 넉넉히 있지 아니할가.

3.

둘째는 현재 조선의 문화운동은 아직도 여명기에 잇는 것이 사실이다. 여명기에 있음으로 모든 사상과 지식을 될 수 있는 대로 자유 연구와 자유 토론에 일임해서 연구 토론의 결과 그 단점을 버리고 그 장점을 취하며 그 조악함을 버리고 그 순수함을 택하야 우미여아(優美麗雅)한 새 문화를 형성케 하는 것이 목하의 급무일 것이다. 이 점에 있어서는 결사적 연구도 필요할 것이며 비교적 토론도 적절할 것이다. 이를 불구하고 현재 문화운동 초기에 있어서 이와 같은 준열한 사상법안을 실시하는 것은 과연 당국자의 뜻이 어디에 있는가를 해괴한 눈으로 보지 아니할 수 없다.

셋째는 현재 조선의 사회운동은 사회 자체의 병적 현상에 기인된 것이다. 그러면 이러한 사회의 병적 현상을 초치케한 근본적 원인이 과연 어디에 있으며 또한 그 책임이 누구에게 있는가. 이에 오인(吾人)은 단언한다. 이 모든 원인과 책임은 그 대부분이 조선총독부 당국자와 또한 실행하는 그 정책에 단재한 것을 그러면 조선총독부 당국자로 하여금 조금이라도 성의가 있다 하면 고식적 법망(姑息的法網)으로써 사회 표면의 혼란을 피하려는 것보다 근본적으로 그 이면에 잠재한 생활 안정의 중대 문제를 해결치 아니 하면 안 될 것이다. 한갓 고식적(姑息的) 위협적으로 외부 압박에만 두려워(跼蹐)하는 것은 도리어 비밀결사를 촉진하며 과격운동을 선동하는 것이 아닐까 한다.

4.

현재 조선에 있어서 이 법을 실시하는 것은 아무런 실효가 없다 하는 것은 이상의 논의에서 모두 말한 바이어니와 마지막으로 한 마디 더하자면 이 법을 적용하는 범위와 정도 문제이다. 저거도 해당 법의 해석과 적용에 이르러서는 현대 사상에 대하여 이해와 연구가 있지 아니 하면 의외의 독류(毒流)를 파급할 것이다. 그럼으로 이 법의 적용에는 저급하고 속된 관린(低級俗吏)가 곡해하고 편협된 감정(曲解偏感)을 제거하도록 노력지 아니하면 아니 될 것이다. 이곳 사법 당국자에게 일언(一言)하는 바이다.

〈자료 51〉 사설

사상단속(思想取締)에 대하여(《동아일보》, 1928.5.6)

1.

근일(近日) 도쿄(東京)으로부터 돌아온 아사리(浅利) 경무국장은 도쿄에 체류할 때 마침 내무성에서 이번 공산당 사건을 돌아보고 만전의 방책을 다하기 위하야 200만 원의 경비비를 추가 예산에 편입하랴 한때임으로 조선에서도 약 40만 원의 경비비의 예산을 계상케 하기로 하였다 하며 그중 약 5만 원은 사상 전문 검사 배치에 충당하고 나머지 35만 원은 고등경찰 확장비로 충당하여 사용하리라 발표하였다. 물론 이것은 아사리(浅利) 씨의 언명한 바와 같이 아직 의회에 제출되랴 할 뿐이며 작금(昨今)의 풍운(風雲)으론 의회의 전개를 여하(如何)히도 판단키 어려우므로 결정적 사실이라고는 볼 수 없으나 그러나 이것이 이미 예산으로 계상(計上)된 이상 이것은 당국의 기정 방침이라 말하지 않을 수 없다. 이곳에 오인(吾人)이 이에 대한 비판을 시(試)하는 소이(所以)이다.

2.

원래 사상은 시대적 사회관계의 소산물이며 그러고 그 사상이야말로 다시 다수인(多數人)의 여론이 정치 경제 법률 도덕 등 모든 사회적 관계를 개량하는 역(力)이 되나니 이곳에 사회의 진화가 있고 역사의 발전이 있는 것이다. 만일 저 제14세기의 문예 부흥운동(文藝復興運動)이 없었던들 근대의 찬란한 자연과학의 문명은 실현되지 못하였을 것이며 또 14세기 말엽 이래 구주(歐洲)의 정치적 변혁(政治的變革)이 없었던들 현대와 같은 고등(高等)한 사회생활은 향유(享有)할 수가 없을 것이다. "뿌루노"의 천동설(天動說)이나 "루소"의 민약론(民約論)이나 다 같이 그 시대의 사회적 소산물이 있으며 또 그 시대의 민중적 자각의 지도 세력이 되었던 것이다. 그러므로 사상은 이것을 권력으로써 제지될 것이 아니오, 사상이 있어 발생한 사회적 모순을 개혁함으로써 능(能)히 이것을 선도(善導)할 수 있나니 보라 권력이 사상을 제어한 예가 어디 있었는가를 오인(吾人)은 재삼 과거의 역사를 첩첩(蝶蝶)하랴 하지 않으니 최근 일본의 예를 보더라도 이것을 능(能)히 증명(證明)할 수 있지 않은가. 과격 법안(過激法案)이 통과된 이후에 문제의 경대 사건(京大事件)이 발생하였으며 치안유지법이 제정된 후에 공산당 사건이 발발(勃發)하지 아니하였는가.

3.

그럼으로 오인(吾人)은 일언(一言)하노니 내무성이 그 사상을 산출할 일본의 사회적 결함을 개량하려 하지 않고 2백만 원의 경비비를 예산에 추가하고 특히 조선 통치 당국이 조선의 사회적 폐해를 중시하지 아니하고 사상단속만을 고려하야 40만 원의 거액을 경비비에 충용(充用)함으로써 모든 사회적 사상을 근절하랴 하는 것은 너무나 시대적 착오라고 말하지 않을 수 없다. 하고(何故)하면 일본은 이것을 잠깐 별문제로 삼더라도 조선은 그 경찰의 발달한 점으로서 세계의 제1위를 점(占)하나니 이제 경비를 충실한다 함은 그 이유가 어디에 있는지 이해키 어려운 까닭이다. 보라 조선 내 경찰관헌은 실로 1만 8,000여 인, 이것을 인구 2,000만에 비하면 약 1,000인에 대한 1인이니 인도(印度) 인구 3억 3,000만에 대하여 경비 관헌 약 1,200인, 즉 인구 27만에 대한 경우 1인의 비(比)와 그 대조가 여하(如何)한가 묻나니 당국은 여하(如何)한 심산(心算)으로써 경찰망의 부포(敷布)를 이 이상 면밀히 하려는가. 4년간을 계획하였다는 교육 보급안과 연래(年來)의 복안(復案)이든 세농구제책(細農救濟策)에 대한 재원은 이것을 구할 방도가 없다 하면서 사상단속에 대한 경찰비의 재원만은 이것을 급속히 염출(捻出)할 수 있는가. 고어(古語)에 대하(大河)를 언(堰)하되 유구(流口)를 착(窄)치 않으면 그 결궤(決潰)할 날이 있다 하였으니 당국은 과연 이 대하(大河)를 유구(流口)없이 언(堰)하는 자가 아닐까. 이에 경성(警醒)을 촉(促)하는 바이다.

〈자료 52〉 사설

지방경찰과 사상단속(思想取締)(《동아일보》, 1928.6.1)

1.

시조의 변천으로 사상 문제가 대두되는 최근에 있어서 관헌의 단속 방법도 새로운 국면을 내려고 한다. 도쿄 내무성(內務省)에서는 사상에 정통하는 사법관을 각지에 배치하여 단속의 임무를 담당하게 하리라 하며 이에 응하여 조선총독부에서도 약 5만 원의 신규 예산을 세워 미구(未久)에 구체적인 방침을 수립하리라 한다. 이와 같은 단속안이 시행됨으로써 당국의 심산대로 치안유지가 될는지 안 될는지는 실행하기 전인 금일에 있어서 예측하기가 어려운 바이니 그것은 별문제로 이러한 엄중한 당국의 방침과 기풍을 따라 일종의 신경과

민적 긴장미를 띠고 있는 자는 지방 경찰의 근황이라 할 것이다. 각지에서 일어나는 구구한 사소한 문제는 매일 지상으로 보도되는 만큼 능히 수로 헤아리기도 번거롭고 자질구레(煩瑣)한 바이어니와 최근에 생긴 사건을 제1세인(第一世人)의 이목을 놀라게 한 것은 전북 기자단 사건(全北記者團事件)에 대한 임실(任實) 경찰의 검거 선풍이 그의 일례일까 한다.

2.

동 사건 검거 후의 경과를 보건대 검거의 이유가 치안유지법 위반에 있다 하였으나 확실한 어떤 증거를 얻지 못하고 결국 검사국으로부터 불기소 처분을 내렸다 한다. 소위 증거품이라는 것은 기자단대회(記者團大會)가 임실에서 개최된 당시에 경찰로부터 상정(上程)을 금지하였던 것으로 문구 역시 평범한 것이라 하니 이것을 증빙으로 대검거를 시작한 임실 경찰 당국의 대담한 데에는 일경(一警)하지 아니할 수 없으며 또 한편으로는 전하는 바이니 확신키는 어려우나 전북경찰부(全北警察部)의 직접 지휘로 검거한 것이라 하며 그 구실로는 기자단원 대부분이 사상단원(思想團員)인 동시에 매년 기자단대회 회장을 각 군(郡)으로 윤정(輪定)하는 것을 보더라도 그 목적이 사상선전에 있다 하여 일종의 시위적 검거를 단행한 것이라 하니 사실이라면 무단한 풍파(風波)를 일으킨 전북경찰부의 장난도 이에 더 심할 자 없다 할 것이다. 검거할 직권을 가진 경찰의 소행이니 당하는 자는 당하리라. 그러나 이로써 일반에게 미치는 영향이 과연 어떠한 것인가를 모르는 경찰의 처사로 보아 실로 놀라지 아니치 못할 것이다.

3.

오인(吾人)은 결코 사상단속에 대하야 그 시비곡절(是非曲折)을 운위(云謂)하려는 것은 아니다. 다만 단속에 당(當)하여 엄정한 방법을 취하지 아니하면 안 된다는 데에 있다. 환언하자면 현 법률제도 하에 있어서 확실한 범죄의 구성요소를 발견하기 전에 공연한 검거를 감행하는 것은 실지(實地)의 이해 문제는 그만두고라도 먼저 그 임무를 담당하는 관헌의 위신을 스스로 손상시키는 바가 아닌가. 대개 경촌(卿村)에 있어서 경찰과 사상분자 간의 공기를 보건대 피차 위험시(危險視)하는 관계가 있다. 그것은 공정한 법률적 해석이라는 것보다는 감정의 지배를 받는 바가 많은 까닭에 내면의 불온이 날로 심해 가는 반면에 한 번 두 번 당하는 자로 하여금 험악한 분위기 권내(圈內)로 인도하여 가고 마는 결과가 없지 않은 듯하니 이것은 분명히 사상선도(思想善導)가 아니라 사상오도(思想惡導)라 할 것이다. 그 책임만은 경찰 당국 스스로 가지지 아니할 수 없다. 이러한 문제는 어찌 임실 경찰에만 한해 있으랴. 전 조선 각지 경찰에서 빈빈히 발생하는 문제이니 아직도 오인(吾人)의 기억에 새로운 영동 청년 사건(永同青年事件)과 같은 것이 또 한 가지 실례라 할 것이다. 이것은 당면한 책임자인 경찰이 먼저 반성을 거듭하여야 할 것은 물론이거니와 위정 당국자도 이에 대하여 심각히 주의하여야 할 것을 말하여둔다.

〈자료 53〉 이동 경찰도 실시, 연락선 엄중 경계
금일부터 열릴 각도 고등과장 회의에서 일본가는 연락선 경계방침을 토의한다
고등과장 회의 의안(議案)(《동아일보》, 1928.7.23)

사상단속 경관 신설 후에 처음으로 열리는 각도 경찰부 고등과장 회의는 23일(월요일) 오전부터 총독부 회의실에서 개최하기로 하여 각도 고등과장이며, 북경, 상해, 봉천, 하얼빈, 길림 등지의 총독부 파견원도 대개 입경하였는데 이번 회의에서는 일전에 보도한 것과 같이 11월에 거행되는 어떤 기념에 대한 특별경계를 실행, 동시 관부연락선에 특별경관을 승선케 하여 승객을 엄중히 감시할 터이므로 가뜩이나 어려운 일본 도항이 더한층 까다롭게 될 터이며 이동 경찰 실시도 연락선 경계와 동시에 시작할 터이나 시기는 경비 문제 기타로 고등과장 회의 토의를 본 뒤에야 실시하게 되리라는데 기일은 대개 8월 중순 이후에 될 모양 같다더라.

〈자료 54〉 재만 파견원 독려, 조선인 엄밀 정찰
어대전(御大典) 경계방침도 결정(《동아일보》, 1928.7.26)

23일부터 총독부회의실에서 열린 각도 고등과장 회의는 지난 24일로 종료되었는데 이번 회의는 사상경찰 신설 후에 처음으로 열리는 회의인 만큼 매우 긴장하였다고 한다. 회의는 극비밀리에 개최된 것이므로 내용은 미상하나 듣는 바에 의지하면 토의한 중요한 문제는 사상 방면의 경찰을 더욱 엄중히 하여 사상경찰 신설의 효과를 충분히 발휘하자는 것은 물론이려니와, 특히 만주 중국일대에 파견된 경무국 파견원은 중국과 노령 일대에 거주하는 조선인을 엄중히 감시하여 그들의 활동을 제어하며 어대전의 특별경계는 9월 말까지는 준비시대로 정하여 사상 단체며 요주의 인물이며 시찰 인물을 엄중히 감시하여 두었다가 10월 초순부터 어대전이 거행되는 11월까지 실행기로 하여 이동경찰이며 연락선 경계 같은 것도 실행기에 들어가서 착수하기로 하였는데 혹은 실행기에 들어가 위험인물의 예비검속 같은 것과 여행 제한 같은 것도 있을 모양이라더라.

〈자료 55〉 조박(조선박람회) 특별경계로
각도 고등과장 회의
요시찰 명부도 다시 작성
실행방침 세부협정(《동아일보》, 1929.8.4)

박람회를 앞둔 특별 경계에 대한 협의를 하고자 모이는 각도 고등경찰과장회의는 예정과 같이 어제 3일 오전부터 총독부 제2회의실에서 개최하였는데 토의 사항은 박람회 특별경계에 관한 방책을 세우는 것으로 특별경계의 방침은 경무국에서 세운 8월 20일부터 시작하는 이동경찰과 3기로 논하여 행할 특별경계의 실행에 대하여 세부 협의인바, 요시찰 명부도 이번 기회에 다시 작성하여 매우 엄밀히 감시경계를 하고자 하는 것이라더라.

(2) 《조선일보》

〈자료 56〉 치안유지법 철폐안
기타 중요안을 제출하는가
무산당(無產黨)의 대의회책(對議會策)(《조선일보》, 1930.4.20)

【도쿄전(東京電)】

무산당의 의회대책협동위원회(議會對策協同委員會) 초대무면(初對無面)은 십팔일 오후 세시 반부터 협조회관(協調會館)에서 개최하였는데 이하의 제건(諸件)을 결정하였다.

일, 무산당 각 의원은 원내에 있어 무산당 의원단을 조직할 것.

이, 사민노농일본대중당(社民勞農日本大衆黨)은 공동정책 실현을 위하여 무산당의회대책협동위원회를 조직할 것.

상(尙)히 최후로 이하의 공동성명서를 가결하였으니

자본의 맹렬한 공세를 전제한 오십팔 의회는 정(正)히 개막하려고 하고 잇다. 전무산대중(全無産大衆)의 첨단(尖端)으로서의 무산당의원의 사명은 중대하고 오등(吾等)은 자(玆)에 무산당의원단 및 무산당의회대책협동위원회를 조직하고 이사명의 수행을 기한다.

【도쿄전(東京電)】

무산당은 의회대책협동위원회합의결과, 금 의회에 이하의 법률을 제출하기로 결정하였다.

일, 치안유지법철폐(治安維持法撤廢)에 관한 법률안

일, 무산자채무지불유예(無産者債務支拂猶豫)에 관한 법률안

일, 소작법안(小作法案)

일, 소작조합법안(小作組合法案)

일, 어민법안(漁民法案)

일, 실업보험법안(失業保險法案)

일, 선거법개정(選擧法改正)에 관한 법률안

일, 노동조합법안(勞働組合法案)

일, 실업수당(失業手當)에 관한 법률안

〈자료 57〉 사상검사(思想檢事)를 노국(露國) 시찰시켜 사상단속에 지식 얻고자(《조선일보》, 1930.8.9)

총독부 법무당국에서는 근래에 조선 내지에 공산주의적 비밀결사가 빈발할뿐더러 그 운동에 참가하는 인원도 점차 사회운동자층으로부터 학생과 또는 나이 어린 소년들에게까지 미치고 있으며 더욱 놀라운 것은 그 운동 방법이 대단히 교묘하게 되어 단속상 여러 가지로 곤란을 겪는다 하여 금번에 공산운동의 근원지인 러시아의 상황을 조사 연구케 함이 좋겠다는 의론이 있어 사상검사 수 명을 러시아에 파견할 모양이라는데 불원에 실현될 듯하다고 한다.

(3) 《매일신보》

〈자료 58〉 내지(內地) 시사(時事)

사상단속(思想取締) 법안(《매일신보》, 1921.12.8)

【도쿄전(東京電)】

불온사상단속 법안은 근일 경시청에서 초안이 만들어졌으므로 목하 내무성에 제출하여 동 성(省)에서 심의 중인 고로 제45회의에는 정식으로 제출하여 결정하게 되리라더라.

〈자료 59〉 위험사상단속(《매일신보》, 1924.12.8)

【북경전(北京電)】

=법제연구=

단(段) 정부(政府)[7]는 위험 사상을 단속할 의향인데 법제원(法制院)은 이에 대한 법제(法制)를 연구하는 중이라더라[북경전(北京電)].

〈자료 60〉 사상단속 갈수록 준엄

전 조선 고등경찰 증원

종로서(鐘路署)는 형사 10명을 이미 증원

치안유지법 실시 후 사상단속을 철저케 하고자

전 조선 각서의 고등경찰원을 증원하려고 연구 중(《매일신보》, 1926.4.25)

조선의 사회운동은 치안유지법이 시행된 이후로 전혀 표면운동은 정지된 모양이나 그 내면에 있어서는 더욱 심각해져서 점점 복잡하여 가는 경향이므로 이것을 단속하는 고등경찰원(高等警察員)은 현재 있는 수효로는 부족하여 수효를 늘릴 필요가 있으므로 그동안 당국에서 신중히 연구한 결과 목하 각 도 경찰부 경무과에서 관내 중요한 경찰서에 대하여 증원의

---

7 단기서(段棋瑞) 정부를 말한다.

정도와 기타 사항에 관한 의견을 묻는 중이므로 이 의견 회답을 참고로 하여 오는 5월 중순에 개최되는 각 도 경찰 부장회의에서 심의한 후 적당히 증원할 모양인데 그중에 경성 종로 경찰서 같은 곳은 5월 1일 '메이데이'가 임박하여 벌써 고등계 형사 10명을 늘리어서 만일에 경계하는 중이라더라.

필요로 인정하나
현실은 지극히 어렵다(極難)
증원은 필요로 인정하나
예산관계로 실현은 극난

◆ 미쓰야(三矢) 경무국장 담

치안유지법 실시 이후로 사상단속을 철저히 하기 위하여 전 조선 각 경찰의 고등경찰원을 증원한다 함은 별항 보도와 같거니와 이에 대하여 미쓰야 경무국장은 말하되

조선의 사상계가 갈수록 복잡함을 따라 현재의 경찰원으로는 단속에 손이 부족함을 절실히 느끼는 중이나 예산 관계로 아직까지 증원할 수가 없었은즉 금년 안으로는 도저히 실현될 수가 없다 운운.

〈자료 61〉 학생 사상단속과 교장 측 대반대(《매일신보》, 1926.5.10)

【도쿄전(東京電)】

8일 전국 고등학교장회의 오카다(岡田) 문부대신(文相) 임석하에 이미 보도한 학생 좌경 사상단속령에 대하여 협의하였는데 학교장 측은 일제히 통렬한 질문 및 반대론을 시도하여 강경론자인 오카다 문부대신도 꼼짝 못 하였다는데 반대론의 요지는 개인 연구 혹은 독서에 문부성(文部省) 또는 학교가 간섭함은 부당할 뿐 아니라 가사단속(假使取締)을 장려한다 하더라도 그 방법이 곤란하여 용이하게 철저함을 기할 수 없으며 만약 단속이 지나치게 엄하면 도리어 학생의 사상이 반동적으로 격해지므로 한두 좌경 단체가 있다 하더라도 학술 강연 혹은 연합 강연회를 금지함은 부당하다 하여 결국 동 령(令)도 상당히 완화되리라더라.

〈자료 62〉 반대운동 대두로
사상단속 대책 완화인가
전국 교수 및 학생의 강렬한 반대로
오카다(岡田) 문부대신은 내무대신과 협의하고
구체적 방안을 개정(《매일신보》, 1926.6.20)

오카다 문부대신은 전국 학생의 사상단속에 관하여 빈번히 엄격한 태도를 보여 근래 학생 간 및 일부 교수 간에는 문부대신의 태도는 사상 연구를 극도로 압박한다는 견해하에 반대의 봉화를 들어 점차 전국 학생 단체의 원망의 목소리가 높으므로 이를 보고 내무대신과 협의한 결과, 얼마간의 사정을 짐작하여 사상선도(思想善導)와 단속의 구체적인 방책을 수립할 결의를 함에 이르렀다. 즉 제국대학(帝國大學)에 대하여는 대학총장과 타협하여 교수와 학생의 사상 연구 범위 및 행동에 관하여 일층 주의를 기울일 것.

고등학교 전문학교에 대하여는 생도의 사상 연구는 절대적으로 금지할 것,

사립대학에 대하여는 학장, 총장 등과 타협하여 사상선도방법을 강구하는 동시에 일면 내무성과도 협의하여 단속을 엄하게 할 것.

좌경학생 급증
관헌의 수첩에 명기된 것만
1,500명에 달한다
가와사키(川崎) 내무차관의 보고
【도쿄전(東京電)】

18일의 문정심의회(文政審議會) 석상에서 가와사키 내무차관은 다음과 같이 보고하였더라.

근래 관공 사립전문학교, 고등학교, 대학교의 학생이 악사상(惡思想)을 품고 적화적(赤化的) 경향을 띠는 자가 점차 증가하는 경향을 보이고 사상 연구 범위를 벗어나 직접 행동에 옮길 구체적 행위를 하는 자가 속출하므로 당국에서는 이들 학생에 대하여 엄중 감시를 하여 가급적 좌경적 사상에 깊이 들어가는 것을 방지하기에 노력 중이며 현재 내무관헌(內務官憲)의 '뿌락크 리스트'에 명기한 전문학교, 고등하교, 제국대학, 관립대학, 공사립대학의 학

생 총수는 실로 1,500명의 다수에 달하며 또 대학 고등학교의 교수로 하여금 좌경적 사상파가 십수 명에 달하는바 그중에는 전율할 직접 행동에 들어가고자 하는 자도 있다더라.

〈자료 63〉 4개 대학 총장 의견 심문 후 사상단속훈령(思想取締訓令)(《매일신보》, 1928.4.14)

【도쿄전(東京電)】

12일 문부성 회의 결과 문부대신의 명의로 특히 학생 사상단속을 엄중히 하라는 훈령을 발하기로 결정하는바 나아가 대학, 고교, 전문학교 한 사회학과연구회 혹은 유사한 모임은 해산시키기로 정하고 좌경교수 학생의 처분 문제에 대하여는 도쿄(東京), 교토(京都), 도호쿠(東北), 규슈(九州) 각 대학총장의 의향을 물은 후 결정하기로 되었더라.

〈자료 64〉 논설 사상단속 기관의 충실(《매일신보》, 1928.5.12)

1.

사상계의 혼란 상태에 비추어 조선총독부 당국은 금번의 특별회의에 추가예산으로 사상단속비 1만여 원을 요구하여 전부 통과되었음으로 경무국에 35만여 원, 법무국에 6만여 원을 할당하여 사상 방면에 대한 단속 기관을 충실히 할 계획이라 한다. 사상은 반드시 사상으로 선도하며 사상으로 극복하여야 할 것이다. 이를 경찰로 탄압하며 사직(司直)[8]으로 규탄하려 함은 결코 최선을 다한 방법이라 하지 못하겠으며, 따라서 그 계획에 대하여는 비방과 칭찬이 구구하다 하겠지만 우리는 모두 금일 우리 사회의 사상 계통이 경찰과 사직의 손에 의하지 아니하면 없앨 수 없는 상태에까지 혼탁함이 극에 다다른 바를 자성치 아니하면 안 될 것이다. 건전한 사상은 간섭 제재하기보다는 유도 개발함에 의하여야만 그 성장을 기할 것

---

8 법에 의하여 시비곡직을 가리는 법관 또는 재판관을 의미한다.

이다. 그러나 악사상이 건전한 사상의 성장을 허락하지 못할 정도까지 만연됨에 대하여는 부득이 강압 수단으로 이를 제거하고 소탕할 필요가 있는 것이다. 예컨대 들판에 악초가 무성하여 곡식이 성장할 여지가 없는 경우에는 우선 그 악초를 제거한 후에 곡식의 배양이 순탄하도록 강구하지 않으면 안 되는 것과 같다.

2.

금일 우리 조선 사회는 소위 파소지하(破巢之下)[9]에 금란(金卵)이 무(無)하다는 형편에 재(在)하여 범백(凡百)[10] 제도(制度)와 제반(諸般) 도의(道義)가 다만 계속적으로 파괴될 뿐이다. 물론 건설을 위한 파괴는 우리(我等) 인류 사회의 진보상(進步上) 면치 못할 바이다. 아니다. 환영하여야 할 바이다. 그러나 건설의 목표가 없거나 또는 공상(空想)에 피착(被捉)된 파괴는 다만 멸망을 초래할 뿐인 것이다. 금일 우리 사회(我等社會)는 우리 앞날에 대한 아무런 목표를 수립지 못하고 다만 문화 수입이라는 일 환영(幻影)에 피착(被捉)되어 변함없이 존재해 온 재래의 사회만 여지없이 파괴하는 상태이다. 우리가 앞날에 대한 목표를 확실히 파악지 못하게 됨에 대하여는 우리 지배계급에 있는 자로서도 일부 책임을 면치 못할 것이다. 그러나 우리 사회의 일부자(一部者)가 헛되이(徒然) 환영(幻影)을 좇아 인류 사회생활의 규준(規準)과 인류 발달 진보의 원칙을 무시한 교기 사상(矯奇思想)을 신봉하고 유포하여서 인심을 혹란(惑亂)하여 질서를 문란하게 함은 금일 우리 사회의 가장 우려할 현상이요, 가장 비애(悲哀)할 경향이다. 이에 대하여는 부득이 권력 생사에 의하여 철저히 삼제(芟除)[11]를 계획하여야 하겠다.

위정당국자(爲政當局者)는 사회의 안녕질서를 유지하며 민중의 복리증진(福利增進)을 사명으로 하는 바이다. 이러한 경향을 삼제함에 만선(萬善)의 방법을 강구하여야 할 것은 고(固)히 당연한 바이다.

그리하여 이러한 재래의 경향을 단속(取締) 삼제(芟除)함에 부단한 노력을 가하던 바라 하

---

9 『삼국지』에 나오는 고사성어에 '파소지하 안유완란(破巢之下 安有完卵)'이라는 말이 있다. 부서지는 둥지의 알이 온전하겠는가. 근본이 무너지면 다른 것도 안전하지 않다는 뜻이다.

10 갖가지 모든 사물을 의미한다.

11 악인이나 악폐 따위를 아예 없애 버림을 비유적으로 이르는 말이다.

겠지만 그 경향이 사상계(思想系)인 관계상 항상 은연(隱然) 기미(機微) 간에 변화가 소장(消長)하다. 또 이를 단속함에도 그 사건이 사상에 관계된 만큼 그간에 미묘한 작용이 수반(隨伴)되야 심심(深甚)한 주의를 가(加)치 아니하면 왕왕 소기(所期)에 반하는 결과에 빠지기 쉬우므로 금반 보통경찰사무(普通警察事務) 또는 보통사법심리(普通司法審理)가 제각기 달라서 각각 전문적 단속 기관을 설치하게 되었다. 이는 사상단속에 대하여 엄혹을 가(加)함과 같이 보이는 일면에 사상단속에 대하여 가장 친절하고 정녕(丁寧)[12]을 가한 시설이라 해야 할 것이다.

3.

재래 경찰 당국이 사상 방면 단속에 대하여 만선(萬善)을 기함에 끊임없이 노력하지 아니한 바는 아니었다. 그러나 인원 관계 또는 경비 관계로 욕달부달(欲達不達)의 유감(遺憾)이 있음을 면치 못한 바이다. 당국의 외자(外者)가 보건대 왕왕 경중(輕重)과 완급(緩急)을 제대로 판별하지 못한 것으로 사료(思料)되는 점이 없는 바도 아니었다. 예컨대 지방에 소재하는 사회단체라는 허명(虛名)을 옹(擁)한 경박자류(輕薄者流)가 미신타파라는 명목하에 신을 섬기는 사상(拜神思想)을 박멸하자는 결의문(決覇文)을 게양하는 바와 같은 것은 확실히 우리 사회 조직의 기초 조직인 조상숭배 관념과 가족주의를 파괴하는 소위(所爲)이다. 금일의 제도, 금일의 도의상으로 결코 허용치 못할 바이오 더구나 이러한 사상을 선포(宣布)하는 그 동기는 의심할 것 없이 적로(赤露)[13]의 종교박멸주의(宗教撲滅主義)를 선전하려는 점에 있는 것이다. 이를 과안시(過眼視)하고 일개의 영리회사나 일개의 농장에 대한 심판을 금지하는 것이 허다함은 여불승거(如不勝擧)[14]함은 확실히 경중(輕重)을 제대로 판단하지 못하는 단속이라 하겠다. 또 왕왕 남녀 18세 이상의 자유결혼권(自由結婚權)과 자유이혼권(自由離婚權)을 확득(確得)하자는 결의를 기탄(忌憚)없이 선양(宣揚)하는 무리들이 있음에 대하여는 우리들은 그 난폭교기(亂暴矯奇)함에 대하여 비판할 언사(言辭)를 발견치 못하겠으며 이를 필(筆)과 설(舌)

12 '거짓이 없이 진실하게'라는 뜻이다.
13 '공산주의화한 러시아'라는 뜻이다.
14 '너무 많아서 일일이 헤아릴 수 없다'라는 뜻이다.

로써 운위(云爲)함에도 오욕(汚辱)을 감(感)하는 바이다. 이러한 사상은 확실히 인류생활의 기준을 파괴하며 국가사회의 규구(規矩)[15]를 멸여(滅如)하려는 바이다. 이를 가(可)히 허용코저 한다면 허용 못할 바 어디에 있겠느냐. 일(一) 이(二) 개인의 좌경분자(左傾分子)를 검거함에 몰두함보다는 여차한 사상의 대두(擡頭)에 철퇴를 가하여 그 근원을 막아 소진시켜야 할 것이다. 다행히 사상단속 기관의 충실을 기하여 이러한 음영(陰影)이 일소되길 기대불이(期待不已)하는 바이다.

〈자료 65〉 사상단속 진용

경찰관 대이동(《매일신보》, 1928.5.13)

사상단속 기관을 완비하기 위하여 각 도(道)가 모두 경시(警視) 이하의 증원 및(及) 이동(移動)을 하게 되었는데 경기도에서는 12일 다음과 같이 경부보급(警部補級)의 이동을 하고자 다시 근간 대대적으로 진용(陣容)을 정(整)하기로 되었더라.

도경부보(道警部補) 신카이(新海 公) 종로(鐘路)

명(命) 보안과장(保安課長) 근무(勤務)

동(同) 하라사와 료지(原澤浪治) 보안과(保安課)

동(同) 임병식(林炳湜) 순교(巡教)

동(同) 김민규(金冕奎) 종로(鐘路)

명(命) 고등경찰과(高等警察課) 근무(勤務)

도경부보(道警部補) 가네다 가나메(兼田要) 본정(本町)

명(命) 형사과(刑事課) 근무(勤務)

동(同) 왕희필(王熙弼) 고등(高等)

명(命) 순사교습소(巡査教習所) 근무(勤務)

15 일상생활에서 지켜야 할 법도를 이르는 말이다.

〈자료 66〉 치안유지법 개정안
조선에 물론 시행
사상범인(思想犯人) 독방수용 계획도
명년도 예산에 계상(計上)(《매일신보》, 1928.6.29)

한때 문제가 되었던 치안유지법 개정 칙령안(勅令案)이 통달(通達)되면 조선에도 시행될 것은 물론이다. 그리하여 조선총독부에서는 그간 계획준비 중이던 사상단속에 관한 시설과 동시에 내년의 현안인 조선 각 형무소 사상범인의 독방에 대해 각 형무소 내에 독거감방(獨居監房)을 신설할지 또는 별도로 사상범인만을 수용하는 형무소를 신설할지에 대하여도 이번에 구체적 안을 결정하여 속(速)히 실현케 하고저 법무국(法務局)에서는 이미 명년도 예산에 이에 관한 경비를 요구하였더라.

〈자료 67〉 헌병을 증원
군대 사상단속(取締)
명년도(明年度)로부터(《매일신보》, 1928.7.6)

【도쿄전(東京電)】

근래 군대 외로부터 내부에 대하여 적화선전(赤化宣傳)을 기획하는 자가 다수(多數)함에 이르렀으므로 육군(陸軍)에서는 명년도부터 사상계 헌병을 설(設)하고 예산 연액(年額) 약 15만 원으로 헌병 장교 또 하사(下士) 약 80명을 증원하여 내무성(內務省) 관하의 각 지방 특고과(特高課)와 연락하여 군대 관계의 사상 문제를 단속(取締)할 터이라더라.

<자료 68> 사상경찰 설치
내주 중에 실현
칙령안(勅令案) 일부 법제국(法制局)에 회부
잔여(殘餘)는 척식국(拓殖局)에서 입안 중(《매일신보》, 1928.7.10)

【도쿄전(東京電)】

식민지 고등경찰 설치에 관한 칙령안의 일부는 기(旣)히 법제국에 회부하고 잔여는 목하(目下) 척식국에서 입안 중인바 내주까지는 실시할 예정이라더라.

<자료 69> 종로서 고등계(高等係)에
사복(私服) 34명 증가
고등경찰계가 커진다(《매일신보》, 1928.8.2)

총독부 경무국에서 사상단속을 하기 위하여 1년에 40만 원의 예산을 세우고 특고과(特高課)를 부설하고 경시급 이하 고등경찰관헌(高等警察官憲)을 다수 증원하고 각도 경찰부에서도 고등과원을 증원하는 중이라 함은 누보(累報)한 바어니와 조선 사상계의 중심을 관할하고 각 사상 단체의 비밀을 감시하고 있는 종로서에서도 고등계원(高等係員)을 증가하기로 하고 목하(目下) 서원(署員) 중 우수한 적임자를 인선(人選) 중이라는데 목하 종로서에는 서원(署員) 총수가 서장(署長) 이하 280명이요 고등계원은 23명으로 그중 사복 근무자는 17명인데 이 앞으로 사복 근무 경관 34명을 증가할 모양이라더라.

〈자료 70〉 사상단속 검사 해외파견원(海外派遣員) 결정
사상단속 전문 검사 파견(《매일신보》, 1928.9.29)

【도쿄전(東京電)】

정부는 전국 공소원(控訴院) 및 추요(樞要) 지방재판소 검사국(檢事局)에 26명의 사상계 검사를 설치하고 사상범죄를 철저적으로 단속하는 동시에 사상계 검사를 조선, 만주, 중국의 주요지에 파견하기로 되었는바 27일 중국, 만주, 조선 등에 파견할 검사를 다음(左)과 여(如)

히 결정하였는데 각 검사는 내월(來月) 중순에 출발하기로 되었더라.

조선에

나고야(名古屋)공소원 검사 도쿠에 하루노스케(德江 治之助)

삿포로(札幌) 공소원 검사 세키 미노루(關實)

상해(上海)에

사법성(司法省) 서기관 구로가와 와타루(黑川 涉)

나가사키(長崎) 공소원 검사 하세가와 네이(長谷川 寧)

북경(北京)에

도쿄 지방재판소 검사 히라타 이사오(平田 勳)

미야기(宮城) 공소원 검사 오노 겐조(小野 謙三)

〈자료 71〉 학생 사상단속
거익철저(去益徹底)
문부성 방침(《매일신보》, 1929.5.16)

【도쿄전(東京電)】

종래 문부성 전문학무국(專門學務局) 내의 일과(一課)로서 각 학교의 사상선도통일(思想善導統一)을 담당하던 학생과는 6월 1일부터 대신관방(大臣官房)에 이(移)하고 칙임(勅任)의 과장(課長)을 치(置)하여 대규모로 학생 사상을 조사하여 그 대책을 강(講)하기로 되었는데 금후는 학생의 사상 문제에 대하여 어디까지 철저적(徹底的)으로 단속(取締)할 방침이라더라

〈자료 72〉 수원농고 결사(水原高農結社) 사건
증인 심문에 착수
예심판사와 사상검사가 13 수원에 출장(《매일신보》, 1930.2.16)

수원농림고등학교(水原農林高等學校) 생도의 결사 사건과 여운형(呂運亨) 사건의 예심을 빨리 끝을 내려고 취조에 분주하던 경성지방법원 고이(五井) 예심판사는 12일까지 피고들의

취조는 대개 끝이 났음으로 13일 밤차로 모리우라(森浦) 사상검사와 같이 증인 심문을 하기 위하여 수원(水原)으로 출장하였는데 동 예심 판사와 검사는 다수한 학생들을 증인으로 불러 취조를 한 후 16일 아침에 돌아오리라 한다.

〈자료 73〉 사상단속(思想取締) 기타(其他)로 외지 수뇌부회의(外地首腦部會議) 척무성(拓務省)에서 내월(來月) 중순 소집 근본대책을 확립(《매일신보》, 1930.2.18)

【도쿄전(東京電)】

외지 현 주민의 사상은 근년 돌연 악화하는 경향이 있고 더욱 민족적 관념(民族的觀念)이 있는 만치 더욱 심각화함에 감(鑑)하여 척무성(拓務省)에서는 이 근본적 대책을 확립하기 위하여 3월 중순경 각 외지 수뇌부를 도쿄에 소집하여 사상단속과 선도 방침에 취(就)하여 심의(審議)하기로 되었다. 더욱 동 회의에서는 각 외지에 재(在)한 언론 기관 단속 방침(取締方針)에 대하여도 불통일(不通一) 준엄(峻嚴)하다는 비난이 있음에 대하야 본 문제도 협의할 터이라 한다.

국가와 사회를 위하여 잡히는 것이 경하할 일[慶賀事] 감상을 절대 말할 수 없다는 모리우라(森浦) 사상검사 담

나는 피고들이 법정에 설 때 법관의 한사람으로 출정할 사람인 것만큼 이러니저러니 하고 의견이라든지 감상을 함부로 말할 수 없습니다. 104명을 기소한 가운데 9명만 예심 면소처분이 된 것은 범죄 사실이 전혀 없다는 것이 아니라 공판으로 넘어가 심판을 받을 정도의 사실의 증거가 충분치 못하다는 것입니다. 나는 언제나 생각하고 있는 일이지만은 과격분자들의 무서운 계획이 언제나 미전에 발각되어 관헌의 손에 자되게 되는 것을 사회나 국가를 위하여 기뻐할 일이라고 생각합니다.

〈자료 74〉 두 사상검사 내선(來鮮)(《매일신보》, 1930.11.10)

【도쿄전(東京電)】

도쿄 지방재판소 사상검사 도자와 시게오(戸澤重雄), 후쿠오카(福岡) 지방재판소 사상검사 히로시게 사부로(廣重慶三朗)의 양씨(兩氏)는 8일부로 조선에 출장 명령을 받고 2주간 조선을 시찰할 예정이다.

〈자료 75〉 금년도 사상범(思想犯) 격증(激增)
인원 4,012명
건수만도 360건의 다수
1월 내 구삭간(九朔間) 통계(《매일신보》, 1930.11.28)

복잡다단한 현상을 이룬 1930년도의 사상사건은 어떠한 상태를 가졌는가. 금년 1월부터 9월까지의 통계 숫자를 보면 368건에 그 인원 4,020명의 다수에 달한다. 이 숫자는 작년 같은 기록(동기)의 통계보다 76건에 그 인원이 468명의 증가를 보여 주었다. 이 사상사건을 내역하여 죄명별 지방별 등으로 나누어 보면 대개 아래와 같다.

형법범(刑法犯)보다도
특별법범(特別法犯)이
더욱 늘어가는 현상을 보여
그중에서도 보안법(保安法)

사상범의 죄명을 형법범과 특별법범 두 가지로 나누어 볼 수 있다.

형법범이라 함은 사상범인으로 황실에 관한 불경죄를 범한 것을 비롯하여 형법도 처단할 수 있는 것을 가리킵니다. 즉

▲ 불경죄(不敬罪) ▲ 범인장익(犯人藏匿) ▲ 소요(騷擾) ▲ 방화(放火) ▲ 도박(賭博) ▲ 상해(傷害) ▲ 업무방해(業務妨害) ▲ 사기(詐欺) 등이다.

특별법범이라는 순전히 사상에 근저를 두고 국가 변혁과 치안을 어지럽히는 사상사건을 처단하는 법을 가리킴이니, 즉

▲ 대정8년 제령(大正八年制令) ▲ 보안법(保安法) ▲ 폭력 행위(暴力行爲) ▲ 전신법(電信法) ▲ 출판법(出版法) ▲ 폭발물 단속(爆發物取締) ▲ 조선아편단속위반(朝鮮阿片取締違反) 등이다.

이를 작년도의 동기 통계에 비하면 형법범이 7건에 그 인원 604명이 증가되었고 특별범은 338건에 그 인원 3,268명으로 67건에 인원 1,824명의 증가가 되었다. 형법범에서는 불경죄가 작년보다 4할이 줄고 소요사건 같은 것이 7할이 증가된 것은 눈에 띈다. 그리고 특별범에서는 제령 위반과 치안유지법 위반과 보안법 위반이 단연히 우세를 가지고 증가되었는데, 치안유지와 제령 위반이 1할, 보안법 위반은 7할의 증가를 보였다. 이는 금년도에 일어난 광주 학생 사건의 산물인데 이 현상은 금년의 특별 현상이라고 볼 수 있다.

지방별로 보면

경성이 수위(首位)

함흥이 둘째, 신의주가 셋째

각기 특징 있는 원인

이 사상사건을 지방별로 나누어 보려면 전 조선 지방법원 검사국 소재지의 별로 보아야 하는데 그 지명은

▲ 경성(京城) ▲ 공주(公州) ▲ 함흥(咸興) ▲ 청진(淸津) ▲ 평양(平壤) ▲ 신의주(新義州) ▲ 해주(海州) ▲ 대구(大邱) ▲ 부산(釜山) ▲ 광주(光州) ▲ 전주(全州)이다.

이 11지방 가운데서 단연히 우세를 보이는 곳은 수도인 경성인데 79건에 인원 933명이다. 이것은 사회운동이 노자(勞資) 관계의 계급 투쟁을 일삼은 까닭에 도회로 집중하는 것은 피치 못할 일이고 동시에 조선의 특별한 상인 학생 간의 적화를 기도하는 일도 경성의 제일 무대가 큰 까닭이라고 한다. 그리고 둘째로는 함흥인데 52건에 그 인원 824명이다. 사건에 비하여 그 인원이 많음은 다수한 군중이 아니면 일으키지는 못하는 소요사건이 일어난 까닭이었다. 셋째는 신의주인데 이는 만주와 접촉한 국경 관계로 사상사건이 비교적 많은데 86건에 684건을 소유하였다. 제4위는 청진인데 이는 북간도 관문인 관계로 또한 많은데 47건에 652명을 점령하였다. 이후 순서는 광주, 대구, 공주, 해주, 평양, 전주, 부산인데 평양이 특히 적음은 동 지방주민은 사상 문제에 눈이 뜬 것보다 실제 생활 문제에 관심이 많아 공업 도시의 경향을 발휘하는 까닭이라고 한다. 그리고 작년도에는 제2위를 점령하였던 대

구가 금년에는 제6위로 떨어진 것은 한수재의 재난을 거듭 받아 생활의 궁핍으로 사상운동을 할 만한 여력이 없는 까닭이라고 한다.

예심에 회부되는

이유는 이렇다

단기간으로 취조할 수 없게

내용이 착잡(錯雜)한 까닭

이 사상사건의 기소상황을 보면 이는 예년과 같이 금년도 변동이 없다.

▲ 예심○, 64 ▲ 공판○, 34 ▲ 약식○, 02

기소 상황을 비례로 보면 위와 같은데 이 비례는 작금 2년(지난해, 올해 2년)이 동률을 가지었다. 사상사건에 있어서 어찌하여 공판 회부보다 예심 청구가 많으냐 하면 검사 구류 권한인 10일간에 사건의 증거를 확실히 잡아 그 정체를 구명할 수 없는 것이 큰 원인인데 더욱이 사상사건에 있어서는 그 범행이 정신을 기조로 하여 약간의 문서를 남길 뿐이므로 증거를 확집하기가 퍽 곤란하여 검사국에서는 부득이 예심 판사의 손으로 넘기게 되는 것이다. 또한 가지 이유는 사상범은 한 사건의 그 인원이 다수한 까닭에 도저히 단기간에 완전히 취조를 할 수 없는 것도 한가지의 이유이다.

냉정히 관찰하여

판단을 하자

관민협동으로 처단함이 옳다

이토(伊藤) 사상검사 담

이 사상사건에 대하여 경성고등법원(京城高等法院) 이토(伊藤) 사상검사는 다음과 같이 이야기 하였다.

여기에 나타난 통계 숫자를 가지고 조선 사상사건의 질(質)을 판단하려 함은 경박한 일이라고 생각합니다. 사상사건이 일어나는 원인은 일개인이나 일 가정에만 그 원인이 있는 것이 아니라 사회 전반에 그 원인이 있는 것이니까 이 사상사건의 발생을 방어하려면 위정자와 사회와 힘을 아울리지 않으면 아니 될 것입니다. 내 개인의 의견을 말한다면 이 사상

사건을 전문으로 연구하는 관민협동의 단체 같은 것이 생겨서 이 일에 처단함이 있음을 바랍니다. 숫자가 는다고 이것을 가지고 곧 사회의 변동, 사상의 악화를 의미하는 것은 아닙니다. 사상사건이라고 반드시 민중의 복리를 도모하는운동은 아닙니다. 여기에는 사회 조직과 전래하는 생활 기능 등 복잡한 교착 관계가 있으니까 사회의 유위한 사람은 이 일을 냉정히 관찰하고 판단하여야 합니다.

3) 1930년대

(1) 《동아일보》

〈자료 76〉 사설

집회단속(集會取締)의 원칙적 견해

경찰 당국의 신경과민을 난(難)함(《동아일보》, 1932.2.21)

1.

조선의 통치는 경찰만능(警察萬能)이라 하는 평언(評言)은 적평(適評)은 아니라고 불원(不遠)한 말이라고 할 것이다. 정변(政變)이 있어서 통치수뇌부(統治首腦部)가 갈릴 때는 내무국장(內務局長)은 그대로 있어도 경무국장(警務局長)은 갈리게 되는 일사(一事)만 보아도 경찰이 통치와 얼마나 밀접한 관계가 있는지 알 수 있다. 보안법(保安法), 집회단속령(集會取締令) 등의 "임시적(臨時的)" 법령에 의하여 조선의 치안유지는 인민 행동의 자유를 헌법(憲法)이 보장하는 소위 공민적(公民的) 제 인권을 극도로 제한함으로써 원칙을 삼는데, 그 제일선(第一線)에서 이 치안유지를 담임(擔任)하는 자가 경찰이다. 그러므로 조선의 경찰이 만능이라 운운(云云)하야 당국의 신경을 첨예(尖銳)케 하는 필법(筆法)을 농(弄)할 필요가 없이 경찰 그 물건의 죄라고 할 것이 아니라 조선 통치의 원칙이 인민의 언론 집회 자유(言論集會自由)를 당분간 제한하는 것인 점(點)을 지적함이 가(可)할 것이다.

2.

언론 집회의 자유라는 것은 민권사상(民權思想)의 보급 이래로 정치사상의 중심 슬로건이 되어 온 것으로 헌법(憲法)에 의한 공리제(共利制) 또는 군주제(君主制)의 근대 국가에서 원칙적으로 절대 존중(尊重)한다고 하는 것이다. 그러하나 대개 어느 나라를 물론(勿論)하고 그 자유에는 어떤 종류의 제한이 붙어 가지고 있다. 즉 법률에 저촉(抵觸)되지 않는 한에서 이를 보장한다는 것이다. 절대자유라는 것이 국가생활리(國家生活裡)에서 찾을 수 없는 것이다. 그러나 이 이론은 근대 노동운동의 발흥(勃興)과 사회적 동요(動搖)의 급박화(急迫化)를 따라 점차로 악용되고 말았다. 자유는 일편(一片)의 공문화(空文化)하고 말았다. 봉건적 제도가 없어진 대신에 자본적 제도가 생겨났다. 이 자본적 제도는 간접으로 경제적으로 그 폭위(暴威)를 휘두를 뿐이 아니라 최근에 이르러서는 직접으로 정치적으로 자유의 여신을 거꾸러뜨리고 말았다. 파시즘의 발호(跋扈)와 독일의 긴급령, 인도의 계엄령 같은 것이 하나는 선진국, 하나는 식민지에서의 전형적 실례(實例)다.

3.

조선의 상태는 거기까지 간 것이 아니라고 당국자는 주장할 것이다. 그러나 보안법과 집회단속령이 상존(尙存)하는 이상 조선인의 자유구속 심(甚)하다는 것은 부인 못 하겠지. 그뿐 아니라 일보(一步) 나아가서 일본 내의 민권주의적 자유가 구미(歐美)의 그것에 비하야 매우 유치(幼稚)하다는 것도 부인 못 하겠지. 그 유치한 상태보다도 일층(一層) 뒤떨어진 조선의 현상은 원칙상으로 보아 비(非) 문화적(文化的)이란 것을 부정할 수 없을 것이다. 조선인이 이에 대하야 정신적으로, 또는 실생활상(實生活上)으로 불평과 고통을 느끼는 것은 조금도 무리가 아니다.

4.

물산장려회(物産奬勵會)의 선전 행렬(宣傳行列)이 금지되었다든가 심지어 연날리기 대회, 무용 대회가 금지된다는 등의 사실은 물론 경찰에서 말하라 하면 수속상(手續上) 경비상(警備上), 지방특수사정상(地方特殊事上) 여러 가지의 이유가 있을 것이다. 그러나 "원칙상" 조선의 집회 자유의 부인과 밀접한 관계가 없다고 못 할 것이다. 만일 원칙상으로 피상적이나마 집회 자유를 허(許)한다고 하면 집회의 해산권은 경관에게 있을지언정 금지권이 있을 리가 없는 것이다. 갱진일보(更進一步)하야 경찰 당국이 이유로 하는 수속상, 지방 특수 사정상, 경비상 모든 이유도 이를 끝까지 추궁한다면 결국은 신경과민의 소산이 아닐까. 평양(平壤)에서 허가된 물장 행렬(物奬行列)이 경성에서 금지된다는 데 있어서 그 평양과 경성의 모든 차이를 아무리 확대해 본다 해도 "정당성"을 발견하기 어려울 것이다. 더구나 무용 대회나 연날리기 집회에 이르러서야 말할 것이 무엇이랴.

〈자료 77〉 항만 등 교통 지점에 물샐틈없는 경찰망
기차에도 사상 경관을 상치
팔도 고등과장 회의(《동아일보》, 1932.3.18)

사상경찰 대확장을 하고자 일전에 경기, 평북, 함북, 전남, 경남의 5도 경찰부장을 소집하고 회의한 뒤를 이어 경찰부장이 출석지 않았던 나머지 8도의 고등과장을 임시로 소집하여 17일부터 총독부에서 제2회의실에서 회의를 열었다. 회의 내용은 요전 5도 경찰부장회의 때에 보도한 바와 같이 경비경찰로부터 사상경찰 치중으로의 전환을 하는 구체적 방침을 세우는 것으로 약 50만 원의 예산으로 약 500인의 사상경찰을 증원하고 국경 경비비를 축소하여 사상경찰비에 옮기는 것으로 실상 새로 확장되는 사상경찰비는 신규예산 50만 원까지 합하여 1백만 원 이상에 달하리라고 한다. 사상경찰을 사찰망을 충실히하는 것으로 이봉창의 불경 사건 등으로 보아 교통로를 더욱 엄중히 단속할 필요가 있으므로 기차에는 상시 고등형사를 탑승시키어 여객을 조사케 하며 또 재래부터 경계하던 부산, 인천, 웅기, 청진 같은 선박 출입 항구 외에 군산, 포항, 영덕, 영산포, 겸이포 외 황해 해안 주요 포구, 진남포, 강릉, 원산, 죽변, 삼척, 안목, 양양, 장전, 신창, 신포, 홍원, 군산 등 조선의 포구라는 포구에는 전부 사찰경관을 배치하여 출입하는 사람을 단속하기로 되었다. 이로써 조선은 외지와의 교통은 경찰의 관문을 통과치 않고는 절대로 불능하게 만드는 것이 이번 사상경찰의 가장 특색이다. 물론 이밖에 일반경찰서에도 평균 2명씩의 고등형사를 증원하는 것은 기보(既報)와 같다.

〈자료 78〉 500명 증원 각도에 배치
사상경찰 확충의 구체안
팔도 고등과장 회의(《동아일보》, 1932.3.19)

사상경찰 확장에 대한 고등경찰과장회의는 17일 하루로 그치었다. 그 질의내용은 어제 신문에도 그 일부를 보도한 바이어니와 요약하면 외지와의 교통이 밀접한 정거장 소재지와 선박 기항장의 사찰 기관을 확장 혹은 신설하여 외지와의 교통은 경찰의 관문을 통과하지 못하고는 불능하게 하는 것이다. 이 때문에 증원하는 사상경찰 약 500명의 배치는 일 경찰서 평균 2명이나, 그 필요성에 의하여 다소의 차이가 있고 어떤 곳은 한 명도 증원되지 않는 데도 있을 터인데 도별로 보면 경기도에 약 100명, 경상남도에 약 80명, 평북에 약 50명 기타 270명을 나머지 10도에 분할 배치한다. 사상경찰 배치에 임하여 인구가 희소하고 교통이 불편한 영동 지방에 주력하게 되어 그 벽지 전부에 사상경찰을 배치하게 된 것이 주목할 현상인데 이는 최근 수년간 사상운동이 만연되어 가는 까닭이라고 한다.

예산은 당초 계획은 조선 경찰 확장 제1인측 약 300만 원 요구였으며 그것이 못되면 120, 130만 원의 제1안이었으나 신규 사업은 공채 발행에 의할 수밖에 없고 공채 발행 사업은 임시 사업에 한함으로 영구적 성질을 띤 이런 사업을 국채 발행에 의할 수 없음으로 부득이 내년도 총독부 예산액 중에서 변통할 수 있는 한도 안에서 50만 원을 얻어 경찰을 확장하게 된 것이라고 한다.

〈자료 79〉 사설
치안유지법 개정안(治維改正案)의 윤곽
법률 기능(法律機能)의 기형적 발전(畸形的發展)(《동아일보》, 1933.6.27)

1.

도쿄(東京) 사법 당국자 간에서 논의되고 있는 개정 치안유지법 재개정안(再改正案)은 최근 그 심의가 점차로 구체화하게 되었으므로 사법성 형사국에서는 그 개정에 관한 대체의 범위를 성안(成案)하야 사법성회의(司法省 會議)에 제출하고 그것을 토대로 삼아 동(同)안을 토의하게 되었다. 이제 동국(同局)안의 요령(要領)을 들면, (1) 사실 심리(事實審理)의 일심 제도(一審制度) 채용, (2) 외곽 단체(外廓團體)의 단속, (3) 선전행위 처벌(宣傳行爲處罰), (4) 기소 유보 처분 규정 명시(起訴留保處分 規定明示), (5) 부정기(不定期) 혹은 예방구금법(豫防拘禁制) 채용 등이라는 바이니 이것은 과거에 볼 수 없는 횡적법역(橫的法域)의 대확장(大擴張)을 기도(企圖)한 자일뿐 아니라 재판제도의 특수변개(特殊變改)를 요구하는 자인 만큼 특히 심심한 주의를 기울이지 않을 수 없는 일이다.

2.

만일 이것으로서 동(同) 법(法)이 개정된다면 그 결과는 과연 어떻게 될 것인가. 첫째 사실 심리란 것은 피고(被告)의 필요에서 생겨난 것이 아니라 법의 재정상(裁定上) 필요로서 생겨난 것인즉 사실 심리의 일심 제도(一審制度)를 채용한다면 사법관의 권한을 침해할 우려가 있는 동시에 재심(再審)에 소(訴)한 사건의 공명한 심리(審理)와 재정(裁定)을 내리기가 곤란할 것이다. 따라서 피고의 불리(不利)는 혹은 행위 이상(行爲以上)의 것을 입게 될는지도 모르는 것이니 이는 근본적으로 재고(再考)를 요할 점이요. 둘째 외곽 단체의 단속이라는 것과 선전행위(宣傳行爲)의 처벌이란 것도 너무나 말이 간단하여 그 진의를 밝게 알기가 어려우나 일 피고(一被告)의 소속 단체가 아니요 그 주위에 근접(近接)된 제3단체까지를 단속한다는 것을 의미한다든지 연구와 보고 이상에 아무것도 아닌 것에 혹은 선전행위(宣傳行爲)의 광의적 해석을 내린다든지 하는 경우가 있을 것을 상상한대도 "법자체의 위태(危殆)"와 인권유린의 폐(弊)가 상반(相伴)되지나 않을까 하는 것이 걱정되는 일이다.

3.

그리고 부정기구금(不定期拘禁) 혹은 예방구금제(豫防拘禁制)는 종래에도 경찰이 요시찰인(要視察人)등에게 어느 정도까지 실행하여 온 바이니 말만은 그다지 새로울 것이 없다 할지라도 종래는 경찰법 및 동 규칙(同規則)에 의한 단기적 신체 구금에 불과하였던 것을 이제는 치유법(治維法)의 일항(一項)으로 집어넣어 그것의 실시에 사법권을 출동(出動)시키는 동시에 일층 준엄(峻嚴)한 불시감금, 예방감금(豫防監禁)을 기도하려는 것같이 추측되는 것인고(故)로 생각나는 것은 이에 대한 무고자(無辜者)의 불안이 일층 증대되리라는 것이다. 원래 이것은 행위의 발생을 미연에 방알(防遏)코저 하는 것이매 행위를 다스리는 현대 법률로서 비행위적 요소를 다스린다는 것은 스스로 모순된 일이라 할 수 있고 또 "공명"한 법의 효과를 인민에게 인식시키기도 거의 불가능한 일이라고 볼 수밖에 없나니 이것을 효과적으로 운용(運用)키 위하야 치유법(治維法)에 일항(一項)으로 고려하게 된다는 것은 너머나 법률의 본질적 본의를 과대평가하는 것이 아닐까 한다.

4.

측문(仄聞)한 바에 의하면 사법성(司法省) 당국자들도 이에 대하야 신중한 고려(考慮)를 거듭하고 있다는 바이니 반드시 여상(如上)한 형사국(刑事局) 안(案)이 그 개정안에 기본이 되리라고는 믿기 어려우나 오인(吾人)은 법률 자체를 위태(危殆)에 빈(瀕)케하야 재정(裁定)의 공명한 기능을 거세(去勢)케 되리라는 것과 하나를 다스리기 위하야 십백(十百)을 어지럽게 할 폐단(弊端)이 발생되리라는 것과 특정 사상의 불법 행위를 응징(膺懲)키 위하야 허다무고(許多無辜)의 인권유린(人權蹂躪)을 범하게 될 우려가 있다는 이 몇 가지 점(點)에 있어서 그 재개정(再改正)의 근본적 고려를 이에서 일전(一轉)시키는 것이 차라리 옳지는 않을까 하는 것을 제언(提言)코저 하는 자(者)이며 민심(民心)의 치말적 방면(治末的方面)에 법률적 효능(法律的效能)을 과대평가하는 근래의 일반적 경향은 반드시 삼가지 않으면 안 될 점인 것을 일언(一言)하여 두고자 하는 자(者)이다.

〈자료 80〉 사설

치안유지법(治安維持法)의 재개정안(再改正案)
역린적 결과(逆鱗的 結果)를 삼갈 일(《동아일보》, 1934.1.21)

1.

현행 치안유지법은 1928년(昭和 3) 6월 칙령(勅令) 제129호로 발포된 것인바 이는 1925년(대정 14) 4월 법률 제46호로 발포된 치안유지법을 개정한 것이다. 맨 처음 치안유지법에 의하면 국체를 변혁하고 또는 사유재산제도를 부인(否認)코저 목적하는 결사(結社)를 조직하며 또는 정(情)을 알고 이에 가입(加入)하는 자(者)는 10년 이하의 징역 또는 금고(禁錮)에 처함이라 하였던 것이나 그 뒤 즉 현행 치안유지법에는 국체변혁(國體變革)을 목적한 결사조직자 또는 결사의 역원(役員) 등에게는 사형(死刑) 또는 무기와 5년 이상의 징역을 규정하여 사상 탄압법으로서는 더 엄하게 하려야 더할 수 없을 만한 한계에 도달시키게 하였으니 이후에 또다시 개정을 가(加)한다고 하는 것은 한번 깊이 생각해 볼 만한 문제라 할 것이다.

2.

회고(回顧)하면 일본의 공산당운동도 1928년(昭和 3) 치유법 개정 이후부터 더욱더욱 그 역량이 확대되고운동이 강화된 것을 볼 수 있으며 조선의 그것도 또한 그러하였던 것을 보는 터인즉 최고 10년형에서 최고 사형까지 그 형(刑)을 올린다는 것만이 반드시 사상선도(思想善導)의 효과적 방법이 아닌 것을 알겠다. 만약 과거가 이러하였다 할진대 현 치유법(治維法)에 그 적용권을 횡적(橫的)으로 또 늘리고자 한 금반(今般) 재개정안(再改正案)의 기도(企圖)가 과연 과거에 얻지 못하든 신효과(新效果)를 꼭 얻어낼 수 있다 할 것인가. 치안유지법은 이제야 위로는 거의 더 나아갈 길이 없는 것이매 옆으로 그 발전(發展)의 길을 찾는 것이라 이는 어쩔 수 없는 일일지도 모르나 형(刑)의 질적 향상(質的向上)에 효과를 거두지 못한 전험(前驗)이 있다면 형(刑)의 양적 확대가 반드시 입법자(立法者)의 기대에 상부(相符)케 될는지 이는 큰 의문이라 하지 않을 수 없다.

3.

금반 사법(司法), 내무(內務) 양성(兩省)에서 꾸민 치유법재개정안에 의하면 현 치안유지법 제1조에 사형, 무기 또는 5년 이상이란 것을 7년 이상으로 한 것 등 형기(刑期)의 향상(向上)을 규정한 것도 있지만 그 최대 특징이라 할만한 것은 현 치안유지법 전7조(全七條)에 포함한 행위 범위(行爲範圍) 이외에 외곽 단체의 죄라는 것을 새로 규정하여 그 단체의 직접 목적이 국체변혁에 있지 않다고 할지라도 그 목적에 대한 지원(支援)을 목적으로 한 결사조직자 또는 역원(役員) 및 지도자도 5년 이상 유기징역(有期懲役)에 처(處)한다는 것이며 결사를 조직하지 않고라도 국체 변혁을 목표로 선동행위(煽動行爲)를 하는 자에게도 2년 이상 7년 이하 (현행 7년 이하)의 형(刑)을 과(科)하되 선동(煽動)이 아니요, 선전행위(宣傳行爲)를 하는 자에게도 1년 이상 7년 이하의 형을 과한다는 것이므로 그 형의 적용권(適用圈)은 극(極)히 광범하다 할 것이다.

그뿐 아니라 동법(同法) 위반피의자(違反被疑者)는 필요에 의하여 "특별한 소송수속(訴訟手續)"을 할 수 있게 되었으며 출옥후라도 필요하다고 인정할 경우에는 "예방구금소에 수용(受容)"할 수 있는 것과 "보호감찰"을 할 수 있는 것 등 제신규정(諸新規定)이 있어서 제1회 개정보다도 어느 의미로 보아서는 일층 기엄(岐嚴)한 개정이라고 할 수 있게 되었다. 이것이 과연 금번 의회에 협찬을 얻어 곧 법률화될는지는 몰라도 사상선도(思想善導)와 국론통일(國論統一)을 강조하고 있는 금일인 만큼 조만간 이것은 실시될 것 같으며 "비상시(非常時)" 기분(氣分)이 이미 의회공기(議會空氣)를 지배하여 온 이상 협찬 여부도 크게 문제 되지 않을 것 같다. 그러나 금번 재개정안은 특히 치유법(治維法)의 횡적발전(橫的發展) 꾀하는 자(者)인 즉 외곽단체죄 또는 선전행위죄는 그 해결여하(解決如何)에 따라 검거 영역(檢擧領域)이 너무나 광범할 우려가 없지 못하며 구금 예방, 보호감찰 등 인권(人權)을 걸핏하면 유린할 우려가 있는 것이라 이 같은 과민적(過敏的)인 사상 대책(思想對策)이 혹은 역린적 결과(逆鱗的 結果)를 짓지는 않을까 하는 것도 중대문제(重大問題)일 것이니 이 점에 대하야 특히 신중한 고려가 없어서는 안 될 것이라고 믿는다.

〈자료 81〉 사설

치안유지법 개정안(治安維持法改正案)(《동아일보》, 1935.3.9)

1.

인권유린에 관한 문제는 거번 의회(去番議會)와 금번 의회에 있어서 매우 많이 논란(論難)된 것이었다. 관계자들이 정계, 관계에 대세력을 가지고 있는 사람들인 만큼 그 문제는 결코 용이하게 간과될 수 없는 것이었다. 이리하여 그것이 사법 당국에 대하여서도 대관심(大觀心)을 일으키게 한 것이라고 볼 수 있는 것이다.

2.

지난달 25일에 중의원의 차지차가법중개정법률안위원회(借地借家法中改正法律案委員會)에 있어서 형사소송법 중 개정법률안을 심의할 때에 구류 갱신(拘留更新)을 1개월씩으로 하고 또 갱신하는 이유를 명시할 의향이 있느냐고 소원법상(小原法相, 오와라 법무대신)에게 질문한

위원이 있었다. 법상(法相)은 그에 찬성하는 뜻을 표시하였으므로 위원회에서는 수정안(修正案)을 제출하기로 되었다. 즉 현행 소송법에 의하면 구류 기간은 2개월로 하고 특히 계속할 필요가 있는 경우에는 결정으로써 갱신할 수 있다고 되어 있다. 이와 같이 되어 있으므로 몇 번이던지 기간을 갱신할 수 있고 또 그 이유를 명시하지 아니하게 되어 있으므로 이것이 인권유린의 중요한 원인이 되는 것이라고 하여 개정 법률안에서는 갱신은 1개월 1회만 인정하자고 하였었으나 법상은 그에 반대한 고로 갱신은 1개월씩으로 하고 그 이유를 명시하기로 되었으니 이것이 양원(兩院)을 통하야 법률이 된다면 사법권의 남용에 의한 인권유린의 기회는 현저히 감소되게 되리라고 한다.

3.

그런데 그러한 취지는 금월 4일에 정부의 중의원에 제출한 치안유지법 개정안에도 나타나게 되었다. 해안(該案)에 있어서 중요한 점은 형사수속(刑事手續)이라 하겠으니 그중에도 구류 기간에 관한 것이 가장 중요한 것이다. 그 제18조는 구류 기간은 2개월로 하고 특히 계속할 필요가 있을 때에는 1회에 한하야 이를 갱신할 수 있다고 하였다. 전술한 바와 같이 현재 소송법(訴訟法)의 규정에 의하면 구류 갱신 기간이 2개월인데 그것이 조선에 와서는 3개월로 되어 있다. 조선에 와서는 특수사정이 있다는 이유로 1개월이 연장되어 있는 것이다. 그런데 금번에 치안유지법이 전기(前記)와 같이 개정된다면 조선에도 그대로 시행될 수 있는가? 그 안(案)이 의회에 있어서 어떠한 수정(修正)을 보게 될지 알 수 없는 바이지마는 제출자(提出者)인 정부의 의사(意思)는 조선에도 그대로 시행하겠다는 것이 그 법률안 자체 중에 명백히 나타나 있다. 본법(本法) 중 지방재판소라 칭함은 조선에 있어서는 지방법원을 칭함이라는 것이 그것이다.

4.

구류 기간 문제는 전기(前記) 형사소송법(刑事訴法) 중 개정법률안이 제창(提唱)되는 것으로 보아서 알 수 있는 바와 같이 일반 범죄자에 대하여도 중대한 문제이려니와 치안유지법 위반자에 대하여는 더욱이 중대한 문제이고 조선에 있어서 더욱 그러한 것을 보게 된다. 구류 기간 3, 4년 되는 것은 항다반사(恒茶飯事)로 되어 있으니 범죄자 자체의 고통이라는 것은 말할 수 없는 것이다. 그러나 범죄자 자체는 차치(且置)하고라도 그 가족들의 받는 고통이 얼마나 거대(巨大)하다고 하랴? 따라서 사회 전체에 미치는 영향이 다대(多大)하다고 하지 아니할 수 없는 것이다. 모든 점으로 보아서 구류 기간을 1회에 한하야 갱신한다는 것은 무용(無用)의 ○○을 감소하는 것이라고 하겠으니 타부분에 관하여는 논급하지 않거니와 이 점은 현저한 개선이라고 할 수 있는 것이다.

〈자료 82〉 금후의 사상단속(思想取締)은 지하선(地下線) 감시에 치중 경찰부장회(警察部長會議)에서 중대 논의 국외(國外)의 운동도 엄중 단속(《동아일보》, 1935.4.23)

최근 조선 안의 사상운동 경향을 볼 때에는 과격한 공산주의 운동 같은 것이 관헌의 준엄한 사찰 단속과 시국 의식의 영향으로 그 주류를 전향하는 것과 같은 형적도 없지 아니하나 그 반면에는 잠행운동을 더욱 교묘한 방법으로 하야 과격한 행동을 하랴는 책모가 지하선으로 뻗치고 있는 것이 사실이라 한다.

그들은 특히 농촌 진흥운동의 역용을 꾀하고 공장 광산 등 각종 산업 부문에 잠입하여 노동자에게 주의를 선전하고 충돌을 계획하는 형적이 농후하다고 한다.

그 외에 국외에 있는 공산주의자나 민족주의자들은 반만항일(反滿抗日)의 기운에 합류하고 혹은 동양적화(東洋赤化)의 전초가 되어 조선 안으로 잠입코저 계획하는 정세에 있다 한다.

이러한 정세에 의하야 경무당국에서는 어느 때에 어떠한 사건이 발생할는지 모르므로 엄밀한 사찰을 여행하는 동시에 이러한 행동과 책모에 대하여는 단호 규탄하여 온위병행의 치안완벽을 기하고저 계획을 세우고 금 22일부터 열리는 경찰부장회의에도 이 뜻을 엄달하기로 되었으므로 금후 이 방면의 단속은 더욱 엄혹하게 될 것이라 한다.

〈자료 83〉 좌익운동과 도항자 단속 고등과장 회의에서 토의(《동아일보》, 1935.8.22)

경무국에서는 각도 고등과장 회의를 오는 27일에 개최키로 하고 그 소집장을 발부하였다. 이번의 고등과장 회의는 금주에 거행할 사단 대항 연습에 대한 경위를 필두로 하고 기타 일반 고등경찰에 관한 것을 토의할 것이라는 바, 동 회의에서 가장 중요한 의제는 탄압을 가할수록 종식되지 아니하고 지하선을 타고 들어가는 좌익운동에 관한 단속 방침과 도항 노동자 단속 등에 관한 것이라고 하여 주목을 끌고 있다.

(2) 《조선일보》

〈자료 84〉 제령 7호(制令七號) 위반에서 치안유지법 위반으로 최근 십수 년 내에 격증되어 가는 사상 관계 범죄 경향(《조선일보》, 1931.11.20)

최근 정치범의 경향은 폭동화하는 ■■에 더욱 잠행적인 비밀결사 사건이 많으며 해마다 새로운 기록으로 범죄사를 장식하여 가는 중 금년도에는 더욱이 새로운 사실이 많았으니 중국공산당 계통의 공작 사건을 비롯하여 교육노동조합, 무산예술동맹—캅푸 사건, 철도국 내의 '에스페란토' 연구회 사건, 경성대학생 중심의 공산당 사건, 총독부 급사 중심의 적우회(赤友會) 사건 등은 실로 세상을 놀라게 한 것이 많았다. 그러고 통계표에 의해 보아도 최근 십수 년간에 제령 7호 위반, 보안법 위반이 격증하였다가 오륙 년 전부터는 치안유지법 위반이 격증한 경향은 범죄의 질과 량의 전환은 더욱 주목되는 것이다.

〈자료 85〉 사상사건 격증 검사사찰관 증원 법무국에서 연구 고안하야 평남(平南)에도 배치할 터(《조선일보》, 1933.3.16)

【평양】

사상 관계 사건이 평양에도 격증되어 감으로 법무국에서는 이의 단속과 처분에 관하여 긴급한 문제로 연구 중이던바 사상 심문 전문의 검사와 사상 전문의 사찰관을 증원하여 사무의 능률을 계획하기로 되어 그 후보지의 결정이 근일 중에 발령될 것 같다. 그중에도 재작년 삼월에 평양서에서 검거한 노동자 적화 사건(勞働者赤化事件)과 최근으로는 덕천(德川) 사건, 진남포(鎭南浦) 학생 사건 등의 속출되는 사상사건에 맞춰 평안남도로서는 불가불 증원할 필요가 있으므로 관하의 평양 진남포 대동(大同)의 세 경찰서에는 당연히 배치할 것이며 평양 복심(覆審), 지방 양 검사국에도 물론 사상 전문 검사를 증원할 것은 물론이라 한다.

〈자료 86〉 사설

조선사상범 보호관찰령(朝鮮思想犯保護觀察令) 발포(《조선일보》, 1936.12.13)

1.

조선사상범 보호관찰령(朝鮮思想犯保護觀察令)이 금 12일부로 발포되어 내 22일부터 실시하기로 되었다. 이 법령(法令)이 발면실시(發面實施)되게 된 경위는 지난 제69의회에서 사상범 보호관찰법안이 통과되었는데 일본 내지(內地)에는 이미 거 11월 20일부터 동법(同法) 실시를 보게 되었다. 그런데 총독부당국은 동법을 조선에도 실시할 필요가 있다고 인정하고 법무국에서는 기간(其間) 차(此)에 반(伴)한 제반 수속을 완료한 결과 금월 8일 각의에서 정식결정을 보게 된 후 칙재(勅裁)를 앙(仰)하야 금 12일 제령 제16호로 발포하고 내 21일부터 시행하게 되었다.

2.

사상범 보호관찰법의 목적은 사상범전향자에 대하야는 전향을 확보시키고 비전향자(非轉向者) 또는 준전향자(準轉向者)에 대하야는 사상 전향을 지도촉진하야 그들로 하여금 완전한 국민적 자각과 생활의 확립을 도모하도록 지도 보호하는데 있다는데 종래의 단순한 사상범 방알(防遏)을 위한 경찰 감시 등과는 본질적으로 달라 적극적으로 본인을 지도유액(指導誘掖)한다는 점이 본령(本令)의 특이한 점이라고 한다. 그 보호관찰의 수단 방법으로 경성(京城), 평양(平壤), 대구(大邱), 함흥(咸興), 청진(淸津), 광주(光州), 신의주(新義州)의 7개 처에 관찰소(觀察所)를 설치하고 차등 관찰소에는 사상보도관(思想輔導官), 보호사(保護司) 등 주무관리 이외에 관계방면 인사로 구성된 보호관찰심사회(保護觀察審査會)를 부설한다는데 본인을 "보호관찰소(保護觀察所) 보호사(保護司)에 부(付)하거나 보호자에게 인도하거나 또는 보호단체(保護團體), 사원(寺院), 교회, 병원 기타 적당한 자에 위탁"하야 가정, 생계, 건강, 사상의 추이를 조사하는 시(時)에 주거, 교우 또는 통신의 제한, 기타 적당한 조건 준수를 명(命)하며 보호관찰에 소용(所用)된 비용은 본인 또는 본인을 부양할 의무 있는 자(者)에게 그 전부 또는 일부를 징수할 수 있게 되었다.

3.

물론 사상범 보호관찰령은 사회 개조를 목적으로 한 사상범을 대상으로 하는 법령이니만치 사회적 의의가 크다고 할 것이다. 1928년 이래 1935년까지 치안유지법 위반 사건으로 조선 내에서 검거된 자(者)의 총수는 1만 6천 명가량 되는데 그중에서 초소유예처분(超訴猶豫處分)을 받은 자(者), 형의 집행유예 언도를 받은 자, 형의 집행을 종료한 자, 또는 형의 집행 중 가출옥의 허락을 받은 자의 총수가 약 6천4백에 달하여 있다는데 금번 발포돼 사상범 보호관찰법의 적용할 범위가 아직 알 수 없으므로 무엇이라고 논단(論斷)할 수는 없으나 만약 차등(此等) 사상범 전부에 대하야 차(此)를 적용한다면 본령(本令)의 사회적 의의를 떠나서 차(此)에 관련돼 인원의 숫자상으로 보더라도 중대사(重大事)라 할 것이며 특히 본령(本令)의 주지(主旨)가 당해 각 개인의 행동 감시 내지 자유 구속에 있으니만큼 그 영향은 일층 심대(甚大)할 것이다.

4.

사상범 보호관찰령은 이미 발포되어 실시하기로 확정된 것이므로 여기서 본령 명문(明文)에 대하야 왈가왈부(曰可曰否)함은 이미 그 시기가 늦었다고 인정하고 비평을 피하려 하거니와 당국이 본령 실시에 당(當)하야 특별히 ■처(處)하여야 ■■■운용 그 점이라 하겠다. ■■에 있어서의 사상운동은 1928년(昭和 3)을 최고봉으로 이래 점차 침체되어 오던 바 만주사변(滿洲事變)에 의한 사회정세의 변화로 일층 그 도(度)를 가(加)하야 현재에 와서는 거의 문제시되지 않음은 주지의 사실이다. 그러므로 이 법령의 입법 정신으로 보아서의 실시 가치는 미약할 것으로 추측하거니와 본령 실시에 있어서 그 운용을 그릇하는 경우에는 점차 몰락의 길을 걸어가는 사상운동에 도발적 반동 기운을 조장(助長)할 수도 있다는 점을 충분히 인식할 필요가 있으리라고 사유(思惟)한다. 종래 조선에 사상범 보호관찰령은 없었다 하더라도 경찰 당국에서 범죄 방알(防遏)의 목적으로 사상적 경향이 있는 자 특히 전과자에 대하여 여러 가지로 감시 또는 제재를 가하여 온 것이 사실인데 이러한 현상하의 본령 실시는 본인 보호의 취지를 중시하지 않고 자유 구속에 의한 본인 감시의 편(便)에 편중(偏重)하기 쉬우며, 따라서 불필요한 제재에 의하여 본인에게 이중삼중(二重三重)의 구속을 주게 될 염려가 적지 않을 뿐 아니라 보호 감시에 소용된 비용을 본인 측으로부터 징수할 수 있게 되었으니만큼 당자(當者)의 감정을 증대케 하야 본령 취지에 배치되는 결과를 조성할 경향이 있으므로 당국은 이 점을 신중 고려하여 그 운용상의 유감(遺憾)이 없게 하기를 바란다.

〈자료 87〉 사상범 보호관찰법(思想犯保護觀察法)에 대하여 인권, 직업, 명예를 존중(尊重)하리(《조선일보》, 1936.11.14)

1.

과반의회(過般議會)를 통과한 사상범 보호관찰법은 마침내 11월 20일부터 일본 내지(內地)에 실시하게 되었거니와 총독부 당국에서도 전번(前番) 사법관회의(司法官會議)의 심의를 경유한 사상범 보호관찰령(思想犯保護觀察令)의 연장 실시에 반(伴)하는 일절(一切)의 수속을 완료하고 목하(目下) 도동중(渡東中)에 있는 대원 법무과장급(大原法務課長及) 미근 심의실(美根審議室) 사무관(事務官)에 의하야 중앙정부 당국(中央政府當局)과 우(右) 법령실시에 대한 절충을 계속하고 있으므로 일본 내지보다는 다소 늦게 내 12월부터 조선에도 실시하라 한다.

사상범 보호관찰법은 그것이 법안으로 의회에 제출되었을 때부터 일부 정당의 비판과 반대를 받아왔고 일즉 본란(本欄)에도 그 결함을 지적한 바 있거니와 이제 우리는 동법령(同法令)의 조선 적용에 앞서 그 운용에 관하여 당국의 몇 가지 주의를 환기하는 바이다.

2.

사상범 보호관찰법은 일단(一旦) 치안유지법의 죄를 범하야 기소유예, 형의 집행유예 또는 체형언도(體刑言渡)를 받고 형을 종료하였거나 가출옥 허가를 받은 자로 의연(依然) 위험사상을 포회(抱懷)한 비전향자 또는 준전향자 그 외에 전향하였지만 환경에 지배되어 재범의 위험성이 있는 전향자에 대하여 각기 처지에 따라 보호, 관찰과 사상의 선도를 도(圖)한다는 것이다. 그리하여 사상범을 보호관찰하기 위하여는 경성(京城) 평양(平壤) 대구(大邱)에 보호관찰소를, 신의주(新義州), 청진(淸津), 광주(光州), 함흥(咸興)에는 지소(支所)를 설치하고 이에 사상보도관(思想輔導官)과 사상보호사(思想保護司)를 두어 보호관찰에 부(付)하게 된 자(者)로 보호자가 있는 자는 차(此)를 보호자에 인도하고 없는 자 또는 있어도 부적당하다고 인정(認定)할 경우에는 일정한 장소에 수용하여 거주, 교우, 통신의 제한과 기타 적당한 조항의 준수를 명(命)하는 동시에 사상추이(思想推移)에 유의하고 훈육 지도에 노력하게 하는 것인데 이에는 많은 부자연한 점이 있지 않을까 한다.

3.

인간 생활에 있어 자유는 의식주와 같이 필요한 것이다 특히 형의 집행을 받고 출소한 자가 신체의 자유를 희구(希求)하는 정도는 일반 사회인보담 기배(幾倍)나 강할 터인데 이제 그에게 거주 교우 통신에 제한을 가하고 일반 사생활까지 감시를 엄중히 한다고 하면 그것은 도리어 행형(行刑)의 의의를 감살(減殺)할 우려가 있는 동시에 출소자(出所者)로 하여금 갱생(更生)의 도(途)를 차단하여 재출발의 희망에 불타면서 석방의 날을 손꼽아 기다리든 보람도 없이 그들에게 실망과 자포자기의 악결과(惡結果)를 재래(齎來)할 염려가 있지 않을까 사유(思維)되다. 더욱 사상범(思想犯)은 파렴치죄(破廉恥罪)나 폭력범(暴力犯)과 달라 사물에 이해와 판단력이 있고 사회제도를 기저로 한 사상 체계를 신봉하고 있으므로 그들의 사상선도는 단순한 구속과 감시로써만 될 것이 아니오, 그 사상의 근저가 되어 있는 사회 제도의 개선을 기(期)하는 데서 발본색원적 효과를 수득(收得)할 수 있는 것이다.

4.

사상범 보호관찰령의 입법 정신이 '사상 완성과 생활 확립'에 있다 할지라도 법령 그 자체에 이러한 모순을 포함하고 있는 이상 그 운용 여하에 의해서는 예기(豫期)하던 바와는 전연(全然) 배치되는 결과를 유치(誘致)할 수도 있는 것이다. 보호관찰에 부(付)케 될 인물은 대개 전향할 희망이 적은 사람으로 인정될 자일지니 그런 인물일수록 반감을 가질 가능성이 많을 것이 아닌가. 그러므로 본법 실시에 있어서는 구속과 감시의 소극적 방면에만 주력할 것이 아니라 특히 피보호인의 인권과 명예를 존중하여 갱생의 의기(意氣)를 조장하는 동시에 직업을 가진 사람에 대하여는 직업에 영향을 급(及)하지 않도록 유의할 것이며 직업을 얻지 못한 자에게는 직업에 종사할 수 있는 기초를 주선하여 생활 안정을 여(與)하기에 신중 노력할 것이다.

(3) 《조선중앙일보(朝鮮中央日報)》

〈자료 88〉 사상단속 일환(一環)으로
영화 통제책(映畫統制策) 수립
외국 제품 영화를 수입 제한
은막상(銀幕上)에 이상(異狀) 있다.(《조선중앙일보》, 1933.10.21)

사상 대책의 일환으로 영화 통제 문제가 대두하여 총독부 경무국 도서과에서는 조선의 특수 사정을 참작하야 그 입안을 급히 하는 중 그 성안을 얻어 불원간 영화 통제에 관한 제령(制令)의 발표를 보게 될 모양이다.

일본에서는 영화의 7할은 토산품인데 조선은 그 상영 '필름' 6할 2부가 외래품으로서 일반 영화 팬들이 외국 문화를 편중할 염려가 있다 하여 금후로는 동양 문화 고조의 의미에서 총독부 당국은

1. 국내품 장려, 보호
2. 외국 영화 수입 방알(防遏), 제한

등 방침을 세웠다. 작년 중 조선 내 70개소 영화 상설관의 상영 '필름'은 1억 2,000만 미터로서 그중에 일본 영화 3,900만 미터, 조선 영화 500만 미터, 외국영화 7,570만 미터로서 외국영화 특히 미주(美洲)로부터 온 영화가 단연 우세한 형세를 보이고 있다. 그런데 관극자(觀劇者)는 그 총수 650만 명으로 총인구로 보면 세 사람 중 한 사람은 영화 '팬'으로 영화의 사회적 영향이 적지 않은 것을 알 수 있다.

시미즈(清水) 도서과장(圖書課長) 담

이에 대하야 시미즈 도서과장은 다음과 같이 말하였다.

"영화의 사회적 교화 관계는 통계 숫자가 여실히 말하고 있거니와 그 통제는 영화의 사명을 완전히 하게 하고 사회적 가치를 인식시키려는 주요 목적인데 조선은 일본 내지의 여러 가지 사정을 달리하고 있으므로 조선의 독자적 입장에서 치안을 방해하는 영화는 종래와 같이 엄중 단속하는 반면에 사회 교화에 필요한 것은 보호 장려하여 동양 문화(東洋文化)의 발휘에 주안(主眼)을 두고 외국 수입품은 이를 제한하여 비열한 문화 수입을 방지하며 조선 내 상설관에도 될 수 있는 대로 국내산품을 상영하게 하여 영화 필름을 통제하고자 합니다"

〈자료 89〉 학생 사상단속 등
전국적으로 교육행정 쇄신(刷新)
400만 원 예산으로(《조선중앙일보》, 1934.7.17)

조선의 교육 행정 혁신은 총독부 학무국(學務局)의 주요한 숙안(宿案)으로 되어 있는 터인데 명년도에는 기보한 바와 같이 중등학교의 교육제도 일부 변혁과 아울러 지금까지 비교적 등한시하는 여자 교육에 주력하여야 될 수 있는 데로 초등학교 여생도의 입학률을 남자와 같이 할 것과 이와 동시에 여교원을 증원하기 위하여 조선 안에는 아직 없는 여자사범학교를 설립할 터이라 한다.

그 외에는 전 조선 200여만 명의 농촌문맹을 퇴치하기 위하여 간이학교(簡易教)를 대대적으로 설립할 터이며 이에 따른 교원 증가로 인한 평양, 대구 양 사범학교에 임시 강습과(講習科) 부설로서 교원 부족을 보충할 터이다.

그리고 최근 조선의 학교 직원 학생 등 좌익운동에 가담하는 자 의연 적지 않은 터임으로 작년 이래 요구하였다가 삭제를 당하고 말은 각 도 학무과에 학생 사상계(學生思想係) 평일 교원 행동 감찰원 등을 배치하여 교원 학생 등 적색운동 가담 방지를 강화하고자 하는 등으로 대소 신규 요구의 총예산은 400여만 원에 달하는 것이라 한다.

〈자료 90〉 집회의 엄중 감시 등

사상단속 문제 토의 회의에는 각 서(署) 형사(刑事)가 참석

생도감(生徒監) 회의 경과(《조선중앙일보》, 1934.11.7)

시내에 있는 각 전문학교와 대학예과에서는 최근 학생들의 풍기문제 사상 문제 기타 일부 교육자 간에 물의를 일으키고 있는 형편임으로 지난 30일에는 치과의전 회의실에서 전기 각 학교의 생도감회의(生徒監會議)를 열고 이에 대한 대책을 토의하였다는데 동 석상에는 시내 각 경찰서 형사가 임석하는 진기한 현상이 있었다 한다.

동회의 석상에서 토의한 내용을 탐문한 바에 의하면 종래의 개최하야오든 학생들의운동회, 전람회, 음악회, 기타 집회를 앞으로는 엄중히 가심하야 사상적으로 기울어지는 집회 같은 것은 일체로 탄할 할 것과 학교 내에 비치한 무기, 교수용 현미경 기타 비품이 최근에 분실되는 사건이 빈번함으로 이에 대하여는 종전보다 일층 단속할 것과 최근 일부 학생들의 기분이 유흥으로 빠져 그 폐해가 막대함으로 이에 대하여는 이미한 형식으로든지 제재의 방법을 강구할 것과 특히 사상 문제에 있어서는 종래보다도 더욱 감시의 눈을 비춰어 엄중히 단속할 것 등 네 가지 항목을 토의하고 산회하였다고 한다.

〈자료 91〉 검사(檢事)를 동원시켜

사상 전향을 권고

법무국의 사상범(思想犯) 대책(《조선중앙일보》, 1935.3.19)

최근 법무국에서 조산한 통계에 의하면 치안유지법 위반으로 일단 체형을 받고 나온 사상범인이 다시 사상운동으로의 재출발을 하여 종전보다도 더욱 격렬한 투쟁을 하는 동시 지하적으로 모든 족작을 하여 철저한 좌경의 벗을 보이고 있는 현상이 뚜렷하게 드러나 있는 것으로 보아 이러한 현상을 완화시키며 아울러 방지하기 위하여 저간부터 여러 가지 방책을 강구해 오던 중 최근에 이르러 그 구체적 안건을 작정하게 되었다고 한다. 이제 그 안건이라는 것을 탐문해 보건대 위선 제1착으로 고등법원과 복심법원의 검사(檢事)를 공식으로 출동시켜 그들로 하여금 즉접 형무소에서 복역 중인 사상범을 방문하게 해서 그들의 사상적 전환을 종용시키리라는 것인 만큼 법정에서 완강한 태도로 서로 항거하던 그것을 일소해 버리고 화해하는 의미에서 전향을 권하리라는 것이다.

그리고 또 제2차적으로는 보호위원을 두어 출옥 후의 그들의 취직을 알선하는 동시 그들로 하여금 다시 재출발하지 않도록 하며 그것을 미리 방지 혹은 다른 사상적 운동에 감염되지 않도록 하리라는 것인데 돌아오는 4월부터 실시할 듯하다 한다.

〈자료 92〉 학교 관계 사상단속코저
전임주무관(專任主務官) 증치(增置)
종래엔 법무(法務), 경무(警務) 양국(両局)에만 있더니
학무국(學務局)에도 신설(《조선중앙일보》, 1936.1.28)

조선 내 각 학교와 교육 관계자의 사상을 단속하는 동시에 그 선도를 하기 위하여 총독부 학무국에서 적극적으로 진출한다 함은 기보한 바이어니와 명년도부터는 학무국 안에 전문 사무관 기타 직원을 두고 그 연락 조사 통제를 하기로 되었다. 그런데 일반적 사상단속에 대하여는 법무국과 경무국에서 벌써부터 전임주무관(主務官)이 있으나 학무국에만은 전문관이 없어서 여러 가지로 불편한 경우가 많았다 하여 금번에 이를 설치키로 된 것이라 한다. 그리고 강원도 등지 각 교에 설치된 신단(神壇) 같은 것도 가급적 각 학교에 설치하는 것이 좋을 듯하다는 의견이 유력하게 대두하고 있으나 이것을 강요하는 것은 아니라 한다.

〈자료 93〉 비상시국(非常時局)의 일반영(一反映)
고등경찰망(高等警察網) 확충
국제 스파이 경계(警戒)
위험 사상단속도 일층 강화
각 도 과장회의(課長會議) 내용(《조선중앙일보》 1936.4.11)

급박한 국제 정세와 비상시국에 감하여 경무국에서는 전 조선 고등과장 회의(高等課長會議)를 10일 오전 9시 총독부 제2회의실에서 상내(上內) 보안과장 통제하에 개최하고 다음의 5개 사항을 협의 중이라는 바 앞으로 10일까지 계속하리라 한다.

시국에 감하여 고등경찰망(高等警察網)의 확충

신고 등 경찰의 지도 정신의 확립

위험사상의 단속

국제 '스파이' 사찰망 확충

대본교(大本教)해산에 관한 처치

이상 5개조의 협의 사항에 대하여 여하한 구체안이 결정될는지는 아직 알 수 없으나 대체로 보아서 좌우 양익에 대한 경찰의 단속에 더욱 엄중할 것으로 관측되며 극동대세의 긴장한 틈을 타서 교묘히 경찰망을 뚫고 들어오는 국제 스파이에 대한 경찰의 관심과 단속은 종전보다 훨씬 더 할 것이라 한다.

(4) 매일신보

〈자료 94〉 외국인과의
접촉 잦은 반증(反證)
법은 외인에게도 가착이 없다(《매일신보》, 1931.3.20)

이토(伊藤) 사상검사(思想檢事) 담

외국인의 범죄 사건에 대하여 고등법원(高等法院) 이토(伊藤) 사상검사는 다음과 같이 감상담을 이야기하였다.

외국인의 범죄 사건이 날로 늘어간다는 현상은 즉 조선이 그만큼 외국인과 접촉이 많아진다고도 볼 수 있습니다. 동시에 조선이 그만큼 국제적으로 널리 관계를 맺었다고 볼 수 있겠지요. 그리고 외국인의 범죄 사건을 아무 꺼림 없이 검거하여 처벌하는 것은 즉 조선의 사법권이 확립한 사실이라고도 말할 수 있겠지요. 법은 절대로 신성한 것입니다. 외국인이라도 법을 위반하면 처벌받는 것은 당연한 일이겠지요.

〈자료 95〉 이것만 보드라도 간도치안(間島治安) 긴급(緊急) 전국 내에서도 못 보던 사건(《매일신보》, 1931.4.1)

모리우라(森浦) 사상검사 담

이 사건에 대하여 모리우라(森浦)검사는 다음과 같이 이야기하였다.

작년 정월 이래 취급한 사건 중 대부분은 간도 사건입니다. 이들의 범죄 내용을 보면 실로 잔인하여 그 지방에서 피해를 당한 사람은 실로 억울합니다. 그리고 이들의 범행은 지금까지의 사상사건에서는 처음 보는 것입니다. 도쿄과 오사카 등지에서는 시위운동을 할 때 권총을 발사하고 경관과 격투를 한 일은 있었으나 이와 같이 양민을 죽이고 강탈하는 일과 같은 것은 없었습니다. 그러므로 이들의 범행은 일본 안에서는 처음 보는 것입니다. 이들의 범죄 사실로만 보더라도 간도의 치안은 실로 긴급한 문제입니다.

〈자료 96〉 금년 전조선(全朝鮮) 사상사건(思想事件) 902건의 다수 인원수는 6,696명 심각화하는 사회상(《매일신보》, 1931.12.12)

1931년(昭和 6)의 조선 사회는 심각한 경제 피폐와 불경기로 한숨을 거듭하였거니와 사회운동도 가진 술책을 가지고 각 계급을 소란하게 하여 실로 다단한 상태를 이루었다. 이에 대한 당국의 대책과 방침도 구체안을 보았건만 사건은 날과 때를 따라 그를 느릴 뿐이었다. 무엇에 기인하여 이런 종류의운동이 많아 가는가 함은 일반 사회인의 생각을 자주 자극하게 되었다. 금년 1월부터 10월까지에 전조선 11개소의 재판소에서 취급한 건수는 902건에 그 인원은 6,696명의 다수에 달하였다. 이를 다시 1929, 1930년 양 연도의 숫자에 비하면 실로 놀라운 증가를 보였다.

재판소별 순서로는

함흥(咸興)이 단연 수위

작년까지 제3위에 있던 것이

금년으로 사건 급증

사상사건을 취급한 전조선 11개소의 재판소별로 사건 수를 보면 작년까지 제3위에 놓여 있던 함흥지방법원이 금년에는 단연히 두각을 이루고 제1위를 점령하였다. 이것은 즉 조선의 사회운동이 남방과 중앙으로부터 북방으로 옮아가는 것을 증명하는 것이다. 함흥지방법원에서 금년 1월부터 10월까지 취급한 사상사건은 174건으로 그 인원은 1,560명이다. 이 다음은 경성지방법원이고 셋째는 신의주지방법원이다. 경성은 중앙이니까 물론 사상사건도 많은 것이 당연하고 신의주는 국경에 놓인 관계상 사상사건이 역시 많은 숫자를 가지게 되었다. 함경도에 사상사건이 많아진 이유는 함경도에 대자본이 갑자기 투자되어 노동 계급이 많아진 것과 이에 대한 시설이 지금까지 다른 지방같이 완전치 못하여운동은 즉각적으로 진전을 본 것이다. 그리고 함경도의 사회운동이 특히 '테러'화한 것은 간도와 지리적으로 접촉한 것이 큰 원인이 된다고 한다.

죄명별 최고위(最高位)

치안법 위반

여러 가지 죄명 중에 제1위

죄명에 따른 범죄상(犯罪相)

사상사건에 취급되는 죄명은 20여 가지인데 그중에서 무슨 죄명의 범죄가 제일 많아졌는가. 제1위를 점령한 것은 치안유지법 위반이고 제2위는 폭력 행위이고 제3위는 제령 위반이고 제4위는 보안법 위반이다. 이 죄명의 순차로 사상사건의 경향을 보면 당국의 경계가 심하고 이에 따라운동이 잠행적으로 되는 동시에 굳은 결사의 형식을 빌게 되어 급기야 치안유지법 위반이 제일 많게 되는 것이 잠재한 원인이다. 제령 위반은 역시 민족운동의 잘못 발을 내디딘 것인데 이는 대개 중년 이상의 인물들이 향촌과 해외에서 행한 것이 제일 많다. 그리고 보안법 위반은 나이 어린 학생 계급의 인물이 불온한 글과 말을 한 것이 중요한 내용을 이루었다. 그리고 폭력 행위 위반은 사회운동의 폭동화를 표명한 것이다.

전례(前例) **없던 특색**(特色) **종종**(種種)

"테러"화(化)**하는운동**(運動)

더욱이 주목할 값이 있는 것은

학원 내(學園內)**의 적화사상**(赤化思想)

증가한 사상사건 가운데 지금까지 보지 못한 특색을 가진 것도 또한 기록적이다. 사회운동에 무서운 직접 행동을 보여 준 것은 홍원농민조합원의 증권 소각 사건인데 이는 이론을 수립하는 외에 운동으로써 생활적 실제를 보겠다는 제2단운동을 구체화한 것이다. 다음은 "캇푸" 사건인데 이도 또한 조선에서 처음 보는 사건이었다. 이는 치안유지법 위반 사건의 적용과 해석이 그 범위를 넓힌 것인 동시에 "프롤레타리아"운동이 또한 문예 이론을 초월하여 역시 실행에 옮는다는 것을 입증하여 주게 되었다. 만보산 사건으로 말미암은 조중인 충돌 사건은 금년의 독특한 범죄상이다. 이외에 크게 주목할 사건은 제국대학 중심의 결사 사건인데 내선인이 한 몸이 되어 운동을 하였다는 것이다. 이로 보면 조선 청년 사이의 사상은 민족 관념을 떠나 전혀 사회주의적 사상에 기울어진 것을 보여 주었는데 이 일은 사회상으로나 정치상으로나 새로운 경향을 보인 것이라 할 수 있다.

이토(伊藤) 사상검사(思想檢事) 담(談)

고등법원 이토 사상검사는 다음과 같이 이야기하였다.

금년의 조선의 사상사건은 그 숫자가 많아진 것도 눈에 띄거니와 새로운 색채의운동이 일어난 것이 한층 주목됩니다. 사상운동이 어찌하여 이같이 증가하느냐 하는 문제는 간단히 설명할 수 없는 큰 문제인 동시에 각 개인의 주관이 또한 다를 것입니다. 그러나 이 범죄상에 대하여 우리는 어떻게 하면 그 길을 바로잡을 수 있을까 하는 대책은 적극적으로 생각하고 기회 있는 대로 실행에 노력하여야 할 위기에 당면하였다고 생각합니다. 나는 여기서 구체적 의견을 말하기를 피하거니와 사회 유지는 이 문제를 중요시하여야 할 것이라고 단언합니다. 더 말하지 않거니와 금년의 제대학생 사건 같은 것은 그 일을 도모함에 한 몸이 되어 한 것은 내선융화의 표본이 되었습니다. 일반은 이 일에 여러 가지의 암시를 받았으리라고 생각합니다.

〈자료 97〉 사상단속(思想取締)에 전력(全力)코자 경관 500명 증원
소요 경비로 50만 원을 계상
국경 경비에도 주력(注力)(《매일신보》, 1932.3.14)

총독부 경무국(警務局)에서는 국경 경비(國境警備)의 충실과 잠행적(潛行的)으로 만연되어 점차 그의운동이 과격하여지는 각종의 사상운동을 미연에 방지 또 탄압하기 위하여 다시 경관을 증원하기로 하고 그에 대한 소요 경비 50만 원을 신년도 예산에 편성하고 오는 5월 특별의회(特別議會)에 제출코자 목하 그에 대한 준비를 진행 중인데 전기 50만 원으로 채용될 정관의 수는 약 500명가량이라고 한다.

〈자료 98〉 조선 사상경찰망의
확충협의비밀회(擴充協議秘密會)
경무국장 이하 경무국 수뇌부
내용은 자못 중대하다(《매일신보》, 1932.3.15)

총독부 경무국(警務局)에서는 14일 오전 10시부터 경무국장실에서 이케다(池田) 경무국장 이하 다나카(田中)보안과장, 시미즈(清水) 도서과장과 동일 아침 만주 시찰에서 돌아온 다치다(立田) 경무과장 이하 경무당국의 최고 관계자가 회합하여 장시간의 밀의를 거듭하고 오후에도 계속하여 구수회의(鳩首會議) 중인데 회의 내용은 절대 비밀에 부치나 이는 불원간 조선의 사상경찰망을 크게 확장할 전제로 그에 대한 여러 가지 방침과 미시에 필요한 준비사항을 미리 토의하는 것으로 회의 내용은 자못 중대시된다.

〈자료 99〉 국경경비 완비(完備)코자
함북도(咸北道) 경관 증원
도내의 사상경찰에도 충당
순사부장(巡査部長) 20명 증원(《매일신보》, 1932.9.3)

【나남(羅南)】

함북도 경찰부에서는 얼마 동안 현안이던 국경 경비의 완비와 도내 사상경찰의 충실을 위하여 20명의 순사부장을 증원시켜 국경 일대와 도내 요소에 배치하여 고등경찰에 당하게 되어 지난 30일에 50여 명의 순사 이동이 발표되었는데 현금 도내 청년사상계의 추세를 보아 그 효과가 얼마나 있을는지 다시금 주목할 바이다.

〈자료 100〉 당국에 전국적으로
사상단속을 요구
정우사상대책특위회(政友思想對策特委會)(《매일신보》, 1932.10.17)

【도쿄 15일 발 전통】

15일의 정우사상대책특별위원회(政友思想對策特別委員會)는 도야마현(富山縣) 소학교원(小學教員)간에 좌경 사상이 만연하여 매일 수 명씩의 교원이 검거되고 있고 이바라키현(茨城縣)에 있어서는 대검거 후 좌경 사상이 일층 반동적으로 고조되려는 모양이 있고 또 홋카이도(北海道) 지방에서는 대수해흉작(大水害凶作)에 승(乘)하여 혹종(或種) 사상적 책동이 행(行)하고 있는 데 감(鑑)하여 당국에 대하여 전국적으로 엄중한 사상단속을 요구하기로 결정하였다.

〈자료 101〉 이번 사법관 회의도
사상단속이 주안(主眼)
명일(明日)부터 6일간 본부(本府)에서
가사이(笠井) 법무국장(法務局長) 통재(統裁)로(《매일신보》, 1932.10.21)

전조선사법관회의(全朝鮮司法官會議)는 21일부터 6일간 총독부 제1회의실에 가사이 법무국장 통재하에 각지 복심법원장(覆審法院長), 동 검사장 및 지방법원장 동 검사정(檢事正)의 출석으로 개최하는데 초일(初日)은 오전 9시 개회 우가키(宇垣) 총독의 방시(訪示)가 있은 후 동 사항답신(事項答申)에 입(入)할 것이요. 오후 2시부터는 옥사자(獄死者)의 추조회(追弔會)에 참열(參列)하려라 한다. 그리고 그 면 회의는 역시 사상단속에 관한 문제가 논제의 중심이 되리라 한다.

〈자료 102〉 사상단속이 중요한 의제(議題)
조선의 예방운동엔 다 탄복(《매일신보》, 1933.5.21)

다쓰다(立田) 경무과장(警務課長) 담(談)

도쿄에서 개최된 전국 경찰부장 회의에 출석하고자 동 상중이던 다쓰다(立田) 총독부 경무과장은 작 19일 오후 5시 경성역착 열차로 귀임하였는데 씨는 말하되

이번 내지 경찰부장 회의에서 가장 중요한 의제가 되었던 것은 사상 대책(思想對策) 문제이었다. 그 내용의 상세에 대하여는 말할 수 없으나 대체로 근본대책(根本對策)과 응급대책(應急對策)에 대하여 협의하였다.

◆ 조선의 예방협회의 성적이 양호함에 대하여는 내지서도 매우 부러워하고 있었는데 그만큼 동 협회의 사명이 중대한 것을 일층 느낀 바 있었다.

◆ 경관우우(警官優遇)문제에 대하여는 누차 신문지상에 게재된 바이나 조선을 외지(外地)라고 차별하지 말고 내지와 같이 그들의 우우에 대하여 고려하여 주기를 특히 조선으로서 주문하고 왔다.

〈자료 103〉 학생선객(學生船客)에는
사상단속(思想取締) 여행(勵行)
부산 수상서(水上署)에서(《매일신보》, 1933.8.2)

【부산】

최근 하계하가에 입(入)하여 내선학생(內鮮學生)의 연락선 승객이 격증(激增)되어감을 기

(機)로하여 부산 수상경찰서에서는 도경찰부(道警察部)의 지령에 의하여 종래의 학생 선객 신원(船客身元), 사상조사에 일층 세심의 주의를 하여 사상방면의 내용을 탐지(探知)코저 8월 중의 학생 소지 서적을 일제히 조사하여 최근 통과학생(通過學生)의 사상 동향을 철저히 조사하기로 되었다고 한다.

〈자료 104〉 신문지 및 현행 출판법
근본적 개정을 단행
사상단속(思想取締)를 위하여 경보국(警保局)에서 요항결정(要項決定)
예산 계상(豫算計上)(《매일신보》, 1933.8.19)

【도쿄 18일 발 전통】

내무성 경보국은 사상운동 단속을 위하여 출판 경찰망(警察網)의 확충을 기(期)하여 내년도 예산에 약 20만 원을 계상(計上) 불온 출판물 박멸(撲滅)을 위하여 현행 출판물법 및 신문지법의 근본적 개정을 단행하기로 결정하고 과반래 국의(過般來局議)를 개(開)하고 개정법의 근본 방침에 관하여 타합중(打合中)이던 바 17일에 지(至)하여 겨우 개정 요항을 결정하였으므로 동일(同日) 직시(直時) 정부의 사상 대책위원회에 제출하였다. 그리하여 위원회가 이를 승인하면 각부(各部)에 보고한 후 직시(直時) 성안(成案)에 착수하여 래(來) 의회에 제출할 방침인바 개정 요항은 다음과 여(如)하다.

하나, 납본 제도(納本制度)를 개선하여 불온사상에 관한 출판물과 기타의 일반 출판물과의 취급에 차별을 설(設)하고 특히 무굴 출판물(無屆出版物)에는 엄벌로써 임(臨)함.

하나, 출판물의 발매(發賣) 반포 금지(頒布禁止) 및 차압(差押)에 관하여 지방 장관(地方長官)의 권한을 확대함.

하나, 불온사상 선전의 구(具)에 공(供)한다고 인(認)하는 신문 잡지의 발행 금지 제도를 설정함.

하나, 신문지가 사회사상에 급(及)히는 영향이 중대함에 감(鑑)하여 신문지에 의한 불온 기사의 책임자 제도에 개선을 가(加)함.

하나, 출판 인쇄 및 출판물 판매 등에 관한 업무를 계출[16] 영업(屆出營業)으로 함.

〈자료 105〉 반군 사상(反軍思想) 단속
신치유법(新治維法)에 삽입(《매일신보》, 1933.8.25)

【연합 도쿄 24일 발】

사상 대책협의위원회(思想對策協議委員會)에서 심의 중인 치안유지법 개정을 기(機)하여 육군(陸軍)에서는 반군 사상의 선전(宣傳) 혹은 선동(煽動)을 하는 자를 단속하는 조항을 삽입하기 위하여 과반래관계관(過般來關係官) 등이 연구 중이더니 대략 성안(成案)을 득(得)하였음으로 근근(近近) 위 위원회에 제출하게 되었다. 위 조항은 단체변혁(團體變革)의 차(次) 사유재산제도의 전(前)에 군대(軍隊)의 존재를 해(害)하는 자를 처벌하는 조상을 게(揭)하고 경(更)히 방법(方法)으로 신문, 잡지, 강연, 영화, 연예, 라디오 등에 의한 것을 포함하는 일조(一條)를 가입(加入)하는 것이다.

〈자료 106〉 교육경찰 완벽(完璧) 기(期)코자
학생계를 증원 확충
사상운동 시정교도(是正教導)에 노력
학무당국(學務當局)의 신(新) 방침(方針)(《매일신보》, 1933.8.25)

총독부 학무국에서는 현재 학생의 사상단속을 담임하고 있는 학생계(學生系)를 확대 증원하는 동시에 그 내용을 정비하여 학교 내외의 좌경운동의 방지 경계와 지도 감독을 엄중히 하야서 교육 경찰로서의 기능을 발휘시키기 위하여 명년도 예산에 이에 대한 경비를 요구하기로 되었는데 최근 조선의 사상운동을 보건대 좌경 사상운동은 모두 과격한 공산주의 운동으로 단순한 학교 내부의 문제만이 아니요 극히 교묘한 특수의 조직과 방법으로 합법적 운동으로부터 ○하 잠행적의 비밀운동으로 변하여 금일까지 수차의 대검거에도 불구

16 국민이 법령의 규정에 따라 행정 관청에 일정한 사실을 진술 보고한다는 뜻이다.

하고 뒤를 이어 재건되고 있는 현상이므로 당국은 이들의 시정교도(是正教導)에 일층 노력할 필요가 있어 전기와 같이 학생계의 확대 증원을 계획하게 된 것이라 한다.

〈자료 107〉 어제 각의(閣議)로 승인된 사상단속법(思想取締法) 요강 오는 65 회의에 제출(《매일신보》, 1933.9.17)

【연합 도쿄 전화】

사상단속법책구체안(思想取締法策具體案)에 관하여는 14일 사상 대책위원회(思想對策委員會)에서 심의(審議)한 결과 좌(左)와 여(如)히 결정하였음으로 호리키리(堀切) 서기관을 시켜 15일의 각의(閣議)에 중간보고를 하게 하여 승인을 득(得)하였다.

▲ 사상단속법안 책구체안 사상 대책의 하나로 사상단속법책은 최근에 있어서 불온사상 운동의 정세에 감(鑑)하여 이의 단속 실적(取締實績)에 징(徵)하여 현행 단속령(取締令)운용을 일층(一層) 적절하게 하여 이미 결함(缺陷)을 보(補)하고 단속을 강화하여 불온사상에 대한 예방(豫防) 진압(鎭壓)을 완전히 하기에 있다. 그 구체안은 대략 다음과 같다.

단체 변혁(變革)에 관한 범죄 급(及) 사유재산제도의 부인(否認)에 관한 범죄를 분리하여 별개로 규정할 일

단체 변혁에 관한 범죄에 관하여 벌칙을 부(附)할 일

(가) 형사를 중과(重科)할 사(事)

(나) 소위 외부 단체의 처벌규정을 설(設)할 사(事)

(다) 단체변혁에 관한 사항을 선전(宣傳)한 자의 처벌 규정을 설(設)할 일

국민 보도의 근본에 영향을 급(及)하는 언론 기관에 대하여 단속을 엄중히 할 일

특별한 소송수속규정(訴訟手續規定)을 제정할 일

(가) 수사상의 필요에 기(基)하여 일정 조건의 하(下)에 피의자를 구인(拘引) 또는 구류(拘留)할 수 있는 신규정(新規定)을 설(設)할 일

(나) 관할이전(管轄移轉)의 규정을 설(設)하여 특정 재판소로 하여금 사건을 심리(審理)

케 할 일

검찰 기관과 특설 고등경찰 기관과를 충실(充實) 정비하여 상호의 조직적 연락(聯絡)을 엄밀히 하야서 그 기능을 발휘케 할 일

사상범인의 강화 및 방지를 위하여 특별한 제도를 설 할 일

(가) 예방구금 또는 부정기형(不定期刑) 등 특별구금제도를 고려할 일

(나) 피석방자에 대한 보호감찰제도를 확립하는 동시에 그 교화지도를 위하여 시설된 단체를 옹호(擁護) 조성(助成)할 일

(다) 수형자(受刑者)에 대한 교화 시설을 충실히 할 일

치안경찰법 중 결사금제(結社禁制) 및 비밀결사에 관한 규정 개정의 건 및 단속을 일층 엄중케 할 일

출판물 납본(納本)의 수행을 철저하게 하여 납본 제도를 정비하고 위반자에 대한 형벌을 중과(重科)할 일

불경 출판물에 관하여는 발매 반포의 금지 및 차압 등의 처분에 관하여 지방 장관의 권한을 확대할 일

불온사상의 선전 선동이라고 인(認)하는 신문지 잡지의 발행 정지의 제도를 설(設)할 것을 고려할 일

출판 범죄의 형벌을 중과(重課)하고 또 출판물법을 개정하여 신문지법과 마찬가지로 안녕질서를 문란(紊亂)케 하는 문서도서를 출판한 자에 대하여도 처벌의 규정을 설할 일

신문지에 의한 출판범죄의 책임자 제도를 개선 고려할 일

현금(現今) 제도하에서 외무(外務) 체신(遞信) 대장(大藏) 등의 제성(諸省)에서 분장(分掌)하고 있는 검찰 사무에 관하여 통일된 방침하에 일층 긴밀한 연락을 보(保)하여 사무의 통일을 기(期)할 일

검찰 기관을 정비 확충하여 검열계관(檢閱係官)의 지위를 향상시킬 일

검열경찰(檢閱警察)의 시행을 일층 철저(徹底)시켜 검열경찰의 목적 관철(觀徹)을 도(圖)할 일

현재에 있어서 검열의 대조(對照)로 된 출판물 활동사진 '필름' 연예각본문(演藝脚本文) '라디오' 방송 외에 또 사상 발표의 수단으로 되어 사회적으로 상당(相當) 영향을 가지고 형벌을 필요로 하는 것이 있으면 장래 이를 위하여 검열 제도를 설할 일

사상화(思想化) 방지 차

특별제도(特別制度) 시행

【연합 도쿄 전화】

고야마 법상(小山法相)이 사상범의 강화 방지를 위하여 특별 제도를 설(設)하기로 되었다. 이후 구속 부정기형은 독일계의 것이 아니고 영국계의 것으로 부정기형제(不定期刑制)는 사상범에 3년 내지 5년이라는 판결을 내려 피고로서 개전(改悛)의 정(情)이 현저한 자에게는 최저 기간의 형을 과(科)하여 석방하는 것으로 낭자소년심판소(曩者少年審判所)에서 시행된 호성적(好成績)을 시(示)하고 있는 것이다. 이후 구속이라는 작은 형기가 종료하더라도 개전의 정이 없고 사회에 출(出)하여 불온한 계획에 참획(參劃)할 염려가 있는 자에 대하여는 사회 공동이 적(敵)으로 형여후(刑餘後)에도 구속해 두는 것이다.

〈자료 108〉 공산 이론의 오류 자성(誤謬自省)

적색의 미몽(迷夢)을 각파(覺破)

광명을 찾는 죄인의 상신서(上申書)

각지 형소로부터 재판소에 제출되어

사상 전선에 대이상(大異狀)(《매일신보》, 1933.10.28)

적색미몽(赤色迷夢)에서 깨쳐나 새로운 사상의 아침을 맞이하는 죄수들의 부르짖음의 소리가 최근 전 조선 각지의 형무소에서 전하여 왔다. 이 일은 사상 전선에 이상을 일으키는 한 사상비상상(思想非常相)으로 관계 방면에 큰 충동을 일으키는 동시에 한 기꺼운 '뉴쓰'로써 사회인의 귀를 울리게 되었다. 전 조선 26개소의 형무소에는 수천 명의 사상범이 수용되어 있는데 이들은 대개 '인테리' 계급의 청년들이다. 이들은 옥중의 냉정한 생활에 반성을 거듭하여 공산이론에 잘못됨이 있는 것을 발견하고 과거를 뉘우치고 불과 같이 더운 육친애(肉親愛)에 갱생의 길을 걷기로 결심하게 되었다. 이들의 이 전향의 상신서가 각지 재판소에 제출됨으로 고등법원 검사국에서는 이것의 조사를 명하여 26일에 그 보고가 완전히 모여 처음으로 사상 전향의 구체적 사실이 전폭적으로 드러났다.

전향 의사 표명한 자

총 사상범의 50%

전향한 자와 가능한 자 합하여

26개 형무소 통계

전 조선 26개소에서 전향을 표명한 기결수는 288명이고 미결수는 167명이다. 그리고 전향할 가능성이 있는 죄수는 기결수 297명, 미결수 353명이다. 이것을 합계하면 전향한 죄수는 기미결수 합하여 455명이고 가능성이 있는 죄수는 650명이다. 이를 다시 합계하면 1,000여 명의 다수에 달하는데 전 사상죄수의 50'퍼센트'에 해당한다. 그러면 이는 현 사회를 저주하고 치안을 어지럽히려던 청년 사상범 반수가 충실한 사회인으로 참되게 살아가겠다는 사실인즉 이 어찌 큰일이 아니며 즐거운 소식이 아니랴. 사상범의 천향을 다시 형무소별로 보면 다음과 같다.

◆ 기결수(旣決囚) (괄호 내는 가능자)

▲ 경성 87명(31명) ▲ 서대문 33명(55명) ▲ 함흥 54명(78명) ▲ 신의주 51명(50명) ▲ 대구 6명(8명) ▲ 부산 3명(6명) ▲ 전주 1명(2명) ▲ 공주(4명) ▲ 대전 14명(30명) ▲ 청주 1명(3명) ▲ 평양16명(7명) ▲ 해주 3명(2명) ▲ 안동 2명 ▲ 목포 2명(2명) ▲ 개성 4명

이 가운데 개성형무소는 소년 형무소이므로 소년 사상범의 전향이다.

◆ 미결수(未決囚)

▲ 서대문 14명(106명) ▲ 공주 6명(2명) ▲ 함흥 76명(106명) ▲ 원산 5명(20명) ▲ 해주 4명(3명) ▲ 부산(1명) ▲ 신의주 39명(7명) ▲ 대구 1명(8명) ▲ 목포 1명(4명) ▲ 전주 11명(12명) ▲청진 34명(72명)

최근에 와서 전향을 표방한 죄수는 형벌의 일시 모면을 도모한 비겁한 술책에서 나온 것이 아니고 내성(內省)과 애정에 의한 감격으로 말미암은 것이 태반이다. 전향의 상신은 구두로 하는 것도 많거니와 그 가운데에는 당당한 이론으로 "맑스"주의 이론을 여지없이 반박한 성명서도 많다.

"맑스"주의 이론을

◇ 여지없이 반박하여

재판소에 전환의사를 표명한

두 죄수의 성명서

피고들의 전향 성명서는 수백 통이 있으나 그 가운데서 특히 볼 만한 것을 두어 개 뽑아 그 요점을 소개하면 아래와 같다. 김성근(金聖根, 가명)은 영흥 농민조합 사건으로 함흥 형무소에서 복역하고 있는 청년이다. 그이의 성명서는 러시아의 온갖 사실을 낱낱이 들어 여지없이 편백하였다. 이는 '러시아'가 '유토피아'같이 몽상하고 있는 어린 청년 남녀에게 한 경종이 될 만할 것이다.

성명서(聲明書)

함흥형무소 김성근(金聖根)

(전략) 옥사의 창틈으로 창공을 바라보니 우주의 무한대함에 내 몸의 적음을 직감합니다. 고요히 생각하면 이 몸은 우주의 적은 생물로 한시라도 정지하고 있지 않음을 깨닫습니다. (중략) 칸트'는 말했습니다. 내 머리 위에 별을 가진 창공이 있고 안에는 도덕이 있고 밖을 바라보면 우주가 움직이고 있습니다. 그리고 내 마음을 돌아보면 선(善)을 향하여서 나아간다는 소리가 분명히 들리나이다. (중략) 옥중에서 과거를 회상하니 공산주의 이론에 큰 결함이 있는 것을 발견했습니다. 즉 공산주의자는 만민평등(萬民平等)이라고 했습니다. 그리고 평등이 먹고 일하자는 것은 인간의 본성을 무시한 주장인 것을 알았습니다. 인간은 남보다 낫겠다고 하는 것이 본능입니다. (중략) 공산주의는 유물주의(唯物主義)를 주장한 사람은 먹고만 살지 못합니다. (중략) 그리고 러시아에도 여러 가지의 결점이 있지마는 그 가운데서 중요한 것을 몇 가지 들어보겠습니다.

러시아에는 계급이 없느냐 하면 그렇지 않다. 수억만의 인구를 가진 러시아 60만 명의 공산당원 가운데 몇 사람의 손으로 지배하는 것을 보면 지배 계급과 피지배 계급이 있는 것을 알 것입니다.

러시아는 5개년 계획을 세워서 몰수 정책을 써 인민에게는 집과 밥이 없고 국경을 넘어갈 자유조차 주지 않았다.

"맑스"주의는 무신론을 주장함 "레닌"과 "맑스"의 죽은 날을 기념하고 있다. 이것을 우상 숭배와 같다.[이하 략(略)]

그다음 목포형무소에서 복역 중에 있는 임일수(林一洙, 가명)는 백여 매의 장문의 성명서를 내었는데 이는 맑스의 국가 이론과 "프롤레타리아" 독재와 XX과 공산당에 대하여 심각한 이론으로 반발하였다. 그 요점만을 뽑아 소개하면 다음과 같다.

성명서(聲明書)

목포형무소 임일수(林一洙)

◆ 성명에 대하여

과거의 역사 과정을 전향한 오늘의 눈으로 보면 포학 밑에 있는 러시아가 얼마나 고통을 받았을까 함입니다. 여기에 오인은 착안점을 둘 필요가 있습니다. 우리는 과거의 존유한 역사를 몰각하고 군중심리와 같이 구라파적 공리 사상에 부화뇌동(附和雷同)하였습니다. 나는 이제 자아의 죄악을 우주만상에 대하여 고백하고자 합니다.

◆ "맑스"의 무신론과 종교 정신적 내용을 물질적으로 해석하고 과거의 우리는 사회의 역사적 사실을 전부 경제 관계라고 단정하고 정신 작용은 전부 물질 작용에 따르는 현상이라고 생각하였습니다. 그러나 나는 자기의 정신이 굴재치 않는 곳에 감각이 치생않음을 알고 그 정신 작용의 활동에 의하여 감각은 의식적으로 물질을 인식하는 것입니다. 그러므로 진리는 정신이 존재함에 있는 것입니다.

◆ 현 국가와 "레닌"의 국가

인문의 발달에 의하여 재본(財本)주의 사회가 왔습니다. 이것은 사회 조직 일부분의 대명사입니다. 농민 노동자로서 지금의 재본 조직을 지배하려는 것은 잘못된 것입니다. 어떠한 기계가 있더라도 재본이 없이는 성립되지 않고 동시에 생산기관이 노동자를 구축한대도 노력은 생산의 필수 조건이니까 그 과정에 반드시 참여할 것입니다. 그럼으로 "맑스"의 사유 제도 부인은 종교에 있어서 자기의 생명을 잔혹이 포기하는 것과 같습니다. 사유 제도가 없었던 옛날을 회상하면 깨달을 것이 있을 것입니다. 국가는 우연히 발생한 것이 아니요 부자연히 성립된 것이 아닙니다. 장구의 역시의 근본정신(일본의 건국 정신)을 가지고 이상의 길을 걷는 그 필연적인 국가를 부인하는 것은 역사를 부인하는 것입니다.

◆ 결론

자기를 참으로 알려는 사람은 침묵한 가운데 알뿐입니다. 우리가 우주의 신과 접촉되는 수간 이것이 우리의 참된 정신인 것입니다. 나는 모든 것에 주저치 않고 신에 의하여 살 것이다(공산당에 대하여와 푸로레타리아 혁명과 독재는 성략함)

전향피고(轉向被告)들은
선도(善導)할 방침
아직 구체안을 말할 수 없다.
모리우라(森浦) 사상검사(思想檢事) 담

이 일에 대하여 고등법원 모리우라(森浦) 검사는 다음과 같이 이야기하였다.

전향하는 피고가 많은 것은 사실입니다. 전향은 이론적으로 하는 것과 애정에 의하여 행하는 것과 두 가지가 있어 이에 대하여는 고등법원 검사국에서 지휘할 방침이나 아직 그 구체적 사실을 발표할 수는 없습니다. 하여간 적색 사상을 버리고 충실한 국가 신념에 살겠다는 회준의 부르짖음은 반가운 일입니다. 죄수들의 전향 사실에 대하여는 아직도 여러 가지 조사하는 중입니다.

〈자료 109〉 검거 1,696명 중

조선인 926

이 중 여자가 68명 다수

기소된 자 348명(《매일신보》, 1933.11.21)

【연합 도쿄 전화】

금번에 검거된 총인원 1,696명으로 그중 여자가 68명, 조선인이 926명에 달하는데 도쿄 지방 검사국의 도자와(戶澤) 부장, 이치하라(市原), 나카무라(中村), 요시에(吉江), 히라노(平野) 등 각 사상검사(思想檢事)계로 엄중한 취조를 계속 중이던바 이미 기소된 자가 11월 12일 현재 145명이나 되며 기타 '심파', '못풀' 단 등 세포분자까지 기소된 것을 합하면 348명에 이르는데 작년 1개 년간의 치안유지법 위반으로 기소된 244명에 비교하면 4명의 증가이다. 그런데 작년 4월 중 중앙부 검거 당시에 교묘히 경계망을 벗어난 미야가미 노리다케(宮上則武) 등의 간부는 당 조합부원 조하에 하부 조직과 지방 협의회로부터 우수한 '멘바'를 이용하여 잔멸 상태에 있던 조직을 재건하고 대암중 비략을 거듭하여 왔는데 9월에 2개의 '크룹'으로 나누어 중앙위원회를 개최하고 제일 '크룹'은 가나가와현 쿠라기군 가나자와정(神奈川県久良岐郡金澤町) 오바야시 후쿠지(大林福次) 집에서 20일 21일 양일에 궁하여 다카에스 시게마사(高江洲重正)이 의장이 되었고 제2 '크룹'은 16, 17일 양일간 마유미 신고(間弓信吾)가 의장이 되어 시부야구 우구이스다니(渋谷区鶯谷) 21번지 가이 노부히로(甲斐信弘) 집에서 개최한 후 신운동 방침을 확립하고 중요 산업별(금속, 교통, 화학, 전기, 광산)과 중요 지방별(도쿄(東京), 고베(神戸), 오사카(大阪), 효고(兵庫), 후쿠오카(福岡)) 등으로 활동을 할 규약과 방침 등을 결정하였었다.

〈자료 110〉 작년 중 1만 4천여

금년도 연속불절(連續不絶)

간도(間島)치안유지회(維持會)의 심사 통계

적색당원(赤色黨員)의 전향귀순(轉向歸順)(《매일신보》, 1934.1.21)

【나남(羅南)】

에서는 지난날의 일시적 좌익 경향으로부터 다시 우익으로-진군 나팔이 요란하여졌다.

그 한편 러시아 영토(露領) 혹은 북만주(北滿) 및 간도(間島) 등지에서 적색 사상의 감염을 받아 공산당 혹은 기타에 섞여 준동하고 있던 조선 사람들도 근년에 이르러 특히 만주사변 이후 온건한 길로 전향 귀순하는 사람들이 많아져 작년 1년 중만 하여도 간도지구치안유지회(間島地區治安維持會)에서 귀순을 심사한 자의 총인원 수가 실로 1만 1,483명에 달하였다고 한다. 그중에는 부드럽고 약한 여자들도 약 2할이 섞여 있다는데 "한때의 얕은 생각으로 경거를 하다가 막다른 골에 이르러 꼼작할 수가 없게 되니 여기서 인생의 바른길을 밟아 나아가야 하겠다는 뉘우침과 깨달음이 생기어 귀순을 원한다"라고 하는 것이 그들 대부분의 피눈물 어린 고백이었다고 한다. 그리하여 전기 치안유지회 심사위원회의 특별한 호의와 인허(認許)에 크게 감읍(感泣)하며 모두 고향 혹은 자기의 부모처자가 사는 곳으로 돌아가 지금은 온건 전향한 사람들로 되어 있다는데 금년에 들어서도 전기 치안유지회에 하루에 열 명 혹은 스무 명씩 귀순을 자원하는 자가 끊이지 아니하여 동회에서는 심사한 후 모두 귀순을 허가하는 중으로 귀순의 인허를 받은 사람들은 대부분이 간도(間島) 혹은 만주 각지에서 모두 적당한 사업에 종사하는 중이라고 한다.

〈자료 111〉 적화근절(赤化根絶)을 목표로 사상경찰 활동 충실 수형자 중의 3할은 전향(《매일신보》, 1934.4.7)

좌익 진영에 파문을 일으킨 3·15사건의 사노(佐野), 나베야마(鍋山) 등 일본 공산당이 거액을 들여 사상 전환을 성명(聲明)한 후 전 일본의 공산운동은 전향파와 비전향파로 나누어져 분규(紛糾)를 거듭하고 있는바 그 영향이 조선 사상운동 전선(全線)에도 직접과 간접으로 반영하게 되어 3월 말일 현재의 수형자 1,300여 명의 사상범 중의 약 3할가량이 사상 전향을 표시하였다 그러나 이 현상은 그 내용에 있어서 크게 다른 바가 있으니 즉 내지(內地)의 일본 공산당원은 '코뮤니스트'로서 확집(確執)하는 전향이론(轉向理論)을 갖고 있으나 조선 공산당원(朝鮮共産黨員)은 이에 대하여 이론적 근거가 자못 박약(薄弱)하여 결국운동의 방기(放棄)라는 감정적 행동으로 기울여지게 된다는 것이다.

그 까닭에 그들은 국제 정세의 변화 환경 여하(如何)에 의(依)하여는 어느 때 어떠한 방법으로 역전하여 버릴는지 알 수 없으므로 일본 공산당의 전향 문제와는 동일시할 수 없는 문제인 동시에 경찰 당국으로서는 그들의 행동을 종전이나 다름없이 관찰하는 모양이란다. 그러나 조선의 사상 전선(思想戰線)은 전향자의 속출과 경찰 당국의 탄압 때문에 표면운동을 정지한 것 같은 느낌이 없지 않으니 그 반면에 뿌리를 깊이 박은 지하운동이 잠행(潛行)되고 있는 것을 증명하는 것으로 불 수 있다. 그 까닭 현재의 정세로서 조선의 사상 전선에 이상(異狀)이 생기었다고는 단정할 수 없으므로 경무국에서는 사상선도의 처지와 전향주의자의 충분한 지도감시(指導監視)를 하는 동시에 조선 적화운동의 근절을 획책하고 있다고 한다.

이 기회를 잃지 않고 적화 전선(赤化全線)을 파괴하기 위하여 오는 23일부터 개최되는 13도 경찰부장 회의에서도 그 방침을 지시하여 전(全) 조선고등경찰 기관의 기밀(機密)한 활동을 전개케 할 예정이라 한다.

〈자료 112〉 사상검사(思想檢事) 회동 고야마 법무상(小山法相) 훈시(《매일신보》, 1934.5.25)

【연합 도쿄 전화】

사상사범(思想事犯) 연구에 관한 전국 공소원(控訴院) 사상검사 및 지방 차석검사(次席檢事)의 사상 사무 회동은 24일 오전 9시부터 사법대신(司法大臣) 관저 누상회의실(樓上會議室)에서 개회, 전국 공소원검사(控訴院檢事) 각 지방 차석검사 등 60여 명 출석. 본성(本省) 측에서 고야마 법상(小山法相), 미나가와 차관(皆川次官) 이하 각 국장, 재판소 6장관 열석(列席)한 가운데 벽두(劈頭)에 고야마 법상이 좌우 양익의 사상 단체에 대하여서는 어떠한 이유에도 불문하고 단호한 단속을 엄중히 하라는 훈시를 한 다음 협의회로 옮겼는데 이 회동은 4, 5, 6의 3일간 개최하기로 되었다.

〈자료 113〉 사상단속(思想取締) 주제로
도 고등과장 회의(道高等課長會議)
26일부터 개최(《매일신보》, 1934.9.19)

경무국에서는 오는 26, 27 양일간 각도 고등과장(高等課長)회의를 개최할 터인데 그 협의 내용은 각지에 널리 퍼진(彌蔓) 사상운동의 내면적 활동과 해외에서 빈번하게 잠입하는 간접 직접운동자들의 단속(斷束)을 주(主)로 협의할 것으로 관측된다.

〈자료 114〉 범죄 수사와
사상단속비법(思想取締秘法)을
전 조선 형사를 선발하여
경무국(警務局)에서 강습시켜(《매일신보》, 1934.9.20)

사상 경향의 복잡과 각종 범죄의 격증에 따라 고등경찰의 확충과 당국자의 민첩한 활동이 필요하므로 총독부 경무국에서는 이에 대한 강습회를 개최하여 각도 일반 형사를 한층 더 훈련케하기로 되었다. 이 강습회는 10월 15일경부터 약 1개월간 개최할 예정인데 각도에 현직 형사 기타를 2명 내지 4명씩 합계 42명을 선발하여 강습을 시킨다는데 강사는 경찰 관계의 전문가들이고 과목은 훈시와 범죄수사, 사상단속의 비법 등이라는 바 각도의 인원은 대체로

경기 4, 평남 4, 평북 4, 경남 4, 경북 4, 황해 4, 충남 2, 충북 2, 강원 2, 전남 2, 전북 2, 함남 4, 함북 4이라 한다.

〈자료 115〉 금(今) 의회(議會)에 제출할
사상단속법안
명칭은 불법당여(不法黨與)의 처벌법
과형(科刑)은 최고 사형(《매일신보》, 1935.1.20)

【도쿄 전화 연합】

치안유지법 개정에 관하여 제65의회에서 문제가 되었던 사상적 불법 행위 단속에 관한

법률안은 그 후 사법성(司法省) 형사국에서 연구 중이었던바 사법 당국은 현재의 사회정세에 감(鑑)하여 이것을 단행법(單行法)으로서 제정할 필요가 있다 하고 16일 오후 1시부터 대신실(大臣室)에 오하라(小原) 법상(法相), 기무라(木村) 형사국장 등 수뇌가 참집(參集)하고 심의를 거듭한 결과 다음과 같은 사항을 결정. 일단 내무당국의 의향을 청취하여 조문을 정리한 위에 금회(今回)의 의회에 제출하기로 하고 3시 반 산회하였다.

본 안의 명칭을 '불법당여(不法黨與) 등 처벌에 관한 법률안'이라고 함. '불법단결(不法團結)의 자구(字句)는 자유 노동자의 집단 등까지도 포함하게 되므로 온당치 않음.

본 법에서는 치안유지 또는 공공(公共)의 불안을 발생케 하려는 불법과 당여등(黨與等) 정책에 기(基)하는 행위까지도 포함함으로써 내란죄 또는 소요죄(騷擾罪)로 문의하는 것을 타당하다고 인정치 않는 행위인 것을 주안점으로 함)

따라서 과형(科刑)은 징역형으로 하여 최고형을 사형으로 하고 미수(未遂)는 형법의 조문에 위(委)함. 앞 항(前項)의 행위를 원조하는 목적으로서 금전 물품을 제공한 자는 이것을 처벌함. 앞 항의 행위를 유치(誘致)함과 같은 선전(宣傳), 선동(煽動), 동(同) 미수(未遂)는 이것을 처벌함.

요컨대 혈맹단(血盟團), 신병대(神兵隊)와 같은 불법당여(不法黨與) 행위는 오히려 발생할 염려가 있는 사회 정세로 보아 차등(次等) 내란죄(內亂罪)를 문의할 때에는 정치범(政治犯)으로서 금고형(禁錮刑)에 처하고 과형(科刑)은 현저히 경감(輕減)하게 되므로 차종(此種)의 범죄에 적용하는 것으로서 이것은 비상시(非常時) 입법(立法)이다. 그리고 장래 개정 형법(刑法) 중에 편입(編入)할 의향(意向)이다.

〈자료 116〉 보호감찰제도 신설 등
사상단속의 새로운 진용
지지 단체의 엄벌도 일신 안
사상범의 단속을 완전무결하게 하고저
판검사 경관도 대증원(《매일신보》, 1935.2.7)

좌경(左傾), 우경(右傾)의 두 사상이 비상히 발호하고 있어 사법성(司法省)에서는 수년 전부터 이 대책을 연구하여 오던 중 이번 의회(議會)에 치안유지법의 개정안을 제출하기로 되었는데 이것은 조선에도 적용될 것임으로 총독부 경무국과 법무국에서는 이 시행에 대한 예산을 1935년(昭和 10) 추가 예산으로 요구하려고 준비 중이다.

이 개정안의 요점은 국체의 변혁과 사유재산제도의 부인에 관한 죄를 분리한 것과 지지 단체의 처벌을 새로이 규정한 것, 보호감찰제도를 채용한 것의 세 가지를 근본 방침으로 하여 이 보호감찰제도는 형기를 지난 자와 기소유예가 된 사상범을 검사의 지도하에 보호 단체에 감찰을 위착하는 제도인데 조선에는 이러한 보호 기관이 없으므로 경관이 이에 협력하는 수밖에 없게 되므로 경무국에서는 내무성과 연락하여 10년도 경관을 증원하게 되었고 법무국에서는 이미 금년도 예산으로 경성과 함흥(咸興)의 양 지방법원에 사상부(思想部)를 설치하기로 되었으며 이 치안유지법 개정안의 실시에 따라 평양(平壤)과 대구(大邱)에도 이 사상부를 설치하게 될 것이며 이 설치에 따라 자연히 판검사(判檢事)를 증원하는 동시에 보호감찰제도로 인하여 법무국에도 이에 대한 주무관을 설치할 모양으로 보인다.

〈자료 117〉 금일부터 3일간
전 조선 사법관 회의
쟁의 조정, 사상단속 기타
중요 대책을 협의(《매일신보》, 1935.4.13)

농지령(農地令) 실시에 관한 소작쟁의 조정, 소년교호(少年教護) 사상단속과 최근 빈발하는 관리 독직(瀆職) 사건 등 중요 대책을 협의할 전 조선 사법관 회의는 이번 12일부터 3일간 매일 오전 10시부터 총독부 제1회의에서 우가키(宇垣) 총독, 이마이다(今井田) 정무총감 임석하에, 전 조선 재판소 및 검사국 감독관 10명, 간도(間島) 신경(新京)의 영사, 조선군 사령관, 하라다(原田) 후쿠오카현(福岡県) 지방재판소장, 이시즈카(石塚) 야마구치현(山口県) 지방재판소 검사장, 총독부 마스나가(增永) 법무국장, 가사이(笠井) 고등법원장, 기타 총독부 관계자 등 약 40명이 출석하여 개최되었는데 상석의 우가키(宇垣) 총독의 훈시가 있고 난 뒤, 오전 중에는 마스나가 법무부장, 가사이 고등법원장의 주의가 있고 관내 상황 보고가 있은 다음 오후부터 본회의로 옮기기로 되었다.

총독의 훈시

여기에 각 위를 회동하여 친히 소회를 진술하고 아울러 소관 사무에 관하여 그 상황 및 의견을 청취한 기회를 얻은 것은 다행이며 기쁘게 생각한다.

아 조선의 사법 제도는 창시 이래 실로 26년. 직원들의 부단한 노력으로 인하여 진보 개선의 자취가 현저하고 사법의 권위가 크게 고양(高揚)되었으며 민중의 신뢰가 더욱 두터웁게 된 것은 성(誠)히 경하불감(慶賀不堪)하는 바이다. 지금 제국의 현상을 회고하건대 내외가 모두 극히 다단(多端)하고 경제계 및 사상계는 아직 안정 단계[域]에 달하지 아니했으며 민심은 자칫하면 동요코저 하는 바가 있다. 이러한 때에 당(當)하여 조야(朝野)를 거(擧)하여 일층 더 국민정신의 진작경장(振作更張)을 도(圖)하고 일치단결하여서 시난(時難)을 극복하는 것이 매우 긴절(緊切)하다. 적어도 직(職)을 사직(司直)의 부(府)에 봉(奉)하는 자, 념(念)을 자(玆)에 두지 않고 헛되이 그 지위의 안고(安固)를 꾀함에만 기백(氣魄)을 상실(喪失)하여 시운(時運)의 추이(推移)와 인심(人心)의 취향(趣向)과를 구극(究極)하지 않고 인격(人格)의 도야(陶冶)와 식견(識見)의 함양(涵養)과를 소홀(疏忽)히 하며 구례(舊例)를 묵수(墨守)하고 형식을 따르는 것으로서 능사로만 생각한다면 단지 광직(曠職)의 의(議)를 면치 못할 뿐만 아니라 민중의 신뢰를 상실하고 사법의 위신(威信)은 마침내 실추하게 될 것이다. 각 위는 깊이 이것을 성찰하고 신(身)을 정(挺)하여 범(範)을 수(垂)하며 부하 직원으로 하여금 상시 발랄한 사기와 긴장한 정신을 파지(把持)케 하고 그 직책의 완전한 수행에 일반의 노력을 하게 하여서 더욱 사법의 권위를 발양(發揚)하며 민중의 의신(倚信)에 배(背)하지 않기를 기(期)할 것이다.

◆

(중략)

공산주의 기타 궤격 사상(詭激思想)에 기(基)하는 범죄는 아직도 의연히 존재할 뿐만 아니라 주의사상은 음연(陰然) 집요(執拗)히 강내(疆內)에 미만교착(瀰漫膠着)하여 자칫하면 잠행적 실행운동에 출(出)하는 도배(徒輩)도 불소(不少)하다. 만일 방갈단속(防渴取締)의 간극(間隙)을 승(乘)하는 자 있으면 그 세력이 증가하여 언제 사범(事犯) 확대될지 예측을 불허하는 정세에 재(在)하다. 원래 차종(此種) 주의사상(主意思想)은 아국체(我國體)를 무시하고 국민정신을 폐퇴(廢頹)케 하며 현 사회 조직을 파괴하여 국민 생활의 근저를 동요하고 국가의 궤제

(軌制)를 위태(危殆)케 하는 것으로서 차(此)에 기(基)한 언동은 국민의 일치단결 국가의 흥융발전(興隆發展)에 배치(背馳)함이 심(甚)한 것이므로 각위(各位) 부하 직원을 독려하여서 차종(此種) 사범(事犯)에 관한 수사심판(搜査審判)을 적실(適實)하게 함과 동시에 선도(善導)에도 의(意)를 용(用)하여 결코 재과(再過) 없도록 하고 궤격 사상(詭激思想)에 기(基)하는 범죄를 철저적(徹底的)으로 초멸(剿滅)하여서 아국운(我國運)의 진전에 공헌하기를 기(期)하라.

◆

(중략)

1935년(昭和10) 4월 12일

조선총독 우가키 가즈시게(宇垣一成)

〈자료 118〉 경찰부장 회의
22일부터
사상단속 경찰력 확충
기타 중요 안건 검토(《매일신보》, 1935.4.21)

각 도 경찰부장 회의는 22일부터 3일간 매일 오전 9시 반부터 이케다(池田) 경무국장 통제하에 본 총독부 제2회의실에서 개최되기로 되었는데 주요 의제는 사상단속에 관한 경찰력의 확충 기타 중요 안건이라고 한다.

〈자료 119〉 학무국에 새로 생긴
사상단속 전임관
신단을 많이 설치하면 알선
신단 설치는 자유로(《매일신보》, 1936.1.28)

조선 내의 각 학교 교육 관계자와 학생 생도 사상단속과 사상선도를 하기 위하여 총독부 학무국에서는 명년도로부터 적극적으로 진출하기로 되었다 함은 기보한 바와 같거니와 그 구체적 내용을 들으면 명년도부터는 학무국 안에 사상단속과 선도를 하기 위한 전문사무관 기타 직원을 전임으로 두어 이를 연락조사 통제하기로 되었는데 이것은 일반적 사상단속에는 법무국이나 경무국에는 벌써부터 전임된 주무관이 있으나 학무국에만은 전임관이 없었으므로 새로이 설치하게 된 것이라 한다.

그리고 최근 실정은 심전개발[17]에 따라 각 학교에 신단(神壇)을 설치하는 곳이 있어 강원도 등지에서는 각 학교에 신단을 설치하라 하여 공동 구입의 편의를 총독부에서 알선하리라는 데 신단 설치는 각도에 강요하는 것이 아니고 자원하는 곳이 있는 때에는 공동 구입을 알선하는 것이라 한다.

〈자료 120〉 연구회를 조직
사상선도에 진출
도 방침에 의해 청진서(淸津署)에서(《매일신보》, 1936.4.11)

【청진】

함북 경찰부에서 관할 내 각 단체와 노동자에 대한 사상단속과 사상선도를 연구하기 위하여 지난 7일 오전 10시부터 도내 중요 서장을 경찰부장 관사에 소집하여 비밀회를 개최하고 시모이이자카(下飯坂) 경찰부장 통제하에 사상단속에 대하여 의견을 교환하고 사상선도에 노력하기로 결의하였다는데 이 모임에 출석하였던 다나카(田中) 청진경찰서장은 8일 오전 10시에 서 내 각계 주임과 특무 10여 명을 서장실에다 소집하고 사상단속에 대한 시모이이자카 경찰부장의 주의사항을 설명한 후 청진시내에 8,000여 명의 노동자 단속 방침과 사상선도에 대하여 다나카 서장의 복안을 설명하고 금후로는 일 주간 일 회씩 사상선도연구회를 조직하게 되었는데 금후로부터 청진 사상계는 더욱 평온하게 되리라고 한다.

---

17 1930년대 초반 조선인들 충량한 황국 신민으로 만들기 위해 조선 경제를 부흥시킨다는 미명으로 조선총독부가 입안한 정신 계몽운동.

〈자료 121〉 철옹성 같은 경찰 포진
위험사상단속에 전력
금년도 추가 예산 38만 원(《매일신보》, 1936.5.13)

시국에 감하여 총독부 경무국에서는 고등경찰을 철저히 강화하고저 1936년도 제2 추가 예산으로 38만 원의 소요 경비를 요구하였다 함은 이미 보고한 바와 같거니와 이제 그 내용을 알아보면 경관 증원과 경비 전화의 확충 등으로 첩보의 민첩과 '스파이'단의 암약을 철저히 단속하며 위험 사상 등의 단속을 강화하기로 되었다.

그런데 경관 증원비는 15만 원으로 경시 경부 수산 등 101명을 증원하여 각 주요 도시와 국경 방면에 증파하고 경비전화 가설비는 경성-부산, 경성-신의주, 경성-함흥의 3개 직통 경비전화를 증설하는데 이 비용이 23만 원에 달하는데 이 고등경찰의 강화책은 오는 7월부터 실시하기로 되었다. 이로 인하여 조선 내 경찰망도 철옹성을 이루어 나는 새라도 헤어날 수 없을 만큼 어마어마한 경비진을 베풀 것이라 한다.

〈자료 122〉 사상 전향자엔
가출옥 특전
함흥 수인 700여 명 중 1월 내 27명 허가(《매일신보》, 1936.5.31)

【함흥】

사상운동의 중심지에 있는 함흥형무소에는 현재 약 700명의 수인(囚人)이 있는데 그중 과반수가 사상범이라고 한다. 금년 1월 이래 5월 25일까지의 가출옥자 수가 발표되었는데 가출옥이 허가된 자만 27명의 다수에 달한다고 한다. 이에 형무소 당국은 금후 사상 전환하는 사람에게 철저히 가출옥 특권을 얻도록 노력할 터이라고 하는데 일반 사상범의 동향이 주목된다고 한다.

〈자료 123〉 취직 소개와 중매도 한다

보호관찰령의 적용자

금년엔 500명 정도 《매일신보》 조간

최근 출옥자와 집행유예자 중심

법무국의 조사 진행(《매일신보》, 1937.3.7)

본부 법무국에서는 방금 각 보호관찰소로 하여금 사상범 보호관찰령의 적용을 할 인물과 인수에 대한 조사를 시키고 있는데 이 법령의 적용은 사상범으로 최근에 출옥한 자, 또는 형의 집행유예, 기소유예를 받은 자만을 우선 중심으로 충분히 조사하고 있는 중인 바 금년에 보호관찰을 할 인원은 현재의 조사로 보아 또 예산 관계로 보호사(保護司)의 인원 관계도 있어 약 500명만을 적용할 터이라 한다. 그리고 1928년(昭和 3) 이래의 사상범 총수 6,300여 명 중 대부분은 이미 직업을 가지고 참된 생활을 하고 있거나 또는 사상적 위험성이 적은 사람이 대부분이므로 최근에는 출옥할 자와 처분받은 자를 중심으로 엄밀한 조사를 하여 7개소의 관찰소의 심사위원회에서 심사 결정을 할 터인데 금년 중에 보호관찰령의 적용을 볼 것은 앞서 언급한 500명 정도이라 한다. 그런데 법무국의 말을 들으면 아직 이 법령의 취지를 잘 이해하지 못하고 보호관찰령에 대한 오해를 하는 사람이 많은 모양이다. 보호관찰소는 절대 경찰과 같은 곳은 아니고 어디까지든지 사상 관계의 형여자(形餘者)를 보호하여 취직의 알선과 결혼의 중매 기타 만반의 주선을 아끼지 않고 적극적으로 할 터이라 한다.

〈자료 124〉 사상 전향자와 보호관찰사업

전과자의 낙인 묵살

그들의 전도는 광명

취직과 복교 거절의 내규 폐지를

관청과 학교에 통첩(《매일신보》, 1937.10.21)

적화운동에서 발을 씻고 아주 방향을 전환한 사람이나 1차 전과자로 되었던 사람, 또 향후 그러한 경향을 지속하기 쉬운 사람들을 완전히 구원하여 참된 방향으로 인도한다는 것은 무엇보다도 취직시키는 것과 중도 퇴학한 학생을 복교시킨다는 것이 가장 첩경으로 또 그 방법이 가장 시기에 적응한 것이라 하여 지난 8월 10일에 제1회 경성보호관찰소 촉탁보호사(囑託保護司) 60여 명이 회집하였을 때에도 '취직', '복교' 이 두 가지가 사상범 방지책의 유일한 길이라 하여 만장일치로서 각 관청과 학교에서 종래 법규상으로는 없다고 하더라도 내규 혹은 임시 편법으로서 사상법 전과자를 채용 또는 복교시키지 않기로 되었던 것은 전부 해소하도록 하는 것이 좋겠다는 의견이 있었음을 참작하여 경성보호관찰소에서 내선일체를 부르짖는 작금에 여러 가지 사정도 참작하여 앞에서 언급한 바와 같은 내규 등을 폐지하여 달라고 각 관공서와 학교에 정식으로 통첩을 발송하였는데 보호관찰소의 증명이 있는 사람은 복교와 취직에 전과자라는 것을 이유로 거절당하지 않도록 되었다.

〈자료 125〉 고등경찰과 외사(外事)경찰 확충 쇄신을 기도 총독부 본부와 각도 주최로 강습회를 개최하고 사상경찰 및 방첩경찰 철저화(《매일신보》, 1938.3.10)

총독부 본부 경무국에서는 일반 고등경찰 및 외사경찰의 확충 쇄신을 할 필요가 있어 매년 인적요소의 정비를 하는 한편, 그 소질을 향상시키고 고등경찰사무의 수련을 기획하게 되어 매년 각도에서 고등경찰관계 형사 근무 경찰 관리의 강습회를 개최하여 왔다.

그런데 내년에는 특히 전시 체제하에 있어 이것을 확충할 필요가 있어 총독부 본부와 각도의 주최로 각 1회씩 고등경찰 및 외사경찰의 강습회를 개최하게 되었는데 총독부 본부에서는 각도의 강습회에는 보안과 사무관을 파견하여 특히 사상경찰 및 방첩경찰이 철저히 하도록 지시를 하게 되었다. 따라서 내년도에는 총독부 본부에서 각도에 총액 8,186원을 보급하게 되었다.

〈자료 126〉 사상전향연맹 회원과 소련병(蘇聯兵)의 좌담회(《매일신보》, 1938.10.4)

전조선사상전향자연맹 경성 지부에서는 5일 오후 7시부터 경성보호관찰소에서 장고봉

(張鼓峰) 사건의 소련 투항자 2명과 지부 회원 사이에 일문일답 형식으로 좌담회를 개최하기로 되었다.

〈자료 127〉 흥아의 성업에 사상 전향자여 도으라 북지(北支) 진출 알선 차 법무국장 출장(《매일신보》, 1939.3.7)

사상 전향자의 취직 알선에 대하여 법무국에서 각 보호관찰소를 독려하여 각 관공청 회사 등에 대하여 적극적으로 활동하여 취직 알선을 하고 있어 그 성적이 매우 좋은 터인데 이번에는 다시 그들을 대륙 건설의 성업(聖業)에 참가하게 하고자 이에 대한 현지 당국과의 교섭과 실지 조사를 하려고 미야모토(宮本) 법무국장은 약 1개월 예정으로 6일에 만주와 북지(北支)에 출장하였다.

법무국에서는 사상 전향자 중에서 가장 우수한 인물을 다수 선발하여 만주국과 북지의 각 방면에 취직을 알선하여 한때 그들이 좌익 사상운동 시대의 열정과 용기를 가지고 대륙 건설의 위업에 참가하여 활동케 할 터로 방금 법무국에서는 여러 가지 준비를 하고 있다.

미야모토 법무국장 담

앞에서 기술한 바와 같이 사상 전향자의 북지 진출의 알선에 대하여 미야모토 법무국장은 다음과 같이 말한다.

지금까지는 만주국이나 북지에는 전향자가 진출한 자가 없으나 대륙 건설 사업에 그들을 참가하게 하는 의미에서 우수한 인물들을 북지 방면에 진출케 할 터이다. 이번 출장에 현지 당국과 교섭도 하고 현지 사정도 조사할 터인데 조선 안에서는 취직 경쟁이 심한 관계로 다수 전향자를 전부 채용하도록 할 수 없으나 대륙 건설에는 다수 유위한 청년이 필요함으로 이러한 인적 자원을 동원할 필요가 있다.

〈자료 128〉 사설

사법보호 사업령 실시를 촉진(《매일신보》, 1940.9.8)

1.

총독부에서는 오는 13, 14일의 사법보호 기념일을 계기로 하여 사법보호 사업령 실시를 준비 중이라고 한다. 이 법령은 내지에서는 작년부터 실시되었는데 그 내용으로 말하면 사법보호를 적극적으로 할 단체를 조직하고 한편으로는 보호위원회를 설치해서 양자가 협력하여 출감자를 보호하고 생계의 길을 개척하도록 해 주어 또다시 법망에 걸리는 일이 없도록 하자는 것이다. 종래에도 이와 같은 단체가 없었던 것은 아니지만 그 사업과 활동이 소극적이어서 별로 효과를 나타내지 못하여 왔으며 다만 사상범에 한해서는 보호관찰소가 설치되어 상당한 업적을 가지고 있는데 이번에는 사상범 이외의 일반 범죄자를 위하여 법령으로 적극적인 보호 기관을 설치한다는 것이다.

(하략)

4) 1940년대

(1) 《매일신보》

〈자료 129〉 사상범 예방구금령

금일 공포 가까운 시일 내 실시(《매일신보》, 1941.2.13)

미야모토(宮本) 법무국장 담 발표

조선사상범 예방구금령은 2월 12일로서 공포되어 가까운 시일 내에 실시하기로 되었는데 이에 대하여 미야모토 법무국장은 다음과 같은 담화를 발표하였다.(사진 미야모토 법무국장)

우리 제국은 세계 신질서 건설의 일대 혁신적 시국에 대처하여 대동아공영권 확립의 대업에 매진하여 왔던바 적성 국가인 영미의 대일 공세가 날로 더해가 대동아의 위기도 점차로 긴박하여 참으로 전례 없는 비상시국에 직면하게 되었는데, 이 난국을 잘 극복하여 대업을 완수함에는 당연히 국민의 총력으로써 이에 응하지 않으면 안 된다. 이 총력전에 필승을 기함에는 후방 일억 국민의 거국일치 체제를 다시 철저하게 강화하여 고도 국방 국가 체제의 신속한 확립을 기하여 국민 각자가 노력을 다하지 않으면 안 된다. 우리 반도 통치의 근본 방침인 내선일체의 강화를 철저히 하는 것은 국민의 총력을 최고도로 발휘하기 위한 필수 요건일 뿐만 아니라 반도가 지리상 대륙 국책 수행의 병참 기지인 특수한 임무를 가지며 또한 소련과 경계를 접하여 국방상 특히 중요한 지위에 있는데 비추어 특수한 중대 사명을 완수하기 위해서는 반도인으로 하여금 한 사람도 남김없이 모조리 일본 정신을 체득 앙양시켜 참으로 충실하고 선량한 황국 신민이 되는 것은 실로 현시점에서 요긴한 급무라고 믿는다. 그런데 현재 반도의 사상 정세는 지나사변[日支事變] 발발 이래 후방 애국운동이 팽배하여 전 반도에 가득 차 일반적으로는 민중의 사상은 현저하게 호전하여 내선일체의 대도를 정진하고 있다고는 하나 민중의 일부 중에는 우리 구체의 본의에 반하여 공산주의 기타의 반황국 사상에 심취하여 불온한 잠동을 하려는 자가 전혀 없지 않은 터이다. 처음부터 이들의 무리에 대해서는 모든 수단과 방책을 강구하여 그 계몽 지도에 노력하고 한편 엄중한 단속에 힘써 가장 심한 자에 대해서는 형벌의 제제를 가하여 형무 당국에서 이들의 교화 선도에 노력하고 형 기간 종료 후에 있어서도 사상범 보호관찰제도의 운영에 의하여 그 사상의 전향 순화를 촉진시키기 위하여 최선의 노력으로 경주하여 다대한 성과를 얻어 온 터이나 현시점의 긴박한 중대 시국에 있어서 고도 국방 국가 체제를 확립하기 위하여 반도 민중으로 하여금 최후의 한 사람까지라도 모조리 일본 정신을 체득 앙양시켜 내선일체의 강화를 철저히 함으로써 신도실천(臣道實踐) 멸사봉공을 철저히 기하고자 함에는 현행의 여러 제도에 있어서는 아직도 만전을 바라기 어려운 터이다. 이것이 이번 사상범 예상구금 제도를 창설한 이유로서 실로 우리 국가 사법사와 사상적인 면에서 획기적인 제도이다.

아래에 본 제도의 개요를 기술한다.

1. 예방구금에 처할 자

예방구금에 처할 자는 치안유지법의 죄를 범한 자 중에서 (1)형에 처하여 복역 중인 자, (2)형의 집행 종료 후 조선사상범 보호관찰령에 의하여 보호관찰에 처해 있는 자와 (3)형의 집행유예의 언도를 받아 같은 보호관찰에 처한 자로 향후 다시 치안유지법의 죄를 범할 우려가 현저한 자에 한정되어 있다.(제1조)

2. 예방구금 절차

예방구금에 처할 필요가 있는 자가 있을 때에는 검사는 본인을 비롯한 그 외에 필요한 단속을 하며 또는 공무소에 조회를 한다.(제3조) 그리고 예방구금위원회(각 지방법원 검사국에 설치)의 의견을 구한 뒤 재판소에 대하여 예방구금을 청구한다.

이의 청구를 받은 재판소는 본인에 출두를 명하고 혹은 이를 구금하며 그 외 참고인의 취조를 할 필요가 있을 때는 감정을 하게 한다.(제6조 제7조, 제10조) 이들을 취조할 때에는 검사는 물론 재판소로부터 보좌인으로서 허가된 본인의 친족도 이에 입회하여 의견을 개진하여 참고 자료를 제출할 수 있다.(제8조 제9조) 또 재판소는 공무소에 조회하여 필요한 조사를 한다.(제7조 제2항) 만약 본인이 재판소에 대하여 진술을 하지 않거나 또는 도망할 때는 재판소가 본인의 진술을 듣지 않고 결정할 수 있다.(제6조 제3항) 이리하여 재판소가 검사의 청구가 타당하다고 인정하면 본인을 예방구금에 처할 취지를 결정한다.(제6조) 이리하여 이 결정에 대해서는 보인과 보좌인으로부터 즉시 항고를 할 수가 있으나 또 재판소가 검사의 청구를 이유 없다고 하여 예방구금에 처하지 않을 취지의 결정을 내렸을 때는 검사가 즉시 항고할 수 있음.(제13조)

3. 예방구금의 내용

예방구금에 처한 자는 모두 2년간 예방구금소에 수용하여 본인으로 하여금 반황국 사상을 청산시켜 참으로 충실하고 선량한 황국신민이 되게 하기 위하여 필요한 교화 훈련의 처치를 강구함.(제15조, 제17조) 그런데 그 목적을 달성하여 구금의 필요가 없게 되었을 때는 언제든지 행정 관청의 처분으로서 퇴소시켜 사회에 복귀시키기로 되어 있다.(제20조)

반대로 예방구금 2년이 되었지만 그래도 그 목적을 달성하지 못하고 이를 계속시킬 필요가 있을 때는 재판소는 결정으로써 그 기간을 갱신할 수 있음.(제17조)

그리고 예방구금소로부터 도주한 때에는 1년 이하 또는 3개월 이상 5년 이하의 징역에 처하기로 되어 있다.(제23조, 제24조)

〈자료 130〉 진심 전향을 교도
2년 내에 개전 안 하면 구금을 연장
검사의 권력 남용 추호도 없다(《매일신보》, 1941.3.9)

스기모토(杉本) 사상검사 담

예방구금령은 어떠한 사람에게 적용되며 구금 집행은 어떠한 수속을 하는가에 대하여 예방구금자를 직접 취급하게 될 경성지방법원 스기모토(杉本) 사상검사는 다음과 같이 말한다.

국제 정세가 복잡다단한 때이니 만치 국내의 사상을 통일시켜 사상의 동요가 없도록 사상 대책을 세워야 될 터인데 현행 제도로만은 이에 만전을 다하기 어렵다. 현재까지는 반황국 사상을 가지고 불온 행동을 한 자에게는 치안유지법 기타 형법으로 형벌의 제제를 하고 출옥한 후에는 보호관찰소에서 사상선도를 하여 왔으나 그중에는 겉으로만 전향을 하고 이면으로는 역시 반국가적 사상을 품고 후방을 어지럽히는 무리가 있으므로 이 제도가 생긴 것이다. 이 제도는 우리나라에서는 처음 본 제도이나 영국에서는 이미 실시하고 있는 것으로 이 제도가 실시된다고 하여 민중을 구속하는 것은 아니니다. 어떠한 사람이 이 구금령에 적용되는가 하면

(가) 치안유지법의 죄를 범한 자 중 형에 처하여 복역하고 있는 자.

(나) 형 집행 종료 후 조선사상범 보호관찰령에 의한 보호관찰 대상자.

(다) 형 집행유예의 언도를 받고 보호관찰소의 대상자로 향후 다시 치안유지법의 죄를 범할 염려가 있는 자.

이상에 한하여 집행하는데 다시 말하면 진심으로 전향을 하지 않고 사상 청산을 아니한 자를 형무소장이나 보호관찰소장이 검사에게 보고하면 검사가 취조한 다음, 검사국 안에 있는 위원회의 의견을 들어 지방법원 형사부에서 합의하여 2년 동안의 구금을 시키게 된다. 구금소에서는 물론 황국 식민 교화의 지도를 함으로써 2년 동안에 진심으로 개전하지 않고 있으면 개전할 때까지 그대로 구금시킨다. 이 제도 운영에 대하여 일반 사상 관계자 전부에게 이것을 적용하는 것은 아니다. 후방을 문란시킬 염려가 있는 위험한 자에 한하여 이것을 적용하는 것이고 그런 위험한 사상을 가진 자를 완전히 황국신민으로 전향시키는 것이 이 제도의 목적이다. 검사가 권력을 가지고 있다고 해서 권력을 남용하는 일은 절대로 없다. 상당한 이유가 있어야만 적용한다.

〈자료 131〉 사설

개정 치안유지법과 사상 대책 감당치 못함(不堪)(《매일신보》, 1942.7.12)

1.

성스러운 전쟁하에 반도의 후방치안유지법이 실시된 것은 작년 5월 15일의 일이다. 그동안 서양에서는 독소(獨蘇) 전쟁이 일어나고 태평양에는 대동아 전쟁이 일어나 국제 정세는 한층 더 복잡미묘하여졌음에도 불구하고 아국의 국내 치안과 사상 동향은 미동도 함이 없이 일억일심(一億一心) 거국일체의 실을 거하고 있는 이면에는 본 법 실시의 힘이 적지 않은 것으로 함께 기뻐해야 할 것이다. 그러나 아직도 본 법령에 대한 일반 국민의 인식은 철저하다고 할 수는 없다. 국민의 일부에는 영미의 구사상에 감염된 무리가 전혀 없다고 하기 어려운 상태이다. 일반 민중은 차제에 본 법령의 취지를 충분히 이해하여 정부의 사상 대책에 유감없기를 기해야 할 것이다.

2.

개정 치안유지법은 작년 봄 제76회 제국의회에서 성립된 것으로 오늘날과 같은 초비상 시국에 대응하여 종래의 치안유지법을 확충 강화한 획기적인 법령이다. 종래의 치안유지법은 '국체를 변혁할 목적을 가지 결사'에 대하여 적용하여 온 것이나 개정법에서는 그 범위가 훨씬 확대되었다. 첫째로 특기할 것은 선전죄(宣傳罪)가 새로 포함된 점이다. 이것은 구태여 결사에까지는 이르지 않더라도 국가 사상에 배치되는 사상을 세간에 유포하는 자에 대하여 적용된다. 둘째는 국체를 부정하고 신궁과 황실의 존엄을 모독할 사항을 유포할 목적으로 하는 결사 조직에 적용되며 셋째는 앞에 단행법으로 실시 중이던 예방구금법을 본 개정법에 포함시켜 처리하게 되었다. 그러므로 본 법은 어디까지나 시세의 변천과 함께 추이하는 사상범죄의 실태와 사상운동의 성격에 즉응한 것으로 이는 국방보안법과 아울러 필승불패의 국방 치안 태세를 확립하는 데 쌍벽을 이루는 법령이다.

3.

우리 반도에 있어서 사상 동향의 대세를 보면 현재 그릇된 시대적 조류에 맹종하여 공산주의와 민족주의를 표방한 자이었으나 지나사변(支那事變) 발발 이래 내선일체 정신의 체득으로부터 우러나오는 반도 전 동포의 황국신민화운동에 번연히 자각하여 이제 와서는 공산주의 또는 민족주의적 색채를 띤 사상은 일소되었다. 그러나 시국하에 새로이 경계해야 할 사상으로 반국가적인 영미 사상이 있다. 이 영미 사상에 근거한 반국가적 선전이 끼치는 해독은 상상 이상으로 큰 것이 있으나 종래의 법적 규정만으로서는 도저히 그 독소를 제거하기가 어렵다. 이에 개정법에서는 단속 규정을 한층 확대 강화하여 결사 조식에 한하지 않고 널리 집단의 결성 또는 개인으로서 선동 선전을 한 경우라 할지라도 철저히 처벌하게 된 것이다. 그러나 어느 시대, 어느 사회를 막론하고 법령의 정비만으로는 범죄의 완전 방지를 기할 수 없다. 국민이 법령의 취지에 철저히 하여 적극적으로 노력해야만 한다. 즉 국민 각자는 종래 오랫동안 자기도 모르는 사이에 감염된 개인주의, 자유주의, 국제주의와 같은 영미적인 사상의 독소를 자기의 마음속으로부터 일소하는 동시에 일본정신에 투철하여 반국가적인 사상이 잠동할 여지가 없도록 만전을 기해야만 할 것이다.

〈자료 132〉 사상검사로 13년
도사와(戸澤) 경성 지방 검사정 부임 담(《매일신보》, 1943.2.17)

【경남지사 전화】

이번 나고야 공소원(名古屋控訴院)의 검사로부터 경성지방법원 검사정(檢事正)으로 영전하여 오는 도자와 시게오(戸澤重雄) 씨는 16일 아침 부산을 통과하여 '노조미'로 경성에 향하였는데 차 안에서 다음과 같이 신임 포부를 말하였다.

"나는 13년간 대심원과 공소원 등에서 오로지 사상 관계의 일을 해왔다. 그동안 '3·15사건'을 비롯하여 '2·26사건'도 내 손으로 취조하였다. 또한 대심원에서는 경제 검사로서의 경험도 있기 때문에 일찍부터 조선에 대한 관심은 늘 커지고 있어 마음으로는 구면이나 다름없다. 조선은 십수 년 전에 한 번 들린 일밖에 없으나 많은 동료, 기지(旣知)가 있으므로 고이소(小磯) 총독 통치의 근본 방침의 이념에 상부하도록 노력할 터이다. 대동아전쟁 아래 중요한 위치에 있는 조선에 와서 일을 하게 됨을 광영으로 생각하며 여러분들의 지도 밑에 맡은 임무 수행하는데 유감이 없도록 일층 노력하겠다."

Ⅱ

잡지 기사

해제

일제강점 이전 근대 계몽기(1896~1910)는 잡지의 태동기이자 잡지 문화의 출발점으로, 당시 잡지는 발간한 단체의 사상이나 지침, 강령을 배포하는 기관지적 성격을 지닌 것이 많다. 본 자료집의 일제강점기 이전의 잡지 자료에는 《서우(西友)》[1]의 〈경찰시찰담〉과 《대한흥학보》[2]의 〈경찰 성질에 관한 관념〉이 수록되어 있다.

우선 〈경찰시찰담〉은 1907년 8월 1일에 간행된 《서우(西友)》 제9호에 게재된 기사이다. 일본에서 시찰한 경찰법의 성질 및 국법상의 지위, 경찰과 인민, 경시청 조직에 관한 상세한 내용 등이 소개되고 있다. 결론에는 일본의 문명 제도와 법률 규정 등이 발달되어 있는 것을 인정하고, 그 점이 현재 일본을 강대국으로 만든 원천이라고 소개하며 우리나라도 이것을 모방하여 발달시키자는 내용으로 맺고 있다.

당시의 지식인들은 을사늑약이 체결된 이후였지만, 대한제국이 개혁을 통해 국권을 만회할 가능성이 열려 있다고 희망을 잃지 않았다. 더욱이 이 잡지는 평안도 출신 지식인 중심의 잡지인만큼 그 영향력도 컸을 것으로 추측된다. 대한제국기에 일본의 경찰제도를 모범으로 삼고자 했던 정황을 살펴볼 수 있는 자료이다.

또한 〈경찰 성질에 관한 관념〉은 재일 유학생 단체인 대한흥학회의 기관지인 《대한흥학보(大韓興學報)》 제1호에 수록되어 있고, 일본 경찰의 종류와 업무 내용 등에 관해 자세하게 기술되어 있다. 국가경찰과 지방경찰의 차이, 공안경찰과 사안경찰의 차이와 분류 등을 설명하고, 통상경찰로서 도로경찰, 위생경찰, 풍속경찰, 영업경찰, 교통경찰, 통상보안경찰을

---

1 《서우(西友)》는 서우학회의 기관지이다. 서우학회는 1906년 10월에 설립된 우리나라 최초의 학회로서, 평안도와 황해도 출신의 지식인과 신흥 시민층이 중심이 되어 조직한 애국 계몽 단체였다.

2 《대한흥학보》는 1909년 일본 도쿄에서 조직된 재일본 한국 유학생 애국 단체인 대한흥학회의 기관지로, 1909년 3월 20일에 창간되어 1910년 5월 통권 13호까지 발간되었다. 학술 전반에 관한 논설과 문원, 사조 등 다채로운 내용이 수록되어 있다. 매호 2,000부씩 발행하여 국내에도 독자층이 많았다고 한다.

분류하여 각각의 업무에 대해 자세하게 소개하고 있다. 결론적으로는 경찰 업무의 중요성과 위상에 대해 강조하고 있어, 〈경찰시찰담〉과 〈경찰 성질에 관한 관념〉 두 기사가 공통적으로 계몽적 성격을 지니고 있다는 것을 알 수 있다.

대한제국 시대부터 일제강점기까지 언론을 규제한 법령은 ① 형법(1905.4.29, 법령 제3호) ② 치안규칙(1906.4.7, 통감부령 제10호) ③ 신문지법(1907.7.24, 법률 제1호) ④ 보안법(1907.7.27, 법률 제2호) ⑤ 출판법(1909.2.23, 법률 제6호) 등이 있었다.

언론 통제는 신문과 잡지를 발행하기 전 단계부터 실시되어 사전 탄압은 간담, 주의, 경고, 금지의 4단계가 있는데 '금지' 외에는 법규에 없는 탄압이었고, 네 번째 단계인 금지는 신문지법의 규정에 근거한 것이었다. 그러나 법규에 없는 간담, 주의, 경고의 세 단계도 실질적으로는 법에 의한 규제와 같은 위력을 지니고 있어, 구한말에 발행되던 여러 민족지는 일제강점 후에 모두 폐간됐다. 1910년대의 무단 정치 시기에는 잡지와 단행본에 대한 검열에 중점을 두었지만, 출판물 숫자가 적어 본격적인 검열 업무는 1920년 이른바 '문화통치'를 실시하면서 시작됐다고 해도 과언이 아닐 듯하다.[3]

언론을 탄압하던 총독부의 주무부서는 경무국 고등경찰과와 도서과(圖書課)였다. 1911년부터 1919년까지 고등경찰과장은 현역 군인이 맡았지만, 1920년에는 '문화 정치'를 표방하면서 문관이 맡아 1925년까지 경무국 '고등경찰과'가 검열과 허가사항 등을 전담했다. 이후 검열 업무가 늘어나고 전문성이 요구되면서 총독부는 검열의 효율성을 높이기 위해 1926년 5월 '도서과'를 신설하여 독립된 부서로 설치 운영했다.

식민지 출판 경찰의 체계화와 함께 점점 강해지는 언론 통제에 대해 《동아일보》와 《조선일보》의 편집국장을 역임한 주요한은 《신동아》(1934.6)에서 이렇게 말한다.

---

3 정진석, 2009, 『극비 조선총독부의 언론검열과 탄압』, 커뮤니케이션북스, 35~49쪽

소위 언문 신문은 세 가지 시대가 있었다. 첫 시대는 압수당하는 것을 장하게 여긴 때요, 둘째 시대는 압수당해도 부득이로 생각한 때요, 셋째 시대는 압수 아니 당하기를 힘쓰는 때다.

정진석(2009)은 주요한이 '압수당하는 것을 장하게 여긴 시기'를 대략 1920년에서 1929년까지 정도로 보고 있다. 이 시기는 식민지 정책 중 '문화통치기(1919~1931)'에 해당하며, 당시 언론계는 항일적 성향이 강하다. 본 자료집에 수록된 기사 중 〈당국의 언론 압박과 민중의 여론 격앙〉, 〈이중삼중의 악법령〉, 〈치안유지법의 실시와 금후의 조선사회운동〉, 〈을축년 중 16대 사건〉이 실린《개벽》은 일제강점기에 나온 잡지 중에서 탄압을 가장 많이 받았던 잡지로 꼽히며,[4] 1931년 〈법률 전선에서의 우리의 최소 요구〉가 실린《동광》[5]은 1927년에 휴간하였다가 이광수의 주선으로 1931년에 속간된 잡지이다.

1922년의 〈당국의 언론 압박과 민중의 여론 격앙〉 안에는 결의문으로 "언론 단속에 걸린 신천지사와 신생활사의 필화 사건에 대한 당국의 처치는 상당히 가혹하다고 인정되며, 우리는 언론의 자유를 옹호하기 위하여 협동 노력하기로 하였다"라고 기술되어 있다. 1925년의 〈이중삼중의 악법령〉에는 일제 식민통치의 가장 강력한 무기였던 치안유지법 제정에 대해 사전 고시하고 있는데,[6] 전(全) 7조의 치안유지법에 대해 본지(本誌)에서는 제6조로 소개

4 1920년 6월에 창간되어, 1926년 8월에 강제 폐간당했고, 8년 후인 1934년 11월 차상찬 명의로《개벽》이 속간되었다. 하지만 1935년 3월에 겨우 4호를 내고 자진 폐간했고, 해방 후 1946년에 속간되어 1949년까지 9호를 내고 사라졌다. 통권 85호였다.

5 1926년에 창간되어 1927년 8월 제16호로 휴간된《동광》은 이광수의 주선으로 1931년 1월 제17호로 속간하였다가, 1933년 1월 통권 40호로 종간되었다. 편집 겸 발행인은 주요한으로 사회주의 운동을 표방한 잡지에 맞서 안창호의 흥사단을 배경으로 창간되어 민족주의적 입장을 대변하였다. 원고 압수로 제3호는 발행하지 못하였다.

6 치안유지법은 일본에서 1925년 4월 22일 공포되어 동년 5월 12일 시행했다. 칙령에 의해 조선, 타이완, 사할린 등에서도 5월 12일 동시 시행되었다. 치안유지법은 전문 및 7개 조항으로 이루어져 있었고, 그 제1조에서 국체의 변혁 또는 사유재산제도의 부인을 목적으로 하는 결사의 조직 및 가입 그리고 목적 수행을 위한 행위자를 처벌했다.

하고 있다. 실제 공포된 법령과 제4조까지는 거의 유사하고, 실제 치안유지법 제5조 "제1조 제1항 및 앞의 3조의 죄를 범하게 할 목적으로 금품, 기타 재산상의 이익을 공여하거나 또는 요구 혹은 약속을 한 자는 5년 이하의 징역 또는 금고에 처한다. 취지를 알고 공여를 받았거나 또는 그 요구 혹은 약속을 한 경우도 동일하다"의 조항이 본 기사에서는 누락되었다. 또한 제6조와 7조의 순서가 공포된 법령과 기사에 소개된 내용이 뒤바뀌어 있다.

1925년 6월호의 〈치안유지법의 실시와 금후의 조선사회운동〉은 문답 형식을 활용하여 간결하면서도 흥미롭게 구성되어 있고, 1925년 12월에 발간된 64호에 수록된 〈을축년 중 16대 사건〉에서는 일본의 보통선거법, 전조선기자대회, 치안유지법 실시 등에 대해 응축성 있는 만화로 표현하며 이 시기의 지면 논조가 항일 표현으로 날카롭게 표현된다.

1920년대 후반부터는 언론의 논조가 점차로 위축되어 주요한이 지적한 '압수당해도 부득이한 때'이다. '합법적인 논쟁'으로 바뀌어 가며 1931년의 〈법률 전선에서의 우리의 최소 요구〉와 같은 기사는 민족주의 변호사로 각종 항일 사건의 변호를 맡았고 조선변호사협회 회장이었던 이인(李仁)이 '재야법조인변호사대회'에서 가결된 언론 및 집회의 자유에 관한 제도 완화, 보안법 및 보안 규칙 철폐, 조선인 국적법 실시, 조선형사령 제13조 및 16조 삭제 등의 의결 항목에 대해 해설한 것이다.

그에 비해 '민족 말살기(1931~1945)'는 주요한의 표현에 의하면 '압수 아니 당하기를 힘쓰는 때'로, 만주사변 직전부터 시작된 일본 군부 파쇼의 통제와 사상통제의 혹독해진 검열에 따라 친일 강요가 노골화되고 민족독립운동은 전반적인 퇴조 흐름을 맞게 되었다. 그중《삼천리》[7]

---

7 잡지《삼천리》는 1929년 파인(巴人) 김동환에 의해 창간되었고, 당시 개벽사에서 발간한《별건곤》과 함께 이 시기의 대표적 종합잡지로 알려져 있다. 일제의 검열에 의해 원고 압수와 기사 삭제 등의 굴욕을 겪으면서도 버티다가, 중일전쟁 이후에는 조선총독부의 황국신민화정책에 부응하는 글을 게재하다가 1941년 11월에 통권 150호로 휴간하고, 이어 1942년 5월부터는 제호를《대동아》로 바꾸고 적극적인 친일에 나섰다가 1943년

와《조광》은 '종합대중잡지'로서의 대중성을 지향하고 있었다.《삼천리》의 〈최근 조선의 전환 25년간〉, 〈사상범 보호관찰법 6,800명에게 11월부터 실시〉, 〈사상객들은 전시하에 얼마나 전향했는가〉 등의 기사와《조광》의 〈실시된 사상보호관찰령〉은 각각 법률적 입장에서의 조선 현황, 치안유지법의 의미, 1936년 사상범 보호관찰법과 사상범 보호관찰령에 대한 소개, 보호관찰소 현황 등에 대해 논하며 사상통제에 관한 근황을 '소식' 전달의 기사 필체로 전달하는 형식으로 검열을 피하고 있다. 또한 1937년 이후 내선일체를 강요하는 일본의 정책에 의해 많은 문인은 일본어로 작품을 발표하거나 절필을 강요당하게 되었다. 그에 따라 많은 한글 신문과 잡지가 폐간되고,《인문평론(人文評論)》,《국민문학(國民文學)》 등과 같은 친일 잡지가 다수 등장하여 1940년대의 한국잡지는 암흑기를 맞이하게 되었다. 1940년 8월에 발간된《모던일본(조선판)》[8]에 수록된 〈조선의 황국신민화운동〉은 조선총독부 학무국장 시오바라 도키사부로(鹽原時三郎)가 '황국신민교육', '육군특별지원병제도', '국민정신총동원조선연맹' 등에 관한 내용을 내선일체의 성립이라는 성과적 측면에서 소개하고 있다.

복보경

3월호를 끝으로 종간되었다. 김문성, 2002.12, 「잡지《삼천리》考-우리 음악 관련 기사와 글을 중심으로」, 『한국전통음악학』 3, 12~13쪽.

8 《모던일본》은 일본의 출판사인 문예춘추사에서 1930년 10월에 창간한 월간잡지이다. 도시문화를 중심으로 당대의 '모더니즘'을 소개하는 대중적 교양잡지의 성격을 띠었는데, 1939년 11월호와 1940년 8월호에서 두 차례에 걸쳐 전권에 걸쳐 조선 특집호로 발간했다. 당시의 사장은 일제강점기 아동문학가로 알려진 마해송(馬海松)이었다. 조선총독부 관료들의 식민통치를 미화하는 기사 외에 당시 조선의 대표적 지식인들이 일제의 식민통치에 순응하는 태도를 보이면서도, 조심스럽게나마 조선 전통문화의 생명이 끊어지지 않도록 안간힘을 쓰는 기사로 채워져 있다. 그래서 1940년대 전반 일제의 사상 탄압과 사찰이 촘촘히 조선의 지식인들을 옥죄던 상황을 의미심장하게 엿보이게 하는 잡지라는 점에서 특징적이다. 윤소영, 홍선영, 김희정, 박미경 역, 2007, 『일본잡지 모던일본과 조선1939』, 어문학사, 해제 참조.

1. 일제강점 이전

〈자료 133〉 경찰시찰담

[단농생(丹農生) 최응두(崔應斗), 〈경찰시찰담〉, 《서우》 제9호, 1907.8.1]

◆ 머리말

경찰은 정부의 눈과 귀의 일부라고 칭하는 것을 이전에 들었는데 이번에 경찰의 규모 확장을 실제로 검열하면서 그 관계의 중대함이 국가 정치의 기관적 요소라고 할 만하다. 단 정부의 눈과 귀가 되어 주는 일부라고 범칭 해서는 안 된다고 생각하여 개략적인 뜻을 모았노라.

◆ 경찰법의 성질 및 국법상의 지위

경찰법은 공공 안녕질서를 유지하는 행정 법규이므로 소위 공안 행정 법규에 속하며 공법의 한 부류인 행정법상 내무행정 중 한 부분을 차지한다.

무릇 법률제도는 실로 국가 생존의 요건이니 국가는 법률에 따라 존립하고, 인민은 법률 내에서 활동해야 한다. 법률에는 공법과 사법이 있으니 공법이라 함은 국가와 인민 간에 권력을 규정한 것이고, 사법이라 함은 개인 간 권리 관계를 규정한 것이다. 헌법, 행정법, 형법, 형사소송법, 민사소송법 등은 공법이고 민법, 상법은 사법이니 이런 분류는 공사법 두 가지로 나눈 것이다.

공법 중 행정법은 국가 정무를 분배하는 법으로 국가 정무를 나눌 때 외교, 군무, 재무, 사법, 내무의 5종이 있다. 외무행정은 외국과 교섭하는 사항을 관리하고, 군무 행정은 군사 수요를 공급하며 군병의 존재력을 유지하여 국가 독립을 보존하는 것이다. 재무행정은 국가 재산을 관리하며 비용을 징수하고 지출을 식별하는 임무이며, 사법행정은 사법권의 행사 편의를 보조하고, 내무행정은 일반 공공의 행복과 이익을 보호하여 발달과 안전을 견고하게 할 목적을 달성하기 위하여 국가의 제반 설비를 주의하는 것이다.

적극적으로는 일반 공공의 복리 증진을 공익행정 또는 복리행정, 조장(助長)행정, 영조(營助)행정이라 한다. 소극적으로는 사회 공공의 위해를 배제하며 공안을 유지하는 것을 공안

행정 또는 경찰행정이라 한다.

이로써 경찰법의 성질은 공공의 안녕질서를 유지하는 행정 법규이므로 소위 공안행정의 법규에 속하며 국법상의 지위는 공법의 부류인 행정법상 내무행정 중의 일부를 점유한 것이 된다.

◆ 경찰과 인민

경관은 공안행정법에 예속되어 행동하는 관리이므로 사회의 공동 행복과 이익을 유지하고 안녕질서와 위해를 예방하는 목적을 가지며 국가 공익을 보호하기 위하여 인민의 자유를 제한하거나 강제력을 가지고 행정할 권한이 있다. 따라서 경관은 인민의 행동과 영업과 위생을 단속하여 죄와 손해와 불우한 재앙에 빠지지 않도록 지도하되, 절대 인민을 위협하고 공갈하거나 아무런 사유 없이 학대하는 일은 없도록 한다.

인민은 사회를 조직하여 국가를 형성하는 대중으로서 자유롭게 행동할 권한을 가졌으나 공안 유지와 위해 예방을 지도 보호하는 제반 기관인 경찰의 범위 안에서 함부로 날뛰는 폐해가 있어서는 안 된다.

그러므로 인민이 경관에게 순종하고 관청의 명령을 준수하며 조금도 경관 기관을 위반하지 않는 것은 단지 국법이 두려워서 복종하는 것이 아니다. 이것이 각자의 행복을 지키고 자유행동의 기초를 견고하게 하는 요소이기 때문이다.

◆ 경시청 조직

경시청의 조직과 배치는 다음과 같다.

- 총감관방

제1부 제2부 제3부

소방본부와 경찰소방 교육소를 예속함

경찰총감 1인이 있고 각 부에 부장이 있으니 제1부는 행정경찰과 사법경찰을 관할하고, 제2부는 인민 영업에 관한 사무를 관할하고, 제3부는 특히 의사가 부장이 되어 일반 위생에 관한 사무를 담당하였는데 그중에 분장한 여러 과를 모두 기록하기 어렵다.

15구(區)에 경찰서를 두었는데 큰 구에는 경찰지서를 두었고, 구내에 파출소를 세워 순사

4명을 배치하였고 지방에도 경찰 배치가 질서 정연하지만 잠시 생략해 두겠다.

- 행정경찰

행정경찰이란 사회 일반의 위해를 예방하고 안녕을 지키고 유지하기 위하여 만든 권력으로, 아직 발생하지 않은 모든 위해를 배제하며 행정 전반을 간섭하니 그 광대한 범위가 다음과 같다. 보안, 풍속, 위생에 관해 경찰이 각각 있고, 그 외 영업, 교통, 광산, 산림, 전야(田野)에 관한 경찰이 있다. 그중 수백 종의 부분을 예속하였으나 낱낱이 논하기 어렵고 그 중 특히 놀랄 만한 몇 가지를 약술하면 다음과 같다.

- 보안에 관한 경찰

▲ 예방: 공공의 안녕질서를 유지하기 위하여 일정한 생업을 가지지 않고 평소 난폭한 언행을 하는 자와 타인의 집회를 방해하는 자, 타인의 업무에 간섭하여 자유를 방해하는 자에 대하여 경찰이 일정한 명령을 내려서 특별제한 처분을 가한다. 배치한 각 파출소에 순사 4명이 있어 한 사람은 사무를 맡고, 한 사람은 문 앞에서 파수하고, 한 사람씩 교대로 휴게하니 순사가 그 구역을 분담하여 구역 내 인민의 신분, 행위, 직무, 산업, 사망, 여행 및 그 외 여행객 왕래, 재산 입출 등을 샅샅이 조사한다. 범법과 경찰범에 확실히 관계된 자를 포박하는 권한을 사용하는 것을 보면 숨겨진 죄를 적발해 내는 것이 마치 귀신과도 같다고 한다.

▲ 유실물: 도로 위와 사람이 많이 모여 있는 복잡한 곳과 혹은 불우하게 유실된 물품을 습득한 경우에는 가격이 비싼 귀중품은 물론이고 동 구역 내 파출소에 현납하면 이곳을 거쳐 경찰청에서 접수한다. 경찰청에서는 해당 물품의 분실자에게 고지하여 일일히 환급하되 100에 5를 나누어 습득자에게 상여하는 규례가 있으므로 분실자가 습득자의 증명서를 청하여 얻은 연후에 분실물을 찾아온다. 경찰청으로 접수된 유실물이 매일 문전성시를 이루고 있지만, 분실자가 반환받지 못한 물품이 산같이 쌓여 그 개수가 14만 종에 다다랐다. 그것을 나열하면 가히 거리 20리에 이르겠고 그중 수천 원에 달하는 고가의 보석, 황금 등 반지와 시계 등이 4,000여 개에 달하고 금화 현액이 6만 원에 달한다고 하니 길에 물건이 떨어져 있어도 아무도 주워 가지 않는다고 할 수 있다.

▲ 위험 예방: 전기 회사와 화약 제조소 등 각 공장의 특별한 위험을 경계하기 위하여 기

사를 파견해서 여러 증기 기계의 견고함 여부를 심사한다. 또한 군중이 복잡한 곳에 전염병이 발생할 것을 염려하여 의사를 파견해서 여러 가지 소독을 시행하고 청결하게 청소하도록 크게 주의하여 불우를 방비하더라.

- 풍속에 관한 경찰

▲ 창기: 일반 매춘부의 구역을 나누어 각처 화류계를 따로 모아 놓은 목적을 이야기하자면 민간의 양가에 외설스러운 음한 기운이 물드는 것을 방지하며 전염 매독의 무료 치료 방법을 특별히 조심하기 위해서다. 그중 특히 요시와라(吉原) 유곽의 일부를 보면 창기로 분류된 자가 수만 명에 달하는데 병원을 특설하여 매주 의사가 검사하니 매독에 걸려 입원한 숫자가 사오백 명에 달하여 치료를 받는다. 의사와 제약사와 간호사 등의 부분이 따로 있고 약장실, 기계실 등으로 수천 평의 화려한 이층집 구조로 되어 있어 눈이 놀랄 정도이니 이것을 보면 음란한 기운을 쫓아냈다고 할 수 있다.

▲ 미성년자의 금연: 미성년자의 흡연을 금지함으로써 거만한 품행을 막고 아직 혈기가 다 자라지 않은 뇌가 중독되어 손상되면 학문에 방해되기 때문에 금지함이라. 그리고 잘못해서 불낼 것을 예방하기 위하여 금하노라. 만일 그 죄를 범할 시에는 현행범을 불러 알아듣게 타이르고 부모에게 주의를 시킨다. 아동의 흡연을 일절 보지 못하니 이로써 일이 커지기 전에 미리 막았다고 할 수 있겠다.

- 위생에 관한 경찰

▲ 전염병 예방: 일반 인민의 생명에 위해가 될 것을 예방하기 위하여 각 구역 내에 청결을 실시하고, 모든 항구에 의사를 파견하여 각 선박을 검사한다. 질병의 원인을 소독하는 모든 방법을 엄밀히 실시하던 중 가장 신기한 한 방법이 있었다.

쥐의 뱃속에 (페스트)라 하는 일종의 잔혹한 병균이 있음을 발견하고, 집에서 쥐를 잡아 받치는 자에게 5전씩 상여하고 잡은 곳의 주소를 쥐 다리에 표기하여 매일 4, 5천 마리를 경시청에서 모았다. 그리고 의사가 이것을 해부하여 병균이 있는 것은 표기된 주소의 집으로 가서 소독을 실시하고 일주일 동안 통행을 금지하였다. 이렇게 원인을 찾아 막았다고 한다.

▲ 종두: 종두법을 시행하는 것은 어린아이를 간호할 책임이 있어서이다. 소아 출생 후

1년 이내에 종두법을 시행한다는 의무에 따라 종두를 접종하고 의사로부터 증명서를 수령하여 필요한 경우에는 경찰관에게 제시하는 것이 중요하다. 천연두가 유행할 때에는 경찰관청에서 일반인에게 종두법을 시행하도록 한층 더 세게 명령할 권리도 있으니, 이렇게 인민의 요절을 구제하고 있다고 할 수 있다.

▲ 음식물 및 식기: 위생상 유해한 분자를 품고 있는 음식물과 식기에 관해서는 국민건강에 큰 장애가 될 음식물, 식기 등에 대해 제조, 채취, 판매, 수여, 사용을 금지 또는 정지함으로써 국민의 건강을 지키고 유지하고 있다. 모든 음식물을 검사하는데 예를 들면 증류수(나무네)와 맥주, 과자 등과 같은 각종 음료와 식료를 일제히 검사한다. 독을 함유한 경우에는 파기하고 판매 금지할 권리가 있으므로 영업자가 충분히 주의한다고 하니 이렇게 하면 음식을 반드시 조심한다고 한다.

식기 제조 중 오색 채화를 그려 넣을 때 독이 없는지를 먼저 검사하여 인정받은 후에 판매하고 사용할 것을 허가하니 이렇게 하면 일꾼이 사람을 속이지 못한다.

▲ 오염물 청소: 전염병을 예방하기 위해 먼저 지저분하고 더러운 물건 청소를 중심으로 주의해야 한다. 일반 인민의 의무로는 매일 가정과 도로를 청소하여 거리와 가옥을 충분히 청결하게 하고, 봄가을에는 경찰 관리가 전국에 있는 인민 거주지로 출장을 가서 청소 명령을 내리고, 그것을 '대청소'라 부른다. 학교와 공장 등 복잡한 곳은 더욱 조심하여 청결을 크게 주의하고, 변소의 분뇨 등을 농가에서 비료로 긁어 갈 때는 손수레에 잘 싸서 실어 일반 대중에게 보이지 않도록 하고 거리에 냄새가 나지 않도록 한다. 소아와 개, 가축도 방뇨를 금지하여 간혹 발산해버린 때도 바로 청소하여 오염물이 한점도 보이지 않게 하니 이것은 유리와 같은 세계라 할 수 있다.

그 외 도로 교통의 혼잡을 막고자 교량의 좌우를 나누고 혹은 도로를 헤매는 자가 있어서 주소를 물을 때에는 진심으로 지도하여 편의를 제공하니 가히 선진 문명의 정도를 칭찬할 만하도다.

- 사법경찰

사법경찰은 범죄로 인한 위해를 방지하고 안녕질서를 유지할 목적으로 범죄자를 수색, 포박하여 사법 기능을 보존하는 자이니 사법경찰에 관한 것은 다음과 같다.

범죄자 수색권의 성질, 기관, 발생, 실행과 수색 착수의 원인과 수색 실행의 범위와 수색권의 소멸 등 일일이 다 쓰기가 너무 많으므로 빼고 생략하노라.

특히 신기한 기관이 있으니 가령 모 구, 모 정(町), 모 번지에 도적이 있을 거 같으면 전화로 몰래 연락하여 3분 만에 각 소재 순사가 그물을 설치하고 물샐 틈 없이 심하게 경비하니 탈주하는 도적이 없더라.

죄인을 포박하면 48시간 안에 재판소로 이송한다고 한다더라.

- **감옥서**

감옥 배치를 넓고 시원하게 하는 것은 범죄자에게 공업을 장려하고 잘못을 뉘우치고 부지런히 일하게 하려는 것이 주된 목적이다. 그것은 악을 버리고 선을 취하는 성질을 함유하였으니 놀라고 감탄할 만한 큰 일이다. 그 위치와 성적을 약술하자면,

▲ 정문으로 들어가 어느 정도 통과하면 6개의 서양식 가옥이 있는데 그 안에 범죄자가 만든 공업 제조품이 다음과 같다.

첫 번째 직조한 우편 포낭 등

두 번째 목공 운용품

세 번째 철공 자전거 미술품 각종

네 번째 복장 군용 신발

다섯 번째 모자 밀짚모자 삼노끈

여섯 번째 직조(織造)

▲ 8개 모서리 양옥이 하나 있는데,

첫 번째 증기 기계로 공장의 기계를 사용하게 하고

두 번째 취반실로, 음식이 지극히 정결하되 단 음료는 6등급이 있고

세 번째 목욕실이고

네 번째 휴게실이고

그 외 친척 접견소와 세탁소 도서종람소[9]가 있어 수인에게 편의를 제공하고 야간에는 전

---

9 신문이나 잡지 따위를 갖추어 놓고 누구든지 마음대로 볼 수 있게 해 놓은 곳.

등을 켬으로써 모든 곳이 대낮같이 매우 밝다.

▲ 경작지가 1만 4,856평 1홉 2작이 있어 각종 농사의 시험장을 만들었고,

▲운동장에 매회 100명씩 순사가 인솔하여 체조와운동을 실시한다.

▲ 좌우에 5개의 모서리집 2곳을 만들어 죄수의 숙실로 정하고 한 시렁에 2인씩 묵게 한다. 그 중앙에 2층 교회당이 좌우로 있어 넉넉히 천여 명을 들일 만한 옥상에 네 번째 일요일에는 선교사가 설교하였다. 개과천선 중심으로 타일러 강연함으로써 범죄자의 마음을 뉘우치고 깨닫게 하고,

▲ 사무실이다.

▲ 병원을 세워 환자를 치료한다.

그 위치의 광활함이 사면의 길이와 넓이가 일리(一里)로 길게 뻗쳐 있어 스가모(巢鴨) 한 곳에 현재 갇혀 있는 기결수가 1,970여 명인데 이렇게 설치된 감옥소가 몇 개나 있다. 여성 감옥과 미결수 감옥이 유명한데 상당히 청결하고 편리하더라.

오호라 감옥장의 담화를 들으니 일반 동포가 불행히도 죄를 범하였고, 죄안은 기결되어 이곳에 간수되었다. 그렇지만 애호하는 마음으로 상당한 편의를 제공하니 잘못을 고치고 목적을 가지고 열심히 일하더라. 죄수는 매일 허물을 뉘우치고 자신을 탓하는 것이 살아나갈 방도이다. 자리를 사양하되 선을 사양하지 말라. 한 개인의 이익을 생각하지 말고 공익을 생각해라. 항상 이렇게 모든 일을 생각하게 하여 심지를 참회하게 하였다.

모든 공장 제조품은 정부에서 거두어들이되, 그 대금의 10분의 4, 5를 나누어 죄수가 석방 또는 출옥 시에 내어주는 자본으로 충당하니 계속 만들어내는 보람이 있다.

이 감옥소가 사법성에 예속되었으나 실상은 문부성에 예속되어 교육적 주의를 표명할 계획이 있다고 하니 놀랍고 감탄할 만한 일이라 하는 건 이런 이유인 것이다.

- 소방부

소방부가 중앙에 있고 소방 지부가 6곳 있는데 화재 예방 위주로 설비하여 상당히 주밀하고 신속하다. 그것을 모두 쓰기는 어렵지만, 소견을 약술해 보겠다.

소방부를 2층으로 건축하여 위층에는 사무실이 있어 소방장이 그곳에 있다. 측면에 인수관을 장치하였는데 길이가 4,000척인 여러 개가 있고, 아래층 한 칸에는 인수 기관차를 장재

하고 한 칸에는 말을 키워 항상 경계할 수 있도록 설비하였다.

전망대 위에서 감시부가 어느 곳에 불꽃이 있는지를 보고 종을 울리면 소방부에서 신속하게 행동하는데 이층집에서 높은 사다리로 내리지 않고 공중에 쇠기둥을 세워 이것을 따라 뛰어내렸다. 늘 준비된 소방대를 이끌고 3분 만에 기계 차를 가지고 목적지로 향하는데 중간에 증기관에 발화하여 거리에 설비해 둔 수도로 물을 끌어와서 담고 화염에 발사하여 박멸하는 공사를 착수한다. 그 신속함을 말로 형용하기가 어려운데 발수력이 거대하여 한번 분수하면 1평의 화력을 죽이니, 소방 기관이 점차로 발달한 덕에 두세 집으로 불길이 번져 타버릴 걱정이 없더라.

◆ 신문 조례

신문은 국가 정치와 인민 풍속을 논술하고 보도하여 풍기를 고동치게 하는 큰 영향이 있는 기관이다. 사회에서 출판 자유권이 있다고는 하지만 정치와 군사 국가의 일대 비밀 사항을 누설하거나 정당을 책망하는 수단으로 마구 써대어 국민의 마음을 선동하는 폐해가 생길 시에는 출판 자유권을 강제할 권한이 있다.

모 신문사를 불문하고 애초 창립할 때 위치의 원근과 영업의 대소를 나누어 보증금 기천 혹은 기백 원을 정부에 내는 규례가 있다. 출판 후에 매일 검열을 받아 혹시 잘못을 저지르는 일이 있으면 배상금을 그 보증금 내에서 제하는 예가 있고 중대 사항과 관계가 있으면 배달을 금지하거나 정간 명령을 내릴 수 있는 권한이 있더라.

◆ 결론

오호라 국가의 문명 발달이 정치에 있음을 대략 들었으나 정치 발달이 무슨 기관에 있다는 것을 알지 못하였다. 일본에 건너와 보니 문명 제도와 법률 규정이 질서 있고 어지럽지 않아 조금도 틀림없음을 보고 생각하니, 정치 발달의 주요 기관이 경찰의 한 부분에 있음을 인정하겠도다. 이로 추측하건대 일본이 동양에 문명을 전달하는 효시를 만들며 구미 세계와 함께 질주하는 원인이 이곳에 있는 것이 아니겠는가.

우리나라 경찰 기관도 이것을 모방하여 날로 증진하고 확장하도록 크게 노력하여 정치 기관을 발달시켜 문명에 더욱 나아가기를 희망한다. 뇌수를 해치고 피가 끓을 정도로 충분히 심력을 다하지 않으면 경찰이 되었다고 말할 수 없다. 많이 생략하고 필기하였으나 우리 대한 전국 동포의 이목을 스스로 깨우쳐 돌아보게 하고 싶었다.

〈자료 134〉 특성에 따른 경찰의 구분과 역할

[남기윤(南基允)[10], 〈경찰 성질의 관념(警察性質의 觀念)〉, 《대한흥학보》 제1호, 1909.3.20]

국가의 간성(干城)[11]은 둘이 있으니, 하나는 전시(戰時)의 간성(干城)이요, 둘은 평시의 간성이다. 전시의 간성은 군대가 담당하며, 평시의 간성은 경찰이 주요 업무로 하는 바이다. 그렇지만 전란의 세월은 짧고 평화로운 세월은 길다. 따라서 이 두 가지 중 어떤 것이 더 중요하다고 하겠는가? 나는 평시의 간성인 경찰을 통하여 그 답을 정하고자 한다. 군대의 임무는 오직 외환을 방어하는 데에 그쳐 그 한계가 극히 좁은 데 비해, 경찰의 임무는 내무행정에 속하여 그 범위가 매우 광대하다. 그러므로 인민의 생명을 보호하거나 예방하여 국가 안녕질서를 유지하며 재산 침해를 금지하거나 구조하여 사회 행복과 발달을 증진하도록 한다. 또한 공공의 권리를 제한하고 개인의 자유를 강제하는 것은 오로지 안녕과 행복을 이루고자 함이라. 안녕을 꾀하고자 한다면 방해하지 않을 수 없음이요, 방해를 한다는 것은 강제하지 않을 수 없으니 그 활동 방면과 취지의 갈래를 약설하여 다음과 같이 기술하노라.

국가의 행정 활동을 하는 경찰의 종류는 매우 많고 복잡하지만, 그 근원은 두 갈래여서 하나는 국가경찰이고 하나는 지방경찰이라. 국가가 경찰 작용의 주체가 되어 국가 전부를 관할하는 것을 국가경찰이라 하고, 시장과 촌장에게 위임하여 담당자로 하여금 그 해당 범위를 처리하게 하는 것을 지방경찰이라 한다. 현재 실제 가장 필요한 것은 사법경찰, 행정경찰, 보안경찰의 세 가지이다.

---

10 남기윤은 1909년 3월 13일 자 《황성신문》에 일본 경시청 내 순사부장연습소에서 사비 유학생으로 졸업한 인물이다. 1910년 10월 31일에 전라남도 경무부 제주경찰서 道번역관보에 임명된다.(《황성신문》 1909년 10월 31일 자) 1912년 광주경찰서 경부, 1918년 경관연습소 경부 등을 역임. 친일인명사전에 등재됐다. 이 글은 일본의 경찰관련 책자의 일부를 번역한 것으로 보인다.(출처 추적 필요)

11 방패와 성이라는 뜻으로, 나라를 지키는 군대나 인물을 이르는 말.

◆ 사법경찰이란 재판의 준비를 담당한다. 사법 명령으로 죄인을 체포하고, 장물(贓物)[12]을 수사하여 사회의 원수를 없애는 것을 목적으로 한다.

◆ 행정경찰이란 국가안녕질서를 유지하고 사회 행복 발달을 증진하기 위하여 조장 행위(조장행정은 국가의 안녕 행복과 인민의 교육 발달을 도모하는 것) 목적을 수행하는 것이다. 즉 이 성격에 따른 종류를 세분하면 도로경찰, 위생경찰, 풍속경찰, 보안경찰 등을 포함한다.

◆ 보안경찰은 국가의 안녕을 유지하고 공공의 위해를 척결한다. 단체가 집회하여 강담평론으로 국가의 정치가를 비방하고 여럿이 모여 유언비어를 만들어내어 사회 소요를 야기하는 것을 금지, 강제한다. 국가의 안녕과 행복을 목적으로 하는 행정경찰 중 일부의 국(局)이 독립한 것이다. 이것을 다시 구별하면 고등보안(고등경찰), 통상보안(행정경찰보통)의 두 종류로 나뉜다. 국가와 공공 단체에서 발생한 위험을 방지하는 것은 고등경찰이 담당하고, 일반 개인을 거쳐 유출되는 폐해를 제어하는 것은 통상경찰이 담당한다. 따라서 전자는 공안경찰 혹은 치안경찰이라 하며 후자는 사안(私安)경찰 혹은 개인경찰이라 칭한다. 통상경찰은 다음과 같이, 도로경찰, 위생경찰, 풍속경찰, 영업경찰, 교통경찰, 통상보안경찰로 분류한다.

◆ 도로경찰이란 도로의 제반 위험을 주의하여 공로(관에서 설치한 것을 총칭한다), 사로[개인의 문 앞 또는 전원도로(田園道路)]를 가리지 않고 교량을 가설하고 견고하게 건설하며 도랑을 깔끔하게 청소하여 교통안전을 도모하는 것이다. 도로는 세 가지 종류가 있으니, 하나는 국도(國道)이다. 국도란 기내(畿內)[13]에서부터 능소(陵所), 종묘, 개항장, 진대(鎭臺)[14] 및 각 부현으로 이르는 도로를 말한다. 두 번째는 현도(縣道)이니, 현도란 관부(官府)와 근접한 각 진대와 지청(支廳), 분영(分營) 등으로 왕래하는 도로를 칭한다. 세 번째는 이도(里道)이니, 이도란 갑구(甲區)에서 을구(乙區)로 이르는 도로와 목축, 광산, 농장, 신사, 사찰 및 전답 등과 왕래하기 위하여 설치한 도로를 가리킨다.(행정경찰에 포함)

◆ 위생경찰이란 인민의 건강위생을 해치는 것을 예방하기 위하여 음식물 판매를 관할(간섭, 상당하게 규제)하며, 공공에 유행 질병이 전염되는 것을 제어하기 위하여 청결법 소독을 주

12 불법으로 가진 타인 소유의 재물.

13 도읍지 주변, 현대의 수도권.

14 진대(鎭臺): 한 지방을 지키기 위해 주재하는 군대, 또는 그 우두머리.

의하고 가정에 오물 청소를 명령하며 주위에 악취를 없앨 것을 지휘하여 국가의 생존, 건강을 도모하는 목적이다.(행정경찰에 포함)

◆ 풍속경찰은 사회의 순수한 풍속을 퇴폐시키는 부덕비륜(不德非倫)을 금지하고 인민이 가장 우수한 품성을 유지할 수 있는 권선징악을 장려하며 외설스러운 행위부정한 음행을 포함)의 악습과 추태스러운 거동을 주의, 방지하여 국가의 선량한 기풍을 목적으로 한다.(행정경찰에 포함)

비덕불륜(非德不倫) 방면은 대략 창기, 여아 매매, 성매매(갈보), 밀매음(密賣淫,은군자) 등의 행위로 인하여 발생한다. 추태란 의복을 단정하게 하지 못하고 전신 혹은 반신의 육체를 노출하고, 또 얼굴을 가리거나 혹은 부당한 물건과 차림을 하여 해괴한 몸치장을 하는 것을 말한다.

◆ 영업경찰은 영업물의 상태와 영업자의 행위로 인하여 발생하는 결과가 원인이 되어 공공에 위해(화약, 총포, 아편, 혹은 부패음식물 등)를 가하는 것을 방지하기 위하여 영업의 자유를 제한하며 혹은 명령 처분하는 행정 작용을 말한다. 영업의 특성에는 두 가지가 있으니 협의와 광의로 나눌 수 있다. 광의의 영업은 계속적인 특성으로, 재산을 취득할 의사를 갖고 행하는 동일한 행위를 총칭한다, 협의의 영업이란, 영리적으로 독립된 업무를 하는 것으로, 유가물(有價物) 전환[15]과 노동력 공급을 말한다. 이러한 자유를 제한하는 것을 영업경찰이라고 한다. 영업 중에서 충분히 주의해야 하는 것은 고물상과 전당포이다. 이것은 도난물품에 대한 주의이다.

◆ 교통경찰은 교통상 위해를 방지하여 공공 왕래를 안전하게 하고 수레와 말의 통행과 물품 운송을 편리하게 하며 상호 충돌이 없도록 하며, 통신기관(전보, 전화선, 우편기관)을 보호하여 사회 행복을 도모하는 것이 목적이다.

◆ 통상보안경찰은 사회 제반 사항에 대하여 위해를 방지하고 안녕을 유지하는 행정작용이기 때문에 그 범위는 무한으로 넓어서 세세하게 열거할 수 없고, 단 그 종류를 약기하겠다. 산림, 천택(川澤), 어업, 수렵 등의 경찰 및 화재, 수재, 건축, 공장, 풍속, 불량소년 등의 경찰이 모두 이것을 포함한다.

15 유가물은 경제적 가치가 있는 물건. 유가물 전환(轉換)은 고물상에 물건을 내다 팔거나, 전당포에 물건을 맡기고 돈을 대출하는 것.

경찰 사무표를 들어 보안경찰의 각 위치를 설명하면 다음과 같다.

경찰조직표

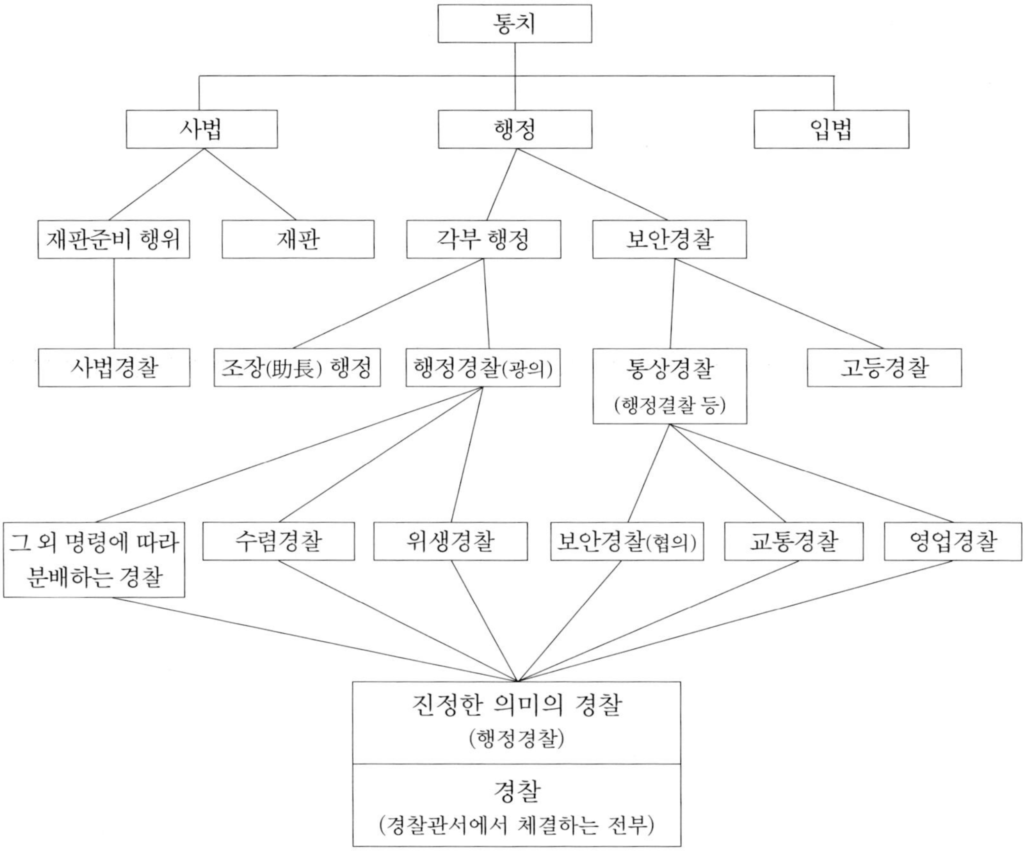

경찰의 행동 관계가 대략 이와 같아 안녕과 행복을 그 목적으로 하고 인민의 신체와 재산, 명예, 자유 등을 보호하며 혹은 강제하여 위해 재난을 제거하고 예방하여 국가의 수족처럼 사용하고 행정의 눈과 귀와 같이 사용하여 잠시라도 없어서는 안 되는 것이 경찰이며, 국가의 간성(干城)이라고 하지 않을 수 없는 자도 경찰이라 하노라.

2. 일제강점기

1) 치안유지법 이전

〈자료 135〉 당국의 언론 압박과 민중의 여론 격앙

(〈당국의 언론 압박과 민중의 여론 격앙〉, 《개벽》 제30호, 1922.12.1)

경성 지방 검사국은 11월 21일 아침에 월간지 《신천지(新天地)》 주간 백대진(白大鎭) 씨와 인쇄인 장재흡(張在洽) 씨를 강제로 연행하여 조사한 후, 바로 구인장을 발부하여 서대문 감옥으로 압송하였다. 20일에는 또 주간지 《신생활(新生活)》의 편집 겸 발행인 박희도(朴熙道) 씨와 인쇄인 노기정(魯基禎) 씨를 강제 연행하여 조사한 후 역시 구인장을 발부하여 서대문 감옥으로 압송하였다. 그 후 25일에는 신생활사의 기자인 김명식(金明植), 유진희(兪鎭熙), 신일용(辛日鎔) 등 3명을 연행하여 수용시킨 후, 관계자 가택을 수색하고 인쇄 기계를 압류하였으니 조선 언론계는 폭풍우가 한꺼번에 몰아쳐 오는 느낌이었다. 이와 같은 살풍경한 소식이 서울과 시골의 온 천지에 전해지자, 일반 여론은 격앙하여 분노하며 저지할 바를 모르던 중 우리의 언론계와 법조계 유지는 별도로 이에 대한 구체적 대책을 마련하는 동시에 일반 언론의 옹호를 위해 여러 차에 걸쳐 연합하여 토의하였다. 그 결과 지난 27일 밤에는 결국 다음과 같이 결의하고 언론의 자유를 위하여 법조계와 언론계가 협동 노력할 것을 성명하였다.

결의문

언론 단속에 걸린 신천지사와 신생활사의 필화사건에 대한 당국의 처치는 상당히 가혹하다고 인정되며, 우리는 언론의 자유를 옹호하기 위하여 협동 노력하기로 하였다.

본 결의를 행할 당시의 참석 인원은

법조계 측에서, 최진(崔鎭), 박승빈(朴勝彬), 허헌(許憲), 김찬영(金瓚泳), 변영만(卞榮晩)

언론계 측에서, 동명사의 염상섭(廉尙燮), 신생활사의 김원벽(金元璧), 신천지사의 오상은(吳尙殷), 시사평론사의 남태희(南泰熙), 조선일보사의 신국현(崔國鉉), 동아일보사의 송진우(宋鎭禹), 개벽사의 이재현(李在賢)

〈자료 136〉 이중삼중의 악법령

(〈이중삼중의 악법령〉, 《개벽》 제58호, 1925.4.1)

동경진재[16] 이후 인심이 격변할 것을 아주 두려워하는 일본 위정자들은 기회 있는 대로 그들의 유일한 무기인 소위 사상단속 법령을 제정하여 그것을 방지하려고 노심초사하였다. 작년 의회에 과격법안을 제출하였지만 불행히도 실패한 후에 권토중래 방책을 강구하였고, 올해 의회에는 또 교묘한 수단을 쓰게 하여 사탕발림으로 다년간 인민이 희망하던 보선안을 통과시켜 인심을 잠시 완화시켰다. 그러다가 다시 일러 협약 성립을 구실로 작년 과격 법안의 변형인 소위 치안유지법안을 의회에 제출하니 군맹무상(群盲撫象)같이 갑론을박하다가 결국 대다수에 의해 무사통과되어 ■■■귀원(貴院)까지 제안되었다. 여기도 또한 무사통과 되어 며칠 안에 시행될 것은 물론이고 그에 따라 조선에서도 실시될 것이 명료한 사실이다. 현 제도하에서 권력자가 마음대로 법령을 제정하여 인민을 억압하는 것을 누가 감히 간섭하고 참견할 것이며 더구나 힘도 권력도 없는 우리 조선■■이야 어찌 항쟁과 비난을 한마디인들 할 수 있겠는가. 지금도 구한국 시대의 대표적 악법이라 할 만한 소위 보안법의 절대적인 효력과 또 을미 민족운동 시에 특별히 시행한 제령 7호라는 가혹한 법령으로 인민을 억압하고 있는데 그 밖에 삼중으로 치안유지법이 실시되면 우리 조선인은 손발 움직임까지 조금도 자유는 없게 되어 결국 사람의 형체를 가진 자 중에는 법망에 걸리지 않을 자가 없을 것이다. 우리는 이 악법의 이론에 대한 설명과 해석 여하에 대해 새삼스럽게 말하고 싶지 않다. 다만 삼대 악법의 각 조문을 기록 열거하여 일반인의 참고를 위해 제공하고자 한다.

---

16 관동대지진을 뜻함.

① 문제의 치안유지법

제1조. 국체(國體) 또는 정체(政體)를 변혁하거나 사유재산을 부인할 목적으로 결사를 조직하고 혹은 이것에 가입한 자는 10년 이하 징역 또는 금고에 처함.

제2조. 앞 항의 목적으로 다수집회하여 그 사항의 실행을 협의한 자는 7년 이하 징역 또는 금고에 처함.

제3조. 제1조, 제2조의 목적으로 타인에게 위법 행위를 선동한 자는 7년 이하 징역 또는 금고에 처함.

제4조. 제1조 제1항의 목적으로 소요 폭행, 기타 생명, 신체, 또는 재산에 위해를 끼칠만한 범죄를 선동한 자는 10년 이하 징역 또는 금고에 처함.

제5조. 이 법의 시행 구역 외에서 행한 죄도 이 법을 통용함.

제6조. 이 법에 기재한 범인으로 발견하기 전에 자수한 자는 형을 감면할 수 있음.

② 보안법[1907년(광무 11) 7월] 〈법률 제1호〉

제1조. 내무대신은 안녕질서를 유지하기 위해 필요한 경우에는 결사 해산을 명할 수 있음.

제2조. 경찰관은 안녕질서를 유지하기 위해 필요한 경우에는 집회 또는 다중의 운동 혹은 군집을 제한 금지하거나 해산을 명할 수 있음.

제3조. 경찰관은 제2조의 경우에 필요하다고 인정될 때에는 무기와 폭발물 기타 위험한 물건의 휴대를 금지할 수 있음.

제4조. 경찰관은 길거리 그 외 공개된 장소에서 문서, 도서의 게시 및 분포, 낭독 또는 언어, 형용 기타 행위를 함으로써 안녕질서를 문란하게 할 우려가 있다고 인정될 때는 금지를 명할 수 있음.

제5조. 내무대신은 정치에 관한 불온한 동작의 우려가 있다고 인정되는 자에 대하여 그 거처, 장소로부터 퇴거를 명하고 동시에 1개년 이내의 기간을 특정하여 일정한 지역 내에 무단출입을 금지할 수 있음.

제6조. 앞의 5조에 의한 명령을 위반한 자는 14대 이상의 태형 또는 10개월 이하의 금옥에 처함.(태형은 현재 폐지)

제3조의 물건이 범인 소유 관계일 때는 정상을 참작해 이를 몰수함.

제7조. 정치에 관하여 불온한 언론과 동작 또는 타인을 선동, 교사 혹은 사용하고 또는 타인의 행위에 관섭함으로써 치안을 방해하는 자는 50 이상의 태형 10개월 이하의 금옥 또는 2개년 이하의 징역에 처함.(태형은 현재 폐지)

제8조. 이 법의 공소시효는 6개월간으로 함.

제9조. 이 법의 범죄는 신분 여하를 불문하고 지방재판소 또는 항구도시재판소 관할로 함.

제10조. 본령(本令)은 반포일로부터 시행함.

③ 정치에 관한 범죄 건[1919년(大正 8) 4월 발표] **〈소위 제령 제7호〉**

제1조. 정치 변혁을 목적으로 다수가 공동으로 안녕질서를 방해하거나 또는 방해하고자 하는 자는 10년 이하의 징역 또는 금고에 처함. 형법 제2편 제2장 규정에 해당할 때는 본령을 적용하지 않음.

앞 항의 행위를 할 목적으로 선동한 자의 벌도 앞 항과 동일함.

제2조. 앞 조의 죄를 범한 자가 발각 전에 자수한 때는 그 형을 감경 또는 면제함.

제3조. 본령은 제국 밖에서 제1조의 죄를 범한 제국 신민에게도 이것을 적용함.

비고 형법 제2편 제2장 규정은 즉 형법 제77조 내지 80조의 내란범 규정이니 줄여 말하면 정부를 전복, 또는 국토를 차지하여 주권을 뺏으려고 하고, 헌법의 기본 질서를 침해할 목적으로 폭동을 일으키는 자에 관한 규정이다. (상세한 내용은 본래 법을 참조할 것)

2) 치안유지법 이후

〈자료 137〉 치안유지법의 실시와 금후의 조선사회운동

(〈치안유지법의 실시와 금후의 조선사회운동〉, 《개벽》 제60호, 1925.6.1)

언제나 당국의 단속이란 법령이 없어서 못 한 것이 아니다. 세상의 어떤 일이나운동이 한 조각의 법령 때문에 좌우되는 것도 아닌바 이번 치안유지법 실시에 대해서도 우리가 새삼

스럽게 문제 삼을 것도 없지만 이런 기회에 이야기나 한번 하고 지나가는 것쯤은 피차에 괜찮지 않을까 싶어서

1. 조선사회운동의 금후 추세는 어떤지
2. 조선사회운동의 금후 방침은 어떤지
3. 조선의 사회운동과 민족운동의 앞으로의 관계는 어떨까 라는 세 가지를 들고 사회운동 또는 언론계에 나선 몇 분의 의견을 물었다. 그런데 그 말투가 원체 거칠고 또 듣고 받아 적는 말이어서 말한 이의 사의를 충분히 옮기지 못한 점이 많은 것이 유감이다.

① 조선노동총연맹

권오설(權五卨)

1. 치안유지법 실시에 따른 조선사회운동의 추세 말입니까? 이 법이 조선에도 실시될 만큼 사회운동이 격렬하다는 것을 증명하는 것이올시다.운동이 격렬해져 가는 것은 결코 일부운동가의 활동만으로 그렇게 되는 것이 아니오, 대중의 생활고가 또한 온갖 사정이운동을 오늘에 이르게 한 것이올시다. 대중이 자각함에 따라운동이 격렬해져 가는 것은 사회진화의 필연적 법칙에 기인함인즉 어찌 치안유지법 그것으로 대세를 막을 수 있겠습니까. 보시오, 저 흐르는 물을! 아무리 거대한 암초가 있다 한들 흐르는 물이 흐르지 않겠습니까? 앞에 장애물이 있으면 있을수록 물결은 더욱 격앙될 것이올시다. 이제부터 우리운동은 저 흐르는 물 같이 더더욱 힘있게 진전될 것이라고 단언합니다.

2. 금후운동의 방침? 치안유지법이 실시된다고 무슨 다른 방침이 있겠습니까. 원래 노동운동이나 농민운동은 조합을 많이 조직해야 하고 조합 조직은 각각 당면한 문제를 해결하는데 골자가 있습니다. 다시 말하면 소작료를 내리지 않으면, 노동임금을 인상하지 않으면 도저히 생활할 수 없다는 것이 유일한 목표로 삼은 것이오. 결코, 사유재산제도를 부인한다거나 공산주의자를 실시하자는 것이 아닌 이상 조합 조직은 치안유지법의 영향은 전혀 없다고 생각합니다. 그러나 현재 노농단체 중에는 선언과 강령으로 보면 조금 막연한 점이 없지 않습니다. 이와 같은 것은 구체적으로 적합하게 고치게 되는 동시에 점차 선전적 기분운동에서 실제운동으로! 나아가게 될 것이올시다.

3 민족운동자와의 관계? 종래의 제령 제7호는 민족운동가를 눌러왔고 이번 치안유지법

은 사회운동가를 아주 세차게 누르게 될 것인즉 같은 압박을 받는 처지에서 양운동가는 접근하게 될 일치점이 많을 것으로 생각합니다.

② 조선청년총동맹(朝鮮青年總同盟)

이영(李英)

1. 사회운동은 생산 계급의 생존권 획득운동으로서 법률에 의해 좌우될운동이 아니올시다. 다만 일부 들뜨고 미덥지 못한 기분은 어느 정도까지는 영향을 받을는지 모르겠으나 본체운동에서 영향을 받는다고 하더라도 도리어 정치상으로는 단계가 진화된 조직적운동을 재촉하게 될 것이올시다.

2. 지금 우리운동의 방침을 구체적으로 표명할 수는 없습니다. 그러나 이 악법이 아무리 압박을 가한다 하더라도 마르크시즘의 영역을 벗어나지는 않을 것으로 압니다.

3. 타협적이 아닌 민족운동과는 제휴하겠다는 것은 우리 청년총동맹에서 이미 선포한 바이올시다. 그러므로 어떤 법령이 실시된다 할지라도 이 원칙에 따라 양운동은 진전될 것으로 압니다.

③ 신흥청년동맹(新興青年同盟)

조봉암(曹奉岩)

1. 치안유지법이 실시만 되면 사회운동은 근절되거나 혹은 위축될 것이라고 부르주아지는 시끄럽게 말해댄다. 그들은 이것에 마지막 기대를 가지고 무한히 기뻐 날뛴다. 그래서 이런 특이한 법망으로 쉽게 역사적 사실이 명한 사회운동을 저지할 수 있는 줄로 안다.

사회운동은 다수 민중의 대중적 생활운동이니 곧 노동에 직접 참가하는 군중의 생활 의식이 약동하는 것이다. 그러므로 이러한 역사적이고 필연적 산물인 대중의 생활운동은 어떤 것으로도 막을 수 없으니 만일 힘으로 이운동을 저지하려 한다면 과연 어리석은 시험이라 하지 않을 수 없다.

'비스마르크'가 공산주의 박멸 정책을 쓰던 독일의 오늘날은 사회운동이 더욱 맹렬하며 '파시스트' 반동파운동이 격렬한 이탈리아의 사회운동은 더욱 쉬지 않는 형세이다. 입법자의 정신은 요컨대 사유재산을 부인하고 국체 변혁을 목적으로 하는 비밀결사를 단속하는 것에 있다고 한다.

이는 다만 일반 단속자에게 단속의 범위와 방법을 명시함에 그칠 것이오, 사실 대중운동의 실질에 대해서는 아무런 영향이 없을 것이다.

그러하나 단속 방법이 특수해짐을 따라운동 전술 또한 특이한 형태로 전개될 것이다. 어느 나라를 막론하고 사회운동은 자본주의 발달 여하에 의해 결정되는 것이니 자본주의의 공세가 만일 평화적이면 사회운동도 또한 평화적 형태로 나타날 것이고 사회운동이 평화적 형태가 아니라면 자본주의 공세가 발달한 것이다

2. 전위 부대 결속이 사회운동 전선운동의 첫걸음이라면 결속된 소수 부대는 대중 속에서 민중을 움직이게 해야 하므로 즉 민중을 움직이게 하는 방법을 배워야 한다. 민중을 움직이게 하는 것은 무산 계급이 당면한 문제를 적확하게 관찰하여 분투해야 한다. 그렇게 함으로써 종래의운동자 대운동자의운동을 떠나 민중이 움직이는 현실적운동의 진로를 취하게 될 것이다. 이로써운동 전선은 점차 확대되고 그에 따라 현실에 입각한 실제운동이 될 것이다.

3. 사회운동과 민족운동과의 관계는 더욱 밀접해질 것이니운동을 저지시키려는 가혹한 법령이 제정될수록운동가끼리의 관계가 종래보다도 더욱 깊어지는 것은 필연적인 형세이다. 반대편에 대항하기 위해 협력이 필요함은 물론이오, 당면한 양대운동은 협동 전선을 구성할 여러 일치점이 있는 것이다. 하나 민족운동 중에서 타협적인운동은 반드시 배척해야 한다는 것을 말해 둔다.

④ 서울청년회

이정윤(李廷允)

1. (가). 법률 제재로 인하여 사회운동이 침체되거나 저지될까요? 만일 그렇다면 러시아 알렉산더 1세 황제나 독일의 비스마르크 공 등이 사회운동을 진압하기 위하여 반세기 이전에 시행한 법령에 의해 벌써 천하는 그들의 뜻대로 결정되어 오늘날 일본에도 이런 법령이 필요 없게 되었을 것입니다. 또 그리고 오늘날 새삼스럽게 사회주의 소비에트 연방공화국과 요고사무라이제국(帝國)[17]과 수교 조약이니 힌덴부르크 대장 대 공산당원 헤르만씨 와의

---

17 비도(非道) 군국주의 일본 제국을 풍자(비판)한 표현으로, '요고'란 '요코(横)'를 의미한다. 즉 正道가 아닌 非

대통령 의자 쟁탈전이니 무엇이니 하는 벌거숭이 아이들의 다툼과 같은 소동은 없었을 것입니다. 좌우간 이 법률이 실시되고 그 결과로 사회운동 한쪽에서는 침울한 기세가 없지야 않겠지만[18] 그 반면에운동이 심각하게 되어 사회적 태풍이 빠르게 도착하는 방법으로 귀추되는 강한 기압의 긴장을 보게 될 것이올시다.

(나). 앞으로는 지류(支流)운동이 성행하게 될 것이올시다.

2. 손실을 적게 하고 이익을 다량으로 또는 급속으로였기 때문에 당분간은 될 수 있는 한 운동 전선의 내부정리와 통일에 노력할 필요가 있을 것이올시다.

3. 진정한 의미의 조선 해방을 위하여 민족주의와 사회주의는 도저히 양립할 수 없으나 양운동이 조직화하여 갈수록 정치적으로는 협동전선을 취하지 않을 수 없게 될 경우도 있을 것이올시다.

⑤ 화요회(火曜會)

김찬(金燦)

1. 사회운동의 금후 추세? 정말로 이러이러하다고 단언하기는 어렵습니다만, 나는 신문이나 또는 혹자들이 예측하고 있는 기성 단체 중에서 50단체가 해산된다거나 가혹한 압박으로 금후 사회운동이 침퇴할 것이라 운운하는 것과 같이는 생각하지 않습니다. 도리어 나는 낙관하고 싶습니다. 왜냐하면 인간이란 누구나 사물을 접할 때 그 사물을 판단함에 필요한 지남차(표준)를 가지지 못하면 공연히 공포를 느끼며 자기 힘대로 함부로 덤비게 되는 것이올시다. 그런데 재래의 조선이나 일본에는 신흥운동을 단속할 법률이 없었으므로 경찰당국자 마음대로 단속하였습니다. 신이 아닌 사람으로서는 누구나 절대로 과실이나 오해가 없지 않을 수 없겠지요? 하물며 몰상식하며 고집이 세다고 세상이 모두 공인하는 경찰 당국자로서 더욱 급전직하하는 신사조와 신흥운동에 대하여 아무 이해와 지식을 가지지 못한 그네들이 일정한 법적인 표준도 없이 자기네들의 의사대로 함부로 해산, 금지, 검거를 자행하였기에 우리 사회운동은 실로 많은 타격과 박해를 받았습니다. 그런데 이번 실시되는 치

道, 억지라는 의미를 담고 있다.

18 원문은 "氣勢가 업지 아니할 것은 아니나"이지만, 문맥상 "기세가 없지야 않겠지만"으로 유추되어 의역함. (역자)

안유지법은 그 입법 정신은 물론이고, 조문을 보더라도 국체 변혁, 사유재산 절대부인을 위한 결사를 단속하려는 것이 명백합니다. 다시 말하면 공산주의자나 무정부주의자의 비밀결사를 단속하는 법안입니다. 그런데 조선에서 재래 사회운동단체 즉 노총, 청총, 각 사상 단체, 기타 청년, 형평, 여성 등 단체가 공산주의자나 무정부주의자들의 비밀결사가 아닌 것은 더 말할 여지도 없는 사실이 아닙니까. 그러므로 나는 이제로부터는 종래 금지되었던 모든 집회가 해금될 것은 물론이고, 국체 변혁과 사유재산을 절대 부인한다는 언론 이외의 언론은 이제까지와 같이 무리하게 중지, 금지나 압박하지 않을 것으로 생각합니다. 그러므로 금후 사회의 추세는 더욱 대중적이고 표면적으로 발전하게 될 것으로 예측합니다. 과연 어떻게 될까요?

2. 사회운동의 금후 방침은? 아마 사회운동의 금후 추세에 순응하게 되겠지요. 그렇다면 강연, 강좌, 연설회 등 기타 각종 대회를 수시 개최하며 출판도 다수 발행하며

또는 우리 무산 계급의 기념일마다 큰 시위운동을 하는 등 선전, 훈련, 시위를 하는 동시에 우리의 전위대는 산병전을 시작하여 농촌으로 공장으로 광산으로 들어가서 조합을 조직하며 훈련하여 우리 무산 계급의 당면을 위하여 투쟁하는 것이 우리가 취할 방침이 되겠습니다.

3. 사회운동과 민족운동과의 금후 관계? 더욱 밀접하게 되는 동시에 질을 엄중히 선택하리라고 생각합니다.

⑥ 사회주의동맹(社會主義同盟)

김해광(金解光)

1. 사회운동의 금후 추세요? 치안유지법 실시로 그렇게 주목할 만한 새로운 추세가 오리라고는 생각하지 않습니다. 치안유지법이 사회운동을 압박하는 법안인 것은 사실이지만, 그것이 무산 계급이 요구하는 최후 목표를 변경시킬 수는 없을 것입니다. 더욱이 바로 지금 조선 무산 민중의 요구를 변경시키는 것은 전혀 불가능할 것이외다. 그런 고로 조선사회운동의 금후 형세는 치안유지법이라는 악법과 항쟁하면서 현재 정세를 지지하여 나갈 것입니다.

2. 사회운동의 금후 방침이요? 이때까지는 순연한 사상선전운동이었습니다. 그러나 금후부터는 "단결과 조직"에 치중하며 경제상 또는 기타 이해문제도 다소 고려하려 합니다.

3. 사회운동과 민족운동과의 금후 관계 여하요? 민족운동과 사회운동과는 원래 공통적인

이해관계가 있습니다. 따라서 금후라도 그운동이 "서로 관련"될 것은 중언할 필요가 없습니다. 만약 금후에 신일본주의자가 대두하게 되고 종래의 철저하지 못했던 민족운동 지도자들이 신일본주의에 가담한다면 우리는 그들을 적으로 하는 동시에 민족운동의 부활을 조력할 것입니다.

⑦ 북풍회(北風會)

신철(辛鐵)

1. 불문법 밑에 있는 민중보다도 성문법의 제재를 받는 민중이 차라리 어떠한 행동을 취하기가 용이하고 또 행동이 타산적으로 되는 것과 같이 종래 조선에서도 그들이 말하는 소위 불령조선인 혹은 불온사상 운운하는 막연한 문구 아래에서가 더욱 애매하고 더욱 가혹한 단속을 받아 왔다.

그러나 이 치안유지법은 단속 범위 정도가 조문적으로는 다소 기준이 있다고 할 수 있다. 따라서 종래에는 정도와 범위가 정해지지 않아 막연히 불안감을 가지고 있던 사회운동이 금후 어느 면에서는 차라리 행동하기가 용이하고 또 더욱 타산적인 전진을 하게 될 것이다. '국체의 변혁', '사유재산제도 부인'이러한 사회운동의 강령에 속한 것은 다가오는 6, 7년간에 일반 민중이 널리 알게 될 것이다. 그리고 조선의 사회운동은 치유법의 실시 여부를 불구하고 제1기의 기분운동 영역을 초월하여 제2기의 조직적운동으로 넘어가려 한다. 그러므로 치유법이 문제의 초점으로 하는-최대 강령에 속하는 깃발만은 당분간 접어놓고라도 민중의 실제적 이익에 더욱 많이 착안하여 가면서 조직과 정략 문제에 치중하여 더욱 규모 있고 실질적 발달을 이루리라고 생각한다. 즉 치유법 시행으로 사회운동이 큰 타격을 당할 것이라는 일부 인사들의 그릇된 예기와 상상을 모반하여 기초가 더욱 견실하고 발걸음이 더욱 가지런해질 것으로 생각한다. 다시 한번 말하면 현행 법규가 해이해져 사회운동이 발생한 것이 아니고 움직일 수 없는 이유와 원인을 가지고 있는 이상, 현행 법규가 좀 더 냉혹해진다고 하여운동의 기초에 변동이 생길 것은 아니다. 그 냉혹은 차라리운동의 열기를 고조시키는 결과를 초래할 것이고, 민중은 이런 법규의 대두에 의해 입법자의 불안과 공포를 더욱 직관하게 될 것이다. 다만 당분간은 소위 잠행 세력과 표면 정세가 막히고 손상되는 경향이 부분적으로 없지는 않을 것으로 생각한다.

2. 사회운동의 금후 방침에 있어 치유법 실시가 큰 영향을 준다는 것보다운동 자체의 진전상 또는 민중의 실체적 요구에 의해 획기적인 변동이 있게 될 것이다. 즉 금후 기분 고취와 사상 선전보다 민중의 실제 이익에 더 많은 힘을 쏟게 될 것이다. 특히 노농조합운동같은 것은 이러한 방침에 의해 더욱 실제적인 이익을 올리게 될 것이다. 그리고 당분간은 소위운동의 에벨[19]을 다소 낮추게 될 것으로 생각한다.

3. 금후 양운동은 당면한 실제적인 이해 문제에 있어-더욱이 경제 문제에 있어서 실제로 상호협동과 제휴를 이루게 될 것이다. 그러나 이것은 (또는 끊이지 않는 실제운동) 현재 상태에서 변혁을 위해 끊임없이운동을 계속하는 민족주의 강경파와 계단 정책을 취하는 사회운동가와 이런 종류의운동을 지지하는 민중과의 사이에서만 그 실현이 가능하게 될 것으로 안다.

⑧ 동아일보사

송진우(宋鎭禹)

1. 사회운동의 금후 추세 여하

첫째는 표면적운동보다 뒤에서의운동이 치열하게 되어 갈 것이며, 둘째는 이제까지 분규로 혼잡하였던운동 전선이 외부의 압박으로 인해 각자의 반성을 촉구하는 동시에 통일 단결하는 마음으로 차츰차츰 조성될 것이다.

2. 사회운동의 금후 방침 여하

외부 선전보다 내부 조직을 긴착하게 하여 실제적인 세력을 수립하는 것이 필요하지 않을까.

3. 사회운동과 민족운동의 관련 여하

외래의 공통된 압박과 현재의 공통된 생활 불안으로 인해 더더욱 제휴 협조하는 관계가 발생할 것.

---

19 레벨의 오자. '레벨'이라는 단어는《동광》31호(1932) '米價 수준을 麥價 수준과 같은 〈레벨〉까지 떠러치고야 ~' 등으로 1920년대, 30년대에 흔히 사용된 외래어이다. 국사편찬위원회 한국사데이터베이스를 조회한 결과 '에벨'은 독일 대통령 에벨트, 프랑스 파리의 에펠탑을 건축한 '에벨'에서만 용례가 확인된다.

⑨ 변호사

이인(李仁)

치안유지법이 실시되어도 조선의 사회운동은 일본처럼 큰 영향은 받을 것 같지 않습니다. 원래부터 조선에는 세계에 비할 바 없이 악법이라 할 수 있는 보안법과 제령 제7호가 있어서 정치적, 경제적, 기타 모든운동을 억압하고 제재하여 온 터이니 암만 치안유지법이 새로 실시되어도 그 이상의 억압과 제재는 더 없을 것이올시다. 따라서 모든운동도 여전히 진행, 발전될 것이올시다. 특히 주의자란 것은 그 시대의 법령 제재를 다 불고(不顧)하고 자기주의대로 활동하는 것인즉 만일 법령 여하에 따라 그 주의를 굴복한다든지운동을 중지한다고 하면 그것을 주의자라고 할 수 있겠습니까. 다만 조선에 철저한 주의자가 있느냐 없느냐 하는 것이 문제이지 법령 여하는 문제가 아니올시다. 그러나 치안유지법이 시행된 오늘에 예전처럼 정치적 범죄를 혼동하여 제재하지 않고 엄정하게 구별하여 제재하게 되었으니 사회운동이나 정치운동도 각각 구별하여 진행할 것이오. 그 전술 방면 등 여러 가지도 예전과 큰 차이가 있을 것이올시다.

그리고 조선에서는 아직 민족주의자와 사회주의자의 선명한 구별이 없으니 서로 결합이 된다든지, 안된다든지 말하기 어렵습니다. 만일 선명한 색채를 가진 주의자가 있다고 하면 금후에도 전과 다름없이 운동이 다를 것이오. 이 법령으로 인해 결합할 이유는 없을 것 같습니다.

⑩ 시대일보사(時代日報社)

홍명희(洪命熹)

치안유지법이 시행됨으로 인해 조선의 사회운동이 다소 방해를 받을 것은 사실이겠습니다.

그러나 그 장애로 오늘날 이만큼 진전된운동이 다시 쇠퇴할 것이라고 비관할 수는 없습니다. 어떤 점에서는운동이 더욱 착실하고 진지해져 오늘보다도 유력한 근거를 세우게 될는지도 모릅니다.

그리고 금후 방침에 대해서는 주의자 그네들이 다 정한 바가 있을 터이니 따로 말할 것이 없거니와 민족주의자라든지, 사회주의자라든지 조선에서는 다른 국가나 다른 민족과 처지와 사정이 특수하니 각각 주의를 가지고 너 나를 구별하여 파당을 세우지 말고 서로 악수하여 전진하는 것이 좋겠습니다.

⑪ 경성청년회(京城青年會)

송봉우(宋奉瑀)

1. 사회운동가의 금후 추세. 실행 이전과 조금도 다름이 없을 줄 압니다. 오히려 어느 의미로 봐서는 종전보다 편리한 진로를 발견하였다고 볼 수 있습니다. 어째서 그러냐면 악법 실시 이전은 정체를 알지 못할 제령이란 암초가 있어 좌초된 적이 많았습니다. 실로 제령이란 것은 범위가 막연하여 당국자의 기분과 감정에 얼마든지 영합하게 되어 있습니다. 하나 이번 이 악법은 조문이 확연하니 그것만 피하면 종전과 같이 좌초될 위험이 없을 것입니다.

2. 금후 방침. '에쁠[20]'을 자연히 낮추게 되겠지요. 악법이 실시되기 때문이 아니라 기분운동 시에 우리 목표를 환하게 보았으니 이제부터 당면한 이익을 위하여 투쟁하자는 것은 늘 주장한 바입니다. 이것이운동의 본류는 아니지만 어쩔 수 없는 필연적 과정입니다.

3. 민중운동과 금후 관련 여하. 더 말할 것 없이 시간상 공동 전선에 서야 합니다. 금후는 유기적으로 되어야겠지요. 딱한 일은 국내에는 3·1운동 이후로 거리에 나선 민중운동 단체나 개인을 발견치 못한 것이 유감이올시다.

⑫ 조선일보사

신일용(辛日鎔)

1. 치안유지법은 시세의 산물이외다. 이런 악법을 제정하지 않고는 소위 치안을 유지하지 못하게 된 까닭이외다. 우리는 종래의 보안법과 제령 제7호의 가혹한 단속을 받아 온 터이니 좀 더 조직적인 단속을 받게 되었다는 각오만 가지면 그만이외다. 어떠한 의미로 보면 우리운동을 심각화시키는데 유력한 자극제로 볼 수도 있습니다.

2. 우리의 사회운동은 이때껏 개념적, 감정적인 초기 영역을 벗어나지 못하였습니다. 그 방면을 고쳐서 대중의 실생활에 접근하지 않으면 안 될 것이외다.

3. 민족운동과 사회운동은 성질상 협동하지 못할 것이외다. 다만 전략상 일시적인 협동 즉 비상시에 공동전선에서 공동의 적을 대하는 시기는 없지 않을 것이외다.

---

20 레벨의 오자.

〈자료 138〉 을축년 중 16대 사건[21]

(〈을축년 중 16대 사건〉, 《개벽》 제64호, 1925. 12.1)

① 적러(赤露)와 일본과의 협약 성립(1월)

② 재령 북율면의 소작쟁의(2월)

③ 중국의 손문(孫文) 씨 서거(3월)

④ 일본의 보통선거법(3월)

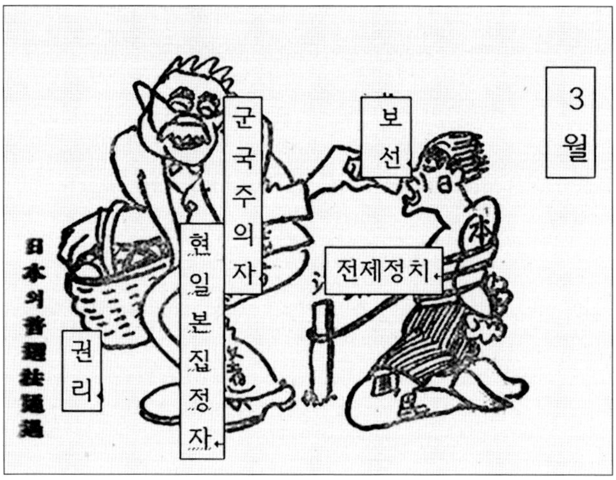

⑤ 전조선 기자 대회 (4월)

21 삽화는 http://www.adanmungo.org/view.php?idx=5486에서 발췌.

⑥ 민중운동자대회 해산 (4월)

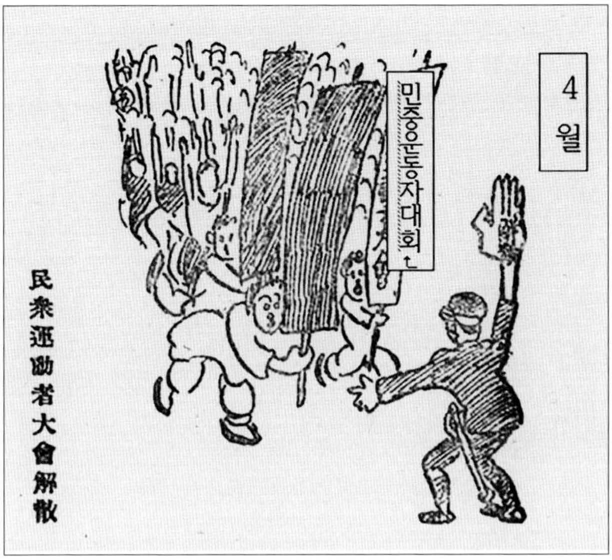

⑦ 일본의 치안유지법 실시 (5월)

⑧ 인도 반영(反英)운동 (6월)

⑨ 경성 대홍수 (7월)

⑩ 일본 가토 내각 재현(8월)

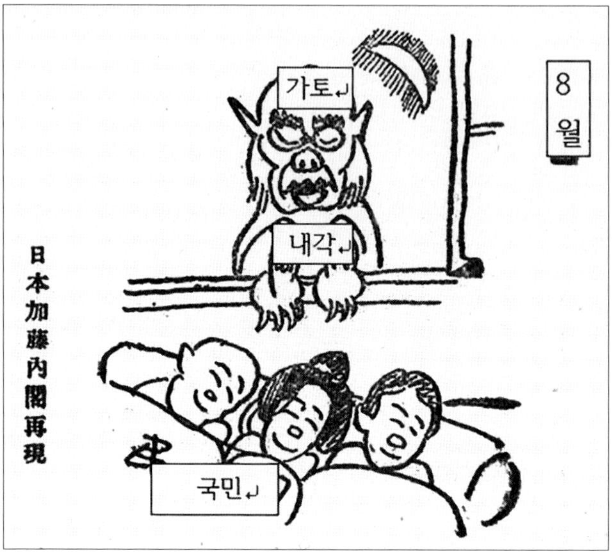

⑪ 제일착으로 개벽 정간(8월)

⑫ 적러 총영사 입경入京 (9월)

⑬ 중국 재동란 (10월)

① 언론 및 집회의 자유에 관한 제도를 완화할 것

조선과 조선인에게는 융희년 중에 제정된 출판법과 신문지법이 있고, 일본인에게는 통감부가 제정한 출판 규칙과 신문지 규칙이 있어 그것들이 서로 병립하고 있다. 그런데 조선인에게는 집회취체령이 있어 그 단속과 취급 정도가 현격히 다르다. 조선인에게는 허가 제도이고, 일본인에게는 신고 제도이니 얼마나 차이가 있는가. 최근 2, 3년 이내에 조선, 동아, 중외의 세 신문사와 기타 잡지나 출판물에 대한 압수, 발매 금지, 발행 정지의 횟수가 얼마나 빈번했는지는 일반적이었던 시절의 기억이 새로울 만큼 되었고, 조선인 서너 명의 회식에 음식점 주인이 신고하지 않았다고 붙들려가서 야단을 맞은 이야기, 요전 전조선중학생웅변대회에 출연한 한 중학생의 입에서 우리는 눈이 있어도 못 보고 입이 있어도 말을 못 하고 귀가 있어도 듣지 못한다는 침통한 말로 우리의 비명을 울리게 했음을 보면 얼마나 가혹하고 과중한 것임을 알 수 있을 것이다. 질서와 치안을 유지하기 위해서는 어느 정도 단속이 있어야 하겠지만 너무 과도하게 도를 넘어서면 도리어 반발적인 기운에 힘을 보탤 것이니 이것을 적당한 정도로 자유롭게 완화해야 한다는 요구는 당연하기 그지없어 우리는 이 제안 결의를 절대적으로 지지하고 싶다.

② 보안법 및 보안 규칙을 철폐할 것

이 법률도 광무년 시대의 유물이며 근일에 와서 일종의 악법이라고까지 하는 평가가 있다. 결사와 집회의 해산, 정치에 관한 불온한 언동과 동작을 처벌하는 법령인데, 보안법은 조선인에 대한 한국 정부 제정 법률이고, 보안 규칙은 일본인에 대한 통감부 제정 법령이다. 조선에는 이 법령과 유사한 제령 제7호 정치에 관한 범죄처벌의 법령이 있고, 또 치안유지법이 있어 동일하고 유사한 법령이 중복되어 약간 기이한 느낌을 가지게 한다. 치안유지법이 있는 이상 이 법령이 그대로 잔해를 끌고 다닐 필요가 어디 있을까. 이미 철폐 시기가 여간 늦은 것이 아니다.

③ 조선인에 대하여 국적법 실시를 촉진할 것

광무년 동안에 제정된 법으로써 한국인은 외국인의 국적을 취득하더래도 한국 국적을 이탈치 않는다는 법령이 있었다. 경술 원년에 폐지될 법률이란 다 폐지되고 국적에 관한 법령, 보안법, 출판법, 신문지법, 집회에 관한 법만 오로지 남아서 때의 흐름을 읽지 못하고 사람을 여간 괴롭히는 게 아니다. 광무 시대에 어떤 못된 놈이 돈벌이가 좋다고 속이고 남미의 이민 사회로부터 다액의 금전을 얻어먹고 무지하고 무죄한 조선 사람 수천 명을 남미에 있는 황야의 농노로 만든 것을, 뒤늦게 깨달은 조선 사람 하나가 러시아에 입적하였다가 귀국하여 한양성 안을 제멋대로 활보하면서 러시아 일등국민이라고 세도를 부리면서 정객과 부호들에게 적지 않은 괴로움을 주고 있다. 현재 북미에서 한 많은 동쪽 하늘을 바라보는 어떤 분이 미국에 입적하고 귀국하여 모 신문사에서 집필하면서 민중과 여론을 지도하고 정부의 일대 방해물이 되어서 신경이 둔한 당국에서 갑자기 이와 같은 법령을 제정하여 외국에 입적한 조선인을 단속하고자 한 것에 불과하다. 이제 와서 보면 조선인은 아무리 외국 국적을 취득했더라도 절대로 본국을 이탈하지 못하는데 일본인은 내무대신의 허가만 있으면 외국에 귀화할 수 있게 되어 있다.

이 문제는 작년 여름에 내가 모 잡지에 발표한 논문 중에서 상세하게 논하였는데, 상조권(商租權)[24]이 확립되지 않은 남북 만주의 재류 동포 백여만 명의 생명에 관련되었다. 토지를 임의로 취득하지 못하는 조선인은 중국인 지주의 3, 4중 이상의 착취를 당하고 배경이 없는 조선인은 관헌의 가혹한 압박에 참고 인내하기 어려우며 혹은 중국 국적을 취득했더라도 일본 국적이 이탈되지 않아 하나의 범죄에 대해 양국에서 형벌을 받게 된다. 만주에 있는 조선인에게 국적 이탈을 허가했다면 작년과 같은 참화(慘禍)는 없었을 것이고 골머리를 앓지 않고 백만 조선인의 명맥이 유지되었을 것이 아닌가. 그렇다고 고유의 민족성, 역사 문화가 현격하게 다른 국민, 지리적으로 근접한 관계로 보아 백만 국민을 갑자기 상실하는 것이 아니라 실질적으론 몇백몇천 년이 간다 하더라도 조선인임을 변하지 아니할 것이다. 백여만 명의 백성에게 개죽음을 줄지, 귀화의 자유를 주어 그 생명을 구출할지에 있는 것이다. 지금 현재의 형세 추이가 어떨 것인지 예측되니만큼 조선에 국적법 시행이 급선무이다.

---

24 중국에서의 건물 및 토지상조권을 지칭하는 용어. 1915년 대중국 21개조 조약을 강요하면서 체결한 조약 내에 포함된 내용으로, '일본국 신민'이 중국 내에 건물, 토지를 상조할 수 있다는 것을 가리킨다. 원문에서 말하는 상조권 문제는 이를 일제의 침탈로 받아들인 중국의 관민이 재만 조선인에게도 토지 상조를 거부하여 문제가 생기는 현상을 지칭하고 있다. 浅田喬二, 1989, 『日本帝国主義と旧植民地地主制: 台湾·朝鮮·「満州」における日本人大土地所有の史的分析』, 竜渓書舎 참조.

④ 조선에 소원법(訴願法) 및 행정재판소법의 실시를 촉진할 것

민간 상호의 사법적 계쟁(係爭)[25] 관계는 사법재판소에서 해결할 방도가 있기는 하지만, 민간 대 관공청 간의 계쟁 관계에 있어서는 이것을 재판이나 소구(訴求)[26]할 방법과 기관이 조선에는 전혀 없는 만큼 조선의 관청은 만능이고 관리는 완전히 전지전능하다. 비록 위법과 불법인 명령과 처리라 하여도 울면서 달게 복종할 수밖에 없다. 관청의 처분 또는 재결(裁決)[27]에 대하여 행정재판소에 불복을 이유로 한 소송을 제기할 수 있게 하고 세금, 영업, 수리토목(水利土木), 지방경찰에 관한 사항에 대하여 처분하는 관청인 상급관청에 문서로 소원(訴願)을 제기할 수 있게 하여 관청의 과오와 관리의 불법적인 횡포를 바로잡아 고치자는 것이 본 의안의 정신이다. 조선 같은 곳에는 진작 있었어야 할 것인데 늦기도 상당히 늦은 것이다.

⑤[28] 미곡법 제1조를 조속히 조선에 시행할 것

정부는 미곡의 수량 또는 시가를 조절하는 데 필요하다고 인정될 때는 미곡의 매입, 매도, 교환, 가공 또는 저장할 수 있다는 것이 미곡법 제1조다. 전답만 들여다보며 유일한 목숨줄은 곡류라고 알고 있는 조선의 농촌과 지주에게는 작지 않은 관계가 있다. 그 법문 자체만 보아도 곡가 등락에 관심을 가진 자는 잘 이해할 것이다.

⑥ 형사보상법을 조선에 시행할 일

조선에서 무고한 양민이 무고하게 원죄에 울며 철창에서 신음하고 있는 사람이 얼마나 되는지는 일전의 신문 기사의 기소율을 보더라도 알 것이며, 가끔 무죄나 면소(免訴)[29]로 석방되는 사람이 수를 알 수 없을 만큼 많은 것은 신문상의 보도가 아니라도 넉넉히 알 수 있는 일이다. 원죄로 판명된, 즉 무죄 또는 면소된 자의 고통과 손해야 말할 것이 있겠는가. 만일이라도 보상하기 위하여 재감 일수에 준한 상당한 금전을 국가에서 배상하고 명예 회복

---

25 문제를 해결하거나 목적물에 대한 권리를 얻기 위하여 당사자끼리 법적인 방법으로 다툼. 또는 그런 다툼.

26 소송에 의하여 권리를 행사함. 또는 그런 일. 특히 청구권의 행사를 이른다.

27 행정 심판 기관으로부터 행정 심판의 청구에 대한 심리 결과가 판단되다.

28 원문에서는 '6'으로 표기되어 '5'가 누락돼 있어 본고에서 수정함.

29 형사 소송에서, 법원이 유죄, 무죄를 판단함이 없이 소송을 중지하는 일.

을 위한 광고 등의 방법을 취하자는 것이다.

⑦ 검속(檢束)[30] 또는 갱신의 명의로 신체 구속을 장기간 계속하지 못할 것

조선 경찰에는 구속 또는 검속으로 너무나 장기간의 신체 구속이 많고 재판소의 예심이나 공판에서 구류 갱신의 명목으로 오랫동안 피고인의 고통을 주게 한다. 검속은 2일간, 판사의 구류는 3개월간이다. 피검속자나 피고인의 고통과 손해를 적게 하자는 의안이다.

⑧ 유치 및 구류 중인 피의자와 피고인 및 형무소의 수인 대우를 개선할 것

조선의 형무소 수인과 경찰서에 유치된 자나 감옥 미결의 피의자(검사국 관계), 피고인(재판소 관계)에 대한 대우가 일본이나 다른 나라에 비하여 손색이 있는 것은 인정하지 않을 수 없는 일이다. 지나치게 관대한 호화로운 대우는 못 할망정 사람으로서 그에 맞는 대우가 필요하고, 미결 중인 사람은 유무죄를 판정하기 전이므로 가혹한 냉대는 피해야 할 것이다. 근일에 가끔 감옥에서 대우 문제로 절식동맹이 있는 것을 보아 이 결의가 시의적절하다.

⑨ 범죄 수사 기관의 범죄 수사가 인권 유린의 폐에 빠지지 않도록 단속을 엄중히 할 것

특히 사법경찰 관리의 피의자 신문은 조금이라도 고문에 빠져서는 안 되도록 단속을 엄중히 할 것. 만일 인권유린 사실이 있을 때는 각 변호사회에서 협조해서 적당한 처치를 취할 것. 인권 옹호와 법 운용을 감시할 사명을 가진 재야 법조로서 당연한 요구이며 처치이고, 조선에서는 한층 더욱 그 필요를 느끼는 바이다.

⑩ 조선형사령 제13조 및 16조를 삭제할 것

일본에서는 사법경찰관의 피의자 유치를 2일간밖에 못하는데 조선에서는 형사령 13조에 13일간의 유치 기간을 부여했고, 일본 재판소 피고인의 구류 기간은 2개월인데 조선에는 형사령 16조에 3개월로 되어 있다. 이 두 조문을 삭제하여 피고인의 고통을 감소시키고 사건 취조를 신속히 하자는 것이다.

---

30 공공의 안전을 위협하거나 죄를 지을 가능성이 있는 사람을 잠시 잡아 가둠.

⑪ 이자제한령을 개정하여 그 이율을 낮출 것

보통 민간의 계약 이자가 이자제한령의 이율보다 초과되면, 초과된 부분은 무효로 하고, 원금 백 원 미만은 3할, 백 원 이상 천 원 미만은 연 2할 5부 이하, 천 원 이상은 연 2할로 준하게 되어 있다. 이 이자제한령의 이율이 오늘날의 금융 시장이나 민간 거래의 이율보다 얼마나 높은지는 전기한 이자율을 보면 가히 알 것이다. 이처럼 약정 이자를 제한하기는 하였으나 오늘날의 채무자를 얼마나 착취하고, 고통의 길로 빠지게 하고 있는지를 생각하면 도저히 개정하지 않고는 안될 것이다.

⑫ 조선에 재판소 구성법을 실시하도록 촉진할 것

조선의 사법재판소는 총독이 모아서 거느리고 감독하고 있으니 일본과는 아무런 관계가 없다. 이 통할권을 사법성에 이관하자는 것이다. 일본에는 재판소구성법으로 사법관 지위를 보장하여 재판의 공정을 기하였건만, 조선에는 그 법률이 시행되지 않아 사법권 독립과 재판권의 지위 보장을 기대하기 어렵다. 외지의 권력을 배제하고 재판의 공정함을 기하기 위해서는 이 법률 시행이 필요하고 따라서 법령 해석 준수도 완전한 통일을 보게 될 것이다.

⑬ 조선에 변호사법을 실시할 것

조선에는 변호사규칙이 있고, 일본에는 변호사법이 있다. 조선에서 허가된 변호사는 일본에 가서 허가 없이는 직무 집행을 하지 못하고, 일본 변호사가 조선에 와도 마찬가지이며, 일본에서는 변호사가 3년 이상 직무를 집행한 경험이 있으면 재법관(裁法官)에 임명될 자격이 있으나 조선에는 그렇지 못하다. 일본에는 변호사를 사법대신이 감독하고 조선은 검사정(檢事正)이 감독한다. 중요한 차이는 이것이라고 볼 수 있다. 즉 변호권 행사의 통일을 기하고자 함이다.

⑭ 조선인의 친족 상속에 관한 성문법을 속히 제정하고 특히 서양자(婿養子) 제도를 인정할 것

조선에서는 종래 친족과 상속에 대해 일정한 법률이 없고 종래 관습에 의해 판단하여 왔기 때문에 일반 민간은 일정한 기준에 의거하여 믿고 따를 법률이 극히 혼미한 상태일 뿐 아니라 관습이 제각기 일정하지 못하다. 어떤 때는 호주인 시부가 재산을 상속할 것이라고 했다가 또 어떤 때는 장자의 아내가 상속할 것이라고 판결하여 우리가 가진 재산이 정말 자기 재산인지 아닌지를 분별하지 못하게 하며 재산 취득과 그 보존 위험이 대단히 극심하다. 이상은 그저 한 예를 든 것에 불과하나 그 외에도 비일비재한 기괴한 예가 많다. 좋든 아니든 신속히 의거할 법을 만들어 정해야 할 것이다. 서양자제도는 내가 이 문제를 어떤 잡지에 집필하였다가 뜻하지 않게 장죽배(長竹輩)[31]의 노여움을 사서 조선 전체를 흔들어댄 문제이다. 양자 싸움에 무사하고 편안한 날이 없고 지주쟁탈에 피를 흘리는 조선인만큼 또 진노(振怒)하는 것은 아닐는지. 그러나 서양자를 해야 하는 것은 벌써 결론이 났다고 할 수 있다.

⑮ 50원 이하의 소송물 가격의 재판에도 항소하게 할 것

일본에서는 아무런 제한이 없는데 조선에서는 함부로 소송을 일으키는 폐해를 방지하는 의미로 가격이 50원 이하인 사건은 항소 못 하도록 하였다. 그러나 100원이 재산이면 50원도 재산이다. 빈자의 1전은 부자의 백금이나 천금에 해당할 만큼 중하게 여겨진다. 무산자의 원통하고 답답함을 하소연할 길을 막아 못하게 하는 것은 안된다는 것은 말할 것이 있겠는가.

그 외의 결의안이 몇 개 있기는 하지만 별로 중요하지 않고 원고가 쓸데없이 길어지는 것을 피하고자 생략하고 마지막 결의안이 사실로 이루어져 나타나는 것을 보고자 나는 비판적인 붓을 드는 것을 피한 바이다. 끝.

〈자료 140〉 최근 조선의 전환 25년간

(신태악, 1934.6.1, 〈최근 조선의 전환 25년간-치유법 제령 위반 신설, 25년 동안의 법률상으로 본 조선〉, 《삼천리》 제6권 제7호)

조선을 알자, 남을 알기 전에 나부터 알자. 나의 부주의한 과실을 아는 것 같이 나의 현실

31 장죽(긴 담뱃대)은 조선시대 선비들의 필수품이다. 근대사회가 되었지만 여전히 장죽을 고집하는 이들을 빗대어 고루한 기성 세대를 가리킨다.

을 알자는 것은 현재 조선의 사회적·민족적 요망의 하나이다. 우리 조선에 대한 진정한 인식은 조선의 금후의 여정을 규정하는 전제요, 기초인 까닭이다. 그래서 외면적인 조선 인식에서 내용의 조선 인식으로, 관념적인 조선 인식에서 실질적인 조선 인식으로, 주관적인 조선 인식에서 객관적인 조선 인식으로, 이상의 조선 인식에서 현실의 조선으로 발전하여 가는 사회적 노력이 근래에 더욱더 농후해져 가는 듯하다. 이것이 조선의 이 모양 저 모양을 이모저모로 관측하여 조선이라는 지역에서 기인한 삼라만상을 축합하거나 또는 해부하여 조선이라는 실재가 어떠한 형태로 우리에게 나타나는가 측정하여 생긴 그 모양대로 정도를 맞추고 그 처지에 맞도록 행동 강령을 규정하는 것이 25년을 지낸 오늘에 있어 다시 한번 돌이켜 보는 까닭이다.

이러한 의미에서 필자는 전에 극히 졸문이나마 〈현실 조선의 재인식〉이라는 제목으로 연일 6회에 걸쳐 조선일보 지상에 의견을 발표한 적이 있었다. 이제 꼭 같은 의미에서 〈25년간 법률상으로 본 조선〉이라는 제목 아래 조선의 형태를 그려 볼까 한다. 그런데 본론으로 들어가기 전에 먼저 조선이 처해 있는 현대 세계가 법률적으로 어떤 형태를 가졌는지를 관찰하여 우리 조선의 현황과 비교하여 보려고 한다.

2.[32] 현대 입헌주의의 근본

현대는 입헌주의 시대이다. 이것이 정치적으로 나타난 제도가 입헌정체이다. 입헌정체라는 것은 국민의 대표 기관으로서의 의회 제도를 가진 현대적 정체를 가리키니, 그 근거는 국민 자치 사상과 자유 평등 사상에 있다.

(1) 국민 자치 사상은 국가는 국민의 단체이므로 국가 통치권은 될 수 있는 대로 전 국민의 의견에 따라 행하지 않으면 안 된다는 사상에서 기인하였다. 이 사상은 이론상으로는 제17, 18세기의 철학자에 의하여 국민주권설이 되어 나타났고, 실제에서는 대의 제도가 보급되어 국민적 정부의 실현을 보게 되었다.

32 번호 체계는 원문대로임.

(2) 자유 평등 사상은 모든 사람의 인격을 존중하여 모든 이가 될 수 있는 대로 자유롭게 자기의 고유한 능력을 발휘하게 할 수 있도록 하자는 근대 입헌정체의 가장 중요한 윤리적 요구에서 기인하였다. 근대의 문화 발달 역사는 인격 해방의 역사라고 하여도 과언이 아니다. 인격 해방의 역사에 나타난 지금 말한 이 사상은 원래 개인적 자유주의에 기초를 두었다. 개인적 자유주의는 모든 개인을 독립된 자체로 보고 이에 치중하여 모든 사람이 사회적 단체의 일원으로 생존한다는 것을 경시하였다. 그래서 이 점에서 19세기 후반부터 소위 사회적 윤리주의 또는 사회주의의 발달을 보게 되었다. 전자가 정치적 전제에서 인격을 해방하려는 것이었다면 후자는 경제적 전제에서 만민을 해방하려는 것이라 할 수 있다. 이 자유 평등 사상에서 발인한 근대 입헌정체에 특히 큰 영향을 준 2가지가 있으니 하나는 권력 분립주의요, 하나는 법치주의이다. 권력 분립주의는 국가 통치권의 작용인 입법, 행정 및 사법의 3가지 작용을 각각 다른 기관으로 하여 독립된 권능을 가지게 하려는 것을 의미하고 있다.

법치주의는 국가 통치권에 의해 인민의 자유를 구속하고 그 권리 의무를 정하는 것은 오로지 입법권만 이를 가지게 하고, 행정권과 사법권은 오로지 법률이 정한 바에 의해서만 행할 수 있게 하자는 것이다. 이 법치주의 요구는 세계 각국의 헌법에 인민의 자유에 관한 규정이 되어 표현되었다. 이런 규정들은 그 목적으로 3가지로 분류할 수 있으니 (1)은 장래의 입법에 관하여 국가가 취할 주의 방침을 선언하는 것이니 프랑스의 1789년 인권선언이라든지, 최근의 1918년 러시아 소비에트 공화국 헌법에서 보는 노동자와 피×취자의 권리선언 같은 것이 모두 동일한 목적에서 나온 것이다. (2)는 입법권을 제한하여 법률에 의해서도 어떠한 종류의 규성은 세울 수 없게 하자는 것이며 (3)은 행성과 사법권을 제한하여 인민이 법률 규정에 따르지 않는 행정권 및 사법권의 독단에 의해 그 자유를 구속받지 않을 권리를 가지게 하려는 것이다. 소위 법치주의라 하는 것은 이를 지칭한다.

그런데 이상에 서술한 현대 입법주의의 근본이 된 각종 사상이 세계 각국의 헌법에 성문으로 규정된 정도는 국가마다 서로 다르다. 그중 일본은 이 세 가지 분립에 관해 (1) 입법권은 천황이 의회의 협찬을 얻어 이를 행하고 (2) 행정권은 천황이 국무대신의 보필로 이를 총괄하고 (3) 사법권은 천황의 이름으로 재판소가 이를 행하게 하였다. 완전한 삼권분립이라고는 할 수는 없지만, 그 주의사상에 근본을 둔 것은 사실이다. (이상 미노베씨 이론에 의함)

3. 현대 입헌주의로 본 조선의 처지

조선의 현재는 어떻게 봐도 식민지이다. 식민지란 본래 정치적 및 경제적 용어로 쓰는 말인데 그것은 국가 통치 구역의 일부로 원래 이민족이 거주하고 있는 곳에 본국인이 다수 이주하여 본국과는 별개의 사회생활을 하는 곳을 가리키는 말이다. 그러나 이런 의미의 식민지는 법학상의 관념으로 볼 수는 없다. 법률상의 관념으로 식민지라는 말을 정의하면 "식민지라는 것은 국가 통치 구역의 일부로 본국과 원칙적으로 국법을 달리하며, 헌법 시행 구역 외에 있는 것을 가리킨다"라고 할 수 있다. 조선도 이러한 의미의 식민지이다. 타이완, 사할린, 관동주, 또 남양 제도가 모두 동일한 선상에 있다. 이들 지역에 헌법이 당연히 실시되어 그 효력이 발생하느냐 안 하느냐 라는 문제는 종래 많이 논쟁하던 문제이다. 정부는 이전 의회에서 답변할 때 헌법이 실시되느냐, 아니냐 라는 기준을 완전한 일본의 영토이냐, 아니냐는 점에 따라, 조선·대만·사할린은 완전한 영토이므로 그것이 일본의 완전한 영토가 된 시간부터 헌법이 당연히 효력을 미치게 되며, 관동주와 남양군도는 완전한 영토가 아니므로 헌법의 효력이 미치지 않는다고 하였다.

이런 견해에 대립하여 유력한 학자 중에는 반대하는 견해가 있으니 즉 헌법이 이들 지역에 시행되는지의 기준을 완전한 영토이냐 아니냐에 구할 것이 아니라 헌법의 각 조항에 따라 구별하자고 하는 견해이다. 헌법을 나눌 수 없는 한 몸으로 볼 수는 없다. 규율 중에는 그 성질상 필연적으로 국가에 수반되어 국가의 통치권이 시행되는 것은 영토 전부는 물론이거니와, 다른 영토라 할지라도 통치권이 시행되는 한 헌법 규정에 따라 당연히 그 효력이 미치는 것이 있으니, 국가 최고 중추 기관의 조직에 관한 규정이 이에 속한다. 그러므로 헌법 규정 중 천황, 섭정, 국가대신, 추밀고문 및 제국의회의 조직 권한에 관한 규정은 그 성질상 시행 구역에 한정되는 것이 아니다. 내지와 식민지임을 불문하고 또한 제국의 완전한 영토인지 아닌지에 대한 문제와는 관계없이 다 같이 적용되는 것이다.

원래 국민 자치주의, 자유 평등주의의 사상은 사회 문화의 상당한 발달과 국민의 국가에 대한 충실을 전제로 하는 것이니 새로운 영토가 이런 전제 조건을 갖추지 못한 이상 이것에 기초를 둔 헌법 규정을 새로운 영토에 실시할 수는 없다는 견지에서 조선은 일본 내지와 구별하여 특별한 통치하에 두고 내지와 다른 국법에 따라 지배하게 되었다. 따라서 헌법은 그 규정 사항의 성질상 국가에 관계되는 것을 제외하고는 조선에서 시행되지 않는다. 그 확실한 논거로 일본 학자들은 대개 5가지를 들고 있다.

① 조선인은 병역의 의무를 지지 않는 것
② 국회에 대표자를 보내지 않는 것
③ (생략)
④ 행정권과 입법권이 불비하여 일반적으로 행정권에 의해 법규를 정할 수 있는 것
⑤ 사법권 독립 원칙이 불완전한 것

이와 같이 조선은 현대 입헌주의의 세계에서 남에게 유례가 없는 특별 지역이다. 일본 내지와 조선은 완전히 법역을 달리하는 관계이고, 그 사이에는 공통법이 있어 상호 법적 관계를 잇는다. 즉 조선은 헌법 시행 구역 외에 있는 지역적 단체로 법률상으로 봐서 '식민지'라는 형태로 우리들 눈앞에 나타난다.(이상 미노베 씨 이론에 의함)

4. 조선과 법률

상술한 바와 같이 조선은 법률상으로 식민지이다. 식민지인 까닭에 조선은 일본 내지와 법역을 달리하는 특별 지대이다. 전에도 말한 바와 같이 조선에는 행정권과 입법권의 분립을 갖추지 못하여 행정권에 의해 일반적으로 법규를 정할 수 있다. 그 법적 근거를 현행 법률에서 찾는다고 하면 1911년(明治 44) 3월 25일 법률 제30호로 규정된 〈조선에 시행할 법령에 관한 건〉이 바로 그것이다. 이 법률의 제1조에 "조선에서 법률이 필요한 사항은 조선총독의 명령으로 이를 규정할 수 있음"이라 한 1개 조문에 의해 조선의 수많은 법률적 규정은 제령(총독의 명령)에 의해 임의로 제정 개폐된다. 이 〈조선에 시행할 법령에 관한 건〉은 협의의 소위 '법률'이다. 이에 법률이란 천황이 제국의회의 협찬을 얻어 재가 공포한 것을 가리키는 것이니 이러한 의미에서 이 〈조선에 시행할 법령에 관한 건〉이라는 법률에 기초하여 제정된 조선 현행의 모든 법규는 소위 위임 명령의 한 종류에 속한다고 할 수 있다. 위임 명령이라 함은 법률의 위임에 기초한 명령을 나타내니 이에 법률의 위임이란 법률이 어떠

한 사항에 관하여 스스로 규정하지 않고 명령으로써 이를 정함을 지칭한다. 그러므로 법률의 위임은 특정한 사항을 지정하여 이를 명령으로 규정하도록 제정한 때에 한하여 정당한 것이다. 덮어놓고 법률을 대신하여 명령을 내릴 수 있는 권한을 위임하는 것은 헌법이 행정 기관과 입법 기관을 분립시킨 취지에 위반되는 것이므로 현대 입헌 국가에 있어서는 허용되지 않는 일이다. 그러나 조선에는 상술한 법률이 있어 이것이 허용되는 것이 사실이다. 이 법률에 의해 조선의 모든 법규가 제정 개폐되는 것은 이미 앞에서 상술한 바와 같고 그 모든 법규 중에서도 특히 중요한 법규 두 가지가 있으니 (1) 조선민사령과 (2) 조선형사령이다.

(1) 조선에 시행되는 민사법

조선에서 시행되는 민사에 관한 모든 법규도 전술한 법률에 의해 모두 제령 형식으로 발표되었으니, 1912년(明治 45) 3월 제령 제7호로 제정된 조선민사령 같은 것이 그 중요한 것 중 하나이다. 그 제1조에 "민사에 관한 사항은 본령 기타 법령에 특별한 규정이 있는 것을 제외하고는 다음 법률에 의함"이라 해 놓고 민법, 민법시행법, 상법, 상법시행법, 민사소송법, 민사소송수속법, 비소사건수속법(非訴事件手續法), 민사소송비용법(民事訴訟費用法), 상법비소사건인지법(商法非訴事件印紙法), 집달리[33]수수료규칙(執達吏手數料規則), 공탁법, 경매법, 기타 여러 법률을 열거하여 놓았다. 즉 일본 내지의 민법이나 기타 민사 관계의 법률이 조선민사령의 내용이 되어 조선이라는 지역에 시행된다. 다시 말하면 민법 기타 법률이 법률로서 조선에 시행되는 것이 아니라 조선민사령이라는 제령으로 변형되어 조선에서 시행된다.

또 동령(同令) 제11조에는 "별도의 규정이 있는 것을 제외한 조선인의 친족 및 상속에 관해서는 제1조의 법률에 따르지 않고 관습에 의함. 단 혼인 연령, 이혼, 인지, 친권, 후견, 보좌인, 친족회, 상속 승인과 재산 분리에 관한 규정은 이에 따르지 않음"이라 하여 단서에 포함되지 않은 친족과 상속에 관한 사항은 전부 조선 관습에 미뤄 버렸다.

그리하여 조선인의 친족 또는 상속 문제에 관한 사건에는 조선 관습을 존중한다는 의미에서 그사이에 별별 판례를 다 보게 되었다. (판례에 관한 비판은 이에 생략함)

---

33 지방법원에 소속되어 재판의 집행과 서류의 송달 및 기타 법령에 의한 사무에 종사하는 공무원으로 1981년 「법원조직법」 개정으로 '집달관'이라고 개칭되었다.

(2) 조선에 시행되는 형법

조선에서 시행되는 형사에 관한 모든 법규도 전술한 법률, 즉 1911년 3월 25일 법률 제30호에 의해 모두 제령 형식으로 발표되었으니 1912년 제령 제11호로 제정된 조선형사령 같은 것이 그중 하나이다. 제1조에 "형사에 관한 사항은 본령(本令) 그 외의 법률에 특별한 규정이 있는 것을 제외하면 다음 법률에 의함"이라 해놓고 형법, 형법시행법, 폭발물단속벌칙, 형사소송법, 형사비용법, 기타 모든 법률을 열거하여 놓았다.

전술한 민사 관계 법률이 조선에 법률 그대로 시행되는 것이 아니라 제령의 내용이 되어 형태를 바꿔 조선에 시행되는 것과 같이 형사 관계 법률도 법률 그대로 조선에 시행되는 것이 아니라 제령으로 시행되는 것이다. 이 외에도 조선에는 많은 형사 관계 법규가 있으니 그 대부분은 제령으로 제정된 것이다. 1919년(大正 8) 4월 제령 제7호 〈정치에 관한 범죄처벌 건〉이라든지 1918년 3월 제령 제23호 행정집행령이라든지 모두 제령 형식으로 공포 시행되었다. 그리고 조선에는 특히 1910년 8월 제령 제1호 〈조선의 법령 효력에 관한 건〉이 있어서 조선총독부가 설치될 때 조선에서 그 효력을 잃은 바 일본법령 및 한국법령은 당분간 조선총독이 내린 명령으로 효력을 존속하도록 하였다. 이것을 준제령이라는 말로 표시한다고 하면 조선에는 준제령으로 형사 관계 법규 노릇을 하고 있는 것도 적지 않다. 1907년(광무 11) 7월 법률 제2호 보안법, 1909년(융희 3) 2월 법률 제6호 출판법, 1907년 7월 법률 제1호 신문지법 등이 모두 이에 속한다. 또 1910년 10월 제령 제8호로 제정된 〈1910년 제령 제1호에 의한 명령 구분에 관한 건〉에 의해 조선에는 제령 이외에 조선총독부령, 경령(警令), 도령(道令), 부령(部令) 등의 구분이 있으니 경찰범 처벌규칙은 1912년 3월 총령 제40호로 제정되었고 집회단속 규칙은 1910년 8월 경령 제3호로 제정되있다. 도령과 부령은 일일이 열거하지 못할 만큼 그 수가 많으며 이 외에 〈통령〉이라는 것이 있으니 1906년 4월 통령 제10호로 제정된 보안규칙 같은 것이 그 한 예이다.

5. 법률로 본 조선의 형태

상술한 바와 같이 조선이라는 지역에 현행되고 있는 법률적 모든 규정은 대개 제령(준제령)으로써 공포 시행되는 것이다. 일본 내지의 형법, 민법, 그 외 각종 관계 법률도 〈법률〉 그

대로 조선에 시행되는 것이 아니라 제령의 내용이 되어 제령이라는 일개 〈명령〉(협의의 법률이 아님)으로 변형되어 조선에 시행된다. 이런 점은 법률 전문가가 아닌 이에게는 다소 기이하게 느껴질지 모르나 법률과 명령은 원래 서로 다른 것으로 법률은 앞에서 말한 바와 같이 제국의회의 협찬을 얻어 재가 공포한 것이고 명령이라 함은 의회의 의결을 거치지 않고 내리는 국가 의사 표시로 국가 행정권의 한 작용에 불과한 것이다. 명령은 칙령, 독립 명령, 집행 명령, 위임 명령 등으로 나눌 수 있고, 조선 제령은 일종의 위임 명령이다. 실제로 일본 내지의 민법 또는 형법 등이 조선에 적용된다고 하면 그것은 일본 내지와 마찬가지로 민법이나 형법 등이 법률 그대로 조선에 시행되는 것이다. 그것이 어찌하여 조선에 와서는 위임 명령의 한 종류가 되는 것일까. 국제사법상의 외국법 적용 문제에 있어 외국법이 내국에 미치는 관계는 세 가지가 있으니

(1) 외국법이 외국법으로서 효력을 가지는 때

(2) 외국법이 내국법으로서 효력을 가지는 때

(3) 외국법에 내국법에 규정된 개괄적 원칙의 내용으로 되어 있는 때

등이다. (2)에 기술한 바와 같이 외국법이 내국법으로 효력을 가지는 실례는 벨기에가 프랑스 민법을 그대로 자국 민법으로 삼고 터키가 스위스 민법을 그대로 자국 민법으로 삼은 것 등이다. 이것은 프랑스나 스위스 민법이 벨기에나 터키에 적용되는 것이 아니라 벨기에나 터키의 실제 내용이 프랑스나 스위스 민법과 동일한 것에 불과하다. 그것은 의연히 당당한 벨기에의 민법이요, 터키의 민법이다. 이 법리에 근거하여 조선민사령과의 관계를 설명하면 일본 내지의 민법 또는 형법 기타 관계 법률이 법률 그대로 조선에 적용되는 것이 아니라 그것이 조선민사령 또는 형사령의 실질적 내용이 되어 조선에 시행된다는 것을 용이하게 알 수 있을 것이다.

이상 구차스럽게 많은 말을 했지만, 한마디로 말하자면 "조선에는 민사령이나 형사령은 있으나 민법이나 형법은 없다"라고 말할 수 있다. 다시 말하면 "조선에는 제령(명령의 일종)은 있으나 법률은 없다"라고 할 수 있다. 그러면 조선에는 아주 법률이라는 것이 없는가. 아니다 있다. 그것은 1925년(大正 14) 4월 22일 법률 제26호로 제정된 치안유지법이다. 이 법률은 1925년 5월 8일 칙령 제175호 〈치안유지법을 조선에 시행하는 건〉에 의해 같은 해 5월 12일부터 조선에서 시행되었다. 이 법률을 조선에서 시행하는 건은 칙령으로 이를 제정하

였으니 이는 시행하는 절차상, 법률 그대로 조선에 시행된 것이다. 이 외에도 육해군과 같이 법률 그대로 조선에 시행되는 것이 없지 않으나, 이런 것들을 제외하면 대개는 제령 형식을 밟아 시행한 것뿐이다. 이상을 다시 요약하면 "조선에는 제령이 있을 뿐 법률은 없다. 조선에서 법률을 찾으면 다만 치안유지법 같은 것이 있을 뿐이다"라고 할 수 있다.

이처럼 조선은 법률상으로 봐서 식민지이고 모든 법률적 관계가 현대 입헌주의적 경계 구역을 벗어난 특별지역을 형성하고 있다. 그런 식민지인 조선의 형태가 우리 눈앞에 뚜렷하다.

〈자료 141〉 사상범 보호관찰법 6,800명에게 11월부터 실시

(〈사상범 보호관찰법 6,800명에게 11월부터 실시〉, 《삼천리》 제8권 제11호, 1936.11.1)

사상범 보호관찰법 6,800명에게 11월부터 실시 총독부 법무국의 입법 내용은 다음과 같음.

최근 사회 주목을 끌고 있는 사상범 보호관찰법에 대하여, 총독부 법무국에서 입법 취지, 적용 범위 등을 내시(內示)한 바 있는데 그 핵심은 다음과 같다. 그런데 일본 내지에서는 11월 1일부터 벌써 실시[34]하고 있는바, 조선도 특수 사정을 참작하여 입법한 초안을 방금 법제국에 회부하여 심의 중이므로 근일 발표되어 시행될 것이다.

제1. 보호관찰제도 및 이유

보호관찰은 치안유지법 죄를 범하여

1. 기소유예, 집행유예의 언도를 받고
2. 만기출옥하고
3. 임시출옥을 허락한 자

에 대하여 재범을 방지하고자 사상 및 행동을 관찰하여 적합한 처치를 취할 수 있는 제도이다.

조선에서의 사상범죄는 매년 증가하여 매우 한심하였으나 1932년을 그 최고조로 하여 한때 극히 창궐했던 공산주의 운동도 내지에서와 마찬가지로 당국의 부단한 검거, 일지(日支)

34 원문 그대로.

사변 이래의 사회 정세 변천, 기타 모든 사정에 의해 점차 쇠퇴하는 경향을 밟아 왔다. 그러나 아직 공산주의를 마음속에 품고 있는 자는 그 흔적을 끊지 못했다. 이렇게 공산주의 운동은 수량적으로는 절정기를 지났지만, 질적으로는 더욱 집요하고 잠복하고 있어 사찰이 더욱 곤란하게 되었다. 조선은 더욱이 만주와 소비에트 연방과 접경하여 있으므로 모든 불령흉악한 사상이 유입되어 1928년 이래 치안유지법 위반 사건으로 검거된 자가 실제 1만 6,000명을 넘으며, 그중 기소유예자, 형의 집행유예자, 가출옥 및 만기 석방자는 해마다 증가 경향으로 그 수가 실로 6,383명에 달하였다. 이 심정은 가지각색으로 그중에는 진실로 전향한 자도 있지만, 아직 의연히 불령 사상을 회포하여 치열하게 투쟁 의식을 표시하는 자가 있고, 또는 그 태도가 극히 애매하여 전향 의사의 여부를 판명하지 못한 자가 있다. 혹은 전향 의사를 표명했으나 그 지조가 견고하지 않아서 생각건대 비전향자가 다시 죄를 범할 위험이 있는 것은 명백할 뿐더러 그 외의 자도 이대로 방치한다면 환경 또는 사회 정세에 좌우되어 다시 범행을 가할 자가 적지 않다. 더구나 지식 계급 및 학생층의 공산주의에 대한 집착이 몹시 강하여 기회만 있으면 공산주의 또는 이운동에 복귀하려는 기색이 몹시 농후하다. 이를 현재의 내외 모든 정세와 종합해서 고찰하면 지금 사상범인에 대한 철저한 방책을 수립하여 재범 방지에 나서는 것은 조선에서의 이런 불령 흉악한 사상운동을 근절시키는 데 아주 긴요한 업무이다. 그래서 이런 사상 및 행동을 관찰하여, 비전향자와 준전향자에 대해 전향을 촉진하고 아울러 위법을 범하는 일이 없을 방도를 강구함과 동시에 전향자에 대해서는 전향을 확보하는 길을 취하여 적법하고 질서 있는 생활을 하게 하는 데 있다.

제2. 보호관찰 처분 대상

1. 보호관찰 대상자는 치안유지법 죄를 범하여, 기소유예, 형의 집행유예 선고를 받고 또는 형을 끝냈거나 가출옥을 허가받은 자로서, 보호관찰 심사회의 결의로 보호관찰에 붙인 자이다.

2. 보호관찰 대상자의 기준은 각 구체적 사정을 종합적으로 숙고하여 정할 것이다. 그렇지만 요컨대 장래 범죄 행위를 예상할 수 있는 징후를 가진 경우에 한해서는 보호관찰의 필요가 있다. 그리고 이 위험성은 처분 당시에 존재하는 것이라는 점이 필요하다.

이제 전향, 준전향 및 비전향의 구별법을 나열하자면

전향자

(1) 혁명 사상을 포기하고 일체의 사회운동에서 이탈할 것을 맹세한 자

(2) 혁명 사상을 포기하고 장차 합법적인 사회운동에 진출하려는 자

(3) 혁명 사상을 포기하였지만, 합리적 사회운동에 대한 태도가 미정인 자

준전향자

(4) 마음속에 품은 혁명 사상에 동요를 일으켜 장차 이것을 포기할 희망이 있는 자

(5) 혁명 사상은 포기하지 않았으나 장차 일체의 사회운동에서 이탈할 것을 맹세한 자

비전향자

혁명 사상을 가슴에 품고 그 실현에 노력하는 자로서 본인의 전향 정도, 가정 사정, 위험성을 가진 친구의 유무 등은 본인의 보호관찰 여부를 정하는 하나의 기준이 될 것이다. 그리고 전향자라 하지만 전향을 더욱 확실하게 할 필요가 있다고 인정하는 자는 준전향자와 함께 포괄하여 관찰에 붙일 예정인데, 특히 본인이 희망하는 경우에는 전향, 비전향 여하와 상관없이 보호 관찰한다는 방침이어서 결국 의심스러운 자는 모두 보호관찰에 붙일 예정이다. 그래서 이 대상은 예산이 허락하는 범위 내에서 가능한 확장할 의향을 가지고 있다.

3. 조선에서의 사상적 범죄는 그 특수사정에 의해 치안유지법 죄 외에 1919년 제령 제7호 '정치에 관한 범죄처벌의 건'의 죄와 보안법의 죄가 있다. 전자는 1925년 5월 12일 조선에 치안유지법이 실시되어서 이에 대한 것이고, 후자는 단지 정치에 관하여 불온한 언동, 동작을 함으로써 치안을 방해한 것과 같은 정도의 경우로, 치안유지법 죄와 같은 확신범이 아니므로 보호관찰의 대상이 되기에는 부족하다. 이 외 사상적 경향이 있는 범죄로서는 불경을 들 수 있지만, 이는 단지 감정적 사상범죄에 불과하여 지식적 사상범죄라는 확신범이 아니므로 이것 역시 보호관찰의 대상이 되기에는 부족하다.

제3. 보호관찰 심사회

보호관찰소 경성, 평양, 대구

동 지소 신의주, 청진, 광주, 함흥

심사회는 판사, 검사, 사상보도관, 경찰부장, 형무소 소장, 기타 학식과 경험 있는 자로 구성

제4. 보호관찰소와 모든 기관

1. 사상보도관은 보호관찰의 방법 결정, 제한, 조건 등을 결정
2. 사상보호사

는 피보호자와 접촉하고 항상 사상 추이에 유의하며 훈육 지도의 임무를 맡는 것 외에

1) 직업 소개 2) 지휘 지도, 기술의 재교육에 관한 주선 3) 취학과 복학의 주선 4) 수양에 관한 주선, 좌담회의 개최 5) 가정과의 연락 6) 경찰, 학교, 직업소개기관, 재판소, 검사국, 형무소 등과의 연락 등 보호관찰에 필요한 모든 실행적인 임무를 맡는다.

제5. 보호관찰소의 목적

실제 운용에 있어 외형상으로 의연히 부정하고 과격한 사상을 품고 있는 비전향자 또는 준전향자는 '관찰'에 중점을 두고

전향하였지만 환경에 지배되어 재범 위험성이 있는 전향자에 대해서는 스스로 '보호'에 중점을 두는 경우가 있는 것을 예상할 것이다. (중략) 즉 사상범인에 대한 보호의 내용은 "사상 완성과 생활의 확립에 있다." 사상의 완성을 위하여 본인을 훈육지도하고 국체와 재산 제도 등에 관한 정확한 인식을 얻는 것 외에 본인과 가정의 연결 및 협조를 얻어야 한다. 비전향자, 준전향자에 대한 전향 촉진은 주로 이 방법에 따를 것이다. 또 생활의 확립을 위해서는 본인이 정당한 직업에 종사할 수 있는 기초를 부여해야 한다. 이 때문에 전향자의 전향 확보는 직업 보조, 직업 소개, 취학 및 복학 알선 등에 따른 방법에 따라야만 한다.

제6. 보호관찰 방법

보호자가 있는 자는 보호자에게 인도하고 보호자가 없는 자, 있어도 보호자 아래에서는 도저히 본인이 사회 복귀를 기대할 수 없는 자는

보호 단체, 사원, 교회, 또는 적당한 신원 인수인에게 위탁하는 바

사원, 교회에 위탁하는 경우에는 주로 종교적 분위기에서 본인의 사회 복귀를 기대할 수 있기를 바라며

병원에 위탁하는 경우에는 질병을 치료하는 일이 본인의 사회 복귀를 촉진하는 데 가장 효과적이라고 사료될 때

이 밖에 사상보호사는 어떤 경우에도 위탁한 보호자 또는 보호 단체 등의 모든 기관을 적어도 월 2, 3회는 방문하여 본인의 사상, 품행, 기타 정황을 관찰하여 각종 사무 보고할 것이다.

그런데 현재 조선의 보호 단체 현상을 보건대 일반 범죄자에 대한 보호 단체는 그 수 겨우 ■십에 지나지 않으며 사상범에 대한 보호 사업으로 경성의 소도회(昭道會) 설치, 충청남도의 논산, 부여, 예산, 청양과 당진의 각 군 사상선도위원의 설치가 있을 뿐으로 현재 이것의 발달, 성장에 진력하고자 한다.

제7. 보호관찰 처분과 부수 처분

보호관찰소는 보호관찰에 맡겨진 자에 대하여 거주, 교우 또는 통신의 제한 기타 적당한 조항의 준수를 명령할 수 있는바, 이 제한에는 일정한 기한을 주는 경우와 그렇지 않은 경우가 있다.

거주 제한은 상당 기한을 정하여 거주할 곳 또는 거주하지 못할 곳을 한정하고, 혹은 상당 기간을 정해 거주할 곳으로 옮기게 하고, 혹은 거주하지 못할 곳에서 퇴거시키는 것으로 그 제한에는 특정 지구를 지정하는 경우도 있고 또는 포괄적으로 어떤 도내, 어떤 군내라고 하는 경우도 있다.

교우를 제한하는 것은 사상 악화 원인이 좌경 사상을 품고 있는 교우에게 감화되는 일이 적지 않은 까닭이다. 조선에서의 1935년 이전 5개년간에 있어 치안유지법 위반 유죄자(기소 또는 기소유예 처분을 받은 자)의 범죄 동기를 조사하였더니 친구에게 감화된 자가 23퍼센트를 차지하고 있는 상태이다. 그래서 사상 전향자 중에는 동지로부터 비겁자 또는 배반자라고 불려서 꺼림칙하게 느껴 항상 어두운 마음을 가지고 있는 자가 상당히 다수에 달한다. 이들은 객관적인 사정의 영향에 의해 다시운동에 복귀하려고 할 가능성이 풍부하므로 전과 다름없이 동지와 교제를 계속하게 되면 모처럼의 보호 선도도 수포로 돌아갈 염려가 많이 있

다. 따라서 교우 관계 범위를 충분히 감시하고 제한하여 비전향 동지와의 교섭을 단절하게 하여 소위 '명랑한 전향자'로서 아무 거리낌이 없는 진실한 전향자가 되게 해야 한다. 또 교우를 제한하는 경우에는 구체적으로 누구누구와의 교제를 금한다고 하는 경우와 단지 추상적으로 좌경인물과의 교제를 금한다고 하는 경우가 있다.

통신을 제한함은 교우 제한과 동일한 이유에 의한 것이다. 준수할 적당한 조건으로는 예컨대 선행유지 서약을 하게 할 것, 단독으로 본인을 외출시키지 않을 것, 좌경문헌의 독서를 금할 것(전출한 조선에서의 기왕 5개년간의 조사에 의하면 좌경화의 원인 중 34%는 좌경 문헌의 탐독에 의함)등 여러 조건이 있음. 그 조건은 본인의 소질, 환경 등이 모두 다르므로 각각 차이가 있어서 각종 각양으로 나누어진다.

이상의 제한과 조건에 대해 그중 하나를 선택할 것인지, 혹은 여러 가지를 병행할 것인지는 보호관찰소에서, 가장 적당하다고 인정하는 것에 따라서 진행하므로 일정하지 않다. 또 이 집행에는 강제력을 쓰지 않는 것을 요점으로 하지만 필요한 경우에는 사실상 동행 형식 또는 경찰에 의뢰하여 현 거주지에 귀가하게 하는 등의 수단을 쓸 수 있음.

제8. 보호관찰 기간

보호관찰은 보안 처분의 일종으로, 보호 지도를 목적으로 하는 것이다, 일종의 자유 제한을 실질적으로 하는 처분인 것을 면하지 못하므로 이 처분을 하는 때는 반드시 그 기간을 법률상 정할 필요가 있다. 예컨대 소년이라면 그가 청년이 될 때까지라는 규정이라든지 기타의 경우에는 5년, 또는 2년의 기한 내라고 하듯이 하등의 제한을 정해 둔다.

그리고 보호관찰 기간을 특히 2년이라고 한정하는 것은 사상범 재범자 중 약 70%는 석방 후 2년 이내인 까닭에 그렇다. 즉 조선에서 사상범이운동에 복귀하여 다시 재범에 이르는 수는 1928년 이후 8개년간 233명으로, 이들이 형 집행유예, 기소유예 또는 석방 후 재범에 이르기까지 기간은 2년 이내가 71%에 달하고 5년 이상은 겨우 3%에 불과하다.

2년의 관찰 기간에 본인이 아직 완전히 전향하지 않았거나 전향하였지만 아직 재범 위험성이 있는 경우에는 보호관찰 심사회의 결의에 따라 2년 기간을 갱신할 수 있게 하여 철저한 보호관찰을 기약하였다.

제9. 보호관찰에 대한 수속(생략)

제10. 보호관찰소의 가처분, 취소, 변경

심사회의 결의 전 가처분할 수 있음. 즉 심의 결정까지는 상당한 시일이 걸리므로 그전에 본인에 대하여 적당한 처치를 강구할 필요가 있을 때는, 임시로 가처분하여, 보호 단체 사원 교회, 병원에 위탁할 수 있다.

그리고 보도관은 이제는 본인을 보호관찰 할 필요가 없다고 생각하는 때는 적당한 시기에 보호관찰을 중지할 것이다. 예를 들면 본인이 진실로 전향하여 다시 범죄를 저지를 위험성이 없고 정식 직업에 종사하여 완전히 사회에 복귀한 경우에는 이를 그만둘 것이다.

제12. 피보호자에 대한 동행

보호관찰소는 필요한 경우 사상보호사가 본인을 동행할 수 있음. 본인의 의사 여하와 상관없이 언제든지 필요한 경우에는 이를 보호관찰소에 동행할 수 있다. (제13. 보호관찰 처분의 공조는 생략)

제14. 위탁비 보급, 징수

보호관찰소에서 본인을 보호 단체, 사원, 교회, 병원 또는 적당한 자에 위탁하였을 때는 그 위탁을 받은 자에 대하여 비용 전부 또는 일부를 보급한다.

또 그 반대로 위탁 비용은 경우에 따라서는 보호관찰소의 명령으로 그 전부 또는 일부를 본인 또는 본인의 부양의무자로부터 징수할 수 있음.

대체로 이상과 같은 ■관찰소는 1928년 이후의 사상범 6,300명을 대상으로 한다.

〈자료 142〉 사상객들은 전시하에 얼마나 전향했는가

(〈사상객들은 전시하에 얼마나 전향했는가, 경성 보호관찰소에 나타난 현상〉, 《삼천리》 제10권 제5호, 1938.5.1)

1925년(大正 14) 조선에서 비로소 처음으로 공산당을 검거한 이래 1928년, 1929년에 이르기까지 조선의 좌익 사상은 한때 전성기를 이루었다.

그래서 위정 당국도 탄압과 박멸에 부단한 노력을 쏟아부어 이에 대한 검거 사건만도 1년에 3, 400건에 수천 명의 검거 인원을 내었는데 1931년 9월의 만주사변을 계기로 한 민중의 자각에 의해 좌익 사상은 점차 청산되어 최근에는 거의 그 존재가 없다고 할 만큼 반도의 사상 전선에 일대 전환을 보게 되었다. 즉 작년 사상범죄 건수는 경무국 조사에 의하면 검거 수는 60건, 검거 인원은 439명에 불과하다.

이것을 1931년(昭和 6)의 검거 건수 436건, 검거 인원 3,659명에 비하면 실로 검거 건수는 7분의 1로, 검거 인원은 8분의 1로 격감을 보게 되었다. 검거 건수와 검거 인원이 감소하였을 뿐만 아니라 사건의 양적 또는 질적 내용도 종래에는 조선 전체 대규모 조직으로 해외와의 연락, 그 외 소위 과학적인 조직체를 가졌지만 근래에는 사건이 대개 지방적인 소규모 것이었다.

그런데 조선의 사상범에게 한 가지 특이한 것은 재범이 비교적 적어서 이 점은 내지와 훨씬 다르다고 할 수 있다.

이에 최근 4개년 동안의 사상범 검거 건수와 검거 인원수의 통계를 살펴보면 다음과 같다.

	검거 건수	검거 인원
1931년	436건	3,659인
1934년	148건	2,310인
1935년	144건	1,678인
1936년	110건	2,641인
1937년	60건	439인

이상의 비교표로 살펴봐도 만주사변이 일어나던 1931년을 전후해서 얼마나 차이가 있는지 알 수 있다. 이렇듯이 만주사변을 계기로 조선의 사회운동은 쇠락의 운명을 맞이했다.

국가적인 비상시래(非常時來)를 부르짖던 당시 그렇게 성하던 좌익 사상이 점차 결국 쇠퇴한 것은 시운의 당연한 일이라 하겠다. 물론 그 이전에도 혹은 옥중에서, 혹은 출옥해서 이론상 전향을 부르짖는 사람들이 없었던 바도 아니었으나, 만주사변 뒤에 온 비상시의 격랑은 이름있는 거두들의 전향을 보기에 이르러 각 방면에 적지 않은 반향을 일으켰다.

전향의 물결은 점차 높아져서 그들 대부분은 지금까지의 생활 방향을 고칠 뿐만 아니라 새롭게 국가적인 입장으로 복귀하였다.

여기에서 한 가지 문제는 양가, 혹은 부호 가의 자녀 중에 사회적 지위에 따라 비교적 간단히 취직할 수 있는 사람은 문제없으나 그들 중 대부분의 사람은 장구한 동안 반항 생활을 영위해 온 관계로 가정과의 사이는 원만하지 못한 경우가 많고 또는 가정의 빈곤, 주위의 몰이해와 냉대는 그들에게 첫째로 생활상 안정을 주지 못하였다. 거기에 또한 입옥, 수형, 전과자라는 낱인은 그들을 일반 파렴치한 죄인과 동일시하기까지 하였다. 그런 까닭으로 그들은 일단 과거의 오류를 시인하고 국민적인 자각을 가지고 사회에 다시 나왔지만, 그들에게는 역시 적지 않은 고민이 있었다. 그들에게 일정한 직업을 주지 못함으로써 그들은 정신상의 안정을 얻기가 좀처럼 어려웠다.

일반 전향을 성명하고 나오는 그들에게 직업을 못 주고 착실한 지도를 못 주는 것은 그들 개인을 위한 문제보다도 사회적 문제였다.

이렇게 옥중에서 대단히 심각한 사상적 고민을 거쳐 전향을 성명하고 나오는 그들에게 지극히 친절한 보호를 하려는 것이 작년부터 실시를 보게 된 〈사상범 보호관찰법〉이다.

사상범 보호관찰법이 일본 내지에서 실시된 것은 1936년 11월이었다. 그 뒤 수개월을 지나 조선에서도 즉시 그 실시를 보게 되었다.

조선에서 사상범의 전향은, 이 보호관찰법의 실시 전인 1936년 상반기부터 사회적 반영 아래 비약적인 진전을 보이기 시작했었다. 즉 대동민우회(大東民友會)의 출현이 그것이다. 일찍이 좌익운동의 거두이던 차재정(車載貞), 안릉(安凌), 이승원(李承元) 등 여러 명은 앞의 단체를 조직한 뒤 '일본 제국의 깃발 아래로 !', '공산주의 박멸' 등등의 기치를 높이 들고 경성 시내에서 시위운동을 하였고 또는 만주국에 있는 육군 대위 윤씨[35] 등을 초빙해서 시(市)■

35 윤상필을 지칭하는 것으로 보인다.

가(■■街)[36] ■■당(堂)에서 시국에 관한 강연회를 개최하는 등 실로 이때까지 보지 못하던 전향자들의 활동을 보기에 이르렀다.

이들의 이론적 지도에 의한 전향자의 사회적 복귀는 크게 실적을 나타내었다.

그 뒤를 이어 소위 '카프'파 (조선프로예술동맹)의 전향을 보게 되었다. '신건설 사건'을 계기로 해서 이때까지 가장 이론적인 지도자이던 청년 문인 몇몇 분들은 출옥하는 즉시 이론적 전향을 성명하였다.

이렇듯 전향자들의 수가 시시각각 증가하고 있는 시기에 사상범 지도와 한 번 전향한 자가 재차 음흉하고 참혹한 투쟁을 일으키지 않도록 만전을 기하기 위해 생긴 사상범 보호관찰법의 발령을 보게 된 것은 시의에 타당한 일이었다.

개인적으로 전향자들의 이름을 들자면 한없이 많지만, 일찍이 조선 공산운동의 이론적 지도자이던 김민우(金民友) 씨는 옥중에서 장문의 이론적 전향을 성명했고, 또한 김경재(金璟載) 씨도 전향 후 만주로 들어가 협화회(協和會)의 간부로 다대한 활동을 하고 있다.

조선 내에서 보호관찰법이 실시된 이래 이것에 수용된 자격을 가지고 있는 자 아직도 1,300여 명의 다수를 헤아린다. 그중에서 경성 보호관찰소 구역 내에 한해서만도 150여 명이 현재 보호 관찰을 당하고 있는 바 물론 그들이 수용될 당시에는 완전한 전향을 못 보았었던 것이 사실이었다.

그러나 만 1개년에 불과한 오늘, 벌써 예기한 것보다 그 이상의 좋은 성적을 나타내었다.

전 인원 150명에서 작년 11월까지의 결과를 보면 보호관찰소 알선으로 생활의 안정을 보게 된 자 17명이요, 학교 복직된 자 6명이요, 새롭게 관공청에 취직된 자 31명이나 되었다.

이들의 성명, 지명, 혹은 회사명을 일일이 정확하게 기재하지 못하는 사정은 독자들의 양해가 있기 바란다.

첫째로, 경성부청에는 도시계획과, 토목과 등에 13명이나 취직되었고, 부내 도서관, 여러 처에도 3, 4명이 관원으로 취직되었다. 기타 군청에도 몇 사람 들어간 분이 있다.

또한 이 전향자들은 대개는 사회의 사물 여러 방면에 걸친 전면적 연구와 지식이 풍부할 뿐만 아니라 민활한 활동력을 가진 이들이기 때문에 인텔리 전향자의 대부분은 저널리스트

36 원문은 '*待'임. 역자 변경

로서 절대적인 조건을 갖추고 있다. 현재 경성 시내만 하더라도 조선 신문사에 한 사람, 경성일보에 한 사람, 매일신보에 한 사람, 지방 지국에 여러 명이 각기 취직되어 자기의 수완을 발휘하고 있다.

이렇게 각지의 저널리즘 모든 기관의 중견층에 전향자가 거의 산재해 있다고 보아도 좋을 것이다.

신문, 잡지 등 출판기관뿐만 아니라 그들의 예리한 사회적 관찰안은 투자가로, 사업가로, 정치가로 국가 사회를 위해서 보탬이 되는 바가 많다.

또는 자기의 자산 능력과 노력에 의해서 농장, 목장을 경영하고 상업을 운영하는 자도 있다.

그 밖에 인쇄소, 운수회사, 금속공장 등에 가장 많은 사람이 취직되었는데 그들은 대개 좌익운동 당시에는 노동자급으로서 별로 학식과 지력을 가지고 있지 못해 오로지 상층부의 지도를 받던 자이다. 이런 계층의 사람을 취직시키는 것은 보호관찰 당국으로서도 적지 않은 고심과 노력을 기울이고 있다고 한다.

그들은 지금 공장의 기술공으로서 국민정신 총동원하에서 성심껏 자기 업무에 충실히 하고 있다.

경성 보호관찰소에서는 매월 2회 조선 신궁에 참배하는데, 출석 상태를 보면 매회 평균 50명의 인원이 회동한다고 한다. 이들은 대개가 경성부 내 거주자들로서 전기한 각기 직업을 가진 이들이다. 이들 50여 명의 보호객들은 이제 완전한 전향자라 볼 수 있으며 지난 2월 11일 기원설에는 국방헌금으로 각기 10전 이상씩 모은 금액이 300원에 달했다고 한다.

그 밖에 무식자가 아직도 86명이나 되는데 이들의 취업 알선에 최선의 노력을 다하며 우선 법률이 제정한 바에 따라 생활상의 보조를 필요로 하는 자에게는 하루 최저 40전, 1개월 12원의 보조비를 지급하고 있어 생활고 완화에 크게 힘쓰고 있다.

그런데 아직도 전향을 부정하는 자가 5, 6명 있어서 이들의 보호관찰에 고심하고 있는데, 최근 국제 정세의 변화, 동양 대국의 추진력으로 말미암아 점차 그들의 태도도 관찰 당국과 가까워지고 있다고 한다.

이상은 경성 보호관찰소의 사상범 보도 사업의 진척을 잠깐 살펴보았다. 이로 미루어 보아 조선 내에서 '비전향'자로 인정되는 1,300명 중에는 전시하 국민정신총동원운동에 적극적으로 참가, 지지하고 있을 뿐만 아니라 지도적 위치에 선 자가 많다는 점을 믿어도 좋을 것이다.

경성 보호관찰소 구역 내에는 경성에 경성구호회(京城救護會), 개성에 개성대성회(開城大成會), 춘천에 춘천동포회(春川同胞會), 충주에 충북유린회(忠北有隣會), 대전에 대전자강회(大田自彊會), 공주에 공주관업원(公州慣業院) 등 각기 해당 지방의 사상범을 직접, 간접으로 지도, 보호하는 단체가 있어서 관민이 일치해서 사상사건 관계자들에게 이해와 구제의 손을 뻗고 있다.

〈자료 143〉 실시된 사상보호관찰령

(이종모, 1937.6.1, 〈실시된 사상보호관찰령〉, 《조광》 제3권 6호)

조선사상범 보호관찰령은 작년 12월 12일 조선총독부 제령 제16호로 공포되어 같은 달 21일부터 실시되고 있다. 필자는 그 제령 공포 후 잡지 《조광》에 그 내용을 간략히 해설적으로 소개한 일이 있다. 그 뒤 보호관찰소도 설치되었고, 각 관계되는 관원도 결정되었으며, 또한 요시찰자의 조사도 대략 된 모양이므로 이제는 드디어 관찰을 실행할 차례에 이르렀다. 따라서 필자도 보호관찰소 당국이 실제로 운용해 나가려는 방침과 포부를 탐색하여 《조광》 잡지 독자 모두에게 알릴 의무가 있다고 느끼고 또한 《조광》 편집자의 지령도 있으므로 이제 붓을 들게 된 것이다.

이하에 기재하는 것은 필자가 4월 28일 오후에 잠깐 틈을 타서 경성보호관찰소장 쓰쓰미 요시아키(堤義明)씨를 방문하여 일문일답으로 들은 이야기다. 쓰쓰미씨는 수개월 동안 병상에 누웠다가 며칠 전부터 겨우 출근하고 있는 터이나 아직 완쾌하지 못한 모양이어서 괴로움을 참으면서 특별히 필자의 문의에 응답하였다.

문. 경성보호관찰소 내 즉 경기도, 충청북도, 충청남도(서천군을 포함), 강원도(통천군, 강릉군, 양양군, 고성군, 울진군, 삼척군을 포함)에 있는 요관찰자의 수효는 얼마나 되는가.

답. 1928년(昭和 3)부터 계산하면 거의 천 명에 달하나 최근 것만은 약 500명가량 된다.

문. 그러면 거의 천명이나 되는 사람들을 모두 보호관찰에 붙일 것인가?

답. 천명이나 되는 사람을 도저히 한꺼번에 관찰하기는 어려운 터이므로 우선 최근 것 약 500명만 조사하여 그 가운데서 관찰 여부를 결정할 터이다.

문. 조사는 어떻게 하셨는가?

답. 보호사 및 촉탁보호사 30인이 먼 지방 출장까지 하며 일일이 조사하였다.

문. 보호관찰은 비전향자에게만 하게 될 터인가.

답. 아니다. 전향자에게도 하게 되는 경우도 있다.

문. 그것은 어떤 경우인가?

답. 공산주의를 아주 청산하여 버리고 사회인으로서의 상도(常道)로 돌아가 일본 정신을 가지고, 생활 안정을 얻은 사람은 관찰할 필요가 없고 비록 공산주의는 버렸다 해도 어느 주의로 향할지 몰라서 헤매고 있는 사람이거나 생활의 안정을 얻지 못하고 동요 중인 사람은 관찰하게 될 것이다.

문. 그러면 관민이 힘을 합쳐 세운 사상선도단체인 소도회(昭道會)나 과거의 사상범이었던 사람들로 조직하여 소위 일본 국가주의를 표방하고 있는 대동민우회(大東民友會)의 회원 같은 이들에게도 적용하겠다는 말인가.

답. 물론이다. 그들의 대부분이 무식자이며 생활이 불안정한 사람들이므로 당연히 관찰해야 할 것이다.

문. 관찰 방식은 어떤 것인가.

답. 흔히들 경찰서 순사들이 감시하는 것과 같은 짓을 할 줄로 생각하는 모양이나 절대 그와 같은 불쾌한 느낌이 들게 하는 방식은 취하지 않고 어디까지나 정신적으로 감화하도록 힘쓸 터이다. 직업 알선도 해 주며 모든 난처한 일에 상담도 해 주고 무슨 조사할 일이 있거나 물어볼 일이 있는 때는 봉함된 편지로 본인에게 통지하여 조금도 다른 사람들의 눈에 띄지 않도록 할 것이다.

문. 요즘 소문을 들으면 예전에 만나 공산주의 운동을 하였던 사람 중에 적당한 처소에 취직하여 있는 사람들을 경찰 측에서 쫓아 내보내라고 명령하고 또는 사무실을[37] 경영하려 하여도 불온인물이라 하여 배척한다니 이래서야 아무리 전향하여 생활의 안정을 도

---

37 원문에서는 '事實을 경영하려'이라고 표기되어 있으나, '事務室을 경영하다'의 오기가 아닐까 추정함.

모하려 한들 될 도리가 있겠는가.

답. 그럴 리가 없을 것이다. 설령 있었다 하더라도 보호관찰령이 실시된 이후에는 그런 일이 없을 것이다. 왜냐하면, 지난번 보호관찰소장 회의 때 총독으로부터 훈시도 있었고 또 관찰소장들로부터 전조선 각 관청, 은행, 회사 등에 많이 채용해 달라는 통지를 발송해 달라고 부탁까지 하였는데 취직하고 있는 사람들을 귀찮게 할 리가 없을 것이다. 만약 그런 사실이 있는 것을 알게 되면 모처럼 시작하는 우리 일과 배치되는 처리이므로 단연코 당국에 대해 항의할 것이다.

문. 병원이나 회사, 교회에 위탁한다는 것은 어떤 방식으로 하는 것인가.

답. 병이 있는 사람은 병원에 맡겨서 병을 나게 하고 직업이 없는 사람은 회사나 공장에 맡겨서 일을 견습시키게 하여 차차 기회 있는 대로 채용하도록 하려는 것이다. 그리고 형무소에서 나와 갈 데가 없는 사람은 구호단체에 맡겨서 직업을 알선해 줄 것이다. 노동자는 일자리를 구해 주기 쉬우나 '인텔리'는 여간 어려운 바가 아니다. 무엇보다도 직업을 가지게 해서 생활 안정을 얻게 하는 것이 전향을 시키는 데 가장 유효한 방법이라고 생각한다.

서두에 말한 바와 같이 쓰쓰미 씨는 병환 중이므로 필자는 이 정도로만 문답을 끝내고 물러났다. 그리고 경성보호관찰소 직원을 참고로 알아보면 다음과 같다.[38]

소장 보도관 쓰쓰미 요시아키(堤義明)

보도관 요다 가츠미(依田克己)

동(同) 나가사키 유조(長崎祐三)

보호사 구리타(栗田 清造)

동(同) 요코타(横田伍一)

동(同) 이토(伊東恵)

주임서기 다치바나(橘吉藏)

38 하기 명단 중 일본인 이름은,가능한 자에 한하여 전부 표기하고, 그 외는 성(姓)만 읽어 표기하였다. (역자)

서기겸통역생 조근식(趙根植)

서기 이와쿠마(岩熊正義)

심사회회장 미야모토(宮本元)

위원 후쿠다(福田甚二郎)

동(同) 미야자키(宮崎速任)

동(同) 쓰쓰미 요시아키(堤良明)

동(同) 마에다(前田昇)

동(同) 이승우(李升雨)동예비위원 야마시타(山下秀樹)

동(同) 무라타(村田左文)

동(同) 다카마쓰(鷹松龍種)

동(同) 아카오(赤尾虎吉)

(끝)

〈자료 144〉 조선의 황국신민화운동

[조선총독부학무국장 시오바라 도키사부로(鹽原時三郎), 1940.8.1, 〈조선의 황국신민화운동〉, 《모던일본(조선판)》 제11권 9호]

조선에서의 30년간의 통치는 각 단계의 어느 부분을 살펴보더라도 그 시대마다의 요청에 부응하면서 일관되게 극히 유기적인 발전과정을 밟아 왔다. 시대는 달라지고 총독은 몇 차례 바뀌었지만 일관된 일본적 양심에 따라 낮은 단계에서 점차 높은 단계로 발전해 가리라는 것은 분명하다.

한마디로 내선일체 정치로 불리는 미나미 총독의 통치도 현재를 살펴보면 진실로 이를 필요로 하는 시기이며 또 이룩할 수 있는 시기이기도 하다.

그런 의미에서 조선에서 전개되는 일본화운동은 극히 자연스러운 요구에 합치하는 것이며 결코 무리한 일이 아니다. 또한 이 뜻을 내걸게 된 이유는 통치자에게 30년간 일관되었던 일본적 양심의 귀결이라고 말할 수 있을 것이다.

조선 통치의 최고 지도 목표는 널리 사람들이 알고 있는 바와 같이 일시동인의 성지를 받들어 반도 동포의 국체 관념을 확립시키고 '나는 일본인'이라 조선의 황국신민화운동 조선총독부학무국장 시오바라 도키사부로(鹽原時三郞)는 황국 신민의 명예로운 신념을 마음 깊숙이 체득하여 혼연히 내선일체를 이룸으로써 황운(皇運)을 보좌하고 황도(皇道)를 선양하는 것이다. 이른바 미나미 정치는 모든 시책의 중점을 여기로 통합하고 귀일시켜 착실히 그 성과를 쌓고 있다. 매진에 매진을 거듭하여 오늘에 이른 것이며 또한 내일을 기약하고 있는 것이다.

주지하는 대로 조선에서는 1938년 4월에 교육령을 개정하여 교학 개혁을 단행하였다. 그 일부로서 지금은 내지인이나 반도인 모두 같은 소학교나 중학교, 고등여학교에서 완전히 같은 목적, 같은 내용의 교육을 받고 있다. 양자 간에는 아무런 구별이 없으며 또한 구별이 없어야 한다. 그 때문에 요즘에는 아이들도, 부모들도 모두 쾌활해졌고 학교에서도 일본 국민으로서 장래에 큰 희망을 품으면서 마음을 다잡아 공부나 단련을 열심히 하고 있다. 나는 일본인이다, 위대한 일본인이다, 폐하의 적자로서 부끄럽지 않은 사람이 되지 않으면 안 된다는 강한 책임감, 일본인의 명예를 훼손하는 일은 절대 하지 않겠다는 자부심이 작은 가슴마다 솟아오르고 있다. 이러한 교육을 조선에서는 '황국 신민 교육'이라고 부르고 있다.

이와 거의 동시에 육군특별지원병제도가 시행되었다. 내지인과 똑같이 고생을 할 수 있다는 것이 또한 얼마나 반도 동포의 마음을 환하게 했는지, 이는 실로 예상 밖의 일이었다. 지원병은 경성 교외의 '육군병 지원자 훈련소'라는 훈련소에서 6개월간 맹훈련을 거쳐서 입영하게 되는데 그 진지한 자세는 매우 훌륭하다. 따라서 성적도 매우 좋고 모집 숫자도 제1회 때 400명, 2회 때 600명, 3회 때 3,000명이라는 대단한 증가 추세를 보였다. 이도 오로지 성적이 좋기 때문에 이루어진 것으로, 항상 정원보다 20배 이상의 응모자가 몰려들어 선발하는 데 애로를 겪고 있을 정도이다. 이 제도는 반도인의 성의가 하늘에 통해서 내지인과 똑같이 폐하의 군인이 되는 영광을 부여받은 것이라는 사실을 반도인은 누구라도 잘 이해하고 있으며 마음으로부터 감사하고 있다.

더욱이 영광스러운 기원절인 올해부터 실시된 창씨 제도는 씨를 새롭게 만들어 내지인식 이름을 가질 수 있도록 정식으로 인정한 것인데 이 또한 내선일체 실현에 크게 박차를 가하고 있다. 조선인은 맹렬한 기세로 씨명을 변경하고 있어서 어느 관청이나 애로를 겪고 있는 상황이다.

위와 같은 사항은 총독부가 시행하는 황국신민화운동의 두세 가지 정도를 말한 것인데 다음으로는 본운동 실천의 중추가 되어 활발한운동을 전개하고 있는 단체, 즉 반도 관민이 혼연일체가 된 대조직인 국민정신총동원조선연맹의 애국반에 대해 한마디 하지 않을 수 없다.

1937년 7월 7일 중일전쟁 발발 후 반도의 사상계에서 의외의 변화가 일어나고 있음을 간과할 수 없다. 즉 '이렇게 된다면 내지인도, 반도인도 같은 배를 탄 승객이지 않은가. 항구에 도착하는 것도 함께! 조난할지라도 함께! 이것이 운명이다'라는 생각이 지금까지 사상적으로 비일본적이라고 여겨온 사람들 사이에서 일어났고, 마침내 '일본 정신을 연구하자, 황도(皇道)를 알자, 거기에 우리의 살 길이 있다'라는 목소리로 바뀌어 갔다. 이것은 기대하지도 않던 일이었다. 이에 이어서라기보단 거의 동시에 일어난 것이 반도인 대중, 그중 하층 농민들이 열광적으로 출정하는 병사를 환송하고 후방에서 봉공하는 모습이었다. 이러한 감격이 연속되는 가운데 꿈과 같은 1년이 지나갔다.

그러나 시국은 점차 확대되고 심각해지고 전쟁의 폭과 깊이도 점점 중대해지는 상황이 되었다. 혹한과 폭염 아래 대륙의 전선에서 활약하는 황군의 노고는 이를 전해 듣는 후방을 격려해 주었고 수많은 숭고한 영령도 역 앞에서 마중받았다.

이 무렵에 조선에 있는 우리는 조선의 상황에 대해 깊이 응시하고 반성하게 되었다. 즉 전쟁을 계기로 하여 왕성하게 또 요원의 불길처럼 고양된 반도인의 애국적 열기를 어떻게 지도하고 통합하여 이를 통치의 근본 사상인 내선일체, 황국신민화운동으로 어떻게 유도하는가의 문제였다.

더욱이 두 번째 문제는 이번 전쟁의 상황은 우리에게 중요한 것을 가르쳐 주었다. 즉 중일전쟁이 종료되었다고 해도 우리는 과연 마음 편히 잠잘 수 있을까라는 문제이다. 우리는 다음에 도래할 불가피한 상황과 역경을 지금이야말로 명확히 인식하지 않으면 안 된다. 동아세계에 대해 끊임없이 마수를 뻗치고 있는 적에 대해 단호하게 언제라도 일어설 수 있는 체제를 정비하지 않으면 안 되는 것이다. 그렇지 않다면 결국 동아 신질서의 완성을 기약할 수는 없다. 지금이야말로 만반의 준비를 하면서 대처하지 않으면 안 된다는 것은 엄연한 사실이며 조선도 내지도 이 점에서 완전히 같은 운명을 짊어지고 있는 것이다.

여기에서 우리는 먼저 국민에게 빈틈없는 훈련을 행하기 위해 조직을 만들지 않으면 안 되며 조직적인 일대운동이 필요하다는 것을 깨달았다. 즉 국민 총조직의 문제이다. 종래처럼 제각각 소규모운동으로는 개개의 애국적 열정이 높을지라도 아무것도 이루어지지는 않는다. 시간이 없다. 새로 획득한 국토에서는 말할 것도 없다. 전 민중을 조직하는 것이다. 그리고 그 강력한 조직을 통하여 전 민중에게 끊임없는 지도와 훈련을 제공하는 것이다. 그리고 이 대조직을 흡사 기관차처럼 밀고 가는 것이다. 소수를 제외한 대부분의 내선인 유식자는 이것만이 민중을 대상으로 착수해야 할 시국에 대응할 유일한 길이라고 생각했던 것이다. 그리하여 국민정신총동원조선연맹은 결성되었다. 그것은 중일전쟁 발발 다음 해인 1938년 7월 7일의 일이었다. 그 이후 만 2년 동안 각 방면의 고심과 노력은 우선 이 기구 조직의 완성을 위해 진행되었으며 크게는 2,300만 명의 연맹원을 끌어안는 조선 연맹에서부터 행정 계통에 준하여 결성된 도 연맹, 부군도 연맹, 읍면 연맹, 정동리 부락 연맹, 나아가서는 대체로 10호로 구성된 애국반에 이르기까지 또 이에 참여하는 각종 단체마다 결성한 각종 연맹 등 결국 상하가 일관되고 정연한 조직망을 갖추기에 이른 것이다. 그중에도 이 실천 세포인 애국반의 경우는 반도 정동(精動)운동의 일대 특색을 이루는 것으로, 실로 이 조직이 있기 때문에 그 기능의 우수함을 발휘할 수 있는 것이다. 애국반의 수도 자그마치 40만에 달해 반도 주민 전체를 망라하고 있다고 해도 과언이 아니다.

이리하여 날마다 심화해 가는 시국에 대응하고 조직과 훈련에 대한 노력도 점점 강화되어 더욱이 올해(1940년 - 인용자주) 4월 신학기를 기하여 전 조선의 소학교와 중학교는 일제히 국민 총조직의 강화를 위해 일어나서 전 학년은 빠짐없이 학교 정동연맹을 결성하여 생도는 항상 정동적(精動的)인 훈련을 행함과 동시에 학교에서 가정(애국반원)에 홍보하고 교사는 그가 속한 마을이나 부락의 애국반을 지도하게 되었다. 나아가서 다른 한편으로 16만 단원을 갖는 조선연맹청년단에서도 그 세포인 각 단위 청년단에 특히 정동 보급부를 설치하여 활발한 청년을 동원하여 그 소속된 애국반의 지도 추진에 매진하고 있다.

더불어 귀휴 제대한 지원병, 과거 백제의 수도였던 부여에 설립된 청년도장을 수료한 자, 흥아 근로보국 조선부 대원인 자 등 다수의 중견 청년들은 일단 고향에 돌아가면 즉시로 연맹 추진 대원이 되어 문자 그대로 정동운동의 정진대(挺進隊)로서 맹렬하게 활약하고 있다.

이리하여 우리는 국민의 조직을, 그것도 총조직을 갖게 되었던 것이다. 실로 조선에서 황국신민화운동은 이 정동조선연맹의 실천망인 애국반을 통하여 내선일체, 황국 신민화, 시국 대응의 모든 실천운동이 전개되고 있다. 중대 시국하의 국민 총훈련 호령이 내려지고 더욱이 대국적인 지령에 입각하여 시시각각 애국반의 탄력성있는 자율적 실천 활동이 전개되고 생성 발전이 이루어지고 있으며, 힘써 흥아의 대도를 위해 매진하고 있는 것이다.

국민 총조직 이후의 실천 목표는 국민 총훈련이다. 지금 성전(聖戰) 3주년을 맞이하여 반도 민중은 국민 총훈련의 큰 표어를 내걸고 총조직을 한층 심화시키는 가운데 총훈련이라는 새로운 출발점에 이르렀다.

조선 정동운동의 성과는 반도 황국신민화운동의 열쇠를 쥐는 것이며, 그 짊어진 책임은 극히 중대하다. 한편 총독부에서도 전술한 조선교육령의 개정, 육군특별지원병제도의 시행, 조선민사령의 개정 등을 비롯하여 내선일체의 성지, 백제의 고도 부여에 중견 청년수련소를 설치하고 경성에는 전 조선 소학교 교직원의 재교육 도장인 교학연수소를 설치하는 등 실로 황국 신민화 정책에 따라 시설 강화가 이루어지고 있다.

역사적으로 완고한 아성을 사수하고 있던 반도 기독교도가 일본적 전환을 하였고 시대의 큰 흐름에 침체되어 있던 반도 유교도들도 일본적 자각에 입각하여 분기하는 한편, 그 결과 시국에 부응하여 전선(全鮮) 유도(儒道) 연합회를 조직하는 등 반도 민중 사이에 전개되는 황국신민화운동의 확산과 심화는 그 끝을 알 수 없는 상황이다.

애당초 내선일체의 이념이야말로 도의적인 동아 신질서 건설의 핵심을 이루는 것이었고, 이것이 있기 때문에 만주국과 형제가 되고 신중국과도 제휴하게 된 것이다. 세계에 유례없는 조선의 도의적 통치가 여기에 엄존하는 것이다. 내선일체는 신대(神代)부터 오늘에 이르기까지 역사적 사실의 입증을 기다릴 필요도 없이 미나미 총독이 말씀하신 대로 내선일체는 서로 손을 잡는다든가, 모양이 융합한다든가 하는 그런 미지근한 것이 아니다. 손을 잡은 것을 놓으면 다시 떨어져 나가기 마련이고 물과 기름을 억지로 뒤섞으면 섞이기는 하지만 그래서는 안 된다. 모양도 마음도 피도 살도 모두가 일체가 되지 않으면 안 된다. 이것이 내선일체 이념이다.

대개 대사업에는 곤란과 장애가 수반되는 법이다. 내선일체 구현을 위해서는 어떠한 곤란과 어떠한 지장이 발생하더라도 이것을 극복하고 배제해 가지 않으면 안 된다. 진지하고도 필사적이어야 한다. 지금 조선의 황국신민화운동은 관·공·사의 구별이 없고 정치와 경제는 물론, 보도, 예술, 종교 등 모든 방면, 모든 각도에서 활발하게 추진되고 있다. 반도인의 열렬한 자각과 내지인 제군의 깊은 반성이 이루어지고 있으며 대륙에서 황도를 선양할 추진 세력으로서 장차 다가오는 중대 시국에 대처하기 위해서 물심양면으로 대륙 병참 기지라는 사명에 정진할 동력이 되고 있다.

이제 이 글을 마무리하는 자리에서 나는 지금 조선의 도시와 농촌, 남녀노소를 불문하고 어떠한 경우에도 거의 모든 회의, 회합, 집회, 혹은 매일 아침 학교의 조회 등에서 전 민중, 전 애국반원에게 애송되고 있는 '황국 신민의 서사'를 소개하며 글을 맺고자 한다.

황국 신민의 서사

1. 우리들은 황국 신민이다. 충성으로 군국에 보답한다.
2. 우리 황국 신민은 서로 신애 협력하여 단결을 굳건히 한다.
3. 우리 황국 신민은 인고 단련하여 힘을 배양하여 황도를 선양한다.

III

사상통제 관련 법령

해제

대개 제국주의 국가는 식민지 민중의 저항을 극복하고 지배를 용이하게 하는 과정에서 식민지에 대하여 법령 형식으로 폭력적 지배를 강요하게 되는데, 이때 제국주의 본국과 식민지 사회에 적용되는 법이 다르며, 법 집행 과정도 자의적이고, 권위주의적인 방법이 사용[1]되기 마련이다. 이는 일제의 경우에도 예외는 아니었다. 조선을 강제로 병합한 후 일제는 직접 통치에 의한 동화주의를 내세웠지만, 조선에서 법률을 요하는 사항은 조선총독의 '제령'으로 정한다고 함으로써 일본과 동일한 법을 조선에 적용하지 않았고, 〈조선에 시행할 법령에 관한 건〉에 의하면 조선에서 필요한 법률은 조선총독이 임의로 발할 수 있게 되어 있었다.

실제로 일제가 식민지 조선에서 지배 구조를 구축하기 위해 제정, 공포하고 있는 법규에는 조서, 황실령, 법률, 칙령, 제령, 부령(府令), 각령(閣令), 성령(省令), 훈령, 도령(道令), 부령(部令), 훈시, 달(達), 유달(諭達), 유고(諭告), 통첩, 각종 공문, 고시 등이 있다. 이 중에 공포된 법률, 칙령, 제령, 부령(府令)만 보더라도 35년간의 일제강점기 중 총 1만여 개에 이를 정도로 치밀한 법망을 형성하고 있다.[2] 이와 같이 일제는 식민통치의 기틀을 마련하기 위해 수많은 법규를 제정, 공포했는데 특히 치안 관계 법규를 통해 식민지 조선의 사상통제를 시도했다. 이 법규 중에는 일제강점기 이전에 만들어진 법규가 적용된 경우도 있었다. 통감부 시대에 만들어져 강점 이후에도 계속 사용된 주요한 것으로는 신문지법, 보안법, 경찰범처벌령, 출판법 등이 있다. 예를 들어 조선의 신문지법은 일본 신문지법의 전신인 신문지조례(1875)를 모델로 하고 있어, 두 법의 법체계는 거의 일치한다. 그러나 조선의 신문지법은 신문지 발행 허가제, 사전 납본 제도, 내부대신의 발행 정지·금지처분권을 정당화하고 있는 것을

1 이창호, 1991, 「제국주의와 한국의 법체계」, 『제국주의와 한국사회』, 한울, 237~265쪽.

2 김철수, 1995, 「일제식민지 시대 치안관계법규의 형성과 적용에 관한 연구」, 『한국사회학』 제29집, 105~145쪽.

비롯하여 발행 절차와 기사 내용의 양면에서 일본 신문지법보다 절대적인 사전적·행정적 통제 구조로 되어 있다. 이는 조선 신문지법의 입법자들이 이 법을 제정할 때 당시 일본의 신문지조례보다 현격하게 규제가 강했던 과거의 조례를 작위적으로 상당 부분 섭취한 결과이다.[3] 이렇게 일본의 신문지법이 여러 차례의 개정을 거쳐 자유화된 것에 반해 조선의 신문지법은 별다른 개정 없이 계속 적용되었다는 점에서 일제의 의도를 엿볼 수 있다. 또한 일제는 강점 이전의 통감부 시대의 보안법, 출판법 등의 법규도 내세워 식민지 조선의 사상을 통제하고자 했다. 보안법은 거의 일제강점기 전 시기에 걸쳐 적용되었고, 출판법 역시 대한제국 법률 제6호로 제정, 공포되었으나 한국통감부 내시에 의해 만들어진 것이기 때문에 실제로는 식민지 조선의 사상을 탄압하고 통제하기 위한 의도가 이미 작동하고 있었다고 하겠다.

강점 직후인 1910년대에 식민지 지배에서 치안유지 및 사상통제를 위해 주로 적용되었던 법규들은 조선태형령, 조선형사령, 경찰범처벌규칙 등이었다. 경찰범처벌규칙은 1908년 제정된 경찰범처벌령을 강화한 것인데 조선의 사상에 대한 규제는 경찰범처벌규칙이나 〈정치에 관한 범죄처벌의 건〉에서 더욱 확연히 드러난다. 1919년의 3·1운동 이후 일제는 기존 지배정책의 위기를 모면하고자 더욱더 치밀한 통제방법으로 〈정치에 관한 범죄처벌의 건〉을 제정, 실시했다. 그러다가 제1차 세계대전 후 본격화된 사회주의적 대중운동의 등장과 더불어 각종 노동단체가 결성되고 소작쟁의와 노동쟁의가 빈발하는 한편, 식민지에서 민족독립운동이 확산되자 일제는 이에 대한 대응의 일환으로 1925년에는 치안유지법이라는 새로운 법을 도입해 조선에 대한 통제를 강화하였다. 이어 1925년 5월 8일에는 〈치안유지법을 조선, 대만 및 사할린에 시행하는 건〉(칙령 제175호)을 공포함으로써 식민지 지배를 위한 치안

3 한영학, 2011, 「광무신문지법과 일본 신문지법의 비교」, 『한국언론학보』 55-1, 337~360쪽.

관련 법체계를 마련하였다. 즉 사회주의 운동에 대한 강력한 통제가 필요했던 일제가 "국체 변혁과 사유재산을 부인할 목적으로 결사를 조직하거나 그 취지를 알고도 이에 가입한 자를 최고 10년 이하의 징역이나 금고에 처할 수 있다"라는 내용을 골자로 하는 〈치안유지법〉을 제정한 것인데, 조선총독부도 이 법률이 제정되자 곧바로 시행에 들어갔다. 이후 1928년 6월과 1941년 3월 두 차례에 걸쳐 개정된 치안유지법은 일본 제국주의를 수호하기 위한 사상범 처벌의 성격을 분명히 제시하고 있어 일제강점하 사상범에게 적용되는 가장 핵심적인 법령의 전형이 되었다.

만주사변과 중일전쟁을 거치면서 사상범에 대한 보다 강력한 사회적 통제가 필요해진 일제는 독립운동, 소작쟁의 및 노동쟁의 등 각종 저항운동, 사회주의 사상과 관련된 여러 움직임을 탄압하기 위해 수많은 관련 법령을 제정, 실시했다. 이 시기의 대표적인 법령으로는 〈불온문서임시취체령〉(1936년 8월), 〈조선사상범 보호관찰령〉(1936년 12월), 〈조선사상범 예방구금령〉, 〈개정 치안유지법(1941년 3월)〉, 〈조선사법보호사업령(1942년 3월)〉 등을 꼽을 수 있다. 이 가운데 사상범의 선도와 재범 방지라는 명목하에 제령 제16호로 제정 공포된 〈조선사상범 보호관찰령〉과 끝까지 전향하지 않는 사상범을 대상으로 실시된 총독부령 제48호 〈조선사상범 예방구금령〉은 주목할 만하다. 엄벌주의의 치안유지법 실시 이후 조선총독부의 사상범에 대한 강력한 통제는 1930년대에 들어서면서 사상범의 격증과 이로 인한 감옥 사무의 증가 및 사회로 복귀한 사상범의 재범을 방지해야 한다는 점에서 새로운 사회 문제를 야기하고 있었다. 때문에 총독부로서는 이 두 가지 법령을 통해 검거된 사상범들에 대하여 보다 지속적인 감시와 통제를 하려고 했던 것이다. 조선총독부는 특히 일본 국내보다 먼저 제정한 독자적인 법령인 〈조선사상범 예방구금령〉을 통해 보호관찰령하에서도 전향하지 않은 사상범에 대해 엄격한 통제를 실시하고자 했다. 따라서 치안유지법 실시 이후 보호관찰령 및 예방구금령으로 이어지는 사상범 관련 법령체계는 일제하 조선총독부의 법령 체계가 갖고 있던 식민지적 성격을 극단적으로 보여 주는 일면이 있었다고 하겠다.[4] 그 후 엄벌주의에서 사상선도를 유도하는 전향 정책으로의 전환을 시도하던 조선총독부는 1942년에는 〈조선사법보호사업령〉 등 사법 보호 관계법령을 공포하고 전면적인 법제화를 추진했다. 일제강점기의 사법 보호는 인도주의적 성격의 갱생 보호가 아니라 전쟁에 동원할 수 있는 인적 자원 확보를 위한 황민화 사업의 일환이었다는 점이 특징적이다.

식민지에서의 법령은 제국주의 국가의 지배를 정당화하기 위한 수단으로 종종 사용되기 때문에 당시 법령을 들여다보면 일제가 이들 법령을 통해 어떻게 조선의 사상을 통제하려고 했는지를 가늠할 수 있다. 그러한 의미에서 제3장에 게재한 관련 법령들은 일제가 조선의 사상통제를 위해 일제강점 이전부터 입안된 관련 법령과 강점 이후 새롭게 추가된 법령들을 통하여 얼마나 조선의 사상통제를 강화해 나갔는지를 여실히 드러내는 유의미한 자료라고 하겠다. 또한 '본국'으로부터의 '독립'을 끊임없이 꿈꾸는 피지배민족의 사상을 '끊임없이' 통제하지 않으면 안 되는 제국의 속성과 무관할 수 없는 상황에서 입안되고, 제정, 시행된 수많은 관련 법령의 내용이나 실질적인 법의 적용은 제국의 이익을 옹호하는 방향으로 이루어졌음은 물론이고, 동시에 매우 폭압적이었음을 새삼 확인할 수 있다.

박미경

4 황민호, 2005, 「전시통제기 조선총독부의 사상범 문제에 대한 인식과 통제」, 『사학연구』 79, 207~245쪽.

1. 일제강점 이전의 선행 법령

1) 일본 측 법령

〈자료 145〉 참방율(讒謗律)[1875년(明治 8)][5]

제1조 무릇 사실 유무에 관계없이 타인의 명예를 해치는 행위를 폭로하고 널리 알리는 것을 참훼(讒毁)라고 한다. 타인의 행위를 낱낱이 들지 않고 오명(惡名)을 덧씌워 다른 이들에게 공포하는 것을 비방이라고 한다. 저서, 문서나 도화(圖畫), 초상을 이용하여 전시 및 발매를 하거나 부착하거나 하여 타인을 참훼하거나 비방하는 자는 이하의 조항에 의해 벌한다.

제2조 제1조에 의해 승여(乘輿)[6]를 범한 자는 금옥(禁獄)[7] 3월 이상 3년 이하, 벌금 50엔 이상 100엔 이하. 〈두 가지 벌을 병행하여 부과하거나 한 가지 벌만 부과한다. 이하 이에 따른다.〉

제3조 황족을 범한 자는 금옥 15일 이상 2년 반 이하, 벌금 15엔 이상 700엔 이하.

제4조 관리의 직무에 관하여 참훼하는 자는 금옥 10일 이상 2년 이하, 벌금 10엔 이상, 500엔 이하. 비방하는 자는 금옥 5일 이상 1년 이하, 벌금 5엔 이상 300엔 이하.

제5조 화사족(華士族)[8], 평민에 대한 것을 사실과 관계 없이 참훼하는 자는 금옥 7일 이상 1년 반 이하, 벌금 5엔 이상 300엔 이하. 비방하는 자는 벌금 3엔 이상 100엔 이하.

제6조 법에 의해 검관(檢官) 혹은 법관에게 범죄를 고발하거나 증명하는 자는 제1조의 범

---

5 1875년(明治 8) 신문지조례(新聞紙条例)와 함께 메이지 정부에 의해 공포된 언론규제법령. 저작권에 의해 사람을 참방하는 자를 벌하는 것이었는데, 그 목적은 자유 민권운동(自由民權運動) 등 정부 비판의 억압에 있었다.

6 임금이 타던 수레를 이르는 말로, 천자의 경칭(敬稱)에 해당한다.

7 옥에 가두어 두던 형벌을 말한다. 중죄(重罪)에 부과하는 형으로, 중금옥과 경금옥이 있었다.

8 구헌법하에서 황족과 사족(士族) 사이에 위치하면서 귀족 대우를 받던 특권적 신분인 화족(華族)과 메이지유신 이후 에도 시대의 구 무사 계급과 조정에서 벼슬을 하던 구게(公家) 집안 출신 중에서 원칙적으로 녹을 받지만 화족이 되지는 못한 사람들에게 주었던 신분 계급인 사족을 지칭하는 말이다.

위에 들어가지 않는다. 따라서 무고한 자는 무고율(誣告律)에 의한다.

제7조 만일 참훼를 당한 것이 형법에 저촉되는 경우에는 검관이 이를 규치(糾治)[9]하거나 혹은 참훼한 자가 검관 혹은 법관에게 고발당했을 때는 참훼죄를 법으로 다스리는 것을 중지하고 사안이 결정될 때까지 기다리며, 그 피고인이 (다른) 범죄에 연루되었을 때는 참훼죄를 논하지 않는다. 만일 사건이 형법에 저촉되지 않고 단순히 사람의 명예를 해치는 경우에는 참훼를 한 후 관에 고발당했더라도 참훼죄로 다스린다.

제8조 무릇 참훼, 비방이 제4조 제5조에 관계되는 경우는 피해 관민 스스로가 고발하기를 기다렸다가 바로 논한다.

〈자료 146〉 신문지조례[1875년(明治 8)][10]

제1조 신문지 및 때때로 출판하는 잡지, 잡보(雜報)를 발행하고자 하는 자는 소유자 혹은 사주로부터 관할 부현청(府縣廳)을 경유하여 내무성으로 청원서를 제출하여 승인을 받아야 한다. 승인을 받지 않고 발행하는 자는 법사(法司)에 회부하여 죄를 논하고 〈조례를 위반한 자는 부현청에서 지방 법사에 회부하여 죄를 논한다.〉

제2조 청원서에 게재할 내용은 이하와 같다.

1. 신문 또는 서류의 표제(題號)
2. 인쇄 출판의 기간이나 기한 〈매일, 매주, 매월 혹은 비정기 등〉
3. 소유자의 성명, 주소 ○회사의 경우는 선불금인(差金人)을 제외한 그 밖의 사주(社主) 1인 혹은 여러 명의 성명, 주소
4. 편집인의 성명, 주소 ○편집인이 여러 명인 경우에는 편집인장 1인의 성명, 주소
5. 인쇄인의 성명, 주소 ○편집인 스스로가 인쇄인을 겸하는 경우는 그 사유를 적는다.

---

9 규죄치벌(糾罪治罰)의 뜻으로, 죄를 규탄하고 조사하여 법으로 다스린다는 의미이다.

10 자유 민권운동을 탄압하기 위해 참방율과 함께 1875년 6월 28일에 발포된 신문단속조례(新聞取締条例)이다. 1883년 전문(全文) 개정을 거쳐 신문, 잡지에 대한 탄압의 의도를 더욱더 분명히 드러내었으며, 이후 1887년, 1897년 개정 등을 통해 행정권에 의한 발행 정지, 반포 금지, 압류권 등은 폐지되었지만 근본적인 개정은 이루어지지 않은 채 1909년 신문지법으로 계승되었다.

이상의 5개 사항 중 거짓이나 오류가 있는 경우에는 발행을 금지 혹은 정지하고 〈시일을 한정하여 발행을 금지하는 것을 정지라고 한다〉 아울러 청원인에게 10엔 이상 100엔 이하의 벌금을 부과한다.

제3조 편집인 혹은 편집인장을 퇴임하거나 혹은 사망할 때는 임시로 편집인 혹은 편집인장을 정하고 인쇄 출판할 수 있다. 다만 늦어도 15일 내에 〈퇴임, 사망 다음 날부터 기산한다.〉 새로 정한 편집인 혹은 편집인장의 성명, 주소를, 소유자 혹은 사주로부터 그 부현청에 신고해야 한다. 만일 기일 내에 신고를 하지 않을 때는 발행을 정지하고 소유자 또는 사주에게 벌금 100엔을 부과한다. 그 밖에 제2조 청원서에 기재해야 할 항목 가운데 1의 변경이 있을 때는 늦어도 15일 내에 소유자 혹은 사주 및 편집인 혹은 편집인장의 연명으로 신고를 해야 한다. 만일 기일내에 신고를 하지 않을 때는 소유자 혹은 사주 및 편집인 혹은 편집인장에게 각각 벌금 100엔을 부과한다.

제4조 소유자 혹은 사주 및 편집인 혹은 임시 편집인은 내국인에 한해야 한다.

제5조 소유자 혹은 사주가 직접 편집인 혹은 편집인장일 수 있다.

제6조 편집인이 2인 이상인 경우는 그중 1인을 골라 편집인장으로 해야 한다.

매호(毎紙), 매권 말미에 편집인, 인쇄인명을 기입하고 편집인이 여러 명인 경우에는 편집인장명을 기입한다. 편집인 혹은 편집인장이 질병, 사고를 당한 경우에는 대리인을 정하여 그 이름을 기입해야 한다. 만일 이름을 기입하지 않은 경우에는 편집인 혹은 편집인장 또는 대리인에게 벌금 100엔 이상 500엔 이하를 부과하고, 인쇄인에게 벌금 100엔을 부과한다.

제7조 신문이나 책에 기재하는 곳은 제12조 이하의 금령을 어기거나 혹은 참방율(讒謗律)을 위반했을 때는 편집인을 일차적으로 문제 삼아 논하고 필자는 부차적으로 문제 삼는다. 소유자 혹은 사주가 취지를 알고 있는 경우에는 편집 서명인과 동일하게 문제 삼는다.

제8조 신문지 및 잡지, 잡보의 필자는 (투서자는 필자로 규정함) 대수롭지 않은 사소한 일을 제외하고 대개 내외 국사(國事), 이재(理財), 인정(人情), 시태(時態), 학술, 법교(法教), 논의 및 일이 관민의 권리에 관계되는 경우에는 모두 그 성명, 주소를 적어야 한다.

필자가 이름을 바꾸어 사용한 경우에는 금옥 30일, 벌금 10엔을 부과한다. 다른 사람의 이름을 가탁[11]하는 자는 금옥 70일, 벌금 20엔을 부과한다(두 가지 벌을 병행하여 부과하거나 오직 한 가지 벌을 부과한다. 이하 이에 따름).

제9조 외국 신문지 및 잡지, 잡보를 번역하여 기입하는 경우에는 대수롭지 않은 사소한 일을 제외하고 역자명을 서명하고, 제12조 이하의 금령을 어기거나 참방율을 위반했을 때는 번역자가 그 책임을 져야 함은 제7조 필자를 부차적으로 문제시한다는 선례에 의한다.

제10조 법적인 처벌을 받을 만한 행위(事犯)가 편집인에 그치고 금옥(禁獄)의 명을 받았을 때는 특별히 발행을 금지한 경우를 제외하고 소유자 혹은 사주로부터 임시로 편집인을 정하거나 혹은 새로 편집인을 정하여 발행할 수 있다. 편집인을 정하지 않고 발행하는 경우는 발행을 정지해야 한다.

제11조 신문지 혹은 잡지, 잡보에 지명된 관공서, 회사 혹은 인민으로부터 변백서(辯白書) 혹은 개정을 요구하는 문서를 보내올 경우는 그 문서를 받는 대로 바로 다음 호에 찍어내야 한다. 위반하는 경우에는 편집인에게 벌금 10엔 이상 100엔 이하를 부과한다.

제12조 신문지 혹은 잡지 잡보에서 타인을 교사하여 범죄를 저지르게 한 경우는 범죄를 저지른 자와 동일한 죄, 교사에 그친 경우에는 금옥(禁獄) 5일 이상 3년 이하, 벌금 10엔 이상 500엔 이하를 부과한다.

제13조 정부를 파괴하고 국가를 전복하는 주장을 게재하여 소란을 선동하려는 자는 징역 1년 이상 3년까지를 부과한다. 실제로 범죄를 저지른 경우에는 주범과 동일하게 문제 삼는다.

제14조 성법(成法)을 헐뜯고 비방(誹毁)하여 국민법을 준수하는 의의를 어지럽히고 현저하게 형률(刑律)에 저촉되는 범죄를 비호하는 주장을 하는 경우에는 징역 1월 이상 1년 이하, 벌금 5엔 이상 100엔 이하를 부과한다.

---

11 거짓으로 핑계를 꾸며서 댄다는 의미이다.

제15조 재판소의 단옥(斷獄)[12], 예비조사와 관련하여 아직 공판에 회부되지 않은 것을 기재할 수 없다. 또한 재판관의 심판 의사(議事)를 기재할 수 없다. 위반하는 경우에는 징역 1월 이상 1년 이하, 벌금 100엔 이상 500엔 이하를 부과한다.

제16조 원성사청(院省使廳)의 허가를 거치지 않고 상서(上書), 건백(建白)을 기재할 수 없다. 위반할 경우에는 앞 조와 동일하게 벌한다.

부칙

이 조례 공포 전에 이미 승인을 얻어 발행한 신문지, 잡지, 잡보는 새로 청원서를 제출할 필요는 없다. 다만 부현청을 경유하여 내무성에 신고하기 위해서 이 공포된 날로부터 10일까지 (공포된 다음 날부터 기산한다) 부현청으로 제2조 다섯 번째의 신고서를 제출해야 한다. 10일이 지났는데도 신고서를 제출하지 않은 경우에는 부현청에서 발행을 금해야 한다. 다시 청원을 할 경우에는 제1조에 따라야 한다.

종전 편집인이 여러 명 있으면서 편집인장이 없는 경우에는 조례가 공포된 날로부터 2일까지 (공포된 다음 날부터 기산한다) 편집인장을 정하거나 혹은 임시로 정해야 한다. 2일이 지나고 인쇄 발행된 신문 혹은 문서에 편집인장의 서명이 없는 경우에는 부현청에서 발행을 금지해야 한다. 다시 청원하는 경우에는 앞과 동일하다.

〈자료 147〉 보안조례[1887년(明治 20)] 〈칙령 67호〉

제1조 일반적으로 비밀결사 또는 집회를 금한다. 위반 시에는 1월 이상 2년 이하의 경금고(輕禁錮)[13]에 처하고 10엔 이상 100엔 이하의 벌금을 부과한다. 그 수뇌 및 교사자는 2등급을 가중 처벌한다. 내무대신은 앞 항의 비밀결사 또는 집회, 또는 집회조례 제8조에 게재하는 결사집회의 연결 통신을 저지하기 위해 필요한 예방 처분을 시행할 수 있다. 그 처분에 대하여 명령을 위반하는 자는 앞 항과 동일하게 벌한다.

---

12 중대(重大)한 범죄(犯罪)를 처단(處斷)한다는 의미를 품고 있다.

13 일본 구형법(旧刑法)에서 정한 금고(禁錮)형의 하나로 11일 이상 5년 이하의 형기로 노역을 시키지 않는다.

제2조 옥외 집회 또는 군집은 사전 허가 여부와 상관없이 경찰관서에서 필요하다고 인정될 때는 이를 금할 수 있다. 그 명령을 위반하는 경우에는 수뇌, 교사자 및 취지를 알고 모임에 참가하여 조력한 자는 3월 이상 3년 이하의 경금고에 처하고, 10엔 이상 100엔 이하의 벌금을 부과한다. 부화뇌동하여 수행한 자는 2엔 이상 20엔 이하의 벌금에 처한다. 집회자에게 병기를 휴대하게 한 자 또는 각자가 휴대한 자는 각각 이 형에 2등급을 가중 처벌한다.

제3조 내란을 음모하거나 교사하여 치안을 방해할 목적으로 문서 또는 도서를 인쇄 또는 판각(板刻)한 자는 형법 또는 출판조례에 의해 처분하는 것 외에도 그 범죄에 사용된 일체의 기계를 몰수해야 한다. 인쇄자가 그 취지를 알지 못했다면 앞 항의 처분을 면할 수 있다.

제4조 황거(皇居) 또는 행재소(行在所)[14]에서 30리 이내 거리에 있는 땅에 주거 또는 기숙하는 자로, 내란을 음모하거나 또는 교사하여 치안을 방해할 우려가 있다고 인정될 때는 경시총감 또는 지방장관은 내무대신의 인가를 거쳐 기일 또는 시간을 한정하여 퇴거를 명하고 3년 이내 동일한 거리내로 출입, 기숙 또는 주거를 금할 수 있다. 퇴거 명령을 받고 기일 또는 시간 내에 퇴거하지 않은 자, 또는 퇴거한 후 다시 금령을 위반하는 자는 1년 이상 3년 이하의 경금고에 처하고, 5년 이하의 감시를 붙인다. 감시는 본적지에서 이를 집행한다.

제5조 민심의 동요에 의해 또는 내란의 예비 또는 음모를 꾸미는 자가 있어 치안을 방해할 우려가 있는 지방에 대하여 내각은 임시로 필요하다고 인정될 경우 그 지방에 한해 기한을 정하여 다음 각 항의 전부 또는 일부를 명령할 수 있다.

1. 대개 공중집회는 옥내, 옥외를 불문하고 어떤 명의로 실시하든지 간에 미리 경찰관서의 허가를 거치지 않은 것은 모두 이를 금할 것.
2. 신문지 및 기타 인쇄물은 미리 경찰관의 검열을 거치지 않으면 발행을 금할 것
3. 특별한 사유에 의해 관청의 허가를 얻은 자를 제외하고 그 외에 총기, 단총, 화약, 도

14 왕이 궁궐을 벗어나 외부 행사를 주관하거나 왕실 가족을 만나기 위해 행행(行幸)할 때 도중에 잠시 쉬어 가는 장소를 가리키는 말이다.

검, 속에 칼 따위를 장치한 지팡이 같은 종류의 것은 모두 휴대, 운반, 판매를 금할 것.

4. 여행자의 출입을 검사하고 여권 제도를 마련할 것.

제6조 앞 조의 명령에 대한 위범자는 1월 이상 2년 이하의 경금고(輕禁錮), 또는 5엔 이상 200엔 이하의 벌금에 처한다. 형법 또는 기타 특별법률을 함께 위반한 경우에는 각각 이 법에 비추어 중요도에 따라 처단한다.

제7조 이 조례는 공포일로부터 시행한다.

〈자료 148〉 집회 및 정사법(集會及政社法)[1890년(明治 23)] 〈법률 제53호〉

제1조 이 법률에서 정담(政談) 집회라고 칭하는 것은 어떤 명의를 사용하든지 상관없이 정치에 관한 사항을 강담(講談), 논의하기 위해 공중(公衆)을 회동(會同)[15]하는 것을 말한다. 정사(政社)라고 칭하는 것은 어떤 명의를 사용하든지 간에 정치에 관한 사항을 목적으로 하여 단체를 조성하는 것을 말한다.

제2조 정담 집회에는 발기인을 정해야 한다. 정담 집회를 열 때는 발기인으로부터 개회 48시간 이전에 회장 소재지의 관할 경찰관서에 신고해야 한다. 앞 항의 신고가 있었을 때는 경찰관서는 곧바로 그 영수증을 교부해야 한다. 신고서에는 집회 장소, 연월일, 일시와 발기인 및 강담, 논의자의 성명, 주소, 연령을 기재하고 발기인 서명을 날인해야 한다. 신고서에 기재한 시각으로부터 3시간이 지나고도 개회를 하지 않을 때는 신고 효력을 잃은 것으로 한다.

제3조 일본 신민으로, 공권을 가지는 성년 남자가 아니면 정담 집회 발기인이 될 수 없다.

제4조 현역 및 소집 중에 관계되는 예비, 후비의 육해군 군인, 경찰관, 관립, 공립, 사립학교의 교원, 학생, 생도, 미성년자 및 여자는 정담 집회에 회동할 수 없다. 법률로 조직한 의회의 의원 선거 준비를 위해서 개최하는 집회는 투표일로부터 30일 전에는 선거권을 행사하는 자 및 피선거권을 가진 자에 한하여 이 조의 제한에 따를 필요가 없다.

---

15 일정한 목적으로 여러 사람이 한데 모이는 것을 말한다.

제5조 정담 집회에서는 외국인은 강담, 논의자가 될 수 없다.

제6조 정담 집회는 옥외에서 개최할 수 없다.

제7조 일반적으로 옥외에서 공중을 회동하거나 다중(多衆)운동을 하고자 할 때는 발기인으로부터 48시간 이전에 회동할 장소, 연월일, 일시 및 통과하는 노선을 관할 경찰관서에 신고하고 인가를 받아야 한다. 다만 장제(葬祭), 강사(講社), 학생 생도의 체육운동 및 그 밖의 관례상 허용되는 것과 관계되는 것은 예외이다. 경찰관서는 앞 항의 신고에서 안녕질서에 방해가 된다고 판단될 때는 인가를 거부할 수 있다. 경찰관서는 안녕질서에 방해가 된다고 판단될 때는 어떠한 경우에라도 상관없이 옥외의 집회 또는 다중운동을 금지할 수 있다.

제8조 제국의회가 개회되어 폐회될 때까지 의원에서 30리 이내로 떨어진 곳에서는 옥외의 집회 또는 다중운동을 할 수 없다. 다만 제7조 제1항의 단서 조항의 경우에는 이 조에서도 이를 적용한다.

제9조 경찰관서는 제복을 입은 경찰관을 파견하여 정담 집회에 임감(臨監)[16]하게 할 수 있다.

발기인은 임감 경찰관에게 그가 요구하는 곳에 자리를 제공해야 하며, 집회에 관한 사항에 대하여 심문이 있을 때는 무엇이든지 간에 이에 대답해야 한다. 정담 집회가 아니더라도 안녕질서를 방해할 우려가 있다고 판단될 경우에는 제1항의 임감을 실시할 수 있다.

제10조 일반적으로 집회에는 무기 또는 흉기를 휴대하고 회동할 수 없다. 다만 제규(制規)에 의해 무기를 휴대하는 경우는 예외이다.

제11조 일반적으로 집회에서 범죄를 곡비(曲庇)[17]하거나 또는 형률에 저촉된 자, 혹은 형사 재판 중인 자를 구호하거나 동정하고, 또는 범죄를 교사하는 담론을 펼칠 수 없다.

제12조 회장에서 고의로 시끄럽게 떠들거나 난폭하게 구는 자가 있을 때는 경찰관은 이를 제지하고 명령에 따르지 않을 때는 회장 밖으로 퇴출시킬 수 있다.

---

16 벌어지는 현장에서 지켜보는 것을 뜻한다.

17 도리를 어기면서 남을 감싸고 보호해 준다는 의미이다.

제13조 경찰관은 다음의 경우에 집회 해산을 명령할 수 있다.

1. 집회 성립이 이 조례를 위반했을 때
2. 제11조를 위반했을 때, 또는 안녕질서를 방해한다고 판단되었을 때. 이 경우에는 전체 모임을 해산하지 않고 단순히 그 한 사람의 강담, 논의만 정지시킬 수 있다.
3. 경찰관의 임감을 거부하거나 또는 요구하는 곳에 자리를 제공하지 않거나 심문에 대답을 하지 않을 때
4. 회중이 소요로 번져 경찰관이 이를 제지하여도 진정되지 않을 때
5. 제4조, 제10조의 위법자가 다수에 이르러 경찰관으로부터 퇴장을 명령받았음에도 불구하고 명령에 따르지 않을 때

제14조 제2조의 신고를 하지 않고 정담 집회를 개최했을 때는 발기인을 10엔 이상 100엔 이하의 벌금에 처한다. 그 회장을 대여한 자도 동일하다.

제15조 제2조의 신고를 했으나 사실대로 하지 않은 경우에는 발기인을 앞 조와 동일하게 벌한다.

제16조 제3조를 범한 자 및 제4조를 위반하고 회동한 자 및 이를 제지하지 않은 발기인은 2엔 이상 20엔 이하의 벌금에 처한다.

제5조를 범한 발기인은 앞 항과 동일하게 벌한다.

정담 집회에 회동하지 못하는 자를 권유하여 회동하게 한 발기인은 본조 제1항의 전례에 비추어 1등급을 가중 처벌한다.

제17조 제6조를 범한 발기인 및 강담, 논의자는 11일 이상 6월 이하의 경금고 또는 5엔 이상 50엔 이하의 벌금에 처한다.

제18조 제7조를 위반했을 때는 발기인 및 교사인을 10엔 이상 100엔 이하의 벌금에 처한다.

제19조 제8조를 위반했을 때는 발기인 및 교사인을 11일 이상 6월 이하의 경금고 또는 10엔 이상 100엔 이하의 벌금에 처한다.

제20조 제10조를 범한 자는 11일 이상 6월 이하의 경금고에 처한다. 이를 제지하지 않은 발기인도 동일하다.

제21조 제11조를 범한 자는 1월 이상 6월 이하의 경금고 또는 20엔 이상 200엔 이하의 벌금에 처한다.

제22조 경찰관으로부터 해산 명령을 받은 후 해산을 하지 않은 경우 또는 퇴출 명령을 받지 않은 자는 11일 이상 6월 이하의 경금고 또는 2엔 이상 20엔 이하의 벌금에 처한다.

제23조 정사(政社)에는 임원을 두어야 한다. 정사는 조성 후 3일 이내에 임원으로부터 사명(社名), 사칙(社則), 사무소, 임원 및 사원 명부를 사무소 소재지의 관할 경찰관서에 신고해야 한다. 그 신고 사항에 변경이 있을 때도 동일하다. 앞 항의 신고가 있었을 때는 경찰관서는 바로 영수증을 교부해야 한다. 임원은 그 정사에 관한 사항에 대하여 경찰관으로부터 심문이 있을 때는 무엇이든지 이에 대답해야 한다.

제24조 정사 중에 정담, 집회를 열 때는 제2조의 절차에 따라야 한다. 다만 강담, 논의자 및 회장을 예정하여 정기적으로 집회를 하는 경우는 이를 첫 모임이 개회되기 48시간 이전에 신고할 때는 이후의 모임시에는 신고할 필요가 없다. 또한 그 신고 사항에 변경이 있었을 때는 제2조의 절차에 의해야 한다.

제25조 현역 및 소집 중에 관계되는 예비 후비 육해군 군인, 경찰관, 관립, 공립, 사립학교의 교육, 학생, 생도, 미성년자, 여자 및 공권을 가지지 않는 남자는 정사에 가입할 수 없다.

제26조 정사에는 외국인을 가입시킬 수 없다.

제27조 정사는 휘장 및 깃발을 사용할 수 없다.

제28조 정사는 위원 혹은 문서를 발행하여 공중을 유도하거나 지사를 두고, 혹은 다른 정사와 연결 통신할 수 없다.

제29조 정사에서는 법률로 조직한 의회의 의원에 대하여 그 발언 및 의결에 대하여 의회 밖에서 책임을 지게 하는 제규를 마련할 수 없다.

제30조 일반적으로 결사가 안녕질서에 방해가 된다고 판단될 때는 내무대신이 이를 금지할 수 있다. 만일 금지 명령에 따르지 않고 여전히 결사(結社)하는 사실이 있는 경우에는 2월 이상 2년 이하의 경금고 또는 20엔 이상 200엔 이하의 벌금에 처한다.

제31조 제23조를 위반하여 정사의 신고를 하지 않을 때, 또는 경찰관의 심문에 대답하지 않을 때는 그 임원을 10엔 이상 100엔 이하의 벌금에 처한다. 제23조의 신고를 해도 사실대로 하지 않을 때, 또는 심문을 받고 허위 대답을 할 때는 앞 항의 예에 비

추어 1등급을 가중 처벌한다.

제32조 제25조를 위반하고 입사한 자 및 입사하게 한 임원은 2엔 이상 20엔 이하의 벌금에 처한다. 제26조를 범한 임원은 앞 항과 동일하게 처벌한다.

제33조 제27조를 어기고 휘장, 깃발을 사용한 자 및 그 정사의 임원은 2엔 이상 20엔 이하의 벌금에 처한다.

제34조 제28조를 위반했을 때는 그 임원 또는 위원을 1월 이상 1년 이하의 경금고 또는 5엔 이상 50엔 이하의 벌금에 처한다.

제35조 집회의 발기인 또는 결사의 임원인 경우에는 1인 또는 여러 명, 혹은 어떤 명의라 하더라도 상관 없이 모두 발기인 또는 임원이 책임진다.

제36조 이 법률을 어긴 경우는 수죄구발(數罪俱發)[18]의 예를 이용하지 않는다.

제37조 이 법률에 관한 공소의 기만면제(期滿免除)[19]는 6월로 한다.

제38조 법률 명령에 정한 집회는 이 법률의 범주에 속하지 않는다.

〈자료 149〉 출판법[1893년(明治 26)] 〈법률 제15호〉

제1조 일반적으로 기계, 화학 기타 어떤 방법을 가지고 하든지 상관없이 문서, 도화(圖畫)를 인쇄하고 이것을 발매하고 또는 반포하는 것을 출판이라고 한다. 그 문서를 저술하거나 또는 편찬하거나 혹은 도화를 만드는 사람을 저작자라고 하며, 발매, 반포를 담당하는 이를 발행자라고 하고, 인쇄를 담당하는 이를 인쇄자라고 한다.

제2조 신문지 또는 정기적으로 발행하는 잡지를 제외한 기타 문서, 도화의 출판은 모두 이 법률에 의하여 출판할 수 있다. 단 오로지 학술, 기예(技藝), 통계, 광고의 종류를 기재하는 잡지는 이 법률에 의해 출판할 수 있다.

제3조 문서, 도화를 출판할 때는 발행일로부터 도착일수를 제외하고 3일 전에 제본 2부를 첨부하여 내무성에 신고해야 한다.

18 한 사람이 저지른 여러 가지의 죄가 한꺼번에 드러난다는 말이다.

19 소멸 시효를 이르는 이전의 말로, 법률로 정한 기간을 지나서 그 책임이나 형벌을 면하게 된다.

제4조 관청에서 문서, 도화를 출판할 때는 그 관청으로부터 발행 전에 제본 2부를 내무성으로 송부해야 한다.

제5조 출판 신고는 저작자 또는 그 상속자 및 발행자가 연명 날인하여 제출해야 한다. 다만 비매품은 저작자 또는 발행자만이 신고할 수 있다. 판권 보호가 없는 문서, 도화를 출판할 때, 혹은 저작자 또는 그 상속자를 알지 못할 때는 그 사유를 적어 발행자가 제출해야 한다. 학교 회사, 협회 등에서 저작 명의로 출판하는 문서, 도화는 그 학교, 회사, 협회 등을 대표하는 자가 발행자와 연명 날인하여 이를 신고해야 한다.

제6조 문서, 도화의 발행자는 문서 도화의 판매를 가지고 영업으로 하는 자에 한한다. 다만 저작자 또는 그 상속자는 발행자를 겸할 수 있다.

제7조 문서, 도화의 발행자는 성명, 주소 및 발행 연월일을 그 문서, 도화의 말미에 기재해야 한다.

제8조 문서, 도화의 인쇄자는 성명, 주소 및 인쇄 연월일을 그 문서, 도화의 말미에 기재하고, 주소와 인쇄소가 동일하지 않을 때는 인쇄소도 기재해야 한다. 인쇄소가 만일 여러 사람의 공동 소유일 때는 영업상 그 인쇄소를 대표하는 자를 인쇄자라고 한다. 앞 2항의 인쇄소가 만일 영업상 관행적인 명칭이 있는 경우에는 그 명칭도 기재해야 한다.

제9조 서간, 통신, 보고, 사칙(社則), 숙칙(塾則), 전단지, 여러 가지 예(藝)의 순위, 여러 종류의 용지, 증서류 및 사진은 제3조, 제6조, 제7조, 제8조에 의거할 필요가 없다. 다만 제16조, 제17조 제18조, 제19조, 제21조, 제26조, 제27조에 저촉되는 경우는 이 법률에 의하여 처분한다.

제10조 문서, 도화의 책호(冊號)에 따라 순차적으로 출판하는 경우는 그때마다 제3조의 절차에 따라야 한다. 다만 잡지류의 경우에는 내무대신의 허가를 거쳐 그 절차를 생략할 수 있다. 이 법률에 의해 출판하는 잡지는 12개월간 1회라도 발행하지 않을 경우에는 폐간한 것으로 간주해야 한다.

제11조 한번 출판을 한 문서, 도화의 재판은 출판 신고를 할 필요가 없지만, 만약 개정 증감하거나 주해, 부록, 회화 등을 덧붙인 경우에는 역시 제3조에 의해야 한다.

제12조 연설 혹은 강의의 필기는 연설자 혹은 강의자를 가지고 저작자라고 한다. 다만 필

기자 중에 연설자 혹은 강의자의 허락을 얻어 스스로가 이를 출판할 때는 필기자를 저작자로 간주해야 한다. 이 경우에 기재 사항이 제16조, 제17조, 제18조, 제19조, 제21조, 제26조, 제27조에 저촉될 때는 연설자 혹은 강의자, 필기자는 동일하게 그 죄를 따진다.

공개 석상에서 한 연설을 신문지 혹은 잡지의 통신자가 필기하여 신문지 혹은 잡지에 기재한 것 및 모두 연설자 강의자의 승낙을 거치지 않고 그 필기를 출판한 것에 관해서는 연설자 혹은 강의자는 책임을 지지 않는다. 공개 석상에서 한 연설 외에는 강의자 또는 연설자의 허락을 얻지 못할 경우에 타인이 그 필기를 출판할 수 없다. 단, 본항과 다른 자는 판권법에 의해 그 책임을 지게 한다.

제13조 2종 이상의 저작 혹은 연설, 강의의 필기를 편찬하여 일부를 문서화할 때는 편찬자를 저작자로 간주해야 한다. 앞 조 제1항의 말단 및 제2항 제3항은 본조에 적용해야 한다.

제14조 번역은 번역자를 저작자라고 간주해야 한다.

제15조 학교, 회사, 협회 등에서 저작의 명의를 가지고 출판하는 문서, 도화는 그 출판 신고에 서명을 한 대표자를 저작자로 간주해야 한다.

제16조 범죄를 비호하거나 형사(刑事)에 저촉된 자 혹은 형사재판 중인 자를 구호하거나 혹은 동정하는 문서를 출판할 수 없다.

제17조 중죄, 경죄의 예심에 관한 사항은 공판에 회부되기 이전에는 이를 출판할 수 없다. 방청을 금지한 소송의 사항은 이를 출판할 수 없다.

제18조 외교, 군사, 기타 관청의 기밀에 관하여 공개하지 않은 관의 문서 및 관청의 의사(議事)는 해당 관청의 허가 없이는 이를 출판할 수 없다. 법률에 의하여 방청을 금한 공회의 의사는 이를 출판할 수 없다.

제19조 안녕질서를 방해하거나 풍속을 어지럽히는 것으로 판단되는 문서, 도화를 출판했을 때는 내무대신이 판매, 반포를 금하고 그 각판본 및 인쇄한 책(印本)을 압류할 수 있다.

제20조 외국에서 인쇄한 문서, 도화가 안녕질서를 방해하거나 풍속을 어지럽히는 것으로 판단될 때는 내무대신이 그 문서, 도화의 국내에서의 발매, 반포를 금하고 그 인쇄

한 책을 압수할 수 있다.

제21조 군사 기밀에 관한 문서, 도화는 해당 관청의 허가를 받지 않으면 출판할 수 없다.

제22조 제3조의 신고를 하지 않고 문서, 도화를 출판한 자는 5엔 이상 50엔 이하의 벌금에 처한다.

제23조 제6조를 위반하는 자는 11일 이상 3월 이하의 경금고 또는 5엔 이상 50엔 이하의 벌금에 처한다.

제24조 발행자가 자기의 성명, 주소 또는 발행 연월일, 인쇄자의 성명, 주소 또는 인쇄 연월일을 발행하는 문서, 도화에 기재하지 않거나 기재했더라도 사실대로 하지 않은 경우에는 2엔 이상 30엔 이하의 벌금에 처한다.

제25조 인쇄자가 자기의 성명, 주소 또는 인쇄 연월일을 인쇄하는 문서, 도화에 기재하지 않거나 이를 기재했더라도 사실대로 하지 않은 경우에는 앞 조와 동일하게 벌한다. 주소와 인쇄소가 동일하지 않을 때 및 인쇄소가 영업상 관행적인 명칭이 있을 때 인쇄소 및 명칭을 기재하지 않은 경우에도 앞 항과 동일하다.

제26조 정체(政體)를 변괴(變壞)하여 국헌을 문란하게 하고자 하는 문서, 도화를 출판했을 때는 저작자, 발행자, 인쇄자를 2월 이상 2년 이하의 경금고에 처하고 20엔 이상 200엔 이하의 벌금을 부과한다.

제27조 풍속을 어지럽히고 무너뜨리는 문서, 도화를 출판했을 때는 저작자, 발행자를 11일 이상 6월 이하의 경금고 또는 10엔 이상 100엔 이하의 벌금에 처한다.

제28조 제16조, 제17조, 제18조, 제21조에 저촉되는 문서, 도화를 출판했을 때는 저작자, 발행자를 11일 이상 1년 이하의 경금고 또는 10엔 이상 200엔 이하의 벌금에 처한다. 제19조, 제20조에 의해 발매, 반포가 금지된 문서, 도화를 발매, 반포한 경우 앞 항과 동일하게 처벌하고 아직 발매, 반포되지 않은 문서, 도화는 몰수한다.

제29조 제26조, 제27조, 제28조의 경우에 각판본 및 인쇄한 책은 검사가 이를 임시로 압류할 수 있다.

제30조 앞 조의 압류를 할 때는 제본의 체재에 따라 압류하는 부분과 다른 부분을 분할할 수 있는 경우에는 이를 분할할 수 있다.

제31조 문서, 도화를 출판함으로써 비훼(誹毁)의 소송을 당한 경우 사행(私行)에 관계되는

것을 제외하고 재판소에서 오로지 공익을 위해 한 것으로 판단될 때는 피고인에게 사실 증명을 허락할 수 있다. 만일 이를 증명했을 때는 그 죄를 면한다. 손해배상 소송을 당했을 때도 동일하다.

제32조 이 법률을 어긴 경우에는 형법의 자수 감경, 재범 가중, 수죄구발의 전례를 적용하지 않는다.

제33조 이 법률에 관한 공소 시효는 1년을 경과함으로써 성립된다.

제34조 이 법률에 의해 출판하는 잡지가 그 기재 사항이 제2조의 범위 밖에 미칠 때는 내무대신이 이 법률에 의해 출판하는 것을 중지시킬 수 있다. 이 경우에는 1개년을 경과하지 않으면 다시 이 법률에 의해 출판할 수 없다.

제35조 문서, 도화를 인쇄할 때는 곧바로 발매, 반포하지 않더라도 그 목적이 발매, 반포에 있는 것은 모두 이 법률에 의한다.

〈자료 150〉 치안경찰법[1900년(明治 33)] 〈법률 제36호〉

제1조 정사(政事)에 관한 결사의 주간자[지사(支社)의 경우에는 지사의 주간자]는 결사를 조직한 날로부터 3일 이내에 사명, 사칙, 사무소 및 주간자의 성명을 사무소 소재지의 관할 경찰관서에 신고해야 한다. 신고 사항에 변경이 있었을 때도 역시 동일하다.

제2조 정사에 관하여 공중을 회동하는 집회를 열고자 하는 경우에는 발기인을 정해야 한다. 발기인은 도착하는 시간을 제외하고 개회 3시간 이전에 집회 장소, 연월일, 시간을 회장 소재지의 관할 경찰관서에 신고해야 한다. 신고 시각으로부터 3시간을 지나 개회하지 않고 만약 3시간 이상 중단될 때는 신고는 그 효력을 잃는다. 법령으로 조직한 의회의 의원선거 준비를 위해서 선거권을 행사하는 자 및 피선거권을 가지는 자에 한하여 회동하는 집회는 투표일로부터 50일 전에는 본조 제2항의 신고를 할 필요가 없다.

제3조 공사(公事)에 관한 결사 또는 집회가 정사에 관계되지 않는 것이라도 안녕질서를 유지하기 위해 신고를 할 필요가 있을 때는 명령으로 제1조 또는 제2조의 규정에 따르도록 할 수 있다.

제4조 옥외에서 공중을 회동하여 다중운동을 하고자 할 때는 발기인으로부터 12시간 이전에 회동하는 장소, 연월일시 및 통과하는 노선을 관할 경찰관서에 신고해야 한다. 다만 제장(祭葬), 강사(講社)[20], 학생, 생도의 체육운동, 기타 관례상 허락되는 바와 관계되는 것은 예외이다.

제5조 다음에 게재하는 자는 정사(政事) 결사에 가입할 수 없다.

1. 현역 및 소집 중인 예비, 후비 육해군 군인
2. 경찰관
3. 신관, 신직, 승려 기타 모든 종교가
4. 관립, 공립, 사립 학교의 교원, 학생, 생도
5. 여자
6. 미성년자
7. 공권 박탈 및 정지 중인 자

제6조 일본 신민이 아닌 자는 정사상의 결사에 가입하거나 또는 공중을 회동하는 정담 집회의 발기인이 될 수 없다.

제7조 결사는 법령으로 조직한 의회의 의원에 대하여 그 발언, 표결에 대하여 의회 밖에서 책임을 지게 하는 규정을 마련할 수 없다.

제8조 안녕질서를 보유하기 위해 필요한 경우 경찰관은 옥외 집회 또는 다중의 운동 혹은 군집을 제한, 금지 혹은 해산하거나 옥내 집회를 해산할 수 있다. 결사가 앞 항에 해당할 때는 내무대신은 이를 금지할 수 있다. 이 경우 위법 처분에 의해 권리 상해를 당한 경우는 행정재판소에 제소할 수 있다.

제9조 집회에서는 중죄, 경죄의 예심에 관한 사항을 공판에 회부하기 이전에 강담(講談), 논의하거나 또는 방청을 금지한 소송에 관한 사항을 강담, 논의할 수 없다.

제10조 집회에서의 강담, 논의가 앞 조의 규정에 위배되고 기타 안녕질서를 문란하게 하거나 혹은 풍속을 해할 우려가 있다고 판단될 경우에 경찰관은 그 사람의 강담, 논의를 중지시킬 수 있다.

---

20 불교의 경전을 강해(講解)하는 법회, 혹은 민속종교에서 종교 행사를 행하는 결사(結社), 혹은 그 행사, 회합.

제11조 결사, 집회 또는 다중운동에 관하여 경찰관의 심문이 있었을 때는 주간자, 회장, 발기인이 또는 경찰관이 주요 사원 혹은 주요 회동자로 판단되는 자는 이에 대답해야 한다.

제12조 집회 또는 다중운동의 경우에 고의로 시끄럽게 떠들거나 난폭하게 구는 자가 있을 때 경찰관은 이를 제지하고, 그 명령에 따르지 않을 때는 현장에서 퇴거시킬 수 있다.

제13조 집회 및 다중운동의 경우에는 무기 또는 흉기를 휴대할 수 없다. 다만 제규에 의해 무기를 휴대하는 경우는 예외이다.

제14조 비밀 결사는 이를 금한다.

제15조 법령으로 조직된 의회의 의원이 의사 준비를 위해 서로 단결하는 것에 대해서는 제1조 및 제5조를 적용하지 않는다.

제16조 가두, 기타 공중이 자유로이 교통할 수 있는 장소에서 문서, 도화, 시가를 게시, 반포, 낭독 혹은 고성방가 또는 언어 형용 기타 작위를 하여 그 상황이 안녕질서를 어지럽히거나 혹은 풍속을 해할 우려가 있다고 판단될 때 경찰관은 금지를 명할 수 있다.

제17조 다음 각호의 목적을 가지고 타인에 대하여 폭행, 협박을 하거나 혹은 공공연히 비훼하고, 또는 제2호의 목적을 가지고 타인을 유혹 혹은 선동할 수 없다.

1. 노무 조건 또는 보수에 관하여 협동하는 행동을 할 단체나 결사에 가입하게 하거나 또는 그 가입을 방해하는 것.
2. 동맹 해고 혹은 동맹 파업을 수행하기 위해 사용자로 하여금 노무자를 해고하게 하거나 혹은 노무에 종사하는 신청서를 거절하게 하거나 또는 노무자로 하여금 노무를 도중에 그만두게 하거나 혹은 노무자로서 고용하는 신청을 거절하게 하는 것.
3. 노무 조건 또는 보수에 관하여 상대방의 승낙을 강요하는 것.

경작을 목적으로 나온 토지 임대차의 조건에 관하여 승낙을 강요하기 위해 상대방에 대하여 폭행, 협박하거나 혹은 공공연하게 비방할 수 없다.

제18조 행정관청은 안녕질서를 보유하는 데 필요하다고 판단될 때는 무기, 폭발물 또는 무기를 장착한 물건의 휴대를 금할 수 있다.

제19조 제1조를 위반한 경우는 30엔 이하의 벌금에 처하고, 제1조의 신고를 했으나 사실대로 하지 않은 경우는 50엔 이하의 벌금에 처한다.

제20조 제2조 1항 또는 제2항을 위반한 경우는 20엔 이하의 벌금에 처하고 제2항의 신고를 하더라도 사실대로 하지 않은 경우는 30엔 이하의 벌금에 처한다.

제21조 제4조를 위반한 경우는 20엔 이하의 벌금에 처하고 제4조의 신고를 하더라도 사실대로 하지 않은 경우는 30엔 이하의 벌금에 처한다.

제22조 제5조 또는 제6조를 위반한 경우는 20엔 이하의 벌금에 처한다. 제5조 또는 제6조를 위반하고 입사하게 한 경우도 동일하다.

제23조 제8조 제1항의 제한 혹은 금지 명령을 위반하거나 해산 명령을 받은 후 여전히 퇴산하지 않을 경우는 2월 이하의 경금고 또는 30엔 이하의 벌금에 처한다. 제8조 제2항의 금지 명령을 위반한 자는 6월 이하의 경금고 또는 100엔 이하의 벌금에 처한다.

제24조 제9조를 위반하거나 혹은 제10조의 중지 명령을 위반한 경우는 3월 이하의 경금고 또는 10엔 이상 50엔 이하의 벌금에 처한다.

제25조 제11조 제1항의 심문에 대답하지 않거나 대답하더라도 사실대로 하지 않거나 또는 제2항의 경우에 경찰관의 임관을 거부하거나 혹은 그가 요구하는 자리를 제공하지 않은 경우에는 50엔 이하의 벌금에 처한다.

제26조 제12조에 의해 퇴거 명령을 받은 후 여전히 퇴거하지 않은 경우는 1월 이하의 경금고 또는 20엔 이하의 벌금에 처한다.

제27조 제13조를 위반한 경우는 3월 이하의 경금고 또는 50엔 이하의 벌금에 처한다.

제28조 비밀결사를 조직하거나 또는 비밀결사에 가입한 자는 6월 이상 1년 이하의 경금고에 처한다.

제29조 제16조의 금지 명령을 위반한 자는 1월 이하의 경금고 또는 30엔 이하의 벌금에 처한다.

제30조 제17조를 위반한 경우는 1월 이상 6월 이하의 중금고(重禁錮)[21]에 처하고 3엔 이상

21 일본 구형법(旧刑法)에 규정되어 있던 경범죄의 주형(主刑)의 하나로, 형기는 11일 이상 5년 이하로 일정한

30엔 이하의 벌금을 부과한다. 사용자의 동맹 해고 또는 노무자의 동맹 파업에 가맹하지 않은 자에 대하여 폭행, 협박하거나 혹은 공공연하게 비훼하는 경우도 동일하다.

제31조 제18조의 금지를 어긴 자는 6월 이하의 중금고에 처한다.

제32조 이 법에 관한 공소 시효는 6개월로 한다.

제33조 집회 및 정사법은 폐지한다.

〈자료 151〉 경찰범처벌령(警察犯処罰令)[1908년(明治 41)] 〈내무성령(內務省令) 제16호〉

제1조 다음 각호 중 어느 하나에 해당하는 자는 30일 이하의 구류에 처한다.

1. 이유 없이 타인의 주거 또는 간수(看守)하지 않는 저택, 건조물 및 선박 안에 잠복한 자
2. 밀매음을 하거나 그 매합(媒合)[22] 또는 용지(容止)[23]를 한 자
3. 일정한 주거 또는 생업 없이 사방을 배회하는 자
4. 이유 없이 면회를 강청(强請)[24]하거나 강담(强談)[25], 위박(威迫)하는 행위를 한 자

제2조 다음 각호 중 어느 하나에 해당하는 자는 30일 이하의 구류 또는 20엔 이하의 과료에 처한다.

1. 적선이나, 기부를 강청하여 강제로 물품 구매를 요구한 자
2. 구걸하거나 구걸을 하게 한 자
3. 함부로 기부를 강청하거나 이익을 얻을 목적으로 강제로 물품, 입장권을 배부한 자
4. 입찰 방해를 하거나 공동 입찰을 강청하여 낙찰인에게 그 사업 또는 이익의 분배나

장소에 유치하며 노역을 하게 한다는 점에서 경금고(軽禁錮)와 다르다. 일본 현행 형법의 유기징역(有期懲役)에 해당한다.

22 혼인에 중매를 들거나 남녀 간에 관계를 갖도록 다리를 놓아 준다는 의미.

23 몸가짐이나 태도를 뜻함.

24 무리하게 억지로 요청하는 것을 말한다.

25 자기의 요구에 응하도록 상대편에 대하여 무리하게 담판하는 것을 말한다.

금품을 강청한 자

5. 타인의 업무에 대하여 못된 장난(惡戱) 또는 방해를 한 자

6. 신문지, 잡지, 기타 방법으로 과장 또는 허위 광고를 하여 부정한 이익을 도모한 자

7. 신문지, 잡지, 기타 출판물의 구독 또는 광고 게재에 대하여 강제로 그 신청을 요구한 자

8. 신청하지 않은 신문지, 잡지, 기타 출판물을 배부하거나 신청하지 않은 광고를 하고 그 대가를 청구한 자

9. 제사 의식(祭事), 축하 의식(祝儀) 또는 그 행렬에 대하여 못된 장난(惡戱) 또는 방해를 한 자

10. 자기가 점유한 장소 내에 노소(老幼), 불구 또는 질병으로 인해 도움을 필요로 하는 자 혹은 사람의 사체, 죽은 태아(死胎)가 있는 것을 알고도 신속히 경찰 관리에게 신고하지 않은 자. 앞 항의 시신, 죽은 태아에 대하여 경찰 관리의 지휘 없이 그 현장을 변경한 자

11. 일반 사람들(公衆)이 자유롭게 교통할 수 있는 장소에서 시끄럽게 떠들거나 드러눕거나 또는 만취하여 배회한 자

12. 일반 사람들(公衆)이 자유로이 교통할 수 있는 장소에서 함부로 차, 말, 배와 뗏목(舟筏), 기타 물건을 두거나 교통에 방해가 되는 행위를 한 자

13. 일반 사람들(公衆)이 자유롭게 교통할 수 있는 장소에서 위험의 우려가 있을 때 점등, 기타 예방 장치를 할 의무를 게을리한 자

14. 극장, 공연장, 기타 일반 사람들(公衆)이 회동하는 장소에서 회중을 방해한 자

15. 사람들이 몰려 붐비는 장소에서 제지에 응하지 않고 혼잡을 가중하는 행위를 한 자

16. 타인을 속이고 미혹(誑惑)하게 하는 유언비어 또는 허위 보도를 한 자

17. 함부로 길흉화복을 말하거나 기도, 주술 등을 행하거나 부적류를 수여하여 사람을 미혹시키는 행위를 한 자

18. 병자에게 주술, 기도, 주문 등을 행하거나 또는 부적, 신수(神水) 등을 주어 의료를 방해한 자

19. 함부로 최면술을 행한 자

20. 관직, 관리의 위계에 대한 기록(位記), 훈등(勳等)과 작위(爵位), 학위를 사칭하거나 법령이 정한 복식, 휘장을 참용(僭用)[26]하거나 이와 유사한 것을 사용한 자

21. 관공서에 대하여 부실한 진술을 하거나 그 의무가 있는 자가 이유 없이 진술에 응하지 않는 자

22. 사람이 마시는 데 쓰기 위해 제공하는 정수를 더럽히거나 사용을 방해하거나 수로를 막은 자

23. 하천, 개골창(溝渠) 또는 하수로의 소통을 방해하는 행위를 한 자

24. 자신 또는 타인의 신체에 문신을 한 자

25. 출입을 금지한 장소에 함부로 출입한 자

26. 관공서가 방시(榜示)[27]하거나 관공서의 지휘로 방시한 금지 조항을 범하거나, 또는 그 설치에 관계된 방표(榜標)를 오독(汚瀆)[28]하거나 철거한 자

27. 수재, 화재, 기타 사변이 있을 때 제지에 응하지 않고 그 현장에 출입하거나 그 장소에서 퇴거하지 않거나 또는 관리의 구조 요청을 받았음에도 불구하고 방관하며 이에 응하지 않는 자

28. 함부로 타인의 표등(標燈) 또는 신사와 사찰(社寺), 도로, 공원, 기타 공중용 상등(常燈)을 소등한 자

29. 함부로 타인의 전야(田野), 원유(園囿)[29]에서 채소나 과일을 따거나 화훼를 캐거나 꺾은 자

30. 사용자가 노역자에 대하여 이유 없이 그의 자유를 방해하거나 가혹한 대우를 한 자

31. 함부로 타인의 신변을 막아서거나 뒤쫓은 자

32. 타인의 신체, 물건 또는 이에 해를 미칠 만한 장소에 대하여 물건을 내던지거나 방

---

26 분수에 넘치게 사용한다는 뜻이다.

27 방문(榜文)을 붙여 널리 보인다는 뜻이다.

28 더러운 도랑이라는 뜻으로, 명예나 이름을 더럽힘을 이르는 말이다.

29 여러 가지 식물을 가꾸거나 동물을 기르는 일정한 장소.

사한 자

33. 신사(神祠), 불당, 예배당, 묘소, 비표(碑表), 형상, 기타 이와 유사한 것을 더럽힌 자

34. 사람의 사체 또는 죽은 태아(死胎)를 은닉하거나 다른 물건으로 혼동하도록 위장한 자

35. 일정 음식물에 다른 물질을 혼합하여 부정한 이득을 도모한 자

36. 설익은 과일, 부패한 음식물, 기타 건강을 해치는 음식물을 영리용으로 제공한 자

37. 함부로 타인이 매어둔 배와 뗏목(舟筏), 소, 말, 기타 짐승류를 풀어준 자

제3조 다음 각호 중 어느 하나에 해당하는 자는 20엔 이하의 과료에 처한다.

1. 허가 없이 사람의 사체 또는 죽은 태아(死胎)를 해부하거나 보존한 자
2. 일반 사람들(公衆)의 눈에 띄는 장소에서 웃통(袒裼), 알몸(裸裎), 또는 둔부(臀部), 넓적다리(股部)를 노출하거나 기타 추태를 부린 자
3. 노상에서 방뇨를 하거나 하게 한 자
4. 함부로 총포를 발사하거나 화약, 기타 심하게 폭발하는 물건을 가지고 논 자
5. 가옥, 기타 건조물 또는 인화하기 쉬운 물건의 근방이나 산야에서 함부로 불을 지핀 자
6. 석탄, 기타 자연 발화의 우려가 있는 물건을 소홀하게 취급한 자
7. 개업한 의사, 산파가 이유 없이 병자 혹은 임부, 산부의 부름에 응하지 않는 자
8. 이유 없이 관공서의 소환에 응하지 않는 자
9. 굽고 지지기(炮煮), 세척, 박피 등을 요하지 않고 그대로 식용으로 제공하는 물건에 뚜껑이나 덮개를 덮지 않고 점두(店頭)에 진열한 자
10. 함부로 금수의 사체 또는 오예물(汚穢物)을 버리거나 제거 의무를 게을리한 자
11. 감치한 정신병자의 감호를 게을리하여 옥외를 배회하게 한 자
12. 함부로 개, 기타 짐승류를 부추겨 덤벼들게 하거나 놀라 도망가게 한 자
13. 광견, 맹수 등을 쇠사슬로 매어 놓는 것(繫鎖)을 소홀히 하여 도망쳐 달아나게 한 자
14. 일반 사람들(公衆)의 눈에 띄는 장소에서 소, 말, 기타 동물을 학대한 자
15. 함부로 타인의 가옥, 기타 공작물을 더럽히거나 첩지(貼紙)를 붙이거나 혹은 타인

의 표찰, 초비(招碑)[30], 가옥의 매매, 대여 표찰(賣貸家札), 기타 방표(榜標)류를 더럽히거나 철거한 자

16. 교량 또는 제방을 훼손할 우려가 있는 장소에 배와 뗏목(舟筏)을 매어 놓은 자

17. 통로가 없는 타인의 논밭을 통행하거나 여기에 소, 말, 각종 차량을 견인한 자

제4조 본령(本令)에 규정한 위반 행위를 교사하거나 방조한 자는 각각 이 조에 비추어 이를 벌한다. 단, 정상(情狀)에 따라 그 형을 면제할 수 있다.

부칙

본령은 1908년(明治 41) 10월 1일부터 시행한다.

2) 대한제국이 공포한 법령

〈자료 152〉 신문지법[1907년(광무 11)] 〈법률 제1호〉[31]

제1조 신문지를 발행하고자 하는 자는 발행지를 관할하는 관찰사(경성의 경우에는 경무사(警務使))를 경유하여 내부대신에게 청원하여 허가를 받아야 한다.

제2조 앞 조의 청원서에 다음의 사항을 기재해야 한다.

1. 표제(題號)
2. 기사의 종류
3. 발행 시기
4. 발행소 및 인쇄소
5. 발행인, 편집인 및 인쇄인의 성명, 거주지, 연령

제3조 발행인, 편집인 및 인쇄인은 연령 20세 이상의 남자로, 국내에 거주하는 자에 한

30 간판, 상표

31 개정 융희 2년(1908) 4월 제8호

한다.

제4조 발행인은 보증금으로 일금 300환을 청원서에 첨부하여 내부에 납부해야 한다. 보증금은 확실한 은행의 임치금증서로 대납할 수 있다.

제5조 학술, 기예 혹은 물가 보고에 관한 사항만 기재하는 신문지의 경우에는 보증금을 납부할 필요가 없다.

제6조 제2조 제1호, 제2호 또는 제5호의 사항을 변경하고자 할 때는 미리 신청하여 허가를 받아야 한다. 기타 각호의 사항을 변경하고자 할 때는 1주일 이내에 신고해야 한다. 발행인, 편집인 혹은 인쇄인이 사망했거나 제3조의 요건을 상실했을 때는 1주일 이내에 후계자를 정해 청원하여 허가를 받아야 한다. 그 허가를 받기까지는 담임자를 임시로 정하여 신고한 후에 발행을 계속할 수 있다.

제7조 발행을 정지할 경우에는 기한을 정하여 신고해야 한다. 발행 정지 기간은 1개년을 넘길 수 없다.

제8조 앞의 2개조의 청원 및 신고는 제1조의 절차에 의해야 한다.

제9조 발행 허가일 또는 신고와 관련된 발행 정지 최종일로부터 2개월을 넘겨 발행하지 않을 때는 발행 허가의 효력이 상실된다.

제10조 신문지는 매회 발행에 앞서 내부 및 그 관할 관청에 각 2부를 납부해야 한다.

제11조 황실의 존엄을 모독하거나 국헌을 문란하게 하거나 국제 교의(交誼)를 저해하는 사항을 기재할 수 없다.

제12조 기밀에 관한 관청의 문서 및 의사(議事)는 해당 관청의 허가를 받지 않으면 상세함과 간략함(詳略)을 불문하고 기재할 수 없다. 특수 사항에 관하여 해당 관청에서 기재를 금지했을 때도 역시 동일하다.

제13조 범죄를 비호하거나 형사 피고인 혹은 범죄인을 구호하거나 칭찬, 동정(賞恤)을 하는 사항을 기재할 수 없다.

제14조 공판에 회부되기 이전이나 혹은 공개하지 않는 재판 사건을 기재할 수 없다.

제15조 남을 비훼(誹毁)하기 위한 작위(作爲)[32] 사항을 기재할 수 없다.

32 의식적으로 행한 적극적인 행위를 말한다.

제16조 어떤 사항의 기재 여부 혹은 정정 또는 취소 여부를 조건으로 삼아 대가를 지불하거나 수령할 수 없다.

제17조 신문지는 매호에 제호, 발행 시기, 발행소, 인쇄소, 발행인, 편집인, 인쇄인의 성명을 기재해야 한다.

제18조 기사에 관하여 재판을 받았을 때 다음 회에 발행하는 신문지상에 선고 전문을 개재해야 한다.

제19조 관보에서 초록(抄錄)한 사항에 관해서는 관보에서 잘못을 바로잡았을 때는 다음 회에 발행하는 신문지상에 이를 기재해야 한다.

제20조 기사에 관하여 관계자가 정정을 요구하거나 혹은 정오서(正誤書) 혹은 변박서(辨駁書) 게재를 요구했을 때는 다음 회에 발행하는 지면에 기재해야 한다. 정오서 또는 변박서의 글자 수가 본래 기사의 글자 수에 2배를 초과할 때는 그 초과 글자 수에 대하여 보통 광고료와 동일한 금액을 요구할 수 있다. 정오 또는 변박의 취지 혹은 어구가 이 법에 기재를 금한 경우 혹은 요구자의 성명, 거주를 명기하지 않는 자의 요구(형사령 참조)는 응하지 않을 수 있다.

제21조 내부대신은 신문지가 안녕질서를 방해하거나 풍속을 파괴하고 어지럽힌다고 판단될 때는 그 발매, 반포를 금지하고 이를 압수하거나 발행을 정지, 혹은 금지할 수 있다.

제22조 보증금은 신문지의 발행을 금지하고 발행 허가의 효력을 상실하거나 발행을 금지했을 때는 환납한다.

제23조 기사에 관하여 재판에 회부하여 재판 확정일로부터 1주일 이내에 재판 비용 및 벌금을 완납하지 않을 때는 보증금으로 이를 충당하고 부족금은 형법의 배상청구(徵償) 처분에 의거한다.

제24조 보증금으로 재판 비용 및 벌금으로 충당할 때는 발행인은 그 통지를 받은 날로부터 1주일 이내에 보증금을 보전해야 한다. 만일 기일 내에 보전하지 않을 때는 이를 보전할 때까지 신문지 발행을 계속할 수 없다.

第25조 제11조를 위반한 경우에는 발행인, 편집인, 인쇄인을 3년 이하의 역형(役刑)[33]에 처하고 범죄에 공용(供用)한 기계를 몰수한다.

第26조 사회의 질서 또는 풍속을 파괴하고 어지럽히는 사항을 기재한 경우에는 발행인, 편집인을 10개월 이하의 금옥 또는 50환 이상 100환 이하의 벌금에 처한다.

第27조 제12조 제16조를 위반한 경우에는 편집인을 10개월 이하의 금옥 또는 50환 이상 300환 이하의 벌금에 천한다.

第28조 제21조에 의거하여 행한 처분을 위반한 경우에는 발행인, 편집인 및 인쇄인을 50환 이상 300환 이하의 벌금에 처한다.

第29조 제13조, 제14조를 위반한 경우에는 편집인을 50환 이상 200환 이하의 벌금에 처한다.

第30조 제1조의 허가를 받지 않고 신문지를 발행하거나 또는 제23조를 위반하고 발행을 계속하거나 보증금을 납부하지 않은 신문지가 제5조의 사항 이외의 기사를 게재한 경우에는 발행인을 40환 이상 100환 이하의 벌금에 처한다.

第31조 제18조, 제19조, 제20조 제1항을 위반한 경우에는 편집인을 10환 이상 100환 이하의 벌금에 처한다.

第32조 제3조, 제6조, 제10조, 제17조를 위반한 경우에는 발행인을 10환 이상 50환 이하의 벌금에 처한다.

第33조 제15조를 위반한 경우에는 형법 조언률(造言律)에 의거하여 처벌하고, 피해자 또는 관계자의 고소를 기다려 그 죄를 묻는다.

第34조 외국에서 발행하는 국문 혹은 국한문 또는 한문의 신문지 또는 외국인이 국내에서 발행하는 국문 혹은 국한문 또는 한문의 신문지가 치안을 방해하거나 풍속을 파괴하고 어지럽힌다고 판단될 때 내부대신은 해당 신문지를 국내에서 발매, 반포하는 것을 금지하고 해당 신문지를 압수할 수 있다.

第35조 제34조의 금지를 위반하고 신문지를 발매, 반포한 내국인은 300환 이내의 벌금에 처한다.

---

33 형벌의 종류 중 하나로, 기결수를 교도소 안에 가두어 노역을 하게 하는 형벌이다.

제36조 내국인이 제34조에 의해 발매, 반포를 금지당한 사실을 알면서도 해당 신문지를 수송하거나 배포한 자는 50환 이내의 벌금에 처한다.

제37조 신문지 기사에 관하여 편집인을 처벌할 경우에는 해당 기사에 서명하는 자는 모두 편집인과 함께 그 책임을 지도록 한다.

제38조 이 법을 어긴 자는 자수 감면 등 두 가지 죄 이상을 처단하는 사례 및 취속(取贖) 처분의 사례를 이용할 수 없다.

부칙

제39조 이 법의 규정은 정기 발행하는 잡지류에 이를 준용[34]한다.

제40조 이 법은 반포일로부터 시행한다.

제41조 이 법은 반포 이전에 발행된 신문지는 이 법 반포 후 2개월 이내에 이 법의 규정에 따라 상당한 절차를 밟아야 한다.

〈자료 153〉 보안법[1907년(광무 11)] 〈법률 제2호〉

제1조 내부대신은 안녕질서를 보유하기 위해 필요한 경우 결사의 해산을 명할 수 있다.

제2조 경찰관은 안녕질서를 보유하기 위해 필요한 경우에 집회 또는 다중의 운동 혹은 군집을 제한, 금지하거나 해산할 수 있다.

제3조 경찰관은 앞의 2조의 경우에 필요하다고 판단될 때는 무기 및 폭발물, 기타 위험한 물건의 휴대를 금지할 수 있다.

제4조 경찰관은 길거리(街路), 기타 공개 장소에서 문서, 도화(圖畫)의 게시 및 배포, 낭독 또는 언어, 형용 그 밖의 행위를 하여 안녕질서를 어지럽힐 우려가 있다고 판단될 때는 금지를 명할 수 있다.

제5조 내부대신은 정치에 관하여 불온한 동작을 할 우려가 있다고 판단되는 경우에 대하여 그 거주 장소에서 퇴거를 명하고 동시에 1개년 이내의 기간을 특정하여 일정한

34 표준으로 삼아 적용한다는 의미이다.

지역 내에 범입(犯入)[35]을 금지할 수 있다.

제6조 앞의 5조에 의한 명령을 위반한 경우는 40 이상의 태형(笞刑) 또는 10개월 이하의 금옥(禁獄)에 처한다. 제3조의 물건이 범인의 소유에 관계될 때는 정상을 참작하여 이를 몰수한다.

제7조 정치에 관하여 불온한 언론, 동작 또는 타인을 선동, 교사 혹은 사용하고, 또는 타인의 행위를 간섭하여 치안을 방해하는 경우는 50 이상의 태형 10개월 이하의 금옥(禁獄), 또는 2개년 이하의 징역에 처한다.

제8조 이 법의 소송 시효는 6개월간으로 한다.

제9조 이 법의 범죄는 신분 여하를 불문하고 지방재판소 또는 항시(港市)재판소 관할로 한다.

부칙

제10조 이 법령은 반포일로부터 시행한다.

〈자료 154〉 출판법[1909년(융희 3)] 〈법률 제6호〉

제1조 기계 또는 기타 어떤 방법을 하든지 상관없이 발매 또는 반포를 목적으로 하는 문서 및 도화(圖畫)를 인쇄하는 것을 출판이라고 하고, 그 문서를 저술하거나 또는 번역, 편찬 혹은 도화를 만드는 사람을 저작자라고 하며, 발매 또는 반포를 담당하는 이를 발행자라고 하고, 인쇄를 담당하는 이를 인쇄자라고 한다.

제2조 문서, 도화를 출판하고자 할 때는 저작자 또는 그 상속자 및 발행자가 연명 날인하여 고본(稿本)[36]을 첨부하여 지방 장관(한성부에서는 경시총감으로 한다)을 경유하여 내부대신에게 허가를 신청해야 한다.

제3조 관청의 문서, 도화 혹은 타인의 연설 또는 강의의 필기를 출판하고자 할 때, 또는 저

35 들어가지 못하게 된 곳을 허락 없이 들어가는 것을 의미한다.

36 원고를 맨 책을 말한다.

작권을 가지는 타인의 저작물을 출판하고자 할 때는 앞 조의 신청서에 해당 관청의 허가서 또는 연설자, 강의자, 저작권자의 승낙서를 첨부할 필요가 있다. 앞 항의 경우에는 허가 또는 승낙을 받은 자를 저작자로 간주한다.

제4조 사립학교, 회사, 기타 단체에서 출판하는 문서, 도화는 해당 학교, 회사, 기타 단체를 대표하는 사람 및 발행자가 연명 날인하여 제2조의 절차를 밟아야 한다.

제5조 제2조의 허가를 얻어 문서 및 도화를 출판했을 때는 즉시 제본 2부를 내부에 납부해야 한다.

제6조 관청에서 문서, 도화를 출판했을 때는 그 관청에서 제본 2부를 내부에 송부해야 한다.

제7조 문서, 도화의 발행자는 문서, 도화의 판매를 영업으로 하는 자에 한한다. 다만 저작자 또는 그 상속자는 발행자를 겸할 수 있다.

제8조 문서, 도화의 발행자 및 인쇄자는 성명, 주소, 발행소, 인쇄소 및 발행 인쇄 연월일을 해당 문서, 도화의 말미에 기재해야 한다. 인쇄소가 영업상 관행적으로 사용하는 명칭이 있는 경우에는 해당 명칭도 기재해야 한다. 여러 명이 협동하여 발행 또는 인쇄를 운영하는 경우에는 업무상의 대표자를 발행자 또는 인쇄자로 간주한다.

제9조 문서, 도화를 재판(再版)하는 경우에는 저작자 또는 그 상속자 및 발행자가 연명 날인하고 제본 2부를 첨부하여 지방 장관을 경유하여 내부대신에게 신고해야 한다. 다만 개정으로 인한 증감, 혹은 주해, 부록, 회화 등을 첨가하고자 할 때는 제2조의 절차에 의해야 한다.

제10조 서간, 통신, 보고, 사칙(社則), 전단지, 광고 여러 가지 예도의 내력·이유 또는 순서를 적은 문서, 각종 용지류 및 사진을 출판하는 자는 제2조, 제6조, 제7조에 의해야 한다.

제11조 허가 없이 출판을 하는 저작자, 발행자는 다음과 같이 처벌한다.

1. 국교를 저해하고 정체(政體)를 무너뜨리거나 국헌을 어지럽히는 문서, 도화를 출판했을 때는 3년 이하의 역형(役刑)[37]

37 1905년(광무 9) 4월 29일에 입법된 〈형법대전(刑法大典)〉 공포에 따라 시행된 대한제국 시기의 징역형이다.

2. 외교 및 군사 기밀에 관한 문서, 도화를 출판했을 때는 2년 이하의 역형.

3. 앞 2호의 경우 외에 안녕질서를 방해하거나 풍속을 문란하게 하는 문서, 도화를 출판했을 때는 10개월 이하의 금옥.

4. 기타 문서, 도화를 출판했을 때는 100환 이하의 벌금. 앞 항의 문서, 도화의 인쇄를 담당한 자의 처벌도 동일하다.

제12조 외국에서 발행한 문서, 도화 또는 외국인이 내국에서 발행한 문서, 도화가 안녕질서를 방해하거나 풍속을 무너뜨리고 어지럽히는 것으로 판단되었을 때 내부대신은 그 문서, 도화를 국내에서 발매 또는 반포를 금지하고 그 판본을 압수할 수 있다.

제13조 내부대신은 본 법을 위반하고 출판한 문서, 도화의 발매 또는 반포를 금하고 해당 각판본, 판본을 압수할 수 있다.

제14조 발매, 반포를 금지당한 문서, 도화를, 취지를 알고 이를 발매 또는 반포하거나 혹은 외국에서 수입한 자는 6개월 이하의 금옥에 처한다. 다만 그 출판물이 제11조 1항 제1호 내지 제3호의 1에 해당할 때는 동(同) 조례에 비추어 처벌한다.

부칙

제15조 이 법 시행 전에 이미 출판한 저작물을 재발행하고자 하는 때는 이 법의 규정에 따라야 한다.

제16조 내부대신은 이 법 시행 전에 이미 출판한 저작물이 안녕질서를 방해하거나 풍속을 무너뜨리고 어지럽힐 우려가 있다고 판단되는 경우에는 그 발매 또는 반포를 금지하고 해당 판각본, 판본을 압수할 수 있다.

이 법에 따르면 죄인을 감옥에 가두어 복역하게 하고 복역기간을 종신에서 1년까지 10등급으로 구분하였다.

2. 일제강점 이후의 관련 법령

〈자료 155〉 조선총독부재판소령[1910년(明治 43) 10월] 〈제령 제5호〉[38]

제1조 조선총독부 재판소는 조선총독에 직속하여 조선에서의 민사, 형사 재판 및 비소송 사건에 관한 사무를 담당한다.

제2조 조선총독부 재판소를 나누어 지방법원, 복심법원 및 고등법원이라고 한다. 조선총독부 재판소의 설치, 폐지 및 관할 구역은 조선총독이 이것을 정한다. 조선총독부 재판소에 조선총독부 판사를 두는 판사는 칙임[39] 또는 주임[40]으로 한다.

제3조 지방법원은 민사 및 형사에 대해 제1심 재판을 하고, 또한 비소송 사건에 관한 사무를 취급한다. 복심법원은 지방법원의 재판에 대한 항소 및 항고, 고등법원은 지방법원 및 복심법원의 재판에 대한 상고와 복심법원의 재판 및 지방법원이 시행한 상고 기각 결정에 대한 항고에 대해 재판한다. 고등법원은 앞 항 외에 재판소구성법에서 정한 대심원의 특별 권한에 속하는 직무를 행한다.

제4조 지방법원은 판사 단독으로 재판한다. 단 다음에 열거하는 건에 대해서는 세 명의 판사로 조직된 부에서 합의하여 재판한다.

1. 소송물의 가격이 천 원을 초과하는 민사 사건
2. 인사(人事)에 관한 소송 사건
3. 형법 제74조 및 제76조의 범죄 사건
4. 사형, 무기 또는 단기 1년 이상의 징역 또는 금고에 해당하는 범죄사건, 단 형법 제236조, 제238조, 제239의 죄 및 그 미수죄 또한 1930년 법률 제9호 제2조 및 제3조의 죄 중 예심을 거치지 않은 것을 제외한다.
5. 단기 1년이 되지 않는 유죄 징역 또는 금고에 해당하는 범죄 중 예심을 거친 것.

---

38 1909년 10월 칙령 제236호 통감부재판소령이 개정된 것이다.

39 칙임(勅任) 칙명으로 벼슬을 시키거나 그 벼슬을 말한다.

40 주임(奏任) 조선 시대 대신이 임금에게 주천하여 임명하던 관직. 갑오개혁 이후에 두었는데 칙임관의 아래, 판임관의 위이다.

6. 앞의 3호(3號)의 공범 사건. 단 앞의 3호 사건과 동시에 심판하는 경우에 한한다.

7. 판사에 대한 제척[41] 및 기피[42] 사건 등기사무는 재판소 서기가 이것을 취급하게 할 수 있다. 복심법원은 3명의 판사, 고등법원은 5명의 판사로 조직된 부에서 합의하여 재판한다. 고등법원의 어느 부에서 상고를 심문한 후 종래의 판결례와 다른 의견을 가진 때는 그 부는 이것을 고등법원장에게 보고한다. 고등법원장은 각 부를 연합하여 다시 이것을 심문하고, 또한 그 재판을 하게 할 경우에는 판사의 3분의 2 이상이 참석할 필요가 있다.

제5조 조선총독은 지방법원 사무 일부를 취급하게 하기 위해 지방법원의 지청을 설치할 수 있다.

제6조 조선총독은 지방법원 판사의 1인 또는 여러 명에게 형사 예심을 하도록 명한다.

제7조 제3조 제3항의 경우에는 고등법원장은 특별한 사건에 대해 그 법원(院)의 판사 또는 하급재판소의 판사에게 예심을 하도록 명한다.

제8조 조선총독이 특별히 필요하다고 인정한 때는 일개 지방법원에 속하는 형사 소송 사건을 다른 지방법원이 담당하게 할 수 있다.

제9조 조선총독부 재판소에 검사국을 함께 설치한다. 지방법원지청을 설치할 때는 그 지청에 검사분국을 함께 설치한다. 검사국은 조선총독의 관리에 속하고 조선에서의 검찰사무를 담당한다. 검사국의 관할 구역은 이것을 병치(竝置)한 재판소의 관할 구역과 같다. 검사국에 조선총독부 검사를 두는 경우, 검사는 칙임 또는 주임으로 한다. 검사는 검찰 사무에 대해 상관의 명령을 따라야 한다.

제10조 조선총독부재판소에 서기를 두는 경우, 서기는 판임(判任)으로 한다. 서기는 재판소 및 검사국에 부속한다.

제11조 조선총독부재판소에 통역관 혹은 통역생을 두는 경우, 통역관은 주임, 통역생은 판임으로 한다. 통역관 및 통역생은 재판소 및 검사관에 부속한다.

---

41 제척(除斥)은 법관이나 법원 사무관이 특정 사건에 관해 불공평한 취급을 할 우려가 있는 경우에, 그의 직무 집행을 행할 수 없게 하는 일을 뜻한다.

42 기피(忌避)는 법관이 소송 관계인과 어떤 특수한 관계에 있거나 공정하지 못한 재판을 할 우려가 있을 때, 소송 당사자가 그 법관의 직무 집행을 거부하는 일을 뜻한다.

제12조 고등법원에 고등법원장을 둔다. 고등법원장은 조선총독의 지휘 감독을 받고 그 법원(院)의 행정 사무를 맡아서 처리하고, 하급재판소의 행정 사무를 지휘 감독한다.

제13조 복심법원에 복심법원장을 둔다. 복심법원장은 그 법원(院)의 행정 사무를 맡아 처리하고, 관할 구역 내 지방법원 행정 사무를 지휘 감독한다.

제14조 지방법원에 지방법원장을 둔다. 지방법원장은 그 법원(院)의 행정 사무를 맡아 처리한다.

제15조 지방법원지청의 판사는 지방법원장의 명령을 받아 그 지청의 행정 사무를 담당한다. 판사가 2인 이상이 있을 때는 상석의 판사가 앞 항의 사무를 행한다.

제16조 고등법원, 복심법원 및 지방법원의 각 부에 부장을 둔다. 부장은 각 그 장관의 명령을 받아 부의 사무를 담당한다.

제17조 고등법원검사국에 고등법원검사장을 둔다. 고등법원검사장은 조선총독의 지휘 감독을 받아 그 국(局)의 사무를 맡아 처리하고, 하급 검사국을 지휘 감독한다.

제18조 복심법원검사국에 복심법원검사장을 둔다. 복심법원검사장은 그 국(局)의 사무를 맡아 처리하고, 관할 구역 내 지방법원 검사국을 지휘 감독한다.

제19조 지방법원검사국에 지방법원 검사정(檢事正)을 둔다. 지방법원검사정은 그 국(局)의 사무를 맡아 처리한다.

제20조 지방법원지청의 검사는 지방법원검사정의 명령을 받아 그 지청검사분국의 사무를 담당한다.

제20조의 2 합의재판소장, 고등법원검사장, 복심법원검사장 및 지방법원검사정은 그 감독에 속한 판사 또는 검사에게 행정 사무의 일부를 취급하게 할 수 있다.

제20조의 3 조선총독부사법관 시보(試補)에서 새롭게 조선총독부판사 또는 조선총독부검사로 임명된 자를 보임해야 할 빈자리가 없을 때는 조선총독은 빈자리가 있을 때까지 예심판사 또는 예비검사로 지방법원, 지방법원지청 또는 그 검사국에 근무하게 한다.

제20조의 4 지방법원장 또는 검사정은 필요한 경우에 예비판사 또는 예비검사를 지방법원 또는 그 지청의 판사 또는 검사로서 대리하게 할 수 있다.

제21조: 고등법원 및 복심법원에 서기장을 두는 경우, 서기장은 주임으로 한다.

서기장은 법원장 및 검사장의 명령을 받아 서무를 담당한다.

제21조의 2 조선총독부재판소 및 검사국에 조선총독부 사법관시보를 둔다.

사법관시보는 지방법원 또는 그 지청의 판사 또는 검사의 감독을 받아 실무를 수습한다.

사법관시보는 주임관의 대우로 한다.

제21조의 3 사법관시보는 그 수습을 감독하는 판사의 명령이 있을 때는 사법 사무를 취급할 수 있다. 단 어떠한 경우에도 재판 또는 등기를 할 수는 없다.

제21조의 4 조선총독은 사법관시보에게 지방법원 또는 그 지청의 검사 직무를 대신할 수 있게 할 수 있다. 단 제4조 제1항의 각 호에 열거된 사건에 대해서는 그 범주에 들어가지 않는다.

제22조 서기는 상관의 지휘를 받아 서무에 종사한다.

제23조 조선총독부재판소에 판임관 견습을 둔다. 판임관 견습은 상관의 감독을 받아 실무를 수습한다. 조선총독은 판임관의 견습으로 서기 직무를 대리하게 할 수 있다. 단, 등기 사무에 대해서는 그 범주에 들어가지 않는다.

제24조 통역관 및 통역생은 상관의 지휘를 받아 번역 및 통역에 종사한다.

제25조 삭제

제26조 지방법원지청의 검사 직무는 조선총독부 도경시(道警視), 조선총독부 도경부(道警部) 또는 조선총독부 재판소 서기가 이것을 하게 할 수 있다.

제26조의 2 판사는 재직 중 다음과 같은 건을 모두 할 수 없다.

1. 공공연히 정치적인 사안에 관계하는 일
2. 정당 정파에 가입하는 일
3. 봉급이 있는, 또는 금전적 이익을 목적으로 하는 공무에 취임하는 일
4. 상업을 경영하는 일

제26조의 3 판사는 금고 이상의 형에 처해진 때는 마땅히 그 관직을 잃는다.

제26조의 4 판사는 앞 조의 경우, 또는 징계 처분에 의한 경우를 제외하고는 달리 그 뜻에 반(反)해 관직을 잃는 일은 없다.

제26조의 5 판사의 신체 또는 정신 쇠약으로 직무를 집행할 수 없게 되었을 때는 조선총

독은 고등법원의 총회의 의결을 거쳐 퇴직을 명할 수 있다.

제26조의 6 고등법원장은 연령 63세, 그 외의 판사직에 있는 자는 연령 60세에 달했을 때는 퇴직한다. 단 조선총독은 고등법원 총회의 결의에 의해 5년 이내의 기간을 정하여 재직하게 할 수 있다.

제26조의 7 고등법원장, 고등법원검사장, 복심법원장 및 복심법원검사장은 조선총독이 상주(上奏)[43]하여 이를 임명한다. 그 외의 각 직무는 조선총독이 이를 임명한다.

제27조 조선총독부재판소 및 검사국의 사무처리에 관한 규정은 조선총독이 정한다.

부칙 (생략)

〈자료 156〉 조선에서의 법령 효력에 관한 건[1910년(明治 43)] 〈제령 제1호〉

조선에서의 법령 효력에 관한 건 1910년(明治 43) 칙령 제324호 제1조 및 제2조에 의해 칙재를 받아 여기에 이를 공포한다.

조선총독부 설치 시 조선에서 그 효력을 잃게 되는 제국법령 및 한국법령은 당분간 조선총독이 발한 명령으로 하여 그 효력을 지닌다.

부칙

본령(本令)은 공포일로부터 시행한다.

〈자료 157〉 집회취체(集會取締)[1910년(明治 43)] 〈경령(警令) 제3호〉[44]

당분간 국내 정치에 관한 집회 혹은 옥외에서의 다중 집회를 금지한다.

다만 옥외에서의 설교 또는 학생, 생도의 체육,운동 등 집회의 경우 관할 경찰관서의 허가

---

43 메이지(明治) 헌법하에서 관청 · 의원(議院) 등이 일본 천황에게 희망 또는 의견을 말한 것을 뜻한다.

44 개정(1910, 明治 43년) 9월 제8호

를 받은 것은 예외이다.

본령(本令)을 위반한 자는 구류 또는 과료에 처한다.

본령은 발표일로부터 시행한다.

〈자료 158〉 조선에 시행할 법령에 관한 건[1911년(明治 44)] 〈법률 제30호〉

제1조 조선에서는 법률을 필요로 하는 사항은 조선총독의 명령으로 이를 규정할 수 있다.

제2조 앞 조의 명령은 내각총리대신을 거쳐 칙재(勅裁)를 청해야 한다.

제3조 임시 긴급을 요하는 경우에 조선총독부는 즉각 제1조의 명령을 발할 수 있다. 앞 항의 명령은 발포 후 즉각 칙재를 청해야 한다. 만약 칙재를 받지 못할 때는 조선총독이 즉각 그 명령이 향후 효력이 없음을 공포해야 한다.

제4조 법률의 전부 또는 일부를 조선에 시행할 필요가 있는 경우는 칙령으로 이를 정한다.

제5조 제1조의 명령은 제4조에 의해 조선에 시행한 법률 및 특히 조선에 시행할 목적을 가지고 제정한 법률 및 칙령을 위반할 수 없다.

제6조 제1조의 명령은 제령이라고 칭한다.

부칙

이 법은 공포일로부터 시행한다.

〈자료 159〉 범죄즉결례[1911년(明治 44)] 〈조선총독부제령 제10호〉

제1조 경찰서장 또는 그 직무를 취급하는 자는 관할 구역 내 다음의 범죄를 즉결할 수 있다.

1. 구류, 태형 또는 과료형에 해당하는 죄.
2. 3월 이하의 징역 또는 100원 이하의 벌금 혹은 과료형에 처해야 하는 도박죄 및 구류 또는 과료형에 처할 만한 형법 제208조의 죄.
3. 구(區)재판소의 재판권에 속하는 사건으로, 3월 이하의 징역형에 처해야 하는 형법대전 제5편 제9장 제17절 및 제20절의 죄.

4. 구재판소의 재판권에 속하는 사건으로, 3월 이하의 징역, 금고, 금옥 혹은 구류, 태형 또는 100원 이하의 벌금 혹은 과료형에 처해야 하는 행정 법규를 위반한 죄.

제2조 즉결은 정식 재판을 하지 않으며, 피고인의 진술을 듣고 증빙을 수사한 후 즉시 언도해야 한다. 피고인을 호출할 필요가 없는 때 또는 호출해도 출두하지 않을 때는 즉시 언도서 등본을 본인 또는 그 주소로 송달할 수 있다.

제3조 즉결 언도를 받은 자가 이에 불복할 때는 관할 구재판소에 정식 재판을 청구할 수 있다.

제4조 즉결 언도서에는 피고인의 성명, 연령, 신분, 직업, 주소, 범죄 사실, 적용한 법조, 언도한 형(刑), 정식 재판을 청구할 수 있는 기간과 언도를 한 관리의 관직, 성명 및 연월일을 기재해야 한다.

제5조 정식 재판을 청구하는 자는 즉결 언도를 한 관서(官署)에 신청서를 제출해야 한다. 그 기간은 제2조 제1항의 경우에는 언도가 있었던 날로부터 3일, 동조(同條) 제2항의 경우에는 언도서 등본의 송달이 있었던 날로부터 5일로 한다. 앞 항의 기간 내에 정식재판을 청구하지 않을 때는 즉결 언도는 확정된 것으로 간주한다.

제6조 앞 조의 신청을 받은 관서는 신속히 관계 서류를 관할 구재판소[45] 검사에게 송치해야 한다.

제7조 징역, 금고 또는 금옥의 언도를 받은 피고인에 대해서는 경찰서장 또는 그 직무를 취급하는 자가 구류장을 발행할 수 있다.

제8조 구류 언도를 한 경우에 필요할 때는 제5조에 정한 기간 내에 피고인을 유치할 수 있다. 다만, 언도한 형기에 상당하는 일수를 조과할 수 없다. 태형 언도를 받은 피고인에게는 태 5대를 1일로 환산하여 앞 항의 규정을 준용한다.

제9조 벌금 또는 과료 언도를 한 경우에는 그 금액을 가납(假納)하게 해야 한다. 만약 납부하지 않을 때는 1원을 1일로 환산하여 피고인을 유치한다. 1원 미만이라 하더라도 1일로 계산한다.

---

45 본문의 번역은 관보 8250호(1910.12.20)에 의했다. 『개정 조선제재법규(朝鮮制裁法規)』[1930년(昭和 5), 1229쪽]에는 '지방법원'"이라고 되어 있다.

제10조 유치된 자가 정식 재판을 청구하여 호출장 송달이 있었을 때는 즉시 유치에서 석방해야 한다.

제11조 제8조, 제9조에 의한 유치 일수는 구류 형기에 산입(算入)하고, 태형 언도를 받은 자에 대해서는 1일을 태 5대로 환산하여 태수에 산입한다. 벌금 또는 과료 언도를 받은 자에 대해서는 1일을 1원으로 환산하여 그 금액에 산입한다.

부칙

이 명령은 1911년 1월 1일부터 시행한다.

〈자료 160〉 범죄즉결례 중 개정 건[1912년(明治 45)] 〈제령 제12호〉

범죄즉결례 중 개정 건을 1911년(明治 44) 법률 제30호 제1조 및 제2조에 의해 칙재를 받아 이를 공포한다.

1912년(明治 45) 3월 18일 조선총독 백작 데라우치 마사타케

범죄즉결례를 아래와 같이 개정한다.

제1조 중 「태형」을 삭제하고 제3호 이하를 아래와 같이 개정한다.

3월 이하의 징역, 금고 혹은 구류 또는 100원 이하의 벌금 혹은 과료의 형에 처해야 할 행정 법규 위반 죄

제3조 및 제6조 중 「구재판소」를 「지방법원」으로 고친다.

제7조 중 「, 금고 또는 금옥」을 「또는 금고」로 고친다.

제8조 제2항을 삭제한다.

제11조 제8조의 규정에 의한 유치의 일수는 구류의 형기에 산입하고 제9조의 규정에 의한 유치의 일수는 1일을 1원으로 절산하여 벌금 또는 과료의 금액에 산입한다.

〈자료 161〉 경찰범처벌규칙(警察犯處罰規則)[1912년(明治 45)] 〈조선총독부령 제40호〉

제1조 다음 각호 중 어느 하나에 해당하는 자는 구류 또는 과료에 처한다.

1. 이유 없이 타인의 주거 또는 간수(看守)하지 않는 저택, 건조물 및 선박 안에 잠복한 자
2. 일정한 주거 또는 생업 없이 사방을 배회하는 자
3. 밀매음을 하거나 그 매합(媒合) 또는 용지(容止)를 한 자
4. 이유 없이 면회를 강청 또는 강담(强談), 위박(威迫)하는 행위를 한 자
5. 적선이나, 기부를 강청하여 강제로 물품 구매를 요구하거나 기예 공연 혹은 노동력을 공급하여 보수를 요구하는 자
6. 이익을 얻을 목적으로 강제로 물품, 입장권 등을 배부한 자
7. 구걸하거나 구걸을 하게 한 자
8. 단체 가입을 강청한 자
9. 함부로 시장, 기타 이와 유사한 장소에 해당 업자의 출품 또는 입장을 강청하거나 물품매매의 위탁을 강청하는 자
10. 입찰을 방해하고, 공동 입찰을 강청하며 낙찰인에게 그 사업, 이익 분배 또는 금품을 강청하거나 낙찰인으로부터 이유 없이 이를 받은 자
11. 입찰자가 통모(通謀)하여 경쟁 입찰의 취지에 반하는 행위를 한 자
12. 재물을 매매하거나 노동력을 수급함에 있어 부당한 대가를 청구하거나, 상응한 대가를 지불하지 않고 부정한 이득을 도모한 자
13. 타인의 사업 또는 사사로운 일(私事)에 관하여 신문지, 잡지, 기타 출판물에 게재하지 않을 것을 약속하거나 신문지, 잡지, 기타 출판물에 허위 사실을 게재하거나 혹은 게재할 것을 약속하고 금품을 받아 기타 부정한 이득을 도모한 자
14. 신청하지 않은 신문지, 잡지, 기타 출판물을 배부하고 그 대금을 청구하거나 강제로 구독 신청을 요구한 자
15. 신청하지 않은 광고를 하고 그 대금을 청구하거나 강제로 광고 신청을 요구한 자
16. 과대 또는 허위 광고를 하여 부정한 이득을 도모한 자
17. 타인의 업무 또는 기타 행위에 대하여 못된 장난(惡戱) 또는 방해를 하는 자

18. 이유 없이 타인의 돈에 관한 상담(金談), 거래 등에 간섭하거나 함부로 소송, 쟁의를 권유, 교사하여 기타 분요(紛擾)[46]를 야기시키는 행위를 한 자
19. 함부로 다중을 모아 관공서에 청원 또는 진정을 한 자
20. 불온한 연설을 하거나 불온한 문서, 도화(圖畫), 시가의 게시, 반포, 낭독 혹은 큰 소리로 읊은 자
21. 타인을 속이고 미혹(誑惑)하게 하는 유언비어 또는 허위 보도를 한 자
22. 함부로 길흉화복을 말하거나 기도, 주술 등을 행하거나 부적류를 수여하여 사람을 미혹시키는 행위를 한 자
23. 병자에게 주술, 기도, 주문 또는 정신 요법 등을 행하거나 부적, 신수(神水) 등을 주어 의료를 방해한 자
24. 함부로 최면술을 행한 자
25. 고의로 허위 통역을 한 자
26. 자기 또는 타인의 업무에 관하여 정부의 허가를 받았다고 사칭한 자
27. 관공직, 관리의 위계에 대한 기록(位記), 훈등(勳等)과 작위(爵位), 학위, 칭호를 속이거나 법령이 정한 복식, 휘장을 참용(僭用)하거나 이와 유사한 것을 사용한 자
28. 관공서에 대하여 부실한 진술을 하거나 그 의무가 있는 자가 이유 없이 진술에 응하지 않거나 부실한 대서(代書)를 한 자
29. 본적, 주소, 성명, 연령, 신분, 직업 등을 사칭하여 투숙 또는 승선한 자
30. 이유 없이 관공서의 소환에 응하지 않는 자
31. 관공서의 방시(榜示) 또는 관공서의 지휘에 의하여 방시한 금지 조항을 범하거나 설치한 방표(榜標)를 오독(汚瀆)하거나 철거한 자
32. 경찰관서에서 특별히 지시 또는 명령한 사항에 위반한 자
33. 부정한 목적으로 타인을 은닉한 자
34. 도제, 직공, 비복, 기타 노역자 또는 피고용자에 대하여 이유 없이 자유를 방해하거나 가혹한 대우를 한 자

---

46 어수선하고 소란스럽다.

35. 함부로 타인의 신변을 막아서거나 뒤쫓은 자
36. 제사, 장의, 축의(祝儀) 또는 그 행렬에 대하여 못된 장난(惡戱) 또는 방해를 한 자
37. 밤 1시 이후, 일출 전에 가무음곡, 기타 시끄럽게 떠드는(喧噪) 행위를 하여 타인의 안면(安眠)을 방해하는 자
38. 극장, 공연장, 기타 일반 사람들(公衆)이 회동하는 장소에서 회중을 방해한 자
39. 일반 사람들(公衆)이 자유롭게 교통할 수 있는 장소에서 시끄럽게 떠들거나 드러눕거나 또는 만취하여 배회한 자
40. 일반 사람들(公衆)이 자유롭게 교통할 수 있는 장소에서 함부로 차, 말, 배와 뗏목(舟筏), 기타 물건을 두거나 교통에 방해가 되는 행위를 한 자
41. 일반 사람들(公衆)이 자유롭게 교통할 수 있는 장소에서 위험의 우려가 있을 때 점등, 기타 예방 장치를 소홀히 한 자
42. 관서의 독촉을 받고도 붕괴 우려가 있는 건조물의 수선 또는 전도(顚倒) 우려가 있는 물건을 옮겨서 다시 싣거나 쌓기(積換) 등을 게을리한 자
43. 사람들이 몰려 붐비는 장소에서 제지에 응하지 않고 혼잡을 가중하는 행위를 한 자
44. 출입을 금지한 장소에 함부로 출입한 자
45. 수재, 화재, 기타 사변이 있을 때 제지에 응하지 않고 그 현장에 출입하거나 그 장소에서 퇴거하지 않거나 또는 관리의 구조에도 불구하고 고의로 이에 응하지 않는 자
46. 가로에서 야간에 등화 없이 차량 또는 우마를 사용한 자
47. 허가를 받지 않고 노방(路傍) 또는 하안(河岸)에 노점 등을 연 자
48. 제지에 응하지 않고 노방에 음식물, 기타 상품을 진열한 자
49. 전선 근방에서 연을 날리거나 기타 전선에 장해가 되는 행위를 하거나 하게 한 자
50. 석전놀이, 기타 위험한 놀이를 하거나 하게 하는 자 또는 가로에서 공기총, 바람총류를 가지고 놀거나 놀게 하는 자
51. 함부로 개, 기타 짐승류를 부추겨 덤벼들게 하거나 놀라 도망가게 한 자
52. 맹수, 광견 또는 사람을 물어 상해를 입히는(咬傷) 버릇이 있는 짐승, 가축 등을

쇠사슬로 매어놓는 것(繫鎖)을 소홀히 한 자
53. 투견(鬪犬) 또는 투계(鬪鷄)를 하게 하는 자
54. 일반 사람들(公衆)의 눈에 띄는 장소에서 소, 말, 기타 동물을 학대한 자
55. 위험의 우려가 있는 정신병자의 감호를 소홀히 하여 옥외에서 배회하게 한 자
56. 일반 사람들(公衆)의 눈에 띄는 장소에서 웃통(袒裼), 알몸(裸裎), 또는 둔부(臀部), 넓적다리(股部)를 노출하거나 기타 추태를 부린 자
57. 노상에서 방뇨를 하거나 하게 한 자
58. 타인의 신체, 물건 또는 이에 해를 끼치는 장소에 물건을 내던지거나 방사한 자
59. 함부로 금수의 사체 또는 오예물(汚穢物)을 버리거나 제거를 게을리한 자
60. 사람이 마시는 데 쓰기 위해 제공하는 정수를 더럽히거나 사용을 방해하거나 수로를 막은 자
61. 하천, 개골창(溝渠) 또는 하수로의 소통을 방해하는 행위를 한 자
62. 개골창, 하수로를 훼손하거나 관서의 독촉을 받고도 수선 또는 준설을 게을리 한 자
63. 관서의 독촉을 받고도 도로 청소 또는 살수를 하지 않거나 제지에 응하지 않고 결빙기에 도로에 살수를 한 자
64. 관서의 독촉을 받고도 굴뚝의 개조, 수선 또는 청소를 게을리한 자
65. 함부로 타인의 표등(標燈) 또는 신사와 사찰(社寺), 도로, 공원, 기타 공중용 상야등을 소등한 자
66. 신사(神祠), 불당, 예배당, 묘소, 비표(碑表), 형상, 기타 이와 유사한 것을 더럽힌 자
67. 함부로 타인의 가옥, 기타 공작물을 더럽히거나 혹은 첩지(貼紙), 벽보 등을 붙이거나 타인의 표찰, 초비(招碑), 가옥의 매매, 대여 표찰(賣貸家札), 기타 방표(榜標)류를 더럽히거나 철거한 자
68. 함부로 타인의 전야(田野), 동산(園囿)에서 채소나 과일을 따거나 화훼 등을 캐거나 꺾은 자
69. 타인의 소유 또는 점유한 토지를 침범하여 공작물을 설치하고, 처마와 기둥을 내어 목축을 하거나 경작, 기타 현 상황에 변경을 초래하는 행위를 한 자

70. 전주, 교량, 게시장, 기타 건조물에 함부로 우마를 매어둔 자
71. 교량 또는 제방을 훼손할 우려가 있는 장소에 배와 뗏목(舟筏)을 매어 놓은 자
72. 함부로 타인이 매어둔 소, 말, 기타 짐승류 또는 배와 뗏목(舟筏)을 풀어준 자
73. 함부로 타인의 논밭을 통행하거나 우마, 차량을 침입시킨 자
74. 자기가 점유한 장소내에 노소(老幼), 불구 또는 질병으로 인해 구조를 요하는 자, 또는 사람의 사체, 죽은 태아(死胎)가 있음을 알고도 신속하게 경찰 관리 또는 그 직무를 행하는 자에게 신고하지 않은 자. 앞 항의 사체, 죽은 태아(死胎)에 대하여 경찰관리 또는 그 직무를 행하는 자의 지휘 없이 그 현장을 변경한 자
75. 사람의 사체 또는 죽은 태아(死胎)를 은닉하거나 다른 물건으로 혼동하도록 위장한 자
76. 허가를 받지 않고 사람의 사체 또는 죽은 태아(死胎)를 해부하거나 보존한 자
77. 일정 음식물에 다른 물질을 혼합하여 부정한 이득을 도모한 자
78. 병폐한 금수의 고기류, 또는 설익은 과일, 부패한 음식물, 기타 건강을 해치는 것을 식료품으로써 영리를 목적으로 제공한 자
79. 땅에 묻어 폐기한 소, 말, 양, 돼지, 개 등의 사체를 발굴한 자
80. 굽고 지지기(炮煮), 세척, 박피 등을 요하지 않고 그대로 식용으로 제공하는 물건에 뚜껑이나 덮개를 덮지 않고 점두에 진열하거나 행상을 한 자
81. 자기 또는 타인의 신체에 문신을 한 자
82. 가옥, 기타 건소물 또는 인화하기 쉬운 물건의 근방이나 산야에서 함부로 불을 지핀 자
83. 석탄, 기타 자연 발화의 우려가 있는 물건을 소홀하게 취급한 자
84. 함부로 총포를 발사하거나 화약, 기타 심하게 폭발하는 물건을 가지고 논 자
85. 허가를 받지 않고 불꽃놀이를 제조하거나 판매한 자
86. 허가를 받지 않고 극장, 기타 흥행장을 개설한 자
87. 나룻배, 교량, 기타 장소에서 정액(定額) 이상의 통행료를 청구하거나 정액의 통행료를 지불하지 않고 통행하고, 또 이유 없이 통행을 방해하거나 통선(通船) 요구에 응하지 않은 자

제2조 본령에 규정한 위반 행위를 교사하거나 방조한 자는 앞 조에 비추어 이를 처벌한다. 단 정상에 따라 그 형을 면제할 수 있다.

부칙

본령은 1912년(明治 45) 4월 1일부터 시행한다.

〈자료 162〉 조선형사령(朝鮮刑事令)[1912년(明治 45)] 〈제령 제11호〉

제1조 형사에 관한 사항은 본령, 기타 법령에 특별한 규정이 있는 경우를 제외하고 다음 법률에 따른다.

1. 형법
2. 형법시행법
3. 폭발물단속벌칙(爆發物取締罰則)
4. 1889년(明治 22) 법률 제34호
5. 통화 및 증권 모조 단속법(通貨及證券模造取締法)
6. 1905년(明治 38) 법률 제66호
7. 인지범죄순벌법(印紙犯罪巡罰法)
8. 1890년(明治 23) 법률 제101호
9. 해저 전신선 보호 만국연합 조약 규칙(海底電信線保護萬國聯合條約罰則)
10. 형사소송법
11. 보통치죄법(治罪法), 육군치죄법, 해군치죄법 교섭 건 처분법
12. 외국 재판소의 촉탁에 의한 공조법

제2조 앞 조의 법률 중 대심원의 직무는 고등법원, 대심원장의 직무는 고등법원장, 검사총장의 직무는 고등법원검사장, 검사장의 직무는 복심법원검사장, 지방재판소검사 및 구(區)재판소검사의 직무는 지방법원검사가 이를 행한다.

제3조 형법 제75조 및 제76조, 형사소송법 제28조 제3항 및 제130조 제1항의 규정은 이를 왕족에게 준용한다.

제4조 조선총독부 경무총장은 사법경찰관으로, 범죄를 수사함에 있어 지방법원 검사와 동일한 직권을 가진다.

제5조 다음에 기재한 관리는 검사의 보좌로서 그 지휘를 받아 사법경찰관으로 범죄를 수사해야 한다.

1. 조선총독부 경무부장
2. 조선총독부 경시, 경부
3. 헌병장교, 준사관, 하사

앞 항의 사법경찰관은 검사가 직권상 발한 명령에 따른다.

제6조 재판소는 피고인이 그 재판소의 관할 구역 내에 없을 때 결정에 따라 사건을 피고인의 소재지를 관할하는 동등한 재판소에 이송할 수 있다.

제7조 관리, 공리(公吏)[47]가 만든 서류 형식에 하자가 있는 경우는 해당 관리, 공리가 이를 보정할 수 있다. 앞 항의 보정을 했을 때는 그 연월일, 장소 및 보정 사항을 부기하여 서명, 날인해야 한다.

제8조 서류 송달에 대해서는 본령에 규정이 있는 것 외에 조선민사령을 준용한다.

제9조 소송 관계인으로부터 기일에 출두하겠다는 승낙서를 제출하게 하거나 또는 구두로 차회(次回) 출두를 명했을 때는 소환장 또는 호출장을 송달한 것과 동일한 효력이 발생한다. 단, 구두로 출두를 명한 경우에는 그 내용을 조서 또는 공판 시말서에 기재해야 한다.

제10조 형사소송법에 의해 시정촌장(市町村長)의 입회를 요하는 경우에는 2인 이상의 상당하는 입회인이 있으면 족하다.

제11조 검사 또는 사법경찰관은 형사소송법 제144조, 제146조 또는 제147조의 경우에 범행 장소에 임검(臨檢)할 필요가 없다고 판단될 때는 임검을 하지 않고 예심판사에 속하는 처분을 할 수 있다.

제12조 검사는 현행범이 아닌 사건이라도 수사 결과 급속한 처분을 요하는 것으로 판단될 때는 공소제기 전에 한해 영장을 발하여 검증, 수색, 물건 차압을 행하고, 피고

---

47 관리가 아니면서 공무를 맡아보는 사람.

인, 증인을 신문하거나 또는 감정(鑑定)[48]을 명할 수 있다. 단, 벌금, 과료 혹은 비용의 배상을 언도하거나 또는 선서를 하게 할 수 없다. 앞 항의 규정에 따라 검사에 허가한 직무는 사법경찰관 역시 임시로 이를 행할 수 있다. 단 구류장을 발할 수 없다.

제13조 사법경찰관은 앞 조 제2항의 규정에 따라 피고인을 신문한 후 금고 이상의 형에 해당하는 자라고 사료될 때는 14일을 넘지 않는 기간 동안 이를 유치할 수 있다. 사법경찰관은 앞 항의 유치 기간 내에 증빙서류 및 의견서와 함께 피고인을 관할 재판소의 검사에 송치해야 한다. 앞 두 항의 규정은 사법경찰관이 형사소송법 제147조 제1항의 직무를 행하는 경우에 이를 준용한다.

제14조 앞의 두 조의 경우에 있어서 제1조의 법률 중 예심에 관한 규정을 준용한다.

제15조 검사가 피고인을 구류한 경우 20일 내에 기소 절차를 하지 않을 때는 이를 석방해야 한다. 형사소송법 제146조 제2항의 규정은 이를 적용하지 않는다.

제16조 검사는 범죄 수사를 마치고 유죄라고 사료될 때는 공판을 청구해야 한다. 단 구류 또는 과료에 해당하는 사건을 제외하고 사건이 번잡할 때는 예심을 청구할 수 있다.

제17조 재판소 또는 예심판사가 필요하다고 판단될 때는 사법경찰관으로 하여금 검증, 수색, 물건 차압을 행하게 하거나 또는 감정을 명하게 할 수 있다. 이 경우에는 제12조 제1항의 단서 규정을 준용한다.

제18조 재판소는 그 소재지 외의 지방법원 판사에게 검증, 수색, 물건 차압을 행하거나 또는 감정을 명하는 것을 촉탁할 수 있다. 예심판사는 그 재판소 소재지 외의 지방법원 판사에게 감정을 명하는 것을 촉탁할 수 있다.

제19조 수명(受命) 판사 또는 수탁(受託) 판사는 검증의 경우 필요하다고 판단될 때는 예심판사에게 속하는 처분을 할 수 있다.

제20조 재판소는 긴급을 요한다고 판단될 때 공판 개정 전이라도 검사에게 통지하여 수색, 물건 차압을 행하거나 또는 증인을 신문하거나 혹은 감정을 명할 수 있으며, 이 경우에는 소송 관계인이 입회할 필요는 없다. 재판소는 그 부원(部員) 1명에게 명하

48 법원의 명령에 따라 특별한 전문가가 자기의 학술, 지능, 경험으로 구체적 사실에 응용한 판단을 진술, 보고하는 일.

여 앞 항의 처분을 행하게 할 수 있다.

제21조 형사소송법 제92의 규정은 제12조 및 앞의 2조의 경우에 준용한다.

제22조 형사소송법 제130조 제2항의 규정은 조선총독에게 이를 준용한다.

제23조 통역관 또는 통역생을 통사(通事)[49]로 하는 경우는 선서를 하게 할 필요가 없다.

제24조 형사소송법 제179호의 2, 제2항의 규정에 따라 변호인을 선임해야 하는 경우에는 변호사가 아닌 자로 이를 충당할 수 있다.

제25조 형사소송법 제237조, 제241조, 제264조 및 제276조의 규정은 적용하지 않는다

제26조 1년 이하의 징역, 금고 또는 300원 이하의 벌금을 언도한 제1심 판결에 대해서는 증거에 관한 이유를 생략할 수 있다. 앞 항의 경우에 공소 신청이 있었을 때는 판결 재판소는 이유서를 작성하여 이를 공소재판소에 송부해야 한다.

제27조 형사소송법 제245조의 규정은 고장 신청 및 재심 소송에 이를 준용한다.

제28조 변호인은 상소를 할 수 없다.

제29조 이의(異議) 신청 또는 상소를 할 수 있는 자는 그 권리를 포기할 수 있다.

제30조 이의 신청을 한 자는 그 사건에 대하여 판결이 있을 때까지 언제라도 이를 취하할 수 있다. 이 경우에는 전에 한 궐석판결은 확정의 효력이 발생한다. 검사는 상소를 취하할 수 있다.

제31조 상고를 하려면 그 신청서를 원(原)재판소에 제출함과 함께 그 신청을 한 날로부터 5일 이내에 취의서를 제출해야 한다. 원재판소는 신청서 및 취의서를 수취했을 때는 신속히 상대방에게 상고 신청이 있었음을 통지함과 동시에 취의서 등본을 송달해야 한다.

제32조 형사소송법 제281조 제1항의 답변서는 원재판소에 제출해야 한다. 원재판소는 답변서를 수취했을 때는 신속히 그 등본을 상고신청인에게 송달해야 한다.

제33조 상고 신청인이 기간 내에 취의서를 제출하지 않았을 때는 그 상고 신청에 대해서는 형사소송법 제274조의 규정을 준용한다.

제34조 상고 신청인은 취의서를 제출해야 하는 기간이 경과한 후 14일 이내에 추가 취의

---

49 뜻이 통하도록 두 사람 사이에서 말을 옮겨 주는 것.

서를 상고재판소에 제출할 수 있다. 형사소송법 제280조 및 제281조의 규정은 앞 항의 경우에 이를 준용한다.

제35조 상고의 상대방은 상고 신청 기간이 경과한 후 추가 취의서를 제출할 수 있는 기간이 만료되기 전에 한하여 부대상고(附帶上告)[50]를 할 수 있다. 부대상고는 그 취의서를 원재판소에 제출함으로써 이를 행한다. 부대상고에 대해서는 앞 조의 규정을 적용하지 않는다.

제36조 취의서, 추가 취의서 또는 답변서에는 상대방의 수에 맞게 등본을 첨부해야 한다.

제37조 상고재판소는 추가 취의서를 제출할 수 있는 기간 만료 후의 일시를 공판 기일로 정하고 늦어도 개정으로부터 3일 전에는 이를 소송 관계인에게 통지해야 한다

제38조 차압 물건을 환부해야 하는 경우, 소유자의 소재가 불명하거나 또는 기타 사유로 인해 환부를 할 수 없을 때 검사는 공시에 의해 환부 청구를 해야 하는 취지를 최고(催告)[51]해야 한다. 공시일로부터 6월 이내에 청구가 없을 때는 물건은 국고에 귀속한다. 앞 항의 경우에 보관하기 불편한 물건은 공매하여 그 대금을 보관할 수 있다.

제39조 조선민사령 제3조, 제4조, 제6조, 제16조 내지 제18조 및 제32조의 규정은 형사에 이를 준용한다. 단, 제3조, 제4조, 제6조, 제16조 및 제18조 중 제1조라고 되어 있는 것은 본령 제1조에 해당한다.

부칙

제40조 본령은 1912년(明治 45) 4월 1일부터 이를 시행한다.

제41조 다음 법령은 이를 폐지한다.

1. 형법대전
2. 철도사항범죄인처단례
3. 형사재판비용규칙

형법대전 제473조, 제477조, 제478조, 제498조 제1호, 제516조, 제536조 및 제

50 민사소송법에서 피고인이 제일심이나 제이심의 판결 가운데 자기에게 불리한 부분의 변경을 요구하는 신청.

51 상대방에게 일정한 행위를 하도록 요구하는 통지를 내는 일.

593조의 죄와 그 미수범에 관한 규정은 당분간 본령 시행 이전과 동일한 효력을 가진다. 단, 감등(減等)에 대해서는 형법 제68조의 예에 의한다.

형법대전 제2조의 규정은 앞 항의 규정을 적용함에 있어 계속 그 효력을 가진다.

제42조 본령 시행 후 계속 효력을 가지는 구(舊)한국법규의 형은 다음 예에 따라 본령의 형명으로 변경한다. 단 형의 기간 또는 금액은 예외이다.

구(舊)한국법규의 예	본령의 예
사형	사형
종신역형(役刑)	무기징역
종신유형(流刑)	무기금고
15년 이하의 역형	유기징역
15년 이하의 유형 또는 금옥	유기금고
벌금	벌금
구류	구류
과료	과료
몰입	몰수
태형	20일 이하의 구류 또는 과료

제43조 본령 시행 전 구한국법규의 형에 처해진 자는 앞 조의 예에 비추어 이를 본령의 형에 처해진 자로 간주한다. 앞 항의 경우에는 태형에 처해진 자에 대해서는 태 5대를 구류 1일로 환산한다.

제44조 구한국법규에 의해 허가된 가석방은 이를 가출옥으로 간주한다.

제45조 본령 시행 전에 죄를 범하고 아직 확정 판결을 받지 않은 자에 대해서는 본령에 의해 처단한다.

제46조 본령 시행 전에 이미 행한 상고는 종전의 절차에 따라 완결한다.

제47조 조선민사령 제79조 및 제82조의 규정은 형사에 이를 준용한다.

〈자료 163〉 요시찰 조선인 시찰 내규[1916년(大正 5)] 〈내무성훈(內務省訓) 제618호〉[52]

제1조 요시찰 조선인은 다음과 같은 구별에 의해 갑호, 을호의 두 종류로 한다.

갑호

1. 배일사상의 신념이 깊은 자 혹은 배일사상 소지자 사이에 세력이 있는 자
2. 항상 배일사상을 고취하고 또는 업무상 관계를 그 고취에 이용할 우려가 있는 자
3. 배일사상 소지자, 또는 그 의심이 있는 자 혹은 이들과 연락 관계를 갖는 자로 거주지 업무 등의 관계상 폭발물 그 외 위험물을 수령하기에 편리함이 있는 자
4. 배일사상 소지자로 조선 재주, 또는 외국 재류 동지와 자주 통신 왕복하는 자
5. 배일사상 소지자, 또는 그 혐의가 있는 자로 위험한 행동을 할 우려가 있고 혹은 난폭 교격(矯激)[53]한 언동을 하는 자
6. 그 외 배일사상 소지자, 또는 그 혐의가 있는 자로 특히 엄밀한 시찰이 필요하다고 인정되는 자

을호

1. 배일사상 소지자, 또는 그 혐의가 있는 자로 갑호에 해당하지 않는 자
2. 본인의 성격과 행동, 경력, 평소의 교제, 읽는 신문지, 잡지 등 그 외 관계에서 배일사상에 감염할 경향이 있는 자

제2조 요시찰 조선인에 대해서는 별지 제1호 양식에 의해 그 거주지의 청부현(廳府縣)에서는 명부를 조제(調製)[54]해야 한다.

제3조 요시찰 조선인의 시찰은 주로 간접적으로 그 동정을 내탐하는 것을 방침으로 한다. 그 왕래, 통신, 회합, 저술 번역, 출판과 전도 등에 주의한다. 특히 그 뒷 동정을 탐지하는 데 노력해야 한다.

제4조 요시찰 조선인은 불온한 기도를 저지를 염려가 있다. 또는 시찰 단속을 하는 데 일반 경계가 필요하다. 그 외 특히 필요하다고 인정될 경우에는 직접 감시 또는 미행

---

52 「朝鮮(2)」, 『現代史資料』 26, みすず書房, 1967, 36쪽.

53 성질이 굳세고 과격한 것을 말한다.

54 물건을 주문에 따라 조절하여 만드는 것을 말한다.

을 붙여야 한다.

第5조 폭발물, 변장, 무기, 권총, 단총, 극약, 독약 그 외 위험 염려가 있는 물건을 소지하거나 은닉한 경우에 대해서는 특히 엄중한 단속을 해야 한다.

第6조 요시찰 조선인의 사진, 필적은 내밀하게 노력하여 수집하고 복사, 또는 그 외의 방법으로 일부를 경보국장에게 송부해야 한다.

第7조 새롭게 요시찰 조선인에 편입한 자가 있을 때는 명부 등본을 첨부하여 보고하고 더불어 조선총독부에 명부 등본을 송부해야 한다. 명부의 기재 사항에 변경이 있을 때는 그 점을 보고하고 더불어 조선총독부에 통보해야 한다.

第8조 앞 조 제1항의 경우에는 그 요시찰 조선인의 이름(가명 포함), 본적, 생년월일, 직업, 인상, 특징, 제1조의 종별과 해당 사항의 호수를 관할 청부현(廳府縣)에서 다른 청부현으로 통보해야 한다. 그 변경과 명부 삭제가 있는 경우 또한 마찬가지이다. 청부현에서는 앞 항의 통보에 따라 별지 제2호 양식에 의해 관할외 요시찰 인명부를 편입하여 청(廳)별로 조제 정리해야 한다.

第9조 요시찰 조선인의 언동에서 시찰상 주의가 필요한 점이 있을 때는 이것을 보고한다. 더불어 조선총독부 및 관계 청부현(대만총독부, 가라후토청 및 관동도독부를 포함한다. 이하 이에 따른다)에 통보해야 한다.

第10조 요시찰 조선인의 사망, 내지 퇴거, 사상 변화, 또는 오류 발견 등으로 명부를 삭제한 때는 그 사유를 갖추어 보고한다. 더불어 조선총독부 및 관계 청부현에 통보해야 한다. 또한 내지 퇴거의 경우에는 퇴거 연월일 및 행선지 그 외 참고가 될 사항을 상세히 보고한다. 구명부는 해당 청부현에서 보존해야 한다.

第11조 요시찰 조선인 중 소재 불명이 되었을 때는 그 이름(가명 포함), 종별, 생년월일, 직업, 인상, 특징 및 소재 불명이 되었을 당시의 상황 그 외 참고가 될 사항을 구비하여 보고한다. 더불어 조선총독부 및 청부현에 통보해야 한다.

第12조 요시찰 조선인이 다른 청부현으로 주소를 옮겼을 때는 구 관할청은 명부에 제6조의 사진과 필적을 첨부하여 새로운 관할청으로 송부해야 한다. 이 경우에 새로운 관할청은 바로 그 사실을 보고하고 더불어 조선총독부와 청부현에 통보해야 한다.

第13조 새롭게 조선, 대만, 가라후토(樺太), 관동주 또는 외국에서 도래한 조선인의 동정에 대해서는 특히 주의한다. 제1조에 해당될 의심이 있는 자에 대해서는 명부에 편입하기 전이라도 그 주소와 이름, 연령, 인상, 특징 등을 보고한다. 또 제3조 내지 제5조, 제9조 내지 제11조에 준해 취급해야 한다.

제14조 제1조에 해당하지 않더라도 조선인 유학생 및 종교가의 동정에 대해서는 항상 주의해야 한다.

제15조 조선인의 특별 요시찰인, 또는 외국인과의 왕래, 교제 또는 맥락 관계자 등은 특히 주의해야 한다.

제16조 제1조에 해당하지 않는 조선인에 대해서는 해당 관할 청부현에서 다음의 각 항을 기입한 명부를 갖추어 그 변동을 기입해야 한다.

1. 이름(가명 포함), 생년월일, 거주지, 본적, 신분, 직업, 도래년월일, 소재불명일 때는 그 내용을 기입.

<명부 기재 예>

1. '이름'란에는 위계, 훈등, 작위는 이름의 오른쪽에 기입해야 한다.
2. '종별'란에는 본 내규의 제1조에 열거한 종별과 그 해당 사항을 기입해야 한다. 예를 들면 갑호의 1 혹은 을호의 2라고 기입하는 것과 같다.
3. '생년월일'은 메이지(明治), 다이쇼(大正) 등으로 환산하여 기입한다. 생년월일이 불명일 때에는 연령을 기입한다. 조사년월일을 괄호 안에 부기해 둔다.
4. '본적 신분'란에는 본적지 명 및 양반, 유생, 상민 등을 따로 기입해야 한다.
5. '거주지 편입청 및 연월일'란의 제1란에 거주를 시작한 연월일, 제2란에 거주지, 제3란에 편입년월일과 편입청을 병기해야 한다.
6. '인상과 특징'란에는 신장, 골격, 몸집, 안색, 눈썹, 눈, 코, 입, 치아, 귀, 두발, 수염 등의 상태 및 그 외의 특징에 대해 자세하게 기입해야 한다.
7. '계통 맥락 관계 및 숭배자'란에는 배일주의 당파의 소속 또는 유력한 배일주의 등과의 관계, 그 숭배하는 인물 기타 주의사상 및 배일적 행동의 연락 관계 등을 나타내는 사항을 기입해야 한다.
8. '교제자 성명'란에는 내외인 구분 없이 특히 친교가 있는 자 및 주의가 필요한 교제자의 이름을 기입해야 한다.

9. '명부 편입 사유'란에는 요시찰인인 것을 발견한 명부에서 편입하기에 이르게 된 유래를 기입해야 한다.

10. '경력 및 언동'란에는 시찰 단속상 참고가 될 만한 각종 중요한 사항을 기입해야 한다.

〈자료 164〉 정치에 관한 범죄처벌의 건[1919년(大正 8)] 〈조선총독부제령 제7호〉」

제1조 정치의 변혁을 목적으로 다수가 공동으로 안녕질서를 방해하거나 또는 방해하고자 한 자는 10년 이하의 징역 또는 금고에 처한다. 다만 형법 제2편 제2장의 규정에 해당할 때는 본령(本令)을 적용하지 않는다. 앞 항의 행위를 하게 할 목적으로 선동한 자의 죄도 앞 항과 동일하다.

제2조 앞 조의 죄를 범한 자가 발각 전에 자수했을 때는 형을 경감하거나 면제한다.

제3조 본령은 제국 외에서 제1조의 죄를 범한 제국 신민에게도 적용한다.

〈자료 165〉 치안유지법[1925년(大正 14)] 〈법률 제46호〉

제1조 국체를 변혁하거나 사유재산제도를 부인할 목적으로 결사를 조직하거나 취지를 알고서 이에 가입한 자는 10년 이하의 징역 또는 금고에 처한다. 앞 항의 미수죄는 이를 처벌한다.

제2조 앞 조 제1항의 목적을 가지고 그 목적이 되는 시항의 실행에 관하여 협의를 한 자는 7년 이하의 징역 또는 금고에 처한다.

제3조 제1조 제1항의 목적을 가지고 그 목적이 되는 사항의 실행을 선동한 자는 7년 이하의 징역 또는 금고에 처한다.

제4조 제1조 제1항의 목적을 가지고 소요, 폭행, 기타 생명, 신체 또는 재산에 해를 가하는 범죄를 선동한 자는 10년 이하의 징역 또는 금고에 처한다.

제5조 제1조 제1항 및 앞의 3조의 죄를 범하게 할 목적으로 금품, 기타 재산상의 이익을 공여하거나 또는 요구 혹은 약속을 한 자는 5년 이하의 징역 또는 금고에 처한다.

취지를 알고 공여를 받았거나 또는 그 요구 혹은 약속을 한 경우도 역시 동일하다.

제6조 제5조의 죄를 범한 자가 자수를 한 경우는 그 형을 감경 또는 면제한다.

제7조 이 법은 누구를 불문하고 또한 이 법 시행 구역 밖에서 범죄를 저지른 경우에도 이를 적용한다.

부칙

1923년(大正 12) 칙령 제403호는 폐지한다.

〈자료 166〉 치안유지법을 조선, 대만 및 가라후토[55]에 시행하는 건[1925년(大正14)] 〈칙령 175호〉

짐은 치안유지법을 조선, 대만 및 가라후토에 시행하는 건을 재가하고 이를 공포한다.

치안유지법은 이를 조선, 대만 및 가라후토에 시행한다.

부칙

이 영(令)은 1925년(大正 14) 5월 12일부터 시행한다.

〈자료 167〉 치안유지법 중 개정 건[1928년(昭和 3)] 〈칙령 제129호〉

치안유지법 중 다음과 같이 개정한다.

제1조 국체를 변혁하는 것을 목적으로 하여 결사를 조직한 자 또는 결사의 임원, 기타 지도자로서의 임무에 종사한 자는 사형 또는 무기 혹은 5년 이상의 징역 혹은 금고에 처한다. 취지를 알고 결사에 가담한 자 또는 결사의 목적 수행을 위한 행위를 한 자는 2년 이상의 유기 징역 또는 금고에 처한다.

---

55 한자는 樺太이며, 사할린을 당시에 표기한 명칭이다.

사유재산제도를 부인할 목적으로 결사를 조직한 자, 결사에 가담한 자 또는 결사의 목적 수행을 위해 행위를 한 자는 10년 이하의 징역 또는 금고에 처한다.

앞의 두 항의 미수죄는 이를 벌한다.

제2조 중 '앞 조 제1항'을 '앞 조 제1항 또는 제2항'으로 개정한다.

제3조 및 제4조 중 '제1조 제1항'을 '제1조 제1항 또는 제2항'으로 개정한다.

제5조 중 '제1조 제1항 및'을 '제1조 제1항 또는 제2항 또는'으로 개정한다.

부칙

이 영(令)은 공포한 날로부터 시행한다.

〈자료 168〉 불온문서 임시취체령[1936년(昭和 11)] 〈조선총독부제령 제13호〉

불온문서의 단속에 관하여는 불온문서임시취체법에 의한다. 다만 동법 중 출판법 또는 신문지법에 의한 납본을 하지 아니하는 것은 출판규칙, 신문지규칙 또는 1907년 법률 제1호 신문지법에 의한 납본을 하지 아니하거나 1909년 법률 제6호 출판법에 의한 허가를 받지 아니한 것으로 한다.

1909년 법률 제6호 출판법 또는 1907년 법률 제1호 신문지법에 정조(正條)가 있는 행위로 그 벌이 앞 항의 규정에 의할 것이라고 정한 불온문서임시취체법의 벌보다 무거운 것은 앞 항의 규정에 불구하고 동법을 적용한다.

부칙 [1936. 8. 8.] 〈조선총독부제령 제13호〉

이 영은 공포한 날로부터 시행한다.

〈자료 169〉 사상범 보호관찰법[1936년(昭和 11)] 〈법률 제29호〉

제1조 치안유지법의 죄를 범한 자에 대하여 형의 집행유예 언도가 있은 경우 또는 소추(訴

追)[56]를 필요로 하지 않아 공소를 제기하지 않는 경우에는 보호관찰심사회의 결의에 의하여 본인을 보호관찰에 부칠 수 있다. 본인이 형의 집행을 마치거나 또는 가출옥을 허락받았을 경우도 역시 동일하다.

제2조 보호관찰에 있어서는 본인을 보호하여 재차 죄를 범할 위험을 방지하기 위하여 사상 및 행동을 관찰하는 것으로 한다.

제3조 보호관찰은 본인을 보호관찰소의 보호사의 관찰에 부치거나 보호자에게 인도 혹은 보호 단체, 사원, 교회, 병원 기타 적당한 자에게 위탁하여 이를 행한다.

제4조 보호관찰에 부쳐진 자에 대하여는 거주, 교우 또는 통신의 제한 및 기타 적당한 조건의 준수를 명할 수 있다.

제5조 보호관찰 기간은 2년으로 하며 특별히 계속할 필요가 있는 경우에는 보호관찰 심사회의 결의에 의하여 이를 갱신할 수 있다.

제6조 제1조에 정하는 사유가 발생한 경우에 필요한 때에는 본인에 대하여 보호관찰 심사회의 결의 전에 임시로 제3조의 처분을 할 수 있다.

제7조 제3조 또는 제4조의 처분은 집행 중에 언제든지 이를 취소하거나 변경할 수 있으며 앞 조의 처분에 대해서도 동일하다.

제8조 보호관찰소는 필요한 경우에는 보호사에게 본인을 동행하도록 할 수 있다.

제9조 보호관찰소 및 보호사는 그 직무를 행함에 있어서 공무소 또는 공무원에 대하여 촉탁을 행하거나 기타 필요한 보조를 청구할 수 있다.

제10조 본인을 보호 단체, 사원, 교회, 병원 또는 적당한 자에게 위탁한 경우에는 위탁을 받은 자에 대하여 이로 인하여 발생하는 비용의 전부 또는 일부를 급부(給付)할 수 있다.

제11조 1. 앞 조의 비용은 보호관찰소의 명령에 의하여 본인 또는 본인을 부양할 의무가 있는 자에게 전부 또는 일부를 징수할 수 있으며, 이 명령에 대하여는 비송사건절차법 제208조의 규정을 준용한다.

2. 앞 항의 명령에 불복하는 자는 명령의 고지를 받은 날부터 1월 내에 통상 재판

56 검사가 특정한 사건에 관하여 공소를 제기하고 유지하는 일을 말한다

소에 출소할 수 있으며, 이 출소는 집행 정지의 효력을 갖지 아니한다.

제12조 소년으로 치안유지법의 죄를 범한 자에게는 소년법의 보호 처분에 관한 규정을 적용하지 아니한다.

제13조 이 법은 육군형법 제8조, 제9조 및 해군형법 제8조, 제9조에 해당하는 자에게는 적용하지 아니한다.

제14조 보호관찰소 및 보호관찰심사회의 조직 및 권한과 보호관찰의 실행에 관하여 필요한 사항은 칙령으로 정한다.

부칙

1. 이 법의 시행 기일은 칙령으로 정한다.
2. 이 법은 이 법 시행 전에 제1조에 정하는 사유가 발생한 경우에도 이를 적용한다.

〈자료 170〉 조선사상범 보호관찰령[1936년(昭和 11)] 〈조선총독부제령 제16호〉

사상범의 보호관찰에 관하여는 사상범 보호관찰법 제11조 제2항, 제12조 및 제14조의 규정을 제외하고 동법에 의한다. 다만 동법 중 보호관찰소는 조선총독부 보호관찰소로, 보호관찰심사회는 조선총독부 보호관찰심사회로, 보호사는 조선총독부 보호관찰소보호사로, 비송사건수속법은 조선민사령에 의할 것을 정한 비송사건수속법으로 한다.

보호관찰의 실행에 관하여 필요한 사항은 조선총독이 정한다.

부칙

이 영은 1936년 12월 21일부터 시행한다.

〈자료 171〉 개정 치안유지법 [1941년(昭和 16)] 〈조선총독부법률 제54호〉

제1장 죄

제1조 국체를 변혁하는 것을 목적으로 결사를 조직한 자 또는 결사의 임원 그 외 지도자

의 임무에 종사한 자는 사형 또는 무기나 7년 이상의 징역에 처하고, 결사에 가입한 자 또는 결사의 목적 수행을 위한 행위를 한 자는 3년 이상의 유기징역에 처한다.

제2조 앞 조의 결사를 지원하는 것을 목적으로 결사를 조직한 자 또는 결사의 임원 기타 지도자의 임무에 종사한 자는 사형 또는 무기나 5년 이상의 징역에 처하고, 결사에 가입한 자 또는 결사의 목적 수행을 위한 행위를 한 자는 2년 이상의 유기징역에 처한다.

제3조 제1조 결사의 조직을 준비하는 것을 목적으로 하여 결사를 조직한 자 또는 결사의 임원 기타 지도자의 임무에 종사한 자는 사형 또는 무기나 5년 이상의 징역에 처하고, 결사에 가입한 자 또는 결사의 목적 수행을 위한 행위를 한 자는 2년 이상의 유기징역에 처한다.

제4조 앞 3조의 목적으로 집단을 결성한 자 또는 집단을 지도한 자는 무기 또는 3년 이상의 징역에 처하고, 앞 3조의 목적으로 집단에 참가한 자 또는 집단에 관하여 앞 3조의 목적 수행을 위한 행위를 한 자는 1년 이상의 유기징역에 처한다.

제5조 제1조 내지 제3조의 목적으로 그 목적 사항의 실행에 관하여 협의 또는 선동을 하거나 그 목적 사항을 선전하고 기타 그 목적 수행을 위한 행위를 한 자는 1년 이상 10년 이하의 징역에 처한다.

제6조 제1조 내지 제3조의 목적으로 소요·폭행 기타 생명·신체 또는 재산에 해를 가할 수 있는 범죄를 선동한 자는 2년 이상의 유기징역에 처한다.

제7조 국체를 부정하거나 신궁 또는 황실의 존엄을 모독할 수 있는 사항을 유포하는 것을 목적으로 결사를 조직한 자 또는 결사의 임원 기타 지도자의 임무에 종사한 자는 무기 또는 4년 이상의 징역에 처하고, 결사에 가입한 자 또는 결사의 목적 수행을 위한 행위를 한 자는 1년 이상의 유기징역에 처한다.

제8조 앞 조의 목적으로 집단을 결성한 자 또는 집단을 지도한 자는 무기 또는 3년 이상의 징역에 처하고 전조의 목적으로 집단에 참가한 자 또는 집단에 관하여 앞 조의 목적 수행을 위한 행위를 한 자는 1년 이상의 유기징역에 처한다.

제9조 앞 8조의 죄를 범하게 하는 것을 목적으로 금품 기타 재산상의 이익을 공여하거나 그 신청 또는 약속을 한 자는 10년 이하의 징역에 처한다. 공여를 받거나 그 요구

또는 약속을 한 자도 같다.

제10조 사유재산제도를 부인하는 것을 목적으로 결사를 조직한 자 또는 결사에 가입한 자나 결사의 목적 수행을 위한 행위를 한 자는 10년 이하의 징역 또는 금고에 처한다.

제11조 앞 조의 목적으로 그 목적 사항의 실행에 관하여 협의를 하거나 그 목적 사항의 실행을 선동한 자는 7년 이하의 징역 또는 금고에 처한다.

제12조 제10조의 목적으로 소요·폭행 기타 생명·신체 또는 재산에 해를 가할 수 있는 범죄를 선동한 자는 10년 이하의 징역 또는 금고에 처한다.

제13조 앞 3조의 죄를 범할 목적으로 금품 기타 재산상의 이익을 공여하거나 그 신청 또는 약속을 한 자는 5년 이하의 징역 또는 금고에 처한다. 공여를 받거나 그 요구 또는 약속을 한 자도 같다.

제14조 제1조 내지 제4조·제7조·제8조 및 제10조의 미수죄는 벌한다.

제15조 이 장(章)의 죄를 범한 자가 자수한 때는 그 형을 감경 또는 면제한다.

제16조 이 장의 규정은 이 법 시행지 외에서 죄를 범한 자에게도 적용한다.

제2장 형사 수속

제17조 이 장의 규정은 제1장에 열거한 죄에 관한 사건에 대하여 적용한다.

제18조 검사는 피의자를 소환하거나 그 소환을 사법경찰관에게 명령할 수 있다. 검사의 명령으로 사법경찰관이 발부하는 소환장에는 명령을 한 검사의 직·성명 및 그 명령으로 인하여 발부한다는 취지도 기재하여야 한다. 소환장의 송달에 관한 재판소 서기 및 집달리에 속하는 직무는 사법경찰관리가 행할 수 있다.

제19조 피의자가 정당한 사유 없이 앞조의 규정에 의한 소환에 응하지 아니하거나 형사소송법 제87조 제1항 각호에 규정한 사유가 있는 때에는 검사는 피의자를 구인하거나 그 구인을 다른 검사에게 촉탁하거나 사법경찰관에게 명령할 수 있다. 앞 조 제2항의 규정은 검사의 명령으로 사법경찰관이 발부하는 구인장에 대하여 준용한다.

제20조 구인한 피의자는 지정된 장소에 인치한 때부터 48시간 내에 검사 또는 사법경찰관이 신문하여야 한다. 그 시간 내에 구류장을 발부하지 아니하는 때에는 검사는 피의자를 석방하거나 사법경찰관에게 석방하게 하여야 한다.

제21조 형사소송법 제87조 제1항 각호에 규정한 사유가 있는 때에는 검사는 피의자를 구류하거나 그 구류를 사법경찰관에게 명령할 수 있다. 제18조 제2항의 규정은 검사의 명령으로 사법경찰관이 발부하는 구류장에 대하여 준용한다.

제22조 구류에 대하여는 경찰관서 또는 헌병대의 유치장으로 감옥을 대용할 수 있다.

제23조 구류의 기간은 2월로 한다. 특별히 계속할 필요가 있는 때에는 지방재판소검사 또는 구(區)재판소검사는 검사장의 허가를 받아 1월마다 구류의 기간을 갱신할 수 있다. 다만, 총 1년을 초과할 수 없다.

제24조 구류의 사유가 소멸하여 기타 구류를 계속할 필요가 없다고 사료되는 때에는 검사는 신속히 피의자를 석방하거나 사법경찰관에게 석방하게 하여야 한다.

제25조 검사는 피의자의 주거를 제한하여 구류의 집행을 정지할 수 있다. 형사소송법 제119조 제1항에 규정한 사유가 있는 경우에는 검사는 구류의 집행 정지를 취소할 수 있다.

제26조 검사는 피의자를 신문하거나 그 신문을 사법경찰관에게 명령할 수 있다. 검사는 공소 제기 전에 한하여 증인을 신문하거나 그 신문을 다른 검사에게 촉탁하거나 사법경찰관에게 명령할 수 있다. 사법경찰관은 검사의 명령으로 피의자 또는 증인을 신문한 때는 명령을 한 검사의 직·성명 및 그 명령으로 신문한 취지를 신문조서에 기재하여야 한다. 제18조 제2항 및 제3항의 규정은 증인신문에 대하여 준용한다.

제27조 검사는 공소 제기 전에 한하여 압수·수색 또는 검증을 하거나 그 처분을 다른 검사에게 촉탁하거나 사법경찰관에게 명령할 수 있다. 검사는 공소 제기 전에 한하여 감정·통역 또는 번역을 명하거나 그 처분을 다른 검사에게 촉탁하거나 사법경찰관에게 명령할 수 있다. 앞 조 제3항의 규정은 압수·수색 또는 검증의 조서 및 감정인·통사 또는 번역인의 신문조서에 대하여 준용한다. 제18조 제2항 및 제3항의 규정은 감정·통역 및 번역에 대하여 준용한다.

제28조 형사소송법 중 피고인의 소환·구인 및 구류, 피고인 및 증인의 신문, 압수, 수색, 검증, 감정, 통역과 번역에 관한 규정은 별도의 규정이 있는 경우를 제외하고는 피의 사건에 대하여 준용한다. 다만 보석 및 책부에 관한 규정은 예외이다.

제29조 변호인은 사법대신이 미리 지정한 변호사 중에서 선임하여야 한다. 다만 형사소송

법 제 40조 제2항의 규정을 적용할 수 있다.

제30조 변호인의 수는 피고인 1인에 대하여 2인을 초과할 수 없다. 변호인의 선임은 최초로 정한 공판기일에 관련된 소환장의 송달을 받은 날부터 10일을 경과한 때에는 할 수 없다. 다만 부득이한 사유가 있는 경우에 재판소의 허가를 받은 때에는 예외이다.

제31조 변호인은 소송에 관한 서류의 등사를 하고자 하는 때에는 재판소장 또는 예심판사의 허가를 받아야 한다. 변호인의 소송에 관한 서류의 열람은 재판장 또는 예심판사가 지정한 장소에서 하여야 한다.

제32조 피고 사건이 공판에 부쳐진 경우에 검사가 필요가 있다고 인정하는 때에는 관할이전 청구를 할 수 있다. 다만 제1회 공판기일의 지정이 있은 후에는 그러하지 아니하다. 앞 항의 청구는 사건이 계속되는 재판소 및 이전지 재판소에 공통하는 가장 가까운 상급재판소에서 하여야 한다. 제1항의 청구가 있을 때는 결정이 있을 때까지 소송수속을 정지하여야 한다.

제33조 제1장에 열거한 죄를 범한 것으로 인정된 제1심의 판결에 대하여는 공소를 할 수 없다. 앞 항에 규정한 제1심의 판결에 대하여는 직접 상고를 할 수 있다. 상고는 형사소송에서 제2심의 판결에 대하여 상고를 할 수 있는 이유가 있는 경우에 할 수 있다. 상고재판소는 제2심의 판결에 대한 상고사건에 관한 수속에 의하여 재판을 하여야 한다.

제34조 제1장에 열거한 죄를 범한 것으로 인정한 제1심의 판결에 대하여 상고가 있는 경우에 상고재판소가 동장(同章)에 열거한 죄를 범한 것이 아니라는 것을 의심할 수 있는 현저한 사유가 있는 것으로 인정한 때에는 판결로 원판결을 파훼하고 사건을 관할 공소재판소에 이송하여야 한다.

제35조 상고재판소는 공판기일의 통지에 대하여는 형사소송법 제422조 제1항의 기간에 의하지 아니할 수 있다.

제36조 형사 수속에 대하여는 별도의 규정이 있는 경우를 제외하고는 일반 규정의 적용이 있는 것으로 한다.

제37조 이 장의 규정은 제22조·제23조·제29조·제30조 제1항·제32조·제33조 및 제

34조의 규정을 제외하고는 군법회의의 형사 수속에 대하여 준용한다. 이 경우에 형사소송법 제87조 제1항은 육군군법회의법 제143조 또는 해군군법회의법 제143조, 형사소송법 제422조 제1항은 육군군법회의법 제444조 제1항 또는 해군군법회의법 제446조 제1항으로 하고, 제25조 제2 항 중 형사소송법 제119조 제1항에 규정하는 사유가 있는 경우에는 모두에 해당하는 것으로 한다.

제38조 조선에서는 이 장 중 사법대신은 조선총독, 검사장은 복심법원검사장, 지방재판소 검사 또 는 구재판소검사는 지방법원검사, 형사소송법은 조선형사령에 의할 것을 정한 형사소송법으로 한다. 다만 형사소송법 제422조 제1항은 조선형사령 제31조로 한다.

제3장 예방구금

제39조 제1장에 열거한 죄를 범하여 형에 처하여진 자가 그 집행을 마치고 석방될 경우에 석방 후에 다시 동장에 열거한 죄를 범할 우려가 있는 것이 현저한 때에는 재판소는 검사의 청구로 인하여 본인을 예방구금에 부치는 취지를 명할 수 있다. 제1장에 열거한 죄를 범하고 형에 처해져 그 집행을 마친 자 또는 형의 집행유예의 언도를 받은 자가 사상범 보호관찰법에 의하여 보호관찰에 부쳐져 있는 경우에 보호관찰에 의하여도 동장에 열거한 죄를 범할 위험을 방지하기가 곤란하고 다시 이를 범할 우려가 있는 것이 현저한 때에도 앞 항과 같다.

제40조 예방구금 청구는 본인의 현재지를 관할하는 지방재판소의 검사가 그 재판소에 하여야 한다. 앞 항의 청구는 보호관찰에 부쳐져 있는 자에 관련된 때에는 그 보호관찰을 하는 보호관찰소의 소재지를 관할하는 지방재판소의 검사가 그 재판소에 할 수 있다. 예방구금 청구를 하기 위하여는 미리 예방구금위원회의 의견을 구하여야 한다. 예방구금위원회에 관한 규정은 칙령으로 정한다.

제41조 검사는 예방구금 청구를 함에 있어 필요한 취조를 하거나 공무소에 조회하여 필요한 사항의 보고를 요구할 수 있다. 앞 항의 취조를 함에 있어 필요한 경우에는 사법경찰관리에게 본인을 동행하게 할 수 있다.

제42조 검사는 본인이 정한 주거를 가지지 아니한 경우 또는 도망하거나 도망할 우려가

있는 경우에 예방구금 청구를 함에 있어 필요한 때에는 본인을 예방구금소에 가수용할 수 있다. 다만 부득이한 사유가 있는 경우에는 감옥에 가수용할 수 있다. 앞 항의 가수용은 본인의 진술을 들은 후가 아니면 할 수 없다. 다만 본인이 진술을 승낙하지 아니하거나 도망한 경우에는 그러하지 아니하다.

第43조 앞 조의 가수용 기간은 10일로 한다. 그 기간 내에 예방구금 청구를 하지 아니하는 때에는 신속히 본인을 석방하여야 한다.

第44조 예방구금 청구가 있는 때에는 재판소는 본인의 진술을 듣고 결정을 하여야 한다. 이 경우에는 재판소는 본인에게 출두를 명할 수 있다. 본인이 진술을 승낙하지 아니하거나 도망한 때에는 진술을 듣지 아니하고 결정을 할 수 있다. 형의 집행 종료 전 예방구금의 청구가 있은 때에는 재판소는 형의 집행 종료 후라도 예방구금에 대한 취지의 결정을 할 수 있다.

第45조 재판소는 사실의 취조를 함에 있어 필요한 경우에는 참고인에게 출두를 명하여 사실의 진술 또는 감정을 하게 할 수 있다. 재판소는 공무소에 조회하여 필요한 사항의 보고를 요구할 수 있다.

第46조 검사는 재판소가 본인에게 진술을 하게 하거나 참고인에게 사실의 진술 또는 감정을 하 게 하는 경우에 입회하여 의견을 개진할 수 있다.

第47조 본인이 속한 가의 호주·배우자 또는 4친등 내의 혈족 또는 3친등 내의 인족은 재판소의 허가를 받아 보좌인이 될 수 있다. 보좌인은 재판소가 본인에게 진술을 하게 하기나 참고인에게 사실의 진술 또는 감정을 하게 하는 경우에 입회하여 의견을 개진하거나 참고가 될 만한 자료를 제출할 수 있다.

第48조 다음 각호의 경우에는 재판소는 본인을 구인(勾引)[57]할 수 있다.

1. 본인이 정한 주거를 가지지 아니한 때
2. 본인이 도망한 때 또는 도망할 우려가 있는 때
3. 본인이 정당한 이유 없이 제44조 제1항의 출두 명령에 응하지 아니한 때

---

57 피고인, 증인 그 외의 관계인을 일정한 장소에 연행하는 강제 처분. 소환에 응하지 않는 경우 등에 한하며, 구인장에 의해 행한다.

제49조 앞 조 제1호 또는 제2호에 규정한 사유가 있는 때에는 재판소는 본인을 예방구금소에 가수용할 수 있다. 다만, 부득이한 사유가 있는 경우에는 감옥에 가수용할 수 있다. 본인이 감옥에 있는 때에는 앞 항의 사유가 없다고 하더라도 가수용할 수 있다. 제42조 제2항의 규정은 제1항의 경우에 대하여 준용한다.

제50조 별도의 규정이 있는 경우를 제외하고 형사소송법 중 구인에 관한 규정은 제48조의 구인에, 구류에 관한 규정은 제42조 및 전조의 가수용에 대하여 준용한다. 다만 보석 및 책부에 관한 규정은 예외이다.

제51조 예방구금에 부치지 아니하는 취지의 결정에 대하여는 검사는 즉시 항고를 할 수 있다. 예방구금에 부치는 취지의 결정에 대하여는 본인 및 보좌인은 즉시 항고를 할 수 있다.

제52조 별도의 규정이 있는 경우를 제외하고 형사소송법 중 결정에 관한 규정은 제44조의 결정에, 즉시 항고에 관한 규정은 앞 조의 즉시항고에 대하여 준용한다.

제53조 예방구금에 부쳐진 자는 예방구금소에 수용하여 개전(改悛)[58]하게 하기 위하여 필요한 처치를 하여야 한다. 예방구 금소에 관한 규정은 칙령으로 정한다.

제54조 예방구금에 부쳐진 자는 법령의 범위 안에서 타인과 접견하여 신서(信書)[59] 기타 물건의 수수를 할 수 있다. 예방구금에 부쳐진 자에 대하여는 신서 기타 물건의 검열·차압 또는 몰취를 하거나 보안 또는 징계를 위하여 필요한 처치를 할 수 있다. 가수용된 자 및 이 장의 규정에 의하여 구인장의 집행을 받아 유치된 자에 대하여도 같다.

제55조 예방구금 기간은 2년으로 한다. 특별히 계속할 필요가 있는 경우에는 재판소 결정으로 갱신할 수 있다. 예방구금 기간 만료 전에 갱신 청구가 있은 때에는 재판소는 기간 만료 후라도 갱신의 결정을 할 수 있다. 갱신의 결정은 예방구금의 기간 만료 후에 확정된 때라도 기간 만료 시 확정된 것으로 본다. 제40조·제41조 및 제44조 내지 제52조의 규정은 갱신의 경우에 대하여 준용한다. 이 경우에 제49조 제2항 중

---

58 잘못을 뉘우치고 마음을 바르게 고쳐먹음

59 편지

감옥은 예방구금소로 한다.

제56조 예방구금 기간은 결정 확정일부터 기산한다. 구금되지 아니한 일수 또는 형의 집행으로 인하여 구금된 일수는 결정 확정 후라도 앞 항의 기간에 산입하지 아니한다.

제57조 결정 확정시 본인이 수형자인 때에는 예방구금은 형 집행종료 후에 집행한다. 감옥에 있는 본인에 대하여 예방구금을 집행하고자 하는 경우에 이송의 준비 기타 사유로 인하여 특별히 필요한 때에는 일시 구금을 계속할 수 있다. 예방구금 집행은 본인에 대한 범죄 수사 기타 사유로 인하여 특별히 필요한 때에는 결정을 한 재판소의 검사 또는 본인의 현재지를 관할하는 지방재판소의 검사의 지휘로 정지할 수 있다. 형사소송법 제534조 내지 제536조 및 제544조 내지 제552조의 규정은 예방구금의 집행에 대하여 준용한다.

제58조 예방구금에 부쳐진 자가 수용 후 필요 없게 된 때에는 제55조에 규정한 기간 만료 전이라도 행정관청의 처분으로 퇴소하게 하여야 한다. 제40조 제3항의 규정은 앞 항의 경우에 대하여 준용한다.

제59조 예방구금의 집행을 하지 아니한 것이 2년에 달한 때에는 결정을 한 재판소의 검사 또는 본인의 현재지를 관할하는 지방재판소의 검사는 사정에 따라 그 집행을 면제할 수 있다. 제40조 제3항의 규정은 앞 항의 경우에 대하여 준용한다.

제60조 천재사변에 의해 예방구금소 안에서 피난의 수단이 없다고 인정되는 때에는 수용된 자를 타소로 호송하여야 한다. 만약 호송할 여유가 없는 때에는 일시 해방할 수 있다. 해방된 자는 해방 후 24시간 내에 예방구금소 또는 경찰관서에 출두해야 한다.

제61조 이 장의 규정에 의하여 예방구금소나 감옥에 수용된 자 또는 구인장이나 체포장이 집행된 자가 도주한 때에는 1년 이하의 징역에 처한다. 앞 조 제1항의 규정에 의하여 해방된 자가 동조 제2항의 규정을 위반한 때에도 앞 항과 같다.

제62조 수용 설비 또는 계구(械具)[60]를 파괴하고, 폭행 또는 협박을 하거나 2인 이상 통모하여 앞 조 제1항의 죄를 범한 자는 3월 이상 5년 이하의 징역에 처한다.

60 피고인이나 죄인의 폭행·도주·자살 따위를 방지하기 위해서 신체를 구속하는 기구인 수갑·족쇄·포승 따위를 말한다.

제63조 앞의 2조의 미수죄는 벌한다.

제64조 이 법에 규정한 것 외에 예방구금에 관하여 필요한 사항은 명령으로 정한다.

제65조 조선에서는 예방구금에 관하여 지방재판소가 하여야 하는 결정은 지방법원의 합의부에서 한다. 조선에서는 이 장 중 지방재판소의 검사는 지방법원의 검사, 사상범 보호관찰법은 조선사상범 보호관찰령, 형사소송법은 조선형사령에 의할 것을 정한 형사소송법으로 한다.

부칙 〈1941. 3. 8.〉 [조선총독부법률 제54호]

이 법의 시행 기일은 칙령으로 정한다.[61]

제1장의 개정 규정은 이 법 시행 전 종전 규정에서 정한 죄를 범한 자에게도 적용한다. 다만 개정 규정에서 정한 형이 종전의 규정에서 정한 형보다 중한 때에는 종전의 규정에서 정한 형에 의하여 처단한다.

제2장의 개정 규정은 이 법 시행 전 공소를 제기한 사건에 대하여는 적용하지 아니한다.

제3장의 개정 규정은 종전의 규정에서 정한 죄에 대하여 이 법 시행 전에 형에 처하여진 자에게도 적용한다.

이 법 시행 전 조선형사령 제12조 내지 제15조의 규정에 의한 수사 수속은 이 법 시행 후에도 그 효력을 가진다.

앞 항의 수사 수속에서 이 법에 해당하는 규정이 있는 것은 이 법에 의한 것으로 간주한다.

이 법 시행 전의 조선사상범 예방구금령에 의해 행해진 예방구금에 관한 수속은 이 법 시행 후에도 그 효력을 가진다.

앞 항의 예방구금에 관한 수속에서 이 법에 해당하는 규정이 있는 것은 이 법에 의한 것으로 간주한다.

---

61 치안유지법은 1941년 5월 15일부터 시행. 〈1941. 5. 13.〉 [칙령 제553호]

〈자료 172〉 조선사상범 예방구금령[1941년(昭和 16)] 〈조선총독부제령 제8호〉

제1조 치안유지법의 죄를 범하여 형에 처해진 자가 집행을 종료하여 석방되는 경우에 석방 후 다시 동법의 죄를 범할 우려가 현저한 때에는 재판소는 검사의 청구에 의하여 본인을 예방구금에 부친다는 취지를 명할 수 있다. 치안유지법의 죄를 범하여 형에 처하여져 집행을 종료한 자 또는 형의 집행유예 언도를 받은 자가 조선사상범 보호관찰령에 의하여 보호관찰에 부쳐져 있는 경우에 보호관찰을 하여도 동법의 죄를 범할 위험을 방지하기 곤란하고 재범의 우려가 현저하게 있는 때에도 앞 항과 같다.

제2조 예방구금의 청구는 본인의 현재지를 관할하는 지방법원의 검사가 그 재판소에서 그것을 행하여야 한다. 앞 항의 청구는 보호관찰에 부쳐져 있는 자에 관계된 경우에는 그 보호관찰을 하는 보호관찰소의 소재지를 관할하는 지방법원의 검사가 그 재판소에서 할 수 있다. 예방구금을 청구하기 위하여 사전에 예방구금위원회의 의견을 구하여야 한다.

제3조 검사는 예방구금 청구를 함에 있어 필요한 취조를 행하거나 공무소에 조회하여 필요한 사항의 보고를 요구할 수 있다. 앞 항의 취조를 위하여 필요한 경우에는 사법경찰관리에게 본인을 동행하도록 할 수 있다.

제4조 검사는 본인이 일정한 주거를 갖고 있지 아니한 경우 또는 도망하거나 도망할 우려가 있는 경우에 예방구금 청구를 한다. 필요한 경우에는 본인을 예방구금소에 가수용할 수 있다. 단 어쩔 수 없는 사유가 있는 경우에는 감옥에 임시로 수용해도 무방하다. 앞 항의 가수용은 본인의 진술을 들은 후가 아니면 할 수 없다. 다만 본인이 진술을 외면하거나 도망한 경우에는 그렇지 아니하다.

제5조 앞 조의 가수용 기간은 10일로 하며, 그 기간 내에 예방구금 청구를 하지 아니한 경우에는 조속히 본인을 석방하여야 한다.

제6조 예방구금 청구가 있는 경우에는 당해 재판소의 합의부에서 결정을 하여야 한다. 재판소는 앞 항의 결정을 하기 전에 본인의 진술을 들어야 하며, 이 경우에 재판소는 본인에게 출두를 명할 수 있다. 본인이 진술을 외면하거나 도망한 경우에는 진술을 듣지 아니하고 결정할 수 있다. 형의 집행 종료 전에 예방구금 청구가 있은 경우에

는 재판소는 형의 집행 종료 후라 하더라도 예방구금에 부치는 취지의 결정을 행할 수 있다.

제7조 재판소는 사실의 취조를 위하여 필요한 경우에는 참고인에게 출두를 명하여 사실을 진술 또는 감정을 하도록 할 수 있다. 재판소는 공무소에 조회하여 필요한 사항에 대한 보고를 요구할 수 있다.

제8조 검사는 재판소가 본인에게 진술을 행하도록 하거나 참고인에게 사실의 진술 또는 감정을 하도록 하는 경우에 입회하여 의견을 개진할 수 있다.

제9조 본인이 속한 집의 호주, 배우자 또는 4촌 내의 혈족 혹은 3촌 내의 인족(姻族)은 재판소의 허가를 받아 보좌인이 될 수 있다. 보좌인은 재판소가 본인에게 진술을 하도록 하거나 또는 참고인에게 사실의 진술 또는 감정을 하도록 하는 경우에 입회하여 의견을 진술하거나 참고가 되는 자료를 제출할 수 있다.

제10조 다음 각호의 경우에 재판소는 본인을 구인할 수 있다.

1. 본인이 일정한 주거를 가지고 있지 아니한 경우
2. 본인이 도망한 경우 또는 도망할 우려가 있는 경우
3. 본인이 정당한 이유 없이 제6조 제2항의 출두 명령에 응하지 아니한 경우

제11조 앞 조 제1호 또는 제2호에 규정하는 사유가 있는 경우에는 재판소는 본인을 예방구금소에 가수용할 수 있다. 다만 부득이한 사유가 있는 경우에는 감옥에 가수용해도 무방하다. 본인이 감옥에 있는 경우에는 앞 항의 사유가 없다고 하더라도 이를 가수용할 수 있다. 제4조 제2항의 규정은 제1항의 경우에 준용한다.

제12조 별도의 규정이 있는 경우를 제외하고 조선형사령에 의할 것을 정한 형사소송법(이하 형사소송법이라 한다) 중 구인에 관한 규정은 제10조의 구인에, 구류에 관한 규정은 제4조 및 앞 조의 가수용에 대하여 준용한다. 다만 보석 및 책부(責付)[62]에 관한 규정은 그렇지 아니하다.

제13조 예방구금에 부치지 아니하는 취지의 결정에 대하여 검사는 즉시 항고할 수 있다.

---

62 이전의 형사소송법에서, 피고인을 친족이나 특정한 사람 또는 단체에 맡기고 구속의 집행을 정지하던 제도를 말한다.

예방구금에 부치는 취지의 결정에 대하여는 본인 및 보좌인은 즉시 항고할 수 있다.

제14조 별도의 규정이 있는 경우를 제외하고 형사소송법 중 결정에 관한 규정은 제6조의 결정에 즉시 항고에 관한 규정은 앞 조의 즉시항고에 대하여 준용한다.

제15조 예방구금에 부쳐진 자는 예방구금소에 수용하여 개전시키기 위하여 필요한 처치를 해야 한다.

제16조 예방구금에 부쳐진 자는 법령의 범위 내에 있어서 타인과 접견하거나 서신 기타 물건을 수수할 수 있다. 예방구금에 부쳐진 자에 대하여는 서신 및 기타 물건의 검열, 차압 혹은 몰취하거나 보안 또는 징계를 위하여 필요한 처치를 할 수 있으며, 가수용된 자 및 이 영에 의하여 구인장의 집행을 받아 유치된 자에 대하여도 역시 동일하다.

제17조 예방구금 기간은 2년으로 하며, 특별히 계속할 필요가 있는 경우에는 재판소는 결정을 하여 이를 갱신할 수 있다. 예방구금의 기간 만료 전에 갱신의 청구가 있은 경우에는 재판소는 기간 만료 후라 하더라도 갱신의 결정을 할 수 있다. 갱신의 결정은 예방구금의 기간 만료 후에 확정한 경우라 하더라도 이를 기간 만료 시 확정한 것으로 본다. 제2조, 제3조 및 제6조 내지 제14조의 규정은 갱신의 경우에 대하여 준용하며, 이 경우에 제11조 제2항 중 감옥은 예방구금소로 한다.

제18조 예방구금 기간은 결정 확정일부터 기산한다. 구금된 일수 또는 형의 집행을 위하여 구금된 일수는 결정 확정 후라 하더라도 앞 항의 기간에 산입하지 아니한다.

제19조 결정 확정시 본인이 수형자인 경우에는 예방구금은 형 집행종료 후 집행한다. 감옥에 있는 본인에 대하여 예방구금을 집행하고자 하는 경우에 이송의 준비 기타 사유로 인하여 특별히 필요한 경우에는 일시적으로 구금을 계속할 수 있다. 예방구금의 집행은 본인에 대한 범죄의 수사 기타 사유로 인하여 특별히 필요한 경우에는 결정을 한 재판소의 검사 또는 본인의 현재지를 관할하는 지방법원 검사의 지휘에 의하여 이를 정지할 수 있다. 형사소송법 제534조 내지 제536조 및 제544조 내지 제552조의 규정은 예방구금 집행에 대하여 준용한다.

제20조 예방구금에 부쳐진 자가 수용 후 그 필요가 없어진 때에 이른 자는 제17조에 규정하는 기간 만료 전이라 하더라도 행정관청의 처분에 의하여 퇴소시켜야 한다. 제

2조 제3항의 규정은 앞 항의 경우에 대하여 준용한다.

제21조 예방구금의 집행을 하지 않은 지 2년에 이르렀을 때 결정을 한 재판소의 검사 또는 본인의 현재지를 관할하는 지방법원의 검사는 사정에 따라 그 집행을 면제할 수 있다. 제2조 제3항의 결정은 앞 항의 경우에 부쳐 이를 준용한다. 제2조 제3항의 규정은 앞 항의 경우에 대하여 준용한다.

제22조 천재지변 시에 예방구금소 안에 피난 수단이 없는 것으로 인정되는 경우에는 수용된 자를 타소(他所)로 호송하여야 하며, 만약 호송할 틈이 없는 경우에는 일시 해방할 수 있다. 해방된 자는 해방 후 24시간 내에 예방구금소 또는 경찰관서에 출두하여야 한다.

제23조 이 영에 의하여 예방구금소 혹은 감옥에 수용된 자 또는 구인장 혹은 체포장을 집행 받은 자가 도주한 경우에는 1년 이하의 징역에 처한다. 앞 조 제1항의 규정에 의하여 해방된 자가 동조 제2항의 규정에 위반한 경우 또한 앞 항과 같다.

제24조 수용 설비 또는 기구를 손상하거나, 폭행 또는 협박하거나 2인 이상이 통모하여 앞 조 제1항의 죄를 범한 자는 3월 이상 5년 이하의 정역(定役)[63]에 처한다.

제25조 앞의 2조의 미수죄는 이를 벌한다.

제26조 이 영에 규정한 사항 외에 예방구금에 관하여 필요한 사항은 조선총독이 정한다.

부칙 〈1941. 2. 12.〉 [조선총독부제령 제8호]

이 영의 시행 기일은 조선총독이 정한다.

조선사상범 예방구금령은 1941년 3월 10일부터 시행. 〈1941. 3. 1.〉 [조선총독부령 제48호]

〈자료 173〉 조선사법보호사업령[1942년(昭和 17)] 〈조선총독부제령 제9호〉

제1조 이 영에서 사법보호사업이라 함은 다음 각호의 자를 보호하는 사업 및 이 사업에 관한 지도·연락(聯絡) 또는 조성을 하는 사업을 말한다.

---

63 정역(定役) 징역형을 선고받은 재소자에게 주어지는 일정한 노역이나 부역을 말한다.

1. 소추를 필요로 하지 아니하여 공소가 제기되지 아니한 자

2. 형 집행유예 언도를 받은 자

3. 형 집행정지 중인 자

4. 형 집행의 면제를 받은 자

5. 가출옥 중인 자

6. 형 집행을 종료한 자

7. 조선소년령에 의하여 보호처분을 받은 자

第2조 앞 조의 보호는 본인이 재차 죄를 범할 위험을 방지하고 이로 인하여 나아가 신민의 본분을 바르게 지키도록 하기 위하여 성격의 도야(陶冶)[64], 생업의 조성 및 기타 적당한 조치를 하여 본인을 전도하는 것으로 한다. 보호의 종류 및 방법은 조선총독이 정한다.

第3조 사법보호사업을 경영하고자 하는 자는 조선총독의 인가를 받아야 하며, 이를 폐지하고자 하는 경우에도 또한 같다.

第4조 조선총독은 사법보호사업을 경영하는 자에 대하여 감독 상 필요한 경우에는 그 사업에 관한 보고를 듣고 실황을 조사하거나 사업의 경영에 관하여 지시할 수 있다.

第5조 조선총독은 사법보호사업을 경영하는 자에 대하여 사법보호사업에 관한 사항의 조사를 위촉할 수 있다.

第6조 사법보호사업을 경영하는 자가 이 영에 위반하여 공익을 해하거나 해할 우려가 있거나 현저하게 부당한 행위를 한 경우에는 조선총독은 그자에 대하여 제3조의 인가를 취소하거나 사업의 경영을 제한할 수 있다. 사법보호사업을 경영하는 자가 법인인 경우에 이사 기타 업무를 집행하는 임원이 현저하게 부당한 행위를 한 경우 또한 동일하다.

第7조 정부는 사법보호사업을 경영하는 자에 대해 예산의 범위 안에서 장려금을 교부할 수 있다.

第8조 사법보호사업을 경영하는 자가 제6조의 규정에 의한 취소 또는 제한에 위반하여

---

64 훌륭한 인격을 갖추려고 몸과 마음을 닦아 기르는 것.

사법보호사업을 경영한 경우에는 500원 이하의 벌금에 처한다.

第9조 사법보호사업을 경영하는 자는 그 대리인, 호주, 가족, 고용인, 기타 종업원이 그 업무에 관하여 이 영에 위반한 경우에는 본인의 지휘로 인하여 발생한 사항이 아니라는 이유로 처벌을 면할 수 없다.

第10조 사법보호사업을 경영하는 자에게 적용하는 벌칙은 그 자가 법인인 경우에는 이사 및 기타 법인의 업무를 집행하는 임원에게, 미성년자 또는 금치산자인 경우에는 법정대리인에게 적용한다.

부칙 〈조선총독부제령 제9호〉(1942. 3. 23)

이 영(令)은 1942년 3월 25일부터 시행한다.

이 영 시행 당시 실제 사법보호사업을 경영하고 있고, 조선 총독이 정한 대로 신고한 자는 제3조의 규정에 의한 인가를 받은 자로 간주한다.

Ⅳ

사상통제 관련 법규 제정의 목적과 의미

해제

치안유지법은 1925년에 제정되어 1928년에 개정되고 1941년에는 새로운 제정으로 봐야 할 정도로 대폭 개정된다. 이 법은 공산주의, 사회주의 운동에 대한 탄압법이었는데, 나아가 독립운동과 온건한 민족주의자의 사상까지도 탄압하는 악법이었다. 그것이 포괄하는 범주가 매우 광범위하여 일본 천황제와 일제 지배정책에 대해 반감을 갖는 '생각'은 물론, 그럴 가능성이 있는 사람들조차 탄압할 수 있는 악법 중의 악법이었다.

4장에서는 치안유지법을 제정한 당시 상황을 일제가 어떻게 인식하고 있었는지를 소개하고, 1925년 치안유지법 제정 취지와 관련 법률 용어의 이해, 치안유지법 조문 적용의 실제, 1941년 개정 치안유지법 제정의 의도와 의미, 1930년대 후반부터 시행된 사상범 보호관찰제도의 목적과 의미를 중심으로 소개하고자 한다.

먼저 제1절에서 치안유지법을 제정한 당시 일제 측의 상황과 인식을 알 수 있는 자료로 조선총독부 경무국이 발간한 연례보고서 성격의 『조선경찰지개요』를 발췌 번역했다. 이 자료는 국내에는 국립중앙도서관에 1922년판부터 1941년까지 총 14책이 소장되어 있다.[1] 일제강점기 경찰 조직은 1919년 3·1운동 이후 8월에 총독부 행정이 크게 개편되면서 함께 바뀌었다. 일제깅점 초기에 설치된 경무총감부가 폐지되고 총독부 내에 경무국이 설치되며 조직 구성은 경무과, 고등경찰과, 보안과, 위생과로 나뉘었다가 후에 도서과가 추가 설치된다. 이때 개편과 함께 종래의 헌병경찰제도가 폐지되었다. 지방경무부도 폐지되어 도지사가 경찰권을 장악하게 된다. 경찰기구도 확충되어 하나의 부군(府郡)에 하나의 경찰서, 하나의 면(面)에 하나의 주재소(駐在所)를 두도록 했다. 경찰관 수는 이전보다 증가했으며 1920년대

1 국립중앙도서관에 소장된 『조선경찰지개요』의 발행일은 1922년 11월 10일, 1923년 8월 31일, 1925년 8월 15일, 1926년 8월 5일, 1927년 8월 25일, 1928년 11월 10일, 1942년 7월 30일 등 발행 간기는 해마다 조금씩 차이가 난다.

이후 중국 동북 지방의 항일운동, 조선 내 사회주의 운동에 대한 대응 업무가 증가했다. 중일전쟁 이후 1939년 2월에 방호과(防護課)가 설치되어 방공(防空), 소방(消防), 수방(水防) 사무를 맡고, 1940년에는 경제경찰과, 1941년에는 후생국이 신설된다. 1943년 12월에 방호과는 경비과로 개칭되어 경위 경비 사무가 경무과에서 이관되었다. 또한 도서과가 폐지되고 보안과에서 검열 사무를 전담했다. 1945년 4월에는 검열과가 신설되어 검열 업무를 전담했다. 이와 같은 경찰 조직의 변천을 통해서도 일제강점 말기로 갈수록 경찰 조직에서의 사상 탄압과 통제의 양상은 그 양과 질 모두 심화되었음을 알 수 있다.

『조선경찰지개요』에서 추출한 기사는 보안법 제정 이후 일제강점 초기의 집회결사 단속과 신문잡지 단속의 법적 토대에 관한 내용과 3·1운동 이전과 이후의 치안 상황을 설명한 내용이다. 1920년대 중반의 사회운동에 대해서는 "독립운동의 좌절에 의해 자포자기에 빠지는 자, 무뢰·부랑 청년 혹은 시정 또는 사회에 불평 반감을 품은 무리는 국제공산당에서 적화선전비를 받아 실망과 반감의 남은 불꽃을 과격 사상에 던지는 경향이 생겨 1922년에 들어와 조선노농총동맹, 조선청년총동맹의 전 조선적 통일기관이 조직되고 세포 단체 역시 각지에 생겨나 1925년 중에는 조선공산당 및 고려공산청년회와 같은 비밀결사 조직이 생겨나는 등 주의운동은 점차 진행되어 실로 고조되고 있는 모습을 보이고 있다"라고 보았다. 이와 같은 분석은 일제로 하여금 치안유지법 제정의 필요성을 증대시킨 요인으로 작용했다.

두 번째로는 일제 사법당국이 사상 관련 운동을 어떻게 정의하고 있었는지를 알기 위해 시마무라 하지메(島村一)가 저술한 『고등경찰개요』의 일부를 번역 소개했다. 이 책은 1944년 오사카(大阪)부 경찰연습소에서 발행한 것으로, 신입 순사에게 고등경찰의 업무를 개설하고 있다. 오사카부 경찰연습소의 전신은 1886년에 오사카부 경찰본부 안에 설치된 순사교습소이다. 1923년에 '오사카부 경찰연습소'로 개칭되었으며, 현재에도 오사카부 경찰학교로 계승되고 있는 이곳은 신규 임용된 경찰관의 연수 기관이다. 이 책에 의하면 고등경찰이란 정치, 경제, 사상운동에 따르는 테러 사건 예방을 경계하고, 공산당 검거, 노동쟁의나 소작쟁의 단속, 사이비 종교 박멸, 민족주의 운동 금지, 신문지와 출판물 단속, 연설회 단속, 유언비어 단속, 스파이 경계와 검거, 선거운동 단속 등 모든 사상 탄압을 위한 업무에 종사하는 경찰관으로 정의하고 있다.[2]

제2절에서는 1925년에 제정된 치안유지법의 각 내용에서 언급된 용어와 함의가 무엇인지를 해설한 자료를 수록했다. 자료명은 치안유지법 제정 직후 이 법령을 해설한 야마자키 쓰루마쓰(山崎鶴松, 1888~1939)가 저술한 『치안유지법 개론(治安維持法概論)』(1925)이다. 야마자키 쓰루마쓰는 일본의 사법 관료로, 검사, 만주국 국무원 사법부 차장, 만주국 참의부 참의를 역임했다. 이 책을 저술할 당시는 사법서기관 겸 경찰강습소 교수로 재직했다. 이 자료의 전체 목차는 다음과 같다.

제1편 서론 / 제1장 치안유지법의 필요 및 목적 / 제2장 과격 언동 / 제3장 치안유지법과 헌법 형법 치안경찰법과의 관계 / 제4장 치안유지법의 시행 구역 / 제5장 통칙 / 제6장 형의 감면 / 제7징 국체(제1절 개설, 제2절 국체의 의의, 제3절 국체의 종류, 제4절 일본의 국체, 제5절 유럽의 여러 국체)/ 제8장 국체의 변혁/ 제9장 사유재산제도 / 제10장 사유재산제도 부인(否認)

제2편 각론 / 제1장 결사 조직죄 / 제2장 결사 가입죄 / 제3장 국체의 변혁 및 사유재산제도 부인 미수죄 / 제4장 실행 협의죄 / 제5장 단순 실행 선동죄 / 제6장 소요 폭행 선동죄/ 제7장 재물공여죄 / 제8장 재물공수죄(財物供受罪)/ 제9장 종범 / 부록 치안유지법

2 島村一, 1944, 『高等警察概要』, 大阪府 警察演習所, 1~2쪽.

이 책은 치안유지법의 제정 목적에 대해 "각종 사회운동이 조금씩 왕성해지는 사이에 과격한 사상을 가진 자들이 제국의 치안을 어지럽힐 목적으로 불온한 행동으로 나오는 경향이 더욱 증가"하는 상황에서 기존의 형법, 치안경찰법, 신문지법, 출판법 등으로는 단속이 불충분하고 처벌이 가볍다는 점을 지적하고 있다. 그리고 치안유지법의 목적이 "국책(國策) 조직의 대강을 파괴하고자 하는 불법적인 결사, 모의, 선동 등 일반 사회를 경계하여 불온한 행동을 하는 행위 등을 예방하고자 하는 것"이라고 밝히고 있다. 그 가운데 국책의 핵심은 일본의 국체 수호라고 명시하고 있다. 즉 일본은 유일무이한 천황을 주권자로 하여 다른 모든 의사는 이에 복종해야 한다고 하였다.

제3절에서는 치안유지법의 조문이 실제로 어떻게 적용되고 있는지에 대한 자료를 소개했다. 해당 자료는 후루타 마사타케(古田正武)가 저술한 『치안유지법(治安維持法)』(「경찰교양자료」 제1편, 1925년 9월, 경찰강습소학우회 발행)이다. 치안유지법의 조문은 7개에 불과하고 단순해 보이지만 각 내용을 어떻게 실제에 적용할지에 대해 구체적 사례를 통해 설명했다. 예를 들어 "제2조 제1항의 목적이 되는 사항의 실행에 관하여 협의를 한 자"의 경우, '협의'의 정의는 "그 방법에 대해서는 조문에 아무런 제한이 없지만 모여서 서로 논의를 하거나 혹은 서로 떨어져 있는 사람들 간에 문서에 의해 협의를 해도 모두 협의이며" 다수가 아닌 1인과 협의해도 이 조항을 적용하여 처벌할 수 있다고 해석하고 있다. 게다가 상대방을 움직이게 하는 힘이 있는 말이 아니더라도 '협의'로 볼 수 있다고 하였다. 이러한 내용을 통해 치안유지법 법조문이 해석 여하에 따라 일본 천황제를 부인하는 사소한 행동과 말 한마디까지도 처벌할 수 있는 탄압법임을 알 수 있게 한다.

제4절은 1941년 개정 치안유지법의 제정 의도와 의미에 대해 다루었다. 자료는 야마다 요이치로(山田洋一郎)가 저술한 『치안유지법 해의(治安維持法解義)』로, 1941년 6월에 신광각(新光閣)에서 출판되었다. 목차는 다음과 같다.

서론 (입법 이유)

제1장 죄

제1절 총설, 제2절 조목별(逐條) 해설-제1조[1. 국체의 진의 2. 국체(國體) 변혁과 정체(政體) 변혁의 의의 3. 제1조의 이른바 국체 변혁과 제7조의 이른바 국체 부정 4. 민족 독립운동의 의의와 그 단속 범위 5. 제1조의 결사와 제3조의 결사와의 관계 6. 결사의 목적 수행 행위의 의의)] / 제2조(1. 외곽 단체에 관한 규정을 마련한 이유 2. 지지 결사 및 준비 결사에 관한 규정을 마련한 이유) / 제3조(1. 제3조의 결사의 의의 2. 제3조의 이른바 조직 준비와 제4조의 집단 결성과의 관계) / 제4조(1. 제4조의 법의 2. 제4조의 이른바 집단의 의의 3. 제4조의 이른바 결성의 의의, 4 결사와 집단을 구별하여 규정한 이유) / 제5조(1. 제5조의 이른바 〈목적을 가지고〉의 의의 2. 제5조의 이른바 〈그 목적이 되는 사항의 실행에 관하여 협의 운운〉의 의의 3. 제5조의 이른바 〈선전〉 및 〈제1조 내지 제3조의 목적을 가지고〉의 의의 4. 협의죄의 성질 5. 선전죄의 구성 요건 6. 제5조의 〈선전〉과 제7조의 〈유포〉 7. 선동과 교사와의 관계 8. 의회 제도를 부인하는 선전·선동) / 제6조(선동자의 목적과 피선동자의 의도)/ 제7조[1. 제7조의 법의 2. 제7조의 종교단체법과의 관계 3. 이른바 〈국체 부정〉의 의의 4. 이른바 〈신궁(神宮)〉의 의의 5. 제7의 적용 범위] / 제8조 집단에 관한 규정을 새로이 마련한 이유 / 제9조(제9조의 법의) / 제10조(1. 사유재산제도 부인의 의의 2. 사유재산의 제한과 사유재산의 부인과의 관계 3. 이른바 〈취지를 알고〉의 의의 4. 제10조에 선전에 관한 규정을 마련하지 않은 이유 5. 이른바 〈사유재산제도의 부인〉과 민법상의 소유권과의 관계 6. 소유권의 일부 부인과 이 조에 이른바 사유재산제도의 부인 7. 국가사회주의적인 사유재산제도의 부인과 이 법의 적용 8. 토지국유론과 이 조의 적용) / 제11조(1. 이른바 협의의 의의에 관한 사법 당국의 회답 2. 실행협의의 의의) / 제12조 선동자의 목적과 피선동자의 의도 / 제13조 제13조의 법의 / 제14조 제14조의 법의/ 제15조 자수 면제와 경감 / 제16조 제16조의 법의

제2장 형사 절차

제1절 총설 / 제2절 조목별 해설 이 법의 조선 및 대만에서의 시행

제3장 예방구금

제1절 총설 / 제2절 조목별 해설-제39조(1. 제39조의 법의 2. 예방구금제도의 성질 3. 예방구금제도의 시비) / 제40조 예방구금위원회의 구성원

제4장 이 법의 시행 기일 및 경과 규정

제1절 총설 / 제2절 해설 / 부칙 부칙 제2항의 의의

개정 치안유지법의 제정 이유는 1925년 제정 후 1928년 긴급 칙령으로 일부 개정됐지만, 여전히 철저한 단속을 위해서는 미흡한 법령이라고 전제하고, 제76대 의회의 협찬을 거쳐 형벌 규정을 정비 강화했다고 하였다. 새로이 제2장을 마련하여 형사 절차에 관하여 형사소송법의 특칙을 규정하였고, 제3장에서는 예방구금제도를 창설하는 등 전문 65조에 달하는 종합적 법전으로 확대하였고, 이것은 "명목상 법률 개정"이지만 실질상 "새로운 입법"이라고 인정했다. 이 법령은 1941년(昭和 16) 3월 10일 공포되었다.

그 필요성에 대해서는 "현하의 일본 국정은 관민이 일치단결하여 노력함에도 불구하고 사변의 장기화와 국제 정세의 변화에 따라 각종 경제 현상이 점차 복잡해지고 있는데 이러한 사회 정세는 자칫하면 과격 사상을 조성하고 과격 사상을 품고 있는 자로 하여금 편승할 기회를 주게 된다"라고 전제하고 사회운동의 정세가 변화하여 공산주의 운동뿐만 아니라 무정부주의 운동, 민족독립운동 또는 유사종교운동 등 각종 과격사상 운동에도 역시 이를 적용할 실제상의 필요가 있으며, 운동 방법론의 전환에 대응하여 "완벽하게 단속하기 위해 현행법의 벌칙을 정비 강화할 필요가 있다"라고 하였다.

개정된 요점은 "① 국체 변혁을 목적으로 하는 범죄에 대하여 금고형을 폐지하고 형의 단기를 인상하여 형벌 가중, ② 이른바 외곽 단체(통칭 지원 결사)에 관한 처벌 규정 신설, ③ 이른바 준비 결사에 관한 처벌 규정 신설, ④ 결사를 조직하지는 않았어도 다수가 모여 있는

결합체를 처벌할 수 있도록 한 것, ⑤ 선전, 그 밖에 국체 변혁이라는 목적에 기여하는 일체의 개인적 행위를 처벌할 포괄적 규정 신설, ⑥ 불령한 유사 종교단체에 관한 처벌 규정 신설"인데, 이를 통하여 온건한 독서 모임조차 치안유지법의 처벌 대상이 되어 1940년대 전반에 엄혹한 사상 탄압 만능의 시대를 연출하게 된 것이다.

『치안유지법 해의(治安維持法解義)』는 각 조항별로 구체적으로 치안유지법이 어떻게 적용되는지의 실례를 다수 소개하고 있어서 이 부분을 자세히 번역하여 소개했다.

제5절은 사상범 보호관찰제도 의도의 의미를 다루었다. 1936년 12월 조선사상범 보호관찰령이 실시되어 전국 7개소에 독립운동가, 공산주의자, 민족주의자 등 비전향자를 사상범으로 감시했다. 1938년 7월에 사상 전향자를 모아 시국 대응 전선사상국연맹이 결성되었고, 1941년 1월에는 이를 개조하여 대화숙을 창설했다.

사상범 보호관찰제도에 대해 1939년(昭和 14) 10월, 미나미 지로(南次郎) 총독은 전 조선 보호관찰소장 회동에 참석해 "사상범 보호관찰제도는 나에게 잊을 수 없는 제도다. 총독으로서 조선에 부임한 지 3개월째인 1936년 12월 이 제도가 조선에 실시되었다. 당시 이 제도를 조선에 시행하는 것은 시기상조라는 반대도 있었지만, 나는 실시를 단행했다. 그 결과 상당한 성적을 거두었다. 전향자로 애국운동을 하는 이도 많고 특히 신의주의 전향자가 가여운 미취학 아동에게 학문을 가르치고 있다"[3]라고 하여 사상범 보호관찰제도의 성과를 평가했다.

1941년 2월에는 조선사상범 예비구금령이 시행됐으며, 예방구금소가 경성 서대문 구치소 내에 설치되어 강제수용이 시작되었다. 1940년 초반 일제가 작성한 요시찰, 요주의 인물 명부에 의하면 7,600여 명 중 전향자가 1,280명이고, 중일전쟁 후 1,796명으로 늘어났다. 대

3 나가사키 유조(長崎祐三), 1941, 「사상범 보호관찰에 대한 회고(思想犯保護觀察の回顧)」, 『조선사법보호(朝鮮司法保護)』 1권 2호.

화숙에는 1943년 10월 현재 91개소 지부에 5,400여 명이 가담했다.[4]

제5절에서는 조선사법보호협회에서 발간한 잡지《조선사법보호(朝鮮司法保護)》에 수록된 글을 중심으로 1930년대 후반 이른바 사상범 보호관찰제도를 살펴보았다.

조선사법보호협회의 전신은 1934년에 설립된 조선사법보호사업연구회의로 조선총독부의 관변 단체이다. 1941년 9월에 설립하였고 기관지로 매달《조선사법보호》를 발간했다. 조선에서는 1910년 인천구호원이 설립된 이래 전국 25개 형무소에 사법보호단체가 결성되었지만[5] 중일전쟁 이후가 되면 이른바 사상범에 대한 교화와 전향을 통해 체제 안정을 꾀하고자 하는 정책과 맞물려 주목을 받는다.《조선사법보호》에는 이와 관련된 정책이 실제로 어떻게 운영되고 있는지를 알 수 있는 기사가 다수 게재되었다.

먼저 보호교도소 3등 교도관인 오사카 모리오(大坂盛夫)는 사상범 예방구금제도의 의미에 대해 "교도소가 요구하는 전향은 과거의 주의사상을 청산하고 일본 정신을 체득하게 만들고 이를 실천에 옮기도록 하는 것"[6]이라고 한다. 사상범에게 억압적으로 임하는 것은 쓸데없는 반발심을 불러올 뿐이며, 조선의 사상범이 생활 안정으로 사상을 전향하는 단순한 자는 아니라고 한다. 그들의 사상에 근본적으로 비판을 가하여 정리하게 만들고 그를 대신할 사상을 주입하여 새로운 주의사상에 영혼을 맡기게 하도록 해야 한다고 주장한다.

조선사법보호협회 이사이며, 경성보호관찰소장, 대화숙 회장을 역임한 나가사키 유조(長崎祐三)는 교토대 법학부를 졸업하고 고등시험 사법과를 통과하여 검사가 된 인물이다. 일제

4 정병준, 1993,「조선건국동맹의 조직과 활동」,『한국사연구』80, 97쪽.

5 최선웅, 2019.3,「일제시기 사법보호사업의 전개와 식민지적 성격-사상범 사법보호 단체를 중심으로」,『동방학지』186, 282~283쪽.

6 오사카 모리오(大坂盛夫), 1941,「보호교도(保護教導)에 관한 단상-사상범 보호사업에 부쳐(保護教導片語—思想犯保護事業に寄す)」,『조선사법보호(朝鮮司法保護)』1권 1호

강점기 대표적인 사상검사 중 한 명이다. 그의 글로 〈사상범 보호관찰에 대한 회고(思想犯保護観察の回顧)〉[《조선사법보호(朝鮮司法保護)》 1권 2호, 1941]를 번역하여 수록했다.

나가사키 유조는 조선의 '사상 전력자(前歷者)'가 좌담회 석상에서 "우리 반도인은 공산주의 사상을 청산할 수 있어도 민족주의 사상은 청산할 수 없다"라고 공언했다고 보호관찰소 직원이 비관한 예를 들면서, 그러나 자신은 비관할 필요는 없다고 지적한다. 그 예로 "경성 보호관찰소의 경우 개설 당시부터 1931년 10월까지 보호관찰에 부쳐진 자가 729명인데 그 중 다시 사상사건으로 검사에게 기소당한 이는 14명에 불과하다고 지적하고 상해임시정부의 중진이었던 조선인 유력자 모 씨는 "사상 전력자의 사상을 선도하고 생활의 확립을 시켜주는 보호관찰제도로 비로소 반도인이 일본 정신을 발견할 수 있었다"라고 기뻐했다고 하였다. 이러한 지적은 오히려 일제가 얼마나 치밀하게 보호관찰제도를 운영했는지, 다른 한편으로는 역설적으로 일제 지배가 장기화되고 있는 상황임에도 불구하고 조선인의 민족주의 사상의 공고함을 함께 살펴볼 수 있는 기술로 주목된다. 그는 대화숙 창설 일화도 소개하고 있다. 대화숙은 보호관찰소장을 회장으로 하고 회장이 직접 운영하는 사상범 보호 단체이다. 그 명칭에 대해서는 "대화(大和)는 신무(神武) 건국의 정신을 나타내고 숙(塾)은 연맹원의 자기 수양 도장을 의미한다"라고 밝히고, 1941년 1월 법무국장은 보호관찰소의 외곽 단체로 내선일체를 구현하기 위해 사상보국연맹을 발전적으로 해소하여 경성 외 여섯 사상보국연맹지부를 각각 독립재단법인 대화숙으로 재편했다고 하였다.

끝으로 이나미츠 가즈오(稲光和夫)의 글, 〈조선사법보호사업 및 조선사법보호위원령 개요(朝鮮司法保護事業令及朝鮮司法保護委員令概要1)〉(《조선사법보호》 2권 3호, 1942)는 조선사법보호협회 설립 취지와 그 경과, 회칙을 소개한 내용이다. 일제 패망 직전까지 이루어진 사상범 전향 정책의 제도적 기반을 이해할 수 있는 자료이다.

윤소영

1. 치안유지법 전후 일제의 상황 인식

〈자료 174〉 치안유지법 이전의 치안 상황

[조선총독부 경무국, 1926, 「제20장 제반취체상황(第20章 諸般取締狀況)」, 『조선경찰지개요(朝鮮警察之概要)』, 96~98쪽]

1) 제반 단속 상황

경찰상의 제반 단속에 관해서는 종래의 법제가 정비되어 있지 않다. 근본 법규가 결여되어 있거나 조선인에게만 적용되는 구한국 법령과 내지인에게만 적용되는 통감부령 또는 이사청령(理事廳令)이 있었는데, 법령 사이의 통일이 이루어지지 않아 단속하는 데 불편함이 많았다. 따라서 부(府) 설치 이후 시대의 진보와 함께 법령을 정리 보완함으로써 공안 유지를 확실히 하고 인민의 편리를 도모하고 있는데 주요한 내용은 다음과 같다.

2) 집회결사의 단속

집회결사는 1907년(광무 11) 법률 제9호 보안법에 의해 일반적으로 단속했지만, 경성에서는 1910년 〈경무총감부령 제3호 집회취체에 관한 건〉에 의해 정치적 집회를 내지인, 조선인, 외국인 구별 없이 금지하였다. 그리하여 과거에는 집회결사를 분명하게 제한했지만 1919년 제도 개정 후 크게 완화되어 질서 공안을 해치지 않는 한 자유를 인정함과 함께 정치적 집회를 금지하는 종래의 규정을 폐지하고 문화적 단속 방침을 취하였다. 따라서 이후 각종 단체 및 결사 조직이 매년 생겨나 최근에는 3,000여 개에 달하고 정치적 결사도 현재 여러 종류 존재한다.

3) 신문 잡지의 단속

종래 조선에서는 신문지 발행을 제한하여 특히 조선인의 발행을 거의 인정하지 않는 방침이었다. 이러한 것은 민의를 펼치는데 반감이 적지 않을 뿐 아니라, 시대의 추세는 더 이상 이러한 소극적 방침을 허락하지 않는다. 1919년 제도 개정 이후 서서히 언론에 대한 태도를 완화하여 종래 조선인 발행 신문지로 일간《매일신보》월간《천도교회월보》,《중외의약신보》의 세 종류(《천도교회월보》 및 《중외의약신보》는 정치 기사를 게재하지 않음)만이 있었는데, 1920년 중에 일간신문《조선일보》,《동아일보》,《시사신문》(《시사신문》은《시사평론》이라 개제하여 현재 월간 잡지가 됨), 월간 잡지《개벽》을 허가하였고, 이후 서서히 허가한 것을 합하면 현재 조선인 발행 신문지는 12종에 달한다. 그리고 내지인 발행 신문지도 1919년 이래 발행 허가를 부여한 것이 신문 잡지를 합하여 24종으로 현재 신문지 30종, 통신 7종, 잡지 8종에 달하고, 그 외 외국인 발행을 허가한 것이 1종이다. 당국은 신문지 발행에 관해 분포 상황, 발행 경영 내용 그 외 제반 사정을 연구하고 내지인과 조선인 구별 없이 발행을 인정하여 조선의 문화 향상에 이바지하고 민심 완화에 힘쓰는 방침을 취하고 있다.

신문지 출판물 단속은 통감부령에 의한 신문지규칙 및 출판규칙(내지인에게만 적용) 및 구한국 법률에 의한 신문지법 및 출판법(조선인에게만 적용)이 있다. 현재 이렇게 단속하고 있지만, 내지인과 조선인 사이의 법 적용이 달라 일시동인(一視同仁)[7]의 취지와 어긋나는 점이 많다. 그리고 규정 사항이 시대의 진보와 맞지 않은 점이 있거니와 제도 개정 이래 그것을 운용할 때 적절한 주의를 기울이고 있지만 집행상의 불편과 미비한 점이 많아 조만간 조선출판물령을 제정 공포하여 시대적 요구에 부응하게 될 것이다.

7 '일시동인'이란 일본인과 조선인을 차별하지 않는다는 조선총독부 동화 정책의 일환으로 사용된 역사적인 용어이다.

〈자료 175〉 치안 상황의 변화

[조선총독부 경무국, 1927, 「제16장 치안 상황(第16章治安狀況)」, 『조선경찰지개요』, 99~106쪽]

1) 병합 전의 상황

경찰력이 아직 충분하지 않은 시절에 매년 지방의 민요(民擾)가 끊이지 않고 그중 강원과 경북의 산간 일대에는 화적이라 칭하는 비적의 소굴이 있었다. 1894년 동학란이 일어난 후 지방 질서가 매우 어지러워 각지 무뢰배가 집단을 이뤄 양민을 약탈하는 일이 빈번하고 중앙에도 정변이 종종 일어나 지방의 안녕에 영향을 끼치는 일이 많았다.

1907년 7월 재차 한일협약이 성립된 후 각지의 구한국 군대가 해산되자 경성에서 일어난 군인들의 폭동 영향은 거의 전 지역으로 파급되어 폭도 집단이 곳곳에 횡행하였다. 입으로는 의병이라 칭하며 함부로 약탈과 살상을 행하고, 지방 관청을 습격하여 관리에게 위해를 가하는 일이 있었다. 향리의 불량배, 화적 좀도둑 무리가 이에 편승하여 발호하였고, 그중 경북, 강원, 경기, 황해도 및 전라남북도 방면이 가장 심각하여 폭도가 지나가는 마을은 황폐해지고 사태가 심각해졌다. 이에 통감은 한국 황제의 위임으로 주차수비대 및 한국 경찰의 협력을 얻어 진압하는 한편, 귀순자 사면의 은전을 베풀어 적도의 귀순을 장려하였다. 도로공사를 하여 귀순자에게 생업을 부여하자 1909년 말에 이르러 대략 진정되는 모습을 보였다. 그러나 경북, 강원, 황해, 경기 각도에는 아직 산지에 출몰하고 여러 방면에 점재하여 경계를 완화하지 못하는 상황이었다.

2) 병합 후의 상황

병합 후 치안의 확립과 더불어 신정(新政)의 혜택이 점차 미치게 되었음에도 정치적으로나 사회적으로 내심 불평을 품는 무리는 적지 않은 숫자가 있었다. 그렇지만 그들은 일을 도모할 힘이 없고 겨우 국외에서 국권 회복을 운위하는 데 그쳤다. 강역(疆域) 내 일반의 인심은 평정되어 산업 문물이 매년 융성하자 민복(民福)의 증진이 현저해졌다.

제1차 세계대전 발발 당초 조선 내에서 자주 독일의 우세를 망단하여 국권 회복의 시기가 도래할 것이라는 소문이 있었다. 특히 1918년 러시아의 제2혁명 후 독일 세력이 동으로 진출하고 제국 및 외국의 시베리아 출병에 대해 황당무계한 풍설을 전하는 자가 적지 않았으나, 민심의 동요는 일어나지 않았다. 일부 재외 조선인은 그동안 독립운동에 분주하며 곡해한 민족자결주의에 의해 조선 독립을 실현하기 위해서는 먼저 민족을 규합하고 안팎으로 의지를 세계에 표명해야 한다고 했다. 동 1919년 1월 하순 비밀리에 사람을 도쿄 및 조선에 파견하여 주로 학생 및 기독교도 중 불평자 부류에게 선전했다. 이보다 앞서 사대(事大) 부화뇌동하는 고질적인 태도로 인하여 유언비어를 빈발시키고 특히 세계대전 종전 전후부터 세계사조의 변동에 자극을 받은 일부 조선인 사이에서 세계의 대세를 판단하지 못한 채 끝까지 독립의 불가능함을 통시하지 못하고 한 가닥 희망에 매달리려는 마음이 없지 않으므로 인심이 동요하기 시작하였다. 이와 동시에 천도교도 중 민심이 미묘한 틈을 간파하여 분수에 맞지 않게 독립을 기도하는 자가 있으니, 기독교와 불교 양 교도의 동지와 협동하여 마침내 동년 3월 1일 독립소요를 야기하기에 이르렀다.

3) 소요사건[8] 후의 상황

독립운동은 한때 조선 전체에서 일어났지만 약 2개월 만에 소요가 점차 진정되어 집단적 시위운동은 거의 흔적 없이 사라졌는데, 당시 소요의 여파로 민심이 매우 불안정했다. 불안한 정세가 상하 일반에 만연하고 개개의 선동과 위협이 빈발하였으며 가장 극도에 달했을 때는 여전히 독립을 실현하지 않으면 안 된다고 믿는 자가 있었다. 그렇지 않은 자라 해도 협박과 위해를 두려워하여 애매한 태도를 보였다. 동년 8월 경찰제도의 일대 개혁이 이루어지고 경찰력의 충원과 각성에 따라 불령 기도는 매번 사전에 적발되었다. 별도리가 없는 정세로 인해서인지 그들 불령자 등은 함부로 양민을 위협하여 독립 자금이라 칭하여 금품을 강탈하고 그것을 개인적으로 소비하여 인민의 원성을 샀다. 이에 더하여 시일이 경과함에 따라 지식 계급에 속한 자부터 점차 독립운동이 무모하고 절대 불가능하다는 것을 깨닫

8 1919년 3·1운동을 말함.

고 지난날의 불령운동에 부화뇌동한 무지한 조선인도 대부분 후회하며 혹은 생업으로 돌아오거나 혹은 나서서 지난 일을 관헌에게 사죄하고 재차 망동을 하지 않을 것을 맹세하는 자가 속출하기에 이르렀다. 게다가 불령 계획 및 관련된 각종 범죄 사건들은 대부분 근원적으로 재외 불령자가 직접 잠입하여 감행된 것이니, 상해임시정부를 비롯하여 기타 불령단도 겨우 명맥을 유지할 뿐 내외에 신망을 잃고 민심이 이반하게 되었다. 1920년 및 1921년에는 함경북도, 함경남도, 평안북도를 통틀어 다소 피해가 있었지만 1922년도에는 현저히 감소하고 함경북도에는 거의 침입이 끊어지고, 평안북도 강안 지방에서 초목 번성기를 기다려 삼삼오오 침입하여 관헌의 눈을 피해 강도 행위를 하는 정도이다.

4) 최근(1927)의 상황

조선인이 마지막 희망을 건 1921년 워싱턴 회의가 기대에 어긋나고 아무런 효과를 거두지 못하고 종료하였고 종래 외국의 원조 또는 국제회의를 이용하여 독립 목적을 달성하려던 야망이 수포로 돌아갔다. 그러자 민심은 일대 전환기의 기운을 맞이하여 무모하고 공허한운동은 소기의 성과를 거두지 못할 뿐 아니라 오히려 민족의 지위를 개선시키지 못함을 점차 자각한 듯하다. 이래 언론계와 종교 방면 관계자 및 청년 학도 등의 유식 계급은 종래의운동을 방향 전환하여 교육 진흥과 산업 발달에 전력하고 물심양면 힘써 민족 문화의 향상을 촉진하고자 하였다. 그리고 사상 통일을 꾀함과 동시에 서서히 실력을 양성하여 민족자립의 기초적 발전을 거두고자 하는 이른바 실력 양성론이 대두하게 되었다.

그들의 민족운동을 분류하여 후술하면, 폭력적 직접 행동에 의한 독립운동에 대해서는 거의 흔적이 사라졌거나 기관이라고 인정할 만한 것이 없다. 실제로 작년(1926) 6월 고 이왕 전하의 국장 때 일부 소수의 불량 학생이 독립 만세를 외치며 독립 정신 환기에 힘썼지만 이에 부응하여 망동하는 자가 없었던 것은 그러한 상황을 말해준다고 할 것이다. 다만 재외 조선인의 독립운동이 미국 본토, 하와이, 노령, 상해 및 서북간도 등에서 미약하나 여전히 숨을 쉬며 준동하고 있는 것에 불과하다. 이들은 조선 내에 아무런 영향을 끼치지 못하지만, 별항의 재외 불령선인의 장에서 서술하는 것처럼 상해에 있는 소위 임시정부, 의열단, 병인의용대(丙寅義勇隊) 등의 폭력 단체 및 북만주 혹은 압록강 부근에 자리 잡은 신민부, 대한정의부, 주만참의부 등의 불령단이 때때로 국경 지대에 출몰하고 혹은 조선 내로 잠입하여 겨우 가라앉으려는 민족 감정을 자극하기 위해 시시때때로 불령한 행동을 벌이는 자가 있다. 즉 작년 7월 이래 10월까지 경기도 내 4개소에서 발생한 권총 사건은 주만참의부원인 이수홍의 소행인데 이러한 무모하고 흉악한 망동은 조선 내의 민심을 좌우할 수 없을 뿐 아니라 오히려 일반은 그들의 어리석음을 빈축하는 현실이므로 대세에 영향을 끼치는 바가 없을 것이다.

일본의 통치를 인정하지 않고 조선인의 충분히 준비된 실력에 의해 독자적인 힘으로 독립의 목적을 달성하고자 하는 이른바 비타협적 민족운동은 해외의 불령운동과 수단 방법을 달리하지만, 마찬가지로 은밀하게 조선 내의 독립사상을 양성한다. 일반 청년 학생 및 유식 청년 등이 대체로 여기에 속하여 언문 신문 및 연설회 등에서 나타나는 독립론은 모두 이런 종류이며 대부분 조선인의 뇌리를 가득 채우는 사상이라 할 것이다.

최근 권리 사상이 발달하여 세계의 대세가 되어 비타협운동만으로 피안(彼岸)에 이르고자 하는 것은 도저히 불가능함을 깨닫고, 점차 총독부 정치와 어느 정도 타협점을 찾아 이런 종류의운동에 일정한 진전을 꾀하고자 하는 경향이 뚜렷해지고 있다. 즉 전술한 바와 같이 일본 세력을 시인하고 공존공영을 본지(本旨)로 하는 타협적 민족운동에는 참정권 획득, 자치 또는 동화를 목적으로 하는운동 단체 등이 있는데, 최근 일부 유식 계급은 일시적으로 타협적 민족운동의 형식을 빌려운동의 진전을 획책하려고 하는 것이다. 특히 최근의 뚜렷한 경향은 종래의 실력론이 유물적인 방향을 향하여 보다 근원으로 돌아가 민족 문화의 흔적을 밝히고 전통이 유래하는 바를 탐구한다. 그리하여 민족정신의 발흥에 힘써 퇴폐해가는 민심의 추세를 만회하려는운동이 곳곳에서 일어나 수년 전의 실력 양성론에서 한 걸음 나아갔다고 할 것이다. 이러한 진전 상황에 관해서는 상당히 주의할 필요가 있다. 총괄하건대 일반 민심을 제대로 마주하고 현실에 기반을 두면서 과거를 되돌아보며 그 향하는 바로 나아가고자 하는 경향이다.

한편 사회운동의 방면은 독립운동의 좌절로 자포자기에 빠지는 자, 무뢰부와 청년 혹은 시정과 사회에 불평불만을 품은 무리가 국제 공산당에게 적화선전비를 수령하여 실망과 반감에 찬 불꽃을 과격 사상으로 타오르는 경향이 생겼다. 그리하여 1922년에는 조선노농총동맹, 조선청년총동맹이 전 조선적 통일 기관으로 조직되었고, 세포 단체도 각지에 생겨나

1925년에는 조선공산당 및 고려공산청년회와 같은 비밀결사의 조직이 생겨나는 등 이념운동이 점차 고조되고 있는 양상을 띠고 있다.

1926년에는 전년에 검거된 제1차 공산당의 후계 기관인 제2차 공산당이 조직되었고, 순종 국장(國葬) 당시 국제 공산당의 지시를 받은 제2차 공산당 관계자에 의한 불온 계획이 일어났다. 그 외에 조선에서의 사상 단체 2대 당파인 일월회파는 4개 단체가 합동하여 정우회(正友會)를 조직하였으며, 이에 대항하는 반대파 서울청년회파는 조선 사회단체중앙협의회를 개최할 계획을 발표하였다. 하지만 제1차 공산당 검거 이래 공산주의 색채가 농후한 단체에 대해서는 집회를 금지해 왔기 때문에 대단한 움직임은 없었다. 다만 국장 후 특히 제2차 공산당 사건 검거 후 이념운동의 방향이 뚜렷하게 바뀌었다. 기존에는 민족운동과의 제휴를 배척해 왔지만, 금후의운동에서 민족주의자와 제휴하여 병행하지 않으면 도저히 소기의 목적을 달성할 수 없다고 하여 선언서를 발표했을 뿐 아니라 일반 역시 이를 추종하는 경향이 있다. 이들운동가들은 러시아 혁명 발발의 기회를 틈타 쌓인 울분을 풀고자 하였고, 또 러시아 공산당에게 선전비를 획득하려는 야망을 충족시키려고 이념을 표방하였다. 실제 러시아 공산당과 연계 책동을 기도하는 자가 있지만, 공산당의 괴뢰가 된 대부분이 진정한 주의자라고 인정하기는 어렵다. 그렇지만 최근 러시아로 가서 공산당에 투신하거나 또는 공산 대학에 입학하려는 자가 점차 증가하는 상황이다. 그 밖에 운동 방향의 전환에 의한 다른 경향으로 보통선거에 의한 이른바 무산 정당과 관계를 유지하며 민족적 정치 혁명을 촉진하고 장래에 경제혁명의 목적을 달성하려는 기운이 있다.

이와 같이 조선의 민심은 현재 민족주의와 사회주의라는 2대 조류가 지배하고 있는데, 민족주의 운동이든 공산주의 운동이든 모두 강자의 굴레에서 벗어나려는 점, 배일(排日)이라는 점에서 공통적이다. 경제 해방과 민족 해방이라는 2대 조류는 항상 분명하게 대립하는 것이 아니라 때로는 합류하고 교착(交錯)한다. 따라서 양자가 일치점을 발견했을 때 한 덩어리가 되어 공동 전선을 이룰 기운이 일어나지 않으리라는 보장이 없다. 그러나 이들 2대운동 단체는 수많은 소모임으로 나뉘어 대립하며 각자의 주장을 고집하고 양보하지 않을 뿐 아니라 서로 반목하며 배제한다. 때로는 다른 파의 사업을 방해하거나 파괴하고 때로는운동비를 자기파가 얻고자 항상 암투를 반복하여 내홍과 분쟁이 끊이지 않는 상황이다. 따라서 실력 양성의 기치(旗幟)와 대동단결의 이상도 여러 번에 걸쳐 허망하게 사라졌으며 대부분이 성공한 사례를 볼 수 없다.운동에 대한 뜨거운 희망을 품고 초조한 마음을 고양시키며 일당들은 가까스로 준동을 반복하고 있는 상황이다.

〈자료 176〉 치안유지법 이후의 치안 상황

(조선총독부 경무국, 1932,『조선경찰지개요』, 55~56쪽)

1925년 12월 의열단원 나석주가 경성 동양척식회사에 침입하여 살상하고 1927년 조선은행 대구 지점 폭파 사건 등이 있었지만, 이러한 무모하고 흉악한 망동이 조선의 민심을 좌지우지할 수 없고 오히려 일반인은 어리석음을 빈축하는 상황이므로 대세에 아무런 영향을 끼칠 수 없다. 1928년 즉위식(御大典)과 1929년 조선박람회에 즈음하여 재외 불령도당이 조선 내 동지들과 연락하여 소요를 계획 중이라는 정보가 있었지만, 경계와 사찰이 엄중하게 한 결과 불과 일부 학생들의 격문 산포와 맹휴가 있었을 따름이고 지극히 평온하게 지나갔다.

그런데 1929년 11월 3일 전라남도 광주에서 중학교 생도와 고등보통학교 생도가 사소한 말다툼이 원인이 되어 두 학교 생도가 참가하는 집단 싸움이 벌어졌는데, 곧바로 경찰관이 훈시하고 해산시켜 크게 비화하지 않고 진정되었다. 그런데 일단 학교에 돌아간 고등보통학교 생도들이 각각 곤봉을 휴대하고 번화가로 나와 시위운동을 일으켰다. 여기에 다시 농학교, 사범학교, 여자고등보통학교 생도들이 가담하여 기세를 올리자 일거에 시내에는 대단한 상황이 되었지만 경찰의 해산 명령으로 불상사가 없이 끝났다. 조선인과 내지인 학생의 싸움이 원인이 된 이날의 사건은 민족 사상이 첨예하게 드러난운동으로 지방 민심에도 상당한 자극을 주었다. 이후 학생들의 동요하는 분위기에 편승하여 이 지역의 공산주의자들이 이념을 실현할 절호의 기회라고 보고 왕성하게 책동하였고, 같은 달 12일 또다시 이 지역의 조선인 학생들이 일제히 시위운동을 감행하도록 만들었다. 그리고 주의자들은 경성으로 가서 동지들과 도모하고 학생들을 사주하여 폭동을 기도하였고, 다른 민족주의와 사회주의자들도 책동에 가담하여 12월 9일부터 며칠간 경성부의 각 조선인 중등학교에서 소동이 일어났다. 그 결과, 지방 각지에서도 영향을 받아 1932년 2월까지 조선 각지에서 194교, 5만 4,000여 명이 참가하는 학생 소요사건이 발생했는데, 경찰이 주모자와 선동자를 검거하고

3월이 되어 사건은 완전히 종식하게 되었다. 그러나 좌경분자들은 전 조선적으로 발발한 학생 사건을 한 가지 시련으로 삼아 장래에 기회가 있을 때마다 망동하지 않으리라는 보장이 없으니, 특히 이 부분에 주의를 기울여야 한다.

나아가 1930년 7월 함경남도 단천에서 삼림조합 반대를 위해 군민 수천 명이 군청 경찰서에 몰려와 투석과 폭행을 자행하여 구금자를 탈환하려 했다. 경찰관이 부득이 무기를 사용하여 해산시켜서 큰일이 일어나지 않았지만, 이로 인해 폭민(暴民) 측 사상자 16명, 중상 14명이 발생했다. 그 후의 영향을 주의했지만 별다른 책동이 일어나지 않고 마무리되었다. 또 제국의 통치를 인정하지 않고 조선인의 실력을 쌓아 독자적인 힘으로 독립을 달성하려는 이른바 비타협적 민족운동은 해외의 불령운동과는 수단 방법을 달리하지만, 마찬가지로 은밀하게 조선의 독립사상을 양성한다. 일반 청년 학생 및 유식 청년 등이 주장하는 독립론은 모두 이런 종류에 속하므로 조선인 가운데 이러한 사상을 가진 자가 상당히 많을 것이다.

작년 1931년 9월 만주사변이 발발하자 일반 조선인은 비상한 관심을 갖고 사건의 추이를 지켜보았다. 그들 중에는 국제연맹의 간섭에 대해 공명하며 제국의 태도가 옳지 않다고 하는 자가 있었지만, 일본의 만주 방침이 당당하게 초기의 주장에서 한발도 물러서지 않고 오히려 주장한 바와 같이 정세가 이루어지자 일본의 국위를 경모하는 자가 많아지고 민심도 평정을 되찾고 있으니, 앞으로 만주국의 정세 변화는 조선의 민심에 적지 않은 영향을 끼칠 것이다.(중략)

사회운동은 종래 부분적인 경제운동에서 전 민족적인 정치운동으로 방향 전환을 한 결과, 민족주의와 사회주의자가 합동으로 민족 단일당의 결성을 주창해 1927년 신간회를 창립하게 되었는데, 그 이면에 공산당원의 책동이 당연히 있었다. 신간회는 소위 민족 각 계급의 지지와 지원을 얻어 조선 내는 물론 내지 각지에도 지회를 조직하여 한때 지회 140, 회원 약 3만을 거느렸다. 때로는 당국의 정책을 비판하고 민족 항쟁의 모습을 보이며, 때로는 민족혁명을 기도하는 행동을 보이는 경우가 많아서 엄중히 단속해 왔다. 그런데 1930년 이후 공산당의 조직 이론이 바뀌어 민족의 각 층의 결합은 오히려 계급적 투쟁성을 말살한다고 함으로써 민족주의자와의 제휴를 끊고 무산 계급은 노동조합, 농민조합으로 복귀하여 좌익적으로운동을 전개하게 되었다. 결국 신간회는 해산하였고 현재 완전히 유명무실해졌다. 그런데 좌익운동은 코민테른 12월 테제에 따라 공산당 재건운동에 몰두하고, 또 프로핀테른

9월 테제[9]에 따라 좌익 노동조합의 확대와 강화에 열중하게 되었다. 따라서 농민조합 역시 그러한 영향을 받아 비합법화, 첨예화가 두드러지고, 여러 가지의 불온 행동을 일으키며 단속을 하는데 상당한 고심이 필요해진 상황이다.

〈자료 177〉 사상운동에 대한 인식

[시마무라 하지메(島村一), 1944, 『고등경찰개요(高等警察概要)』, 오사카부 경찰연습소]

1) 사회주의 운동(〈자료 177〉의 33~47쪽)

◆ 개괄

일본의 좌익운동은 메이지 말기(1900~1910년대) 무정부주의가 선도하였는데 먼저 노동운동에 상당한 영향을 주었으며, 1919년(大正 8) 즈음 공산주의 이입 후에는 지식 계급(학생층의 연구에서 실천운동으로)과 노동자 계급(노동자 농민의 실천운동)에 커다란 충격을 주었다. 쇼와 시대(1920, 1930년대)에 들어와서는 오랜 현안이던 보통 선거가 실시되자 무산운동과 만나 사회민주주의운동이 일어났고 무정부주의 운동, 공산주의 운동, 사회민주주의운동이 서로 뒤섞여 활발하게 전개되었다. 특히 공산주의 운동은 뿌리가 깊고 폭넓게 그리고 매우 과격한운동으로 발전하였다.

◆ 시대별 개관

일본에 좌익 사상이 들어온 것은 1900년대(明治 30년대)인데 '적기 사건', '대역 사건' 등을 일으킨 무정부주의자 고토쿠 슈스이(幸德秋水) 일파의 생디칼리스트 등에 의해 표면화하였다. 제1기는 무정부주의자에 의해 대표된다.

그 후 해외에서 러시아 혁명(1917)이 일어나고 제3인터내셔널(국제 공산당)이 결성(1919)

---

9 1930년 9월 18일 코민테른(제3인터내셔널)의 산하 기관인 프로핀테른(Profintern, 정식 명칭은 적색노동조합 인터내셔널) 집행위원회가 조선에서의 노동운동 조건 및 노동조합의 임무에 대한 방침을 채택한 문건.

되었다. 볼셰비즘(공산주의)이 전 유럽을 석권하자 이에 자극받은 학생 그룹이 가장 먼저 움직였는데, 1919년(大正 8) 와세다대에서 만들어진 민인동맹회(民人同盟會)이다. 그 후 1921년(大正 10) 12월 검거된 '효민공산당(曉民共産黨) 사건'이 있고 이어 1923년 6월 5일 검거된 제1차 일본공산당 사건이 있다.

한편 유럽 문화의 유입과 함께 자유, 평등, 개인 본위의 사상이 침투하였고, 특히 노동자 농민층에 커다란 영향을 주어 노동운동, 농민운동이 대두하게 된다. 제1차 세계대전 후 반동적인 경제 불황에 직면하자운동은 더욱 활발해졌고 무산운동과 더불어 사회민주주의운동도 일어나게 되었다.

1910년대(大正) 말에서 1920년대 중반(昭和)에 들어와 국내에 이입한 서구 문화의 폐해는 극에 달하고, 노동운동, 노동쟁의, 농민운동, 소작쟁의, 무산운동, 수평운동, 문화운동 등이 활발히 전개되었다. 이때 볼셰비즘(공산주의)은 공장과 농촌, 관청으로, 연극과 학계 등 모든 부문을 잠식하며 세포 조직이 지하 잠행하는 방식으로 창궐하였다.

정치면에서는 보통선거 실시를 기회로 대중화를 위해 조직을 공개적으로 도모하기도 하였다. 이에 1928년(昭和 3) 3월 15일(3·15사건) 전국적으로 공산당 일제 검거가 이루어졌고 구속이 1,505명, 기소가 461명에 달했다.

1929년(昭和 4) 4월 16일(4·16사건) 공산당 일제 검거, 1930년 여름과 1932년 10월 30일(10·30사건)에 각각 검거가 있었고, 당시 일본 국내에는 소위 파시즘이 대두하고 있었다. 1932년 5월 15일(5·15사건) 이누카이 쓰요시(犬養毅) 수상 암살 사건과 만주사변이 발발하고 일본의 국민사상은 크게 전환하기에 이른다.

하지만 좌익 진영은 당시 프랑스 인민전선의 성공을 따라 일본 국내에서 인민전선을 기도했는데 1937년 7월 중일전쟁이 발발하고 국민의 애국심이 고양되자 관망하는 자세를 취했다(일부는 조직화에 부심했지만). 전쟁의 장기화와 함께 국민이 곤궁한 때가 오기를 기다렸다가 일시에 성공으로 이끌기 위해 깊이 잠행하는 지하운동을 이어 가고 있는 상황이다.

① 무정부주의 운동

- 무정부주의

권력 부정 사상으로 '흑(黑)'의 사상이라 불린다. 인류 궁극의 목적이 인격 완성에 있다고 보고, 인격 완성은 완전한 자유에 의해 그것을 막는 일체의 권력을 부정하는 주장이다. 현실적으로 이는 있을 수 없다. 즉 국가의 존재 자체를 부정한다. 이러한 주의운동이 허용될 수 없음은 당연하다.

- 무정부주의 운동 개괄

무정부주의사상이 일본에 들어온 시기는 1900년대(明治 30년대)이고(생디칼리슴 계통의 것), 표면화한 계기는 1907년(明治 40) 고토쿠 슈스이 일파의 '적기 사건'이다. 1910년(明治 43) 6월 일당 26명이 대역죄로 검거되어 이듬해 1911년(明治 44) 1월 대심원에서 고토쿠 이하 12명은 사형, 12명은 무기징역, 나머지 2명은 8년과 10년의 징역에 처해졌고, 사회에 커다란 파장을 일으켰지만 그 후에는 진정국면에 있다.

고토쿠 사후에는 오스기 사카에(大杉榮)가 무정부주의자 사이에 압도적인 영향력으로 부진한 진영의 뒤편에서운동을 이어갔지만, 1923년(大正 12) 9월 관동대지진 당시 암살당하자 운동은 중심인물을 잃게 되었다. 당시 길로틴[10]사를 조직한 오스기 문하의 와다 규타로(和田久太郎), 요시다 다이지로(吉田大次郎), 무라키 겐지로(村木源次郎) 등이 오스기 암살에 분노하여 복수를 계획했다. 관동대지진 1주년 기념일에 계엄사령관 후쿠다(福田) 대장을 암살하는 계획을 세웠는데 모두 줄줄이 체포되어 단두대의 이슬로 사라지거나 병사했다.

이렇게 지도자를 잃은 일파의 노동자들은 1926년(大正 15) 5월 전국노동조합자유연합회를 조직하고, 사상을 달리하는 아나키스트 계열 청년은 1925년(大正 14) 말 전국흑색청년연맹을 결성하여 각각의 입장에서 전국적 조직을 통일하게 된다.

당시 우세한 볼셰비즘에 대항하여 세력을 만회하고 있었는데 1927, 8년(昭和 2, 3) 즈음부터 이들 단체 내에 소위 현실파(계급 투쟁을 통해 목적을 달성하려고 하는 생디칼리스트파)와 관념파(사상 순화의 확립에 노력하는 순정 아나키스트파)가 분열하여 쇠퇴의 길을 걷게 되었다.

1934년(昭和 9) 다시 통일운동이 있었지만 효과는 미미했고, 1935년(昭和 10) 전후 여러 차례 일어난 '흑색갱 사건'은 마지막 발악으로 이후 거의 괴멸 상태에 빠져 오늘날에 이른다.

---

10 기요틴(guillotine)의 잘못. 프랑스 혁명 당시의 '단두대'를 이르는 말.

② 사회민주주의운동

- 사회민주주의

사회주의 사회의 실현을 간절히 바라지만 의회를 통해 (합법적인) 수단으로 성취하려는 주의운동이다. 근저에 흐르는 사상은 마르크스주의이다. 노동자 농민층에서 행하는 소위 무산운동과 거의 궤를 같이한다. 단적으로 말하면 좌파 중 온건파인데 공산당원과 외곽 단체의 비합법혁명과 달리 이들은 정치운동을 통해 실현하고자 한다. 하지만 양자의 관계는 매우 밀접하고 미묘하여 이들 단체에서 다수의 공산당원을 배출한 것에서도 알 수 있다.

- 사회민주주의운동 개괄

1931년(昭和 6) 만주사변으로 일본 사상계는 일대 전환기에 접어들었고 무산 진영도 점차 이른바 일본주의 경향을 띠게 되는데, 여기에 불만을 품은 이는 좌익(공산당)으로 가거나 혹은 우익으로 전향하기도 했다.

이들 가운데 중간 단체인 사회대중당은 활발한운동을 펼쳐 1935년(昭和 10) 9월 전국적으로 치러진 부현회의원 선거에서 24명의 당선자를 배출했다. 1936년 2월 중의원 의원 총선거에서는 19명, 이듬해 1937년 4월 같은 선거에서 일약 36명을 당선시켜 장래가 주목할 만했다. 하지만 중일전쟁의 발발과 대동아전쟁이 확대되자 국민총력단결로 인하여 개별 당파의 존재가 인정받지 못하고 자발적으로 해산하게 되었다. 그러나 여전히 근저에 흐르는 것이 청산되지 않았으므로 이들의 동향에 대해서는 마땅히 주의해야 한다.

③ 공산주의 운동

- 공산주의 운동

공산당은 국제적이며 급진적이다. 혁명주의를 신봉하고 전 세계의 적화(공산주의 사회의 건설)를 목표로 하며 본부(코민테른)를 모스크바에 두고 모든 수단을 동원하여 공산주의 실현에 광분하고 있다.[주(註)-최근 소련이 코민테른을 해산했다고 하지만 만약 사실이라 해도 실질적인 것은 다른 기관에서 행하고 있음이 틀림없다.]

- 공산당이라는 명칭을 공공연히 사용한 것은 1919년 모스크바에서 제3인터내셔널(국제공산당)이 성립한 이후이다. 목적은 전 세계의 공산제 사회 실현에 있다. 즉 토지, 자본, 기타

일체를 사회가 공유하고, 생활필수품의 배분에 이르기까지 국가가 전부 실시하는 사회 제도이며, 이를 실현하기 위해 폭력을 사용하여 노동자 농민의 독재를 거쳐 실현하는 것이다.

- 일본에서의 공산주의 운동의 시작은 1919년 와세다대 내에 탄생한 민인동맹회(民人同盟会)이다. 오야마 이쿠오(大山郁夫), 기타자와 신지로(北澤新次郎), 다카하시 세고(高橋清吾) 등을 지도부로 하고 와세다대 학생 다카쓰 마사미치(高津正道), 와다 아쓰시(和田嚴), 아사누마 이네지로(淺沼稻次郎) 등을 중심으로 조직되었지만 내분이 일어나 해산했다. 이 사건으로 와세다대에서 다수의 퇴학자가 생겼다. 다카쓰 마사미치는 1921년 여름, 대학 외부의 곤도 에이조(近藤榮藏) 등과 효민회(曉民會, 비밀결사)[11]를 조직했는데 주요 활동으로 군대 내 불온 문서를 배포하였고 같은 해 12월 검거되어 괴멸했다.

▲ 제1차 일본공산당

효민회의 검거와 괴멸 후 집단적인 존재를 잃은 사회주의자 사카이 도시히코(堺利彦), 야마카와 히토시(山川均), 아라하타 간손(荒畑寒村), 곤도 에이조(近藤榮藏), 사노 마나부(佐野學) 등은 러시아에 있던 가타야마 센(片山潛)과 은밀하게 연락하여 1922년(大正 11) 6월 조직 준비에 착수하여 11월 당 조직을 세웠다. 점차 조직의 가맹자를 늘리고 세력을 확장하여 위협적인 장래가 예측되었지만 1923년(大正 12) 6월 5일 새벽 일제 검거로 마무리되었다.

▲ 제2차 일본공산당

제1차 공산당 사건의 잔류 분자와 당시에 초보 수준에 머물렀던 공산주의자들이 수년 후에는 완성된 공산주의자가 되었고 1926년(大正 15) 12월 3일 야마가타(山形)현 고시키(五色) 온천, 4일 오노가와(小野川) 온천에서 '회사 위로회'라는 이름으로 창립 대회를 개최했다. 1928년 중의원 의원선거를 겨냥하여 대중 획득을 위해 조직을 표면화하였지만, 결국 1928년 3월 15일(3·15사건) 1도 3부 20현에 걸친 일제 검거로 천여 명이 체포되고 488명이 기소되었다.

---

11 원문은 효민공산당(曉民共産黨)이다. 1920년 5월, 와세다 대학교 학생이었던 다카쓰 마사미치(高津正道), 다카세 기요시(高瀬清)에 의해 결성된 학생, 노동자의 정치 단체는 효민회(교민카이, 暁民会)이며, 이들 대다수가 이른바 효민공산당 사건(暁民共産党事件)으로 검거되었다.

▲ 제3차 일본공산당(부활일본공산당)

3·15검거를 피한 사노 마나부(佐野学), 와타나베 마사노스케(渡邊政之輔), 나베야마 사다치카(鍋山貞親), 미타무라 시로(三田村四郎), 후쿠모토 가즈오(福本和夫), 고쿠료 고이치로(國領五一郎), 이치카와 쇼이치(市川正一) 등 최고 수뇌부들이 협의하여 전략을 세우고, 기관지 『아카하타(赤旗)』를 출판하여 순조롭게 세력을 만회하고 있었다. 1929년(昭和 4) 4월 16일(4·16사건) 1도 3부 16현에 걸친 검거가 이루어졌고, 이때 295명이 기소되었다.

▲ 제4차 일본공산당(재건)

4·16사건 후 당의 명맥을 지키고 있던 다나카 세겐(田中清玄), 마에노 젠시로(前納善四郎), 사노(佐野秀一)이 같은 해 5월 말 공산당임시도쿄지방위원회를 조직하고 당 재건을 도모하였다. 같은 해 6월 사노 마나부와 함께 당 중앙부를 재조직하고 7월 상순 사이타마(埼玉)현 쇼부(菖蒲)에서 제1회 수뇌부 회의를 열고 당이 완전히 재건되었다. 하지만 다나카를 수반으로 하는 당은 과격해지고 2월 20일 전국 일제 검거(2월 사건)로 7월 14일 도쿄 시외 지토세무라(千歲村)에서 다나카가 검거되었다. 당시 그들의 무기에 다수의 소중한 경찰 동료가 희생되었음을 기억해야 할 것이다.

▲ 제5차 공산당 사건

1930년(昭和 5) 여름 다나카 세겐(田中清玄) 일당 검거 후 거의 괴멸한 듯했으나, 안으로는 농촌의 가난이 심각하고, 5·15사건(이누카이 수상 암살 사건)이 일어나 국내에서 개혁의 기운이 일어났다. 밖으로는 국제 관계가 매우 복잡 미묘해지고 공산당원의 눈에는 혁명 전야와 같은 기운이 비등하자 닥치는 대로 자금과 무기 입수에 몰두하였다. 그들에 대한 철퇴는 1932년(昭和 7) 10월 30일(10·30사건) 11명 검거를 시작으로 약 1,500여 명을 검거하고 200명 넘게 기소되었다. 그 후에도 종종 검거가 이루어졌고 그들은 점점 지하로 들어가 모든 부문과 계층에 침투해 갔다.

여느 때는 홍수처럼 보이고 여느 때는 고갈한 듯이 보여도 물의 흐름은 늘 살아 있듯이 좌익운동도 하나의 생명처럼 존재한다. 그들은 1937년 중일전쟁이 발발하자 절호의 기회가 도래했다고 여기고 '전쟁을 내란으로'라는 슬로건을 내걸고 전쟁 수행 과정에서 일어나는 모든 문제를 교묘하게 취합하였다. 특히 전시 경제의 통제 강화에 따르는 공장, 농촌 등 노동 대중의 생활 불안에 편승하여 반전반군으로 지도 계몽하였다. 그리하여 전시 하에서 절대적으로 필요한 생산 확충을 저해하고, 국내를 패전으로 몰아 혁명세력을 급속하게 결집하고자 철저한 잠행 방법으로 활발한운동을 전개하고 있었다. 이에 수차례 준엄한 검거가 이루어졌다.

- 공산주의 운동의 근황

최근의 공산주의 운동의 상황은 잘 알지 못한다. 혹시 안다고 해도 여기에 서술할 수는 없다. 오래전의 일이고 외부인에 의한 발행이어서 핵심을 충분히 파악한 것은 아니나 다음에 인용하여 참고하고자 한다.

최근 공산주의 운동 단속에서 주의를 요하는 사항

요지

최근 공산주의 운동은 소위 인민전선전술이 극에 달했으며 그 형태가 매우 교묘하게 이루어지고 있다. 그러므로 이를 단속함에 있어,

(1) 합법 위장에 의한 선전, 계몽이 점점 정교하고 교묘함을 더하고 있다는 점,

(2) 외국 특히 코민테른의 첩보 활동과 결합하는 경향이 있다는 점,

이상의 두 가지 점에서 충분히 주의를 기울일 필요가 있다.

중일전쟁의 장기화와 대동아전쟁의 발발로 전쟁은 세계대전으로 확대되었으며, 당면한 국가적 요청은 각종 정책에서 보다 고도의 통제를 필요로 하고, 국민 생활에 미치는 영향이 지대하다. 이러한 현 상황에서 공산주의자들은 자본주의 사회에서 공산주의 사회 체제로의 과도 단계의 혁명을 둘러싼 조건이 성숙했다고 인식하고, 한층 격렬한운동을 전개하려 하고 있다.

최근 공산주의 동향에 의하면 전술 및운동 형태에서 다음의 두 가지 특징이 나타나는데, 이 점은 단속상 특히 주의해야 한다.

첫째, 소위 합법을 위장한운동 형태가 더욱 교묘해지고 있다는 점이다. 1935년(昭和 10)

7월 코민테른 제7회 세계대회에서 인민전선전술이 채택되고 일본의 공산주의 운동은 기존과 같은 고도의 반국체적인 슬로건과 과격한 계급 투쟁 수단을 버리고, 과거에는 배제했던 사회민주주의, 자유주의 진영에 교묘하게 잠입하여 반파시즘 전선의 통일을 표방하며, 합법운동을 가장하여 교묘하게 좌익 사상의 선전선동에 매진하고 있다. 그동안 1937년(昭和 12) 말 인민전선파와 노농파는 일제 검거를 비롯하여 순차적으로 탄압과 검거를 당하였다. 최근에는 더욱 합법을 위장한 방법을 능숙하게 구사하여 새로운 이론을 구성하고 시국에 적응하며 협력하는운동 형태를 취하고 있다. 애국적이고 정당한 언동을 하며운동 과정에서 교묘하게 자본주의 모순을 폭로하고 민중의 계급 의식을 고양하는 방법을 채택하고 있다. 따라서 방심하면 다수가 편승하기 쉬울 뿐 아니라 위장이 교묘하여 진위의 판단이 용이하지 않으며, 시찰 내정과 단속에 있어 상당히 곤란한 점이 있다.

둘째, 과거 문화운동의 본질에서 벗어나 이른바 첩보 활동과 연결된운동으로 발전하려는 동향을 파악한 점이다. 가장 대표적인 것이 작년 10월 검거된 국제첩보단 사건의 사례에서 보듯 첩보 활동을 공산주의 사상에 근거하여 코민테른과 표리일체 관계에 있는 소련의 첩보 활동의 한 축이 되어 전문적으로 활동하는 경향을 보인다. 따라서운동 형식도 더욱 교묘해지고 합법적인 장면 특히 각 방면의 상층부에 잠식하는 것을 볼 때, 단속의 중요성과 함께 국가의 핵심적인 위치에 있는 이들의 사상 비판 능력이 매우 중요해졌다고 생각한다.

[1942년(昭和 17) 11월 1일, 『사회상식신보(社會常識新報)』 제4권 제11호(치안경찰 연구), 도아쇼보(東亞書房) 발행]

2) 우익 관계(〈자료 177〉의 47~69쪽)

① 우익운동의 단속

- 우익운동이란 무엇인가

우익은 좌익의 반대말이며, 우익운동은 국가발전을 위해 현상을 개선하려는운동의 총칭이다. 국수주의, 농본주의, 일본주의, 국가사회주의 등의 애국주의운동을 가리킨다.[주(註)- 일본 국체와 절대 공존할 수 없는 공산주의, 무정부주의, 사회주의 등의 주의운동은 총칭하여 좌익운동이라 한다.]

- 우익운동을 왜 단속해야 하는가

진정한 우익운동가는 정신적인 면에서 경찰관과 크게 다르지 않다. 즉 지존을 위하고 황국을 위하는 지극한 충성이 오히려 동지와 같지만, 아무리 목적이 바르고 숭고함이 인정되더라도 수단에서 국법을 위배하고 치안을 방해하므로 방치할 수 없다.

예를 들어 이시카와 고에몬(石川五右衛門)[12]은 어떻게 되었는가, 또 아코무사(赤穗義士)[13]는 어떻게 되었는가. 5·15사건, 2·26사건의 관계자는 어떻게 되었는가. 모두 그 결과를 잘 아는 바이다. 그렇다면 경찰이 메이지유신의 신센구미(新撰組)[14]처럼 반동적 억압 기관 혹은 역사의 수레바퀴 역할을 하려는 것이 결코 아니다. 말하자면 애국운동이 지나치게 편향되는 것을 막고 합법적인 영역으로 지도하는 역할을 하는 것이라 믿는다.

② 우익운동의 개관

- 우익운동의 기원

일본의 우익운동은 당초에 사회주의 사상에 대항하여 이를 박멸하려는 목적에서 발흥하였는데, 사상은 국수주의이다. 따라서 이운동은 국수 보존운동의 범위를 벗어나지 않았다. 1881년(明治 14) 도야마 미쓰루(頭山滿), 히라오카 조타로(平岡造太郎)가 이끄는 현양사(玄洋社)[15]와 1901년(明治 34) 우치다 료헤이(內田良平)가 주관한 흑룡회(黑龍會)[16] 등이 있다. 그러므로 다이쇼 시대에서 쇼와 시대에 들어오면서 당시의 국내 사정에 자극 받고 과거의 국수주의 내용에 정치사상과 경제사상을 넣어 내용을 충실하게 만든 결과, 국수 보존운동에서 국가 개조운동으로 발전했다. 이처럼 서양류의 좌익 사상에 반대해 발생하였지만 마침내 국가 개조로 발전한 일본주의운동은 만주사변을 계기로 크게 융성하였다. 특히 1932년(昭和

12 16세기 일본의 도적 우두머리.

13 18세기 주군의 복수를 하는 아코(赤穗)의 47인의 무사.

14 에도 시대 말기이자 메이지 유신 초기의 존왕파(尊王派)를 탄압한 에도 막부의 경비대.

15 1881년 도야마 미쓰루(頭山滿), 히라오카 조타로(平岡造太郎) 등이 결성한 정치 단체. 설립 당시에는 민권결사(民權結社)였지만 점차 국수주의적 경향이 강해졌고 일본의 국가주의 우익 단체의 모체가 되었다. 1946년 GHQ에 의해 해산되었다.

16 1901년 우치다 료헤이(內田良平)를 중심으로 결성한 국가주의 단체. 아시아주의와 대륙 진출을 주장했다. 1946년 해산.

7), 1933년은 우익 단체 탄생의 시기였다.

- 우익이 국가 개조를 주장하게 된 이유에 대해 당시 일반적으로 지적한 것을 정리하면, 세계적 경제 불황에 동반하는 국민의 경제생활 불안 증대, 외교의 난국과 부진, 정치의 무위무책(無爲無策)과 타락, 재벌에 대한 반감, 국민 사상의 동요에 대한 우려 등을 들 수 있다. (후략)

③ 우익운동 단속의 주의 사항

- 우익운동이라는 이름에 현혹되지 말 것

우익운동은 황도(皇道)를 내세워 근황애국(勤皇愛國)을 주장하는 것이 일반적이다. 따라서 이에 현혹되어 시찰(視察)과 내정(內偵)을 철저하지 못할 우려가 있다. 황도와 일본 정신을 내걸어도 과연 진실한 것인지 행동을 자세히 살피고 나서 비로소 판명되는 것이다.

예를 들어 황도대본교(皇道大本敎)의 소화신성회(昭和神聖會)가 있다. 그들의 강령에는 '황도 본의에 기초하여'라고 하고 '만방(萬邦)이 무비(無比)의 국체(國體)를 천명한다', '국체의 기초 확립을 기한다'고 하는 등 일본주의 '우익'의 이름에 부끄럽지 않다. 하지만 그 이면에 위협적인 불령 계획을 세우고 있는 것이다.

- 소위 관심 밖 인물에도 주의를 게을리하지 말 것

단체 또는 단체 소속원을 아무리 경계하고 있더라도 그것만으로는 불충분하다. 극단적으로 말하면 국민 한 사람 한 사람이 우익운동가의 소질을 지니고 있다. 예를 들어 대나무는 숲속의 땅 전체에 뿌리내려 있고, 그것은 봄을 맞아 전혀 예상하지 못한 곳에서 대나무 순을 피우는 것과 마찬가지다. 공공연한 우익운동가 중에 자신의 명예와 이익을 위해, 혹은 직업적으로 활동하는 이가 없지 않다. 따라서 그들의 활동은 천박하고 불철저하지만, 직업을 따로 가지고 있음에도 피할 수 없는 충동에 휩쓸리는 사람이야말로 무서운 결과를 초래하는 경우가 많다.

- 사건은 대외적, 대내적인 국책의 교착을 계기로 발생한다

혈맹단 사건은 국내 재정 문제의 교착으로 인해 발생했고, 5·15사건은 대중국 문제와 국내 경제 문제의 교착이 계기가 되었다. 아이자와(相澤) 사건은 비록 아이자와의 오인에 의한

것이지만 숙군(肅軍) 문제를 계기로 일어났다고 전해지고, 또 2·26사건은 직접적으로는 아이자와 사건 공판에 자극을 받았던 것이다. 따라서 이러한 점에 주의하여 사건의 발생을 미연에 방지하도록 유념해야 할 것이다.

- 현재는 가장 주의를 요하는 시기

대동아전쟁 2년 차, 국내에 상당한 위험이 존재하고 곳곳에 우려할 만한 조짐이 나타나 사태가 심각하고 대외적으로도 중대한 위기에 직면해 있다. 이에 일부 우익 도당이 국내 개조의 요구가 당장 시급할 것이 없다는 긴박한 생각에 과거 경험을 살려 실현하고자 하는 어떤 수단을 강구함으로써 우려할 만한 사건이 발생할 수 있으니 특히 유의해야 한다.

3) 노동운동, 농민운동(〈자료 177〉의 70~77쪽)

① 노동운동, 농민운동의 본질

- 노동운동, 농민운동이란 무엇인가

노동운동 또는 농민운동이란 노동자(직공)와 농민(소작인)이 자본가(공장주) 또는 지주에 대해 자기 이익을 보호하고 주장하기 위한 단체 행동을 말한다. 그러므로 핵심은 노동쟁의, 소작쟁의이다. 노동쟁의는 자본가와 노동자, 공장주와 직공 사이에 노동 조건을 중심으로 생기는 분쟁을 가리키는 것이고, 소작쟁의는 지주와 소작인 사이에 소작조건을 가지고 발생하는 분쟁을 말한다.

- 노동운동, 농민운동은 왜 일어나는가

자본가(공장주)와 노동자(직공), 지주와 소작인, 양자는 상반된 이해관계에 있다. 그리고 노동자, 소작인은 자본가, 지주에 비해 사회적 지위가 낮다. 따라서 부에서 훨씬 강한 힘을 갖는 자본가, 지주에 대항하여 자신의 이익을 주장하고 보호하기 위해서는 다수(단체)의 힘을 가지고 대항하는 것은 필연적이다. 일본 산업계의 심상치 않은 상황은 청일, 러일전쟁 후 일어난 일인데, 이른바 이입 문화로 인해 사상에서 개인 본위의 자유 평등사상을 구가하고, 경제면에서 본질적으로 이익을 달리하는 양자 간에 위와 같은 문제가 일어나게 되었다.

- 노동운동, 농민운동(경제운동), 무산운동(정치운동)

노동운동, 농민운동은 경제운동이고 이를 관철하기 위해 정치적 활동을 필요로 하기 때문에 무산 정당운동으로 발전한 것이다. 즉 이를 인체에 비유하면 노동운동과 농민운동은 오른쪽과 왼쪽의 다리이고, 무산 정당운동은 다리에 올린 동체에 해당한다.

② 노동운동, 농민운동의 개괄

직공과 소작인이 공장주와 지주에 대항하여 자기 이익을 보호하고 주장하기 위하여 노동운동은 다이쇼 초기, 농민운동은 1921년(大正 10) 즈음 발생했다. 이처럼 노동운동과 농민운동의 발생 시기가 왜 약 10년간의 차이가 생겼는가.

- 인식의 차이

농민운동에 대한 농민의 인식이 노동자에 비해 매우 더디게 이루어졌다. 도시와 농촌의 문화 정도가 차이가 나는 당연한 결과이다.

- 지도자의 유무

노동자가 있는 도시에는 지도자가 있었지만 농민이 있는 농촌에는 지도자가 없었다.

- 집회의 편리 여부

도시에서는 집회를 열거나 연설회를 열기에 편리하지만, 농촌은 매우 불편하다.

- 노동운동의 시대별 개관

▲ 1912년(大正 1) 8월 스즈키 분지(鈴木文治, 1885~1946)[17]를 중심으로 15명의 노동자로 조직된 우애회(友愛會)는 일본 노동조합의 탄생이자 이후 일본노동총동맹(日本勞動總同盟)의 맹

17 센다이(仙台) 출신. 일본 노동운동의 선구적인 지도자. 1909년 도쿄대 졸업 후 도쿄아사히신문사 기자가 되었다. 1912년 최초의 전국적 노동조합 우애회를 창립, 이후 일본노동총동맹 개칭 후 회장이 되었고, 노동자의 수양과 공제를 목적으로 하는 노사 협조주의를 취했다. 사회민중당 창립에 참가, 1928년 보통선거 제1회 의원에 선출되었다. 제2차 세계대전 후에는 일본 사회당에 참가, 첫 선거운동 중에 서거함.

아가 되었다. 1914년(大正 3) 제1차 세계대전의 발발로 일본 자본주의는 비약적으로 발전하고 중소의 부유층이 다수 등장하였으며, 일본 산업계는 커다란 발전을 거듭하여 노동자가 1914년 90만에서 1919년 150만으로 급증하였다. 1919년에는 일본 노동조합운동사에서 신기원이 된 노동조합이 출현했고, 도쿄교통노동조합을 비롯하여 전국에 71개의 조합이 등장했다. 한편 노동쟁의도 1919년 497건으로 급증했다.

▲ 세계대전 후 일본 노동운동은 1921년(大正 10)을 두 번째 기점으로 일대 이변이 일어난다. 전후 급속하게 이입된 데모크라시와 다양한 사회주의 사상이 노동운동에 지대한 영향을 끼쳤다. 그리하여 직접 행동과 총동맹 태업을 주장하는 생디칼리슴 신봉의 자유연합파(自由聯合派, 무정부계)와 노동조합의 건실한 조직 훈련 및 노동 대중의 현실적인 요구를 목표로 하는 현실파로 분리되어 대립하고 경쟁하게 된다. 결국에는 생디칼리슴을 신봉하는 조합은 점차 추락하고 대신에 공산주의 운동에 편승한 노동자 계통의 공산주의자들의 온상이 되었다.

▲ 쇼와 시대에는 조합원이 급증하고 활동이 활발해지자 보통선거 실시에 박차를 가했다. 이러한 경제 활동은 무산 정당운동으로 발전하였으며, 다른 한편 무정부주의, 공산주의, 사회주의 및 사회민주주의가 서로 교착하여 격변의 상황이 만들어졌지만, 만주사변을 계기로 전환기를 맞이할 수밖에 없었다. 말하자면 극도의 개인주의, 자유주의, 항쟁주의 색채를 띤 노동운동은 중일전쟁의 발발과 장기화, 복잡하고 긴박한 세계정세에 자극을 받아 점차 일본주의적인 경향을 띠게 되었고, 마침내 정부가 주도하는 산업 보국운동으로 이행하기에 이르렀다. 그리하여 중일전쟁 발발 전까지 전국에 약 1천 개, 가입 인원 약 42만 명이던 노동조합은 하나도 남지 않고 해산되거나 결사 금지 명령을 받게 되었다[가토 간주(加藤勘十, 1892~1978][18]가 이끄는 일본노동조합전국평의회가 그러했다).

- 농민운동의 시대별 개관

▲ 일본에서 농민운동은 노동운동보다 약 10년 늦은 1919년(大正 8), 1920년(大正 9) 즈음

18 일본의 노동운동가, 정치가. 1918년 시베리아 출병을 경험하고 이후 반전, 노동운동에 참가. 전국 각지의 주요 스트라이크를 지도했다. 1929년 노농당을 결성. 1934년에는 일본노동조합전국평의회를 결성하여 의장이 됨. 1936년 중의원 의원에 당선. 1937년 일본무산당 위원장이 됨. 패전 후 중의원, 장관 등 정계에 복귀하는데 좌파 노선을 청산하고 우파로 전향함.

일어났는데, 1921년에는 이미 400개가 넘는 조합이 결성되었다. 하지만 전국적 조합의 탄생은 1922년 4월 스기야마 모토지로(杉山元治郎), 가가와 도요히코(加川豊彦) 등이 창립한 일본농민조합이다. 농민운동 또한 각 조합이 신봉하는 주의가 일본주의, 무정부주의, 사회주의, 사회민주주의, 공산주의 등 제각기 달라서 이른바 좌익파(극좌비합법파, 좌익합법파), 우익파, 중간파 등의 구별이 생기고 끊임없이 이합집산을 거듭하였다.

▲ 쇼와 시대에는 보통선거 실시를 틈타 노동운동과 보조를 맞추며 정치운동이 활발하게 전개되었는데, 전국에서 1년 동안 3,000건 혹은 4~5,000건의 소작쟁의가 발생했다. 1932년(昭和 7) 발발한 만주사변은 농민운동에 중대한 영향을 끼쳤는데 중간파가 일본주의 색채를 띠게 되었다. 또 1937년 7월 중일전쟁이 발발하자 기존의 대립 항쟁적인 태도를 버리고 협조주의를 채택함과 동시에 조합도 점차 해산하여 과거의 모습은 남지 않게 되었다.

▲ 최근 노동쟁의에 비해 (노동쟁의 발생 숫자를 계산할 것도 없다) 소작쟁의 숫자가 다소 많은 (악질적인 것은 아니다) 경향이 나타나는 이유는, 지방의 냉해(冷害), 가뭄 등에 의한 흉작, 도시의 팽창에 따른 소작지의 감소 등에 기인한다.

③ 산업보국운동

- 산업보국운동(산보)이란

산업인의 진정한 사명은 산업을 통해 국가에 봉공하는 것이다. 자본가(공장주)는 공장을 경영함으로써, 노동자(직공)는 근로를 함으로써 각각 자신의 직역에 따라 마치 장병이 전쟁터에 있는 것처럼 국가에 봉공해야 한다. 국가의 존립 없이 개인의 존재는 있을 수 없다. 개인의 이익은 제2의적인 것이고 우선 국가에 봉공하며 산업을 통한 이러한 정신운동, 즉 산보운동의 근본 원리를 갖추어야 한다.

- 산보운동은 전술한 바와 같이 하나의 사상운동으로서 의의를 갖는다

이 점에 대해 대정익찬운동과 궤를 같이한다. 즉 (가) 국민사상의 통일 건전화이면서 동시에, (나) 생산력의 증강에 주안점을 두는 노무 행정의 입장이라는 두 가지 측면이 있다. 이를 잘 녹여내면 둘이지만 하나요, 말하자면 동일체 관계에 있다.

- 이운동의 핵심은 각 직장에 노자일체(勞資一體)의 산업보국회를 결성한 것이다

산업보국회는 단순한 노동 강화의 도구로 끝나서는 안 된다. 진충보국(盡忠保國) 적심(赤心)의 발로로 나타나도록 지도해야 한다. 노동자의 이익을 주장하는 기관도 아니요, 단순한 복리 시설이 돼서도 안 된다. 노자가 상호 상대의 입장을 이해하고, 화합하고 친목하는 화합 속에 운영되어야 한다. 그리하여 국가와 산업, 산업인이 산업보국 정신으로 결합하고 조직화하여 이러한 조직의 힘으로 국가의 의지와 산업일군의 협력을 산업 부분에서 발현시키는 것에 다름 아니다.

- 주의할 것은 산업보국회에 위장하여 들어온 불순분자에 대한 경계를 늦춰서는 안 된다

좌익 입장에서는 산업보국회가 그들의운동에 커다란 장애물이자 동시에 동지 획득을 위해 놓칠 수 없는 대상물이다. 즉 그들의 전술적 파괴와 이용에 주의를 기울여야 한다.

4) 민족주의 운동(〈자료 177〉의 148~155쪽)

① 민족주의 운동의 개념

- 민족주의 운동이란 무엇인가

민족주의란 단일 민족에 의해 단일 국가를 구성해야 한다는 주장에서 일어난 일체의운동을 말한다. 다시 말하자면 피정복 민족이 정복 민족의 권력적 지배 사슬에서 벗어나 단일 민족의 자유로운 국가를 구성하려는 민족자결의 운동이다.

- 이러한 의미에서 민족주의 운동은 오랜 역사를 가지는데 근대적 의미의 민족주의 운동은 서구 여러 나라의 식민지 정책에 대항하여 일어났다. 즉 15세기 포르투갈과 스페인은 사회 정세와 지리적 관계에 자극을 받아 일찍이 항해술이 발달한다. 포르투갈은 동쪽 항해 코스, 스페인은 서쪽 항해 코스를 선택하여 각각 동양으로 세력을 뻗은 이래 2, 3세기 동안 양국은 세계의 부를 축적하여 부흥했다. 그러나 이후 18세기 후반부터 영국, 독일, 프랑스 등 신흥 국가에게 위협당하여 점차 쇠퇴하게 되었고, 대신 신흥 국가들이 번영하였다. 제1차 세계대전 이전까지 아프리카, 아시아, 남양 방면은 백인들의 끊이지 않는 유린과 착취의 대상이 되어 식민지로 변하고 말았다. 이렇게 백인의 압제 지배 아래 노예가 된 피압박 민족이

경제적 착취에서의 해방과 권력 지배에서 벗어나려고 자유로운 민족 국가의 건설을 내건운동을 일으킨 것이다.

② 민족주의 운동 개관

- 일본은 단일한 야마토 민족으로 가족 국가를 구성하였으며 민족의 수장인 황실을 중심으로 서민(庶民)이 황제의 덕화(德化)를 믿고 따르니 기원 이래 민족주의가 존재하지 않았다. 그런데 메이지유신 이후 열국과 어깨를 나란히 함에 있어 이해 충돌을 일으키고 국가 존립 및 동양 평화 확립을 위해 청나라, 러시아와의 전쟁을 겪고 다행히 대승을 거두어 그 결과 타이완과 가라후토를 영유하게 되었다. 청일 전쟁과 러일전쟁은 한국 독립 문제를 중심으로 일어났는데, 오래도록 동양 평화를 확보하고 한국 민족의 행복을 증진시킬 목적으로[팔굉위우(八紘爲宇)의 이상 실현] 일본국에 병합하기에 이르렀다. 훗날 피지배 민족은 일본 통치에서 벗어나고자 하는운동을 일으키게 되었다.

- 1910년(明治 43) 8월 29일 동양 평화와 조선 민족의 강복을 증진시킬 목적으로 5천 년의 문화와 전통을 가진 한국은 영원히 일본제국에 병합되었다. 조선에서의 민족주의 운동은 이때 시작된 것이다.운동은 경우에 따라 합법적으로 혹은 비합법적인 형태로 획책하였고, 음양으로 일부의 불령분자에 의해 끊임없이 이루어지고 있음을 명심해야 한다.

- 불령분자의 직접 행동

▲ 독립만세운동(삼일운동)

병합 후 10년 표면적으로는 평온을 유지하는 듯이 보였지만, 1919년 3월 1일 돌연 경성부를 비롯하여 진남포(鎭南浦), 안주(安州), 의주(義州), 완주(完州), 원산(元山) 등 전국에 걸쳐 일어난 만세소요사건이다. 이 사건은 직접적으로는 제1차 세계대전 직후 평화회의에서 채택된 민족자결 원칙에 자극을 받은 것이다. 즉 회의 결과, 일본은 열강 특히 미국의 압박에 견디지 못하고 조선병합을 풀 것이라는 낭설이 있었고 우연히 고종 전하의 서거가 있었기 때문이다. 주모자는 천도교주로 일반의 존경을 한 몸에 받고 있던 손병희(孫秉熙)를 중심으로 한 30여 명이다.

▲ 니주바시 폭탄 사건

1924년 1월 5일 오후 7시 수도의 궁성 앞 니주바시(二重橋)를 배회하는 조선인을 근처에서 경계 중이던 경찰관이 발견하고 검문을 하자 동인은 소지한 폭탄을 경찰관에게 던지고 제2탄을 투척하였는데 모두 불발로 끝나 현장에서 체포되었다. 범인은 본적 경상북도 안동군 풍북(豊北)면 오미(五美)동 김지섭(金祉燮), 당 39세이다. 당시 상해에 거주하고 있던 불령선인 단체의 일원이었다.

▲ 이봉창 불경 사건

1932년(昭和 7) 1월 8일 오전 11시 44분, 당일 천황폐하는 요요기(代々木) 연병장에서 육군시관병식(陸軍始觀兵式)에 참석하고 종료 후 돌아가던 도중에 노부(鹵簿)의 선두가 고지마치구(麴町區) 소토사쿠라다(外櫻田)정 1번지를 통과할 때 엎드려 절하는 사람들 뒤편에서 폭탄을 투척한 사건이다. 범인은 상해 프랑스 조계 마랑로(馬浪路) 보경리(普慶里) 거주 대한교민단원 이봉창, 당 32세이다. 1931년 12월 13일 동 단체 수령의 명령을 받고 금 300불과 폭탄 2개를 받아 12월 17일 상해를 출범, 히카와마루(氷川丸)를 타고 고베에 입항, 상륙 후 오사카로 와서 3박을 한 후 상경하여 대기하고 있었다.

▲ 상해 폭탄 사건

1932년 4월 29일 오전 11시 30분 상해 공동 조계 홍구(虹口)공원(신공원)에서 재상해 일본인 군관민 합동 천장절 축하식 종료 후 이어서 축하회 개최의 국가 제창 중, 중앙식단에 투척한 폭탄으로 인해 시라카와(白川) 군사령관, 가와바타(川端) 행정위원장, 우에다(植田) 사단장, 노무라(野村) 사령관, 시게미쓰(重光) 공사, 무라이(村井) 총영사 등이 모두 부상을 입고 시라카와 대장, 가와바타 행정위원장은 끝내 사망하기에 이르렀다. 범인은 현장에서 체포되어 취조 결과, 상해 프랑스 조계 패근로(貝勤路) 동방공만(東方公萬) 30호 거주, 무직 윤봉길, 당 25세이다. 1931년 5월 상해에 건너온 후 재상해 불령단의 지도를 받아 사건의 감행을 도모하고 있었는데 사건 당일 수령에게 폭탄 2개를 받아 아침 일찍 동 공원에 도착, 대기하고 있었다.

③ 과거 해외 불령선인단 개관

한국병합 당시부터 불평분자가 만주, 상해, 미국 방면으로 이주하여 항상 독립을 도모하고 있었는데 이들이 상해 프랑스 조계에서 조선 독립을 위한 비밀결사를 만들고, 조선 내 동지들과 연락을 꾀하며 독립을 획책하였다.

이것이 곧 '상해임시정부'이다. 독립만세운동도 그들과의 밀접한 관계가 있음은 분명하고 이 사건의 잔류분자가 상해로 도피하여 행동을 같이 한 자도 있었다. 그 후 내부에 두 파가 생기고 대립 항쟁이 격화하게 되어 마침내 임시정부도 자멸하고 말았다.

김원봉(金元鳳)이 이끄는 일파와 김구(金九)가 이끄는 일파가 비밀리에 군관학교를 설립하여 조선 독립운동 간부를 양성하고 있다고 한다. 김원봉의 군관학교는 1932년 10월 남경의 교외 양산(陽山)에 있고 1933년 4월 제1기생으로 26명의 졸업생을 배출하였다. 제2기생 54명은 남경 교외 강녕진(江寧鎭)에서 1933년 9월부터 1934년 4월까지 훈련을 받고 있다. 제3기생은 1935년 1월에 모집하였으므로 그 후 어딘가에서 졸업했을 것이다. 김구의 낙양(洛陽)군관학교는 낙양에 있고 그들은 모든 방면에서 물질적 원조를 받고 있는 모양이다.

- 대만 민족운동에 대해서는 양질 모든 방면에서 조선과 비교되지 않는데 간단히 말하면

▲ 대만 민족운동은 유일하게 문화협회라는 단체가 있었다. 마르크스주의가 주창되자 이에 심취한 대만무산청년회 20명 정도가 문화협회에 잠입하여 적화를 획책하고 점차 세력을 얻어 1927년 끝내 그 목적을 달성하였지만, 그 후 끊임없는 검거 단속을 받아 괴멸하였다.

▲ 문화협회 구 간부파의 탈퇴 그룹에 의해 대만민중당 조직이 등장했는데 이 역시 점차 좌익에게 유린당하여 1931년 끝내 해산 명령을 당했다. 그 후 대만자치연맹이 결성되었고 이 단체의 표면적인 목표는 주로 대만 의회의 설치에 있었다. 그 밖에 신문화협회파(이것은 조직으로 존재하지 않는다)는 경계를 요한다. 요컨대 대만의 민족주의 운동은 우려할 만한 상태는 아니지만 '피'의 문제에서 방첩경찰은 주의를 게을리할 수 없다.

2. 치안유지법의 법률 해석에 따른 적용 방법

〈자료 178〉 치안유지법의 법률 해석에 따른 적용 방법

[야마자키 쓰루마쓰(山崎鶴松)[19], 1925,『치안유지법 개론(治安維持法概論)』, 메이지도쇼시(明治堂書肆), 1~37쪽]

1) 현행 일본법제의 한계와 치안유지법

제1장 치안유지법의 필요 및 목적

요즘 정세를 보면 제국의 치안을 문란하게 할 목적으로 불온한 행동을 하려는 자가 있다. 더욱이 이들에 대한 단속이 불충분하므로 이에 치안유지법을 제정하여 치안유지를 도모하고자 하는 것이다. 생각건대 일본국의 무정부주의자, 공산주의자, 그 밖의 사람들의운동이 날이 갈수록 눈에 띄게 발전하기에 이르렀다. 특히 독일, 러시아의 혁명에 관한 과격한 정보는 일부 몽상가들을 자극하여 그운동을 한층 심각하게 유도한 감이 있다. 또한 일부 사람 중에는 외국 동지와 비밀리에 서로 공모하거나 해외로부터 자금을 얻어다가 과격한운동을 계획, 실행하고자 하는 자가 있다.운동 자체가 조직적이면서 대규모로 이루어지는 상황이다. 그리고 최근 사회운동도 점차 활발해지는 상황에 있는지라 이 기회에 이들에 대해서도 위험한 사상 행동을 고취함으로써운동을 악화시키고 사회주의적 과격운동과 제휴하게 만들기 위해 노력하고 있다. 한편 일본과 러시아의 국교도 회복하고 서로의 왕래가 빈번해지면서 과격운동자들은 여러 기회를 만들 것이다. 요컨대 각종 사회운동이 더욱 왕성해지는 동안 과격한 사상을 가진 자들은 제국의 치안을 어지럽힐 목적으로 불온한 행동에 나서는 경향이 더욱 뚜렷해질 것이라는 사실을 인정하지 않을 수 없다. 그러나 이들의 행동에 대한 단속 법규로 형법, 치안경찰법, 신문지법, 출판법 등이 존재하지만 규정이 불충분하여 종종 위

---

19 야마자키 쓰루마쓰(山崎鶴松, 1888~1939). 일본의 사법 관료.,검사, 만주국 국무원 사법부 차장, 만주국 참의부 참의 역임. 이 책을 저술할 당시는 사법 서기관 겸 경찰강습소 교수였다.

험한 행동을 전혀 단속하지 못하는 경우가 있다. 그뿐만 아니라 법규를 적용할 수 있는 경우라 하더라도 대부분 지나치게 가벼워 벌칙을 참고로 불온 행동을 감행하게 하는 결과가 되기 때문에 단속의 성과를 올리지 못하는 감이 없지 않다.

이 법의 목적은 대체로 국책(國策) 조직을 파괴하려는 불법적인 결사, 모의, 선동 및 이들의 범죄를 양성할 목적으로 나온 금전, 이익의 수수를 금지함으로써 오늘날의 과격한 사회운동 중에 가장 중대한 위험과 폐해를 줄임과 동시에 일반 사회를 경계하여 불온한 행동을 하는 행위 등을 예방하고자 하는 것이다.

제2장 과격 언동

치안유지법은 단순히 직접 행동의 예비 행위 내지 테러리즘에 그치지 않고 사상 내지 언론의 영역을 벗어나 폭행, 실체 요소를 포함할 가능성이 있을 때 보통 이런 경우에 형벌로 진압하는 것이다.

인류의 향상 발전을 꾀하기 위해 사상 내지 언론의 발표를 허용하는 일본 헌법은 이를 보장하는 바이다. 헌법에 따르면 문서 또는 도서에 의하든 동정(動靜)에 의하든 모두 자유이다. 그러나 다만 여기에는 일정한 제한이 있다. 국가를 파괴하고 경제 조직을 파괴하는 등의 언동 내지 문서는 금지한다. 전술한 바와 같이 언동이 과격할 경우는 정해진 법률에 따라 제한 또는 제압을 받아야 한다. 그러나 과격 언동이란 어떠한 언동을 말하는가에 대해서는 일률적으로 단정 지을 수 없다. 요컨대 건국의 정신, 국체, 국정 시기 등에 따라 고찰하는 것이 옳을 것이다. 즉 사회주의 국가의 경우에는 공산주의, 무정부주의를 주장, 논의해도 아무런 실질적 손해가 없지만, 입헌 군주 국체를 지니는 일본의 경우 해당 언동을 무질서, 무절제하게 용인하면 실질적인 손해는 있을지언정 이익은 없다.

근래 무정부주의 또는 공산주의 운동이 활발해지고 이러한 사상에 다수가 망상에 사로잡혀 공명할 우려가 있다. 또한 이를 선전하고자 하는 자가 적지 않다. 더욱이 일본과 러시아의 교섭이 마무리되어 러시아인도 자유롭게 입국하게 되었으니 이 부분에 대해서도 주의해야 한다. 물론 러일 조약 중에는 선전을 금지하는 조항이 있으나 이는 러시아 정부 및 러시아 정부의 영향을 받는 단체에 대해서만 해당하는 금지 조항이다. 개인에 대한 금지 조항은 없다. 따라서 일본의 경우에도 이에 대한 대책을 강구하지 않을 수 없다. 이러한 이유로 치안유지법이 생겨난 것인데, 조문 중에 '국체를 변혁하여'라고 된 부분은 무정부주의를 단속하는 것이며, '사유재산제도 부인(否認)'이라고 되어 있는 부분은 공산주의를 단속하는 대조적인 표현이다. 메이지유신 당시에는 대정봉환(大政奉還) 및 사유재산제도를 부인하는 언동을 불온 언동이라고 하여 도쿠가와 막부가 체포하기도 했었지만, 오늘날 당시를 생각해 보면 실로 시의적절한 조치였다. 따라서 과격 언동이라는 말을 일률적으로 단정 지을 수는 없다. 결국은 국체(國體), 국정(國情) 및 건국의 정신을 참작하여 시대에 맞는 것인지를 고려하여 결정해야 할 것이다. 그러나 일본의 경우 현대는 물론이고 장래에도 절대 이를 용인할 리는 없을 것이다.

그러므로 이른바 과격 언동이란 단순한 법률적 의미에 불과하며 학문적 영역의 견해가 아니다. 즉 법률적 의미의 과격 언동이란 일정한 표준점을 기본으로 하되 이를 관찰할 필요가 있다. 환언하자면 시대, 제도에 걸맞지 않은 논의를 하여 현재의 제도 및 현실 법을 근본적으로 벗어나게 할 목적으로 시설 및 체제를 다른 것으로 변혁하거나 부정하는 것을 말한다. 그러므로 이들 각항을 참조하여 과격 행동인지 아닌지를 헤아릴 필요가 있다. 따라서 치안유지법은 무정부주의자 및 공산주의자가 그 목적을 실행하고자 하는 것을 단속하는 것이다. 외국의 입법 사례에서도 그런 예가 없지 않다. 가까운 사례로는 1921년 독일 대통령이 과격운동 진압에 관한 규정을 마련하면서 그 행위의 종류를 다음과 같이 적시했다. 첫째, 헌법에 의거한 시행 또는 헌법에 대하여 폭력적인 변경, 폐지 및 국가의 대표자에 대한 폭력적 행위, 둘째, 공공연한 법령에 대한 불복을 배제한다. 셋째, 국내의 안정을 위협하는 방법에 따라 헌법에 근거하는 기관 또는 시설을 모욕하는 행위를 벌한다고 되어 있다. 이 법률은 이른바 목적죄로, 항상 법안에 정해진 목적에서 나온 행위이어야 한다고 되어 있다.

제3장 치안유지법과 헌법, 형법, 치안경찰법과의 관계

헌법 제29조는 법률이 허용하는 범위 내 결사의 자유를 인정하고, 헌법 제27조에는 소유권을 보장하고 있어 사유재산을 부인하는 것은 이에 저촉된다. 제27조 제2항에 의해 모든 생산재(生産財)의 공유 즉 공익을 위해 공유하는 경우는 어떠한가. 이는 오늘날에는 상상할 수 없는 일이지만 법률에 의하면 27조에 저촉된다고 해석해야 할 것이다. 형법의 내란죄와의 관계를 말하자면 치안유지법은 그 예비 행위를 단속하는 것이 목적이므로 내란죄에 이르지 않는 정도의 것을 단속하는 것이다. 치안경찰법과의 관계에 대해서는 치안유지법은 국체를 변혁하고 사유재산제도를 부정하기 위한 목적으로 결사 행위를 하는 것을 처벌하고, 치안경찰법은 그 외의 결사 행위 또는 선전 및 유포에 대해서만 계승한다. 이는 물론 언론과 언문을 탄압할 우려가 있기 때문이다.

제4장 치안유지법의 시행 구역

치안유지법도 광의의 헌법으로 특별 형법에 속한다. 따라서 법에 관한 효력에 대해서는 일반 효력 즉 형법의 규정에 준거해야 하는 것이므로 마땅히 일본 영토 전체에 미친다. 장소적 효력에 대해서 여러 주장이 있다. ① 속지주의 ② 속인주의 ③ 세계주의 ④ 보호주의 등 여러 주장이 있으나 치안유지법도 일반 형법과 마찬가지로 보호주의를 채용하여 내외국인이 내외의 어떤 나라에서든 이 죄를 범한 경우에 적용해야 한다고 규정되어 있다.

제5장 통칙

치안유지법에 관한 범죄 구성 요건에 대해서는 일반 범죄 행위에 대해 필요한 범죄, 보통 성립 요건의 구비 외에 본 죄에 필요한 요소가 존재할 필요가 있다.

즉 책임능력자의 책임 있는 행위일 것, 고의 행위일 것(본 법은 과실을 벌하지 않는다) 외에 제2편 각론에 열거하는 행위일 것이라는 특별 요건의 구성을 필요로 한다. 즉 무정부주의 또는 공산주의의 실행 행위가 있어야 한다.

제6장 형의 감면

치안유지법이 정하는 국체 또는 사유재산제도를 파괴할 목적으로 결사를 조직하거나 그런 의도를 알고 여기에 가입하거나 또는 선동, 소요, 폭행, 재물 공여, 공수(供受)를 한 자가 그 죄가 발각되기 전에 죄를 관에 자수했을 때는 형을 감형 또는 면제할 수 있다.

대개 이들 중대 항목을 목적으로 하는 범죄에 대해서는 범인의 의사를 번복하게 하여 범행을 미연에 방지하는 의미에서 해당 취급을 하는 것이다. 자수는 아직 관에 발각되기 전에 해야 할 필요가 있다.

제7장 국체

① 제1절 개설

국체를 논할 때는 그 전제로 국가란 무엇인가를 알 필요가 있다. 즉 국가는 관점에 따라 철리(哲理)적 국가, 역사적 국가 또는 법률적 국가로 나눌 수 있는데, 이른바 국가란 법률적 의미의 국가를 가리킨다. 그러니까 국가란 다수의 사람이 일정한 토지에 정착해 살면서 국가 주권에 의해 결합, 통일되어 있으며, 각 사람의 의사는 주권자의 체제 의사에 의해 규율되는 국체를 말한다. 이 장에서는 이러한 의미에서의 국가의 국체를 연구한다.

② 제2절 국체의 의의

국체란 통치권의 총람(總攬)을 말하는 것이다.

(가) 국체는 법이다. 한 나라에서 누가 주권자인가는 법의 한 형태이다. 왜냐하면 주권자는 스스로가 자신을 주권자라고 정하고 각 사람이 이것에 절대적으로 복종할 것을 강제하는 것이기 때문이다.

(나) 국체법은 한 나라의 존립의 기초이다. 국가의 존립에는 국가의 세 요소가 필요하고 이들 세 요소는 국체가 정해짐에 따라 결정된다. 국가는 즉 국체가 정해짐에 따라 성립된다.

(다) 국가의 세 요소가 정해지는 것은 동시이자 동사(同事)이다. 주권자[20]는 어떤 토지가 그 나라의 일정한 영토인지, 어떤 인민이 신민으로서 국가를 구성하는지를 정한다. 주권자가 정해질 때는 곧 신민, 영토와 함께 정해지기 때문에 동시(同時)이다. 주권자, 신민, 영토는 서로 분리할 수 없는 사항이므로 이를 동사(同事)[21]라고 한다.

(라) 국체는 영구하다. 국체는 국가 및 주권과 함께 영원하다. 주권자의 변경, 즉 국체법이 변경되면 당연히 국가는 멸망하는 것이다.

---

20 원문에는 主犯者로 적혀 있으나 문맥상 주권자의 오기로 판단되어 고쳐 번역하였다.

21 원문에는 同時이나 문맥상 동사(同事)의 오기로 판단되어 고쳐 번역하였다.

③ 제3절 국체의 종류

- 제1의 분류법, 국가를 셋으로 나눈다. (가) 군주 국체 (나) 귀족 국체 (다) 민주 국체

상기는 아리스토텔레스의 설로 그리스의 시정(施政)을 모방한 것인데, 근세에는 귀족 국체는 없었다. 또한 귀족 국체, 민주 국체의 구별이 매우 불철저하다.

- 제2의 분류법, 국가를 둘로 나눈다. (가) 군주 국체 (나) 공화 국체

군주 국체는 1인을 주권자로 하고 공화 국체는 1인 이상을 주권자로 한다. 다만 형식은 1인이다.

- 제3의 분류법, 예를 들면 (가) 신정(神政) 군주 (나) 가장(家長) 군주 (다) 가산(家產) 군주 (라) 정복 군주 또는 인민 대표 민주 (마) 의회 안에 국왕이 있거나 공화국으로 절대전제(絶對專制)인 시저, 나폴레옹, 레닌이 있다.

제1학설 군주국이란 국왕 또는 황제와 같은 존칭, 영예를 짊어진 자가 존재하는 국가를 의미한다. 존칭, 영예는 군주의 본질에 속하지 않으나 그 밖에 구별하는 표준이 애매한 서양 제국의 오늘날의 실정으로는 오히려 적절한 면이 있다. 더욱이 역사적으로 존칭, 영예가 군주의 가장 주요한 특징이라고 할 본질적인 면에서 세습 대통령과 같다.

제2학설 군주국은 군주의 생리적 의사가 바로 최고의 권력이지만 공화국은 생리적 의사가 헌법상에 정해져 있는 일정한 방법에 의해 구성되어 있는 법률상의 의사를 최고의 권력으로 한다.(엘리엇)

제3학설 군주국은 군주인 것이 군주 자신의 고유의 지위임을 특징으로 한다. 공화국은 인민 전체가 주권자임을 고유의 권리에 입각한 것으로 한다.

제4학설 군주는 1인 통치자가 아니라 그 권력은 최고도 고유의 것도 아니다. 이는 군주와 공화의 구별을 포기하고 다른 구별을 통해 국가를 분류하려고 하는 주장이다.

④ 제4절 일본의 국체

일본은 유일무이한 천황을 주권자로 하는 순연한 군주 국체이다. 즉 천황이 정한 국체법상 천황의 의사가 주권으로서의 힘이라고 정해져 있으므로 다른 일체의 의사는 이에 복종해야 하는 것으로 되어 있다. 일본 헌장 제1조가 이를 명확히 말해 주고 있다. 헌법 제1조에 일본 국체를 명확하게 밝히고 있지만 이것을 가지고 비로소 국체가 정해지는 것은 아니다.

주권자는 국가와 함께 살아가는 것이므로 국체가 정해진 때는 건국의 순간이다. 그러니까 황손 니니기노 미코토(瓊瓊命)를 일본국으로 내려보낸 아마테라스 오미카미(天照大神)의 자손이 대대로 마땅히 통치자가 되어야 할 나라라고 정한 때가 일본의 건국이다. 아마테라스 오오카미를 우주와 인간을 지배하실 대정신(大精神)으로 삼고, 절대적으로 황손인 통치자 한 분에게 빙의함으로써 일본을 완성하고 이를 영원하게 함으로써 최고의 도덕에 이르는 것이다. 일본 국민은 대대로 천황을 아마테라스오오카미의 연장으로 생각하고 이를 현인신(現人神)이라고 부르며 모신다. 그리하여 천황의 이상적 통치 아래 최고 도덕에 도달하고자 하고 있다. 다음으로 일본 국체의 정화에 대하여 한마디 하자면 원래 어떤 나라도 주권자를 지니고 있다. 그리고 주권자가 어느 정도 국가의 가치, 즉 존재를 충실히 하느냐에 따라 국체의 가치를 달리한다. 그 가치를 판단하기 위해서는 먼저 다음의 여러 표준에 따라야 한다. 즉 (가) 건국의 역사 (나) 국민의 확신 (다) 역사의 발전 (라) 법률상의 조직 구성 (마) 건국의 정신이 그것이다.

일본 제국은 처음에 건국 당시 주권자가 정해져 있음은 역사적으로 분명하다. 아마테라스오오카미의 자손이 통치하는 것은 국민의 확신과 합치하는 바로, 천지창조 우주의 지배자인 신의 자손이자 현인신이라고 믿고 있으며, 역사의 발전은 이 확신을 보장하는 법률상의 조직에 있어서도 입헌군주 국체를 채용하여 군민익찬(君民翼贊)의 길을 넓혀 최고 도덕을 실현하고 있다. 또한 일본국체의 정화라고도 할 만한 것을 이하에 열기하면 다음과 같다.

(1) 천황이 이상적 통치권자인 점
(2) 천황의 통치는 국가의 공사(公事)인 점
(3) 천황과 국가가 합일불가분인 점
(4) 일 민족 일 국가인 점
(5) 군민이 화합되어 있는 점
(6) 국체가 천양무궁인 점

⑤ 제5절 유럽의 여러 국체

유럽 제국은 모두 민주 공화국이다. 국왕 또는 황제가 있지만, 민의(民意)나 민왕(民王)의 사실을 뒤엎을 사적(事跡)이 부족하다. 벨기에 헌법은 주권은 인민에게 있음을 명기하고 있으며, 영국의 경우에는 주권은 의회에 의해 대표되는 인민에게 있다. 이탈리아도 국왕은 인민 투표로 결정되게 되어 있지만 근본은 민주이다. 프랑스, 독일도 모두 그러하다. 그리고 유럽의 민주공화는 뿌리가 깊다. 즉

(1) 고대 그리스: 주권자가 없는 도시국가이면서 자유로운 사람의 자유국이었다. 그러나 '튀라노스(僭主)'[22]를 구축(驅逐)하는 것은 국민의 의무로 되어 있었다.

(2) 고대 로마: 주권자는 시민 단체로, 인민의 선거에 의한 총회가 그것이다. '황제' 정치를 발생시킨 것도 실제는 한 관료이다.

(3) 예수교: 구약전서에 의하면 국가란 신과 인민이 약속하여 왕을 받들어 모시는 것으로 되어 있다. 즉 민주 공화 사상이다.

(4) 고대 게르만: 민주 공화 정신은 '튜턴(게르만 인종의 하나)'의 숲에서 나왔다고 말할 정도로 순수한 민주 공화이다. 자유롭고 평등하며 정치는 인민 집회에 의해 결정된다.

(5) 중세 이후: 중세 이후는 거듭되는 전쟁으로 국사가 다단했기 때문에 분분한 의론을 재결(裁決)할 필요가 있었을 뿐 아니라 경제상의 변동으로 국왕이 생겨났고 뒤이어 전제 정치가 되었지만 원래 민주 공화이기 때문에 반동이 일어 근세에 다시 왕의 권력은 소실되기에 이른다. 이하 일본국 천황과 유럽의 국왕의 차이를 말하자면

- 유럽의 국왕은 국가에 본질적인 것이 아니지만 일본 천황은 그렇지 않다.
- 유럽의 국왕은 토지, 인민을 소유하는 사상에서 발생했으나 일본은 그렇지 않다.
- 유럽의 국왕은 삶의 일부분만을 지배한다. 즉 인간의 정신에 속하는 것은 교회에 빼앗기고 있으나 일본은 그렇지 않다.
- 일본의 천황은 다른 모든 사람에 대하여 절대적으로 높은 지위에 있지만 유럽의 국왕은 그렇지 않다.

---

22 고대 그리스에서 비합법적 수단에 의해 정권을 잡은 독재자를 지칭하던 말로, 귀족제에서 민주제로 이행하던 과도기에 출현했다.

제8장 국체의 변혁

국체란 통치권의 총람을 일컫는 것이다. 그렇기 때문에 변혁이란 통치권의 총람을 제한하고 통치권 전체를 배척하거나 통치권자의 교체를 기하기 위한 행위를 지칭한다. 따라서 국체를 변혁하는 것은 일본의 주권을 침범하고자 하는 것을 포함하는 것이다. 외국의 입법 사례에는 '무정부주의를 목적'이라는 표현을 사용한다. 무정부주의란 국권을 초탈하여 지배로부터 벗어나는 것을 의미한다.

일본에서는 고금을 통틀어 2,500여 년간 만세일계의 천황이 통치했다. 천황의 인자함이 백성을 편안하게 하고 백성을 구제할 큰 뜻(大御心)을 가지고 계셨기에 백성과 황실을 높이 받들어 숭배(尊崇)하고 공경하고 충성하여(敬忠) 삼가 물어(謹詢) 화목하여 큰 뜻에 따름으로써 지금까지 치안유지법이 정하는 소정의 목적을 가지고 불온 행동을 한 불경한은 없었다. 그러나 만일 있을 경우에는 성대(聖代)의 불상사로 당국의 보필의 책임이 무겁고, 국민의 책임 역시 가볍지 않다. 이를 미연에 방지하고자 하는 취지에서 치안유지법의 필요성이 대두된 것이며 국체의 변혁을 기도하는 예비 행위를 단속한다.

제9장 사유재산제도

사유재산제도란 일본 헌장 제27조 및 민법 물권편 제3절의 소유권 및 이에 동반하는 물권을 가리킨다. 즉 헌장 제27조는 소유권의 침해를 하지 않을 것을 보장하고, 민법 제206조에는 소유권자는 법령의 제한 내에 자유롭게 소유물의 사용, 수익 처분을 할 수 있음을 규정하고 있다. 이는 곧 사유재산의 의의(意義)인데, 환언하면 자신이 일해 얻은 수익물, 신변의 물건 정도는 자기 소유로 하며 전체를 사유재산이라 칭하는 것이다. 따라서 소유권 이외의 권리, 예를 들어 채권과 같은 것은 이른바 사유재산이라고 하지 않는다.

제10장 사유재산제도의 부인

사유재산제도의 부인이란 스스로가 일해서 얻은 수익물, 신변의 물건 정도는 자기의 것으로 하지만 전체적으로 사유재산을 부인할 때는 사유재산제도 부인이라고 한다. 오늘날 노농 러시아에서 행해지는 공산주의에 해당하는 것이다.

① 치안유지법에 저촉되는 사유재산제도를 부인하는 것을 말하며 소유권 이외의 채권과 같은 것을 부인하는 것은 치안유지법에 저촉되지 않는다.

사유재산제의 기초는 소유권에 있다. 그렇기 때문에 소유권 전체를 부인하는 것은 사유재산제도를 파괴하는 것이므로 치안유지법에 저촉되지만 그 일부를 부인하는 것은 치안유지법의 범위 밖이다.

② 또한 사유재산을 합법적 수단으로 부인하는 것은 전부가 아니라 일부 즉 토지나 전력 등을 부인하는 것은 치안유지법에 저촉되지 않는다. 또한 현재 가지고 있는 재산에 대하여 일정한 대가를 지불하고 합법적으로 소유권을 제한하여 변경하는 것은 치안유지법에 저촉되지 않으나 바로 대가를 지불하지 않고 사유재산제를 근본적으로 부정하는 것은 치안유지법에 저촉된다.

③ 따라서 사유재산제란 상대적인 것이나 근본적 의미에서 치안유지법에서는 상당히 국한되는 범위의 불변성이다. 이를 해치거나 부인하는 것은 치안유지법에 저촉된다.

④ 사유재산제도 부인이란 사유재산의 근본 제도를 파괴하고자 하는 것이나 철도 국유, 광산 국유와 같은 것은 결코 사유재산제도를 부인하는 것이 아니다.

⑤ 그렇다면 경제 관계에서 생산 관계를 공영으로 하고 소비 경제 관계를 사유하는 경우는 어떠냐고 한다면 생산 관계의 대부분을 공유하지 않으면 발생할 수 없는 것이니 치안유지법은 이를 처벌한다.

⑥ 그러면 의회에 근본적으로 사유재산을 부인하는 청원을 하여 의원이 법령이 인정하는 그 직능에 의해 사유재산제의 근본을 부인하는 법률안, 또는 건의안을 제출할 때는 형법 제35조에 의해 범죄를 구성하지 않으나 의원이 그 직권에 의한 합법 행위와 동시에 한편 원외에서 결사를 조직할 경우는 그대로 죄가 된다.

⑦ 의원이 의회를 통해 사유재산제의 부인을 상주(上奏)하고자 하는 경우는 본 법의 범위 밖이지만 설립하는 행위, 즉 협의를 원외에서 할 경우에는 치안유지법에 저촉된다. 이는 직무 행위의 범위 밖이기 때문이다.

2) 제2편 각론

제1장 결사 조직죄

결사는 사회 공동 생활상 빼놓을 수 없는 것이다. 모든 문명국에서는 이의 자유를 원칙으로 한다. 일본에서도 헌장 제29조에 이를 보장하고 있다. 그럼에도 불구하고 이를 완전히 방임하면 반드시 수많은 병폐가 동반될 수 있다. 따라서 필요한 한도에서 이를 제한하는 것은 매우 중요한 일이다. 공안(公安) 공서(公序) 유지를 위해 국민의 안전과 재산을 보호하는 차원에서 어쩔 수 없는 일일 것이다. 결사의 자유는 헌장에 보장하는 바이므로 이를 제한하려면 반드시 법률에 의해 행할 필요가 있다. 보통 정사(政社)에 관해서는 치안경찰법이 단속하지만 국체를 변혁하고 사유재산제도를 부인하기 위한 결사를 조직하는 것은 치안유지법의 단속 범위에 속한다.

① **의의** 결사란 국체를 변혁하고 사유재산제도를 파괴 또는 부인하기 위해 다중(多衆)이 함께 계속해서 결합하는 단체를 말한다.

② **목적** 이 죄를 구성하려면 공동의 목적 외에 국체를 변혁하고 사유재산제도를 부인, 파괴할 목적을 가지고 결합했어야 한다. 환언하면 무정부주의, 공산주의를 실행할 목적이 있어야 한다.

③ **다중(多衆)** 다중이라는 말은 매우 불철저한 단어이지만 공공의 안녕질서를 유지하기 위해 필요한 정도를 표준으로 하여 해석, 적용하면 대개는 틀림이 없을 것이다.

④ **계속** 결사는 반드시 계속적일 필요가 있다. 일시적이냐 영구적이냐를 불문하고 영구성이 있는 경우라면 가능하다. 따라서 집회와 같은 경우는 일시적이지만 결사는 다소 계속의 관념을 필요로 한다.

⑤ **결합** 결합은 각자가 자유의사를 가지고 그 합의에 따라 단결하는 것이 필요하다. 강제적으로 조직하는 것은 결사라고 칭할 수 없다.

⑥ **수단** 본 죄는 단체를 변혁하여 사유재산제도를 부인하기 위해

(가) 결사 행위를 권유하고

(나) 결사를 조직하여

(다) 문서, 도서 그 외의 방법을 가지고 가입을 권했을 때

(라) 공공연히 결사를 조직했을 때는 물론이고 실행에 착수했으나 아직 조직을 완료하기 전에 내적인 이유나 외적인 이유가 원인이 되어 범행을 멈췄을 때

(마) 은밀히 결사를 조직하여 법규 소정의 사항을 계획했을 때

실제 국체를 변혁하거나 사유재산제도를 부인하는 수단으로 가능한 경우에만 치안유지법에 의해 처단된다.

⑦ **처벌** 국체를 변혁하여 사유재산제도를 부인하기 위해 결사를 조직한 자는 10년 이하의 징역 또는 금고에 처해진다.

제2장 결사 가입죄

조직은 결사를 새로이 설립하는 행위이나 이 죄는 이미 존재하는 결사에 가입하는 자를 벌한다.

① **의의** 국체를 변혁하거나 사유재산제도를 부인하기 위해 이미 존재하는 결사의 일원으로 들어가는 것을 말한다.

② **목적** 국체를 변혁하거나 사유재산제도를 부인할 목적

③ **수단** (가) 이 죄의 수단으로는 취지를 알고 가입한 행동은 물론이고 (나) 가입 예약한 경우도 포함한다. (다) 문서에 의하든 구두 혹은 그 밖의 방법에 의하든 가리지 않는다 (법문의 취지를 알고 가입한 것을 말한다. 취지를 알았다는 것은 결사에 가입하기 전이나 가입 후에 취지를 알고 탈퇴하지 않은 경우도 포함한다).

④ **처벌** 본 죄를 범한 자는 10년 이하의 징역 또는 금고에 처해진다.

제3장 국체 변혁 및 사유재산제도 미수죄

미수란 범죄의 전 요소를 실현하기 위해 실행을 개시하여 이를 완수하지 못한 상태를 말한다. 범죄 실행에 착수하여 미처 이를 완수하지 못한 경우에 미수죄가 성립한다. 즉 단체를 변혁하고 사유재산제도를 부인하기 위해 결사를 조직하고자 하거나 이미 존재하는 결사에 취지를 알고 가입하고자 하는 경우, 또는 결사 가입 후 취지를 알고 가입을 탈퇴하지 않

은 상태에서 그 행위가 완결되기 전에 발각된 경우를 말한다. 미수범에 대해 개략을 말하자면 (가) 착수 미수, (나) 실행 미수가 있다. 착수 미수란 실행에 착수하여 아직 이를 완수하지 않은 상태에서 뜻밖의 장애에 기인하는 경우를 말한다. 구형법은 이를 장애 미수라고 하거나 중절 미수라고도 한다. 실행 미수란 실행 행위는 이미 완료되었으나 뜻밖의 장애에 의해 법적 결과가 발생하지 않은 경우를 말한다. 이를 결행(缺行) 미수 또는 결행범(缺行犯)이라고 한다. (다) 중지 미수가 있다. 중지 미수란 자기 의사에 의해 범행을 중지한 경우를 말하거나 혹은 중지범이라고도 한다.

이상 어떤 경우를 막론하고 이에 이른바 미수죄라고 하여 그 위험성을 단속하고 각각 이 조(條)에 준하여 처벌한다.

제4장 실행협의죄

① **의의** 실행협의죄란 국체의 변혁 또는 사유재산제도를 부인함에 있어 결사 조직을 모의, 계획하거나 가입 권유에 대하여 동지가 상호 간에 방침 확정을 위해 힘쓴 경우를 말한다.

② **목적** 이 죄의 고의는 국체를 변혁하거나 사유재산제도를 부인할 목적으로 결사를 조직 또는 이미 존재하는 결사에 가입시킬 목적을 가지고 있을 필요가 있다.

③ **수단** (가) 이 죄는 결사 조직의 준비 행위이다. 즉 (나) 국체를 변혁하고 사유재산제도를 부인하기 위해 결사를 조직하고자 하는 것을 갑이 을에게 협의하고, 을이 이것에 응했을 경우는 을은 무죄이지만 갑은 위험한 행위를 한 자로 보아 이를 단속해야 한다. (나) 여러 명이 방침 확정에 힘쓴 경우를 말한다. 그 방법은 어떤 수단을 쓰더라도 가능하지만 (라) 창립 취의서의 초안을 작성하거나 또는 규약을 조인하고 장소를 제공하는 등 어떠한 경우든 불문하고 적어도 결사 조직 또는 기존 결사에 가입을 권유한 경우 또는 가입하고자 한 경우 협의 행위를 했을 때는 이를 처벌한다.

④ **처벌** 이 죄를 범한 자는 7년 이하의 징역 또는 금고에 처한다.

제5장 단순 실행 선동죄

① **의의** 단순 실행 선동죄란 타인의 감정에 호소하여 국체를 변혁하거나 또는 사유재산제도 부인을 위한 실행 행위에 대하여 동의를 구하는 것을 말한다.

② **목적** 통치권의 총람을 해하거나 사유재산제도를 부인할 목적을 가지고 결사를 조직하고 기존 결사에 가입을 요구하거나 혹은 직접 파괴 행동이 고의적이어야 할 필요가 있다.

③ **수단** 앞 항의 고의적으로 무정부주의, 공산주의의 항목 및 취의를 나열하고 이것의 실행은 옳은 일(善事)이라는 의미를 부여하여 사람의 감정을 부추기는 것은 선동에 해당된다. 기타 어떤 수단을 강구했던지 간에 상관없이 앞 항의 목적을 가지고 그 목적이 되는 사항에 대한 실행을 선동한 경우일 필요가 있다.

④ **처벌** 이 죄를 범한 자는 7년 이하의 징역 또는 금고에 처한다.

제6장 소요 폭행 선동죄

① **의의** 소요 폭행 선동죄란 국체를 변혁하고 사유재산제도를 부인하기 위해 또는 이를 목적으로 한 결사를 조직하거나 혹은 가입을 시키기 위해 타인의 감정에 호소하여 소요, 폭행 또는 생명, 신체, 재산에 위해를 가하는 실행 행위에 동의를 구한 경우를 말한다.

② **목적** 이 죄의 목적은 국체를 변혁하고 사유재산제도를 부인하는 실행을 전제로 소요, 폭행 또는 타인의 생명, 신체, 재산에 위해를 가할 예상성을 가지고 선동을 하는 경우이다.

③ **수단** 이 죄는 상대방의 결의 여하를 불문하고 감정에 호소하여 국체를 변혁하거나 또는 사유재산제도를 파괴할 목적을 가지고 (가) 소요, (나) 폭행, (다) 생명, 신체, 재산에 위해를 가할 자의 실행 행위를 선동하는 것을 말한다. 연설문으로 하든 기타 어떠한 방법을 가지고 하든 그 방법을 불문하고 앞 항의 목적을 가지고 그 목적을 실행하기 위해 소요 폭행, 생명, 신체, 재산에 위해를 가할 선동을 했을 때는 이 죄를 구성한다.

④ **처벌** 이 죄를 범했을 때는 10년 이하 징역 또는 금고에 처한다.

제7장 재물공여죄

① **의의** 재물공여죄란 국체를 변혁하고 사유재산제도를 부인하여 그 목적을 달성하기 위해 결사를 조직하고 취지를 알고 가입, 또는 기존 결사에 가입을 권유하거나 혹은 이러한 목적으로 실행을 협의하고 실행 행위를 선동하고 소요, 폭행, 생명, 신체에 위해를 가하는 행위의 선동을 돕기 위한 금전, 기타 재산상의 이익을 공여하거나 또는 공여를 약속 혹은 요청한 경우를 말한다.

② **목적** 이 죄의 목적은 국체를 변혁하고 사유재산제도를 부인하게 하기 위한 목적으로 행동하는 자를 원조할 고의를 가지고 앞 항의 방법을 달성할 인식이 요구된다.

③ **수단** 본 죄의 수단으로는 앞 항의 목적을 달성하게 하는 고의를 가지고 (가) 금전, 기타 물품을 공여한 경우, (나) 금전, 기타 물품 공여를 약속한 경우, (다) 금전, 기타 물품 공여를 요청한 경우 이상 어떤 명목으로 하든지 간에 이 죄를 구성한다.

④ **처벌** 이 죄를 범했을 때는 5년 이하의 징역 또는 금고에 처한다.

제8장 재물공수죄(財物供受罪)

① **의의** 재물공수죄란 국체를 변혁하고 사유재산제도를 부인할 목적을 달성하기 위해 결사를 조직하거나 또는 기존 결사에 가입하여 혹은 실행을 협의, 선동, 그 밖에 생명, 신체, 재산에 위해를 가하는 범행을 하고자 하는 자가 있을 때 이들로부터 취지를 알고 금전, 그 밖의 재물을 공여받고 약속이나 요구를 들어주거나 또는 앞 항의 목적되는 바를 실행하기 위해 착수 혹은 다른 목적으로 금전, 기타 재물의 공여를 받고 약속이나 요구를 들어주거나 또는 앞 항의 목적을 달성하기 위해 앞 항 이외의 자로부터 공여를 받고 이에 죄가 되는 일을 거드는 행위를 한 경우를 말한다.

② **목적** 이 죄는 국체를 변혁하고 사유재산제도를 부인하기 위해서나 또는 이것을 실행하거나 혹은 실행하게 하기 위해 타인으로부터 금전, 기타 재물을 공여하거나 받는 것 외에 앞 항의 범죄 행위라는 인식이 요구된다.

③ **수단** 이 죄는 앞의 각항의 죄를 범하기 위해 또는 죄를 범한 자로부터 죄를 범함으로써 그 취지를 알고 금전, 기타 재물을 (가) 공수(供受)하고, (나) 공수(供受)를 약속하거나, (다) 혹은 타인에게 공수(供受)를 요구한 경우를 말한다. 어떤 방법으로 하든지 간에 이들 행위를 했을 때는 이 죄에 의해 처벌받는다.

④ **처벌** 이 죄를 범했을 때는 5년 이하의 징역 또는 금고에 처한다.

제9장 종범

앞의 각항의 죄를 범했으나 형세를 방조 또는 교사를 한 자는 형법 일반 통념에 의해 각각 이조에 의해 처벌한다.

3. 치안유지법 조문별 해석 및 적용의 실제

〈자료 179〉 치안유지법 조문별 해석 및 적용의 실제

[후루타 마사타케(古田正武), 1925, 『치안유지법(治安維持法)』(경찰교양자료 제1편), 경찰강습소학우회, 1~41쪽]

1) 현행 일본법제의 한계와 치안유지법

(전략)

근래 엄청난 세력으로 일본 국민 사이에도 번져나가고 있는 무정부주의 또는 공산주의 사상을 일본에서도 실행, 발현하고자 하는 수많은 대타적(對他的) 활동 같은 경우에는 이미 우리의 사상의 자유라는 범위를 초월하여 우리의 공동생활상 매우 중대한 위험을 조성하고 있습니다. 이에 치안유지법은 사상의 단속이라는 의미가 아니라 그 사상에서 발생하고 있는 우리의 공동생활을 위협하는 외부 세계에 나타난 행위, 이를 단속하고자 하는 것입니다.

(중략)

최근 수년간 무정부주의 혹은 공산주의를 실행하려던 결사가 형사 처분에 부쳐지는 경우도 많습니다. 예를 들어 경시청 관내에서 기소한 경우로는 효민공산당(曉民共産黨), 일본공산당이라는 것이 있습니다. 그리고 불령사(不逞社)[23]라는 결사가 있습니다. 군마현(群馬縣)에서 기소한 경우로, 결사의 이름은 있다면 있고, 없다면 없는 것과 같습니다만, 같은 현 이와바나(岩鼻)에서 일어난 한 결사 사건이 있습니다. 나고야(名古屋)에서 기소된 LP라는 결사가 있고, 나가노현(長野縣)에서 기소한 LYL이라는 결사가 있습니다. 그리고 홋카이도(北海道)에서 기소한 ■단사(■斷社)라는 결사가 있고, 그 밖에 불기소 처분이 된 결사, 일단은 사법 사건으로 수

23 박열, 정태성(鄭泰成), 김중한(金重漢), 홍진유, 최규종(崔圭淙) 등이 1923년 4월에 조직한 비밀결사이다. 주로 아나키즘을 소개하는 것을 목적으로 결성된 결사로 조선의 독립운동을 후원하고, 일본 천황제 타도를 지향하였다. 기관지 『불령선인(不逞鮮人)』을 발행하였다.

사한 것입니다만 불기소 처분한 결사로는 도쿄에 있는 적위사(赤衛社)라는 결사와 무한사(無限社)라는 결사가 있습니다. 아오모리시(青森市)에는 북교무한사(北郊無限社)라는 결사가 있고, 시즈오카시(静岡市)에는 적선사(赤旋社)라는 결사가 있었습니다. 다만 지금까지 말씀드린 것은 사법 사건으로 송치되어 사법 처분으로 기소된 경우와 불기소된 경우의 결사입니다.

이 외에 행정 처분으로 단순히 해산을 명한 결사는 수적으로 상당히 많습니다. 그중에 가장 눈에 띄는 것으로는 일본사회주의연맹 같은 것도 있습니다. 이렇게 결사라는 행동, 무정부주의 혹은 공산주의의 실행을 기하며 그 수단으로 바깥 세계로 하나의 행위로 나타난 결사라는 표준으로만 생각해도 최근의 정세는 이와 같이 많은 사례를 가지고 있습니다.

그 밖에 예를 들어 이와 같은 주의(主義), 사상(思想)을 실행하기 위해 금전 수여를 받은 사례, 혹은 이와 같은 주의, 사상을 실행하기 위해 매우 과격한 문장, 언론으로 활동하고 있는 사례, 이러한 경우는 수적으로 상당히 많습니다만 종래 일본의 법제에는 이와 같은 행동을 직접적으로 단속할 목적으로 제정된 법규가 없습니다. 아시는 바와 같이 치안경찰법에 결사에 관한 규정이 있지만 비밀결사를 조직하거나 이에 가입한 자는 처분을 받는다는 규정만 있을 뿐, 직접 무정부주의라든가 혹은 공산주의라든가 하는 것의 결사를 상상하여 이와 같은 주의, 사상의 실행을 목적으로 하는 결사를 예상하고 입안한 것이 아닙니다. 따라서 그 법정 형기도 매우 가볍기 때문에 이따금 이들 주의, 사상의 실행을 위해 조직된 결사에 관하여 치안경찰법을 적용해 비밀결사죄로 처분해도 형이 가벼운 것을 기화로 갑이라는 결사에 관한 범죄로 형을 언도받고 보석 중에 있는 경우라거나 아직 그 범죄의 형이 확정되지 않은 사이에 제2의 결사를 조직하여 실제로 처분받고 있는 사례도 있습니다.

그래서 도저히 이 치안경찰법에 있는 결사에 관한 규정을 가지고는 이와 같은 결사의 행동을 단속하는 목적을 달성할 수 없습니다. 그 밖에 예를 들어 공산주의라든가 무정부주의라든가 하는 것을 실행하기 위해 외국에서 금전의 공여를 받은 경우에 대해서는 형법이나 그 밖의 형벌 법규에도 이를 직접 단속할 수 있는 규정이 완전히 결여되어 있습니다. 일본의 법제는 이와 같은 상황입니다.

이를 다른 외국의 법제에 비추어 보면 외국에서는 제법 오래전에 무정부주의, 공산주의라는 사상이 침투되어 있었기 때문에 이를 단속하기 위한 법제가 유럽 전쟁(欧州戦争) 전에 대체로 마련되어 있습니다. 또한 법제가 결여되어 있던 국가라도 유럽 전쟁 후에 이를 새로이 수립한 경우도 있습니다.

이와 같은 상황인지라 일본의 치안유지법은 주로 이 무정부주의와 공산주의적 행동을 단속할 목적으로 입법된 것입니다. 다만 이 치안유지법은 여러분에게 배부해 드린 인쇄물에 기재되어 있는 대로 전부가 7개조로 이루어져 있습니다. 조문수가 7개에 불과하고, 용어도 매우 평이하고 명료하지만 모든 법률이 그러하듯이 입법 당초에는 많은 의문점이 생기기 마련입니다.

특히 조금 전에 말씀드린 바와 같이 치안유지법은 단속 목적이 되고 있는 객체가 재래의 일본에 있는 다른 법률과는 약간 그 종류를 달리하고 있기 때문에 재래의 법률 지식으로는 다소 해석에 곤란을 느끼는 점이 없지 않습니다. 이와 같이 치안유지법은 한편으로는 새로운 의미의 법률임과 동시에 만일 이 법률을 남용하여 잘못 적용하게 되면 그 결과가 바로 사회 국가의 발달 요건인 언론의 자유, 출판의 자유, 집회 결사의 자유를 침해하게 되므로 매우 중대한 영향을 미치게 됩니다.

불과 7개조의 입법임에도 불구하고 중의원 위원회에서나 귀족원 위원회에서도 여러 차례 회의를 열었을 뿐 아니라 관련 질의응답이 오전에서 오후에 걸쳐 이루어졌는데 그 일문일답이 상당히 진지했습니다. 열띤 논의를 거듭해가며 진중하게 심의한 결과 거의 만장일치의 대다수로 가결되었습니다. 이처럼 조문의 수는 적지만 그 내용에 포함되어 있는 사항이 사회의 진운과 직결되는 부분이 많고, 국민의 자유에 관한 점과 매우 밀접한 관련이 있기 때문에 이와 같이 열정적인 심의도 이루어진 것이라고 생각됩니다.

따라서 이미 법률로 공포된 이상 이 법률을 가장 먼저 활용하는 직책을 맡고 있는 제군 경찰관이 이 법률의 정신을 잘 숙지해 두지 않으면 입법 당시 가장 우려되었던 법률의 남용이 발생하기 쉽고, 그 결과는 매우 중대하기 때문에 앞으로 제군들과 함께 가능한 한 이 법률에 대하여 어디에 그 취지가 있는지를 연구하고자 합니다.

이 법률은 1925년(大正 14) 4월 21일 재가를 받아 법률 제46호로 이튿날인 4월 22일에 공포된 것이니 이 법률의 시행력이 발생하는 것은, 그러니까 이 법률이 효력을 발생하는 시기는 법례 제1조의 규정에 의해 4월 22일부터 계산하여 20일 후입니다. (중략) 이에 앞서 일단 조문을 통독하겠습니다. (조문 생략) 7개조로 이루어진 조문 중 제2조에서 제5조까지 모두 그 조문의 서두에 "제1조 제1항의 목적을 가지고"라고 규정되어 있습니다. 따라서 제1조 제1항의 목적이라는 것이 이 법률의 골자가 되고 있다고 하겠습니다. 먼저 제1조의 해석부터 시작하도록 하겠습니다.

2) 조문별 취지와 해석

제1조 국체, 사유재산제도, 결사

- 국체

제1조의 조문을 보면 모두에 국체를 변혁하는 것에 대해 규정되어 있습니다. 국체란 무엇인가. 우선 가장 먼저 발생하는 문제입니다. 그런데 이 국체라는 말은 지금까지의 법령에는 한 번도 보이지 않았습니다. 직접 국체라는 말을 사용한 경우는 하나도 없습니다. 완전히 새로운 법률상의 용어입니다. 즉 이 치안유지법에 의해 처음으로 국체라는 말의 법률적 의의가 결정되는 것입니다. 잘 아시는 바와 같이 공문서로서는 교육칙어에 국체라는 말이 사용되어 있습니다. 국체의 정화라는 말이 그것입니다. 그러나 교육칙어의 국체라는 말과 치안유지법의 국체라는 말이 반드시 동일한 의미로 해석되는 것은 아닙니다. 이 조에서 말하는 국체는 간단하게 말하자면 대일본제국 통치권의 총괄자가 누구냐는 문제, 환언하면 주권이 어디에 있느냐 하는 주권의 소재에 관한 문제입니다.

헌법 제1조를 보면 대일본제국은 만세일계의 천황이 이를 통치한다고 규정되어 있습니다. 제4조에는 천황은 국가의 원수로서 통치권을 총괄하고 이 헌법의 조규에 의해 이를 행한다고 규정되어 있습니다. 이처럼 우리 대일본제국은 만세일계의 천황에 의해 통치됩니다. 학문적인 명칭으로 말하자면 군주 국체입니다. 공화 국체가 아닙니다. 그래서 통치권은 하나하나 만세일계의 천황이 총괄하고 계시고, 통치권을 총괄하는 것은 천황이십니다. 이와 같이 만세일계의 천황이 우리 일본제국을 통치하시고, 그 통치권을 만세일계의 천황이 총괄하고 계시다는 것은 말할 것도 없이 일본 건국 이래 계속되어 온 역사적인 사실입니다.

헌법 제1조의 조문은 제4조에 의해 처음으로 정해진 것이 아니라 헌법 이전에 우리 대일본제국이 건국된 이래로 이어져 온 실적(實蹟)입니다. 그리고 또한 장차 항구적으로 천지와 함께 무궁하리라는 것은 우리 대일본제국의 국민이 확신하는 바이며, 이러한 통치 관계는 추호의 변경도 용납될 수 없는 것입니다. 그러나 아까부터 말씀드리고 있는 바와 같이 이러한 우리 역사상의 사실, 이러한 우리의 확신에 대하여 걸핏하면 이를 변경하려고 시도하는 자의 사례도 없지 않습니다.

지금 말씀드린 주권의 총람 관계와 직접적으로 관련이 있지는 않으나, 주권에 관한 문제와 밀접한 관계를 지니는 불경죄의 사례에 대하여 최근 통계를 내 보면 1922년(大正 11)에는 16건, 1923년(大正 12)에는 19건, 1924년(大正 13)에 이르러서는 58건으로 증가하고 있는 상황입니다. 또한 1925년(大正 14) 전반에도 상당히 다수의 사례가 있습니다. 방금 예로 든 다수의 불경죄의 내용이 모두 주권의 문제와 관계되고 있다고는 말할 수 없지만, 주권에 관한 문제와 밀접한 관계를 지니는 불경한 사례가 이처럼 많아지고 있다는 것은 일부 국민의 사상 속에 도저히 우리가 믿을 수 없는 사고가 잠재되어 있음을 예증하는 것이 아닐까 싶어 대단히 외람된 일이라고 생각합니다.

그런데 이 국체를 변혁한다는 것은 어떤 의미인가. 주권 그 자체의 존재를 부인하는 듯한 행위는 물론이고, 주권이 이를 인정한다고 하더라도 만세일계의 천황을 폐하고 다른 사람이 대신하여 주권을 잡는다는 논의도 국체의 변혁입니다. 나아가 좀 넓게 만세일계의 천황은 인정하지만 이 통치권을 총람하시는 관계, 즉 통치권의 원만무결한 관계, 혹은 통치권의 절대성을 훼상하고 훼손하여 그 실(實)을 잃게 하고자 하는 행위 등은 모두 국체의 변혁으로 해석해야 할 부분입니다. 따라서 통치권 총람을 해치는 행위라면 그것이 통치권이라는 사안에 관하여 작용하는 힘의 관계인 경우이거나 또한 통치권이 지역에 관하여 작용하는 힘의 관계인 경우라도 모두 이 국체의 변혁이라는 관념 속에 포함되는 것으로 해석합니다.

그러나 국체라는 말은 국법학상이나 헌법학상에서 종종 논의되듯이 정체(政體)에 관한 문제와는 완전히 별개입니다. 정체라고 하면 통치권을 어떤 방법, 어떤 형식으로 행하느냐는 통치권을 행사하는 방법, 형식에 관한 문제입니다. 예를 들면 통치권의 하나인 사법권은 재판소가 행하고, 입법권은 의회를 통해 행하는 것과 같은 문제는 국체에 관한 문제와는 전혀 별개의 관념입니다. 이 치안유지법 제1조에서 말하는 국체의 변혁이라는 관념 속에는 들어가 있지 않은 것입니다.

그러나 이 정체에 관한 문제가 다른 법령, 예를 들어 형법, 출판법, 신문지법 등의 조헌(朝憲) 문란, 국헌(國憲) 문란, 정체 변개, 또는 안녕질서의 문란 등의 문제에 저촉되는 바가 있는 것은 완전히 별개의 논의입니다. 치안유지법은 이 정체에 관한 문제에 대해 제1조에서는 아무런 관여를 하지 않고 종전의 다른 법률에 미루고 있습니다.

- 사유재산제도

그리고 그다음은 사유재산제도라는 말인데 이것도 물론 이 치안유지법에서 처음으로 사용되는 말입니다. 사유재산제도란 무엇인지를 정의하는 방법은 많이 있겠습니다만, 치안유지법이 사유재산제도라고 칭하는 것은 개인(私人)이 재화에 대하여 절대적 지배권을 가지는 것을 시인하는 제도를 말하며, 소유권을 중심으로 하는 관념을 가리키고 있습니다. 그러니까 개인이 재화에 대하여 절대적 지배권을 가지는 것을 시인하고 있는 제도, 소유권을 중심으로 하는 관념이라고 이렇게 정의하고 싶습니다.

따라서 여기에서 가리키는 것은 제도입니다. 각 개인이 개개의 재화에 대하여 소유라는 지배권을 가지고 있는 상태, 그 개별적인 것을 가리키고 있는 것이 아니라 이와 같은 제도를 인정하고 있는 단일의 불가분한 관념입니다. 사유재산제도라는 것은 많이 존재하는 것이 아니라 하나밖에 없는 것입니다. 이 사유재산제도, 즉 지금 말씀드리는 바와 같이 개인이 재화에 대하여 절대적인 지배권을 가지는 것을 옳다고 인정하는 현재의 이 제도는 말할 것도 없이 현재의 사회 제도, 오늘날의 경제적 조직의 기준을 이루고 있는 제도입니다.

대개 우리의 경제적 활동이라는 것은 이 사유재산제도라는 것을 제외하고는 발생하지 않는데, 우리가 재화에 대하여 절대적 지배권을 인정하지 못하겠다고 하게 되면 우리의 경제적 활동은 현저하게 그 힘이 감소하게 되거나 그 활동력이 멈추게 되는 결과가 초래될 것으로 생각됩니다. 이 경제석 활동이 사회적 진보의 근원을 이루는 것이지요. 이 활동이 있어야 우리 사회의 진보라는 것을 기대할 수 있는 것입니다.

그렇다면 이 사유재산제도를 부인한다는 것이 어떤 것이냐 하면 개인이 재화에 대한 절대적 지배권을 가지고 있다는 제도를 없애 버리는 것이다. 파멸시킨다는 것은 물론 가령 재산에 대한 개인의 지배권이라는 것을 인정하고 있더라도 현재 존재하고 있는 이 제도의 실질을 경제적으로 위험하게 만들고 위기에 빠뜨리는 경우도 부인이라는 말 속에 포함되어 있는 것으로 해석해야 합니다. 그렇기 때문에 예를 들어 공산주의자가 이상으로 삼고 있는 것과 같이 모든 재화에 대하여 개인의 소유를 인정하지 않는 사상, 모든 재화, 즉 자본이 되는 것 및 자본에 의해 발생하는 이른바 소비 재화에 대해서도 모두 개인의 재화를 인정하지 않는 것, 그것이 사유재산제도를 부인하는 것임은 말할 필요도 없습니다. 따라서 이른바 협의의 사회주의가 주장하는 바와 같이 자본, 토지, 광물, 공장, 기계와 같은 것에 대해서는 종종 이를 사회의 소유로 하고, 개인에게 소유를 허락하는 것은 자유로이 자본을 이용하여 발생하는 이른바 소비 재화만이라고 하는 논의, 이것도 역시 재산의 사유를 인정하는 것이기는 합니다만 우리 경제 활동의 기초가 되는 현재의 사유재산제도의 존재를 잃어버리게 하는 것이라는 의미에서 이것도 역시 사유재산제도의 부인이라는 관념 속에 포함되는 것으로 해석해야 합니다.

그러면 의회에서도 자주 문제가 되었습니다만, 철도의 국유라든가 혹은 토지의 국유라든가 하는 것은 어떨까요. 철도 국유론 혹은 토지 국유론 같은 주장이 사유재산제도를 부인하는 사상의 시작 단계 중 하나의 발로로 나타나고 있는 경우, 바꿔 말하자면 개인의 사유 재화에 대한 지배권을 일절 인정하지 않는, 그 하나의 시작 단계로 먼저 토지의 국유를 논하고 철도의 국유를 논하는 것처럼 하여 점차 개인의 소유라는 것을 부인하는 취지에서 논해지고 있는 경우에는 이것도 역시 이 치안유지법에서 말하는 사유재산제도의 부인이라고 보아야 할 것입니다. (중략)

- 결사

그다음으로 제1조에는 결사라는 말이 있는데, 이는 종래 치안경찰법에도 있는 말이므로 새로운 법률 용어는 아닙니다. 그렇다면 결사라는 것은 무엇을 말하는지 정의가 반드시 일정하지는 않지만, 저는 결사란 일정한 공동 목적을 위해 결합한 특정 다수인의 계속적 단체라고 해석하고 있습니다. 치안경찰법에서 금하고 있는 것은 비밀결사이지만 제1조에서는 이른바 결사는 비밀이든 공공연하든 불문하고 모든 결사를 가리키고 있는 것입니다. 그러나 구체적인 문제로 생각하면 국체를 변혁하고 사유재산제도를 부인하는 공공연한 결사는 아마도 드물 테니까 실제적인 문제로서는 비밀결사의 경우가 많을 것으로 생각됩니다. 계속적 단체라는 것은 어떤 의미인지를 말하자면 일정 기간 계속해서 존재하게 할 목적으로 조직된 단체라는 의미입니다.

따라서 단순한 집회라는 관념은 결사 속에는 들어가지 않습니다. 다수인이 공동 목적을 위해 집회를 했다는 것만으로 결사를 조직했다고는 판단할 수 없습니다. 그 단결, 결합이 시간적으로, 형태로 존재하는 것을 요건으로 합니다. 그러나 이 계속적, 즉 일정 기간 계속한다는 것은 현실에 그러한 단체가 일정 시간 내에 계속해서 존재했었다는 사실이 필요한 것은 아닙니다. 계속하여 존재하게 하려는 의사 아래 결합한 사실이 있으면 실제로 그 단체가 일시적인 모임으로 사라져 버리고 그 후 존재하지 않았다는 사실이 있어도 역시 결사를 조직한 것이라는 관념 속에 넣어 해석해야 한다고 믿고 있습니다.

제1조에서 처벌하는 결사라는 것은 조문에 명시되어 있는 바와 같이 모든 결사가 아니라, 국제를 변혁하거나 혹은 사유재산제도를 부인하는 것을 목적으로 한 결사에 한합니다. 그렇기 때문에 다음의 문제로서 이 '목적으로'라는 것이 어떠한 의미인지 의문이 생기게 됩니다. 여기서 '목적으로'라는 것은 이 범죄가 학자들이 말하는 이른바 '목적죄'라는 것을 나타내고 있습니다. '목적으로'라는 말은 형법 제77조 내란죄의 경우에 사용되고 있는 것과 완전히 동일한 의미인데, 그 조문에는 정부를 전복하거나 국토를 훔쳐 그 밖에 조헌을 문란하게 하는 것을 목적으로 폭동을 일으킨 자라고 기재되어 있습니다. 이 '목적으로'라는 말과 같은 의미를 다른 조문에서는 '목적을 가지고'라고 되어 있는 경우도 있습니다. '무엇, 무엇을 위해'라는 말로 표현되어 있는 경우도 있고, '무엇, 무엇을 도모하여'라는 말로 표현되어 있는 경우도 있습니다. '목적으로'라는 말과 이와 같은 동의어는 형법에만 많이 사용되고 있습니다. 예를 들어 유괴죄 부분인 제225조에는 영리 또는 결혼을 할 목적을 가지고 사람을 약취 또는 유괴한 자라고 되어 있습니다. 또한 살인예비죄 제201조에는 '사람을 살해할 목적을 가지고'라고 되어 있습니다. 또한 방화예비죄 제113조에는 '방화 목적을 가지고'라고 되어 있습니다. '목적으로'라는 용법은 오히려 적습니다. 그러나 의미는 '목적을 가지고'와 조금도 다르지 않습니다. '무엇, 무엇을 위해서'라는 말을 가지고 목적죄를 나타내고 있는 예는 형법에서 찾아보면 공무집행방해죄 제95조 2항에 "공무원으로 하여금 어떤 처분을 하게 하거나 혹은 하지 못하게 하기 위해서"라는 것이 있습니다. 하게 하지 못하게 하는 것을 '목적으로'라든가 '목적을 가지고'라고 하는 것과 동일합니다.

그렇다면 이 목적죄라는 것은 무엇을 말할까요. 일반적인 범죄에서는 그 동기 여하를 막론하는 것이 원칙입니다. 타인의 빈곤을 구제하기 위해 절도를 하든, 유흥의 욕망을 채울 자금을 얻기 위해서 절도를 하든 그 동기는 묻지 않는 것입니다. 타인의 물건을 절취하면 천편일률적으로 절도죄를 구성하는 것이므로 그 동기를 따지지 않는 것이 원칙입니다. 그런데 이 목적죄라는 것에 대해서는 특정 동기를 범죄의 성립 요건으로 삼습니다. 치안유지법 제1조에 대해서 말씀드리자면 국체를 변혁하겠다는 것, 사유재산제도를 부인하고자 하는 것, 이것이 결사를 조직하는 동기가 되어 있을 필요가 있습니다. 그러한 동기에서 결사를 조직하고자 하는 것을 목적으로 결사를 조직한 경우가 아니라면 이 치안유지법 제1조에는 저촉되지 않는 것입니다. 오늘은 여기까지로 하겠습니다.

(중략) 어제 말씀드렸던 것처럼 목적죄임을 나타내는 문구는 '목적으로'라는 문구가 사용되어 있거나 '목적을 가지고'라는 문구가 사용되어 있거나 '무엇 무엇을 도모하여', '무엇 무엇을 위해서'라는 문구가 사용되어 있습니다. 그러나 이와 같은 문자가 사용되어 있는 법문이 모두 반드시 목적죄라고는 단언하기 어렵습니다. 예를 들어 무고죄, 형법 172조에 "다른 사람으로 하여금 형사 또는 징계 처분을 받게 할 목적을 가지고 허위 신고를 한 자는 169조의 예와 동일하다"라는 조문이 있습니다. 이 부분에도 같은 형사 또는 징계 처분을 받게 할 '목적을 가지고'라는 용어로 되어 있습니다만, 이 조문과 같은 경우는 반드시 지금 말씀드린 취지의 목적죄로 해석되지는 않습니다. 이러한 실례도 있습니다. 한 범죄의 준현행범으로 체포된 범인이, 단순히 자신이 그 죄에서 벗어날 목적으로 그 범죄를 저지른 사람은 자기가 아니라 아무개라는 사람이라고 말했습니다. 이 경우 범인은 분명히 허위 신고를 한 것이지요. 그러나 그 사람의 생각은 아무개를 범인으로 몰아 아무개에게 처분을 받게 할 목적으로 그런 것은 아닙니다. 그저 자신이 이 범죄의 범인이 되는 것에서 벗어나려는 의사가 있었다는 사실만 인정하는 것이 타당하겠지요. 이 같은 경우에 또한 무고죄가 성립할까요? 무고죄는 타인으로 하여금 형사 혹은 징계 처분을 받게 하는 것을 희망하고, 그러한 결과를 예견합니다. 하지만 이 사건에 대하여 대심원은, 그러한 희망을 가지고 있을 필요는 없고, 자신이 이러한 신고를 한 결과 타인이 어쩌면 형사 처분을 받을지도 모른다는 것만 인식하면 그만이라는 의미의 판결을 내리고 있습니다. 그러니까 무고죄를 방금 말씀드린 듯한 엄격한 의미의 목적죄로는 해석하고 있지 않은 것입니다. 이와 같이 '목적을 가지고'라든가 '목적으로'라든가 하는 말이 사용되고 있는 조문을 언제고 반드시 목적죄라고 해석할 수 없는 경우도 있습니다만, 이 치안유지법의 '목적으로'라는 말은 엄격한 의미에서 목적죄로 해석하고 있습니다.

치안유지법은 1조에서 7조로 이루어져 있는데, 1조에서 5조에 이르기까지 모두 이 '목적을 가지고'라든가 혹은 '목적으로'라는 말이 사용되고 있습니다. 이하 반복해서 설명은 하지 않겠습니다만 이들 조문은 모두 제1조의 경우와 마찬가지로 모두 목적죄로 해석해야 한다는 것을 이해해 주시면 좋겠습니다.

다음으로 다소 설명 순서가 뒤바뀌었습니다만 결사의 조직 및 가입의 의미에 대해서 한마디 하겠습니다. 조직이라는 것의 정의를 내리자면 공동의 목적을 위해서 두 명 이상이 계속적인 결합을 창설하는 것에 의견이 합치된 것을 말하는 것입니다. 제1조에서는 이 결사를 조직하는 자 외에 결사에 가입한 자를 처분하고 있습니다. 조문에는 "취지를 알고 이에 가입한 자"라고 되어 있습니다. 취지를 알고 이에 가입한 자라는 것은 국체를 변혁하거나 사유재산제도를 부인하는 것을 목적으로 조직되어 있는 결사라는 것을 알면서도 그 결사에 가입하는 것을 말하는 것입니다. 그래서 문제가 되는 것은 결사를 조직하는 자는 결사 조직의 동기가 국체를 변혁하거나 사유재산제도를 부인하는 것이어야만 합니다만, 결사의 가입자에 대해서는 그러한 특수 목적을 필요로 하지 않습니다. 즉 결사 가입자에 대해서는 엄격한 의미의 목적죄가 아니라고 생각합니다. 다만 자신이 가입하는 결사가 단체를 변혁하거나 사유재산제도를 부인하는 결사라는 것을 알고 있다면 그 가입 동기 여하를 불문하고 치안유지법의 범죄를 구성하는 것으로 해석해야 한다고 생각합니다. 이는 조문에 '취지를 알고'라고만 되어 있어서 가입하는 자에 대해서는 '목적으로'라는 문구가 관계되어 있지 않기 때문입니다.

이렇게 해석하는 것은 결사 조직자와 결사 가입자 간의 취급을 달리 하는 것이므로 다소 그사이의 균형을 잃은 것이 아니냐는 의견도 있습니다. 하지만 이미 이 결사는 국체의 변혁, 사유재산제도의 부인이라는 정해진 공동 목적을 위해 조직되어 있는 계속적 단체이기 때문에 이러한 결사에 가입하는 자에 대해서는 이미 충분히 위험성을 인정할 수 있으므로 그 가입 동기가 반드시 국체를 변혁하거나 사유재산제도를 부인하는 것일 필요는 없다고 생각합니다. 그러나 구체적인 문제로는 이러한 특수 목적을 지닌 결사에 가입하는 사람이 가입 동기로서 목적이 되는 사항을 희망하고 있고, 이러한 결과를 예견하고 있는 것이 통상의 상태인 만큼 스스로 국체의 변혁을 희망하지 않고, 사유재산제도를 부인하는 것을 목적으로 하지 않으면서 이와 같은 결사에 들어간다는 것은 거의 상상할 수 없는 일입니다.

따라서 이와 같은 결사에 가입했다는 것 자체로 이러한 특수 목적을 가지고 있는 것이 되고, 그것이 동기가 되어 가입한 경우가 많을 것이라고는 생각합니다. 이처럼 특수 목적을 가지고 결사를 조직하는 것이 제1조의 결사조직죄입니다.

그런데 처음에는 국체의 변혁이나 사유재산제도 부정을 목적으로 하지 않고 조직된 결사가 도중에 이 특수 목적을 지니는 결사로 변했을 경우에도 그 시점부터 제1조 소정의 결사가 조직된 것으로 간주해도 무방합니다. 아울러 그 결사 조직의 목적이 국체의 변혁 또는 사유재산제도 부정이라는 것을 유일한 목적으로 할 필요는 없습니다. 이 결사 조직의 동기가 그 외의 다른 데 있으면서도 동시에 제1조의 소정의 특수 목적을 지니고 있는 경우에는 물론 제1조의 범죄를 구성하게 되는 것임은 설명할 필요도 없다고 생각합니다.

다음으로 내란의 예비 또는 음모라는 것과 제1조의 결사죄와의 관계에 대해서입니다. 잘 아시는 바와 같이 이 내란죄라는 것은 정부를 전복하거나 국토를 훔치고 그 외에 조헌을 문란하게 할 목적으로 폭동을 일으키는 죄로, 형법 제77조에 규정되어 있습니다. 이 조문은 치안유지법과 중대한 관계를 가지고 있습니다. 의회에서도 종종 내란죄에 관한 규정이 있기 때문에 그것을 가지고 치안유지법에 규정하고 있는 행위를 단속할 수 있는 것이 아니냐는 질문이 있었습니다. 그러나 이 내란죄는 조문에 명시되어 있는 것처럼 조헌을 문란하게 할 목적으로 폭동을 일으킨 자라고 되어 있으므로 폭동이라는 것이 요건이며, 폭동이라는 요건이 갖추어지지 않으면 내란죄는 성립되지 않습니다.

형법 제78조에 "내란 예비 또는 음모를 한 자는 1년 이상 10년 이하의 금고에 처한다"라는, 이른바 내란예비음모죄에 관한 규정이 마련되어 있습니다. 이 규정을 그 기본이 되는 내란죄 조문으로 미루어 생각해 보면 내란의 예비음모라는 것은 역시 조헌을 문란하게 할 목적으로 폭동 예비 혹은 폭동에 관한 음모를 해야 합니다. 폭동에 관한 예비음모가 아니면 내란죄의 예비음모죄를 구성하지 않습니다. 그러나 이 치안유지법의 결사죄는 국체를 변혁하거나 혹은 사유재산제도를 부인할 목적만 있으면 그 수단으로써 어떠한 방법으로 나오느냐 하는 것은 요건으로 삼지 않습니다. 그러나 만일 제1조의 결사가 폭동을 일으키는 것을 예정하고 조직되어 있는 경우에는 이 치안유지법 제1조의 결사죄에 의하지 않고 형법의 내란 예비 혹은 음모로 다루어야 한다고 생각합니다. 바꿔 말하자면 제1조에 해당하는 결사가 폭동을 일으킬 것을 예정하고 있는 경우에는 형법의 내란예비음모죄를 구성하는 것입니다. 이것은 중요한 문제인데, 아시는 바와 같이 내란죄 및 예비음모죄 모두 대심원의 특별권한에 속하는 사건입니다만, 이 치안유지법에 의한 죄는 1심은 구(區)재판소 혹은 지방재판소에서 심리되는 사건으로 내란에 관한 죄와 그 취급에서 중대한 차이가 발생하기 때문에 폭동이라는 것을 이 결사가 예정하고 있는지 어떤지를 연구하는 것은 관할 문제를 정하는 데 있어서도 매우 중요한 일입니다.

그다음으로 2항에서는 미수죄(未遂罪)를 처벌하고 있습니다. 여기에서 미수죄라고 지칭하고 있는 것은 국체를 변혁하거나 사유재산제도를 부정할 목적으로 결사를 조직하는 것에 착수하거나 또는 국체를 변혁하고 사유재산제도를 부정하는 결사라는 사실을 알면서도 그 결사에 가입하는 것에 착수하였으나 이를 완수하지 못한 상태를 말하는 것입니다. 그렇다면 구체적으로는 어떤 경우에 미수 형태를 구성하는지 한두 가지 상상해 보면 제1조 소정의 특수 목적을 지니는 결사를 조직하는 일을 기도하여 상대방에게 같이 한번 이러한 결사를 조직하지 않겠느냐는 의사를 제시하였으나 상대방이 이에 응하지 않은 경우는 결사 조직의 미수죄 그리고 또한 결사에 가입하겠다는 의사를 표시한 편지를 이미 존재하고 있는 결사로 발송하였으나 아직 그것이 도달하지 않은 사이에 발각된 경우에는 결사가입죄의 미수죄에 해당될 것으로 생각됩니다. 그러나 이 제1조의 소정의 특수 목적을 지니는 결사를 조직하는 것에 대해서 의견이 합치되었고, 또한 이와 같은 결사에 가입하겠다는 의사 표시가 이미 존재하고 있는 결사의 구성자에게 도달한 이상은 모두 결사 조직죄 혹은 결사가입죄의 기수(旣遂)에 해당되며, 나중에 그 결사에서 탈퇴했다는 사실은 결사조직죄 혹은 결사가입죄의 구성에 아무런 영향을 미치지 않습니다. 일단 조직하거나 가입을 하면 그 후에 탈퇴한 것은 결사조직죄 혹은 결사가입죄를 성립시키는 데 영향이 없다는 의미입니다. 제1조에 대해서는 이 정도로 마치고 제2조로 가겠습니다.

제2조 협의

제2조는 "앞 조 제1항의 목적을 가지고 그 목적이 되는 사항의 실행에 관하여 협의를 한 자는 7년 이하의 징역 또는 금고에 처한다"라고 되어 있는데 앞 조 제1항의 목적이라고 하면 국체를 변혁하거나 사유재산제도를 부인하는 것을 말합니다. 1조에는 "목적으로"라고 되어 있지만 2조에는 뉘앙스상 "목적을 가지고"라는 말이 사용되고 있는데 의미에 차이는 없습니다. "앞 조 제1항의 목적을 가지고 그 목적이 되는 사항의 실행에 관하여 협의를 한 자"에서 목적이 되는 사항의 실행이라는 것은 말할 것도 없이 국체의 변혁, 사유재산제도의 부인이라는 사항의 실행을 의미합니다. 국체의 변혁, 사유재산제도의 부인이라는 것을 실행

하고자 하는 것에 관하여 협의를 하는 것입니다.

이와 같이 협의를 하는 행위만을 제2조에서 단속하고자 하는 것은 적어도 이미 국체의 변혁이라든가 혹은 사유재산제도의 부인이라든가 하는 것의 실현에 관하여 다수의 사람이 서로 의사를 표시하는 긴급한 상태로 나아가고 있는 것이기 때문에 치안유지라는 견지에서 보아 매우 위험한 상태가 이미 발생한 것이라는 취지에서 이를 단속하고자 하는 것입니다.

그러면 이 협의라는 것은 어떤 의미인가. 실행에 관하여 협의를 한다는 것은 무엇을 의미하는가. 협의를 한다는 것은 논의를 한다는 것이고, 논의하는 것, 실행에 관하여 협의를 한다는 것은 실행 방법이라든가 혹은 실행 장소라든가 혹은 실행 시기라든가 혹은 실행을 위해서 필요한 자금 조달에 관한 것이라든가 하는 사항에 관하여 논의하는 것을 말합니다. 그런데 이 협의를 한다는 말은 제안된 의안(議案)이 가결될 필요가 있는지 없는지, 예를 들어 말하자면 실행 시기에 대하여 협의를 했다고 하는 경우 몇 월 며칠에 실행하자는 갑의 제안에 대하여 을 혹은 병이 이에 동의하여 이야기가 하나로 정리되었는지 어떤지의 여부, 이는 협의라는 의미의 필요 요건이 아니라고 해석하고 있습니다. 이야기가 하나로 통일되지 못한 경우라도 여전히 그 일에 관하여 논의를 하면 협의가 있었던 것으로 판단해야 한다고 생각합니다. 그리고 협의 방법에 대해서는 조문에 아무런 제한이 없는데 모여서 서로 논의를 하거나 혹은 서로 떨어져 있는 사람들 간에 문서에 의해 협의를 해도 모두 협의입니다.

즉 같은 장소에 모이는 것은 이 조문의 범죄 구성의 요건이 아닌 것입니다. 그리고 협의 상대의 수의 많고 적음도 역시 불문합니다. 상대방이 존재할 필요는 있습니다. 상대방이 없이 협의를 한다는 것은 있을 수 없는 일이지만, 상대방이 한 사람이라도 협의라는 것은 가능하기 때문에 반드시 5인, 10인이라는 다수일 필요는 없습니다. 하지만 이 조문의 협의라는 행위의 상대가 되는 자는 특정되어 있어야 합니다. 상대가 불특정인 경우이거나 혹은 제3조의 실행선동죄를 구성할 수는 있겠지만 제2조의 실행협의죄는 구성되지 않습니다.

협의라는 것은 대체로 상대방이 정해져 있다는 상정 하에 입법이 되어 있습니다. 또한 협의라는 말은 선동이라든가 혹은 교사라든가 하는 말과 동일한 의미가 아닙니다. 선동이라는 것은 쉽게 말하자면 '부추기다', '부채질하다'라는 말입니다. 교사라고 하면 '꼬드기다'라는 의미로, 그 행위 자체가 타인의 자유의사에 특수한 영향을 주는 것이 요건이 되지만 협의에는 그와 같은 힘이 있는 의사 표시일 필요는 없습니다. 요컨대 상대방을 움직이게 하는 힘이 있는 말이 아니더라도 협의가 된다는 뜻입니다. 그리고 교사라는 것은 타인에 대하여 어떤 행동으로 어떠한 현상을 일으키거나 영향을 미치도록 손을 써서 그로 인해 상대방이 의사를 결정할 필요가 있습니다. 교사의 요건은 실행을 결의하게 된 결정이 그 영향이나 작용으로 발생한 것이어야 하지만 협의는 그것도 요건이 아닙니다. 따라서 협의를 한 결과 제1조 제1항과 같은 특수 목적이 발생한 것이 아니라 전부터 그러한 실행 목적을 가지고 있었던 자에 대하여 이야기를 건넨 경우라도 물론 협의에 해당하며, 이 부분이 교사와는 다릅니다. 제2조에 대해서는 이 정도로 하겠습니다.

제3조 실행선동

제3조는 실행선동죄에 관한 규정입니다. 제3조도 앞에서 말씀드린 대로 특수 목적을 가지고 실행을 선동해야 합니다. 실행 선동을 하는 동기가 제1조 제1항의 소정의 특수 목적에서 발생했을 필요가 있습니다. 실행 선동이라는 것이 무슨 뜻인지 정의를 하자면 불특정 또는 다수의 사람에 대하여 중정(中正)의 판단을 잃고 실행 결의를 창조하게 하거나 기존의 결의를 조장하게 할 만한 '세력을 가진 자극'을 주는 것이라고 하겠습니다.

그러나 선동한다는 의미는 방금 말씀드린 바와 같이 '세력을 가진 자극'을 주는 것으로 충분하며, 실제로 상대방이 자극에 의해 그 이상의 어떠한 영향을 받았느냐 하는 점은 요건이 아닙니다. 하지만 유포나 선전의 경우처럼 단순히 어떤 사항을 일반 사람 사이에 전파하는 정도만으로는 선동에 포함되지 않습니다. 바꿔 말하자면 선동은 유포라든가 선전이라든가 하는 것보다도 자극력이 강한 것을 말하는 것입니다. 선(煽)이라는 글자는 불을 부채로 부치는 것, 즉 부추기는 것입니다. 선동은 상대방을 부추겨 그 마음을 움직이게 하는 것입니다. 보통 유포라든가 선전이라든가 하는 의미와는 추상적으로 말씀드리면 방금 설명한 듯한 의미에서 상이합니다. 단순한 선전 유포는 치안유지법으로는 단속되지 않는데 이것이 실제 운용에 있어서 중요한 점입니다.

이 선동이라는 말을 정의하자면 방금 말씀드린 대로 매우 어려운 일입니다만 이번에 처음으로 사용된 말이 아니라 지금까지의 법령에 많이 사용되고 있습니다. 예를 들어 여러분이 잘 아시는 치안경찰법 제9조에 범죄 선동이라는 말이 있고, 항상 문제가 되고 있어서 장차 철폐될 치안경찰법 제17조에도 동맹파업에 관하여 선동이라는 말이 사용되고 있습니다.

그리고 신문지법 제21조에 범죄선동이라는 말이 있고, 폭발물취급벌칙 제4조, 개정 중의원 의원선거법 제125조, 그리고 이것은 칙령은 아닙니다만 청원령 제17조, 여기에는 모두 선동이라는 말이 종래 사용되고 있습니다. 만일 선동 여부를 두고 구체적인 문제가 발생했다면 이들 법령에 관한 판결 사례나 학설이든지 등을 참고할 필요도 있습니다. 다음으로 선동 방법인데 이것도 조문에 아무런 제한을 가하고 있지 않습니다. 문서에 의하든 구두에 의하든 어느 것이고 불문합니다. 그러나 앞에 정의 부분에서 말씀드렸던 바와 같이 선동 대상이 되는 자는 불특정 또는 다수라는 것을 요건으로 하고 있습니다. 불특정인, 일반 대중을 향해 말하는 것이나 아니면 다수의 사람에 대하여 말하는 것, 이 두 가지 중 한 가지를 말하는 것으로, 원칙적으로 특정 1인에 대해서는 선동이라는 행위는 법률에서는 상정하고 있지 않습니다. 그러나 특정 1인에 대하여 말하는 경우라도 그 특정 1인에 대하여 선동을 하는 경우나 불특정 또는 다수의 사람에 대하여 직접 영향을 미치는 상황에 있는 경우에는 역시 이 선동이라는 관념 안에 넣어 해석해도 된다고 생각합니다.

환언하자면 특정인에 대하여 선동을 하더라도 그 선동을 받은 자가 불특정, 다수의 사람에게 선동 취지를 전달하고 그것이 널리 전파하는 상황에 있는 경우에는 가령 특정 1인에 대해서 행한 행위라 하더라도 역시 제3조의 선동죄를 구성하는 것으로 보아도 무방하다고 생각합니다. 선동 방법은 방금 말씀드린 대로 구두에 의하든지 문서에 의하든지 불문합니다만 제3조의 실행 선동이란 국체를 변혁하거나 사유재산제도를 부인하는 것을 실행하는 선동이기 때문에 그 선동행위 자체 내에 국체의 변혁이라든가 혹은 사유재산제도의 부인이라든가 하는 것이 지시되어 있어야만 한다고 생각합니다. 그러나 그 실행 수단, 방법 등은 반드시 선동행위 자체에 지시가 되어 있을 필요는 없습니다. 하지만 그 선동하는 말이 반드시 표면적으로 국체의 변혁, 사유재산제도의 부인이라는 말을 그대로 직접 제시하고 있지 않더라도 그 취지에서 이러한 사항을 포함하고 있는 이상은 물론 실행 선동이 되는 것입니다. 제3조의 선동은 제4조의 범죄선동 조문과 관계가 있어 여기서 미리 한마디 덧붙여 두었습니다.

제4조 범죄선동

제4조로 가겠습니다. 제4조는 범죄선동죄에 관한 규정입니다. 제4조도 앞에서 말씀드린 대로 제1조 제1항의 목적을 가지고 있을 필요가 있습니다. 그러한 목적이 동기가 되어 있

어야 합니다. 그리하여 소요, 폭행 그 외에 생명, 신체 혹은 재산에 가해지는 범죄를 선동하는 것, 즉 범죄선동 관련 조문입니다. 이 범죄선동을 제3조의 실행선동과 비교해 보면 범죄선동죄가 성립되려면 선동자에게 제1조 제1항의 목적, 즉 국체의 변혁, 사유재산제도 부인이라는 목적이 있고 그래서 범죄를 선동하면 되는 것이기 때문에 선동행위 자체에는 국체의 변혁이라든가 혹은 사유재산제도 부인이라는 것을 지시하고 있을 필요는 없습니다.

국체의 변혁, 사유재산제도 부인이라는 것은 선동을 하는 자가 주관적으로 가지고 있으면 되는 요건이며, 선동행위 자체에 객관적으로 국체의 변혁이라든가 혹은 사유재산제도의 부인이라든가 하는 것이 나타나 있을 필요는 없습니다. 오로지 범죄를 선동하면 되는 것입니다.

그러나 이 선동되는 범죄는 제4조에 특정되어 있는 종류의 범죄이어야만 합니다. 소요, 폭행, 그 밖의 생명, 신체 또는 재산에 가해지는 범죄를 선동해야 하고, 명예에 대하여 가해지는 범죄나 자유에 대하여 가해지는 범죄, 이 같은 경우를 선동해도 제4조의 범죄선동죄는 성립되지 않습니다. 그러나 선동되는 범죄가 제1조 제1항에 규정되어 있는 특수 목적을 수행할 가능성을 가질 필요는 없습니다.

예를 들어 사유재산제도를 부인하는 것을 목적으로 하고 있는 자가 혹은 부호를 살해하는 것을 선동한 경우에 그 선동자 자신은 이같이 '부르주아' 계급에 있는 자를 점점 살해해 나가는 것이 사유재산제도를 파멸시키기 위한 행위라고 생각하고 있었다고 가정해보겠습니다. 이러한 행위가 이 4조에 해당하는지 어떤지 이것을 객관적으로 보면 반드시 부호를 살해하는 것이 현실적으로 사유재산제도를 파괴할 가능성을 가지고 있다고는 말할 수 없습니다. 그러나 다만 지금 말씀드린 것과 같이 그 실행 수단으로서의 가능성을 가지고 있을 필요는 없기 때문에 결론적으로 이러한 행위도 제4조의 범죄를 구성하게 되는 것입니다. 그리고 이 제4조에 소요, 폭행이라는 말이 사용되고 있습니다만 이는 형법에서의 소요죄 또는 폭행죄—소요죄는 형법 106조, 폭행죄는 형법 200조입니다만—를 구성하는 것일 필요는 없습니다. 형법의 소요죄는 폭행, 협박에 의할 필요가 있지만, 여기서 말하는 이른바 소요라는 것은 폭행, 협박에 의한 것일 필요는 없습니다.

예를 들어 경찰범처벌령 제2조 제15호에 규정되어 있는, 사람들이 몰려 붐빌 때 제지에 응하지 않고 혼잡을 가중시키는 행위를 한 경우 등도 역시 이 속에 포함되는 것이라고 생각합니다. 또한 형법의 폭행죄는 다른 사람의 신체에 대한 것일 필요가 있지만, 여기에서 말하는 폭행이라는 것은 신체에 대한 폭행뿐 아니라 사물에 대한 폭행이 범죄를 구성하고 있는 경우에는 역시 이 제4조의 폭행 범죄를 선동한 자라는 것이 됩니다.

그리고 끝으로 선동이라는 말의 의의와 형법 총칙에 있는 교사라는 말의 의의를 비교해 보면, 첫째 선동은 원칙적으로 교사와 같이 특정한 1인에 대한 경우를 포함하지 않습니다. 둘째 상대방이 그 선동행위에 따라 범죄를 실행하겠다는 결의를 했어야 할 필요는 없지만, 교사는 교사 행위에 의해 상대방이 범죄를 실행하고자 하는 결의가 요건입니다. 셋째로는 정범 성립 여하를 불만하고 선동죄는 성립하는데 아시는 바와 같이 교사죄에서는 정범이 성립하지 않으면 교사죄는 성립하지 않습니다. 요컨대 선동죄는 교사죄와 같이 엄격한 요건을 갖출 필요가 없는 것입니다.

제5조 재산상의 이익 공여

제5조로 넘어가겠습니다. 제5조는 재산상의 이익 공여자를 처벌하는 규정으로, 제1조 제1항 및 앞의 3조의 죄를 범하게 할 목적으로 금품, 기타 재산상의 이익을 공여 또는 그 요구 혹은 약속을 하면 바로 이 조의 기수죄(既遂罪)를 구성하기 때문에 이 공여를 받은 자가 목적이 되고 있는 범죄 실행에 착수할 필요는 전혀 없습니다. 그리고 뒷부분에서 취지를 알고 공여를 받았거나 그 요구 혹은 약속을 한 자라고 되어 있습니다. '그 취지를 알고'라는 말은 제1조 조문에서 해석했던 바와 같이 금품 및 기타 재산상의 이익을 공여하거나 공여 요구 혹은 약속을 한 자는 제1조 제1항의 죄 또는 제2조 내지 제4조의 죄를 범하게 할 목적에서 이익을 공여한 것이라는 사실을 이를 받은 자가 알고 있으면 되는 것이기 때문에 공여를 받은 자가 반드시 그 목적이 되고 있는 사항을 실행하고자 관심을 가지고 주의를 기울일 필요는 없습니다. 상대방은 이러한 특수한 목적으로 공여를 해 주는 것이라는 사실을 알고 있으면 반드시 자신이 그 목적대로 하고자 하는 마음이 없는 경우라도 공여를 받은 자에 대하여 이 조의 범죄를 구성하는 것입니다. 제5조는 완전히 새로운 규정으로, 최근 공산주의 혹은 무정부주의의 실행에 관한 활동에 상당한 활동력을 제공하는 근원은 자금을 공급하는 자가 여러 가지 방면에서 증가하고 있다는 것입니다. 내무성에서도 항시 이 점에 주의를 하고 있기 때문에 여러분은 이미 아시고 계시겠지만 금품 수수가 상당히 많이 행해지고 있는 행위이지만 지금까지의 법제로는 전혀 단속할 수 있는 규정이 없었는데 이 5조가 마련됨에 따라

비로소 이와 같은 금품 혹은 이익 수수 행위를 단속할 수 있게 된 것입니다. 단속 측면에서 상당히 유용한 조문입니다.

제6조 형의 경감과 면제

제6조는 별로 설명할 필요도 없습니다. 앞 5조의 죄를 범한 자가 자수했을 때에는 그 죄를 감량 혹은 면제한다는 것으로, 잘 아시는 바와 같이 형법 총칙 제42조에는 "죄를 범하여 아직 관에 발각되기 전에 자수한 자는 그 형을 경감할 수 있다"라는 규정이 있는데 이 규정에 대한 특별 규정으로, 자수한 자에 대해서는 항상 형을 경감하거나 혹은 면제하는 것입니다. 형법 총칙에 의하면 자수한 자에게는 그 형을 경감할 수 있다는 것뿐입니다만 이 법은 반드시 경감 혹은 면제한다는 특별 규정을 설정한 것입니다.

이 조문의 취지는 공산주의 혹은 무정부주의의 실행 등에 관한 선동행위 등이 교묘해지면 사려가 깊지 못한 청년 등이 때때로 이 결사에 가입하거나 혹은 실행에 관한 협의를 하거나 하는 범죄에 부지불식간에 빠지기 쉬운 측면이 있습니다. 국체의 변혁, 사유재산제도의 부인 등에 관한 주의, 주장이 비교적 심각하지 않은 자가 우발적인 동기에 의해 이 법에 저촉되는 범죄 행위를 구성한 경우에 그 잘못을 깨닫고 자수했을 때에는 이에 대해서는 가능한 한 관대하게 취급한다는 것이 이 제6조의 취지입니다.

잘 아시는 바와 같이 이 법 규정의 법정형은 상당히 무거워, 10년, 7년, 5년이라는 매우 무거운 형입니다. 한편으로는 이와 같은 무거운 형으로 임함과 동시에 혹은 자신의 행위에 관하여 개심하는 자가 있으면 이에 대하여 상당한 경감 또는 면제를 해 주는 것이 이런 종류의 범죄에 대한 대책임을 인정한 것입니다. 또 다른 측면에서 말하자면 이러한 규정을 마련해 두면 치안이 문란해지는 것을 미연에 방지할 수 있다는 국가적 이익도 있기 때문에 이와 같은 규정을 만든 것이며, '스파이'를 구하기 위하여 이 조를 마련한 것이라는 비평은 매우 옳지 않은 것이라고 생각합니다.

제7조 치안법의 적용 범위

제7조는 이 법의 적용 범위를 정한 것입니다. 제7조에서 말하는 이 법의 시행 구역 바깥이라는 것은 대일본제국의 본토 이외의 지역을 의미하는데, 대만, 조선도 이 법의 시행 구역

바깥입니다. 잘 아시는 바와 같이 조선, 대만 등에 대해서는 제국의 법률이 직접적으로는 이들 지역에는 시행되지 않습니다. 따라서 이 법의 시행 구역이라고 하면 제국의 본토이지만 이 법에 의해 보호하고자 하는 법익은 국가 사회의 안녕질서에 관한 것으로, 범죄지 여하에 따라 이를 불문에 부쳐야 하는 종류의 범죄가 아니기 때문에 조선, 대만 등은 물론, 제국의 영토 밖에서 이 법을 위반하는 행위가 있었을 경우에도 그 범인의 국적 여하를 불문하고 이에 대하여 이 법을 적용하여 범죄가 성립한다는 취지인 것입니다.

당연히 외국에서 이 법을 위반하는 행위가 있어도 일본 법률을 외국에서 실행하는 것은 불가능하기 때문에 러시아에 있는 자가 이 법을 위반하는 행위를 했다 하더라도 즉각 그 범인을 끌고 올 수는 없습니다. 결과적으로 이러한 자가 우연히 일본 영토에 왔을 경우에 사실상 소추할 수 있다는 것입니다. 소추라는 문제와 범죄의 성립 여부에 관한 문제와는 원래 별개 사항입니다.

이상 조문에 대한 대략적인 해석을 마쳤습니다. 누차 말씀드린 바와 같이 이 치안유지법이라는 새로운 법률에 대해서는 그 골자가 되는 조문은 모두 원칙적으로 목적죄라는 것, 특히 원칙적으로 이에 대해 말하자면 예를 들면 결사 가입죄 이익 공여죄의 일부 등은 엄격한 의미의 목적죄가 아니라고 해석하기 때문입니다. 모두 대중 범죄라는 것, 즉 공동 행위자가 있다는 것, 그리고 피해의 법익적인 측면에서 말씀드리자면 치안에 위험이 있는 상태를 야기한 자를 곧바로 단속하는 것이 목적이지 현실적으로 피해가 발생한 것을 단속하는 것은 이 법이 목적으로 하고 있는 바가 아니라는 것입니다. 이러한 점 등이 재래의 제(諸)법제와 다소 취지가 다른 부분입니다.

시간이 다 되었으니 여기서 설명을 마치겠습니다만 형식적으로는 처음에 말씀드렸던 대로 매우 평이하고 간단명료합니다. 그러나 그 내용은 매우 광범위하여 이 적용 결과가 각 방면에 매우 중대한 영향을 미치는 법률입니다. 매우 예리한 칼이라 만일 이 칼을 적절하게 사용하지 않을 경우에는 많은 피해자가 발생하는 결과를 초래할 수 있습니다. 그렇기 때문에 이 법을 적용할 때는 먼저 이 법이 구체적인 사안에 대해서 잘 적용될 수 있을지 어떨지 정밀하고도 세세하게 연구해야 합니다. (하략)

4. 1941년 치안유지법의 개정 의도와 의미[24]

〈자료 180〉 1941년 치안유지법의 개정 의도와 의미

[야마다 요이치로(山田洋一郞), 1941, 『치안유지법 해의(治安維持法解義)』, 신광각(新光閣), 1~120쪽]

1) 개정 이유

현행 치안유지법은 과격 사상운동을 단속할 목적으로 1925년(大正 14)에 제정되었고, 그 후 1928년(昭和 3) 긴급 칙령에 의해 일부 개정이 가해져 오늘날에 이르렀는데 전문이 겨우 7개조에 불과하고 그 내용도 국체 변혁 또는 사유재산제도 부인을 목적으로 하는 결사 활동

---

24 〈목차〉
서론(입법 이유)
제1장 죄 제1절 총설, 제2절 조목별(逐條) 해설, 제1조 [1 국체의 진의, 2 국체(國體) 변혁과 정체(政體) 변혁의 의의, 3 제1조의 이른바 국체 변혁과 제7조의 이른바 국체 부정, 4 민족 독립운동의 의의와 그 단속 범위, 5 제1조의 결사와 제3조의 결사와의 관계, 6 결사의 목적 수행 행위의 의의]/ 제2조(1 외곽 단체에 관한 규정을 마련한 이유, 2 지지 결사 및 준비 결사에 관한 규정을 마련한 이유)/ 제3조(1 제3조의 결사의 의의, 2 제3조의 이른바 조직 준비와 제4조의 집단 결성과의 관계)/제4조(1 제4조의 법의, 2 제4조의 이른바 집단의 의의, 3 제4조의 이른바 결성의 의의, 4 결사와 집단을 구별하여 규정한 이유)/ 제5조 [1 제5조의 이른바 〈목적을 가지고〉의 의의, 2 제5조의 이른바 〈그 목적이 되는 사항의 실행에 관하여 협의 운운〉의 의의, 3 제5조의 이른바 〈선전〉 및 〈제1조 내지 제3조의 목적을 가지고〉의 의의, 4 협의죄의 성질, 5 선전죄의 구성 요건, 6 제5조의 〈선전〉과 제7조의 〈유포〉, 7 선동과 교사와의 관계, 8 의회 제도를 부인하는 선전·선동]/ 제6조(선동자의 목적과 피선동자의 의도)/ 제7조 [1 제7조의 법의, 2 제7조의 종교단체법과의 관계, 3 이른바 〈국체 부정〉의 의의, 4 이른바 〈신궁(神宮)〉의 의의, 5 제7의 적용 범위]/ 제8조 집단에 관한 규정을 새로이 마련한 이유/ 제9조(제9조의 법의)/ 제10조[1 사유재산제도 부인의 의의, 2 사유재산의 제한과 사유재산의 부인과의 관계, 3 이른바 〈취지를 알고〉의 의의), 4 제10조에 선전에 관한 규정을 마련하지 않은 이유, 5 이른바 〈사유재산제도의 부인〉과 민법상의 소유권과의 관계, 6 소유권의 일부 부인과 이 조에 이른바 사유재산제도의 부인, 7 국가사회주의적인 사유재산제도의 부인과 이 법의 적용, 8 토지국유론과 이 조의 적용]/ 제11조 (1 이른바 협의의 의의에 관한 사법 당국의 회답, 2 실행협의의 의의)/ 제12조 선동자의 목적과 피선동자의 의도/ 제13조 제13조의 법의/ 제14조 제14조의 법의/ 제15조 자수 면제와 경감/ 제16조 제16조의 법의
제2장 형사 절차 제1절 총설/제2절 조목별 해설 이 법의 조선 및 대만에서의 시행
제3장 예방구금 제1절 총설/제2절 조목별 해설, 제39조 (1 제39조의 법의, 2 예방구금제도의 성질, 3 예방구금제도의 시비)/제40조 예방구금위원회의 구성원
제4장 이 법의 시행 기일 및 경과 규정 제1절 총설/제2절 해설/부칙 부칙 제2항의 의의

및 동일한 목적으로 나오는 개인적 행위의 일부에 대한 벌칙을 정하고 있는 것에 불과하다.

그런데 제76대 의회의 협찬을 거쳐 1941년(昭和 16) 3월 10일 공포된 이 법의 개정 법률은 형벌 규정을 정비 강화하여 이를 제1장에 게재했을 뿐만 아니라 새로이 제2장을 마련하여 형사 절차에 관하여 형사소송법의 특칙을 규정하였다. 나아가 제3장을 마련하여 예방구금제도를 창설하는 등의 대대적인 개정을 가한 결과, 전문 65조에 달하는 종합적 법전이 되었다. 명목상 법률 개정이나 실제 내용은 전혀 새로운 입법이라 해도 될 만큼 대대적인 개정이다.

이하에 의회에서 나온 개정 법률을 제안한 이유를 원용함으로써 설명을 대신하기로 한다.

일본은 현재 내외적으로 모두 실로 중대한 시국에 처해 있습니다. 이 중대한 시국을 극복하기 위해서는 관민이 더욱 건국 정신을 발양(發揚)하여 일치단결 협력하고 국체를 옹호하고 성업익찬(聖業翼贊)의 신념을 견지하며 나아가야 함은 말할 필요도 없을 것입니다. 그러나 오랫동안 당국이 예의 검거를 계속해 왔음에도 불구하고 이러한 중대 시국 아래 공산주의, 그 밖의 과격 사상운동이 여전히 종식되지 않고 있을 뿐 아니라 최근에 다시 대두되고 있는 것은 정말로 유감입니다.

현하의 일본 국정은 관민이 일치단결하여 노력함에도 불구하고 전쟁의 장기화와 국제 정세의 변화에 따라 각종 경제 현상이 점차 복잡해지고 있는데 이러한 사회 정세는 자칫하면 과격 사상을 조성하고 과격 사상을 품고 있는 자로 하여금 편승할 기회를 주게 되는 것입니다. 따라서 이들 불령 사상운동에 대하여 현재만큼 강력한 시책이 필요한 시기는 없습니다.

그러므로 대책으로 교육 및 기타 방면의 제반 시책을 필요로 하는 것은 물론이고, 오로지 형벌로 이것을 근절시키고자 하는 것이 매우 곤란한 일임은 두말할 필요 없습니다. 그러나 적어도 국체의 변혁을 기도하는 것과 같은 매우 불령한 과격 사상을 품고 있는 자에 대해서는 철저하게 검거, 처벌하여 그들로 하여금 준동의 여지가 없도록 하는 것 역시 필수불가결한 일입니다.

현행 치안유지법은 1925년(大正 14)에 제정되었는데 그 후 1928년(昭和 3)에 긴급 명령으로 그 일부를 개정한 것에 불과합니다. 다이쇼(大正) 말기부터 쇼와(昭和) 원년에 걸친 사상운동의 정세를 배경으로 규정된 관계상 공산주의 운동, 특히 일본공산당의 활동을 주된 대상으로 하여 규정되어 있습니다.

그러나 운동 정세의 변화에 부응하여 치안유지 목적을 달성하기 위해서는 한편으로는 공산주의 운동뿐만 아니라 무정부주의 운동, 민족 독립운동 또는 유사 종교운동 등 각종 과격 사상운동에도 적용할 실제적인 필요가 있습니다. 또 다른 측면에서는 공산주의 운동에 관해서도 정세의 변화, 특히 이른바 인민전선(人民戰線) 방책을 채용함에 따라운동 형태가 이 법 제정 당시에 비해 매우 복잡해졌기 때문에 현행 치안유지법은 사안을 처리하는 데 부족한 점이 많아졌습니다. 따라서 사태의 변화에 대응하여 완벽하게 단속하기 위해 현행법의 벌칙을 정비 강화할 필요가 있는 것입니다. 그와 동시에 이 법 시행 이후의 실적에 비추어 보면서 사상범죄 사건의 특질을 감안하여 수사 기관의 수사 수단을 강화하고 신속 정확함을 기함과 동시에 재판 절차도 신속하게 할 뿐 아니라 과거에 이러한 종류의 사건에 관하여 종종 행해져 온 이른바 법정 투쟁을 방지하기 위한 제도를 마련할 필요가 있습니다.

수사 및 심사에 관한 현행 형사소송법의 규정은 매우 불충분하여 이러한 현하의 필요를 충분히 채울 수 없기 때문에 그 부족함을 보완하여 완벽을 기하는 것이 긴급하고 중요합니다.

또한 최근의 공산주의 운동의 실정을 보면 활동의 중심을 이루는 것은 대부분 비전향 전과자 또는 집행유예자일 뿐 아니라 사상범의 특질상 일단 감염된 과격 사상은 쉽게 불식하기 어렵고 형 집행에 의해서도 개심하지 않는 자의 수가 적지 않습니다. 이 실정을 감안하여 사상범죄의 진압과 예방 효과를 완벽하게 만들기 위해서 일정한 조건과 절차하에 이른바 비전향 분자를 사회로부터 격리하고 그 개심을 목적으로 하는 예방구금제도를 마련할 필요가 있습니다.

이를 요컨대 현행 치안유지법을 전반에 걸쳐 개정하고 벌칙을 정비 강화하여 그 완벽을 기하고 특별 형사 절차를 창설하여 검거에서 재판에 이르기까지 그 절차를 신속, 적정화하여 예방구금제도를 확립하여 비전향 분자로 하여금 편승하지 않도록 하는 것은 현하 긴급한 요청이며, 국체를 옹호하고 대의를 바르게 함으로써 고도 국방 국가 체제의 완벽을 기하기 위함이라고 믿고 이 안을 제출하는 바입니다.

2) 조문 해설

제1장 죄(제1조에서 제16조까지)

제1절 총설

제1장은 국체 변혁을 목적으로 하는 죄에 관하여 현행법에 근본적인 개정을 한 것 외에 불령한 유사 종교단체 등에 관한 죄를 새로 규정했는데 사유재산제도 부인에 관한 죄에 대해서는 조항을 개정한 것 외에 그 내용은 아무것도 변경되지 않았다.

현행법은 다이쇼 말기부터 1926년(昭和 1)에 걸친 사상운동 정세를 배경으로 특히 공산주의 운동을 주요 대상으로 하여 제정된 것이다. 그런데 그 후의 사회 정세의 현저한 변화와 함께 사상운동의 정세도 역시 매우 변화했다.

그 변화의 상태에 대하여 이를 공산주의 운동의 분야에 대하여 보면 그운동 형태는 종래의 통일적, 조직적 모습에서 분산적, 개별적 모습으로 이행하여 당의 목적 수행을 위해서 하는 활동에서 일전하여 시종일관 당의 재건 준비 또는 당적 기운의 조성을 위한 활동을 하기에 이르렀기 때문에 현행법은 그 단속상 많은 불충분이 있음을 피할 수 없다. 더욱이 현하 내외의 정세는 점점 더 그 단속을 엄격하게 하고 그들의 책동 여지를 주지 않을 필요가 있어 현행법의 부족을 보완함과 함께 계속해서 발생하는 새로운 사태에 대응할 수 있는 형벌 태세를 갖추는 것은 초미의 급무라고 해야 할 것이다. 이 같은 필요에 의거하여 형벌 규정이 개정된 것인데 개정의 요점은 대략 다음 6가지이다.

① 국체 변혁을 목적으로 하는 범죄에 대하여 금고형을 폐지하고 형의 단기를 인상하여 형벌을 가중한 것

금고형이 폐지된 것은 이 범죄가 일본 국체를 근본적으로 파괴하고자 하는 점에서 죄와 서로 겉과 속의 관계에 있는 것이며, 대부분의 경우 국제적 규모로 행해지고 있는 것이라는 점에서 외환죄(外患罪)와 상통하는 면이 있다고 인정되기 때문이다. 형이 가중된 것은 재판소에서의 종래의 과형(科刑) 상황, 그중에서도 특히 재범자의 초범 시의 과형 상황에 대한 고려와 규정상으로도 국체를 명백히 증명하게 하려고 하는 취지에 의한 것이다.

② 이른바 외곽 단체(통칭 지원 결사)에 관한 처벌 규정이 신설된 것

즉 개정법 제2조는 단체 변혁을 목적으로 하는 결사(통칭 국체 변혁 결사)의 지원을 목적으로 하는 결사에 관하여 그 결사의 조직자 또는 지도자를 사형 또는 무기 혹은 5년 이상의 징역에 처하고, 결사의 가입자 또는 결사의 목적 수행을 위해 하는 행위를 한 자를 2년 이상의 유기 징역에 처하는 내용을 규정했다.

공산주의 운동에 대한 단속의 역사를 돌이켜보면 당의 외곽 단체는 당의 저수지 역할을 하고, 당이 검거를 받아 붕괴하면 즉각 그 세력을 서서히 보급하여 재건에 기여했을 뿐 아니라 널리 대중들 사이에 공산주의 사상을 침투, 전파시키는 데 힘이 작용했음은 명백하므로 공산주의 운동을 방어하기 위해서는 단순히 당을 단속 대상으로 하는 것만으로는 충분하지 않다. 즉 외곽 단체 자체를 직접 단속 대상으로 하는 규정을 만들어 그 주동자에 대하여 엄벌로 임함과 동시에 이에 관여하는 자를 단속 범위 밖으로 빗나가지 않게 준비할 필요가 있다. 이것이 이 조를 신설한 이유이다.

③ 이른바 준비 결사에 관한 처벌 규정이 신설된 것

즉 개정법 제3조는 국체 변혁 결사 조직을 준비하는 것을 목적으로 하여 결사를 조직한 자, 또는 그 결사의 지도자적 임무에 종사한 자, 혹은 그 결사에 가입한 자, 혹은 결사의 목적 수행을 위해 하는 행위를 한 자에 대하여 지원 결사와 동일한 형을 규정하고 있다.

최근 공산주의 운동의 특색 중 하나는 국체 변혁을 궁극의 목표로 기대하면서 스스로 국체 변혁의 실행을 담당히고자 하지 않고 우선 선전, 계몽, 그 외의 방법에 의해 공산주의자를 양성, 결집하고 당 재건의 기운을 조성하는 것을 주요 목적으로 하여 결사를 조직하고자 하는 경향이 있는 점이다. 이러한 결사는 국체 변혁 결사로 인정하기 어렵지만, 그 위험성으로 보면 지원 결사에 대한 것과 동일하게 상당하는 중형으로 임하고 동시에 결사 그 자체를 파악하여 처리할 필요가 있다고 판단되어 제3조가 마련된 것이다.

④ 결사까지는 아닌 집단에 관한 규정이 신설된 것

즉 개정법 제4조는 적어도 국체를 변혁할 목적으로 집단을 결성한 자 또는 집단을 지도한 자는 무기 또는 2년 이상의 징역에 처하고 동일한 목적으로 집단에 참가하거나 또는 집단에 관하여 그 목적 수행을 위한 행위를 한 자는 1년 이상의 징역에 처하는 내용을 규정하고 있다.

최근의 사상운동이 분산적, 개별적 형태를 취하게 된 결과 결사의 정도에 달하지 않은 다수인의 집합체에 대해서도 결합체 그 자체를 대상으로 하여 처리할 수 있는 규정을 마련할 필요가 있어 제4조가 마련된 것이다.

⑤ 선전, 그 밖에 국체 변혁이라는 목적에 기여하는 일체의 개인적 행위를 처벌할 포괄적 규정이 신설된 것

현행법은 결사에 관계없는 개인적 행위 중 협의, 선동 및 범죄 선동에 관한 처벌 규정만을 마련하여 그 밖의 행위에는 적용되고 있지 않은데 이와 같은 행위 외에도 선전, 계몽 등과 같이 그 중요성에서 선동 등과 변함없는 것이 있을 뿐 아니라 현재의 사상운동이 복잡하기에 걸친 실정을 고려할 때는 국체 변혁 사상에 근거하는 일체의 개인적 행위를 처벌 대상으로 해야 한다고 할 것이다. 제5조는 선전 그 외의 목적 수행을 위한 행위를 한 자를 1년 이상 10년 이하의 징역에 처하는 내용을 규정한 것이다.

⑥ 불령한 유사 종교단체에 관한 처벌 규정이 신설된 것

국체 관념을 어지럽히는 불온한 교의를 선포하는 유사 종교단체가 있으면 엄벌에 처할 필요가 있는 것은 물론이지만 유사 종교단체의 사상범죄의 특이성은 일반 종교단체와 달리 정신적 구제보다는 오히려 현실의 국가 또는 사회의 개혁에 활동 중점을 두는 결과 정치 내지 사회운동 단체인 성격을 구비함과 함께 한편으로는 다분히 종교적 색채도 띠고 있는 점에 있다. 따라서 정치 내지 사회운동을 주요 단속 대상으로 하는 현행법으로 처단하고자 하면 자연히 법의 불충분함을 피할 수 없다.

그래서 제7조 및 제8조는 국체를 부정하거나 또는 신궁(神宮) 혹은 황실의 존엄을 모독하는 사항을 유포하는 것을 목적으로 하는 결사 및 집단에 관한 죄를 규정하고 결사 또는 집단에 관하여 활동한 자에 대하여 매우 엄중한 형벌로 임하고 있는 것이다.

제2절 조목별 해설

제1조 국체(國體)를 변혁할 목적으로 결사를 조직한 자 또는 결사의 임원, 그 밖의 지도자적 임무에 종사한 자는 사형 또는 무기 혹은 7년 이상의 징역에 처하고, 취지를 알면서 결사에 가입한 자 또는 결사의 목적을 수행하기 위한 행위를 한 자는 3년 이상의 유기 징역에 처한다.

① 국체의 진의

【질문】 일반 상식에서 정체(政體)와 국체를 혼동하고 있는 이도 있고, 또한 오늘날까지 많은 학자의 설에도 전혀 용납할 수 없는 의견도 있다. 그런데 이 법도 제1장의 모두에 정한 바와 같이 국체를 변혁하는 것을 목적으로 한 자를 처벌하는 것인데, 국체란 무엇을 의미하는가, 국체의 관념에 대한 확실한 정의는 무엇인가.

【답】 현재 국체의 관념은 국민 전체가 알고 있어 일본 국체에 대하여 의심하는 이가 없다. 다만 이것을 문장으로 쓰거나 혹은 입으로 표현하는 경우에는 사람에 따라 혹은 단어 사용이 다를 수 있다. 이로 인해 여러 가지 시비론도 발생하지만 대체로 국체의 실질에 대해서는 국민 전체가 오해는 없다. 여러 학자의 학설 중에 국체의 의의에 대하여 사용하는 각각의 단어 사용법이 다르기 때문에 의문이 발생하는 것이라고 생각한다. 먼저 헌법 제1조에 "대일본제국은 만세일계의 천황이 이를 통치한다"라고 명시되어 있다. 이는 원래 헌법에 의해 이렇게 정해진 것이 아니라 건국 이래 오늘에 이르기까지 변한 적이 없는 것으로, 이를 말로 표현하면 제국헌법에 의해 제시되어 있는 것이 정확하다. 즉 천황이 국가를 통치하시고, 그 천황은 만세일계(萬世一系)이시라는 것에 귀착한다고 나는 생각한다. 이렇게 나타내는 것이 가장 정확한 표현법일 것이다.

【질문】 입헌 정치라는 방법에 의문을 가지고 이를 제한하고자 하거나 혹은 이를 고치고자 하는 설도 어쩌면 해석법에 따라서는 제1조에 포함되는 해석을 하는 경우가 발생하지 않나?

【답】 헌법 제1조에 정해져 있는 이 규정은 일본의 국체를 밝힌 것이다. 그 외에 때로는 헌법의 조장(條章)을 혼동하거나 하는 것은 어쩌면 조헌(朝憲) 문란이 될 수는 있어도 국체 변혁은 되지 않는다고 생각한다.

② 국체 변혁과 정체 변혁의 의의

국체의 의의에 대해서는 이미 확실한 의의가 확립되어 있고, 대심원은 재삼에 걸쳐 국체의 의의를 분명히 밝히고 있어서 이제는 이 점에 대해서는 더 이상 논의의 여지가 없을 정도로 확정되어 있다. 그 국체란 대심원의 특례를 인용하면 "일본 제국은 만세일계의 천황이 군림하여 통치권을 총람(總攬)하시는 것을 가지고 국체로 한다. 치안유지법 제1조의 이른바 국체의 의의 역시 이것임에 틀림없다" 이 판례는 그 후 아무런 변경이 없다. 따라서 이 국체라는 명확한 정의와 비교하면 국체와 정체의 관념상 차이가 있는 것은 명료하다. 즉 정체는 통치권의 기능을 의미하는 것이다. 예를 들어 입헌 정치라는 것, 또는 각종 헌법 기관에 의해 통치권이 행해지는 형태, 이것은 모두 정체에 속하는 것이다.

따라서 정체의 변혁이 즉 국체의 변혁이라고 일괄적으로 말할 수 없는 것은 당연하지만, 다만 이 통치권을 천황이 직접 총람하시는 형태로 남겨두었다 하더라도 그 실질을 빼앗는 것 등은 역시 두말할 필요 없이 국체의 변혁이다. 명목상 정체의 변혁이라고 해도 결국 국체의 변혁을, 즉 통치권 그 자체를 이면(裏面)에서 그 기능을 잃게 하는 형태가 되면 이것도 분명히 국체의 변혁이다. 그러한 점에서 국체의 변혁과 정체의 변혁 사이에 하나로 연결되는 부분이 있지만 관념은 확실하지 않다고 생각한다. 그렇다면 정체라는 것의 의미의 범위는 어딘가 하면 설명하는 사람에 따라 여러 가지이다. 예를 들어 법률 사전에 의해도 정체라는 것의 의미에는 여러 가지로 구별해서 쓰고 있으며, 설명하는 사람에 따라 그 범위, 내용은 상당히 차이가 있다. 이를 어디까지가 정체인지를 확정하는 것은 매우 곤란한 일이다. 정체 변혁이라는 것이 결코 기뻐할 상태는 아니지만, 이것을 단속하게 된다면 과연 어떤 식으로 단속하고 어떤 규정을 마련해야 좋을지, 또한 그러한 정체 변혁을 목적으로 하는 결사, 혹은 결사가 아니더라도 협의의 다수가 협력하여 그 사상을 강화하는 식의 형태의 범죄라는 것이 과연 현실에 존재하는지 존재하지 않는지가 문제이다. 오히려 그것들은 내란 예비라는 것으로 처벌하는 것이 적당하다고 생각한다.

③ 제1조의 이른바 국체의 변혁과 제7조의 이른바 국체의 부정

【질문】 제1조의 국체와 제7조의 국체는 같은 의미인가?

【답】 같은 의미이다.

【질문】 변혁이란 적극적인 행동을 의미하는 것이라고 생각하는데 부정은 그것과는 달라서 사실을 부인하는 것으로 해석해야 하나?

【답】 부정이란 어떤 사항의 본체를 관념적으로 말살한다는 의미이며, 변혁이란 사물의 본체에 대하여 구체적이며 적극적으로 이에 변경을 가하는 이러한 능동적 내용을 가지고 있는 것이다. 부정은 다만 이를 관념적이며 소극적으로 인정하지 않는다는 내용만 가지고 있는 것으로 생각한다.

④ 민족 독립운동의 의의와 그 단속 범위

【질문】 민족 독립 문제라는 것은 여러 방면에서 생각할 수 있는 것이지만, 이 치안유지법으로 단속하고자 하는 민족 독립이라는 것은 어떤 사실 어떤 범위를 한도로 하고 있나?

【답】 민족의 독립운동에 대해서는 그중에서 치안유지법에 저촉되는 것으로 보고 대심원 및 조선의 최고 법원에서 이미 확정한 판례가 있다. 그러나 그 어느 것이 국체의 변혁에 해당하느냐 하는 문제, 즉 그것은 어떤 범위냐 하면, 조선을 예로 들자면 한 조선인이 조선의 민족 독립을 책동하여 조선에서의 일본 천황폐하의 통치권을 배제하고 그들 스스로가 그곳을 통치하고자 한다. 즉 천황폐하의 통치권을 배제하겠다는 주장이 있는 경우에는 국체 변혁에 해당한다. 그 밖에 일본의 폐하의 통치권을 따로 배제하는 것이 아니라 그저 그 아래에서 자치를 요구한다거나 혹은 국어의 독립을 얻고자 하는 것은 국체의 변혁에 해당하지 않는다. 그러나 이러한 경우에도 폐하의 통치권을 인정하면서도 그 조선의 독립을 도모하고 사유재산제도를 부인하는 방법을 취한 사례가 있다. 사유재산제도를 부인하는 결사로 조선공산당이라는 것을 처벌했는데 이는 국체 변혁이 아니라 사유재산 부인으로 처벌하고 있다. 천황폐하의 통치권을 배제하는 것이 아닌 한 국체의 변혁은 치안유지법에 저촉되는 경우는 없다고 생각한다.

【질문】 천황폐하의 통치권을 배제한다는 것은 결국 구체적으로 말하자면 조선이 독립하여 일본제국 통치에서 벗어난다는 것인가, 아니면 그저 일본제국의 영토이지만 폐하의 통치권 아래에 복종하지 않겠다는 의미로 해석하는 것인가.

【답】 "대일본제국은 만세일계의 천황이 이를 통치한다"라는 헌법의 조항이 즉 국체로 되어 있기 때문에 조선에서도 설령 그러한 일이 있다면 모두 국체 변혁에 해당한다.

⑤ **제1조의 결사와 제3조의 결사와의 관계**

제1조는 "국체를 변혁하는 것을 목적으로 하여"라고 규정하고 이 결사 조직의 동기가 이 목적에 나와 있어야 하고, 이 목적은 변혁한다는 그 행위를 한다는 것이 목적이어야 한다는 것이다. 이러한 목적하에 결사를 조직하면 물론 제1조의 결사이지만 그렇지 않고 제3조의 그러한 결사를 만드는 준비를 하는 결사인 경우에는 제1조의 결사가 되지 않는다는 것이다. 이를 법률적인 용어로 말하면 제3조의 조직 행위는 제1조의 조직 행위의 예비 행위에 해당하는 것이다.

⑥ **결사의 목적 수행 행위의 의의**

【질문】 "결사의 목적 수행을 위해 하는 행위"라는 문자가 거의 각 조에 있는데 "결사의 목적 수행을 위해 하는 행위"라는 문구의 유권적 해석은 무엇인가.

【답】 결사의 목적 수행 행위란 결사의 목적을 달성하는 데 있어서 여러 가지 행동이 있지만 이것을 전부 포괄하여 "목적 수행을 위해 하는 행위"라고 해석하고 있다. 따라서 이것은 매우 넓은 관념이다. 결사가 이미 결성되어 있는 경우에 대해서는 물론 문제가 없지만, 결사가 결성되어 있지 않은 경우에는 주관적으로 결사가 결성되어 있는 것으로 생각하고 그 "목적 수행을 위해 하는 행위"라고 해석해야 한다고 생각한다.

제2조 앞 조의 결사를 지원하는 것을 목적으로 하여 결사를 조직한 자 또는 결사의 임원, 그 밖에 지도자적 임무에 종사한 자는 사형 또는 무기 혹은 5년 이상의 징역에 처하고, 취지를 알고 결사에 가입한 자 또는 결사의 목적 수행을 위한 행위를 한 자는 2년 이상의 유기 징역에 처한다.

① **외곽 단체에 관한 규정을 마련한 이유**

외곽 단체에 관한 제2조의 규정을 마련한 취지는 일본의 공산주의 운동의 과거 실적에 비추어 전위당(前衛黨)인 공산당은 아무리 단속을 해도 그 세력을 보급해 오기 때문에 이런 종류의 외곽 단체를 철저하게 단속하지 않으면 그 효과를 완전하게 거둘 수 없는 실정을 감안하여 이 규정을 둔 것이다. 이 규정을 둔 이상 외곽 단체 가입자라 하더라도 그 단체가 결국

제1조의 결사에 관계가 있음을 인식하면서 그 외곽 단체의 행동에 참가한 경우라면 이 제2조로 철저하게 단속할 작정이다.

② 지원 결사 및 준비 결사에 관한 규정을 마련한 이유

【질문】 제2조의 지원 결사 및 제3조의 준비 결사는 결국 제1조의 결사 안에 포함되는 것이 아닌가. 즉 제2조, 제3조의 결사를 제1조에서 분리하여 규정한 것은 제1조의 죄보다는 제2조, 제3조를 가볍게 하기 위해서라고 생각하는데 현행법에 이 구별은 없다. 현행법 하에서 제2조의 지원 결사와 제3조의 준비 결사에 대해서는 제1조에 의해 단속하고 있을 것으로 생각하는데 이에 대한 견해는 어떠한가?

【답】 개정 규정 제1조의 국체를 변혁하는 것을 목적으로 하는 결사는 현행법의 제1조의 결사와 동일 결사이다. 그리고 현행법의 제1조의 결사는 현행법 제정 당시부터의 설명 및 그 후의 운용 실적을 보면 개정 규정의 제2조 및 제3조의 결사를 포함하고 있지 않은 결사라고 하는 식으로 해석되고 있고 운용되고 있다.

따라서 제2조 및 제3조의 결사는 현행법하에서는 결사로 인정되고 있지 않아 이번 규정에서 새로 마련된 것이다. 그래서 이 제2조와 같은 결사를 현행법에서는 대체로 현행법 제1조의 결사 목적 수행 행위로써 처벌하고 있는 것이다.

그러므로 각각의 행위는 목적 수행 행위로 처벌되고 있으며, 이 결사 자체로 그것을 문제 삼아 처벌 대상으로 할 수는 없기 때문에 이러한 집단적인 범죄의 경우에는 결사 그 자체를 문제 삼아 처벌 대싱으로 할 수 없다는 부분에 단속상의 난처함이 있어서 제2조와 같은 규정을 마련한 것이다.

제3조의 준비 결사는 현행법하에서는 역시 결사 그 자체로서의 처리는 어렵다. 결국 이 준비 결사 내부에서 개별적으로 실행 협의라든가 선동이라든가 하는 것이 행해지고 있는 것을 2조, 3조의 행위로 이를 각각 단속하고 있는 데 불과하다.

이 개정 규정 제3조의 경우에는 제1조의 결사가 아직 존재하지 않는 경우 그것을 만드는 준비를 하고 있는 결사이기 때문에 제1조의 결사의 목적 수행 행위는 되지 않는 경우가 있다. 따라서 이 제1조의 결사의 목적 수행 행위로 처치할 수 없고, 결국 그 개개의 행위를 파악하여 실행 협의 또는 선동이라는 것을 가지고 어느 정도의 처치를 할 수 있는 것에 불과하다.

그래서 역시 하나의 집단적인 형태로 이를 처치할 수 없기 때문에 새로 이와 같은 규정을 두게 된 것이다.

제3조 제1조의 결사의 조직을 준비하는 것을 목적으로 하여 결사를 조직한 자 또는 결사의 임원, 그 밖에 지도자적 임무에 종사한 자는 사형 또는 무기 혹은 5년 이상의 징역에 처하고, 취지를 알고 결사에 가입한 자 또는 결사의 목적 수행을 위해 하는 행위를 한 자는 2년 이상의 유기 징역에 처한다.

① 제3조의 결사의 의미

【질문】 3조, 4조에 강조해서 말한 결사 행위, 가입 행위, 목적 수행 행위 이 3가지에 대해 가능한 한 구체적으로 설명해 주길 바란다.

【답】 원래 제1조는 종래에 국체 변혁이라는 목적을 실행하는 결사에 관한 규정이라고 해석되고 있다. 따라서 종래 실제 적용 시에도 결사가 스스로 이 목적 실행을 담당하는 것을 요건으로 해석, 운용되고 있다. 지금까지 제1조의 결사로 인정된 결사는 상당히 많이 있는데 모두 그 실행이 주체적 단체라는 것으로 인정된 경우이다.

그러나 현재는 스스로 그것을 실행하는 것보다는 오히려 그러한 실행을 하는 단체를 만들어 그것에 의해 목적을 달성하려고 하는, 환언하면 그러한 단체를 만들어 단체가 완성되면 자신은 자신의 단체를 없애고 그러한 단체 속으로 들어가는 식의 단체가 있다. 이것이 이른바 준비회적인 단체인데, 이 준비적 단체는 1조의 단체를 만드는 것만이 목적이고, 단체 자체는 그 목적을 실행한다는 목적이 없는 경우가 많다. 따라서 제1조의 결사가 존재하지 않는 경우에 제3조의 결사의 규정이 작용하는 것이다.

② 제3조의 이른바 조직의 준비와 제4조의 집단 결성과의 관계

【질문】 조직에 착수한 것과 결성과의 구별은 어떻게 정하나.

【답】 제4조의 집단 결성이란 결성한 것, 즉 집단의 결성을 본 것이 이에 해당하는 것이며, 만일 결성에 착수하여 아직 완성되지 않은 것은 제14조에 의해 결성죄 미수에 해당하는 것이다.

제4조 앞의 3조의 목적을 가지고 집단을 결성한 자 또는 지도한 자는 무기 또는 3년 이상의 징역에 처하고, 앞의 3조의 목적을 가지고 집단에 참가한 자 또는 집단에 관하여 앞의 3조의 목적 수행을 위한 행위를 한 자는 1년 이상의 유기 징역에 처한다.

① 제4조의 법의

이 조의 집단의 경우에는 결사와 달리 집단 자체가 공동의 목적을 가지는 것을 필요로 하지 않는 경우이다. 앞의 3조의 목적을 가지고 결성하거나 혹은 지도를 하면 되는 것으로, 그 집단이 앞의 3조의 목적하에 만들어진 것인지 아닌지를 인식하지 않고 이 집단에 참가한 자를 무고하게 처벌하는 일이 있으면 매우 입장이 난처하므로 제4조에서는 제1조 내지 제3조의 경우와 달리 '취지를 알고' 집단에 참가했다는 점을 특별히 피해서 역시 앞 3조의 '목적을 가지고' 집단에 참가하는 것을 필요로 한다. 즉 참가하는 동기가 제1조 내지 제3조의 목적에 나오는 것일 필요가 있음을 규정한 것이다.

② 제4조의 이른바 '집단'의 의미

【질문】 제4조의 집단 결성에서 '집단'이라는 문자는 치안유지법의 연혁으로 보아도 처음으로 등장하는 문자인 듯하다. 집단의 정의는 무엇인가.

【답】 결사란 공동의 목적을 위해서 하는 특정 다수인의 상당히 견고하면서도 영속성을 가지는 결합이라는 것으로 되어 있다. 그리고 '집단은 결사에 달하지 않는 다수인의 단결 또는 결합을 말한나'라는 정의를 내리고 있다. 이는 실은 특히 공산주의 결사는 상당히 연혁이 있다. 레닌은 먼저 그 조직을 조직하라고 했는데 공산주의자들은 이것이 레닌의 훌륭한 말이라고들 하며 조직을 조직하라 그리고 첫째도 조직, 둘째도 조직, 셋째도 조직이라는 말을 하고 있다. 여하튼 사상이라기보다도 조직의 힘으로 공산주의를 전파하겠다는 생각으로 그 관계에서 생긴 조직이 이른바 결사이기 때문에 이러한 공산주의를 목표로 하는 결사는 그저 막연한 다수인의 집회는 아닐 터이므로 그사이에 결속이 있고, 그사이에 의지가 견고한 공통점이 있어야만 한다. 그것을 노린 것이 결사였다.

그런데 인민전선 이후에는 결사를 표면적으로 내세워서는 오히려 공산주의의 선전이 되지 않기 때문에 갑자기 이를 속으로 감추고 그저 막연한 집단이라는, 요컨대 그런 조직을 갖지 않는, 결사를 갖지 않는 집단을 만들어 그 집단의 힘으로 서서히 선전해 나가는 것이다. 따라서 결사 정도에 달하지 않는 다수인의 단결 또는 결합이란 즉 한편으로는 목적이라는 점에서 결사 정도의 상호 양해, 이해가 없을 것, 그리고 구성원의 특정성에 있어서도 결사라고 칭해질 정도의 결속성이 없을 것, 나아가 따라서 집단의 영속성이라는 것에 대해서도 결사 정도의 영속성을 가지지 않기 때문에 결국 결합력에서 박약하다. 그렇기 때문에 다수인의 단결, 결합이기는 하나 결사 정도의 결속력을 가지지 않는 것이다.

【질문】 무슨 무슨 문예협회라든가, 무슨 무슨 극단, 무슨 무슨 구락부(俱樂部) 등과 같은, 즉 제2조의 지원 결사도 아니고 또한 제3조의 준비 결사도 아닌 경우이면서 그 성격은 매우 좌익적인 경우는 제4조의 대상이 되나.

【답】 그러한 단체가 제1조 내지 제3조의 목적을 가지고 결성된 경우에는 해당하는 경우가 있다고 생각한다.

③ 제4조의 이른바 '결성'의 의의

【질문】 어디까지 가면 결성이고, 어디까지 가지 않으면 결성이라는 범위에 들어가지 않는가. 그 구별은 어떻게 하나.

【답】 결성이란 법률적으로 말하자면 집단을 창설하는 행위, 처음으로 설치한다는 행위이다. 즉 집단을 만들고자 생각하여 그 계획을 세우고 결국 집단이라고 인정되는 상태로 집단이 만들어졌을 때 즉 그 결성범의 기수(旣遂)가 되는 것이다.

④ 결사와 집단을 구별하여 규정한 이유

【질문】 현행법은 집단과 결사의 구별을 하고 있지 않은데 특히 결사에서 집단을 분리하여 별도의 규정을 둔 이유는 무엇인가.

【답】 제4조의 집단에 관한 규정은 최근 사상 정세의운동 형태에 대응하여 결사에 이르지 않은 다수인의 결합체가 상당히 많이 있기 때문에 이를 각각 처치하기보다는 역시 그것을 그 단체라는 형태로 처치하겠다는 생각에서 제4조의 규정이 마련된 것이다.

그래서 이 집단과 결사가 다른 점은 결사에는 각종 요건이 필요하다는 식으로 기성의 법률 개념을 이루고 있는데, 그 요건이 하나라도 결여되어 있는 경우에는 이를 결사라고 보기 어렵다. 그래서 이 집단이라는 규정을 마련하지 않을 수 없었던 것이다. 예를 들어 여러 명의 '그룹'이 있고, 이것이 1회, 2회는 그 멤버가 전부 나와서 회합을 했다. 그런데 3회째부터 하나둘씩 그중에서 탈락자가 생겼다거나 혹은 어느 경우에는 다소 무리하게 본인을 부르러 가지 않으면 그 모임에 나오지 않는 경우와 같이 결속력이 '느슨한' 작은 단체가 있다. 이러한 것을 결사로 처리할 수 없고 또 사실상 결사로 취급하지 않고 있다. 그런데 이런 식의 '그룹'을 만든 자는 단순한 개별 행위로서 이를 처치하기보다도 역시 그런 하나의 단체를 만들었다는 점에 중점을 두어 그것을 다소 무겁게 처벌해야 할 필요가 있기 때문에 그런 식의 단체를 집단이라고 생각하고 싶어서이다.

그 밖에 공동 목적이라는 점이고, 결합력이라는 점이고, 결사라고 칭하기 위해서는 제법 그것이 명확하거나 형태가 확실한 것이어야 한다. 해석상으로도 그렇게 일컬어지고 있다. 또한 실제 취급에서 그렇지 않으면 결사라고 인정하지 않고 있다. 그 정도에 이르지 않은 것이 매우 많기 때문에 집단의 결성이라는 새로운 규정을 둔 것이다.

요컨대 결국 어느 정도 이상은 그 단체를 구체적으로 검토한 후가 아니면 결사가 될지 혹은 집단 정도로 그칠지가 확실하지 않은 경우가 있을 것으로 생각된다.

제5조 제1조 내지 제3조의 목적을 가지고 그 목적이 되는 사항의 실행에 관하여 협의 혹은 선동을 하거나 또는 그 목적이 되는 사항을 선전하고 그 밖에 그 목적 수행을 위한 행위를 한 자는 1년 이상 10년 이하의 징역에 처한다.

① 제5조의 이른바 '목적을 가지고'의 의의

제5조의 '제1조 내지 제3조의 목적을 가지고'라는 문구의 해석은 제1조에는 즉 "국체를 변혁하는 것을 목적으로 하여", 제2조에는 "앞 조의 결사를 지원하는 것을 목적으로 하여"라고 되어 있는데 이 "앞 조의 결사를 지원하는 것을 목적으로 하여"라는 것은 즉 "국체를 변혁하는 것을 목적으로 하여, 결사를 지원하는 것을 목적으로 하여"라고 이해된다. 제3조는 "제1조의 결사 조직을 준비하는 것을 목적으로 하여" 이는 즉 "국체를 변혁하는 것을 목적으로 하여, 결사의 조직을 준비하는 것을 목적으로 하여"라고 이해된다. 어느 쪽이든지 이 3자의 '목적으로 하여'라는 것을 함께 생각하면 제1조는 국체를 변혁하는 것을 직접 목적으로 한다

는 의미이고, 제2조는 그 국체를 변혁하는 것을 목적으로 하여 결사를 지원하는 것을 목적으로 하는 것이기 때문에 즉 간접적으로 국체를 변혁하는 것을 목적으로 하는 것이다. 제3조도 역시 국체를 변혁하는 것을 목적으로 하여 결사의 조직을 준비하는 것이기 때문에 간접적으로 역시 국체를 변혁하는 것을 목적으로 하는 것이다. 이 점에 대해서는 모두 이를 매우 통속적으로 해석하면 제5조의 "제1조 내지 제3조의 목적을 가지고"라는 것은 국체를 변혁하는 것을 직접 또는 간접 목적으로 하여 라는 의미이다. 결국 국체를 변혁하는 것을 직접 목적으로 하는 것이 곧 제1조, 국체 변혁을 간접 목적으로 하여 라는 것이 곧 제2조, 제3조라는 의미이다. 따라서 제5조는 국체 변혁을 직접 또는 간접 목적을 주로 하여 그 목적으로 한 사항, 즉 국체를 변혁하는 것 또는 국체를 변혁하는 결사를 지원하는 것, 또 조직을 준비하는 것, 이러한 것의 실행이라는 의미가 된다.

② 제5조의 이른바 "그 목적이 되는 사항의 실행에 관하여 협의 운운"의 의의

【질문】 제5조에는 "그 목적이 되는 사항의 실행에 관하여 협의 운운"이라고 되어 있는데 현행법에 소위 "그 목적이 되는 사항의 실행에 관하여 협의 운운"이라는 것은 이는 결사를 하는 것에 대하여 협의를 했다는 의미로 해석되고 있는 것인가 아니면 그저 국체 파괴에 대하여 무언가 상의를 했다는 것인가.

【답】 현행법의 제2조는 이러한 소위 지원 결사와 준비 결사에 대하여 규정되어 있지 않기 때문에 현행법 제2조의, 목적이 되는 사항의 실행에 관한 협의란 국체 변혁에 관하여 협의를 했다고 해석하는 것이다. 결사와는 관계없는 것이다.

【질문】 그렇다면 제2조 즉 개정법 제5조는 종래 국체 변혁을 목적으로 한 사항에 대한 실행에 대하여 협의를 했다는 것보다는 상당히 넓은 범위에 적용되는 게 아닌가 하는 생각이 드는데 이에 대하여 지금까지 발매 금지를 받은 출판사 등은 역시 이 속에 포함되는 것이 되나.

【답】 목적이 있으면 역시 실행에 관하여 협의를 하거나 선동을 했다는 것이 되는데 향후에 대하여 처분하는 것이므로 과거에 대한 부분은 별도이다. 그러나 향후 이러한 목적을 가지고 실행에 관하여 선전을 했다고 하면 물론 포함된다.

③ 제5조의 이른바 '선전' 및 "제1조 내지 제3조의 목적을 가지고"의 의의

선전이란 그 사항을 타인에게 호소하여 공명을 구하는 적극적인 의도를 필요로 하는 경우이다. 단순히 어떤 사항을 통속적으로 이른바 선전하는 것은 '유포'라는 말로 표현되게 된다. 여기에서 선전은 유포와는 달리 역시 적극적인 의도를 가지고 행해질 필요가 있다.

또한 "제1조 내지 제3조의 목적을 가지고"라고 되어 있는 것은 '제1조 내지 제3조'라는 문구를 사용했기 때문에 '목적을 가지고'라는 문자를 사용하고 있는 것이지만 제1조 내지 제3조는 모두 '목적으로 하여'라는 말로 하나로 정리하여 나타내고 있으므로 따라서 이 제5조도 '목적으로 하여'라는 의미로 이해해야 한다.

'목적을 가지고'란 물론 동기 목적을 나타내고 있는 말이지만 인식으로 충분하다 등의 애매한 판례도 있는 듯하다. 그러나 이 5조의 경우에도 '목적으로 하여'라고 이해해야 하며 '목적으로 하여'라는 경우에는 현행법하에서는 대체로 단순한 인식이 아니라 거기에는 상당한 동기에서 출발할 필요가 있다는 식으로 해석되고 있다.

④ 협의죄의 성격

【질문】 제5조의 "제1조 내지 제3조의 목적을 가지고 그 목적이 되는 사항의 실행에 관하여 협의"를 한 경우라는 것은 독립죄인가. 협의죄라는 것은 이 경우에는 제3조의 예비 행위가 되지는 않나.

【답】 이 협의죄에 대해서는 현행법 제2조에서도 규정되어 있는 것으로, 현행법 제2조의 협의죄는 제1조와의 관계에서는 제1조의 음모죄, 즉 예비에 필적하는 음모죄라고 설명되어 있다. 물론 제5조의 협의죄도 1조 내지 3조의 관계에서는 동일한 해석이 된다.

⑤ 선전죄의 구성 요건

【질문】 제5조의 후반 "혹은 선동을 하거나 또는 그 목적이 되는 사항을 선전하고 그 밖에 그 목적 수행을 위한 행위를 한 자", 선전죄란 새로 나온 것이지만 이 선전죄의 구성 요소, 즉 선전죄를 구성하는 그 행위의 양태는 대체로 어떤 것을 목표로 하고 있나.

【답】 제5조 선전죄의 구성 요건은 먼저 첫째로 이 조 전단(前段)의 경우와 마찬가지로 제1조 내지 제3조의 목적을 가지고 선전을 할 필요가 있다. 선전을 하는 동기가 1조 내지 3조

의 목적을 위해서 한다는 점이 첫 번째 요건이다. 다음으로 두 번째로 목적이 되는 사항을 선전할 필요가 있다. 즉 국체 변혁 사항 혹은 이에 관련하는 사항의 선전이므로 그 선전행위 자체 중에 그 사항이 지시되어 있을 필요가 있는 것이다. 그러나 이 사항이 지시될 필요가 있다 하더라도 변혁의 수단, 방법 등은 반드시 선전행위 자체에서 표시될 필요는 없다.

또한 그 선전하는 문자, 언어가 반드시 표면적으로 국체 변혁, 지원 또는 준비 등과 같은 것을 그대로 직접 사용하고 있을 필요도 없다. 그러나 그 취지에서는 그러한 사항을 포함하고 있어야 한다. 요컨대 선전은 일정한 사항을 불특정 또는 다수인에게 설명하고 동시에 호소하여 그 이해와 공명을 요구하는 행위라고 정의할 수 있다. 이 행위는 선동과 함께 이 법에서 단속하고자 하는 활동에서는 유력한 그들의 활동상의 무기이기 때문에 반드시 단속할 필요가 있는 것으로 규정된 것이다.

⑥ 제5조의 '선전'과 제7조의 '유포'

【질문】제5조의 "그 목적이 되는 사항을 선전하고"라고 되어 있는 '선전'과 제7조의 '유포'란 어떻게 다른가.

【답】선전이란 그 사항을 상대방에게 전달하여 그의 공명을 얻는다는 적극적인 의도를 포함하고 있는 경우인데, 유포의 경우는 단순히 전파하는 것뿐이어서 선전과 비교하면 적극적인 의도를 포함하고 있지 않은 경우이다.

⑦ 선동과 교사와의 관계

【질문】선동의 실체는 교사인가.

【답】선동의 실체는 교사와 거의 동일하다. 다만 교사의 경우에는 특정인을 대상으로 하고 있는 것에 반해 선동의 경우는 불특정 또는 다수인에 대해서도 행해지는 것이다.

【질문】선동과 교사가 경합한 경우는 어느 법조에 따라 처벌되는 것인가.

【답】제5조의 선동일 경우에는 사항의 실행에 관한 선동이기 때문에 그 선동을 받은 자가 실행한 경우라도 역시 제5조의 선동죄가 성립하는 것이다. 이 선동죄의 경우에는 상대방이 실행했든 하지 않았든 그 실행 여부와 관계없이 어쨌든 선동하면 성립하게 되는 것이다.

⑧ 의회 제도 부인의 선전·선동

의회 제도의 파괴를 기도하는 사상을 가지고 선전, 선동하는 경우에는 국체 변혁의 목적을 가지고 이 법의 목적인, 예를 들어 선전하는 것인지 아니면 공중에 대해서 선동하는 것인가에 관계되기 때문에 이 법 5조에 해당한다.

제6조 제1조 내지 제3조의 목적을 가지고 소요, 폭행, 그 외에 생명, 신체 또는 재산에 해를 가하는 범죄를 선동한 자는 2년 이상의 유기 징역에 처한다.

- 선동자의 목적과 피선동자의 의도

이 조는 선동자에게 제1조 내지 제3조의 목적이 있으면 충분하며, 피선동자에게 이러한 목적, 의도가 있었느냐 없었느냐는 문제시하지 않는다.

제7조 국체를 부정하거나 또는 신궁 혹은 황실의 존엄을 모독하는 사항을 유포할 목적으로 결사를 조직한 자 또는 결사의 임원, 그 밖에 지도자적 임무에 종사한 자는 무기 또는 4년 이상의 징역에 처하고, 취지를 알고 결사에 가입한 자 또는 결사의 목적을 수행하기 위해 하는 행위를 한 자는 1년 이상의 유기 징역에 처한다.

① 제7조의 법의

제7조의 국체 부성, 또는 신궁·황실의 존엄을 모독한다는 규정은 국체의 옹호, 신궁·황실의 존엄 유지에 반하는 사항을 유포하는, 이른바 결사 활동, 즉 결사로서 활동하는 경우를 처벌하고자 고안된 것이다. 따라서 황실의 존엄을 모독하는 사항을 유포하는 것을 가지고 결사를 조직한 것이 되므로 거기에 중점이 있는 것이다.

② 제7조와 종교단체법과의 관계

이 법에서 유사 종교를 다루고 있는 것은 7조, 8조의 경우인데 모두 국체에 관계한 경우뿐이다. 따라서 그 각각을 범한 경우에는 이 법이 관여하지 않는다.

본래 종교는 헌법에 의해 신교(信教)의 자유가 보장되어 있는 바이다. 따라서 이에 대하여 지나치게 처벌을 가하는 것은 좋지 않다. 그러나 신민으로서의 의무를 등지거나 혹은 안녕 질서를 해하는 종교에 대해서는 물론 헌법에서도 신교의 자유가 없는 바이다. 그러나 그 범위에서도 국체에 직접 관계하거나 혹은 국체의 기초에 직접 관계하는, 매우 불령한 것에 한해 이 법을 가지고 단속하고 그 외의 것에 대해서는 본래 종교단체법의 운용에 따라 행정적으로 처리되어 가야 할 것이다.

따라서 어느 한 종교단체의 스승이 매우 불경한 것을 한 경우에는 그 불경의 내용이 그 단체의 교의에서 직접 나오고 있는, 즉 그 단체 자체가 그러한 불경하고 좋지 않은 교의를 가지고 있는 경우에는 때로는 7조, 8조에 저촉되는 경우도 있다.

그러나 단체 자체가 이러한 교의를 가지고 있지 않고 다만 이와 관련하여 스승이 그러한 교의를 선전한 경우는 종교단체법에 의해 결국 종교단체의 해산까지 행정 처분으로 명령을 내리게 되어 있다.

③ 이른바 '국체 부정'의 의의

【질문】 제7조에 국체를 부정하는 것을 목적으로 하여 결사를 조직한다는 것은 실제로는 어떤 경우인가. 국체를 소극적으로 부정하기만 하고 더 나아가 국체를 변혁하는 데까지는 가지 않고 오직 국체만을 부정해 가는 식의 결사는 좀 상상하기 어려운 듯하다.

【답】 이는 주로 유사 종교단체의 경우를 생각하고 상정된 것이다. 국체 변혁이란 국체를 파괴하고 별개의 제도를 실현하는 것을 말한다. 그사이에 인과 관계를 필요로 하는 것이다. 그런데 특수한 유사 종교단체의 경우에는 그 일정한 사태에서 다른 사태로 이행해 가는 과정이 사람의 힘으로 이행하는 것이 아니다. 이는 신의 -눈으로 보이지 않는 힘에 의해 이행한다- 혹은 천재지변에 의해 이행하는 경우 등을 말하며 이들 사이의 인과 관계가 결여되어 있는 것이다. 따라서 이것은 변혁이라고는 단정지을 수 없다. 그러나 그러한 사상을 유포하는 화해(禍害)가 변혁의 경우와 마찬가지로 두려운 부분이 있기 때문에 '부정'이라는 말로 이를 표현한 조문이 만들어진 것이다.

④ 이른바 '신궁'의 의의

【질문】 제7조에 '신궁'이라고 되어 있는 것은 좁게 황대신궁(皇大神宮)을 지칭하는 것인가?

아니면 넓게 신격(神格)을 지닌 신사 신궁 전체를 말하는 것인지, 혹은 관폐대사(官幣大社) 중에 특히 신궁호를 선하(宣下)하신 신사를 가리키는 것인가.

【답】 이 '신궁'이란 이세대묘(伊勢大廟)를 가리킨다. 이는 이미 선례가 있는데, 형법의 「황실에 대한 죄」 제74조 제2항에 신궁이라고 되어 있는 것은 해석상 이세대묘를 지칭하는 것으로 정해져 있다.

⑤ 제7조의 적용 범위

【질문】 이 조도 또 하나의 목적죄인데 이는 이른바 유사 종교 등에 적용되는 것으로, 이 목적도 그 종교의 전부가 이와 같은 목적을 가지고 있지 않아도, 즉 주(主)목적이 여기에 없어도 종(從) 목적이 이에 해당하고, 그 목적의 어느 부분이 이에 해당하면 이 조의 적용을 받는 것인가.

【답】 그렇다. 특히 유사 종교단체의 경우에는 역시 종교적인 색채를 띠고 있는 것이 많기 때문에 불령한 사상을 유포하는 반면에 종교적인 것을 가지고 있는 단체가 많으니 이러한 경우가 오히려 많을 것으로 생각된다.

제8조 앞 조의 목적을 가지고 집단을 결성한 자 또는 집단을 지도한 자는 무기 또는 3년 이상의 징역에 처하고, 앞 조의 목적을 가지고 집단에 참가한 자 또는 집단에 관하여 앞 조의 목적 수행을 위한 행위를 한 자는 1년 이상의 유기 징역에 처한다.

- 집단에 관한 규정을 새로이 마련한 이유

결사 정도에 이르지 않는 집단에 관한 규정을 마련한 것은 개정법의 특색 중 하나이다. 아마도 최근 공산주의 운동의 형태가 분산적, 개별적이 된 결과, 이른바 준비 결사의 출현과 함께 소위 '그룹'적 형태에 의한운동이 점차 그 수가 늘어나고 있는 것이다. 현행법의 해석으로 결사는 공동의 목적을 위해서 하는 특정 다수인의 임의의 계속적 결합으로 상당히 결합력이 견고한 것이라고 해석되고 있기 때문에 그 결사의 요건 중 하나가 결여된 경우에는 이를 결사라고 인정할 수는 없다. 더욱이 전술한 소위 '그룹'적 존재 중에는 혹은 공동 목적이라는 점에서, 혹은 구성원의 특정성이라는 점에서 결사라고 인정할 수 없는 것이 상당히 많다. 현행법 규정상 이를 결합체 그 자체로 처리할 수 없기 때문에 결사에 관한 규정만을 가지고는 완벽하게 단속하기 어렵다. 게다가 이러한 종류의 집단은 단순히 최근 공산주의의운동 형태에 나타나고 있을 뿐 아니라 무정부주의 운동 또는 민족 독립운동에서는 항상 나타나는운동 형태이기 때문에 이러한 현행법의 불충분함을 보완할 필요가 있음을 감안하여, 여기에 제1조 내지 제3조의 목적을 가지고 결성된 집단에 관한 처벌 규정이 마련되게 된 것이다.

第9조 앞 8조의 죄를 범하게 하는 것을 목적으로 하여 금품, 그 외 재산상의 이익을 공여하거나 또는 그 신청 혹은 약속을 한 자는 10년 이하의 징역에 처하는 취지를 알고 공여를 받거나 또는 그 요구 혹은 약속을 한 자도 동일하다.

- 第9조의 법의·동조자(공명자)

이 조는 이익 수수죄에 대한 규정이다. 그리고 여기에서 말하는 이른바 재산상의 이익이란 금전으로 평가할 수 있는 모든 이익을 말한다. 이익의 공여를 하는 자는 이른바 동조자로, 일반 형법상의 관념에 따르면 종범으로 논하는 것인데 이 법에서는 특히 이를 독립된 하나의 죄로 인정한 것이다.

第10조 사유재산제도를 부인하는 것을 목적으로 하여 결사를 조직한 자 또는 취지를 알고 결사에 가입한 자 혹은 결사의 목적 수행을 위한 행위를 한 자는 10년 이하의 징역 또는 금고에 처한다.

① 사유재산제도 부인의 의의

【질문】 법률상의 관념으로 이른바 사유재산제도라는 것을 어떻게 해석하나. 사유재산제도 부인이라는 법률적 개념 안에는 토지 국유 내지는 산업대권봉환, 전산업의 국가 관리도 포함되나. 이미 역사적인 내지는 사상 체계로서의 견해가 아니라 법률적인 견해로서 여기에 이른바 사상적으로 사유재산제도 부인이라는 법률적 해석 안에는 토지 국유, 중요 산업 국가 관리 내지는 전산업 기구를 국유화하라는 주장 같은 경우는 법률상의 개념으로 이에 포함되나.

【답】 사유재산제도 부인이라는 것은 사유재산제도를 근본적으로 파괴한다는 의미이다. 환언하면 제도 자체를 부인하는 것을 의미하고 있다.

② 사유재산제도와 사유재산제도 부인과의 관계

사유재산 부인이라는 것은 치안유지법에서는 단속하게 되어 있다. 결국 사유재산을 부인한다는 것은 근본적으로 사유재산제도라는 것을 파괴하는 사상이라고 생각한다. 그러나 현금의 시국에서나 혹은 평시의 경우라도 정도의 차이는 있지만, 재래의 이른바 자유주의의 법제하에서와 같은 상태로 두는 것은 향후 도저히 불가능하다. 따라서 사유재산에 대하여 제한이 가해지는 것은 피할 수 없는 일이다. 사유재산을 제한하는 논의는 물론 사유재산을 부인하는 것이 되지 않는다. 그 구별은 이론상으로는 명백하다. 다만 실제의 운용으로는 잘 검토하지 않으면 어렵다. 다만 제한, 제한이라고 해도 그 제한이 극단적이 되면 부정이 된다는 것은 이미 기정사실이다.

③ 이른바 '취지를 알고'의 의의

제10조에 '취지를 알고'라는 문구를 넣은 것은 현행법 제1조를 두 개로 나눈 관계상 '취지를 알고'라는 말을 넣지 않으면 현행법대로의 해석이 되지 않기 때문에 이것을 넣은 것이므로 취의상으로는 전혀 변경은 없다.

④ 제10조에 선전에 관한 규정을 마련하지 않은 이유

【질문】 제10조의 범죄는 3가지로 구별하여 "사유재산세도를 부인하는 것을 목적으로 하여 결사를 조직한 자"가 하나이고, "취지를 알고 결사에 가입한 자" 그리고 "결사의 목적 수행을 위한 행위를 한 자"이 3가지로 나뉜다. 그런데 단순히 사유재산제도를 부인하는 것을 목적으로 하여 선전을 한 자의 처벌은 어떻게 되는가. 예를 들어 토지봉환론을 행하고, 산업봉환론을 행하는 등 사유재산제도를 근본부터 부인하는 사상을 연설회 또는 강연회 등에서 선전을 한 자의 처분은 이 중에 들어가지 않는 것 같은데 어떤가.

【답】 결사에 관계하여 선전하는 경우에는 목적 수행 행위로 처벌할 수 있다. 단순히 결사에 관계없이 선전을 하는 경우에는 개정법에서도 현행법과 마찬가지로 처벌은 불가능하다.

그러나 이 사례와 같은 사범이면서 그것이 상당히 강하게 주장되는 경우에는 제11조의 실행을 선동한 자로서 처벌할 수 있다. 대체로 강하게 주장되는 경우에는 선동죄에 해당하는 경우가 많아 자연히 그 정도로 단속할 수 있기 때문에 특별히 선전 규정을 두지 않은 것이다.

⑤ 이른바 '사유재산제도의 부인'과 민법상의 소유권과의 관계

【질문】 민법에 이른바 소유권의 관념과 여기에 이른바 사유재산제도 부인의 관념과 그 공통된 점, 상이한 점의 법률적인 의의는 무엇인가.

【답】 사유재산제도 부인과 소유권의 문제는 꽤나 어려운 문제라 자세히 설명할 수 없을지도 모르겠지만, 사유재산제도 부인이란 사유재산을 근본적으로 파괴한다는 사고방식이고, 사유재산제도의 근본은 이는 물론 소유권의 문제가 된다. 소유권을 근본적으로 인정하지 않는, 개인의 사유를 전혀 인정하지 않는 것이 되면 결국 소유권을 부정하는 것이 되는 것이다. 따라서 사유재산제도의 부정은 결국 소유권을 부정하는 것이 된다.

⑥ 소유권의 일부 부인과 이 조에 있는 소위 사유재산제도의 부인

【질문】 부동산의 사유를 금하는 논의를 강제로 시키면 당연히 모든 사유재산제도 부인에 도달할 위험이 있다. 이는 마치 정체 변혁은 치안유지법에는 해당하지 않지만, 정체 변혁이라는 것은 자칫하면 국체 변혁으로 귀결되어 하나가 되어 버린다. 그래서 이 법률에 의해 처벌을 하는 것과 마찬가지로, 소유권 제도의 일부 부인도 전면 부인에 영향을 미치고 정체 변혁이 국체 변혁으로 귀결되는 관계도 당연히 상상할 수 있는 것이라고 생각한다. 이 경우 이 법조에 의해 처벌이 가능한가.

【답】 토지 국유라는 것이 일체의 토지 사유를 금지하는 것이다. 그렇다면 그것이 사유재산제도를 부인하는 것으로 생각해도 좋을 것이다. 그러나 다만 일부 부인이 결국은 전면 부인이 될 위험을 포함한다는 의미를 가지고 곧바로 일부 부인으로 사유재산제도의 부인이라고 인정하는 것은 아직 성급하다고 생각한다. 이 부분은 또한 실제 문제이며, 그것을 주장하는 사람의 주관이라든가 혹은 주장하는 경우의 상황이라든가에 따라 판단이 여러 가지로 다를 것으로 생각되기 때문에 실제 문제로서는 일괄적으로 판단할 수 없다고 생각한다.

【질문】 실제 문제로서는 잠시 차치해 두고 단순히 법학적 이론에 따르자면 일부의 사유재

산제도를 부인한 경우 그 논의가 당연히 일반 사유재산제도를 부인하는 결과에 도달하는 것을 인정할 수 있었던 경우(인정하고 안 하고는 그때의 사정에 의하지만) 인정된 경우에는 범인 그 자체는 모든 사유재산을 부인할 목적이 없어도 그 논의 자체가 당연히 모든 사유재산제도를 부인하는 결과에 도달하는 경우에는 그 처벌이 이 안에 포함되나 안 되나.

【답】그럴 목적이 없이 한 것이라면 다만 그 결과만을 가지고 바로 치안유지법으로 입건이 가능한지 어떤지를 검토할 수는 없다. 그러나 이러한 언설은 안녕질서를 해하는 것으로써 가벌성(可罰性)이 있다고 생각하기 때문에 그 방면에서 단속하는 것은 가능하다.

⑦ 국가 사회주의적인 사유재산제도의 부인과 이 법의 적용

【질문】국가 사회주의적인 사유재산제도의 부인은 이 법의 적용 범위 밖인가.

【답】사유재산제도 부인이란 사유재산제도와 함께 용인될 수 없는 제도의 실현을 도모하는 것, 즉 해당 제도를 근본적으로 변경하거나 혹은 근본적으로 파괴한다는 의미이다. 사유재산제도란 개인이 재물에 대하여 가지는 소유권을 기초로 하여 소유권이 가지는 기능을 발휘시키기 위해 법이 보호하고 동시에 규율하는 제도로, 국민 생활의 근본을 이루는 하나의 제도이다. 그리고 이것을 사상적으로 말하면 역사적, 국민적으로 뺄 수 없는 신념이 존재하는 국민 공존공영의 규칙을 포함하는 것이라고 해석해야 한다. 따라서 사유재산제도의 부인은 일본의 조직에 동요를 초래하고 일본의 국체를 변혁하기에 이르는 면이 있다고 해야 할 것이다.

사유재산세도는 이같이 중요한 근본적 제도이기 때문에 헌법은 이를 보호하고 치안유지법에서 이를 부인하는 사상을 처벌하는 이유도 역시 여기에 있는 것이다. 토지 국유의 주장도 그 내용을 구체적으로 검토하지 않으면 사유재산제도의 부인이 되는지 어떤지는 확실하지 않다. 만일 모든 재물의 사유를 금하고자 하는 정치적 주장하에 토지 국유를 주장하는 경우에는 물론, 사유재산제도의 부인에 해당하는 것으로 단속 대상이 된다. 토지는 가장 중요한 생산 자본이기 때문에 그 공유를 주장할 경우는 모든 재화의 사유를 금하는 주장에서 출발하고 있는 경우가 많다.

또한 산업봉환론도 그 내용이 반드시 명확한 것은 아니지만 만일 그것이 모든 자본의 사유를 금하고 이를 공유로 이행해야 한다는 주장이라면 이러한 의견이 현실 정치에서 그 실현을 주장한 경우라면 사유재산제도의 부인에 해당하는 것으로 단속 대상이 되어야 할 것이다.

【질문】제10조의 경우는 입법의 연혁에 비추어 하나의 사상을 가지고 그 사상의 실현 수단으로 혹은 토지국유론을 주장하거나 혹은 중요 산업의 국가 관리를 말하거나 혹은 생산기관의 국유를 주장하는 자는 여기에 이른바 사유재산제도의 부인이 되는데 부분적으로 토지 국유를 주장하는 자는 이에 해당하지 않는다는 해석이 되는 것이 아닌가.

【답】다만 단순히 토지 국유론을 주장하는 경우에는 이 조문에는 해당하지 않는다. 이 제10조는 "사유재산제도를 부인하는 것을 목적으로 하여"라고 하는 것이 강조되고 있기 때문에 그러한 목적을 가지고 토지 국유론을 주장하는 것이 되지 않으면 이 조에 해당하지 않는다고 생각한다.

제11조 앞 조의 목적을 가지고 그 목적이 되는 사항의 실현에 관하여 협의를 하거나 또는 그 목적이 되는 사항의 실행을 선동한 자는 7년 이하의 징역 또는 금고에 처한다.

① 이른바 협의의 의의에 관한 사법 당국의 회답

【질문】치안유지법 이유서에 제2조의 협의란 상대방이 반대했기 때문에 실행에 관한 의사의 합치가 이루어지지 않은 경우라 하더라도 "실행에 관하여 제안을 한 자" 내지는 "협의를 한 자"라는 것을 불문한다고 되어 있는 것도 내무성에서 발표한 같은 이유에는 상대방이 이에 대하여 아무런 명시 또는 묵시의 의사 표시를 하지 않은 경우는 이 조에 이른바 협의가 아니라고 되어 있어 양자가 서로 모순되는 것으로 보인다. 다만 반대했을 때는 의사가 합치하지 않은 것에 불과하여 하나의 협의임에 틀림이 없지만, 상대방의 의사 표시가 없을 때는 완전히 단면적 행위로 협의가 아니라고 해석해야 하는가. 과연 그렇다면 "실행에 관하여 제안을 한 자"라고 되어 있는 것은 전술한 명시 또는 묵시의 의사 표시가 없는 경우는 이를 제외한 것으로 해석해야 하는가. [1925년(大正 14) 6월 18일 히로시마(廣島) 지방재판소 검사정]

【답】질문과 같이 상대방이 의사를 표시하지 않은 때에도 그 상대방에게 동법 제1조 제1항의 목적이 되는 사항의 실행에 관하여 협의를 하기 위해 집회한 자와 같은 경우, 내지는 제안을 한 자를 가지고 협의를 한 자라고 할 수 있으며, 단순히 단면적 행위이기 때문에 항상 이

조의 죄를 구성하지 않는다고 해석해야 하는 것은 아니라고 생각한다. [1925년(大正 14) 6월 29일 사법성 형사국장]

② 실행 협의의 의의에 관한 대심원 판례

"국체 변혁 또는 사유재산제도를 부인하는 것을 목적으로 하여 결사를 조직하는 것이라는 취지를 알고 결사에 가입하는 것과 전술한 목적을 가지고 그 목적이 되는 실행에 관하여 협의를 하는 것은 원래 별개의 관념이라고 해도 전술한 목적 수행을 위해 타인에 대하여 결사 가입을 권유하거나 또는 타인으로부터 결사 가입 권유를 받고 전술한 목적 수행을 위해 그 가입을 승낙했지만, 아직 결사에 대하여 가입 신청을 한 것으로 인정하기 어려운 정도인 경우에 그 행위는 치안유지법 제2조에 이른바 전술한 목적이 되는 사항의 실행에 관하여 협의를 한 자라고 하지 않을 수 없다. 확실히 국체를 변혁하고 사유재산제도를 부인할 목적을 수행하기 위해 전술한 사항을 목적으로 하는 결사에 가입하는 것은 위의 목적 사항을 실행할 수단임은 말할 것도 없기 때문에 가입 권유 및 승낙은 전술한 목적 사항의 실행에 관하여 협의를 한 자임에 틀림없기 때문이다. [1929년(昭和 4)·10·22, 대심원형사 제1부 판결]

第12조 제10조의 목적을 가지고 소요, 폭행 그 밖에 생명, 신체 또는 재산에 해를 가하는 범죄를 선동한 자는 10년 이하의 징역 또는 금고에 처한다.

- 선동자의 목적과 피선동자의 의도

(제6조 참조)

第13조 앞 3조의 죄를 범하게 할 목적으로 금품, 그 밖의 재산상 이익을 제공하거나 또는 그 신청 혹은 약속을 한 자는 5년 이하의 징역 또는 금고에 처하는 취지를 알고 공여를 받거나 또는 그 요구 혹은 약속을 한 자도 동일하다.

- 이 조의 범의·동조자(공명자)

(제9조 참조)

제14조 제1조 내지 제4조, 제7조, 제8조 및 제10조의 미수죄는 이를 벌한다.

- 제14조의 법의

원래 미수죄는 이를 처벌하지 않는 것을 원칙으로 하며, 처벌할 필요가 있는 경우는 특히 이를 각 조에 명시하는 것을 형사법의 통칙(通則)으로 한다. (형법44조)

그러나 이 조에 열기(列記)한 각종 범행은 매우 중요한 범죄이기 때문에 그 미수죄도 처벌하기로 한 것이다.

제15조 이 장(章)의 죄를 범한 자가 자수를 했을 때는 그 형을 감경 또는 면제한다.

- 자수 면감(免減)

형법 제42조에 따르면 "죄를 범하고 아직 관에 발각되기 전에 자수한 자는 그 형을 감경할 수 있다"라고 되어 있는데, 형의 감경은 재판소의 재량에 따라 결정해야 한다. 그리고 이 조는 형법 제8조 단서에 이른바 "법령에 특별한 규정이 있을 때"에 해당하는 규정으로, 자수 면감에 관한 형법 총칙의 적용을 배제한 특칙(特則)으로 하여 자수했을 때는 반드시 감경 또는 면제해야 하는 것으로 정한 것이다.

제16조 이 장(章)의 규정은 누구를 막론하고 이 법 시행지 밖에서 죄를 범한 자에게도 역시 이를 적용한다.

- 제16조의 법의

원래 법률은 본국에서만 적용되는 것을 원칙으로 하여 이를 식민지 그 외에 적용하기 위해서는 그 취지를 칙령으로 정해야 한다(「대만에 시행할 법령에 관한 건」, 〈조선에 시행할 법령에 관한 건〉 등 참조). 그러나 이 법은 이 원칙에 따르지 않는다. 이 법은 그 중요성을 감안해 이 법 시행 지역 외의 범죄자에게도 이를 적용하고, 또한 국적 여하도 묻지 않기로 정한 것이다.

물론 외국의 영역에서 일본 형벌권의 행사를 무조건적으로 행사할 수 있는 것은 아니기 때문에 일본인이 외국에서, 또한 외국인이 외국에서 이 법을 위반하는 행위를 감행했다고 하더라도 실제적으로는 이를 소추할 수 있는 것은 오직 그 범행자가 국내에 들어왔을 경우에 한하게 되는 것이다.

제2장 형사 절차(제17조에서 제38조까지)

제1절 총설

제2장은 형사 절차의 근본 법규인 형사소송법에 대한 특칙을 만들어 이를 치안유지법 위반 사건의 수사 및 심리에 적용하는 것을 정하고 있는 것인데 이 장이 새로이 규정한 특별형사 절차의 요점은 대체로 다음의 4가지로 귀착한다.

① 검사에게 강제 검사권을 부여한 것

수사의 중심 기관인 검사에 대하여 피의자의 구인, 구류, 신문(訊問), 증인 신문, 압수수색, 검증, 감정 등 상당히 광범위에 걸친 강제 수사권을 부여했다.

② 공판 절차에서 항소권을 생략하고 원칙적으로 2심 제도를 채용한 것

③ 변호권에 관하여 각종 제한이 마련된 것

변호사 지정 제도를 창설하고 사법대신이 미리 지정한 변호사가 아니면 치안유지법 위반 사건의 변호를 할 수 없게 한 것 외에 변호인의 수를 제한하고 피고인 1인에 대하여 2인을 넘는 변호인을 붙일 수 없게 했다.

④ 재판 관할 이전을 청구할 수 있는 경우를 확대한 것

검사가 필요하다고 판단될 때는 피고 사건이 공판에 부쳐진 후 제1회 공판 기일의 지정이 있을 때까지 언제라도 관할 이전 청구를 할 수 있게 한 것이다.

사상범죄는 조직적, 집단적 범죄인 관계상 피의자가 다수에 달하고 상호 간에 늘 복잡한 관계가 있을 뿐만 아니라 그 조직은 대부분 비밀조직이다. 이로 인해 그 조직을 수사하고 특정 피의자가 어떤 조직 계통에 속하여 어떤 지위, 임무를 가지고 더 나아가 어떤 경로에 의해 또한 어떤 목적으로 그 범죄 활동을 수행했는지를 명백하게 하는 것은 상당히 곤란하다. 하지만 사상범인이 확신 범인이라는 특질을 가지고 주의(主義)를 위해서는 희생적 활동을 하

고자 하는 자이어서, 검거 후 바로 뉘우치는 경우는 매우 드물며, 일단 석방하면 곧 소재를 감추고 범죄 활동을 계속하는 등의 특수 사정이 수사를 더욱 곤란하게 만든다. 따라서 이와 같은 범죄를 수사하기 위해서는 매우 광범위한 강제권을 요하는 것이 자명한 이치이다. 그런데도 현행 형사소송법은 수사 기관에 대하여 매우 한정된 범위의 강제권을 인정하고 있는 데 불과하여 도저히 수사의 필요를 충족할 수 없는 상황이므로, 이에 행정 검속을 수사에 이용하고자 하는 폐단을 유인하는 원인이 있다. 이와 같은 폐단을 일소함과 동시에 신속하고도 적정한 수사를 수행하기 위해서는 필요 한도의 강제 수사를 인정함과 함께 그 남용을 방지할 필요가 있는 것이다. 그래서 개정법은 수사의 중심 기관인 검사에 대하여 상당히 광범한 강제권을 부여함과 함께 구류 기간은 최장 1년으로 하지만 원칙적으로는 이것을 2개월로 정하고 그 갱신에는 1개월마다 검사장의 허가를 받아 행해야 하는 것으로 정한 것이다.

형사 재판이 신속하지 않아 검거 후 수년이 경과해도 역시 판결이 확정되지 않는 경우 등은 형벌의 효과가 현저하게 감쇄된다. 원래 치안유지법 위반 사건은 그 실체가 내란 예비에 해당하는 것으로, 현행 형사소송법이 내란 예비 사건을 대심원의 특별권한에 속하게 하여 일심 판결을 채용한 입법 취지를 돌이켜보면 이런 종류의 사안은 특히 신속하게 처리하고 이로써 범죄의 진압과 예방의 효과를 올릴 필요가 있다. 그래서 개정법은 항소심을 생략하기로 하고 제1심 판결에 대하여 항소를 할 수 없는 취지를 규정한 것인데 재판에 과오가 없도록 하기 위해 제1심 판결에 대한 상고를 인정함과 동시에 상고 재판소에서 치안유지법 위반이 아닌 것을 의심하기에 현저한 사유가 있다고 판단되었을 때는 사건을 관할 항소재판소에 이송하고 다시 심리해야 하는 것으로 했다.

치안유지법 위반 사건의 심리에 즈음하여 이른바 법정 투쟁이 종종 있었던 것은 널리 알려진 바와 같은데, 이러한 폐해를 방지하기 위해 마련된 것이 변호사 지정 제도이며, 변호인 수 제도는 소송의 신속화를 도모하기 위해 새로이 규정한 것이다.

사상범죄의 특질로 전국 각 지방에 걸쳐 조직적 관련성을 가진 다수의 관계자가 검거, 기소되는 경우가 많은데 사건에 따라서는 각지에 산재하는 사건을 1개소 또는 여러 개소의 재판소에 집중해 심리하는 것이 심리의 적정, 신속을 기하는 데 매우 효과적이지 못하다. 그런데 현행 형사소송법의 관할 이전에 관한 규정은 매우 좁은 범위에 한정되어 있고, 이러한 필요를 채울 수 없기 때문에 관할 이전에 관한 새로운 규정이 마련된 것이다.

제2절 조목별(逐條) 해설

제17조 이 장의 규정은 제1장에 게재하는 죄에 관한 사건에 대해 이를 적용한다.

제18조 검사는 피의자를 소환하거나 또는 그 소환을 사법경찰관에 명령할 수 있고, 검사의 명령에 따라 사법경찰관이 발하는 소환장에는 명령을 한 검사의 직책, 성명 및 그 명령에 의해 이를 발하는 취지도 기재해야 한다.

소환장 송달에 관한 재판소 서기 및 집달리(執達吏)에 속하는 직무는 사법경찰관이 이를 행할 수 있다.

【참고】 형사소송법

제255조 검사 수사를 함에 있어 강제 처분을 필요로 할 때는 공소 제기 전이라 하더라도 압수, 수사, 검증 및 피의자의 구류, 피의자 혹은 증인의 신문 또는 감정의 처분을 그 소속 지방재판소의 예심판사 또는 소속 구(區) 재판소에 청구할 수 있고, 앞 항의 규정에 의한 청구를 받은 판사는 그 처분에 관하여 예심판사와 동일한 권한을 가진다.

제19조 피의자가 정당한 사유 없이 앞 조의 규정에 의한 소환에 응하지 않고 또는 형사소송법 제87조 제1항 각 호에 규정하는 사유가 있을 때는 검사는 피의자를 구인하거나 또는 그 구인을 다른 검사에게 촉탁하거나 혹은 사법경찰관에게 명령할 수 있다.

앞 조 2항의 규정은 검사의 명령으로 사법경찰관이 발하는 구인장에 대하여 이를 준용한다.

【참고】 형사소송법

제87조 제1항 다음의 경우에는 즉시 피고인을 구인할 수 있다

1 피고인이 정해진 주거를 가지지 않을 때

2 피고인이 죄증(罪證)을 인멸할 우려가 있을 때

3 피고인이 도망했을 때 또는 도망할 염려가 있을 때

제20조 구인한 피의자는 지정된 장소에 인치했을 때부터 48시간 내에 검사 또는 사법경찰관이 이를 신문해야 한다. 그 시간 내에 구류장을 발부하지 않을 때는 검사는 피의자를 석방하거나 또는 사법경찰관으로 하여금 이를 석방하게 해야 한다.

- 제20조의 48시간의 기산점

제20조의 48시간 내란 피의자를 그 지정한 장소에 인치한 때부터 헤아려 48시간이다. 예를 들어 지정한 장소가 경찰관서라면 경찰서에 인치하고 나서 48시간이다. 따라서 이 시간 내에 신문을 하지 않으면 안 되는 현재의 형사소송법에서도 이와 같은 취지의 규정이 있는데 그것도 48시간 내 신문하게 되어 있다. 만일 이 시간 내에 구류장을 발부하지 않으면 피의자를 석방해야 한다.

제21조 형사소송법 제87조 제1항 각호에 규정하는 사유가 있을 때는 검사는 피의자를 구류하거나 또는 그 구류를 사법경찰관에게 명령할 수 있다.

제18조 제2항의 규정은 검사의 명령에 의해 사법경찰관이 발부하는 구류장에 대하여 이를 준용한다.

제22조 구류에 대해서는 경찰관서 또는 헌병대의 구치장을 감옥으로 대용할 수 있다.

제23조 구류 기간은 2월로 한다. 특히 계속 필요할 경우 지방재판소 검사 또는 구(區)재판소 검사는 검사장의 허가를 받아 1월마다 구류 기간을 갱신할 수 있다. 단 통틀어 1년을 넘을 수 없다.

- 검사에게 구류 갱신을 인정한 이유

【질문】 단속의 필요상 최초의 구류는 때로는 검사가 하는 것이 적당한 경우도 있지만, 그 후 순차적으로 1년까지 구류를 갱신해 나가는 경우에는 판사가 종래의 절차에 따라 하는 것도 조금도 곤란이 없는 것으로 생각되는데 왜 갱신의 경우에도 검사가 구류해야 하는 것인가.

【답】 갱신의 경우도 모두 수사 중인 경우이므로, 이 기간의 갱신을 필요로 하는 이유도 역시 수사상의 이유에 입각하는 것이다. 따라서 갱신을 필요로 하는지 어떤지는 역시 수사상

지휘권을 가지고 있는 검사장의 허가를 받도록 하는 것이 가장 사정에 밝기 때문에 필요, 불필요를 적당하게 판단하여 처치가 가능하도록 하려는 생각에서이다.

제24조 구류 사유가 소멸하여 그 밖에 구류를 계속할 필요가 없다고 사료될 때는 검사는 신속하게 피의자를 석방하거나 또는 사법경찰관으로 하여금 이를 석방하게 해야 한다.

제25조 검사는 피의자의 주거를 제한하고 구류 집행을 정지할 수 있다.

형사소송법 제119조 제1항에 규정하는 사유가 있을 경우 검사는 구류 집행 정지를 취소할 수 있다.

【참고】 형사소송법

제119조 제1항 피고인이 도망했을 때, 도망할 우려가 있을 때, 소환을 받아 정당한 사유 없이 출두시킬 때 죄증을 인멸할 우려가 있을 때 또는 주거 제한을 위반했을 때는 재판소는 검사의 의견을 듣고 결정으로 보석, 책부(責付)[25] 또는 구류 집행 정지를 취소할 수 있다.

제26조 검사는 피의자를 신문하거나 또는 그 신문을 사법경찰관에게 명령할 수 있다.

검사는 공소 제기 전에 한해 증인을 신문하거나 또는 그 신문을 다른 검사에게 촉탁하거나 혹은 사법경찰관에게 명령할 수 있다.

사법경찰관은 검사의 명령에 의해 피의자 또는 증인을 신문했을 때는 명령을 한 검사의 직책, 성명 및 그 명령에 의해 신문한 취지를 신문조서에 기재해야 한다.

제18조 제2항 및 제3항의 규정은 증인 신문에 대하여 이를 준용한다.

제27조 검사는 공소 제기 전에 한해 압수수색 혹은 검증을 하거나 또는 그 처분을 다른 검사에게 촉탁하거나 혹은 사법경찰관에게 명령할 수 있다. 검사는 공소 제기 전에 한해 감정, 통역 혹은 번역을 명하거나 또는 그 처분을 다른 검사에게 촉탁하거나 혹은 사법경찰관에

25 형사소송법에서 피고인을 친족이나 특정한 사람 또는 단체에 맡기고 구속의 집행을 정지하던 제도.

게 명령할 수 있다.

앞 조 제3항의 규정은 압수수색 또는 검증 조서 및 감정인, 통역관 또는 번역인의 신문조서에 대하여 이를 준용한다.

제18조 제2항 및 제3항의 규정은 감정, 통역 및 번역에 대하여 이를 준용한다.

제28조 형사소송법 중 피고인의 소환, 구인 및 구류, 피고인 및 증인의 신문, 압수 수색, 검증, 감정, 통역 및 번역에 관한 규정은 별단(別段)의 규정이 있는 경우를 제외하는 것 외에 피의사건에 대하여 이를 준용한다. 다만 보석 및 책부에 관한 규정은 예외이다.

제29조 변호인은 사법대신이 미리 지정한 변호사 중에서 이를 선임해야 한다. 다만 형사소송법 제40조 제2항의 규정 적용도 무방하다.

【참고】형사소송법

제40조 변호인은 변호사 중에서 이를 선임해야 한다.

재판소 또는 예심판사의 허가를 얻었을 때는 변호사가 아닌 자를 변호인으로 선임할 수 있다. 변호사 지정 규정 [1941년(昭和16) 5월 9일] 「사법성령 제47호」

제30조 변호인의 수는 피고인 한 사람에 대하여 두 사람을 초월할 수 없다.

변호인 선임은 최초에 정한 공판 기일에 관계되는 소환장 송달을 받은 날로부터 10일을 경과하면 불가능하다. 다만 부득이한 사유가 있을 시 재판소의 허가를 받았을 때는 예외이다.

제31조 변호인은 소송에 관한 서류를 등사하고자 할 때 재판장 또는 예심 판사의 허가를 받을 필요가 있다. 변호인의 소송에 관한 서류의 열람은 재판장 또는 예심판사가 지정한 장소에서 해야 한다.

제32조 피고 사건 공판에 회부된 경우 검사가 필요하다고 인정할 때는 관할 이전 청구를 할 수 있다. 다만 제1회 공판 기일이 지정된 후에는 예외이다.

앞 항의 청구는 사건이 소속하는 재판소 및 이전한 재판소에 공통하는 가장 가까운 상급 재판소에 해야 한다.

제1항의 청구가 있었을 때는 결정이 있을 때까지 소송 절차를 정지해야 한다.

제33조 제1장에 게재하는 죄를 범한 자라고 인정한 제1심의 판결에 대해서는 항소할 수 없다.

앞 항에 규정하는 제1심의 판결에 대해서는 직접 상고를 할 수 있다. 상고는 형사소송법에서 제2심의 판결에 대하여 상고를 할 수 있는 이유가 있는 경우에는 가능하다.

상고 재판소는 제2심 판결에 대한 상고 사건에 관한 절차에 의해 재판을 해야 한다.

제34조 제1장에 게재되어 있는 죄를 범한 것이라고 인정한 제1심 판결에 대하여 상고가 있었을 경우에 상고재판소는 제1장에 게재되어 있는 죄를 범한 것이 아님을 의심하기에 충분하고 현저한 사유가 있다고 인정될 때는 판결로 원판결을 파기하고 사건을 관할 항소재판소에 이송해야 한다.

제35조 상고재판소는 공판 기일 통지에 대해서는 형사소송법 제422조 제1항의 기간에 의하지 않을 수 있다.

【참고】형사소송법

제422조 제1항 상고재판소는 늦어도 최초에 정한 공판 기일의 50일 전에 그 기일을 상고 신청인 및 상대방에게 기일을 통지해야 한다.

제35조의 취지

【질문】형사소송법 제422조에 의하면 공판 기일의 50일 전에 상고 신청인 및 상대방에게 기일을 통지해야 한다. 이 규정에 의하지 않아도 된다는 것은 사건을 구성하기 위해 급속하게 종결시키려는 취지인가 아니면 다른 특별한 이유가 있는 것인가.

【답】사건을 가능한 한 빨리 종결하기 위해서이다.

第36조 형사 절차에 대해서는 별단의 규정이 있는 경우를 제외하는 것 외에 일반 규정을 적용하는 것으로 한다.

第37조 제2장의 규정은 제22조, 제23조, 제29조, 제30조 제1항, 제32조, 제33조 및 제34조의 규정을 제외하는 것 외에 군법회의의 형사 절차에 대하여 이를 적용한다. 이 경우에 형사소송법 제87조 제1항이라고 되어 있는 것은 육군군법회의법 제143조 또는 해군군법회의법 제143조, 형사소송법 제422조 제1항이라고 되어 있는 것은 육군군법회의법 제444조 제1항 또는 해군군법회의법 제446조 제1항이라고 하고, 제25조 제2항 중 형사소송법 제119조 제1항에 규정하는 '사유가 있는 경우에는'이라고 되어 있는 것은 '언제든'으로 한다.

【참고】육(해)군군법회의법

제143조 이하의 경우에는 즉각 피고인을 구인할 수 있다.

1 군기를 보지(保持)하기 위해 필요할 때

2 피고인이 도주했을 때 또는 도주할 우려가 있을 때

3 피고인이 죄증을 인멸할 우려가 있을 때

4 피고인이 정한 주거를 가지고 있지 않을 때

- 육군군법회의법

제444조(해군군법회의법 제446조) 제1항 고등군법회의는 늦어도 최초에 정한 공판 기일 30일 전에 그 기일을 상고인 및 상대방에게 통지해야 한다.

第38조 조선에서는 제2장 중 사법대신이라고 되어 있는 것은 조선총독, 검사장이라고 되어 있는 것은 복심법원 검사장, 지방재판소 검사 또는 구재판소 검사라고 되어 있는 것은 지방법원 검사, 형사소송법이라고 되어 있는 것은 조선형사령에 의한 것을 정한 형사소송법으로 한다. 다만 형사소송법 제422조 제1항이라고 되어 있는 것은 조선형사령 제31조라고 한다.

- 이 법의 조선 및 대만에서의 시행

【질문】제38조에 조선에 대한 규정이 있는데 대만에 대해서는 어떻게 되는 것인가.

【답】1925년(大正 14) 칙령 제175호에 의해 당연히 조선, 대만에는 시행되게 되어 있다.

【질문】대만에도 당연히 시행되게 되면 38조에 있는 규정이 대만에 대해서도 필요하다고 생각하는데 어떤가.

【답】대만에서는 1922년(大正 11) 칙령 제407호「대만에 시행하는 법률의 특례에 관한 건」이라고 하는데 민형(民刑) 일반의 법률에 통하는 특례가 규정되어 있어 이것을 대체하여 그대로 적용할 수 있도록 되어 있다. 조선에는 그것이 없기 때문에 이러한 규정을 마련한 것이다.

제3장 예방구금 (제39조에서 제65조까지)

제1절 총설

제3장에는 예방구금제도를 신설했는데, 이 제도가 주안점으로 삼고 있는 바는 과격 사상을 방기하지 않고 재범의 우려가 현저한 자에 대하여 국가 치안에 관한 위험을 방지함과 함께 위험한 범죄를 막는 효과를 완벽하게 하기 위해 일정한 조건하에 이것을 사회로부터 격리하여 악사상의 전파를 방지하고 아울러 강제 방법에 의해 사상의 개선을 도모하여 충량한 일본인으로 돌아가게 하기 위함이다. 이 제도의 골자는 다음과 같다.

① 대상자를 한정한 것

대상자를 치안유지법의 죄를 범하고 형 집행을 마치고 출옥하고자 하는 자 및 형 집행 종료 또는 형 집행 유예 언도를 원인으로 하여 사상범 보호관찰법에 의한 보호관찰 중인 자로 전향을 받아들이지 않는 자에 한한 것이다.

② 검사의 청구에 의해 재판소 결정을 가지고 예방구금에 회부하기로 한 것

③ 예방구금 기간을 2년으로 하고 계속 구금을 할 필요가 있는 경우에는 몇 번이고 갱신할 수 있는 것으로 한 것

④ 행정관청의 처분으로 언제라도 본인을 구금소에서 퇴소시킬 수 있는 것으로 한 것

⑤ 예방구금의 청구, 갱신 및 퇴소를 하는 것에 대해서는 예방구금위원회의 의견을 구할 것을 요구한 것

⑥ 검사가 예방구금 청구를 하고 재판소가 그 결정을 할 때 검사 및 재판소에 어느 정도의 강제권을 인정한 것.

사상범인은 과격한 주의(主義) 내지 신념을 품고 그들의 이른바 이상 사회의 실현을 희구하는데 그치지 않고 그 실현을 위한 실천을 늘 동반하여 그 주의 내지 신념을 포기하지 않는 한 또다시 동질의 죄를 범할 우려가 있다. 그렇기 때문에 여기에 바로 형벌 제도 이외에 보충하는 제도로써 이른바 보안처분 제도를 마련할 필요가 있는 것인데, 1936년(昭和11)에 먼저 보호관찰제도가 마련되었고, 이번에 다시 예방구금제도가 마련되기에 이른 것이다. 전자는 개전(改悛)[26]의 뜻이 있는 자를 대상으로 그 전향을 확보하는 것을 주안으로 삼고 있는 데 반해 후자는 개전의 뜻이 없는 비전향자를 대상으로 강제적인 방법에 의해 사회로부터 격리함과 동시에 그 전향을 촉구하는 것을 주요 목표로 삼고 있다.

예방구금이 보안처분으로서의 성격상 본인이 잘못을 뉘우치고 마음을 고쳐먹어 구금을 계속할 필요가 없게 되면 언제든지 구금소에서 퇴소시키는 것은 물론이지만, 이와 함께 본인이 뉘우치지 않아 구금을 계속할 이유가 있는 한 언제까지고 구금을 계속할 수 있는 것으로 해야 한다. 이것이 개정법이 개정관청 처분으로 퇴소하게 할 수 있음을 규정함과 동시에 구금 기간의 갱신에 대하여 그 회수를 한정하지 않은 이유이다. 그러나 예방구금은 사람의 자유에 대한 중대한 제한임은 형벌과 거의 다르지 않기 때문에 예방구금에 회부하는 절차는 신중을 기할 필요가 있으므로 예방구금 청구를 하기 위해서는 미리 예방구금위원회의 의견을 구할 필요가 있다고 규정함과 동시에 그 결정은 재판소에 의해 행해지도록 정한 것이다.

제2절 조목별 해설

제39조 제1장에 게재되어 있는 죄를 범하여 형에 처해진 자가 형 집행을 마치고 석방될

---

26 잘못을 뉘우치고 마음을 바르게 고쳐먹음.

경우 석방 후에 다시 이 3장에 게재하는 죄를 범할 우려가 있음이 현저할 때는 재판소는 검사의 청구에 의해 장본인을 예방구금에 회부하는 취지를 명할 수 있다.

제1장에 게재되어 있는 죄를 범하여 형에 처해졌다가 형 집행을 마친 자 또는 집행유예형을 언도 받은 자가 사상범 보호관찰법에 의해 보호관찰에 회부되어 있는 경우에 보호관찰에 의하나 제1장에 게재되어 있는 죄를 범할 위험을 방지하기가 어렵고 다시 이를 범할 우려가 현저하게 있는 경우에도 앞 항과 동일하다.

① 제39조의 취지

제39조는 예방구금제도의 대상자에 관한 규정이다.

② 예방구금제도의 성질

【질문】 예방구금은 제65대 의회에서의 정부의 답변으로는 한편으로는 사법 처분이고, 다른 한편으로는 특수 재판이라는 설명이 있었는데 견해는 어느 쪽인가.

【답】 사법권의 의미에 대해서는 넓은 의미와 좁은 의미가 있다. 좁은 의미에서의 사법권은 헌법 제57조에 명시되어 있는 바로, 민사, 형사소송의 재판을 의미하는 것이다. 그러나 넓은 의미의 사법권은 그 외에 재판소의 권한에 속하는 여러 가지 작용, 또는 검사의 권한에 관한 작용까지도 의미하는 경우가 있다. 그러한 관점에서 예방구금의 성격을 생각하면 예방구금은 본래는 행정 작용으로 협의의 사법권에 속하지 않는 것이지만, 이 경우는 재판소가 행하는 작용이자, 광의의 사법권에 속하는 것으로 해석된다.

【질문】 광의의 의미로 일종의 재판이라고 하면 기간 만료 전에 행정 처분으로 이를 석방하는 재판의 결정, 즉 재판 결과를 행정 처분으로 석방한다는 것은 이론이 일관되지 않은 것으로 생각되는데 어떠한가.

【답】 이 점은 예를 들어 형벌에 대해서도 형벌은 즉 재판소의 판결이지만, 가출옥(假出獄)은 행정 처분이기 때문에 이런 부분들과 종합해 생각하면 좋을 것이다.

③ 예방구금제도의 시비(是非)

예방구금에 대한 첫 번째 비난은 재판소가 예방구금과 같은 행정 처분 조치를 하는 것이 과연 지당하냐 하는 문제인데 예방구금은 인신(人身)을 구금하는 중대한 제도이며, 이 인신을 구금하는 것이 필요하지 않으면 어쩔 도리가 없겠지만 필요한 이상 재판소의 처분에 따라 결정하는 것이 가장 공평하고, 그 결과에 있어서도 가장 바람직하다고 생각한다.

다음으로 부정기형(不定期刑)으로 하면 되지 않느냐는 비판이다. 이는 분명히 부정기형이라는 것도 확실히 궁리해 볼 만한 문제임과 동시에 한편 예방구금 및 부정기형 두 제도를 병행하여 채택하는 방법도 있지 않으냐는 생각을 할 수도 있다. 그러나 실제로는 예방구금의 필요성이 절실하고, 그러한 절실한 점을 생각하면 지금 부정기형 등을 논하고 있다가 시기를 놓치고 만다. 향후 치안유지법을 위반하는 범인은 부정기형으로 충분하다고 해도 이미 수감 중인 자에 대해서는 이제 와서 그에 대하여 부정기형을 부과할 수는 없기 때문에 당분간의 대책으로는 현재의 절박하고 긴요한 사정에 응할 수 없는 형태가 있기 때문에 부정기형에 관한 논의는 차치하더라도 이 예방구금은 반드시 현재 필요한 것이다.

원래 비전향 확신범은 형무소에서 나오자마자, 아니 오히려 형무소에 있는 동안부터 이미 계획하고 있다가 출옥 후 바로 지하에 숨어운동을 시작한다. 더욱이 그들은 다년간 감옥에서 지내면서 불편함을 참고 견디는 습관이 형성되어 있기 때문에 어떤 고뇌도 참고 견디며 자기의 확신을 향해 매진하는 가공할 만한 힘을 가지고 있을 뿐 아니라 그 기백, 각오에서 상당히 다른 사람의 마음을 감동시키는 측면이 있다. 따라서 그들의 전파력이 무서운 것은 앞으로 체포해 나갈 일반 사람들과 견주어 볼 때 거의 비교가 되지 않을 정도로 맹렬하기 때문인데, 이들이 바야흐로 잇따라 출옥하게 될 경우에는 아무래도 예방구금이라는 것에 의해 이를 억제할 수밖에 다른 방법이 없다. 그렇기 때문에 당국은 현재 이것이 없으면 향후 사상대책이라는 것을 확립시켜 나가기 어렵다고까지 생각하고 있는 것이다.

또한 이 범죄가 아니라 다른 황실에 대한 범죄라든가 혹은 내란죄라는 것을 왜 예방구금을 하지 않느냐는 논의도 있지만 이에 대해서는 치안유지법을 위반한 범죄자는 자기 사상을 굳게 지키면서 그를 향해 매진하고 있는 이른바 사상범이자, 확신범이다. 이들에 대하여 먼저 예방구금을 실시하는 것은 사실상 어쩔 수 없는 일이라고 생각하며, 다른 이들에게 점차 예방구금을 확대하는 것은 민심을 상당히 구속한다는 점에 비추어 지나치게 범위를 확대해서는 안 되는 것이기 때문에 먼저 이 확신범에 대하여 예방구금을 실시하고자 한 것이다.

제40조 예방구금 청구는 본인의 현재지를 관할하는 지방재판소의 검사가 그 재판소에 해야 한다.

앞 항의 청구가 보호관찰에 회부되어 있는 자에 관계될 때는 그 보호관찰을 하는 보호관찰소의 소재지를 관할하는 지방재판소의 검사가 그 재판소에 할 수 있다.

예방구금 청구를 하기 위해서는 미리 예방구금위원회의 의견을 구할 필요가 있다.

예방구금위원회에 관한 규정은 칙령으로 이를 정한다.

【참고】예방구금위원회 실례 〈1941년(昭和 16) 5월 14일〉 [칙령 제558호]

예방구금위원회의 명칭 및 설치 장소 〈1941년(昭和 16) 5월 15일〉「사법성 고시 제19호」- 예방구금위원회의 구성원

【질문】 예방구금위원회의 위원은 사법부 내 고등관 및 학식 경험이 있는 자라고 되어 있는데 이러한 문제에 대한 학식 경험이 있는 자라는 것은 구체적으로 어떤 부분을 목표로 하고 있나.

【답】 그것은 사상 문제에 대하여 상당히 조예가 깊은 사람을 상정하고 있다. 그러한 사상 문제에 조예가 깊은 이와 변호사를 생각하고 있다. 그 이유는 이번의 예방구금에 회부하는 절차는 가능한 한 이를 공개하지 않고 동시에 가족적인 재판으로 처리해 나갈 생각이며 그리고 법률적으로 시종 어려운 문제가 없기 때문에 보좌인 제도를 만들어 변호사가 관여하는 것을 피하고 있다. 그러나 변호사 쪽은 공적인 소송에 관한 임무를 가지고 있기 때문에 이러한 사상 문제에는 사건을 통해서도 상당히 조예도 있어 이 예방구금위원회의 위원으로 적임자라고 생각한다. 이러한 경우를 포함하여 학식 경험이 있는 자라고 예정하고 있는 것이다.

제41조 검사는 예방구금 청구를 할 때는 필요한 조사를 하거나 또는 공무소에 조회하여 필요한 사항에 대한 보고를 요구할 수 있다.

제42조 검사는 본인이 정해진 주거를 가지고 있지 않은 경우 또는 도망하거나 혹은 도망할 우려가 있는 경우에 예방구금 청구를 함에 있어 필요가 있을 때는 장본인을 예방구금소에 임시 수용할 수 있다. 다만 부득이한 사유가 있는 경우에는 감옥에 임시 수용하는 것도 무방하다. 앞 항의 임시 수용은 본인의 진술을 들은 후가 아니면 이를 할 수 없다. 다만 본인

이 진술을 거부하거나 또는 도망했을 경우에는 예외로 한다.

제43조 앞 조의 임시 수용 기간은 10일로 한다. 그 기간 내에 예방구금 청구를 하지 않을 때는 신속하게 본인을 석방해야 한다.

제44조 예방구금 청구가 있었을 때는 재판소는 장본인의 진술을 듣고 결정을 해야 한다. 이 경우 재판소는 장본인에게 출두를 명할 수 있다. 장본인이 진술을 거부하거나 또는 도망을 한 경우는 진술을 듣지 않고 결정을 할 수 있다. 형 집행 종료 전에 예방구금 청구가 있었을 때는 재판소는 형 집행 종료 후라도 예방구금에 회부하는 취지의 결정을 할 수 있다.

제45조 재판소는 사실 조사를 함에 있어 필요가 있는 경우에는 참고인에게 출두를 명하여 사실의 진술 또는 감정을 하게 할 수 있다. 재판소는 공무소(公務所)에 조회하여 필요한 사항의 보고를 요구할 수 있다.

제46조 검사는 재판소가 본인으로 하여금 진술을 하게 하거나 또는 참고인으로 하여금 사실의 진술 혹은 감정을 하게 하는 경우에 입회하여 의견을 개진할 수 있다.

제47조 장본인이 속하는 가정의 호주, 배우자 또는 사촌 이내의 혈족 혹은 3촌 이내의 인척은 재판소의 허가를 받고 보좌인이 될 수 있다.

보좌인은 재판소가 본인으로 하여금 진술을 하게 하거나 혹은 참고인으로 하여금 사실의 진술 혹은 감정을 하게 할 경우 입회하여 의견을 개진하거나 또는 참고할 자료를 제출할 수 있다.

보좌인 제도를 마련한 이유

【질문】 보좌인 제도는 예방구금 청구가 있어 재판소가 조사할 경우에 보좌인 제도를 마련한 것이라고 생각하지만, 재판소에서 진술하는 의미의 보좌인이라는 것뿐 아니라 그와 동시에 보좌인이 적절한 행동으로 좋은 결과를 얻는다면 예방구금의 처우 문제, 예방구금 중에 보좌인에 의해 예방구금자를 얼마간 교정하는 데에 사용하는 것이 유효하지 않겠는가. 특히

온정주의, 가족의 감정이라는 의미에서 필요할 것으로 생각하는데 이 제도는 그러한 부분까지 생각해서 이용이 가능한가.

【답】 47조의 입안을 정면에서 말하자면 거기까지 생각해서 입안된 것은 아니라고 생각하지만 예방구금 방면에서 말하자면 가능한 한 오히려 원칙적으로 부형이나 혹은 친족의 접근을 허락하고 있다. 따라서 그러한 의미에서 이 보좌인도 역시 가르치고 양성한다는 의미에서 충분히 이용 가능할 것으로 생각된다.

제48조 다음과 같은 경우에는 재판소는 장본인을 구인할 수 있다.

1. 장본인이 정해진 주거를 가지고 있지 않을 때
2. 장본인이 도망했을 때 또는 도망할 우려가 있을 때
3. 장본인이 정당한 이유 없이 제44조 제1항의 출두 명령에 응하지 않을 때

제49조 앞 조 1호 또는 제2호에 규정하는 사유가 있을 때는 재판소는 장본인을 예방구금소에 임시로 수용할 수 있다. 다만 부득이한 사유가 있는 경우에는 감옥에 임시로 수용하는 것은 무방하다. 장본인이 감옥에 있을 때는 앞 항의 사유가 없다고 하더라도 이를 임시로 수용할 수 있다. 제42조 제2항의 규정은 제1항의 장소에 대하여 이를 준용한다.

제50조 별단(別段)의 규정이 있는 경우를 제외하고 다른 형사소송법 중 구인에 관한 규정은 제48조의 구인에 대하여 준용하고, 구류에 관한 규정은 42조 및 앞 조의 임시 수용에 대하여 이를 준용한다. 단 보석 및 책부(責付)에 관한 규정은 예외이다.

제51조 예방구금에 회부하지 않는 취지의 결정에 대해서는 검사는 즉시 항고를 할 수 있다. 예방구금에 회부하는 취지의 결정에 대해서는 본인 및 보좌인은 즉시 항고를 할 수 있다.

제52조 별단의 규정이 있는 경우를 제외하는 것 외에 형사소송법 중 결정에 관한 규정은 제44조의 결정에 즉시 항고에 관한 규정은 앞 조의 즉시 항고에 대하여 이를 준용한다.

第53조 예방구금에 회부된 자는 예방구금소에 이를 수용하고 개심하게 하기 위해서 필요한 처치를 해야 한다. 예방구금소에 관한 규정은 칙령으로 이를 정한다.

【참고】 예방구금소 관제 〈1941년(昭和 16) 5월 14일〉 [칙령 제557호]

예방구금소의 명칭 및 위치 〈1941년(昭和 16) 5월 15일〉「사법성 고시 제19호」

第54조 예방구금에 회부된 자는 법령의 범위 내에서 타인과 접견하거나 또는 서신, 그 외의 것을 수수할 수 있다. 예방구금에 회부된 자에 대해서는 서신 그 밖의 것의 검열, 압수 혹은 몰취(沒取)[27]를 하거나 또는 보안 혹은 징계를 위해 필요한 처치를 할 수 있다. 임시로 수용된 자 및 제3장의 규정에 의해 구인 집행을 받아 유치된 자에 대해서도 동일하다.

第55조 예방구금 기간은 2년으로 한다. 특히 계속할 필요가 있는 경우에는 재판소의 결정에 따라 이를 갱신할 수 있다. 예방구금 기간 만료 전에 갱신 청구가 있었을 때는 재판소는 기간 만료 후라고 하더라도 갱신 결정을 할 수 있다. 갱신 결정은 예방구금 기간 만료 후 확정되었다 하더라도 이를 기간 만료시 확정된 것으로 간주한다.

제40조, 제41조 및 제44조 내지 제52조의 규정은 갱신의 경우에 대해 이를 준용한다. 이 경우에 제49조 제2항 중 감옥이라고 되어 있는 것은 예방구금소라고 한다.

- 기간 갱신 제도를 마련한 이유

【질문】 전향 또는 개심이 확실할 때까지는 어디까지나 갱신하여 예방구금을 할 수 있나.

【답】 대체로 질문과 같은 것을 생각하고 있다. 다만 이 예방구금에 회부하는 자의 조건은 범죄를 범하는 의도가 현저한 자에 한정하고 있다. 따라서 갱신의 경우에도 어느 정도 범죄를 범할 우려가 현저한지 어떤지가 그 조건이 된다. 그렇기 때문에 범죄를 범할 우려가 거의 없어졌거나 대체로 전향한 경우에는 예방구금을 갱신해서는 안 되고 오히려 그런 경우에 마련되어 있는 보호관찰에 회부하여 그 방면에서 전향 촉진을 도모해야 한다고 생각한다.

---

27 민사 소송에서 법원이 일정한 물건의 소유권을 박탈하여 국가에 귀속시키는 결정.

제56조 예방구금 기간은 결정 확정일로부터 기산한다.

구금되지 않은 일수 또는 형 집행을 위해 구금된 일수는 결정 확정 후라고 하더라도 앞 항의 기간에 산입(算入)하지 않는다.

제57조 결정 확정 시 장본인이 수형자일 때는 예방구금은 형 집행 종료 후 이를 집행한다.

감옥에 있는 장본인에 대하여 예방구금을 집행하려고 할 경우에 이송 준비, 그 밖의 사유를 위해 특히 필요가 있을 때는 일시 구금을 계속할 수 있다.

예방구금집행은 장본인에 대한 범죄 수사, 기타 사유를 위해 특히 필요가 있을 때는 결정을 한 재판소의 검사 또는 본인의 현재지를 관할하는 지방재판소 검사의 지휘에 의해 이를 정지할 수 있다. 형사소송법 제534조 내지 제536조 및 제544조 내지 제552조의 규정은 예방구금 집행에 대하여 이를 준용한다. (중략)

제58조 예방구금에 회부된 자는 수용 후 그 필요가 없게 되었을 때는 제55조에 규정하는 기간 만료 전이라 하더라도 행정관청의 처분으로 이를 퇴소하게 해야 한다.

제40조 제3항의 규정은 앞 항의 경우에 대해서 이를 준용한다.

- 이 조에 이른바 행정 관청의 의미

【질문】 이 조의 행정관청이라는 것은 형무소를 말하는 것인가, 검사국을 말하는 것인가.

【답】 이는 예방구금소장을 가리키는 것이다.

제59조 예방구금 집행을 하지 않은 지 2년에 달했을 때는 결정을 한 재판소의 검사 또는 장본인의 현재지를 관할하는 지방재판소의 검사는 사정에 따라 그 집행을 면제할 수 있다.

제30조 제3항의 규정은 앞 항의 경우에 대하여 이를 준용한다.

- 이 조의 취지

【질문】 59조는 어떤 경우를 상상한 것인가.

【답】 예방구금에 회부하는 취지의 결정이 있었을 때, 혹은 장본인이 질병으로 집행을 하

지 못한 경우, 즉 결정이 있고 처음부터 그 집행을 하지 못한 경우 및 예방구금 집행 중에 그 집행을 정지할 만한 이유가 있기 때문에 집행 정지를 받고 있는 경우이다. 처음부터 집행을 받지 않은 경우, 정지되었기 때문에 집행을 받지 않은 경우, 이 두 가지 경우를 포함하고 있다.

제60조 천재지변으로 예방구금소 내에서 피난할 방법이 없다고 인정되는 경우는 수용된 자를 다른 곳으로 호송해야 한다. 만일 호송할 시간이 없을 때는 일시적으로 이를 석방할 수 있다. 석방된 자는 석방후 24시간 내에 예방구금소 또는 경찰관서에 출두해야 한다.

제61조 이 장의 규정에 의해 예방구금소 혹은 감옥에 수용된 자 또는 구인장 혹은 체포장이 집행된 자가 도주를 했을 때는 1년 이하의 징역에 처한다.

앞 조 제1항의 규정에 의해 석방된 자가 앞 조 제2항 규정을 위반했을 때도 앞 항과 동일하다.

제62조 수용 설비 혹은 형구를 파손하고 폭행 또는 협박을 하거나 또는 2인 이상이 공모하여 앞 조 제1항의 죄를 범한 자는 3월 이상 5년 이하의 징역에 처한다.

제63조 앞 2조의 미수죄는 이를 벌한다.

제64조 이 법에 규정하는 것 외에 예방구금에 관하여 필요한 사항은 명령으로 이를 정한다.

【참고】

예방구금절차령(予防拘禁手續令) 〈1941년(昭和 16) 5월 14일〉「사법성령 제49호」

예방구금처우령(予防拘禁處遇令) 〈1941년(昭和 16) 5월 14일〉「사법성령 제50호」

예방구금소교도급여령(予防拘禁所教導給與令) 〈1941년(昭和 16) 5월 14일〉「칙령 제561호」

예방구금비용 규정(予防拘禁費用規程) 〈1941년(昭和 16) 5월 14일〉「사법성령 제51호」

제65조 조선에서는 예방구금에 관하여 지방재판소가 해야 할 결정은 지방법원 합의부에서 이를 행한다. 조선에서는 제3장에 지방재판소의 검사라고 되어 있는 것은 지방법원의 검

사, 사상범 보호관찰법이라고 되어 있는 것은 조선사상범 보호관찰령, 형사소송법이라고 되어 있는 것은 조선형사령에서 근거로 하기로 정한 형사소송법으로 한다. (후략)

치안유지법 위반죄의 양상(원 내부에 각각 조별 서술)[28]

28 나카가와 리키치(中川利吉), 1933, 『조선사회운동 단속법 요의(朝鮮社會運動取締法要義)』, 제국지방행정학회 조선본부.

5. 사상범 보호관찰제도의 의도와 의미

〈자료 181〉 사상범 제도에 대한 개괄

[大坂盛夫, 1941, 「保護教導 片語—思想犯保護事業に寄す」, 『조선사법보호(朝鮮司法保護)』 1권 1호]

사상범 예방구금제도는 사법 보호의 새로운 일익을 담당하게 될 것이다. 일본 형정사(刑政史)에서 실로 획기적인 정책으로서 그 성과에 대해 많은 기대가 모아지고 있어 선도적인 반도의 이 사업을 담당하는 몸으로서 특히 무거운 책임을 깊이 명심해야 할 것이다. 고민해야 할 문제가 목전에 산적해 있다. 경험이 없는 풋내기 선장들이 오월동주(吳越同舟)하여 수용자와 서로 도와가며 온종일 항해를 이어가는 것을 지켜보면 안심이 되기도 하지만, 선장들이 이대로 충분하다고 해서도 안 되고 하루살이 같은 생활에 만족해서도 안 된다고 혼자 마음 졸이고 있다.

신제도의 내용은 구금으로 사상사범을 예방하는 측면이 있다. 그러한 점에서 법의 발동으로 일단 목적에 도달했다. 사상 전향이 분명하지 않은 한 구금을 갱신하는 것이므로 일반 예방 효과는 확보되었다고 봐도 지장이 없을 것이다. 그러나 같은 내용으로 구금의 고통에 의거하는 것이 아니라, 다른 적절한 교화선도의 방법을 강구하여 재범을 예방해야 하는 적극적인 측면이 있다. 이러한 방면에서도 한층 개별 예방의 법적인 부담이 부과되고 있는 것이다. 즉 일본인적인 훈련[躾]이라는 커다란 목표가 높고 명료하게 세워졌다. 오히려 우리의 노력은 대부분 이것을 요구받고 있는 셈이다.

사상범 처우의 핵심이 어떠해야 하는지는 일찍이 행형(行刑) 분야에서 논의해 온 명제이므로 실제적으로 명쾌하게 해결되었다고 봐도 좋은가. 널리 이 분야의 경험자에 대해 많은 것을 계발할 기회를 기대해 왔지만 지금 교도소(教導所)에 보내진 사람들의 경력을 보면, 분명 순조롭게 진행되고 있는 것만은 아님을 알 수 있다. 구상이 좋아도 운용이 서투르거나 혹은 노력이 철저하지 못한 것이 아니겠는가. 더구나 이에는 상당한 이유가 있을 것이며 그중에는 진정 어쩔 수 없는 사정이 있을 터이다. 그러나 이로 인해 사상갱생의 기회를 잃어버린다면 더할 수 없는 불행한 일이다. 이에 교도소라는 신기구를 통해 전자의 장점을 익히고 단점을 피하여 어디까지나 신기축을 만들어내야 하며 추호도 기존의 것에 덧입히는 겉핥기식에 안주해서는 안 될 것이다.

형무소에서 석방하는 비전향자는 교도소에 수용한다. 한편 보호관찰소가 감당하기 어려운 비전향자도 교도소에 수용한다. 그래서 형무소가 사상범을 슬하에 두면서 사상교화가 자칫 이차적인 업무가 되었고, 보호관찰소는 사상교화를 목표로 하면서 신병을 확보하지 못하는 불편함이 있었다. 지금까지 이러한 양자의 불편함을 보완하고 교도소가 그러한 작용을 조화시키면서 강력하게 일보 전진하게 된 것이다. 그렇다고 형무소의 사상범 교화 책임이 경감되는 것은 아니다. 한편 보호관찰소는 대상자의 면종복배(面從腹背) 즉 겉으로만 복종하는 태도에 편승하여 안심해서는 안 될 것이다.

확신범(確信犯)은 항상 사회의 수준을 돌파하려는 범인이다. 사회와 범인의 간격은 영구적이거나 고정적인 것이 아니다. 사회가 범인의 수준에 도달할 때는 그것에 파묻히게 되고 범인이 사회를 자신의 수준으로 발전시킬 때는 반사회성을 잃게 된다는 서양 학자의 논리를 신봉하여 사상범이 사회 수준보다 높다고 오인할 우려가 있다. 그러하므로 보통범(普通犯)에 대한 교육은 이를 사회적 수준으로 높이는 데 있고, 확신범에 대한 교육은 사회 수준이 상승하기를 기다리도록 가르쳐 사회화하는 데 있다고 할 수 있다. 그렇지만 일본은 일군만민(一君萬民) 일가동포(一家同胞)의 나라로 사상범이 일본 국체와 공존할 수 없고 국민적 신앙을 파괴하는 도의적 범죄이므로, 국가와 범인 사이의 간격이 영구히 제거되지 않는다. 따라서 사상범도 보통범과 마찬가지로 사회적 수준으로 끌어올려야 할 범죄로 보아야 마땅하다.

교도소가 요구하는 전향은 과거의 주의사상을 청산하고 일본 정신을 체득하게 만들어 이를 실천에 옮기도록 하는 것이다. 즉 일본인적인 훈련을 시켜 완전하게 일본인이 되게 하는 것이다. 사상의 청산과 전향이라는 관념상의 전향은 어렵지 않지만, 감정적인 정리와 청산은 용이한 일이 아니다. 일본의 현실을 마주하여 청명하고 이지적인 거울에 비추어 그 목소리를 듣고 따르게 하는 일은 기술적인 문제이다. 교도소에서는 적어도 결과적으로 일본인으로 갱생하지 않는 한 석방될 전망이 없으므로 수용자는 최후의 시험으로 참으로 유례없는 난관에 봉착하는 것이다. 그러나 이것은 수용자에게만 주어진 시련이 아니다. 그들을 교화하지 못하는 자의 책임이 보다 크고 국가 사회와 수용자의 가족에 의해 주어진 것임을 잊어서는 안 된다. 여하튼 자주적인 전향과 타율적인 교도가 합심하여 소기의 성과를 획득해야 한다. 그리하여 우리는 그들과 한 치의 틈도 없는 협동일체가 되어 같은 목적을 향해 용감한 투쟁을 이어가게 될 것이다.

사상범에게 억압적으로 임하는 것은 쓸데없는 반발심을 불러올 뿐이다. 사상범은 비뚤어진 사람이니 찍소리도 못하게 머리부터 눌러야 한다는 말을 들으면 답답하다. 한번 만들어진 사상범의 유형은 채찍과 징벌로 굴복시킬 수 없으며 오히려 반항심을 키우는 데 기여할 따름이다. 이는 본전도 못 건지는 일이다. 그렇다면 교도소는 구금의 쇠고리 안에서는 되도록 권력의 억압을 피해야 한다. 인격과 명예에 대한 신뢰만이 자숙을 이끌어낼 최상이자 최후의 실마리가 아니겠는가. 원컨대 수용자 스스로의 인격권과 자제심을 견지하는 한 행복하고 평화가 유지된다. 주어진 운명에서 도망하려 한다면 사나이의 태도가 아니다. 현실을 감수하고 어떻게 유리하게 이것을 살릴 것인가 생각하는 사람은 세상을 폭넓게 사는 사람이다. 사상범이 사회에 있다고 해도 결국 달아날 수 없는 감시의 쇠고리 밖으로 나가지 못할 것이며, 설사 완전전향으로 퇴소하는 경우에도 들어가야 할 환경 역시 구금 이상의 조건일지도 모른다. 환경을 극복하고 이에 순응하는 태도가 전향의 출발점임은 분명하다.

가정은 영혼의 고향이다. 가족애로 인간은 순수함으로 돌아가는데 사상범은 가족애로 갱생하기를 최대한 경계한다. 어떠한 생활 환경조차 투쟁의 문제로 삼는 그들은 오로지 흥분된 분위기를 만드는 데 고심한다. 독방은 조용하게 자신을 반성하고 가족애에 빠지는 절호의 장소지만, 미완성의 사상을 동요하게 하고 투쟁심을 잃게 만드는 것이라고 회피한다. 또 가족애로 환원되어 사상적으로 반성하려는 자신과 사상범으로서의 명예 혹은 옛 동지에 대한 체면으로 사는 자신 사이의 딜레마를 고민하다가 이를 돌파할 용기를 못 가진 자가 많다. 인간의 자연스러운 정을 수용할 아량이 없는 가련한 모습을 볼 때 불쌍하기도 하여 안타깝기 그지없다. 사상병에 걸린 딱한 감염자이나 본인은 모른다. 그런데 이러한 병적인 특이 성격에 의한 외관상의 행위에 대해 건방지고 무례하다고 혐오하며 지탄하는 이를 보는데, 이것은 허세이지 본 모습이 아니므로 고뇌하는 그들의 마음 깊숙이 들어가 해방시킬 열의가 요구되는 것이다. 하나의 실천이 중요하다. 백 가지, 천 가지의 규칙과 설법도 그것만으로는 텅 빈 문서에 지나지 않는다.

사상 문제를 건드려서는 안 되고 오히려 직업 보도(輔導)와 생활 안정에 주력해야 한다고 하는 견해도 있다. 그러나 사상범 대책은 결국 사상적이지 않으면 안 된다는 생각은 예나 지금이나 변함이 없다. 잘못된 사상을 해부하여 대신 일본적인 자각심을 심어야 하기 때문이다. 물질적인 조건을 주로 하는 직업 보도가 현실적으로 잘 맞는다고 확신하고, 형식적인 여러 행사를 통해 일본적 교양을 이루는 일도 필요하다고 생각하지만, 사상범 교화를 위해 그것만으로는 불안하지 않겠는가. 틀림없이 많은 사상범이 얼굴을 감추고 사회 속에 횡행할 것을 우려한다. 조선의 사상범이 생활 안정을 위해 사상을 전향하는 단순한 자라고 생각되지 않는다. 적어도 증상에 맞는 직접적인 유력한 방법은 그들의 사상에 근본적으로 비판을 가하여 정리하게 만들고 그를 대신할 사상을 주입하여 새로운 주의사상에 영혼을 맡기게 하여 그들의 젊은 열정을 아낌없이 여기에 돌리게 해야 한다고 본다. 그렇다고 그것이 사상범 처우의 모든 것은 아니다. 어디까지나 국민적 신념을 지도 정신으로 삼아 논리를 넘은 일본 정신의 훈련을 체험으로 수련시킬 것을 잊지 말아야 한다.

검거 이후 수년, 길게는 십여 년 독거 구금을 한 사람들이다. 인간으로서의 본능을 빼앗긴 부자연스러운 생활을 견디고 해악이 더해질 때마다 단련된 투쟁심이다. 따라서 이미 형무소에서 시험이 끝난 방법을 반복할 필요는 없다. 오히려 야외로 해방시켜 사라져 가는 개성을 살려주고 순수한 동심으로 되돌려 주고자 한다. 모든 교화는 여기에 출발점이 있는 것이 아니겠는가. 햇살을 받고 공기를 들이마시며 이마에 땀 흘리는 인고와 단련의 기쁨을 맛보게 하는 것, 작물을 키우고 수확하는 고생과 기쁨에 감명받게 하는 것, 작업과 체육, 교련이 교화의 첫걸음이다. 심신을 건강하게 성정을 고결하게 그리고 반도 청년의 희망 없는 무위도식의 생활과 설익은 감정을 없애는 것이 중요하다. 이렇게 기상에서 소등까지 하루를 수련도장의 실천으로 생각하고 규율 생활 속에서 황민다운 수양을 즐기도록 하고자 한다.

보호교도소의 창업에 즈음하여 이상과 같은 일이 때마침 구름처럼 그림자를 드리우고 사라졌다. 그러므로 일의 저변에 그러한 힌트가 무의식적으로 녹아들었을지도 모른다. 그러나 생각해야 할 문제가 목전에 다가왔다. 그리고 이론도 경험도 없는 서툰 선장들이 운전하는 배이므로 자칫 방향이 틀리거나 혹은 거친 파도와 폭풍에 앞길이 막히는 일이 생길지도 모른다. 하지만 바야흐로 시국은 중대하고 주어진 사명으로 강한 채찍질을 느낀다. 계획과 지혜를 모아 한 사람이라도 많은 영혼을 단련시킴으로써 국책에 협력하고 진심 어린 봉공을 바치도록 만들기를 바라마지 않는다.

〈자료 182〉 사상범 보호관찰제도

[나가카시 유조(長崎祐三)[29], 1941, 〈사상범 보호관찰의 회고(思想犯保護観察の回顧)〉, 《조선사법보호(朝鮮司法保護)》 1권 2호.]

1) 조선에서의 보호관찰제도의 지위

1939년(昭和 14) 10월 친애하는 미나미 총독은 전조선보호관찰소장 회동에 참석한 회의 동 구성원 일동을 관저에 초대하여 그 석상에서 "사상범 보호관찰제도는 나에게 잊을 수 없는 제도다. 총독으로서 조선에 부임한 지 3개월째인 1936년 12월 이 제도가 조선에 실시되었다. 당시 이 제도를 조선에 시행하는 것은 시기상조라는 반대도 있었지만, 나는 실시를 단행했다. 그 결과 상당한 성적을 거두었다. 전향자로 애국운동을 하는 이도 많고 특히 신의주의 전향자가 귀여운 미취학 아동에게 학문을 가르치고 있다"라고 말하며 그는 동안에 자비로운 아버지 미소를 지었다. 그 말을 들은 우리의 감격은 평생 잊을 수 없다. 보호관찰제도는 총독의 관심하에 시작되어 이제 발족하기에 이르렀다.

조선에 시행된 보호관찰제도의 기조는 천황의 마음을 체현하는 것과 인애정신에 입각해 있다. 만민일가(萬民一家)의 일본 정신을 구현한 제도이다. 따라서 일본인의 피가 흐르는 자에게는 이 제도가 성공할 것이다. 2,600년 전부터 일본인이던 내지의 사상 전력자는 성공하겠지만, 일본인이 된 지 겨우 30년밖에 안 되는 조선의 사상 전력자는 아직 충분히 일본인의 피가 흐르지 않으므로 성공하지 못할 것이라는 견해가 있었다. 아니, 조선의 사상 전력자가 좌담회 석상에서 "우리 반도인은 공산주의 사상을 청산할 수는 있어도 민족주의 사상은 청산할 수 없다"라고 공언했다고 보호관찰소 직원이 비관하고 있었다. 나는 당시 사상계 검사를 하고 있어서 민족 독립운동 사건을 맡았는데 그렇게 비관할 필요는 없다고 생각했다.

조선 역사를 보면 조선이 독립 국가였던 역사가 있는가. 조선 민족이라고 하지만 이른

29 나가사키 유조는 이 글을 쓸 당시 조선사법보호협회 이사, 경성보호관찰소장 재임. 신의주보호관찰소장, 대화숙(大和塾) 회장을 역임했다. 사가고교(佐賀高校), 교토대 법학부를 졸업하고 고등시험 사법과를 통과하여 검사가 됐으며, 일제강점기 대표적인 사상검사이다.

바 기호파(畿湖派)와 서북파(西北派)의 반목은 뿌리가 깊어서 도저히 하나가 될 수 없다. 게다가 독립 국가로 존재하기 위해서는 일억의 인구가 필요하다고 하는데, 조선은 불과 인구 2,400만이고 물자도 빈약하여 독립이 불가능함은 그들 자신이 가장 잘 알 것이다. 요컨대 민족주의는 뒤틀린 자들의 세상에 대한 비뚤어진 감정이다. 이러한 감정을 시정하는 데는 사랑과 힘이 있으면 된다. 비뚤어진 아이는 엄부의 힘과 자모의 사랑으로 올바른 아이가 되는 것이다. 내지에도 그 옛날 야마토(大和) 민족 외에 이즈모(出雲) 민족 등 여러 민족이 있었지만, 어느새 야마토 민족에 동화되지 않았는가. 야마토 민족에게는 타민족을 동화시킬 힘과 포용할 도량이 있다. 조선 민족만이 동화하지 못한다는 예외는 있을 수 없다. 자신의 힘을 비하할 필요는 없다.

나는 이러한 생각으로 보호관찰제도가 조선에서도 성공하고 조선 통치상 이 제도가 가장 중요시해야 할 제도라고 생각한다. 조선 통치의 근본 방침은 내선일체이다. 내선일체의 완수는 반도 동포를 황국 신민화하는 것에 있다. 내선일체에 가장 반대하는 이는 민족주의자이고 공산주의자이다. 보호관찰소는 내선일체에 가장 반대하는 그들을 황국 신민으로 만드는 기관이며, 조선 통치의 근본 문제를 해결하는 곳이다. 일본의 건국 정신인 팔굉일우(八紘一宇)의 정신을 아시아 제민족에게 알리고 신동아건설을 이룰 때, 그 시금석이 되는 것이 내선일체일 것이다. 중국인이 중국 거주 조선인에게 "조선인은 일본과 하나가 되어 행복한가"라고 자주 묻는다고 한다. 이 질문은 내선일체가 신동아 건설의 시금석임을 말해 주는 증거이다. 이렇게 생각하면 조선에서의 보호관찰제도의 사명은 내지보다 더욱 중대하다.

보호관찰제도가 시행되고 그 결과는 어떠한가. 경성보호관찰소를 예로 들면 개설 당시부터 1931년 10월까지 보호관찰에 부쳐진 자가 729명인데 그중 다시 사상사건으로 검사에게 기소당한 이는 14명이다. 이 14명의 재범 범죄사실은 거의 보호관찰에 부쳐지기 이전에 범한 것이다. 보호관찰제도가 시행되기 전까지는 재범자가 출옥자의 1할 정도였다. 이것을 생각하면 상당한 성적을 거두고 있다고 해도 좋을 것이다. 상해임시정부의 중진이자 지금은 조선에서 상당히 무게감 있는 아무개 씨는 "사상 전력자의 사상을 선도하고 생활의 확립을 시켜주는 보호관찰제도로 비로소 반도인이 일본 정신을 발견할 수 있었다"라며 기뻐하였고, 내가 신의주 보호관찰소장으로 근무할 때 얼마나 신세를 졌는지 모른다.

보호관찰제도는 지각 있는 반도 민중들이 반겨 맞이한 제도이다. 만약 이것이 성공하지 못한다면 운영하는 이의 책임이라고 해도 도리가 없다.

2) 시국대응사상보국연맹

조선에서의 보호관찰제도는 미나미 총독의 지대한 관심을 얻어 발족하기에 이르렀다고 했지만, 1937년 7월 중일전쟁으로 진보의 걸음이 빨라졌다. 이번 전쟁이야말로 보호관찰제도에는 천우의 기회였다고 하겠다. 이 전쟁으로 반도 일반 민중의 애국열이 일어났다. 사회현상에 민감한 사상 전력자는 이러한 현상에 초연할 수 없다. 사상 전력자 중에 전향자가 속출하고 나아가 국가 사회를 위해 어떤 봉사적 공헌을 하려는 열의가 타올랐다.(중략)

3) 대화숙(大和塾)

나는 보호관찰제도의 진보를 앞당긴 것이 중일전쟁이라고 했는데, 이 제도가 훌륭하게 진전하도록 만든 이는 미야모토(宮本) 법무국장이라고 단언한다.

앞서 언급했듯이 사상보국연맹의 실천 사항은 매우 추상적이었다. 그것은 "전향자가 대체로 학식과 재능에 뛰어나고 진지하며 수완과 역량이 모두 사회 지도력이 될 만한 소질을 가졌다"라고 전향자의 능력을 과대평가했기 때문이다. 그러나 전향자는 추상적인 문제를 논의하는 데는 우수해도 문제를 구체적으로 처리해 가는 데는 무능하다. 그러므로 추상적 실천 사항을 구체화하기 위해 강연회와 국방헌금을 하는 것이 고작이었다. 그럼에도 그들이 자신의 힘을 과신하여 헛되이 논의에 시간을 허비하는 때가 있었다. 또 연맹의 실천 사항이 사회 진출에 힘을 기울인 데에도 결함이 있었다. 전향자가 과거의 사상적 행동의 과오를 뉘우치고 근신하며 공손한 의사를 드러내며 단지 자기완성이라는 전향자의 소극적 한계에 머무르는 동안에는 사회가 동정과 이해를 표하지만, 전향자가 완전히 소극적인 태도를 버리고 오로지 신사회 건설의 전사처럼 행동하게 되면 세인의 동정은 반감으로 바뀐다. 게다가 시국의 심화에 따라 국민의 국체 관념은 더욱 깊어지고 사회의 전향자에 대한 생각도 변화하여 전향자를 특수한 존재가 아니라 일 국민으로 대우하게 되었다. 다른 한편 전향자가 비록 사상을 청산하더라도 성격에 많은 결함이 있다는 것이 폭로되어 왔다.

이러한 경향을 미연에 방지하고 사회의 비난을 피하기 위해 법무국장은 연맹 결성 10개월째인 1939년 10월 제1회 연맹통상대회에서 "연맹원은 연맹의 단체 행동뿐만 아니라 개인적 일상생활도 연맹의 목적달성을 위해 유감없는 실천을 해야 한다"라고 알리고 연맹원 개인의 인격 수양에 노력해야 함을 일깨웠다. (중략)

1939년 1월 신의주보호관찰소장이 되어 신의주지부장, 직원과 함께 나는 주택과 공장, 교장(敎場)을 둔 연맹회관을 만들기로 했다. 주택에는 보호사 한 가족과 대상자 열 한 가족을 살게 했다. 이렇게 함으로써 보호사가 매일 아침 일찍 전향자와 가족을 집합시켜 궁성 참배 등의 집단 보도를 하고, 각 개인에게는 개인 보도를 하는 편리함을 제공했다. 공장은 수산(授産) 사업[30]으로 신의주 명산의 목재를 이용하여 상자, 젓가락 등을 대상자에게 제조하게 하고 그들의 생활 자금을 여기에서 얻게 하였다. 물론 공장에서 일할 때에도 일정한 행사를 하게 했다. 교장에서는 대상자가 무보수로 미취학자에게 국어(일본어) 등을 가르치게 하여 국은의 만분의 일이라도 보답하게 했다. 국어강습의 비용은 공장에서 벌어들인다.

이 연맹회관을 1940년 5월 법무국장은 대화숙이라 명명했다. 물론 대화는 진무(神武)[31] 건국의 정신을 나타내고 숙은 연맹원의 자기 수양 도장을 의미한다고 덧붙였다. 대화숙을 방문하는 사람들은 "대화숙이라니 좋은 이름이군요"라고 한다. 그때마다 나는 "당신은 하이쿠(俳句)[32]를 짓나요?"라고 물으면 대체로 하이쿠를 짓는 사람들이다. 늘 보지만 그냥 지나치는 것을 잡아내는 점이 하이쿠의 매력이다. 대화숙의 이름이 평범하지만 비범하여 하이쿠의 매력과 일맥상통한다. 대화숙은 평안북도에서 관민의 열렬한 지지를 얻어 사회사상 정화에도 진출하였다.

1941년 1월 사전에 사상보국연맹의 기구개혁을 생각하고 있던 법무국장은 명실공히 보호관찰소의 외곽 단체로 사상운동의 합리화와 사상보호 사업의 진전을 이루고, 내선일체의 철저한 구현에 기여하고자 사상보국연맹을 발전적으로 해소하고 경성 외 여섯 사상보국연

30 수산(授産)은 실업자나 빈곤자, 취업 능력이 제한되어 있는 자 등에게 취로 또는 기능을 습득할 수 있는 기회를 제공하거나 편의를 제공하여 생계를 꾸려나갈 수 있도록 지원하는 것을 말한다.

31 일본국을 건국했다고 전해지는 인물이다. 초대 천황으로 즉위하여 황실의 조상으로 일컬어진다.

32 5·7·5음의 17음으로 이루어진 정형을 기본으로 하며, 세계에서 가장 짧은 정형시로 평가되는 일본의 정형시를 말한다.

맹지부는 각각 독립재단법인 대화숙으로 반도 사상계를 새롭게 출발시켰다.

대화숙은 보호관찰소장을 회장으로 하고 회장이 직접 운영하는 사상범 보호 단체이다. 이에 지도가 적극화 신속화하게 되었다.

대화숙의 회원은 기존 보호관찰 대상자 외에 대화숙 취지에 찬동하고 사업에 봉사 협력하는 이에게도 확대하였는데, 이 점은 전향자 그룹이라는 느낌을 사회에 주지 않고 전향자의 사회 복귀를 서두르려는 부모의 마음이 엿보인다.

대화숙은 반황도 사상을 소멸시키고 황도 정신을 발흥하게 하며, 내선일체의 심화, 철저를 기함과 더불어 특히 사상사건 관계자를 교화 선도하고 보호하여 자주적 복귀를 촉진시키는 것이 그 목적이다. 즉 사상 보국운동과 보호 사업이라는 두 가지 목적을 가진 점에서 진보한 흔적이 보인다. 단지 전향자를 목적 완성 없이 사회에 진출시킨다면 사회의 반감을 사고 그들의 사회 복귀가 늦어질 것이다. 단순한 자기완성을 목적으로 하는 보호 단체라면 대상자가 가진 우수성을 말살하는 것이 된다. 말살하는 것은 일본적인 방법이 아니다.

대화숙의 목적수행사업은 (1) 황도 정신 수련도장 설치 (2) 국어(일본어) 보급 (3) 강습회, 강연회, 좌담회 개최 (4) 기관지 기타 출판물 간행 (5) 수산(授産) 경영 (6) 기타 목적 달성을 위해 필요한 사항이 있다. 사업이 종전보다 구체화 적극화된 것은 물론, 모두 실천 가능한 사업이다.

생각건대 사상보국연맹은 대지의 시국대응위원회를 괜히 따라하다 반도 전향자의 특이성을 무시했기 때문에 급격하게 무너지는 운명이 되었다. 그러한 추태가 사회에 노출되기 전에 기구의 개혁을 단행한 것은 반가운 일이다. 대화숙은 반도 전향자의 특이성을 충분히 고려하여 설립한 것이다. 나는 사상보국연맹이 추락하는 운명을 고려하여 대화숙의 장점을 살림으로써 금후 반도 보호관찰사업이 더욱 향상하게 될 것이라 확신한다.

(본회 이사, 경성보호관찰소장)

〈자료 183〉 조선사법보호사업의 개괄

[이나미츠 가즈오(稲光和夫), 1942, 〈조선사법보호사업령 및 조선사법보호위원령 개요(朝鮮司法保護事業令及朝鮮司法保護委員令概要)〉,《조선사법보호(朝鮮司法保護)》 2권 3호.]

1) 조선사법보호사업령 및 조선사법보호위원령 개요(1)[33]

① 머리말

오랫동안 기다리던 조선사법보호사업령 및 조선사법보호위원령이 드디어 3월 23일로 공포되어, 같은 달 25일을 기해 시행하게 되었다. 하나의 법령이 성립하는 과정에는 정도의 차이는 있지만 이를 거부하는 각종 장애나 수많은 곤란이 발생하는데, 본령의 성립에 있어서도 결코 그 예에서 벗어나지 않았다. 게다가 이제껏 없었던 확고한 비상시국하에 이러한 장애와 어려움을 돌파하여 본령이 무사히 고고하게 소리를 높이게 된 이유는 실로 국가가 본령을 전쟁이라는 긴급한 시기에 중요법령으로 간주함에 따른 것이다. 또 사회가 본 사업을 불가결한 국가적 사업으로 인정하기 때문이다. 미력하나마 본령의 입안에 참여하여 마음고생을 함께한 나로서는 지금 이 탄생을 바라보며 감개무량한 정을 금할 수 없음과 동시에 본령의 적정한 운영을 기하여 국가 사회의 부탁에 응해야 한다는 절박한 염원을 느낀다.

이러한 의도하에 이 글을 초안하기에 이르렀지만, 아무튼 천학비재(淺學菲才)함에도 바쁜 틈틈이 써 내려간 것이다. 따라서 제목이 웅대함에 비하여 내용이 빈약함은 어쩔 수 없는 부분이다. 굳이 본고가 사법보호 단체, 사법보호 위원과 사업 관계자 여러분께 본령 운영에 관한 사소한 길잡이라도 된다면 더 이상 다행한 것은 없다고 생각하기 때문이다.

게다가 서술 편의상 조선사법보호사업령은 사업령, 조선사법보호위원령은 위원령, 조선사법보호규칙은 규칙으로 모두 약칭하기로 한다.

---

33 목차 1. 머리말/ 2. 본령 제정의 연혁/ 3. 본령 제정의 필요(이상 본호)/ 4. 사법보호사업의 대상자/ 5. 사법보호사업의 기구 (1) 보호사업의 기관 (2) 보호사업의 분야 / 6. 사법보호사업의 보호 종류 및 방법 (1) 보호의 종류 (2) 보호의 방법 / 7. 사법보호 단체 (1) 종류 (2) 설립, 변경 및 폐지 (3) 지도 및 감독 (4) 조성 (5) 보호 절차 / 8. 사법보호위원 (1) 신분 및 직무 (2) 구(區) 사법보호위원회 (3) 사법보호위원회 (4) 보호 절차 / 9. 맺음말

② 본령 제정의 연혁

사업령은 내지(內地)의 사법보호사업법, 위원령은 내지의 사법보호위원령을 모법(母法)으로, 내용도 이와 거의 다르지 않다. 하지만, 우선 내지의 두 법령 제정의 경과를 살펴보자.

내지에서는 일찍이 지식인에 의해 사법보호 사업의 법제화 필요성이 고조되어 있었다. 1933년(昭和 8), 1934년, 및 1935년의 각 제국의회에서 사법보호법이라는 명칭으로 각각 제출되어 그때마다 귀족원(貴族院)에서 심의가 완료되지 않았기 때문에 성립되지 못하였다.

그 후 사법 당국에서도 사법보호사업을 법제화할 필요성을 인정하여 열심히 입안 방법 연구를 계속해 왔다.

1937년 7월 중일전쟁(支那事變)의 발발을 계기로 제국은 준전시 체제에서 전시 체제로 돌입한 결과, 그 이유는 다음에 언급하겠지만 보호사업의 법제화는 매우 긴요했기 때문에 1938년(昭和 13) 제70회 제국의회에 사법보호사업 법안을 제출하고, 신중하게 심의한 결과 제국의회의 협찬을 거쳐, 1939년(昭和 14) 3월 29일 법률 제42호로 공포되었다. 사법보호기념일인 같은 해 9월 14일부터 시행을 하게 되었다. 또 사법보호위원령은 같은 해 9월 12일 칙령 제644호로 공포되어 사법보호사업법과 동시에 시행되고 있다.

조선에서도 1936년(昭和 11) 12월 조선사상범 보호관찰령의 제정을 계기로 일반적으로 사법보호사업에 대한 법제화의 기운이 무르익어 갔다. 일본에서 제정된 위의 두 법령으로 이에 박차를 가하게 되었을 뿐만 아니라 진전된 시국상 반도에서의 사업 확충 강화가 매우 절박한 것임이 인정되었기 때문에 법무 당국은 1939년(昭和 14) 10월에 1940년도의 예산심의 때 사업령 및 위원령 제정에 필요한 경비를 요구했다. 그러나 재무 당국은 이를 용인하지 않았다. 이에 본령 제정의 본격적인 준비에 착수하여 단단히 마음먹고 입안 연구를 진행한 결과 1941년(昭和 16) 9월에 일단 성립안을 얻게 되었다. 이후 여러 차례 장애와 곤란에 봉착하면서도 관계 당국의 흔들리지 않는 노력은 마침내 결실을 맺었다. 이에 반도사법보호사업 역사상 획기적인 입법으로서 조선소년령(朝鮮少年令) 및 조선교정원령(朝鮮矯正院令)와 동시에 제령(制令) 제9호로 사업령이, 또 칙령 제193호로 위원령이 각각 공포되기에 이른 것이다.

③ 본령 제정의 필요

대동아전쟁하에서 황국은 유례없는 비상시국에 모든 국책은 성전(聖戰) 완수라는 목적에 집중되어야 할 가을에 많은 비용을 쓰며, 또 많은 사람을 동원하면서까지 본령을 제정할 필요가 있느냐고 따지는 사람이 있을지도 모른다. 나는 이런 사람들에 대해서는 비상시국이 될수록 본령은 반드시 제정하지 않으면 안 된다고 대답하고 싶다. 그 이유는 무엇일까.

제국이 대륙에 병사를 보낸 지 이미 5년 그리고 이제는 미국과 영국을 상대로 세기의 전투를 벌이기에 이르렀다. 정의의 깃발 아래 육해공군의 정예 부대와 후방의 불덩이 같은 1억 국민이 하나로 뭉쳐 고금에 없었던 혁혁한 전과를 올려 우리로 하여금 천황의 백성 된 감격에 잠기게 하고 있다. 그러나 우리는 마냥 감격에만 빠져 있을 수 있겠는가. 이번 대전이 인류사상 일찍이 없었던 세기의 전쟁인 이상, 그것이 장기전의 양상을 띠는 것은 당연하며 또 그 징조는 이미 현실의 문제로 우리 눈앞에 나타나고 있다. 그러면 황국 일천 년의 운명을 결정하는 지금 대성전(大聖戰)의 최종 목적을 완수하기 위해 1억 국민은 진정으로 한마음이 되어 굽히지 않는 결의와 필승의 신념으로 총력 체제를 형성하여 모든 있는 힘을 오로지 전쟁 목적 하나로 합쳐야 한다. 이에 체제 확립의 필수 요소로서 소극적으로는 후방의 치안 확보와 적극적으로는 인적 자원의 증강을 전면에 내세운다. 이것이 궁극적인 목적인 사법보호사업은 단지 자선사업으로서 과거의 기능을 지양하고 이제 중요 국책의 일익을 담당함으로써 불가결한 국가적 사업으로 비약하게 된 것이다. 그리고 이는 단지 우리의 아전인수(我田引水)적인 사고가 아니라 세상의 지식인 아니 국가 자신이 승인한 것임을 자랑스럽게 강조하고 싶다.

이에 최근 반도의 범죄 현상 추이를 잠깐 살펴보자. 원래 전쟁 발발 직후에는 국민정신의 긴장, 혹은 경제계의 호전(互轉)에 의한 실업자 감소 등의 이유로 범죄는 일시적으로 감소하는 경향을 보이지만 3년, 5년이라는 장기간에 걸치면 점차 그 지수가 증가하고 특히 장기전 종료 직후에는 엄청나게 급격히 증가한다는 사실은 과거에 수많은 대전의 역사가 잘 보여주고 있는 바이며 또한 일반 상식이기도 하다. 물론 지난 세계대전 당시 프랑스 및 독일의 범죄 현상이 곧 동일한 사정하에 있는 것은 아니다.

〈자료 184〉 조선사법보호협회

[大坂盛夫, 1941년, 《조선사법보호(朝鮮司法保護)》, 1권 1호]

1) 조선사법보호협회 설립 취지(〈자료 184〉의 〈朝鮮司法保護協會設立趣旨〉)

사법보호는 검찰, 행형(行刑)과 함께 형정(刑政)상의 중요 부문으로 범죄로 인한 사회적 낙오자를 물심양면으로 보호 선도하여 진실로 충실하고 선량한 황국 신민으로 사회에 복귀하고 각 직장에서 군주국(君國)을 위해 오로지 진심으로 봉사하게 되면 한편으로는 범죄를 방지하고 치안 확보에 이바지함과 동시에 다른 한편으로는 국가의 인적 자원을 단련 육성하여 증강하는 데 공헌할 중대한 사명을 지닌다. 이제 시국은 더욱 긴박해지고 중대해져 임전국가 체제 확립을 서둘러 후방의 치안 확보와 인적 자원의 단련 육성 증강이 긴급함은 굳이 말할 필요도 없는 상황이라 이러한 점에서 사법 보호가 실제로 시국하 중요 국책의 일익을 담당하게 되면서 그 사명이 배가되기에 이르렀다.

이와는 달리 반도에서의 사법보호사업 현황을 보면 일반범 보호에 관해서는 전조선 형무소 본소와 소재지에 보호 단체가 설립되어 그 수가 26에 달했으며 저마다 목적 달성에 매진하고 있다. 사상범 보호에 관해서는 근래 대화숙(大和塾)운동이 대두하였으나 이사(理事)의 노력으로 점차 세인의 인식을 얻게 되었는데 그 수는 7개소에 이른다. 게다가 이들 각 단체에 대해서는 종래 이를 취급하는 법규가 없어 통제하는 기관이 없었기 때문에 할거분립(割據分立)은 어쩔 수 없는 상태였다.

각각 독자적인 방침을 수립하여 개별적 활동을 모색할 수밖에 없었으며 서로 공조하여 연락할 길이 없어 사업의 원활한 운영에 유감스러운 점이 많았다. 그런데 이제 바야흐로 사법보호사업은 전면적으로 법제화 기운이 무르익어 사업 전체가 확고한 기반 위에 놓이게 됨과 동시에 종래 일반범 보호 분야도 오래도록 요망해 온 사법보호위원제도가 실현을 보려고 하는 상황에 이르러 이로써 반도 사법보호사업에 있는 결함의 절반은 채워지게 되는 상태가 되었다.

생각건대, 사법보호사업의 요체는 실로 업무 관계자가 일치단결하여 협력하고 혼연일체가 되어 사회 각층에 강하게 호소하여 이를 견인할 일대 보호 진영을 형성하고 대상자를 향도(嚮導) 원조하여 분골쇄신하는 데 있다. 역시 그렇다면 전조선에 사법보호 단체를 통제, 지도하고 이를 조직 내에 완전히 흡인함으로써 강력한 중핵 체제를 형성시킴과 동시에 가까운 장래에 실시해 보려고 한다. 사법보호위원사업은 물론 반도의 사법보호사업 전반에 걸쳐 유력한 추진 기관이 되는 통제기관을 설립하여 반도의 사법보호사업이 약진할 수 있는 기반을 마련하는 것이 매우 긴요함은 말할 필요도 없다. 즉 전조선사법보호단체의 지도 조장 및 연락 통제, 사법보호사업에 종사하는 직원의 양성 훈련, 사법보호사업에 관한 조사 연구, 사법보호사상의 보급 선전 등의 사업은 물론, 사법보호 단체 및 사법보호위원 사업의 조성 등은 굳이 통제기관의 중요 임무로서가 아니라 반도의 사법보호사업의 성패가 오로지 이러한 통제기관의 활동 여하에 달려있다고 해도 과언이 아니다.

이상의 취지로서 각 방면의 여러분의 깊은 이해와 열렬한 원조에 의지하여 이에 조선사법보호협회를 설립하고자 한다.

2) 조선사법보호협회 설립 경과(〈자료 184〉의 〈朝鮮司法保護協會設立經過〉)

사법보호가 검찰, 재판 및 형벌 집행(行刑)과 함께 형벌과 정치(刑政)상의 중요 부문이라 하루라도 소홀히 할 수 없다는 것은 진작부터 식자들 사이에 주목받아 왔던 바입니다.

본부(本府) 당국 또한 이에 그렇게 생각하는 바가 있어 그 발달 조장을 촉진하기 위해, 1923년(大正 2) 5월 조선총독부 내훈(內訓) 제5호로 형기를 마치고 출옥한 사람(免囚)의 보호사업 보조금 하부 절차를 제정하고, 이 사업을 경영하는 데 관련된 보조금을 교부하여 조성의 길을 열었습니다. 같은 해 전옥회의(典獄會議)가 개최될 때 총독의 훈시 중에 특히 이 사업의 중요성을 강조하고 그 방법을 구체적으로 지시하여 발전을 독려하였습니다. 또한 자문 사항 중에도 "출옥인 보호사업의 실황 및 장래의 사업 시설에 관한 의견"이라는 한 항목을 더하여 사업에 대한 본부 당국의 적극적인 태도는 명확했습니다. 이후 조선에서의 사법보호사업은 급속도로 진전을 이루었으며 약 1년 내에 보호 단체 수는 20개를 헤아릴 정도가 되었습니다. 그 후 전옥회의 또는 형무소장회의 때 종종 이 사업에 관한 각종 자문을 받아 연구를 촉진시켜 왔습니다. 간혹 1933년(昭和 8)도 형무소장회의 때, "면수보호사업(免囚保護事業)의 기초 확충에 관한 방책"이라는 한 항목을 자문받았습니다. 그 답신 중에 중앙에 보호사업의 통제기관을 설치하고 보호사상의 보급, 선전, 보호 단체의 연락, 지도, 통제에 해당하는 사항으로써 긴요한 방책이 된다는 답신이 다수 나왔습니다. 이러한 견해는 당시 본부 당국의 견해와 일치하고 있었기 때문에 당국을 크게 움직여 실현 방법의 구체적 연구에 박차를 가하게 되었습니다. 그렇지만 중앙 통제기관을 설치하려면 상당한 자금이 필요하기 마련입니다. 이 점에 있어서 바로 실현 곤란에 봉착한 결과, 할 수 없이 점진적 방법을 찾기로 하였습니다. 각 복심법원 관내에 관내 보수 단체를 일괄하여 사법보호사업의 지도, 연락, 선전, 건의, 그 외 사업을 개선하고, 발달상 필요한 사항의 연구 및 실시를 목적으로 하는 복심법원(覆審法院) 관내마다 관내 사법보호사업 연구회를 만들기로 하였습니다. 이에 따라 1934년(昭和 9) 1월 9일 자로 이런 취지의 통첩을 발송했습니다. 이 통첩에 의해 경성, 평양, 대구의 세 복심법원 관내의 사업 관계자가 각각 연구를 한 결과 어쨌든 복심법원 검사장을 회장으로 임명하고, 같은 해 4월 초순을 기해서 일제히 각 복심법원 관내 사법보호사업연구회를 결성하기로 된 것입니다.

이 연구회는 그 후 오늘까지 계속되고 있습니다. 기록에 의한 당시 모습을 지금 조사해보면 당시의 관계자는 세 지방 모두 자주 모임을 열어 지극히 솔직하고 진지한 태도로 심신이 녹초가 될 정도로 이 사업에 대한 검토 및 실시에 힘을 썼다고 들었습니다. 늦었지만 경의를 표하지 않을 수 없습니다.

당시 연구회의 연구 대상은 보호사업의 전 분야에 걸쳐 있었던 것은 물론이었거니와 그 중에서도 조선의 사법보호사업을 획기적으로 진전시키기 위해 중앙에 통제기관을 설치하고 보호 단체의 통제, 지도, 연락하는 것이 가장 본질적으로 급선무라는 것을 세 연구회가 하나같이 부르짖었다고 합니다. 경성, 대구의 연구회는 그 설립 방법에 관해서 상세하고 면밀한 검토를 계속하였으며 평양의 연구회에서는 1935년(昭和10) 3월 30일 조선총독 앞으로 중앙보호협회를 설립건의안을 제출하였습니다.

이렇게 중앙 통제기관의 필요성을 중앙, 지방이 하나같이 외쳤고, 설립 방법에 대해서도 진지한 검토가 계속되어 왔습니다. 하지만 뭐니 뭐니 해도 이 기관을 설립하기 위해서는 상당한 자금이 필요한데 수집 방법까지는 충분한 안을 마련하지 못하여 어쩔 수 없이 설립을 하지 못한 채 세월이 지나게 된 것입니다.

그런데 1936년(昭和 11) 12월 중에 사상범 보호관찰제도가 반도에 실시됩니다. 제일선에 있는 직원의 노력으로 천황의 마음에 깊이 감격하여 과거의 사상적 미몽에서 깨어나 황국 신민으로서의 정도에 복귀한 대상자들은 1938년(昭和 13) 7월 전조선 사상 전향자를 하나로 뭉치게 하는 시국 대응 전조선보국연맹을 결성하여 후방 애국운동에 활발한 활동을 전개하기에 이릅니다. 1940년(昭和 15) 말에는 전조선에 7개 지부(支部) 83개 분회(分會)를 두게 되었습니다. 그 후 근본적인 기구 개혁을 가하여 사상보국운동의 합리화와 사상범 보호사업의 진전을 기하고 또한 내선일체의 철저한 구현에 기여해야 한다는 당국의 방침에 순응하였습니다. 올해 1월 전조선의 사상보국연합맹은 발전적 해체를 하여 같은 해 4월 종래의 7개 지부는 새롭게 각각 독립된 재단법인 대화숙(大和塾)으로 반도의 사상범보호단이 되었습니다. 전조선의 보호 단체 수는 종래 순차적으로 증가를 보이고 있으며 일반범 보호 단체와 함께 단번에 33개가 되었습니다.

그뿐만 아니라 예상보다 본부 당국에서 계획 준비 중이었던 조선사법보호사업령도 그 준비가 착착 진전되었습니다. 또 1941년(昭和 16)도 본부 예산 중에 실시에 필요한 예산 일부를 계상하게 되었습니다. 이로써 조선에서의 사법보호사업은 확고한 초석 위에 놓임과 동시에 종래 일반범 보호 분야에도 오랫동안 기대하고 기다렸던 사법보호위원제도의 실시를 보게 되는 상황에 이르게 되었습니다.

따라서 이러한 33개의 보호 단체와 함께 장래에 일어날 일을 예상할 수 있습니다. 모든 보호 단체가 하나로 뭉쳐 자유롭게 통제하고 지도할 수 있는 권한과 능력을 갖추게 되었음과 동시에 사법보호위원사업은 물론, 반도 사법보호사업 전반에 걸쳐 공동의 강력한 추진 기관이 될 중앙통제단체 설립의 필요성은 더욱 급선무가 되었습니다. 그래서 본부 당국에서는 작년 이후 이에 대한 마지막 안건을 서둘러 온 것입니다. 그렇지만 설립의 요점은 자금의 조성에 있으므로 당초 전조선에서 일반 민중의 기부금을 모아 조성한다는 의향으로 계획을 진행하였습니다. 중일전쟁의 진전은 국제 정세가 복잡하고 괴기스러워 고도의 국방 국가 건설이 급선무가 되어 몇 차례 걸쳐 변화하여 임전국 태세를 취해야 했기 때문에 어쩔 수 없게 되었습니다.

시국의 영향으로 도저히 당초 계획을 수행하기 어려운 사정에 이르러 여러 가지를 고려하고 있었는데 다행히도 사업을 이해하고 있는 돈 많은 독지 기부자가 나타났습니다. 그의 갹출금(醵出金)을 기금으로 급히 협회를 결성할 기운에 이르렀던 것입니다.

원래 통제 단체는 지방 보호 단체의 통제, 지도, 연락을 주목적으로 합니다. 그 성격상 당연히 지방 보호 단체에 의한 설립을 제창하고 직접 지방 보호 단체의 손에 의해 결성되어야 할 것입니다. 물론 편의상 중간 기관인 조선사법보호협회 설립준비위원회를 결성하고 그에 의해 협회 결성까지의 일체의 준비 행위를 대행할 수 있다고 인정하고, 그 취지를 각 보호단에 통달하여 위 설립준비위원회를 결성하여 올해 9월 초 법무국장을 준비위원장으로 한 설립준비위원회를 결성하였습니다. 이후 위원회의 손으로 설립 준비 행위를 대행해 왔습니다. 9월 13일 사법보호 기념일에 즈음하여, 전조선 33개 사법보호단의 대표자가 한자리에 모여 조선사법보호협회를 결성하게 된 것입니다.

돌이켜 보건대 조선사법보호협회 설립의 필요성이 관계자 여론으로 제창된 지 8년이 되었습니다. 그동안 수많은 변천과 난국을 만나면서도 강인한 요망은 부단한 진전을 이루었습니다. 오늘날 초비상 시국에 즈음하여 마침내 고고지성을 울리며 탄생하게 된 것은 우리 국(局)에 근무하는 사람으로서 오랜 기간 심한 진통을 생각하면 감개무량합니다. 게다가 지난 오랜 세월 동안 협회 결성을 위해 진지하게 노력해준 선배 여러분께는 온몸으로 감사의 뜻을 표하는 바입니다. 이상 개략적이지만 여기에 조선사법보호협회 설립 경과의 개요를 서술하는 바입니다.

3) 조선사법보호협회 회칙(〈자료 184〉의 〈朝鮮司法保護協會會則〉)

제1장 총칙

제1조 본 협회는 조선사법보호협의회라고 칭한다.

제2조 본 협의회는 조선의 각 사법보호단체를 회원으로 조직한다.

제3조 본 협회는 사무소를 조선총독부 법무국 행형과(行刑課)에 둔다.

제2장 목적 및 사업

제4조 본 협회는 국체의본의에 기초한 사법보호사업의 원활한 운영을 기하고 건전한 발달을 도모함을 목적으로 한다.

- 사법보호단체의 통제, 지도 및 연락

- 사법보호사업 조성
- 사법보호사업에 관한 조사 및 연구
- 사법보호사업에 종사하는 직원의 양성 및 훈령
- 사법보호사상 보급 및 선전
- 사업보호사업에 공적이 있는 자에게 표창
- 그 외 사법보호사업의 개량발달을 도모하기 위해 필요한 사업

제3장 임원 및 직원

제6조 본 협회에는 다음과 같은 임원을 둔다.

- 회장 1명
- 부회장 2명
- 고문 약간 명
- 이사 약간 명
- 감사 약간 명
- 참여(參與) 약간 명

제7조 회장은 조선총독부 법무국장 직에 있는 자를 추대한다. 회장은 본 협회를 대표하고 일체의 사무를 총괄한다.

제8조 부회장은 경성복심법원(覆審法院) 원장, 동 검사장의 직에 있는 자를 이에 충당한다. 부회장은 회장을 보좌하고 회장이 사고가 있을 때는 그 직무를 대행한다.

제9조 고문은 회장이 추천한다. 고문은 회장의 자문에 응해 의견을 진술한다.

제10조 이사는 회장, 부회장, 조선총독부 법무국 형사과장, 동 행형과장직에 있는 자 및 회장이 추천하는 자를 이에 충당한다. 이사 중 1명을 상무이사로 하고 조선총독부 법무국 행형과장직에 있는 자를 이에 충당한다. 이사는 이사회를 조직하여 중요 사항을 의결한다. 상무이사는 회장의 취지를 받아 상무를 관장한다.

제11조 이사회는 회장이 소집한다. 이사회의 의사는 회장이 의장이 되며 과반수에 의해 이를 결정하고 가부동수일 때는 의장이 이를 결정한다. 이사회는 이사의 과반수가 출석하지 않으면 개회할 수 없다. 단지 특별한 사유가 있을 때에는 회장이 서면으

로 이사의 찬부를 얻어 이사회를 대신할 수 있다.

제12조 감사는 회장이 촉탁한다. 감사는 본 협회의 회계를 감사한다.

제13조 참여는 회장이 촉탁한다. 참여는 회장의 요국에 의해 사업의 운영에 관한 중요한 사무에 참가, 계획한다.

제14조 회장이 추천하는 이사 및 감사의 임기는 3년으로 한다. 단, 보궐의 경우에는 전임자의 잔임 기간으로 한다.

제15조 본 협회에 주사(主事) 및 서기를 두고 회장이 이를 임면(任免)한다. 주사 및 서기는 위 직책의 명을 받아 사무에 종사한다.

제4장 회계

제16조 본 협의의 경비는 다음에 게재한 것에서 이를 지변한다.

- 제2조에 게시한 각 사법보호 단체의 분단금
- 보조금
- 기부금
- 그 외 제 수입금

제17조 본 협회의 회계연도는 매년 4월 1일에 시작하여 다음 해 3월 31일에 마친다.

제18조 매년도의 수지결산은 회장이 이를 이사회에 보고하고 승인을 얻어 수지예산에 대한 이사회의 의결을 요한다.

제5장 부칙

제19조 본회칙의 시행에 관련하여 필요한 사항은 회장이 정한다.

제20조 본회칙은 이사회의 결의를 거치지 않으면 이를 변경할 수 없다.

V

사상통제의 주체

해제

일제의 한국 식민지배 정책을 요약하면 감시와 통제이다. 그것은 그만큼 일제에 대한 한국인의 저항이 끊임없이 계속되었으며, 일제 말기로 갈수록 더욱 강화되었다는 것을 의미한다. 일제의 강압 통치의 법적 기반은 을사늑약 이후 즉시 마련되었다. 즉 1905년 12월 20일 칙령 제267호 〈통감부 및 이사청 관제〉 제4조에서 이미 "통감은 한국의 안녕질서를 유지하기 위해 필요하다고 인정될 때 한국 수비대의 사령관에게 병력 사용을 명할 수 있다"라고 규정하여 식민통치의 수장이 언제든지 무력을 동원하여 한국인을 탄압할 수 있는 근거를 마련했던 것이다. 1906년 7월 31일 칙령 제205호 〈한국주차군사령부 조례〉 제3조는 다시 "군사령관은 한국의 안녕질서를 유지하기 위해 통감의 명령이 있을 때 병력을 사용할 수 있다"라고 하였다.

1910년 8월 일제강점 직후 식민통치의 기본방침에 대해 병합조서에는 '일시동인'이 제창되었지만, 일본 헌법은 식민지 조선에서 시행되지 않고 조선인의 기본적 권리는 일본인과 달랐으며,[1] 식민통치의 말단에만 조선인을 채용했다. 순사보조원, 헌병보조원이 그들이다. 이러한 식민정책은 일제 식민지배가 일본 민족과 한민족의 갈등에 국한되지 않고 한민족 간, 계층 간 대립을 부추겨 민족 간의 심대한 불신을 야기했다. 일제는 한국인 밀정을 양성하여 독립운동가 등에 대한 고발과 밀고, 탄압을 유도했다. 이러한 점에서 볼 때 일제강점기 사상통제 주체의 층위는 다양하다.

일제는 강점 초기에 신속히 탄압 시스템을 정비해 나갔다. 일본 헌병 및 경찰의 보안체계는 철저한 종속화를 위해 일본에 협력적인 집단을 제외하고 아래로부터의 정치적 요구를 조직화하려는 모든 시도를 저지했다.

일제강점기의 사상통제 주체를 살펴보는 제5장 제1절에서는 먼저 조선총독부 경찰 조직

1 다나카 류이치(田中隆一), 2000.10, 「제국일본의 사법연쇄」, 『조선사연구회논문집』 제38집.

의 구성과 업무, 근무 체계 등을 살펴보고자 한다. 이어 제2절에서는 사상 탄압의 일선에 서 있던 사상경찰이 어떤 존재이며, 어떤 업무에 종사했는지, 제3장에서는 특별고등경찰의 역할과 업무를 살펴보고, 제4절에서는 사상 탄압을 진두지휘했던 조선에서 활동한 주요 사상 검사의 이력을 소개하고자 한다.

먼저 제1절 경찰 조직에 대해서는 조선총독부 경무국에서 발간한 연례보고서 『조선경찰지개요(朝鮮警察之概要)』의 관련 내용을 다루었다. 먼저 조선경찰제도의 연혁을 소개하고, 1919년 3·1운동을 전후로 하여 달라진 점을 표로 나타냈다. 여기에는 전국 헌병대, 경찰관서, 경찰관 수의 변동 양상 및 각 직급별 정원표를 소개했다. 특히 각 직급별 일본인과 조선인 숫자를 비교하였는데, 이를 보면 말단일수록 조선인 숫자가 증가하는 것을 알 수 있다. 즉 조선인의 독립운동을 조선인이 탄압하고 감시하도록 하는 시스템을 활용했던 점을 알 수 있는 부분이다. 경찰 조직의 직제 변경에 대해서도 표로 나타냈다. 또 조선총독부 사무분장 규정 초록을 소개하여 시기별로 경무국의 경무과, 보안과, 도서과, 고등경찰과 등의 담당 업무, 경무국장의 권한, 경찰관의 급여, 상여금, 사무 처리 과정, 경찰관의 복무에 관한 자료를 소개했다.

특히 식민지 조선에서의 경찰은 일상 근무에서도 국경 경비, 관세 사무, 우편 호위, 집달리 사무, 민사소송 조정, 임야 보호, 정부 전매품 및 어업 단속 등 경찰 사무 이외에 법령 또는 제도상 당연히 집행해야 할 특수 사무를 전담하며, '사상선도'에도 힘써야 하는데 지리, 민정, 풍속, 언어가 달라 어려움이 크다고 토로했다.[2] 일본인 경찰로서 한국어를 해득하는 비율이 매우 낮은 반면, 조선인으로서 일본어를 해득하는 비율은 상대적으로 높게 나타나는 점은 특이하다. 이것은 일제의 식민지배가 이루어지는 동안에 탄압의 법적 체계는 점점

2 조선총독부 경무국, 1925, 『조선경찰지개요(朝鮮警察之概要)』, 63쪽.

촘촘하고 강고해졌던 것과 달리, 실제 운용에서는 많은 문제점이 발생했을 것이 추측되는 부분이다.

제2절의 사상경찰에서 소개한 자료는 이시하라 쓰네지로(石原雅二郎, 1888~1946)가 저술한 『사상경찰개론(思想警察概論)』(警察叢書 5, 松華堂書店, 1930)이다. 이시하라 쓰네지로는 후쿠오카 출신으로 1914년 도쿄제국대학 법률학과를 졸업하고 내무성에 입사하여 경보국 도서과장, 외사과장, 보안과장 및 경찰강습소 교수 등을 역임한 인물이다. 이 책의 목차는 다음과 같이 구성된다.

사상범죄 / 사상경찰 / 사상범죄와 사회 / 정치와 경찰 / 사상경찰의 주체 / 사상경찰의 대상 / 사상경찰의 활동 / 활동의 실제적 기술적 연구 / 사회사상 / 서문 / 서론 / 현대사상 / 자유주의 국가주의 / 사회주의 / 공산주의 / 무정부주의 / 특수사회주의 / 민주주의

여기에서는 이 책의 주요 내용을 발췌하여 재구성했다. 이시하라 쓰네지로는 사상검사를 설명하며 "사상 문제에 관계된 범죄를 담당하는 검사로, 그 분야의 전문가인 검사를 검사국에 배치한다"라고 하였고, 사상검사가 다루는 범죄를 사상범죄라고 칭하고 있다고 소개한다. 다시 정치범죄와 사상범죄를 나누고 전형적인 사상범죄로는 대역죄, 내란죄, 외환죄(外患罪), 살인죄, 위조죄, 절도죄, 상해죄, 훼기죄, 치안유지법, 치안경찰법에 저촉된 범죄를 꼽았다. 사이비 사상범죄도 구별하고 있는데, 이것은 개인의 사욕을 목적으로 하면서도 겉으로 국가와 사회를 위해 한 일처럼 꾸미는 경우를 들었다. 사상경찰에 대해서는 그 자질과 업무, 기밀비 사용 등 내밀한 부분까지 지적하고 나아가 정보를 수집할 때 어떠한 방식으로 해야 하는지도 자세히 소개하고 있다. 이 부분은 독립운동가를 탄압하고 사찰할 때 어떤 방법을 활용했는지를 알 수 있는 자료로 유용할 것이다.

제3절 특별고등경찰 항목에서 인용한 자료는 시마무라 하지메가 기술한 『고등경찰개요』이다. 고등경찰의 업무는 국가 및 사회 전체의 안녕을 담당하는 경찰로서, 정치, 경제, 사상운동과 관련된 테러 사건 예방 경계, 공산당 단속, 민족주의 운동 금지 등을 담당한다고 하였다. 고등경찰의 윤리는 1. 대일본제국의 경찰관은 일천만승(一天萬乘)의 천황폐하에 귀일하고 받들기를 마음 깊이 간직할 것(귀일의 심원), 2. 일천만승의 천황폐하에 귀일하고 받드는 것에 반드시 나를 바칠 것(몰아의 마음)을 들고 있어서 그야말로 고등경찰은 일본 천황을 위해 목숨을 바치는 존재로 정의하고 있다.

또한 제3절에는 특고경찰의 치안 활동에 대한 각종 발수신 문서를 번역 수록했다. 이 가운데에는 불온행동과 불령선인을 시찰 단속하는 방법, 1937년 중일전쟁 이후 반정부운동이나 사상이 동요하는 가운데에서 사상단속을 위해 필요한 방침에 대해 소개했다.

제4절 조선에서 활동한 주요 사상검사에서는 먼저 김병로의 〈반도의 사상 판검사진, 고등·복심·지방의 삼 법원을 통하여〉(《삼천리》 제7권 제3호, 1935.3)를 전재했다. 이에 따라 김병로가 언급한 사상검사를 포함하여 미즈노 나오키 교수가 분석한 총 43명의 사상검사의 약력을 번역하여 소개했다.[3]

사법권이 일제에 장악되는 것은 1907년 7월 정미7조약 이후 법부에 차관 이하 일본인 관리가 다수 초빙되고 재판소 판검사, 재판소 서기에 일본인을 배치하면서부터이다. 1909년 7월에 사법 및 감옥 사무는 모두 일본 측이 장악하게 된다.[4] 10월에 대한제국 정부의 법부, 재판소 및 감옥이 폐지되며 동시에 일본 정부는 통감부 사법청관제, 동 감옥관제 및 통감부 재판소령 그 외 사법 사무에 관한 세칙을 반포했다. 이어 11월 1일에 이를 실시하고 법부, 재

3 水野直樹, 2008, 「植民地朝鮮の思想検事」, 『日本の朝鮮台湾支配と植民地官僚』 30, 397~400쪽.

4 青柳綱太郎, 1923, 『朝鮮統治論』, 조선연구회, 378~379쪽

판소 및 감옥 사무를 접수했다.[5]

1909년 시행된 〈통감부판사 및 검사의 임용에 관한 건(칙령 제255호)〉에 의하면 한국의 판사와 검사는 일본의 재판소구성법에 의해 자격 소지자로 제한되고 한국이 독자적으로 법관을 양성할 수 없었다. 병합 직후 일본인 판사 수는 183명, 1937년에는 179명이며, 일본인 검사 수는 54명이고 1937년에는 96명이다. 조선인 판사는 1910년 당시 71명에서 1937년에는 45명으로 줄며, 조선인 검사는 6명에서 11명이 된다.[6]

그러나 일제강점기 내내 조선인 판검사의 권한은 민사에서 원고와 피고가 모두 조선인인 사건으로 제한되었고, 형사에서는 피고인이 조선인인 사건에 한정되어 있었다. 일제 말기 함흥지방법원에서 검사로 일했던 최대교의 회고에 의하면 검사장 아래 차석검사, 삼등 검사 순으로 선후배 계열이 엄격했는데 조선인은 등급이 높아도 차석에 임용되지 못하는 불평등이 있었다고 지적했다.[7]

미즈노 나오키의 연구에 의하면 식민지 조선에서 사상검사가 등장하는 것은 1928년이다. 관련 기록은《동아일보》1927년 5월 6일 자 〈사상운동 취체전문검사〉 기사에 사상검사 전임 검사를 둔다는 내용이 보도되었고,《중외일보》1928년 1월 13일 자에는 경성복심법원 판사 이토 노리오(伊藤憲郎)[8]가 사상검사에 임명되었다고 보도했다. 1929년 1월 고등법원 검사국의 내부 규정이 개정되어 검사분실(檢事分室, 思想係)이 설치되었는데, 이것이 이른바 고

5 青柳綱太郎, 1923,『朝鮮統治論』, 조선연구회, 380쪽.

6 법무부사편찬위원회편, 1988,『법무부사』, 법무부, 25쪽.

7 최대교, 1984,「사건과 회고-내가 보고 들은 일들」,『사법행정』25-4, 73쪽.

8 1927년 사상검사제도가 도입된 이래 첫 사상검사로 임명된 인물로, 조선 사회주의 운동에 관한 반공주의적 연구의 개척자라고 평가되고 있다. 임경석, 2014,「일본인의 조선 연구-사상검사 이토 노리오(伊藤憲郎)의 사회주의 연구를 중심으로-」,『韓國史學史學報』29, 229~258쪽 참조.

등법원검사국 사상부로 불리는 조직이다. 1929년 6월에 경성지방법원 검사국에도 사상계 전문 검사가 임명되어 인천지청 검사 모리우라 후지오(森浦藤郎)가 부임했다. 1928년 8월에는 일본에서의 사상검사 배치에 즈음하여 조선에서도 사상사건 처리를 위해 검사 5명, 서기 5명의 증원이 이루어지고 경성, 평양, 대구, 광주, 부산 각 지방법원 검사국에 배치된다.[9] 식민지 조선의 사상검사는 모두 일본인이며, 출신 대학별로는 도쿄제국대학과 교토제국대학이 많았다.

윤소영

9 水野直樹, 2008,「植民地朝鮮の思想検事」,『日本の朝鮮台湾支配と植民地官僚』30, 388쪽.

1. 경찰 조직

〈자료 185〉 조선경찰제도 초기의 헌병경찰제도

[야마가타 노도카(山形閑), 〈조선의 경무기관(朝鮮に於ける警務機関)〉, 《조선공론(朝鮮公論)》 1권 7호, 1913년 10월호, 23~26쪽][10]

1) 경무 기관의 조직

이조 말기의 한국 경찰관에는 포도대장, 순교, 순검 등의 직제가 있어 일본의 경시총감, 경시 이하에 해당하지만 모든 제도가 위미(萎靡)[11]하고 이완(弛緩)[12]되는 때인 만큼 인민과의 접촉이 많아, 경찰관은 보호자라기보다 오히려 능학자(凌虐者)[13]라는 의미로 세인들에게 알려져 있다. 1894년(明治 27) 이후, 내지인 경찰관을 초빙하여 경찰 사무의 개량을 꾀하고, 또 1896년(明治 29) 이후에는 내지 헌병이 주둔하여 함께 한국의 경찰 사무 및 지방 치안의 유지에 공헌하는 일이 적지 않았다. 그 후 한국 국세(國勢)의 변천에 따라 모든 종류의 개혁을 거쳐 1910년(明治 43)에는 한국 정부의 경찰과 주차헌병이 서로 대립하기에 이르렀다. 그리하여 같은 해 7월 한국 정부에서 경찰사무를 일본 제국 정부에게 위임하는 협약이 성립되었다. 이로써 헌병과 경찰관 양자가 통일된 것이다. 그 대강을 서술하면 다음과 같다.

경무총감부를 경성에 두고, 헌병대 사령관인 육군장관을 경찰총장으로 임명하며, 주요 직원을 경무관, 경시와 함께 경시인 헌병 좌위관 등으로 조성하여 경찰의 중추 기관으로 삼는다. 그리하여 조선 13도의 경찰 사무를 통괄하고, 겸하여 경성의 경찰 사무를 맡아 처리한다. 각 도(道)에는 경무부를 설치하여 그 도의 헌병대장인 좌관을 경무부장으로 임명하여 경시,

10 「조선의 경무 기관」은 조선총독부 경시육군 헌병대좌 야마가타 노도카(山形閑)가 쓴 글이다.

11 시들고 느른해지는 것.

12 근육이나 긴장 따위가 풀려 느슨해지는 것.

13 침범하여 학대하는 자.

경부인 헌병 위관사 및 경찰부, 순사를 배속시킨다. 그에 따라 국가에 속한 경찰은 물론, 도내의 경찰 사무를 맡아 처리하게 한 것이다. 그리고 경성 시내의 경찰서는 모두 도경무부의 소관이다. 또 경찰서가 설치되지 않은 곳의 경찰 사무는 그 지역을 관할하는 헌병분대 혹은 헌병분견소에서 사무를 취급하는 제도이다. 즉 헌병은 본래의 직무인 군사경찰 외에 경찰관과 함께 일반 경찰 사무를 담당하게 된 것이다. 일본에서는 경무기구를 통일시킨 당초 전례 없는 일이라 하여(사실 왕년에 대만에서는 헌병이 보통 경찰 업무를 담당하여 성과를 거둔 전례가 있었다는 것을 알지 못했음) 세인들은 의심스러운 눈길을 보내며 쉽게 그 성과를 의심하였다. 특히 심한 경우에는 헌병이 일반 경찰 사무도 함께 집행한다는 이유로 계엄 시행 상태에 있다는 등, 혹은 군정 실시 상태에 있다는 등의 망평(妄評)을 하는 자도 있었는데 이들은 세상 물정이 어둡다는 비난을 받아 마땅할 것이다. 아마 내지의 헌병은 군사경찰을 주로 하고, 일반 행정, 사법경찰을 겸하여 관장하는 제도이고, 조선에서의 헌병은 이 두 경찰을 두루 실시한다는 것에 불과하다(헌병이 보통경찰 업무에 종사하는 것은 일본이 결코 처음은 아니다. 외국에서도 프랑스, 그 밖에 선례가 있다). 그중에는 문무관이 혼성(混成)인 것을 빌미로 경무기구의 통일에 대해 이런저런 말을 해대는 자가 있는데, 이것은 실정에 어두운 억측의 말이거나 경무채관(警務採官) 통일 전 옛 모습을 악평하는 데 지나지 않는다. 어쩌면 1910년 이전에는 소속 계통을 달리하였던 경찰관과 헌병 양자가 함께 유사한 사무에 종사함으로써, 통일이라는 관점에서 보자면 자연히 중복 또는 질곡(桎梏)[14]이라는 느낌이 없을 수 없다.

현 제도는 헌병대사령부 경무총장 및 헌병대장 경무부장이 동일인이라는 점에서 즉 헌병 경찰관은 동일한 장관의 지휘 아래에 있고, 헌병분대, 경찰서장은 각각 그 관할구역을 달리하여 경찰 사무에 바쁘고 번거로운 나머지 통일상 전혀 지장이 있을 리가 없다. 헌병, 경찰관이 서로 제휴하여 조금도 거역하는 일 없이 당초 목적한 중복 배치의 규정, 연락 유지, 경찰력의 보급 등이 착착 진척되어 가고 있다. 지방 일반도 날이 갈수록 평온해져 치안 상태가 몇 년 전과는 완전히 달라진 현재 상황에 대해서는 널리 세인이 모두 다 알고 있는 바이다. 다만 벽지 등에는 가끔 여러 명의 도적이 출몰하는 일이 있다. 일부 완고하고 무식한(頑迷不霊) 무리가 국권 회복 등의 언사를 늘어놓으며 심한 경우에는 무모한 거사를 꾸며 민심을 어지럽

14 몹시 속박하여 자유를 가질 수 없는 고통의 상태를 비유한 말.

히는 자도 있다. 그리하여 현재 헌병 및 경찰관이 치안유지상 마음과 힘을 기울이고 있는데, 이는 이러한 여폐(餘弊)[15]를 방호하는 데에 있는 것이다. 아마도 조선인과 일본인이 동화를 완수하고 치안의 근간을 더욱 견고하게 하기 위해서는 또한 여러 해의 세월이 필요할 것이다. 따라서 현대의 경계 경비는 단 하루도 늦출 수 없다. 그리고 1912년(明治 45) 3월에 이르러서는 위생 사무도 경찰관서에서 책임지고 맡게 되었다.

2) 헌병경찰관 복무 개황

경무 기관이 통일되자마자 바로 조선 합병이 단행되어 신정(新政)이 실시되고 제반 시설이 해마다 진보하고 있다. 현재 헌병경찰관은 행정시법의 경찰사무에 종사하는 것 외에 제반 시정(施政)의 원조에 다대한 힘을 할애하고 있다. 즉 민사소송 조정, 민적(民籍)[16] 사무, 집달리 사무 및 검사 사무 등으로 매우 바쁘고, 일부 지방에서는 국유림 보호, 우량 관측, 우편 체송 호위, 여행자 보호, 국어 교수, 산업 권장 및 도로 수선 유지 등에도 힘을 쓰고 있다. 참고로 재작년 한 해 동안 헌병경찰관이 취급한 범죄 즉결 수리 건수 등을 통계하여 그 업무의 일반(一班)을 제시하면, 범죄 즉결 수리 건수 1만 7,890건, 검사 사무 취급 건수 8,076건, 민사소송 조정 건수 9,476건, 집달리 사무 2만 3,112건을 헤아린다. 금년 3월 조선육접국경관세령(朝鮮陸接國境關稅令)[17]이 발표되자, 일부 헌병은 세관 감시 또는 감리로서 그 사무를 겸임하게 되어 밤낮으로 그 성과의 발양에 힘써 왔다. 최근에는 이와 더불어 각 도의 중요한 국유림 보호를 위해 헌병 약간 명이 산림 간수와 유사한 업무를 담당하게 되었고, 현재 그 설비를 마친 상태이다. 이와 같이 조선의 헌병 경찰관의 업무는 다사다난하지만 인원은 별도 항에 제시하는 바와 같이 비교적 적어, 오로지 직원의 정려(精勵)[18], 노력으로 결함을 보완할 수밖에 없는 현실이 계속되고 있다. 그러나 주민의 증가 및 제반 시설의 진전으로 인해

---

15 남은 폐단. 뒤에까지 미치는 폐단.

16 호적(戶籍)의 구칭.

17 조선총독부제령 제2호, 1913. 3. 10. 제정, 시행 1913. 4. 1.

18 힘을 다해 부지런히 힘을 쓰다는 의미.

경찰관의 증원이 더욱 촉구된다. 특히 수상경찰에 속하는 밀무역, 밀어(密漁) 단속 및 수난(水難) 구호 등을 위해서는 더욱 다수의 경비선이 필요하다.

	내지	조선	대만	관동주
면적	24,978	14,123	11,332	불명
인구	49,905,700	14,055,869	2,376,594	495,846
경찰관 총인원	38,872	13,901	11,121	922
경찰관 1인의 담당 면적	0,64	1,02	0,21	불명
경찰관 1인의 담당 인구	1,285	1,011	294	538
비고		내선인 경찰관 헌병 총수로 함	인구에는 생번(生蕃)[19], 대만인 경찰관에는 애용(隘勇)[20]을 포함	인구에는 지나인 및 외국인을 포함

3) 헌병경찰의 배치 및 인원

경찰 기관을 통일할 때 헌병은 주로 종래 불온한 지방 및 국경 지방 및 군사 경찰상 필요한 지점에 배치하였고, 경찰관은 주로 도시, 개항장 등에 배치하여 오늘에 이르고 있다. 현재의 배치를 종별로 나누면 다음과 같다.

19 대만의 고사족(高砂族) 중 원시생활을 하던 원주민을 이르는 말이다.

20 대만의 원주민 출신 장정 중에서 모집하여 편성한 병사.

상급 기관	중간 기관	하급 기관	수
헌병대 사령부	헌병대본부 13	헌병분대	78
		헌병분견소	107
		헌병파견소	328
		헌병출장소	447
		헌병임시출장소	36
		계	996
경부총감부	경무부 13	경찰서	96
		순사주재소	466
		순사파출소	470
		계	609
		경찰서	4
		경찰분소	5
		순사주재소	12
		순사파출소	65
		계	86
		합계	**895**
		총계	**1691**

4) 헌병보조원 및 순사보

헌병대에는 조선인 헌병보조원 4,000여 명, 경찰관서에는 조선인 순사보 3,000여 명이 부속되어 있다. 경찰기관 통일 전에는 양자의 채용법 및 급여 등이 각각 달랐으나 순사보의 대우가 헌병보조원에 준하는 것으로 정해져 현재는 거의 그 궤를 같이하기에 이르렀다. 즉 연령 만 20세 이상 45세 이하로 신체 강건한 자 및 일본어 혹은 한문을 이해하고 동시에 금고 이상의 전과가 없는 것을 주된 채용 조건으로 하며, 2, 3년간 교습 후 실무에 임하게 하는 방식이다. 급여는 월급 8원 내지 17원으로 하고, 각 등급에 따라 이를 지급한다. 또한 근무를 장려하는 방법으로 보조원에게는 근공장(勤功章) 부여 및 감독 근무 등의 규정이 있고, 공무에 기인하는 사상병자에게는 진휼금(賑恤金) 혹은 수당금 사여(賜與) 규정이 있다. 순사보에 대해서는 우수한 자에 한하여 순사로 채용하는 제도가 있다. 이러한 장려법과 지도 감독을 병행하여 옛 조선 관리의 폐습을 개선해 온 결과 이제는 보조 기관으로서 그 성적이 일반적으로 양호해졌다. 조선에서는 종래 상당한 지위, 재산을 가진 자가 경찰관이 되기를 희망하는 경우는 거의 그 예를 볼 수 없었다. 그런데 근래 양반, 유생의 자제 혹은 중산층 이상의 가정에서 이들 보조, 순사보를 지원하는 자가 나오게 된 것은 경찰기관에 대한 사회의 신뢰가 점차 높아지고 있다는 증거이다.

〈자료 186〉 경찰제도의 연혁

[조선총독부 경무국, 『조선경찰지개요(朝鮮警察之概要)』, 1922~1932]

1) 조선경찰제도의 연혁[21]

1910년 6월 한국경찰제도를 완전히 개량할 목적으로 제국 정부에 경찰권을 위임하여 내무대신의 보조 기관인 경무국 및 관찰사의 보조 기관인 경찰부(警察部)는 물론, 그 통괄에 속한 경시청, 경찰서, 경찰분서 등을 폐지했다.

이에 경찰관 관제를 반포하여 경무총감부, 경무부 및 경찰서 관서(官署)를 설치하고 경무총감, 경무관, 경무부장, 기사(技師), 통역관, 경시(警視), 경부(警部), 속(屬), 통역생, 경찰의, 순사, 순사보를 두었다. 경무총장은 한국주차헌병의 수장인 육군장관이 맡아 전국의 경찰 사무를 통괄하며 또한 그에 겸하여 경성의 경찰 사무를 관장하게 되었다. 각 도 경무부장은 헌병대장인 좌관(佐官)이 맡아 도내 경찰 사무를 관장한다. 경찰서장은 경시, 경부가 담당하지만 경찰서를 두지 않은 지역의 경찰 사무는 헌병분대 분견소에서 이를 취급하기로 하였다. 따라서 헌병분대장, 헌병분견소장인 헌병장교 하사는 물론, 그 외의 헌병장교 하사도 필요에 따라 경시 또는 경부로 임명되었다. 이후 군사경찰을 제외한 경찰과 헌병은 각각 그 임무를 똑같이 나누어 명령도 일원화하고 종래 헌병과 경찰을 중복으로 배치하던 것을 정리하여 각 관할구역을 갱신함으로써 통일과 보호를 꾀하였다. 그리고 그 배치 방법은 대체로 군사경찰 또는 폭도 진정 혹은 국경경찰 등 신중을 기해야 하는 지역에는 헌병을 배치하기로 하고, 개항지 및 철도연선 지방은 경찰관으로 충당하였다.

---

21 조선총독부 경무국, 1922, 『조선경찰지개요(朝鮮警察之概要)』, 3~5쪽.

경무총장, 경무부장은 모두 부령(部令)을 반포할 권한이 있고, 경무총장이 발하는 부령에는 3개월 이하의 징역 또는 금고, 구류, 100원 이하의 벌금 또는 과료(科料)[22]의 벌칙을 부과할 수 있고, 경무부장이 발하는 부령은 구류 또는 과료의 벌칙을 부과할 수 있다.

1910년 8월 체결된 한일병합조약은 동년 10월 1일에 실시되어 한국 영토는 모두 제국의 판도가 되어 통감부를 폐지하고 조선총독부를 두어 조선경찰은 조선총독이 총괄하게 되었다. 따라서 통감부 경찰관서는 조선총독부 경찰관서가 되고, 종래 각국의 거류지에 있던 거류지 경찰관은 한국과 외국의 조약이 당연무효가 된 결과로 이를 철거했다.

또한 경무관헌은 집단적 배치 제도이지만, 될 수 있는 한 분산 배치한다는 방침을 취해 여러 차례에 걸쳐 분산 제도를 실시하여 종래 한 주재소에 순사, 순사보를 많게는 10여 명, 적게는 5, 6명을 벗어나지 않게 하였는데 이를 고쳐서 내지인 순사 1명 또는 2명 외에 순사보 3명 혹은 4명으로 하였다. (중략) 1912년 3월 칙령 제28호로 조선총독부 경찰관 등 관제를 개정하여 경찰 및 위생을 관장하게 되었다. 1915년 3월 19일 경찰관서 관제를 개정하여 종래 경무총감부가 관장하던 경성에서의 경찰 사무는 경기도 경무부장이 담당하게 되었다. 또한 경무부장이 부령(部令)을 반포할 때는 도(道) 장관의 승인을 받아야 하는 것으로 되었다.

〈표 1〉 경찰제도 개정 전후의 헌병대 비교

	헌병대	헌병분대	헌병분견소	헌병파출소	헌병주재소	헌병감시소	합계
제도 개정 전	13	78	98	7	877	0	1073
제도 개정 후	7	23	43	0	2	71	146

1919년 3월 조선 내 각지에 소요가 야기되자 임시로 내지인 순사 500명을 증원하여 진정, 보호하게 하여 일시 안정되었지만, 사회 현상의 변혁과 시세의 추이는 경찰제도 혁신을 압박하여 곧 1919년 8월 19일 칙령 제386호로 총독부 관제 및 지방관 관제를 개정하였다. 그리고 동시에 경찰관서 관제를 폐지하여 종래 경찰헌병이 혼효된 제도는 일소되고 순연한 경찰제도를 시행하여 조선경찰은 면목을 일신하게 되었다.

---

22 공법상의 의무를 이행하지 않을 때에 물게 하는 벌금.

〈표 2〉 경찰제도 개정 전후 경찰관서 비교

종별	경무부	경찰서	경찰관 파출소	경찰관 주재소	합계
제도 개정 전	13	100	107	533	753
제도 개정	13	247	121	1438	1819
제도 개정 후	13	251	160	2373	2797

◆ 경찰관 수의 변천[23]

1919년 8월 제도 개정 후 경시 이하 1만 561명 경찰관을 증원하였고, 개정 전의 헌병을 경찰관으로 간주하면 총원은 1만 4,501명이므로 실제 증가는 2,382명이다. 1920년 2월에는 치안유지상의 경찰관서 증설에 따른 직원 증가의 필요에 의해 경시 이하 3,254명을 증원했다. 1922년에는 국경 주재 헌병 및 수비대 감원에 의한 보충으로 경시 이하 621명을 증원, 총계 2만 758명에 달했는데, 1923년 4월 행정 정리에 의해 경시, 경부, 경부보 124명을 감축했다. 다시 1924년 말에 행정 정리로 경시 이하 2,189명을 감축하고, 1926년 5월에 다시 국경 지방 경시 4명을 증원하고 1928년 7월 및 9월에 경시 이하 249명을 증원해서 총원 1만 8,811명이 되었다. 1930년과 1931년 정리 절약을 위해 다시, 경시, 경부, 경부보 41인을 감원하여 현재 총원은 경찰부장 이하 1만 8,770인이다.

〈표 3〉 경찰제도 개정 전후의 경찰 정원 비교(1)[24] 1921년(大正 10) 12월 말 조사

시기	경시(警視)		경부(警部)		경부보(警部補)		순사(巡査)		계
	내지인	조선인	내지인	조선인	내지인	조선인	내지인	조선인	
1919년 8월 이전	26	9	187	144			2,617	3,339	6,323
제도 개정에 의한 증원 수	8	5	121	- 12	596	266	4,828	4,749	19,511
제도 개정 후의 증원 수	6		61	8	122	2	2,983	72	3,254
합계	40	14	369	140	718	268	10,428	8,160	20,137

23 조선총독부 경무국, 1932, 『조선경찰지개요』, 5~6쪽.

24 조선총독부 경무국, 1922, 『조선경찰지개요』, 4쪽.

〈표 4〉 경찰제도 개정 전후의 경찰 정원 비교(2)[25]

	관직	경부			경부보			순사			
		내지인	조선인	계	내지인	조선인	계	내지인	조선인	계	합계
제도 개정전	경찰관	187	144	331	0	0	0	2,617	3,339	5,956	6,287
	헌병	780	0	780	0	0	0	2,525	4,749	7,274	8,054
	계	967	144	1,111	0	0	0	5,142	8,088	13,230	13,341
제도 개정 당시	경찰관	308	132	440	596	266	862	7,445	8,088	15,533	16,835
제도 개정 후 증원	경찰관	369	140	509	718	268	986	10,428	8,160	18,588	20,083

2) 경찰 조직의 직제 및 담당 업무[26]

◆ 조선총독부 사무 분장 규정 초록(1922)

제11조 경무국에 경무과, 고등경찰과, 보안과 및 위생과를 둔다.

경무과는 다음 사무를 관장한다.

1. 경찰 구획 및 배치에 관한 사항
2. 경찰 피복 및 부속품에 관한 사항
3. 경찰 복무 및 기강과 규율에 관한 사항
4. 경위 및 경비에 관한 사항
5. 경무국내 다른 과가 주관하지 않는 사항

고등경찰과에서는 다음 사무를 관장한다.

1. 고등경찰에 관한 사항
2. 신문, 잡지, 출판물 및 저작물에 관한 사항

25 조선총독부 경무국, 1922, 『조선경찰지개요』, 4~5쪽.

26 조선총독부 경무국, 1922, 『조선경찰지개요』, 16~19쪽/ 1925, 14-15쪽.

보안과에서는 다음 사무를 관장한다.

1. 행정경찰에 관한 사항
2. 소방에 관한 사항
3. 범죄 즉결사무에 관한 사항

위생과에서는 다음 사무를 관장한다.

1. 공중위생에 관한 사항
2. 의사, 의생, 약제사, 산파, 간호부 및 종두 인허원에 관한 사항
3. 병원에 관한 사항
4. 약품 영업, 의치, 이발, 안마 및 침(針)과 뜸(灸) 영업에 관한 사항
5. 묘지 및 매장 화장에 관한 사항

조선경찰기관 일람표 1

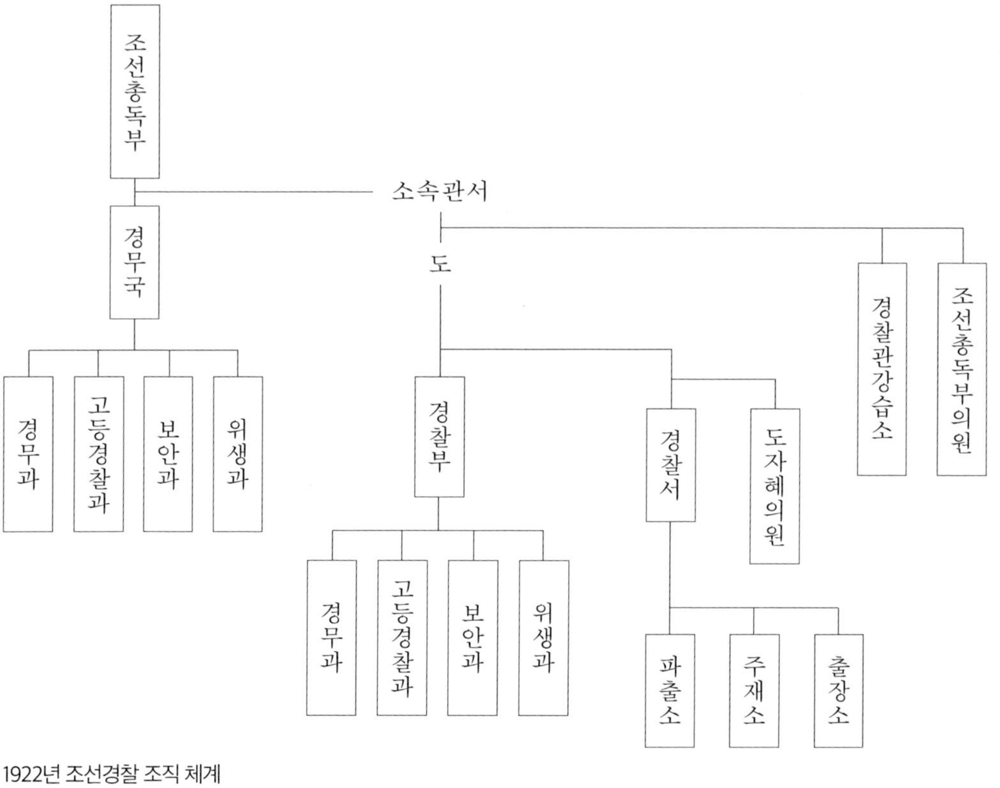

1922년 조선경찰 조직 체계

◆ 조선총독부 사무분장 규정 초록 (1928)[27]

조선총독부 사무분장 규정 개정에 의해 제11조 경무국의 담당 업무 중 보안과는 1 고등경찰에 관한 사항, 2 노동자 모집 단속에 관한 사항, 3 외사경찰에 관한 사항을 담당하게 된다. 일본에서 마침 3·15사건[28]을 계기로 특고경찰의 대확충 계획이 입안되자 조선총독부도 고등경찰 확충을 입안하여 제55회 의회에서 약 35만 5천 원의 확충 예산을 통과시켰다. 1928년 7월 총독부 경무국은 보안과와 도서과에 사무관 4명, 속 3인, 통역 4인 등을 증원하고 사상단속, 재외 첩보 기관, 출판물의 단속 강화를 꾀했다. 보안과는 2인의 사무관 체제를 취하여 서무, 고등, 특별고등, 외사, 조사의 5계(係)가 된다. 만주에 배치한 해외파견원은 만주 내 불령선인의 정보 수집을 담당. 각 도에는 경시 8명(각 도 경찰부의 고등경찰과장이 됨), 경부 7인을 증원한다. 또한 출판물 단속을 담당하는 경부가 주요 도시에 배치되어 지방에서의 검열이 강화되었다.

1929년 6월에 고등경찰사무 증가를 이유로 경무국에 경무관, 경무관보 2인이 배치되었다. 이들은 도 또는 경찰부장과 고등과장을 지휘할 권한을 가졌다.[29]

한편 1921년 일본 경시청 특별고등경찰과에 내선고등계(內鮮高等係)가 신설된다. 경시청의 재일본 조선인 정책이 통일적으로 실시되어 관내 각서에서 조선인 인사 상담이 이루어지게 되어, 조선인의 취학 취업, 주거 의료, 결혼 등의 상담을 시행했다.[30]

---

27 조선총독부 경무국, 1928, 『조선경찰지개요』, 10~18쪽.

28 세력을 확장해 나가는 일본공산당에 위기감을 느낀 일본 정부가 1928년 3월 15일 치안유지법 위반 혐의를 이유로 전국적으로 일제히 검거를 단행하여 일본공산당과 노동농민당의 관계자 등 사회주의자와 공산주의자 1,652명을 체포·탄압한 사건이다.

29 荻野富士夫, 2012, 『特高警察』, 岩波新書, 145쪽.

30 宮地忠彦, 2007, 「大正後期の內鮮在留鮮人に対する'善導'主義的政策の論理と実態」, 『年報政治學』, 166쪽.

조선경찰기관 일람표 2

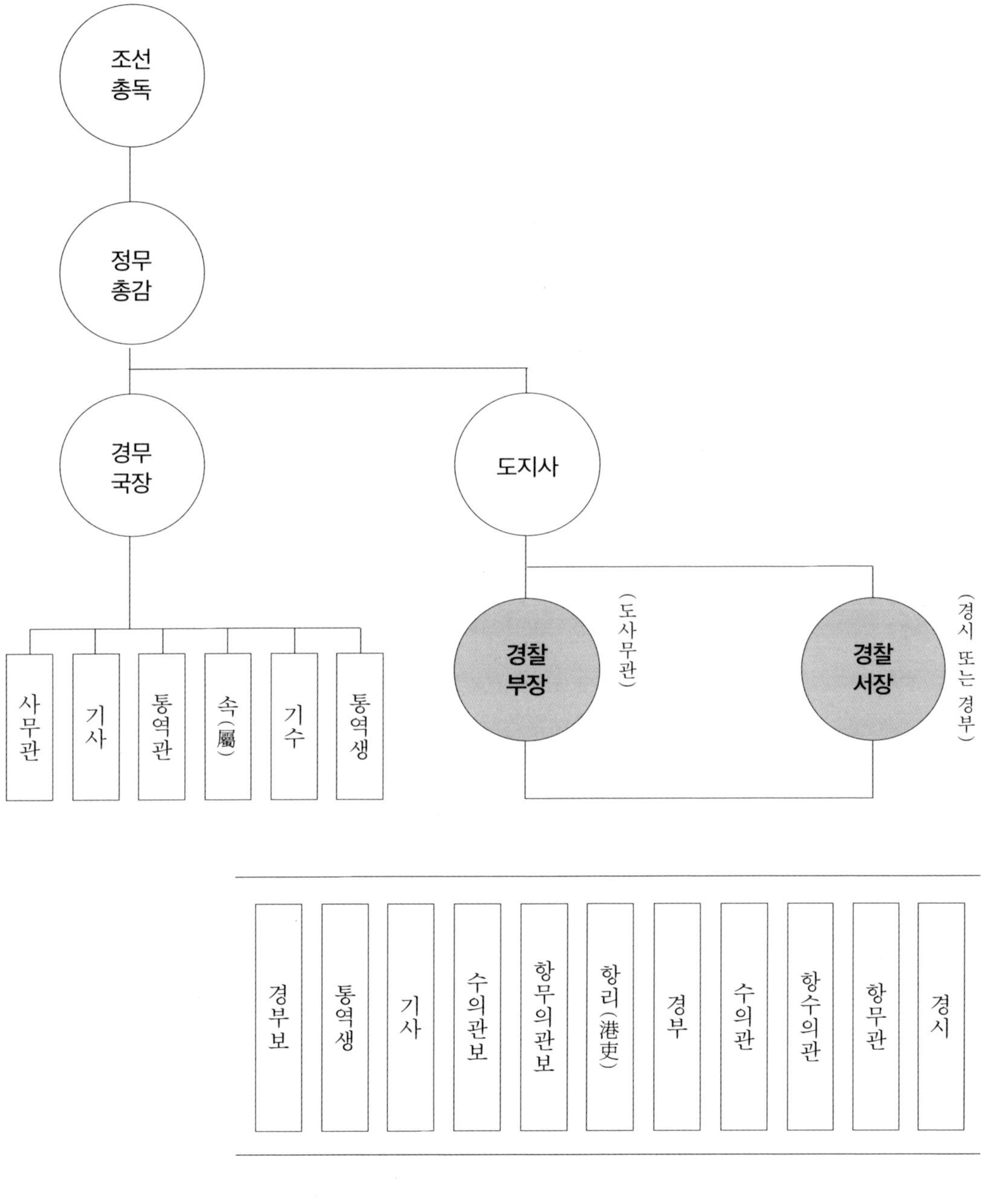

1922년 조선경찰 조직 체계

◆ 조선총독부 사무분장규정 초록(1928)

제11조 경무국에 경무과, 보안과, 도서과 및 위생과를 둔다

경무과에서는 다음 사무를 관장한다.

1. 행정경찰에 관한 사항
2. 경찰 구획 및 경찰직원의 배치 및 복무에 관한 사항
3. 경위 및 경비에 관한 사항
4. 경찰의 피복 및 총기, 탄약, 부속품에 관한 사항
5. 경찰 관리 및 소방관리의 공로 기장에 관한 사항
6. 국경 경비 경찰직원 및 유족 일시금에 관한 사항
7. 병사(兵事)에 관한 사항
8. 국내가 주관하지 않는 사항.

보안과에서는 다음 사무를 관장한다.

1. 고등경찰에 관한 사항
2. 노동자 모집 단속에 관한 사항
3. 외사경찰에 관한 사항

도서과에서는 다음 사무를 관장한다.

1. 신문지, 잡지 및 출판물에 관한 사항
2. 저작권에 관한 사항
3. 검열, 신문지, 잡지 및 출판물 보존에 관한 사항
4. 활동사진 필름의 검열에 관한 사항

위생과에서는 다음 사무를 관장한다.

1. 공중위생에 관한 사항
2. 의사, 치과의사, 약제사, 의생, 산파, 간호부 및 종두 인허원에 관한 사항
3. 약품 및 매약에 관한 사항

4. 아편 전매에 관한 사항

5. 병원에 관한 사항

6. 의치, 이발, 안마 및 침구술 영업에 관한 사항

7. 묘지 및 매장 화장에 관한 사항

8. 수역(獸疫) 예방에 관한 사항

9. 이출수(移出獸) 검역에 관한 사항

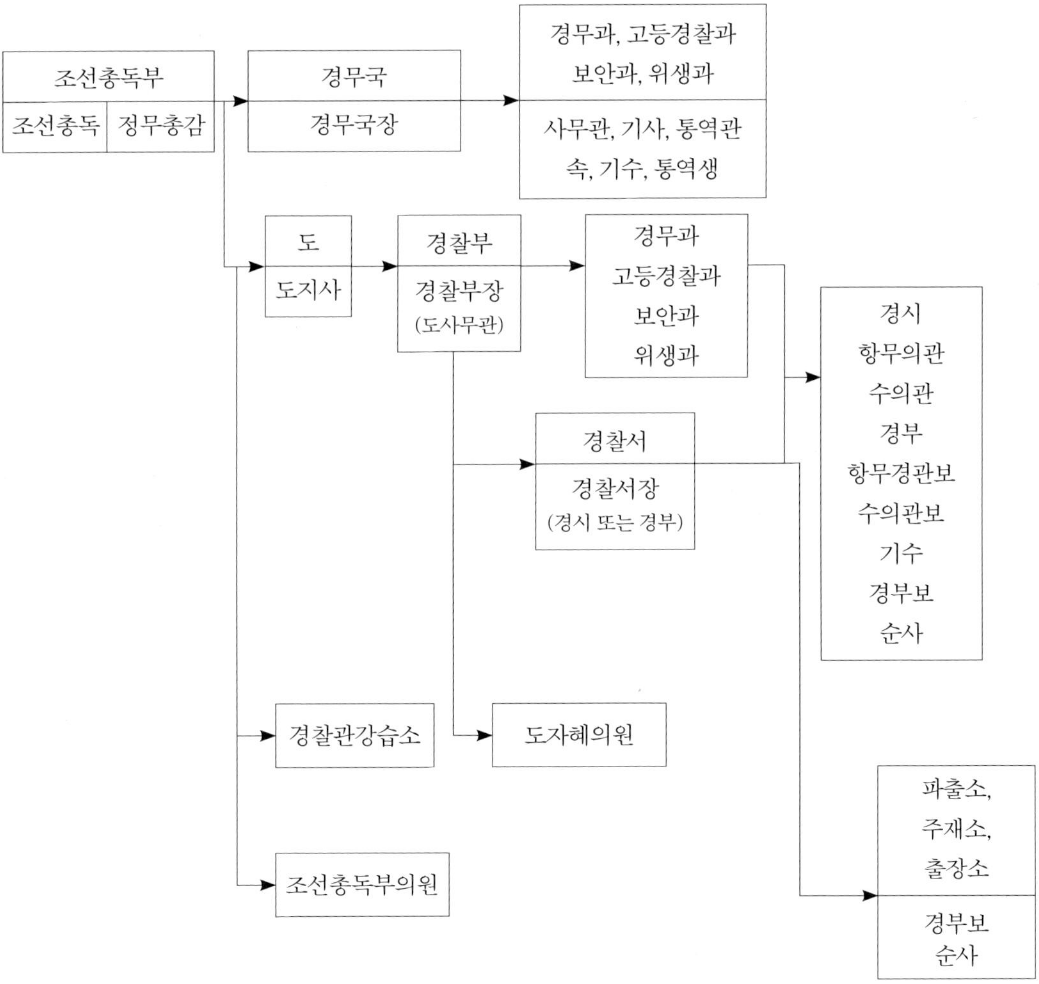

1925년 조선경찰 조직 체계

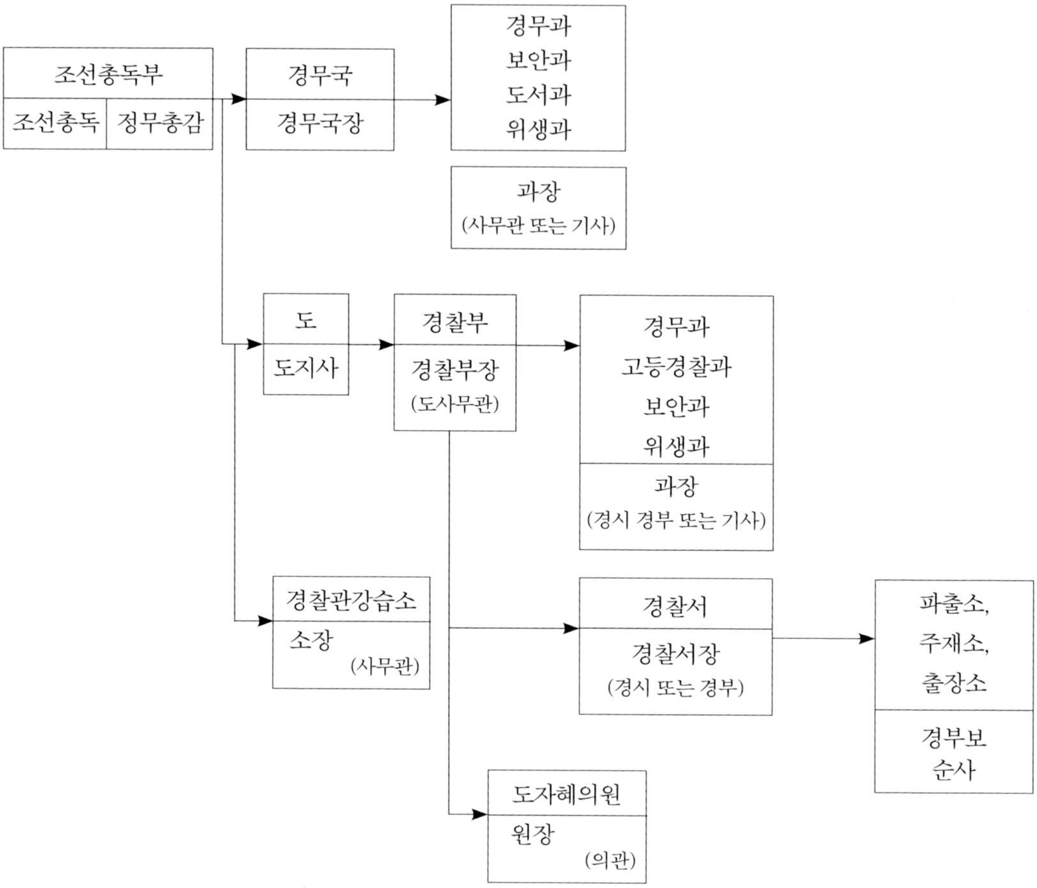

1928년 조선경찰 조직 체계

◆ 조선총독부 도(道) 사무분장 규정 초록(1922)

제4조 경찰부에서는 다음 사무를 관장한다.

1. 경찰에 관한 사항
2. 위생에 관한 사항
3. 경찰 문서 왕복 기록, 편찬 및 보관에 관한 사항
4. 경찰 직원의 진퇴, 상벌 그 외 신분에 관한 사항. 단 판임관 이상인 자는 제외함.

◆ 조선총독부 위임 사항 규정 초록(1922)

제8조 경무국장은 다음 사항을 전담한다.

1. 출판물 단속에 관한 사항
2. 의사, 치과 의사 및 약제사의 면허
3. 의사규칙 부칙 제3항 및 제5항의 의업자 면허
4. 의생(醫生) 면허
5. 내지인 순사 임용
6. 경찰직원 정원 변경의 인가
7. 경찰 관리 도(道) 외에 응원 파견
8. 경찰 사무에 관해 도지사가 제출한 경이한 청훈(請訓) 및 구신(具申)[31]의 조치
9. 검역위원의 직무장정 제정
10. 노동자 모집 단속규칙 제1조 및 제7조에 의한 허가 및 동 규칙 취급수속 제2조, 제10조 및 제14조의 지령
11. 총포 화약류 단속령 시행규칙 제3조, 제5조, 제8조, 제29조 및 제33조의 허가. 허가의 취소 및 총포 화약류 단속에 관한 명령 취급수속 제21조의 지령
12. 인화 물질 저장소 단속규칙 취급수속 제7조 지령
13. 기관(汽罐), 기기(汽機), 발동기 단속규칙 취급수속 제4조의 2의 지령
14. 유곽, 창기 단속규칙 취급 지침 제1조의 지령
15. 자동차 단속규칙 취급수속 제1조의 지령
16. 신용 고지업 단속규칙 제2조 제1항 제10조 및 제11조의 처분
17. 기부금품 모집 단속규칙 제1조에 의한 허가
18. 시가지 건축 단속규칙 취급수속 제3조의 허가
19. 수렵면허장 및 특별허가에 관한 취급수속 제4조, 제5조의 지휘
20. 행정집행령 및 동 시행규칙 취급지침 제4조 제5조의 지휘

---

31 하급자가 상급자나 상위 기관에 대하여 의견이나 사정을 건의 형식으로 상세하게 기술하여 보고하는 것을 의미한다.

21. 동물 방역(獸疫) 예방령 제9조 및 제10조의 처분

22. 아편단속령 취급수속 제2조의 지정

23. 1914년 부령(府令) 제63호, 제1조에 의한 어업종사선박 기항지 지정

3) 경찰관의 급여

◆ 순사 급여(1922)[32]

1920년 9월 급여령이 개정되어, 내지인 순사에게는 교습 중 월봉 36원을, 조선인 순사에게 30원을 지급하고, 교습을 수료함과 동시에 내지인 순사에게 40원을, 조선인 순사에게 35원을 지급한다. 현재 최고액은 내지인 68원, 조선인 60원이다. 그 평균액은 내지인 42원 67전, 조선인 36원 21전이다. 그러나 내지인 순사에게는 6할의 가봉(加俸)이 있다. 또한 형사 통역 그 외 특별 기능을 갖는 자에게 50원 이내의 특별 월 수당을 지급하는 외에 내지인 순사에게는 토지 등급을 차별하여 5원 이상 10원까지 숙사료, 연액 15원의 피복료를 지급한다. 이리하여 평균 1인당 내지인 1개월 월급은 70원 내외, 조선인은 40원 내외이다. 국경, 벽지에 근무하는 순사에게는 내선인 구별 없이 5원, 7원, 11원의 등급으로 나누어 임시특별수당을 지급한다. 경부보에게는 피복대료로 월액 4원 58전을 지급한다.

4) 경찰 사무의 처리 과정

◆ 문서 및 도서(1925)[33]

- 문서 경찰 사무의 처리는 본래 성질상 문서에 의하지 않는 것이 많고, 이에 더하여 경찰서에서는 특히 형식상 서류가 필요한 것이 아닌 한 구두(口頭) 신고를 장려하고 있다. 따라서 처리 방법에서도 될 수 있는 한 '간단하고 빠르게(簡捷)'를 핵심으로 사무에 비해 문서 숫자는 적다. 그렇지만 문서 건수는 매년 증가 일로에 있어 1923년(大正 12)에 비해 12만 5,000여

32 조선총독부 경무국, 1922, 『朝鮮警察之概要』, 77쪽.

33 조선총독부 경무국, 1925, 『朝鮮警察之概要』, 36~37쪽.

통이 증가하였고, 나아가 제도 개정 전인 1919년(大正 8)과 비교하면 459만여 건이 증가했다. 이와 같은 증가를 보이는 것은 필경 경찰 사무가 팽창했다는 사실을 입증해 주는 것이다. 따라서 이에 따라 주로 문서처리에 종사하는 내근 순사 경부보 이상의 정원이 1922년(大正 11)에 순사 128명이 증가했으며, 1923년에 8명이 증가했는데 1924년에는 144명을 증원하여 1인 1일의 취급 건수는 평균 12통으로 1922년과 같다.

- 도서 및 인쇄물 『경무휘보』라는 상식 수양, 집무 참고 자료, 법령예규, 와카(和歌)[34] 등을 게재한 130쪽의 간행 잡지를 발행한다. 그 부수는 매월 2만 부를 밑돌지 않는다. 그 외 『조선경찰법령취(朝鮮警察法令聚)』를 발간하고 경찰 및 위생에 관한 법령예규를 가공하여 정정할 수 있는 체재로 편집한 이후 매년 여러 번 추록(追錄)을 발행하여 실비로 직원 및 희망자에게 반포하고 있다. 그 밖에 경찰관이 반드시 가지고 있어야 할 『조선어수지(朝鮮語須知)』, 『경찰망요(警察綱要)』 등 집무 참고 서적을 발간한다. 이상의 도서는 경찰협회 본부에서 경영하고 있지만 사실상 경무국, 그중에서도 특히 경무과 직원이 본 업무 외에 여가 집무로 처리하고 있다. 또한 발행 계획 중인 것이 있는데 각 도 지부에서도 『경무휘보』와 유사한 월간잡지, 그 외 집무상의 참고 도서를 편집, 발행하는 경우가 적지 않다.

5) 근무 체계[35]

◆ 복무

직원 중 순사는 그 전력과 계통을 달리하고 있어 걸핏하면 복무상의 융화, 통일이 부족한 사례가 없지 않지만, 신규 채용 당시 본부(本府) 경찰관 강습소에서 소정의 교육을 받게 하여 고유의 폐풍을 일소하여 쇄신에 노력하고 있다. 그렇지만 조선은 지리, 민정, 풍속, 언어 등 내지의 그것과 크게 경향을 달리하는 것은 물론, 다수의 주민 중에는 함부로 구한국 전제 시대를 추억하고 전혀 시대의 추이를 이해하지 못하는 완고한 양반, 유생이 있다. 혹은 이른바 과격사상을 맹신하여 단지 거칠고 과격한 언행을 일삼는 분자가 있다. 게다가 일반에 아

34 '일본 노래'라는 의미의 일본의 전통적인 정형시로, 5음과 7음을 기본으로 총 31자로 이루어졌다.

35 조선총독부 경무국, 1925, 『조선경찰지개요』, 59~60쪽.

직 교육 보급이 이루어지지 않아 시비를 식별할 능력이 없고 함부로 고래의 풍습에 젖거나 또는 부화뇌동하는 풍조가 있다. 혹은 시행의 취지 방침과 당국의 지도, 보호 등에 대해 자주 오해하여 경찰 사무에 대한 이해가 매우 희박하다. 그뿐 아니라 경찰직원 과반수가 내지인이기 때문에 조선 사정에 어둡고, 언어가 통하지 않아 임무를 집행하는 것이 철저하지 못하고, 통신기관 설비가 불충분하고 담당 구역이 광대한 것 등 특수사정이 존재하여 복무상의 곤란과 지장이 적지 않다. 걸핏하면 노력에 비해 효과가 동반되지 않는 것은 어쩔 수 없는 바라 하겠다.

일상 근무에서도 국경 경비, 관세 사무, 우편 호위, 집달리 사무, 민사소송 조정, 임야 보호, 정부 전매품 및 어업 단속 등 경찰 사무 이외에 대한 법령 또는 제도상 당연 집행해야 할 특수 사무를 전담하지 않을 수 없다. 그뿐 아니라 행정을 원조하고 민지 개발, 사상선도에 노력이 필요하여 각 지방의 사정에 따라서는 인사(人事) 상담 사무, 법령 전달 주지, 담화회, 강습회 개최, 무료숙박소, 탁아소 감리, 공동목욕탕 융화회, 미취학 아동 및 지방민에 대한 야학회 개설, 구두(口頭)접수 사항의 확장, 주재소에 구급약품 비치, 보안 위생 조합 등 많은 시설 및 사항을 담당 처리하지 않으면 안 된다. 이렇게 지리, 민정, 풍속, 언어가 다르고 게다가 번잡한 사무를 담당해야 하며, 벽지에서 생활상 많은 불편과 고통과 고독감을 느껴, 복무상의 과로와 어려움은 도저히 내지와 비교할 수가 없다.

◆ 기율(紀律)[36]

일반 사상계의 변화에 따라 경찰관의 기율 숙정에는 매우 고심 노력하며 각별한 주의를 기울이고, 또한 엄정히 감독하여, 비행(非行)에 대해서는 추호도 용서하지 않고 필벌의 법으로 처리하여 불량경찰관의 도태를 단행하는 방침으로 임하여 징계 면직 처분을 받은 순사는 내지인 109명, 조선인 322명이다. 그리고 조선인의 징벌범은 내지에 비해 3배이다. 그렇지만 전년도와 비교하면 내지인 159명, 조선인 111명이 줄어, 더욱 이를 1920년과 비교하면 1/5 이하로 감소한 것이다. 징벌 사유는 내지인은 서약 위반이 가장 많고 복무, 유기, 위신 실추, 소행불량(素行不修) 등의 순서이며, 조선인은 위신 실추, 관규 문란, 소행 불량의 사유

36 기율(紀律)은 사람에게 행위의 표준이 될 만한 질서를 뜻한다.

인 자가 많다. 조선인 순사의 징벌 사유는 관존민비의 인습에 의한 것이 많지만, 그 일면 절제와 수양 부족에 의한 것이므로 조선인 직원의 지도 감독에는 한층 주의를 하고 있다.

예전부터 조선인은 약간의 문제에 대해서도 즉시 청원을 하고 또는 타인을 중상 모략하는 등 함부로 청원 투서를 하는 습관이 있다. 따라서 대개 침소봉대로 흐르는 것이 통상적이다. 특히 경찰 관리의 처치에 대해 한층 그 목소리를 높이는 풍조가 있다. 신문 기사도 마찬가지로 이런 경향이 있어서 항상 경찰 비난 기사를 일삼아 기율 이완을 지적하고 있다. 이러한 투서 사항 및 신문 기사에 대해서는 대소 경중 구별 없이 조금도 소홀히 하지 않고 엄밀 조사하여 엄정히 각각 처분하고, 기율 숙정에 힘을 기울이지만 그 대개는 허구이어서 실제로 징벌 사유가 되는 것은 극히 드물다. 당국의 엄밀한 처분에 대해서는 일반적으로 그 성의를 인정받고 있다.

직원 중에는 전기한 바와 같이 징계에 처해지는 자가 상당히 다수이지만, 일반적으로 불령선인의 검거 소멸에는 각별한 노력을 하고, 일단 사변이 있을 때는 사기를 매우 고조시켜 용감하고 기민하게 상관의 명을 잘 준수하는 등 그 행동은 조선경찰을 위해서 가장 만족스러운 것에 속한다.

경찰관의 직무상 사상자가 전년보다 순직자 10명, 부상자 29명이 증가한 것도 그 증거일 것이다. 그러나 이들 사상자는 항상 조선인보다 내지인이 많은데 대개 그 행동이 용감하기 때문이다. 또한 순직은 비도(匪徒) 토벌에 의한 것이 대부분을 차지하고, 부상은 범죄를 수사하던 경우가 많다. 지금은 사회 상태가 매우 변천하며 진보하여, 점점 경찰사무가 복잡하게 되고 직원도 날이 갈수록 무게가 더해지고 기강이 한층 숙정을 기하여 이들이 장점을 발휘하도록 노력하는 의기는 조선경찰계 전반에 넘치고 있다. 순직자에게는 각각 그 공적을 두텁게 포상하는 것은 물론 영원한 표창 방법을 강구하고 또 그 유족에게도 구휼 방법을 강구하고 또 부상자에 대해서도 치료비를 지급하고 그 대우에 노력하고 있다. 1921년 4월 경찰협회 주최로 경성에서 순직경찰관 초혼제를 성대히 집행한 것을 비롯하여 이후 매년 1회 이를 개최하고 있는데 각 도에서도 같은 초혼제를 개최하여 정성껏 위로에 힘쓰고 있다. 또한 협회에서 상당한 금액을 지급하고 있어, 그 가족까지 당국의 후의에 감격하고 있으니 경찰관의 사기에 나쁜 영향을 끼치는 일은 절대로 없다.

◆ 순사의 근태

순사의 집무는 일반 관청의 예를 따르는 것이 기본이지만 외근 순사는 경찰서에는 격일 근무, 주재소는 일요일과 제일(祭日)[37] 등을 휴일로 하지 않고 7일간 1일 휴일을 지급한다. 그렇지만 범죄 수사, 경계 사찰, 호구 조사 등 사무의 성질상 비번 집무가 매우 많고 규정 휴일을 얻기가 상상외로 적은 것이 통상적이다. 때에 따라서는 수십일에 걸쳐 연일 불면불휴(不眠不休)[38]의 근무에 종사하는 때도 있다. 특히 국경 근무 경찰관의 대부분은 전혀 휴일이 없이 과중한 근무를 계속하고 있는 상태이다.

순사에게는 6개월 근무에 대해 7일간 1개년 개근에 대해 21일간의 휴가를 부여하는 제도를 두어 각인의 신청에 대해 사무에 지장이 없는 한 부여하고 있다. 이 휴가는 개근자에 대한 은전임과 동시에 정근을 장려하는 의도에서 나온 것으로 개근자는 당연 그 은전 대상자이지만, 순사의 대부분은 어쩔 수 없는 사정이 생기지 않는 한 휴가를 요구하지 않는 상태로 비교적 휴가일 수가 적고, 게다가 특근일수로 상쇄할 때는 오히려 초과근로의 상태가 된다. 휴가 및 결근자(특근에 의해 상쇄되지 않는 자)는 전 도에 일일 간 내지인 362명, 조선인 331명의 휴가결근자가 있다. 이를 연말 현재원과 대비하면 1년 중 1인당 평균 13일 정도를 보이고 있다.

◆ 경찰 상여금

경찰관의 근무는 불면불휴의 노력을 요구하고, 직책상 추위와 더위와 싸우며 연일 연야 활동하지 않으면 안 되는 경우가 있다. 게다가 총탄 위에 서는 것도 자주 있어서 그 노고가 매우 크다. 따라서 경찰관에게는 범인 체포, 비적 토벌, 인명구조, 홍수 화재, 전염병 유행, 그 외 천재지변에 대한 방어구제, 맹수(늑대)의 포획 등에서 그 공로가 특히 현저한 경우, 도지사가 경찰에 포상한다. 경찰 상여는 (가) 상장, (나) 50원 이하의 상여금 (다) 50원 이상 500원 이하의 특별상여금의 세종류가 있다. 1923년 중에 수상자 수는 평안북도에서 754명, 금액 3,792원, 상장 243명, 함경남도에서 313명, 금액 1,601원, 상장 62명, 함경북도에서

---

37 신사(神社)의 제사가 있는 날로, 축제일이다.

38 자지도 않고 쉬지도 않는다는 뜻으로, 쉴 새 없이 힘써 일함을 일컫는 말이다.

132명에게 금액 839원, 상장 17명이다. 그리고 이 포상은 사실은 범인 체포, 비적 토벌이 대부분을 차지한다.

◆ 공로상

경찰관 중 행동이 용감하고 공로가 뛰어나 일반 경찰관의 모범이 된 자에게는 엄밀한 심사를 거쳐 공로상을 부여하고 이를 표창한다. 공로상에 대해서는 월액 5원을 지급한다.

6) 경찰 지원 조직

◆ 경찰협회[39]

- **조직** 1909년 이래 경찰 사무 연락기관으로서 매월 1회 발간하고 있는《경무휘보》사업에 의해 적립된 일금 6,000여 원을 기초로 하여 1921년 6월 15일 재단법인으로 조선총독의 허가를 받아 성립과 함께 등기를 거쳤다. 회원은 전조선 경찰관 및 경찰 사무에 종사하는 경무국 직원 및 경찰관강습소 직원으로 현재 인원은 1만 8,000여 명이다.
- **목적** 협회의 사업은 경찰 사무에 종사하는 직원의 학술 및 무도(武道)를 장려하고, 겸하여 지식계발, 품성 도야를 꾀하며 회원 상호의 공제(共濟) 등을 목적으로 한다. 그 목적 달성을 위해 매월 1회 잡지를 발행하고 때때로 강연회, 연무회(演武會) 등을 개최하여 심신 단련에 이바지하고 회원과 그 가족 중 사망, 부상하거나 질병 그 외 재난을 당했을 때 직무상의 관계 여하를 불문하고 상당한 공제금을 지급하고 경찰상 특히 공로가 있는 경찰관 일반의 귀감이 될 경찰 공로훈장을 받은 자에게는 금전을 지급하여 그 공적을 표창하는 등 구제 표창의 결실을 거두고 있다.
- **사업** 협회 사업은 잡지 발행, 회원 공제, 의료 보조, 취학아동 보호, 공동구매, 그 외 회원 사생활에 관한 사항 등은 적절히 대응하고 있다.

39 조선총독부 경무국, 1925,『조선경찰지개요』, 209쪽.

2. 사상경찰[40]

〈자료 187〉 사상경찰

[이시하라 쓰네지로(石原雅二郎), 1930, 『사상경찰개론(思想警察槪論)』, 송화당서점(松華堂書店)]

1) 사상범죄

'사상범죄라는 명칭은 새로운 용어입니다'라고 하면 신기하게 여기겠지만 통상 정치범이라 불리는 것이 지금 제가 이야기하고 있는 사상범죄를 의미합니다.

정치범죄를 사상범죄라고 표현하는 것은 현재 일본의 경찰 양상에는 해당하지 않을지도 모르겠습니다. 사법재판소 검사국에는 사상검사라는 이름의 특별한 임무를 가진 검사를 주요 지방에 배치하고 있습니다. 이것도 이상한 이름, 이상한 제도입니다만, 현재 아무도 이상하게 생각하지 않습니다. 사상검사란 사상 문제에 관계된 범죄를 담당하는 검사로, 그 분야의 전문가인 검사를 검사국에 배치하여 그가 다루는 범죄는 사상범죄라고 칭하고 있습니다. 그런 의미에서 사상범죄라는 이름을 저도 이 강의에서 채택하였습니다. 사상계 검사가 다루는 범죄를 정치범이라고 하면 왠지 틀린 것 같으시겠지만, 이 점은 뒤의 '성질' 부분에서 자세히게 이야기하듯이, 명칭이 정치범과 사상범으로 구별되지만, 실제 그 내용은 같다고 이해하셔도 됩니다. 다음 사상범죄의 내용에 대해 분명하게 말씀드리겠습니다.

---

40 石原雅二郎, 1930, 『思想警察槪論』(경찰총서), 松華堂書店.
- 목차: 사상범죄 / 사상경찰 / 사상범죄와 사회 / 정치와 경찰 / 사상경찰의 주체 / 사상경찰의 대상 / 사상경찰의 활동 / 활동의 실제적 기술적 연구 / 사회사상 / 서문 / 서론 / 현대 사상 / 자유주의 국가주의 / 사회주의 / 공산주의 / 무정부주의 / 특수사회주의 / 민주주의
- 참고: '2. 사상경찰'은 『思想警察槪論』의 주요 관련 내용을 재구성하여 편집함.

(1) 정치범죄와 사상범죄[41]

우선 이 의미를 잘 이해하기 위해 치안유지법 제정에서 정부가 의회에 발표한 의견, 의원이 법안심의를 위해 거친 의논 등은 민간의 비평 및 논의와 함께 채택하여 참고할 수 있습니다. 치안유지법의 금령(禁令) 내용은 반드시 종래의 정치범이라고 말하던 범위에 한정되지 않습니다. 제정 동기는 한마디로 헌법이 정한 정치 및 사회의 질서를 불법 또는 부정하게 변혁시키려고 하는 기도를 전부 억압하자는 것입니다. 이를 폭력을 가해 실현하려고 하기 전에 폭력을 유도하는 세력을 양성하는 자에 대하여 역시 탄압을 가하여 내우외환이 발생하기 전에 예방하겠다는 것이 치안유지법 제정을 요구한 근본적 생각입니다. 만일 폭력으로 행사한 경우라면, 형법 내란죄로 단속하면 그만입니다. 그 외 대역죄, 외환죄, 소요죄 등으로 진압할 수 있습니다. 그렇지만 폭력에 이르지 않은 부분까지 법규로 단속하려는 점에서 치안유지법만의 또 다른 정신을 찾을 수 있습니다. 결국은 국체(國體)를 급격히 바꾸기 위해 폭력 또는 부정한 수단을 쓰려고 할 때 단속하고, 국가의 통치 형태를 폭력 또는 부정한 수단을 써서 변경하려고 시도할 때 단속합니다. 아울러 현재 사회조직의 근본이 될 경제 제도를 폭력 또는 부정한 수단으로 급격히 바꾸려 할 때도 단속한다는 것이 현대 사회 치안유지의 기조입니다. 그래서 형법이나 그 외의 현재 경찰 단속 법규가 방임하고 있는 범위의 활동까지도 억제하려고 하는 점에서 치안유지법의 정신을 찾을 수 있습니다. 예를 들면 폭력도 행사하지 않고, 불법적인 수단도 사용하지 않지만 사회가 볼 때는 위험하다고 믿는 부당한 수단으로 국가, 사회의 혁명을 이루려는 것 같은, 바꿔 말해 헌법위반은 아니라고 할 수 있지만, 헌법 해석상 타당하지 않다고 할 수 있는 수단을 쓰는 자, 그것이 폭력이나 기타 불법보다는 가벼울 수 있지만, 공안상 보자면 나쁜 것이어서 비교적 정도가 가볍기는 하지만 내버려 두기 어려운 수단에 의한 행동도 치안유지법은 단속하려고 하는 것입니다.

이 점이 치안유지법 제정 시에 가장 비난을 많이 받은 점이면서 동시에 그 이유가 된 점이기도 합니다. 그렇지만, 이 점에 특히 힘을 쏟은 당시 위정자의 관념과 소위 정치범의 관념을 비교할 때 정치범과 사상범의 다른 점을 발견할 수 있습니다. 적어도 정치범이란 폭력으로 헌법을 변혁시키려고 한 기도라고 당당히 정의할 수 있습니다. 그러나 사상범은 그보다는 가

41 石原雅二郎, 1930. 『思想警察概論』, 松華堂書店, 3~7쪽.

벼운 정도라 표면상은 적법하고 또는 온화한 수단을 취하고 있지만, 서서히 국민 사이를 부패시키고 점차로 국가 권력을 약화시키는 방법을 씁니다. 역시 이건 안 되겠다며 같은 목적을 가진 결사와 모의를 구성합니다. 그러한 결사와 모의를 용이하게 하는 행위를 모두 치안유지법 위반으로 단속한다니 과연 사상범죄가 범죄인가 하는 점에 대한 의문마저 생깁니다.

그래서 결국 현재 일본에서 일어나고 있는 사상범죄의 관념은 그 본질은 정치범이지만, 지금 말했듯이 국가 권력에 대한 반항 사상, 그 기초 단계에서 이루어지고 있는 것에 대해서까지 모두 강력한 힘으로 누르려고 하는 목적을 볼 수 있습니다. 한마디로 말해 도덕을 누르려고 하는 것과 같습니다. 이 때문에 사상은 사상으로써 싸워야 한다든가, 결코 형벌로 대응하면 안 된다는 정당한 논의가 민간에서 생기는 것도 무리는 아닙니다.

그러나 어떤 면에서는 현재 일본의 사회 상태가 상황적으로 정치범보다도 가벼운 사상범을 가장 강하게 억눌러야 할 필요가 있음을 인정한다면 이것을 독립된 연구 제목으로 하거나 또한 독립된 경찰 부문으로 하는 일을 무작정 비난할 수만은 없습니다. 사상 문제를 상세히 연구하는 것보다 경찰 방면에서 이 의미를 생각해 보는 것이 더욱 쉽게 이해될 것입니다.

(2) 전형적 사상범죄[42]

① 대역죄

보통 정치범죄의 1번 모델과 같은 범죄가 무엇인지를 묻는다면 그것은 대역죄입니다. 한 나라 원수의 생명과 신체를 침해하려고 하는 행위를 대역죄라고 합니다. 이것이 정치범인 것은 의심할 필요가 없음과 동시에 또 사상범죄라는 점도 의심할 필요가 없습니다. (중략) 평소 반동세력이 현재의 세력에게 도저히 이길 힘을 가지지 못한 경우라도 현 정부의 우상이자 표현자이며, 가장 중요하게 인식되는 군주 또는 대통령의 생명 신체를 위협하는 것은 혁명운동 또는 반동단체의 실행행위로서 가장 유효한 것입니다.

그 때문에 역사를 보더라도 러시아 차르 암살이 연쇄적으로 일어나 결국 니콜라이 2세에 이르러서는 1917년 3월 2일에 러시아 황제 지위가 박탈되었고, 그 후 1918년 7월 2일과 3일 밤에 황제, 황후, 5인의 왕자, 4명의 종자는 예카테린부르크라는 벽지에서 볼셰비키에 속하

---

42 石原雅二郎, 1930, 『思想警察概論』, 松華堂書店, 61~76쪽.

는 몇 명의 학살자에 의해 피스톨로 전부 시역(弑逆)되었다고 전해지고 있습니다. 이것이 러시아의 오랫동안 이어져 온 제정(帝政)에 대한 반항운동의 종말입니다. 프랑스 혁명 때에도 이것은 이미 옛날 일이라 거론할 만한 예는 아니겠지만, 1793년 1월 21일에는 루이 16세를 단두대 위에 올렸습니다. 그해 10월에는 왕비 마리 앙투아네트를 마찬가지로 단두대 위에 올렸습니다. 프랑스 혁명은 혁명과 학살의 연쇄이기 때문에 당시에는 수만 명이 서로 살육을 하느라 목을 자를 틈이 없을 정도여서 기요틴(guillotine)이라는 목을 치는 기계까지 발명하여 참수했습니다.

② 내란죄

(중략) 폭력으로 정부 전복, 국토의 참절(僭竊)[43], 기타 국헌 문란을 기도하지 않으면 내란죄가 되지 않습니다만, 치안유지법 죄라면 반드시 폭력일 필요는 없습니다. 그 수단이 불법 또는 부당하다고 인정되는 음모와 선동을 모두 내란과 같은 센 형벌로 단속하게 되었습니다.

결국 정치범죄나 사상범죄나 정치 또는 경제의 근본인 현대 사상에 대한 반동사상을 근거로 사회 제도를 변혁하고자 하는 것이기 때문에 현재 국권과 사회 제도에 반항하는 것은 즉 반동적 사회사상을 기초로 하고 현재 보수적 사상에 반항하는 것입니다. 그리고 그 수단이 폭력으로 진행될 때는 내란이 되고, 폭력은 아니지만 사회생활상 위험을 낳는 수단으로 할 때는 기타 단속 법규에 저촉되는 것입니다.

③ 외환죄(外患罪)

(중략) 전쟁 시에 외국과 손을 잡고 일본의 불이익이 될 행위, 예를 들면 상대방 군대를 불러내어 일본에 불리한 정보를 주고, 또 군인을 모아 외국 세력과 손을 잡고 일본을 향해 적대 행위를 하는 것이 외환죄입니다. 그것이 정치범인 것은 당연한 일입니다.

전쟁이 아닌 경우라 해도 더욱 외환죄에 가까운 것이 있습니다. 내란죄의 경우와 마찬가지로 현재 사상범죄의 기초가 되는 사회주의적 사상은 결코 한 나라에만 그치는 것이 아

43 어떤 국가 영토의 전부 또는 일부를 점거하여 그 국가의 주권 행사를 사실상 배제하고 국가의 존립, 안전을 침해하는 일을 말한다.

니라 세계 각국의 공동행위로 연합하는 경향을 띠고 있습니다. 한 나라만의 혁명으로는 도저히 목적을 달성하지 못하기 때문에 만국혁명주의자는 연합하여 그 사상, 주의를 넓히려고 하니 자연히 외국인과의 교섭을 두텁게 하고 있어 마치 전쟁 중에 외환죄가 빈발하듯이 평상시에도 이 외환죄에 가까운 소행이 일어납니다. 이에 대해 역시 치안유지법으로 그 음모와 선동을 금지하고 있습니다.

그러나 순수한 외환죄가 평시에 일어날 수 없다는 것은 아닙니다. 식민지 독립이라든가, 또 약소민족의 반란과 같은 것은 직접 외환죄를 노리고 있는 정치범죄이자, 동시에 이것을 선동 수단으로 활동하는 사상범죄인 경우가 있습니다.

④ 살인죄

(중략) 그 외 정치범죄로 가장 흔하게 인정되는 것이 살인죄입니다. 살인죄에는 앞에서 언급한 대역죄도 그중 한 종류에 속합니다.

정치상 살인죄는 일국 대통령에 위해를 가하고, 혹은 정쟁의 결과 정당 수령이라든가, 정권을 잡고 있는 고위 고관을 죽이는 것, 즉 대신 암살은 살인죄로 보통 인정됩니다. 그 외 경찰 간부를 향해 일어나는 일이 있습니다. 혁명 진행 중에 또는 혁명이 성공한 뒤에 혹은 탄압에 의해 숨죽이고 있는 반동 세력이 자신들을 진압하면서 이전에 학대한 경찰관, 과거 투옥 중 학대를 가한 감옥관리 등을 암살하는 것은 역시 이것도 모두 정치범으로 인정되는 것으로, 사상에 기초를 둔 것이라고 말해야 합니다.

그러나 사상 또는 정치적인 살인죄 발생은 대역죄, 내란죄, 외환죄와 마찬가지로 평상시의 상태가 아니라 역시 국가에 혁명이 일어나든가, 전쟁이 일어난 경우에 주로 많습니다. 평소 일반적 상태에서 사상적인 이유나 정치적 사건으로 살인이 인정되는 경우는 그밖에도 있습니다.

그 첫 번째가 배신자를 처단하는 것입니다. 어느 사상적 단체 결사가 일정한 목적 아래 비밀리 활동하고 있을 때 만일 동지 한 사람이 이를 배신하고 바깥에 새어나가게 하거나, 혹은 단속 관헌과 타협하여 자수한다든가, 또는 내밀히 정보를 보낸다든가 혹은 사상적으로 다른 단체와 손을 잡고 반항하는 것 같은 배신행위를 했을 때는 그 사람을 없애기 위해 죽이는 경우가 있습니다. (중략)

두 번째는 소위 첩자 제거입니다. 사회주의자의 국제적 연락에 관한 정보를 취하려는 관헌이 그 동지 중 한 사람을 매수했을 때, 동지 사이에서는 소위 스파이 혐의가 생겼기 때문에 그 보복으로 배신한 자를 죽이는 일이 있습니다. 이것을 첩자 제거라고 이름 붙이고 역시 살인죄의 평시 사례로 보아야 합니다.

이에 더해 비평적으로 말하자면 현재 사상범죄에 대한 국가의 단속 상태는 말하자면 토끼사냥을 하는 수준으로, 토끼가 인간에게 달려들 수 없는 정도에 불과합니다. 점점 쫓겨가다 보면 머지않아 멧돼지가 되고 호랑이가 될 위험이 있습니다. 멧돼지가 되고 호랑이가 되었을 때는 사냥꾼이 반격당할 수 있다는 것을 각오해야 합니다. 사상범죄 단속은 지금 비유와 같이 일본이 평화롭다는 것은 그것은 토끼사냥 정도에 지나지 않기 때문으로 점점 정도가 심해져 가고 있음을 인정해야 합니다.

⑤ 위조죄

그 외 사상죄로 위조죄가 있습니다. 특히 문서 위조에서 등장합니다. 일본에서 이 부분이 크게 나타나지 않는 것은 일본은 섬나라라는 점 그리고 일본 내지 및 중국, 만선 지방 여행은 여행권이 필요 없다는 점이 원인으로 보입니다. 유럽 각국의 많은 나라는 국경을 접하고 있고 사회주의자, 국제주의자는 국경을 무시하고활동하며 국경을 절대 구별하지 않습니다. 운동을 위해 여행권을 위조하고 신분 증명을 위조합니다. 그 밖에 출생, 결혼, 사망, 종두 접종 등 모든 신분상의 증명서를 위조하여 다양한 활동을 하는 것이 예사가 되었습니다. (중략) 위조죄는 반드시 지금 이야기한 교통 편의를 위해서만 하는 것이 아닙니다. 독일 혁명 시에 소비에트 공화주의자 리프크네히트가 살해되었을 때 등은 이 위조문서에 의해 살해되었습니다. 그것은 리프크네히트와 로자 룩셈부르크가 체포되어 이송되었을 때 이송 군대에 한 장의 명령서가 도달했습니다. 그냥 조장(曹長)[44]이라는 이름으로 두 사람을 살해하라는 내용의 가짜로 의심하기 어려운 명령서를 받은 병졸은 명령대로 에덴 호텔 근방을 지나갈 때 총검으로 찔러 죽였습니다. 여러 병사가 명령에 따라 그들을 죽였다고 생각했지만, 그 명령서는 위조였습니다. 그런 명령을 내린 도장도 다르고, 그런 명령을 내린 조장도 없었다는 결국 위조라는

44 일제강점기에 일본군 하사관 계급의 하나로, 군조(軍曹)의 위로서 지금의 상사에 해당한다.

점이 나중에 판명된 것입니다. 이런 일이 전란 시대에만 일어난다고는 할 수 없습니다. (중략)

⑥ 절도죄

절도죄가 외교문서, 관청의 기밀문서를 대상으로 일어나는 것은 사람들 입에 상당히 자주 회자되고 있습니다. 그 점에서 생각해 보면 정당, 노동조합 그 외 결사 또는 단체의 기밀문서에 그런 일이 일어나지 않는다고는 말할 수 없을 것입니다.

그것이 단순한 이욕(利慾)[45]에 빠진 절도가 아니고 적어도 사회 국가 이익을 위해 이타적 목적으로 이루어진 절도일 때, 정치적 동기로 일어나면 정치범죄가 되고 사상적 투쟁 수단으로 일어나면 사상범죄가 된다는 것은 설명할 필요가 없는 일입니다.

⑦ 상해죄 및 훼기죄(毁棄罪)

상해죄는 물론이고 훼기죄[46]도 자주 발생합니다. 일본에서는 아직 훼기죄는 그다지 현저한 예를 보이고 있지 않지만, 외국의 혁명 뒤에는 전 왕의 기념비를 넘어뜨린다든가, 옛날 궁정 유적을 약탈한다든가 여러 기물 훼기가 일어나고 있습니다. 또 반동단체는 사회주의자의 휘장을 유린하거나 그 깃발을 찢거나 하는 문제가 생기기 때문에 이것을 단순한 형사경찰 범위로 해서는 안 됩니다.

⑧ 치안유지법, 치안경찰법, 기타 치안유지법

치안경찰법 등에 의해 다양한 사상범죄가 인정됩니다. 소위 공산당 검거 사건, 무산 정당 결당 금지 사건, 사회주의자의 비밀결사 금지 사건으로 아주 유명합니다. 사상범죄라고 하면 그것뿐인가 하고 세상 사람들이 오해 할 정도입니다. (중략) 사상경찰 대상은 이렇게 좁은 것이 아니라 대단히 광범위한 것이라는 점을 부언하는 것으로 마치겠습니다.

45 개인적인 이익을 탐하는 욕심을 이르는 말이다.

46 다른 사람의 재물이나 문서의 가치를 손상하여 성립하는 범죄를 이른다.

(3) 사이비 사상범죄[47]

이상의 범죄 설명에 의해 앞의 사상경찰, 사상범죄의 의의와 이해를 쉽게 할 수 있었다고 생각하지만, 여기서 주의해야 할 것은 사이비 정치범죄, 사이비 사상범죄가 있다는 점을 주의해야만 합니다. 예를 들면 정치가가 한 행위 모두를 정치범죄라고 인정할 수는 없고, 만일 그 정치가가 이욕을 위해 소위 이권(利權)운동이라든가, 사리사욕을 위해 죄가 될 행위를 했다면, 이것은 가장 파렴치한 보통 형사사건으로 간주해야 합니다. 정치범죄라든가, 사상범죄라고 할 경우에는 이타적이어야지 자신의 이익을 위하는 일이어서는 안 됩니다. 정권을 이용해 마치 정치적인 행위로 가장하고 이권을 수수하는 경우나 그로 인해 보통의 일반적인 사기, 횡령, 위조, 절도 살인과 같은 중대 행위까지 저지르게 되었다면 이것은 그냥 보통의 형사범입니다.

그것과 마찬가지로 사회주의자 등 사상적으로 단속되는 자의 행위라도 그 행위가 순수한 사상범죄인지 어떤지를 구별해야만 합니다. 종종 경멸해야 할 파렴치죄가 가면을 쓰고 존재하는 경우를 주의해야 합니다. 유사하다고 해서 이것을 사상범죄에 넣을 수는 없습니다.

행위 또한 그렇습니다. 행위에 있어 정치범이거나 사상범인 경우가 있습니다만, 그것을 개인적으로 이용하려는 관념에서 기인하는 경우도 많으므로 이것을 구별할 필요가 있습니다.

어느 경우에는 완전히 이욕을 위한 행위를 가장하여 마치 국가를 위해 사회를 위해 한 것처럼 꾸미는 일이 있습니다. 특히 그것은 살인죄와 같은 경우에 이욕을 위해 사람을 죽였으면서 그 행위 자신들의운동을 발전시키기 위해라든가운동의 방해가 되는 사람을 제거하기 위함이라고 칭하고 혹은 국가를 위해 국가의 해악인 자를 제거한다고 칭하고 가장하는 것입니다. 이것을 만일 정치범이나 사상범으로 취급하면 그 폐해는 실로 두려울 만한 것입니다. 세상 여론이 보수적이고 우경화 방향을 취하는 시대라면 이런 행위는 마치 사회를 위해 저주할만한 행위라고 해야 합니다. 왜냐하면 그 대부분은 사회 공익을 위하는 듯이 가장하며, 더구나 이욕을 채우기 위한 것임이 인정되는 경향이 있기 때문입니다. 이욕에 빠진 것을 바른 동기처럼 인식하고 여론에 알랑거리는 것은 용서할 수 없습니다. 이 판단은 경찰이 잘

---

47 石原雅二郎, 1930,『思想警察概論』, 松華堂書店, 76~79쪽.

주의하지 않으면 자신이 경멸해야 할 동기를 지사(志士)처럼 취급하고, 또 이욕에서 벗어나 열심히 사회국가를 위해 일하는 사람을 마치 악인처럼 다루는 일이 있습니다. 사이비 정치범, 사상범의 취급은 형사경찰에 종사하는 자는 물론, 특고경찰에 종사하는 경찰관은 특별한 주의가 필요합니다.

(4) 사상범죄의 처벌원칙[48]

① 엄벌주의

이런 범죄는 예전에는 대단히 잔혹하게 다루었습니다. 나라에 대한 범죄는 바로 죽음으로 대했습니다. 단순히 그 혐의가 있기만 해도 죽이는 것에 주저함이 없었습니다. 때에 따라서는 연좌법에 의해 일가 일족 모두를 죽여 버렸습니다. 옛날에는 이 위험성을 무겁게 인식했고 그리고 그 시대가 '사회안녕'을 가장 중요시했기 때문입니다. 이것은 도쿠가와(徳川) 시대의 모든 다이묘에 대한 막부의 정책, 각 번(藩)의 집안싸움(御家騷動)[49] 등의 이야기에서 통속에 남아 있는 일화를 생각해도 바로 알 수 있습니다. 이것은 일본이나 외국이나 조금도 다르지 않습니다.

② 관용주의

이에 반해 현재 정치범죄는 특별히 이득 관념이 없다는 점에서 가볍게 보는 경향이 있습니다. 마찬가지로 사람을 죽여도 보통 범죄라면 사형이 되지만, 정치범이라면 무기징역이 되는 예 등은 왕왕 볼 수 있습니다. 살인죄라도 정치범은 정상이 참작되는 것입니다. 경찰관과 검찰관의 수사에서도 보통 일반인보다 특별히 융통성 있게 친절하게 다루는 경우는 많이 듣습니다. 그리고 취조와 강제 처분을 받아 유치장에 들어간 경우에도 관대하게 봐주어 책을 읽게 하고 또 특별한 식사 대접을 하는 일도 있습니다. 이런 식으로 보통 범죄보다도 실제는 가볍게 다루어지고 있습니다.

---

48 石原雅二郎, 1930,『思想警察概論』, 松華堂書店, 76~79쪽.

49 에도시대의 다이묘(大名) 등의 집안에서 상속 문제나 권력 투쟁으로 인해 일어난 내분을 말한다. 오늘날에는 회사나 단체 등의 내분을 지칭하여 쓰이기도 하는 말이다.

③ 앞으로의 방향

이것들은 옛 형사 정책에서 온 것이고, 앞으로의 형사 정책의 운용에는 필시 자연스레 이런 범죄가 엄중히 다루어지게 될 거로 생각합니다. 실제로 치안유지법이 개정되어 사형이 추가된 것은 분명히 예전과 같은 잔혹한 극형에 처하겠다는 주의로 되돌아간 것을 의미하고 있는 듯합니다. (중략) 사상범죄는 소위 정치범죄보다 넓은 의미이고, 현대 문명국이 공통의 적으로 인정하여 진압하고 있는 과격한 혁명 사상의 실행을 의미합니다. 따라서 순수한 정치범죄는 일국의 정치상 의견의 차이에서 오는 개혁 또는 혁명을 위한 투쟁이기 때문에 행위는 범죄라고 해도 그 동기는 나라를 사랑하고 국민의 행복을 위해서 저지른 죄이므로 관대하게 다루어지는 데 반해, 사상범죄는 현대 문명의 파괴, 만국 및 인류가 아직 시인하지 않은 급격한 혁명을 선동하고, 음모하는 것으로 순수한 정치범과 구별하여 본질적으로 취급을 달리하는 것은 어쩔 수 없을 것입니다. (중략) 사상범죄는 현재 각국의 헌법과 사회질서에 대한 혁명적 음모 및 선동이며, 이것이 인류의 역사적인 확신 또는 일반적인 시인을 받지 못하는 사회생활을 위해서라는 점에서 그 본질이 순수한 정치범죄와는 다른 것으로 인식되어 한층 엄벌주의로 탄압될 것입니다.

2) 사상경찰의 성립

(1) 사상경찰과 정치경찰의 구분[50]

사상경찰이라는 단어와 유사한 다른 단어를 찾으면 많습니다. 정치경찰, 국가경찰, 혹은 고등경찰과 같은 단어입니다. 정치경찰은 또 비밀경찰이라고도 합니다. 그래서 정치경찰 이외의 경찰은 공개경찰이라고 합니다. 그리고 고등경찰 이외의 교통이나 위생, 또 기타 영업경찰, 형사경찰 등을 하등 또는 하급경찰이라고 칭하여 구별하는 것도 일반적입니다. 지금 일본에서는 고등경찰을 정치경찰, 특별고등경찰로 다시 나누어 각각의 제목으로 연구해야 합니다. 그리고 앞에서 설명한 사상범죄를 다루기 위해 특고경찰이라는 특수한 부문을 따로 만들어서 관리하고 있다는 점에서 사상범죄의 의미를 이해할 수 있습니다.

---

50 石原雅二郎, 1930, 『思想警察概論』, 松華堂書店, 8~10쪽

명칭상의 구별은 여러 가지이지만, 종래 정치경찰은 경찰 중에서도 일종의 세습 귀족이라고 욕을 먹을 만큼 위세를 떨치고 있었고 또 두려움의 대상이었습니다. 그런데 다시 특고경찰이라는 것이 생겨 정치경찰 이상의 넓은 범위로 단속을 한다고 하니 이 경찰의 의미가 특히 중요한 것을 알 수 있습니다. 요컨대 이런 경찰은 국가 생존을 위해, 혁명 같은 국가 생명을 위태롭게 하는 힘에 대해, 바꿔 말하자면 이런운동을 하는 개인 또는 단체들의 힘이나 세력에 대해 방위에 나서는 경찰을 총칭하는 것입니다. 사상경찰이란 경찰 권력으로서 국가 생명을 보호할 목적을 가진 일체의 경찰 활동이라고 말해야 합니다.

예전에는 정치적 사건을 다루는 경찰 활동은 정치경찰이라고 말했습니다. 그런데 현재의 정치적 사건이란 한 정당의 당파적 관계에 의한 정권 유지와의 관계로 인식되고 있는 것 같습니다. 실제 부현(府県) 경찰부의 1과(課)인 고등과와 또 고등경찰은 당시 정부의 정권이 유지될 수 있도록 노력하고 또 이에 반대하는 세력에 맞서는 경찰 권력으로 인식되고 있습니다. 제가 여기에서 설명하려고 하는 사상경찰을 이런 의미로 이해하시면 틀린 것입니다. 사상경찰은 그런 정당, 일당일파(一黨一派)가 정권을 주고받는 것과 관계하는 것이 아니라는 점을 전제로 해야 합니다. 사상경찰은 국가 생명을 유지하기 위한 힘으로, 아주 청렴하게 국가 활동에 가장 원천이 되는 강한 힘의 경찰이어야만 합니다. 만일 이것이 정권 유지를 위해 이용된다면 그 경찰은 더럽혀진 경찰로, 그런 것을 위해 일하는 자는 결국 인격이 파괴된다는 점이 경찰 활동에 의해 더욱더 입증됩니다.

이런 의미에서도 정치경찰이라는 단어와 사상경찰이라는 단어를 완전히 독립해서 생각해야 한다고 주장하는 것은 현대의 경찰계를 위해서도 필요합니다. (중략)

(2) 사상경찰의 출현[51]

그러다 보니 '사상범죄와 경찰은 어떤 관계에서 생겨나는가?'라는 최후의 문제에 부딪히게 됩니다. 국민이 잠자고 있는, 즉 아무런 요구도 할 수 없는 무기력함이 무지몽매 때문이든, 정부의 압박에 의한 것이든, 혹은 전제(專制)에 만족하고 있는 것이든, 이유는 무엇이든 간에 아무런 요구를 하지 않을 때는 정치 및 사상경찰은 존재하지 않습니다. 왜냐하면 현재

---

51 石原雅二郎, 1930, 『思想警察概論』, 松華堂書店, 14~16, 31~35쪽

의 국가 생명을 위협하는 힘이 없기 때문입니다. 경찰 활동이 발생하는 경우는 반드시 국민이 잠에서 깨어 혹은 정신적으로 무엇인가 불만을 느끼고 이것을 외부로 나타내는 경우에 정치경찰이 태어나고 사상경찰이 태어납니다. 이런 국민적, 사회적 요구는 사상에 기초하여 존재한다는 점을 알고 있어야 합니다. 사상이 정치적 요구로 정치상 문제가 될 때는 종래 이것만으로도 정치범이라 했습니다. 현재는 그에 더해 예전의 정치문제라 불리고 있던 것 외의 넓은 사상을 배경으로 국가의 생명을 위협하고 또 사회생활의 이익을 뺏으려고 하는 국가 생활의 적으로 인정될 만한 사상에 맞서 싸우고, 이런 사상을 가진 사람 또 이런 사상으로 모여 있는 세력과 싸운다는 점에서 사상경찰은 생명을 가지고 있습니다.

그런데 경찰 권력으로 억압해서는 안 된다는 자유사상이 있고, 그에 맞서 손 놓고 내버려두면 커져서 폐해가 생길 때까지 기다려서는 안 된다. 그것은 반드시 폐해가 되어 큰 해악을 끼칠 것이라는 것을 인정하고 미리 예방하여 너무 진행되지 않았을 때 진압할 필요가 있다는 국가 관념에서 보는 사고가 있습니다. 정치경찰은 후자의 사고에서 그 의의를 찾을 수 있습니다. 즉 자유사상에서 말하자면 사상은 국민의 정신적 발달을 위해 자유로워야 하고, 국가주의에서 보면 이것은 장래 두려워할 해악을 낳을 것이니 지금 잘라내야 한다는 것입니다.(중략)

정치경찰 즉 사상경찰을 훌륭하게 해나가기 위해서는 경찰의 독립이 무엇보다 가장 필요합니다.(중략)

① 제도상의 보장

이것을 보장하는 길은 어디에 있을까, 첫 번째는 제도에 있습니다. 두 번째는 경찰관의 마음가짐에 있습니다. 제도상에서의 경찰 독립은 선거법 그 외에 과거의 제도의 유물로 남아 있습니다. 즉 경찰관은 피선거권을 가지고 있지 않다는 것입니다. 바꿔 말하면 군인과 마찬가지로 정당에 들어가서는 안 된다, 정담연설을 해서는 안 된다, 호의를 가지고 있는 정당의 전단을 제복을 입은 채 배부해서는 안 된다, 제복 입고 선거운동에 관여해서는 안 된다, 또 경찰관이 현 정부는 국가에 도움이 되는 존재이고, 반대당은 국가에 해가 된다는 식의 선전을 선봉에 서서 연설하거나 설명하는 것도 안 됩니다. 그런 행위는 하지 말아야 합니다. 경찰관은 피선거권이 없으며, 모든 관리가 정담연설을 할 수 있는 데 반해 경찰관만은 군인과 마찬가지로 특별한 복무규율에 따라 정담연설회에 나가서 연설할 수 없습니다. 이것은 각령(閣令)으로 정해져 있습니다.

제도에 따라 정치에 참여할 수 없다는 것은 경찰관은 일본식으로 말하자면 국가의 관리이기 때문이고, 외국식으로 말하자면 사회의 공복이기 때문에 일당일파를 위해 사용되어서는 안 된다는 것을 제도적으로 보장한 것이다. 또 그 반면에 아직 일본에는 없지만 경찰관 지위의 전임, 면직, 감봉, 그 외의 처분을 받으면 당연히 다른 곳에서 구제를 요구할 수 있는 제도가 필요합니다. 영구히 본인의 자유의사에 의해서만 움직이는 사법관과 같게 할 수는 없겠지만 우선 북미합중국과 같이 면직되거나 감봉되면 경찰위원에 소원(所願)하여 정식으로 조사를 받을 수 있는 제도가 마련되면 좀 더 구제될 수 있을 것입니다. (중략)

각국 모두 경찰관 지위의 보장은 앞으로 사회의 큰 문제가 될 것입니다. 정치경찰에게는 이 보장이 가장 필요합니다. 정당의 앞잡이가 되지 않고 또 정당의 억지에 의해 지위를 위협받지 않게 되어야 비로소 전형적인 경찰관의 활동을 할 수 있습니다.

② 바른 경찰관

전형적인 경찰관이란 무엇일까. 사상경찰에 종사하는 사람은 공정한 생각을 가지고 솔직한 의사에 따라 직무를 해야 합니다. 자신이 행하는 직무에 대해 국민이 존경하고 대중의 기대가 모이고, 또 국민의 신뢰를 받아야 합니다. 그렇지만 정치경찰이라는 것은 아무래도 자신의 의견과 직무적 행위가 충돌하기 쉽습니다. 자신이 정우회(政友會)[52]를 좋아한다고 해도 민정당(民政黨)[53] 내각 때는 아무래도 직무를 행할 때 자신의 의견에 반하는 행위를 해야 하는 경향이 있습니다.

사회 여론이라는 것은 항상 직무 행위와 모순됩니다. 경찰이 잔학하다든가, 가혹하다든가, 냉혹하다는 식으로 언제나 사회는 깊이 생각하지 않고 쉽게 믿습니다. 상당히 질 나쁜 범인이라도 아주 힘없이 끌려가면 순사가 지독하게 고생하여 잡은 자라도 세상은 오히려

52 제2차 세계대전 전의 제국의회에서 일본 최초의 본격적인 정당 내각을 조직한 정당인 입헌정우회(立憲政友會)의 약칭

53 1927년 6월(쇼와 시대 초기)에 설립된 일본의 정당인 입헌민정당(立憲民政黨)의 약칭

범인에게 동정하며 경찰을 나무라며 조금도 동정해 주지 않습니다. 또 고집 세고 법망을 피해 갈 구멍을 알고 있는 범인이 자백하지 않으면 임시방편으로 조금 밤늦게까지 조사하거나 또 신체에 이상이 생기지 않는 정신적인 고통을 주는 방법을 취하면 역시 고문이라든가 경찰의 포학이라며 비난합니다. 하물며 정치경찰은 일반 대중으로부터 경찰관은 첩자, 개라는 모욕을 받거나 사람을 곤경에 빠뜨리려고 한다는 다양한 비난을 받습니다. 이런 관계로 전형적인 경찰관으로서 일 처리를 하기 위해서는 형사경찰에 종사하는 경찰관 이상으로 힘들고 또 고심이 깊습니다. (중략)

(3) 사상경찰로서의 자질[54]

사상경찰의 임무는 여러 가지 있지만, 대체로 국가에 해악을 끼치게 한 국가의 적을 규탄하고, 그를 위한 진압 방법을 강구해야 할 임무가 있습니다. (중략) 범죄 행위는 실제 심각하게 이욕에서 벗어난 신념에 의해 일어난 것이기 때문에 그냥 손 놓고 기다리다가는 폐해가 크다는 것은 굳이 말하지 않아도 알 수 있습니다. 그래서 평소 예방 수단을 충분히 강화하는 임무에 힘을 쏟고 있어야만 합니다. (중략) 이 두 가지의 임무에 종사하기 위해 어떤 관리로 채워야 할까 라는 문제가 생깁니다. 전자의 진압을 위해서는 형사경찰 경험이 있는 사람이 적당합니다. 후자의 예방을 위해서는 그 밖의 즉 특수한 기능이 있는 자 중에서 채용하는 것이 좋습니다.

진압의 경우는 기수(旣遂)범죄에 대해 작용하는 것이기 때문에 형사소송법이 허락하는 범위 내에서 그 절차에 숙달된 사람이 필요한 당연한 일입니다.

예방의 경우는 아직 범죄에 착수하기 전부터의 상당히 넓은 범위에서 보통 범죄 이외의 특수 기능을 필요로 하는 분야이기 때문에 폭넓게 일반 경찰관 중에서 선발하는 것이 좋다고 하는 의견도 일리 있습니다. 그래서 사상경찰관은 대개는 본인 희망에 따라 채용해야 한다고 합니다. 적합 부적합이란 것은 그 사람의 경력이라든가 그 사람의 능력에 의해 결정되지만, 특히 사상경찰에게는 본인의 특별한 각오가 필요하기 때문에 희망을 중심으로 채용을 정해야 합니다.

---

54 石原雅二郎, 1930,『思想警察概論』, 松華堂書店, 42~56쪽.

다시 말하자면 형사경찰에 종사하는 사람은 모두 사상경찰에 종사해도 좋은 소양을 가지고 있는 사람이지만, 그와 동시에 현재 경찰 사무에 종사하는 자 중에 장래 국가를 위해 사상경찰, 바꿔 말하면 넓게는 정치경찰이 되어 봉사하고 싶은 사람은 본인이 적극적으로 그 임무에 적합한 점을 발견하지 않으면 안 됩니다. 그런 조건으로 사상경찰 조직을 공고히 하지 않으면 정치경찰은 역시 부패를 낳게 됩니다.

① 교양

▲ 일반교양

사상경찰에 종사하는 사람의 일은 항상 모든 계급에 걸쳐 접촉을 유지해야 하는데, 때에 따라서는 고위 고관과 직접 밀접해서 해야 할 일도 있고, 때로는 빈궁한 사람들의 비참한 생활 속으로 침투해야 하기도 합니다. 모든 정신적, 사회적인 계급과 지위 고하를 불문하고 매일 교섭하기 때문에 사상경찰관의 일반적인 교양은 특히 필요하다고 판단됩니다.

▲ 특수교양

그러나 특수적인 교양이 일반적 교양보다 더욱 필요합니다. 사상경찰관의 수행 능력에는 항상 이해력이 뛰어나야 하고 판단력은 민첩하며 적재적소의 조치를 바로 내릴 수 있는 재능이 특히 필요합니다. 그 역량은 사상적이고 행동은 독립적이며, 앞에서 이상적 경찰관으로 언급한 국가적 신념 아래 자신의 정치적 견해를 초월해 국가 경찰관으로 직무에 종사할 각오가 있는, 특히 독립성이 강한 자가 필요합니다. 또 특수한 기능으로는 일반적 교양에서 이야기했듯이 특히 세태인정(世態人情)에 잘 통하고 있어야 하며 그가 가지고 있는 정치상의 의견은 건전해야 한다는 점이 필요합니다. 접촉할 계급 중에는 특수한 계급 및 사람이 있는데 예를 들면 외국인이라든가, 기타 풍속 습관을 달리하는 사람들이 있어서 외국어 소양이 부족해서도 안 되고, 국제적 지식과 함께 외국 사정에 관한 지식도 필요합니다.

② 가치관

▲ 직무에 대한 애착심

사상경찰에 종사하는 경찰관은 특히 근면하고 그 직무에 애착하는 사람이지 않으면 안

됩니다. 단지 수입이 좋아서, 수당이 많아서, 일이 편해서, 일하는 중간에 휴식이 가능하니까 하고 싶다, 그런 사람은 사상경찰관이 될 자격이 없습니다.

▲ 명예에 대한 무관심

다음으로 각 방면의 공격에 무감각할 수 있는 사람이어야 합니다. 사상경찰에 종사하는 이상 세상은 이것저것 이유를 들어 공격할 것입니다.

우선 경찰로서 직접 국가를 구하기 위해 일해도 바로 경찰의 횡포라든가, 냉혹하다든가 하며 여론은 대개 반대로 작용합니다. 그리고 또 진압에 힘을 기울이면 자유사상가는 반드시 경찰을 보수적으로 생각하고 공격합니다. 정치사건을 맡게 될 때는 정치적으로 공격을 받고, 사상사건을 맡게 될 때는 사상적으로 비난을 받습니다. 사상경찰로서의 행동은 항상 비평을 받기 때문에 그런 것에 무감각해질 필요가 있습니다. 항상 명예심에 불타 칭찬을 받아야 하는 사람은 정치경찰관에 맞지않는 인간입니다.

▲ 공평한 심사

그리고 공평해야만 합니다. 미리 짐작하여 사회주의자는 나쁜 인간이고 또 공산주의자는 특별히 불공평하게 다룰만한 이유가 있다고 하거나, 정당 정치가는 고상하지만 사회주의자는 불령한 무리라고 미리 예단하여 사건을 다루면서 그사이에 여러 가지 차별을 행하는 것은 용서할 수 없습니다. 자신이 좋아하는 사람에게는 잘하고, 싫어하는 사람은 괴롭히는 짓은 정치경찰 내지 사상경찰관으로서 가장 피해야 할 것입니다. (중략)

▲ 중립적인 입장

다른 한 면에서는 겐페의 난(源平の乱)[55]과 같이 너무 일에 열심히 빠져 철저하게 사상적인 반역자를 진압하려고 하는 일본인의 결점이 역시 정치 및 사상경찰에게도 나타나고 있

---

55 1180년부터 1185년까지 6년간에 걸친 일본 최초의 전국적인 대규모 내란이다. 결과적으로 미나모토노 요리토모(源頼朝)에 의해 가마쿠라 막부(鎌倉幕府)가 수립되어 무사가 세상을 지배하는 일본의 중세가 시작되게 되었다.

는 것은 아닐까요.

러일전쟁 시에 러시아인이 일본인은 전쟁 방법을 모른다고 한 이야기가 있습니다. 왜냐면 너무 가까이 와서 철포를 쏘니 전쟁을 할 수 없다고 러시아인은 말하고 일본인은 항상 러시아인은 도망가기만 해서 전쟁다운 전쟁을 할 수 있다고 하였다고 합니다. 일본에서는 어렸을 때부터 전쟁이란 가와나카지마 전투(川中島の戦い)[56]에서고, 닛타 요시사다의 전사(新田義貞の討死)[57]의 경우에서고, 구스노키 마사시게(楠正成)[58]의 농성전에서도 모두 서로 칼을 들고 싸우며 칼을 열십자로 양쪽에서 교차해야 전쟁이라고 생각합니다. 외국인의 현대 전쟁관에서 보면 300미터(三百米) 이내로 양군이 접근하면 철포 따위를 쏠 수 없지요. 머리를 내밀면 바로 맞을 수 있으므로 되도록 지형을 이용해 몸을 숨기고, 오래 싸워서 자연스럽게 상대방의 전투력을 전멸시킨다는 전법으로 공부합니다. 이런 이야기를 활용하여 정치경찰, 사상경찰에 적용해 보면 일본 사상경찰은 사회와 국가를 불행에 빠뜨리는 것이 아닐까 생각됩니다. 그래서 정치경찰도 어느 정도까지는 그러하지만, 특히 사상경찰은 이 점에 유의할 필요가 있습니다.

③ 기밀비

사상경찰은 특별한 경비를 필요로 합니다. 그것은 단순히 일반적인 경찰 비용뿐 아니라 특별한 용도에 사용하는 돈이 필요한 것입니다. 이것을 소위 기밀비라고 합니다.

개괄적으로 말해 현재 일본 경찰의 지방경찰에서 약 70만 엔 정도의 기밀비를 가지고 있고 중앙경찰도 거의 같은 액수가 있을 것입니다. 전체 140,50만 엔의 기밀비 중 대부분이 현

56 일본 전국 시대 중 1553년(天文 22)부터 1564년(永禄 7)까지 12년에 걸쳐 기타시나노(北信濃)의 지배권을 둘러싸고 총 5회에 걸쳐 일어난 전투를 말한다. 이 중 실제로 가와나카지마(川中島, 현재의 나가사키현(長野県) 나가노시(長野市) 일대)에서 벌어진 전투는 2차, 4차 전투였지만 특히 4차 전투에서는 이곳이 최대의 격전지가 되었기 때문에 이렇게 불린다.

57 닛타 요시사다(新田義貞)는 가마쿠라 시대 후기부터 난보쿠초(南北朝) 시대에 걸쳐 활약한 무장이다. 1338년에 전사하기까지 일개 가신으로 시작하여 가마쿠라 막부를 멸망시키고 중앙으로 진출하여 난초(南朝)의 총대장으로서 활약하며 충절을 지킨 장수로 알려져 있다.

58 구스노키 마사시게(1294~1336)를 원문에서 '楠正成'라고 표기 하고 있는 것은 '楠木正成'의 오탈자로 보인다. 구스노키 마사시게는 일본 역사상 가장 뛰어난 군사 전략가 가운데 한 사람으로, 고다이고텐노(後醍醐天皇)에게 희생적인 헌신과 충성을 바친 전설적인 인물이다. 1336년에 전사하였는데 1868년에 황권이 회복된 뒤, 그가 죽은 자리에 사당이 세워졌다.

재 주로 사상경찰을 위해 사용되고 있다고 해도 좋을 것입니다. 그러나 지방분 대부분은 일반 경찰을 위한 것이기 때문에 전체 백만 엔 전후로 생각하면 될 것 같습니다. 이런 돈을 어디에 사용하고 있는가, 정말 정치경찰, 사상경찰을 위해 사용되고 있는가 라고 한다면 이거야말로 분명하게 밝힐 사항인 것입니다.

외국의 경우를 예로 들어 그 사용처와 효과에 대해 설명해 보면, 독일 제정 시대의 프로이센의 상황입니다만, 1877년 전후는 겨우 5만 1,000마르크 정도의 기밀비를 사용하고 있었지만, 1878년이 되자 6만 마르크로 늘었습니다. 그때가 소위 비스마르크의 시대입니다. 그러고 나서 내무대신이 비스마르크로부터 특별히 3만 마르크 정도의 돈을 받아 결국 1881년경은 9만 마르크 정도가 되었습니다. 1895년에는 12만 마르크가 되고, 1900년에는 이것이 30만 마르크가 되었습니다. 일본 화폐로 환산하면 약 15만 엔입니다. 그리고 러시아 제정 시대 상황을 보면 1905년에는 300만 루블로, 약 300만 엔 정도의 돈을 러시아는 사용하고 있었습니다. 그 외 1909년에 황제가 내지 여행을 할 때는 임시로 30만 루블을 내어 호위경비의 철저함을 기했는데, 그럼에도 총리대신 스토리빈은 행행(行幸) 도중 극장에서 사살되었습니다. 게다가 범인이 경찰 스파이였습니다. 그 외 내무대신의 호위에 90만 루블까지 썼다고 합니다.

이런 것들이 특별경비입니다. 이 경비가 정말로 꼭 필요한가? 예산만 딱 쓰는 정당한 지출로는 사상경찰은 완전하게 돌아가지 않습니다. 그 이유는 뒤에서 자세하게 '사상경찰의 활동' 장에서 설명하겠습니다. 기밀비라는 것을 수당과 같이 생각하고, 또 연회비같이 생각하는 사람이 적지 않습니다만, 그런 생각으로는 기밀비의 필요를 인정받을 수 없습니다. 그러나 거액의 돈이 전부 사상경찰을 위해 정당하게 사용되고 있는지 어떤지는 특별한 주의가 필요합니다. 사상경찰에 종사하는 사람은 이 점을 깊이 생각해야 합니다. 그렇지 않으면 부지불식간에 경찰관의 품성이 더럽혀져 또 다른 비난을 받고 여러 결점을 지적받게 됩니다. 사상경찰은 이 경비라는 점에서 더욱 특별한 위험성을 품고 있다는 점을 주의해야만 하는 것입니다.

(4) 사상경찰의 대상[59]

이처럼 사상경찰에 종사하는 사람들이 경찰 조직으로 단결하여 싸우는 상대방은 무엇일까. 그것은 국가의 적입니다. 반국가적인 주장으로 여러 가지 행동을 하는 사람 및 세력에 대해 투쟁하는 것입니다. 국가 즉 현재의 사회조직에 대해, 현재의 사회 질서에 대해 맞서서 그 조직을 변경하고 그 질서를 문란하게 하는 행동을 정치범죄라고 합니다. (중략) 그 행위가 사회에 미치는 영향을 생각하면 보통 범죄와 비교할 수 없을 정도로 위험한 것입니다. 보통 범죄라면 예를 들어 살인범은 개인의 생명을 뺏는 것에 그칩니다. 기껏해야 몇 명, 수십 명의 생명을 빼앗는 데에 그치지만, 정치범인, 사상범인이라는 자는 국가 생명을 위태롭게 합니다. 국가 생명을 위태롭게 하면 그 국가에 속한 수십만, 수백만, 수천만의 사람들의 생명에 다대한 영향을 미치게 됩니다. 그뿐 아니라, 결국은 국가 생활, 즉 국가를 바로 위험에 빠지게 하는 것이므로 이 점에서 위험성이라는 측면에서 보자면 가장 해악이 크고 비사회성이 강한 것이라고 말해야 합니다. 그 행위는 앞에서 설명한 바와 같이 이득이라는 동기에서 나오는 것이 아니므로 더욱 심각하며 그 감정은 격렬하여 사회의 폐해에 세차게 분노하여 의분으로 맞서 싸우듯이 격정으로 맞섭니다. 비상한 용기가 있습니다. 일을 계획하면 집요하고, 완강하기 때문에 행위를 수행하는 점에서도 보통 범죄에 비해 상당한 위험성을 안고 있습니다.

3) 사상경찰의 활동[60]

(1) 진압 작용

① 범죄의 규탄

사상범죄는 정치범죄와 마찬가지로 범죄라는 성질은 일반 범죄와 다름없습니다. 그래서 범죄로서는 일반적인 경우와 완전히 동일해야 할 것입니다.

사상범죄가 이미 범죄로서 발각되었다면 이것을 규탄하는데 형사소송법의 절차에 따라 형벌을 가하고 그 반사회성을 징벌하는 점에서 보통 범죄에 비해 특별한 차이가 있는 것은

---

59 石原雅二郎, 1930,『思想警察概論』, 松華堂書店, 56~58쪽.

60 石原雅二郎, 1930,『思想警察概論』, 松華堂書店, 80~103쪽.

아닙니다. 순수한 정치범죄에 대해 종래 취해오던 것이 모두에게 해당되는 것이 아닙니다. 사상경찰관으로서 이 범죄규탄에 대해 요구되는 활동은 형사경찰에 관한 제도를 그대로 사용하는 것을 인정해도 됩니다. 그래서 특히 여기에서 말하는 그 성질, 절차에 관해 법규적 해석을 시도하고 혹은 법규적용의 실제에 관한 기술적 연구를 할 것까지 없다고 생각합니다.

② 범죄자의 처우

우선 형사소추 방법으로서의 처우입니다. (중략) 이 취급이 정치범이라면 종래에는 심문, 감금, 그 외 특별한 융통성을 살려 편의를 꾀하고 친절한 것이 보통이었습니다. 어느 정도까지는 사상범죄도 또 이와 마찬가지로 다루어야 할 것이라고 생각하지만, 사실은 오히려 엄벌로 임하는 경향이 있습니다. 그렇지만 여기에서 주의해야 할 것은 사상범죄, 정치범죄와 비슷하나 전혀 다른 것에 대한 처우 방법입니다. 예를 들면 대신(大臣), 재상의 지위에 있는 사람이 파렴치죄인 뇌물죄를 저지르고, 사기를 치고, 횡령죄를 저질렀을 때 그것은 대신, 재상이라도 절대 정치범죄는 아닙니다. 정말 국가를 걱정하고 국정을 수행하기 위해 잘못해서 수뢰죄, 증회죄(贈賄罪)[61]를 저지른 것같이 꾸며도 그 대부분은 이득을 위해 한 것이기 때문에 이것은 정치범죄라고는 할 수 없으므로 보통의 일반적인 취급을 해야 합니다. 그와 마찬가지로 사상범죄 중에서도 소위 각종 사회운동 브로커라고 불리는 자, 직업적인 것, 선동적인 사회운동가 등이 있으므로 그들의 행위와 진짜 사상범죄 행위는 구별해서 생각해야만 합니다. (중략) 그 동기, 그 사건의 모습을 보고 구별해야 합니다. 그 외 규탄 방법에 대해서는 형사소송법, 배심법, 그 외 직간접 관계가 있는 법규에 대한 자세한 사항을 참고해 주길 바랍니다.

(2) 예방 작용

사상범죄라든가, 정치범죄라는 것은 단독으로 일을 벌이는 경우는 거의 없습니다. 다만 공포 수단 즉 테러리즘은 단독적으로 타인의 생명과 재산에 직접 공격을 가하는 경우가 많기는 하지만 그런 때도 완전히 개인적으로 일어나는 경우는 적고 대개는 여러 집단적 행위의 결과로 생겨납니다. 그래서 평소 사상경찰, 정치경찰은 정보를 모아 항상 사회에서 벌어지고 있는

61 뇌물을 주거나 줄 의사를 표시함으로써 성립하는 범죄를 이른다.

정치상의 움직임, 사상상의 작용 등을 빠짐없이 알아 두는 것이 예방의 큰 안목이 됩니다.

① 정보 수집능력

▲ 시찰

정보를 모으는 방법은 자기 자신이 시찰에 나서는 것이 가장 좋은 방법입니다. 그 때문에 앞에서 설명했듯이 일반적 교양도 있고 특수적 교양도 받아서 사상경찰에 특별한 경험과 열정이 있는 사람이 맡는 것이 바람직한 이유가 바로 여기에 있습니다. 다만 그 직무에 있는 사람만으로는 정치경찰관, 사상경찰관으로서 유익하지 않기 때문에 어디까지나 활동 대상이 되어 사상경찰의 객체인 국가의 적의 정세를 꿰뚫고 있어야만 합니다. 그렇지만 어떤 방법을 취해도 자기 혼자의 힘으로 또는 동료의 협력에만 의지하는 것으로는 시찰은 완전하게 할 수 없습니다. 따라서 이것을 보충하는 방법을 달리 구해야만 합니다. 그것에는 두 가지가 있습니다. 신문과 중개자가 그것입니다.

▲ 신문 기사

신문은 현대 사회 조직에서는 이제 빠질 수 없는 것으로 대단한 세력을 일반 생활에 가지고 있습니다. 매일의 사건에 대해 가장 빠르게 통신해야만 하므로 모든 방법을 취해 통신란을 전국으로 혹은 전 세계로 뻗쳐 매일의 사건은 모조리 알리고 있습니다.

이것도 또 예를 들어 말씀드리는 편이 알기 쉽겠지요. 신문이 아직 발달하기 전, 신문기자가 아직 정치의 중요한 업무에 파고 들어갈 수 없던 시대에는 역시 경찰관의 시찰에 의지하는 방법이 정치상 중요시되고 있었지만, 지금은 어떤가 하면 중앙 정치 정세에서도 경시청이 정치 내막을 알아내는 것보다도 신문기자가 알아내는 편이 시간적으로 빠르고, 신문기자가 알아내는 분량도 그 중요함도 경찰관보다 훨씬 뛰어납니다. 오늘날 정치상의 변화는 소위 도쿄의 5대 신문을 보고 있으면 손에 잡힐 듯이 알 수 있고, 경시청 정보와 비교해 엄청난 차이를 보입니다. 이것은 앞에서 이야기했듯이 관료정치와 정당정치의 차이에 의해 경찰에 변화를 초래한 것과 같이 신문의 활동은 경찰의 역할을 깜짝 놀랄만큼 바꾼 것입니다. 따라서 신문을 매일 잘 읽을 필요가 있습니다.

신문 기사에 의해 사상경찰 시찰을 보충하는 점에 주의해야 할 것은 이 신문 기사는 또 오류가 상당히 많다는 점입니다. 그래서 신문 기사에서는 중요한 힌트를 얻을 수는 있지만, 전체적으로는 상당히 잘못되게 전달되거나 또 중요한 점이 의외로 분명하지 않은 장소에 실려 정치기사 또는 소위 3면 기사로 취급하여 그 가치를 떨어뜨리는 일이 있기 때문에 그것을 사상경찰관은 잘 판단하여 기사를 이용할 필요가 있습니다.

자신이 시찰하고 또 사회의 목탁이라고도 하는 신문에 의해 정보를 모으는 것만으로는 아직 부족합니다. 왜냐하면 정치 활동도 사상운동도 모든 것이 공공연히 벌어지는 게 아니고, 또 현대 사회 조직을 변혁시키려고 권력에 반항하려고 하기 때문에 은밀한 가운데 진행되는 것이 보통입니다. 동지 이외의 사람을 좀처럼 가까이 두지 않는 것이 보통입니다. 사상경찰은 이 공개적이지 않은 비밀스럽고, 동지 이외를 엄중히 배제한 회의 내용도 끝까지 찾아내고, 프랑스의 유명한 정치경찰장 푸셰[62]가 세 명 이상의 사람이 모여 정치를 논하면 다음 날 아침은 내가 다 알게 된다는 호언을 한 것처럼 내정을 잘 알기 위해서는 시찰과 신문만으로는 아무래도 부족한 것입니다. 이것에는 아무래도 제3자를 이용할 필요가 있습니다. 즉 중개자의 존재를 인정해야만 합니다.

▲ 밀고

중개자를 둘로 나누면 하나는 밀고이고, 하나는 첩보라고 하겠습니다. 밀고란 국민 쪽에서 자유의사로 경찰 관료에게 알려주는 것입니다. 바꿔 말하면 경찰은 부탁하지 않았는데 인민 쪽에서 자발적으로 통지해 주는 것이 밀고입니다. 밀고에는 당당하게 서명하고 자신의 주의정책에 근거한다든가 또는 국가를 걱정하는 진심에서 알려주는 것도 있지만 대개는 익명으로, 그리고 사건의 발단이라든가 외관이라든가 자신의 의견이라든가 비슷한 것을 알리는 것입니다. 사상경찰관이 밀고를 받고 그에 대한 판단을 해서 틀리지 않는다는 점에서 경찰관의 일반과 특수적 교양을 필요로 합니다. 즉 뛰어난 이해력과 민첩한 판단력의 재능이 필요하다고 한 것은 이 때문입니다. 밀고 중에는 정적을 무너뜨리기 위해 혹은 자신의 원한을 풀기 위해 허위 보고를 하는 일이 있습니다. 이런 것에 잘못 빠져서 경찰관이 활동하는 것은 수치스러운 일이고 또 대단한 폐해를 유출시키는 일이기 때문에 이런 점은 주의가

62 조제프 푸셰(Joseph Fouché, 1759~1820), 프랑스의 정치인.

필요합니다. 그러나 익명이라도 절대 용서할 수 없는 것이 있습니다. 친족관계, 교우관계 그 외에 자신의 이름을 알릴 수 없는 것이 있습니다. 밀고는 어느 것을 불문하고 국가를 위해서는 방치할 수 없는 것이 있습니다. 종래의 경험에 의하면 밀고에 의해 대사건 등이 왕왕 발견되는 일이 있기 때문에 이것을 가볍게 볼 수는 없습니다.

▲ 첩보

첩보를 얻는 것, 소위 스파이를 사용한다는 것은. 정치경찰에서는 피할 수 없는 일이고 마찬가지로 사상경찰에서도 이것을 포기할 수 없습니다. 보통 형사경찰도 이것은 상당히 활용하고 있을 것입니다. (중략)

② 경호경비

▲ 경호

- 원수 경호

사람에 대한 경호경비로서는 한 나라의 군주에 대한 것이 가장 중요한 일이고 일본에서 말하자면 어경위(御警衛)입니다. (중략) 특히 군주에 대해 그 신변을 경계하는 것을 의미하고 특별한 조직과 각오를 필요로 합니다. 이것은 특별한 문제로서 그 성질, 방법의 연구를 필요로 하기 때문에 여기에서는 자세한 설명을 생략하고 그 점만 주의해 두겠습니다.

- 대신 호위

대신과 그 외 고관 보호입니다. 이것도 정치경찰로서는 실제 중요한 일에 속하고 제도로서도 보통 경호의 경부가 임무를 맡고, 경찰관이 상시 또는 비상시에 호위를 하고 있는 것은 주지하고 있는 대로입니다. (중략)

- 연쇄 암살

현재 사람에 대한 경호는 우리나라에서 사상범죄로서는 그다지 없습니다. 앞에서 이야기 했듯이 토끼사냥 정도의 일이라면 위험은 없습니다만, 점점 멧돼지사냥이 되고, 결국 호랑이사냥이 되면 위험하기 때문에 지금 단속 방법을 잘해두지 않으면 반드시 그렇게 됩니다. (중략) 다행히 현재 일본에서 사상범죄로서 사람에 대한 경호라는 것은 거의 생각할 필요가 없는 상태에 있습니다만, 언제 바뀔지 이미 그 조짐이 오고 있는지 또는 이미 와 있는지의 판단을 특별하게 연구할 필요가 생깁니다.

▲ 경비

- 황실 존영(尊榮)에 대한 경비

다음은 물건에 대한 경비입니다. 이 물건에 대한 경비라는 것이 무엇이냐면 일본은 군주국이므로 황실 존영을 표상하는 다양한 사물을 경비해야만 합니다. 보통 궁궐이라든가, 별궁이라든가 하는 것은 물론이고 그 외 황릉, 신궁 등이 있습니다. 이런 것까지는 형법으로 법령이 정해져 있습니다. 그 외에도 일본의 예로부터의 사상으로 존영의 침범을 방호해야 합니다. 예를 들면 계속 문제가 되고 있는 것 중에 천황이 손수 심은 수목, 그 밖에 기념해야 할 장소, 어가를 세우는 곳, 그 외 존영을 모독하는 행위에 나서는 경우가 있습니다. 이런 일을 세상에 그다지 발표하지 않습니다만, 그 사무에 종사하고 있으면 주의가 필요한 경우가 상당히 많습니다.

- 사회 문화에 대한 경비

외국 등에서는 이에 하나 더 덧붙여 예술품에 대한 보호에 특별히 주의하고 있습니다. 왕실이 망한 뒤 그 분묘라든가 기념비라든가 그 외 예술상 가치 있는 것은 국민이 가지고 있는 정신적인 보물입니다. 이에 대해 사상범죄는 역시 그를 대상으로 옛날의 유명한 황제 기념비를 부순다든가, 혹은 옛날의 유명한 시인, 문인의 무덤 속 보물을 훔치는 일을 벌입니다. 독일 혁명 후 따위에는 괴테, 프리드리히 실러 등의 무덤마저도 파헤쳐졌다, 옛 기념비도 무너졌다는 등의 불온한 소문이 전해졌습니다. 이런 것은 물건에 대한 경비로써 특별한 주의가 필요합니다.

▲ 테러리즘

이상은 대략 사람에 대한 경우 또는 물건에 대한 경우 모두 집단적인 것이기 때문에 미리 예상이 되지만, 돌발적인 것이 있음을 주의해야만 합니다. 그것은 소위 말하는 테러리즘입니다.

이것은 대개는 무정부주의자가 하는 것으로 그것은 선전을 위해 사용하는 것입니다. 무정부주의자는 군주를 죽이고, 대신을 암살하고 또는 나라의 기념물 그 외 숭경의 대상이 되고 있는 것을 부정하는 것이 그 목적이 아닙니다. 그저 자신의 주의를 선전하는 방법으로 국민이 가장 존경하고 가장 주의를 끄는 물건에 대해 가해행위를 하여 이것을 무정부주의자가 한 것이라는 것을 알려 무정부주의란 어떤 것인가 라는 흥미를 일반인에게 일으키게 하려는 일종의 선전방법이라고 알려져 있습니다. 무정부주의자의 행동이 흉폭하다고 잘못 알려진 것은 이 선전방법을 주의주장으로 잘못 알았기 때문입니다.

사회주의자도 공산주의자도 무정부주의자도 너무 탄압하면 반드시 복수를 기도하게 됩니다. 그들은 협의를 할 수도 없고, 혹은 의논을 하여 서로 교통하는 일도 금지되어 버릴 때는 지하운동이라든가, 토굴운동이라든가 라는 말로 외국에서도 이야기되고 있듯이 모두 음지로 들어가 연락을 취하고, 왕래하게 된다. 바깥으로 나오면 잔혹한 형벌이 가해지고 잔혹하게 단속되기 때문에 러시아 허무주의자와 같이 또 경우에 따라서는 프랑스의 생디칼리슴(syndicalisme)[63]과 같이 폭력을 시인하는 단체가 생기고, 여러 사물에 대해 파괴작용을 하는 것이 생깁니다. 그래서 경호경비는 이런 인과관계를 명료하게 하는 것이 사상경찰로서는 가장 중요한 것입니다.

③ 병기, 흉기

마지막으로 무기 압수에 대해 설명하겠습니다. 이것도 현재 사회 제도에서는 문제가 되지 않습니다. 그러나 작년 즉위식 거행을 전후하여 경시청이 피스톨 소지자를 조사했을 때 다수의 미신고 사실이 있었던 점, 또 1923년(大正 12)의 관동대지진의 경우 자경단이 생겼을 때 대부분이 도쿄 근교를 걷는 것도 불가능하도록 모두가 칼, 창, 곤봉을 소지하며 모든 무기를 사용한 것을 생각할 수 있습니다.

사상경찰, 정치경찰은 항상 예방과 기수 진압이지만 실력으로 싸우는 것은 경찰의 임무가 아닙니다. 규탄과 예방 목적을 달성하는 정도에서 어느 정도까지는 실력을 사용하지만, 전투를 하는 것은 군대 힘에 의존하지 않으면 안 됩니다.

만일 사건이 군대를 사용하기에 이르러 서로 싸우고, 불행히 군대 쪽이 괴멸했을 때는 무기는 일반에게 퍼져 버립니다. 이 무기가 민간에 건네지는 것은 사상경찰상 가장 피해야 할 일입니다. 언젠가는 그 무기로 민중이 봉기하여 실력으로 당시의 정치세력과 투쟁하는 일

63 19세기 말에서 20세기 초에 프랑스와 이탈리아를 중심으로 일어난 노동조합 지상주의

이 일어납니다. 이것이 정치범이자 사상범의 최후이기 때문에 단순히 정보를 채집하거나 경호경비를 하는 데 그치지 않고 평소에도 무기 압수는 특별한 주의가 필요합니다. (중략) 현재 일본에서는 단도와 검을 각 가정에서 여전히 많이 보존하고 있는데 이는 보통 일은 아니라고 생각합니다. 이들의 취급에 관해 법규가 완성되어 있다고 말할 수 없으며, 현행법의 해석과 적용, 그 밖에 대해서는 의문스럽습니다. 사상경찰상 특히 이 부분을 생각할 필요가 있습니다. 그것은 대지진 이후 자경단이 그토록 많은 칼을 소지하지 않고 곤봉 정도였더라면 그때의 여러 참상이 몇 배로 줄었을 것입니다.

그리고 점점 일본 가정에 피스톨이 들어오기 시작한 것도 눈에 띄는 예이기 때문에 보통 형사경찰이 봐도 피스톨 강도라든가 그 외 도박꾼 싸움 등에 이것이 있기 때문에 심각한 위험을 느낍니다. 평소 형사경찰뿐만 아니라 특히 사상경찰로서는 원대한 계획을 세워 조사하고, 압수해야 할 것은 압수하여 소지를 허락한 자의 주소, 신분 등을 명료하게 하여 언제든지 압수할 수 있는 수속을 평소부터 해 둬야 합니다.

그 외에 진짜 대포, 기관총, 자동 피스톨과 폭발물은 민간에는 절대 없다고들 여기지만 잘 조사한 것일까요? 신사불각 경내, 그 외 특별한 직업 또는 구번(旧藩) 이래의 오래된 집안 등에서도 조사해 보면 현재도 사용할 수 있는 대포, 소총, 탄약 등의 무기는 상당히 있을 것입니다. 독일 혁명 때는 탱크까지 개인 집에 있었다고 합니다. 그리고 또 개인이 소지하던 탄약과 기관총이 많았다고 합니다.

폭도라도 일어나서 화약고가 파괴될 것을 생각하면 끔찍합니다.

이런 것들은 절대 불가능한 일, 기우에 지나치다고 생각하겠지만 쌀 소동, 히비야 방화폭동사건(日比谷焼打事件)[64], 관동대지진 화재등 여러 가지를 생각해 보면 무기도 화약도 군대의 힘만으로 안심할 수 있겠습니까? 지금은 안심할 수 있어도 비상시국에는 위험한 것입니다.

---

64 1905년, 러일전쟁의 강화조약인 포츠머스 조약에 반대하여 도쿄 히비야 공원에서 벌어진 국민집회 및 이를 계기로 발생한 방화 사건을 말한다.

4) 사상경찰 활동에 관한 연구 사항[65]

(중략)

사상경찰의 활동에는 경우에 따라 국가의 해악과 국가의 적이라고 인정되는 인물, 세력에 대해 진압하는 방법으로 실력을 행사해야 합니다. 이런 것은 항상 법에 따라서 해야 합니다. 법에 따라 어느 정도까지가 실력 행사로 인정되느냐는 문제에 관한 연구이고 상당히 민감한 문제가 됩니다.

전술로서는 주로 이것은 시찰 방법을 어떻게 생각하고 연구해야 하는지, 중개자로서 스파이망을 어떻게 사용할지, 밀고자를 장려하는 방법으로 돈을 주는 것은 좋은지, 등등 상당히 중대한 사안이 포함되어 있습니다.

그런 문제에 대한 좋은 방법을 얻지 못하면 경찰은 부패한 더러운 경찰이라고 세상에 알려집니다. 또 세상 사람이 탐정을 개라고 하고, 프랑스에서는 파리라고 하는 등 여러 나쁜 이름을 붙이는 것은 왜냐하면 대개는 잘못된 전술 방법을 쓰고 남용에 빠져 있기 때문입니다. 어느 정도까지가 인정되고 어느 정도까지가 인정되지 않는 것인지, 어느 정도 이상이 허락되지 않는지가 이제 연구되어야 합니다.

그 외 정보 수집 방법이 연구되어야 합니다. 그리고 또 신문통신 현상으로 이것을 이용하는 것들은 모두 전술이고, 정보 수집을 위한 시찰, 신문 독해, 비밀통신, 회합 방법 등 연구를 계속해야만 합니다.

그리고 경호경비에 특히 기술적 연구를 필요로 하는 부분이 있습니다. 그냥 많은 경찰관을 파견하여 담당 장소만을 경호하는 것보다 특수한 전문인을 배치하여 그 사람이 배정된 곳을 중심으로 해야 합니다. 지방에서조차 예를 들면 도쿄의 요주의 인물이 오사카에 가서 여러 활동을 했다고 하면 오사카 경찰관에게 그것을 단속시키는 것은 무리입니다. 이동 가능한 경호경비대를 갖추어 중앙 혹은 지방에서 일정한 사람이 주로 이를 담당하게 하고 필요에 따라 중앙이나 지방을 지원하기 위해 여기저기로 가서 경호를 담당하는 것의 가부 등, 그런 경호경비 관련 방법을 이제 자세하게 연구해야만 합니다. (하략)

---

65 石原雅二郎, 1930,『思想警察概論』, 松華堂書店, 104~108쪽.

3. 특별고등경찰[66]

〈자료 188〉 특별고등경찰

[시마무라 하지메(島村一), 1944, 『고등경찰개요(高等警察概要)』, 오사카부 경찰연습소(大阪府 警察演習所)]

1) 고등경찰

(1) 고등경찰이란

고등경찰이란 주로 국가 및 사회 전체의 안녕을 담당하는 경찰을 말한다(경찰교과서).

구체적으로는,

1. 정치, 경제, 사상운동과 관련된 테러 사건을 예방 경계한다.
2. 공산당의 검거 괴멸을 도모한다.
3. 노동쟁의와 소작쟁의를 단속한다.
4. 가짜 종교를 박멸한다.
5. 민족주의 운동을 금지한다.
6. 신문지와 출판물을 단속한다.
7. 연설회를 단속한다.
8. 유언비어를 단속한다.
9. 스파이를 경계하고 검거한다.
10. 선거운동의 부정행위를 단속하고 공정을 유지한다.

경찰은 관찰(觀察)하기에 따라 여러 종류로 분류될 수 있다.

예를 들어 사람이 사회생활을 영위하는 것과 유사하다. 즉 어떤 사람이 경찰관으로 임명받고 공인으로 활동하는 경우와 일개 사인(私人)은 구분되어야 하며, 또 사생활 방면에서 일

66 島村一, 1944, 『高等警察概要』, 大阪府 警察演習所, 1~3쪽.

가의 호주로서 아내에 대한 남편이자 아이에 대한 아버지이며 형제에 대한 형이다. 대외적으로는 일가를 대표하여 이웃의 일원이자 동회의 회원이며, 바둑회, 낚시회, 승마회의 회원이기도 한데, 한 개인의 활동체이면서 활동 면에서 각각 다르기 때문이다.

(2) 고등경찰과 보통경찰

고등경찰 보통경찰이라는 구별은 왜 생기는가. 경찰은 국가 사회의 질서 유지를 위해 존재하는데, 공공질서에 대한 장해 즉 직접적으로 국가 사회 전체의 안녕을 교란하는 경우나 혹은 개인의 안전을 해하여 결국 국가 사회의 질서를 교란하는 경우가 있기 때문이다. 즉 사회 전반에 미치는 장해를 예방하고 제거하는 경찰을 고등경찰이라 하고, 개인에 대한 장해를 제거하고 안전을 보장하는 경찰을 보통경찰이라 한다.

(3) 현행 제도상 고등경찰의 종류

① 특별고등경찰 약칭은 특고경찰이며 사상경찰이라고도 한다.

② 외사경찰 방첩경찰이라고도 한다.

③ 선거경찰 정치경찰이라고도 하며 선거의 공정을 지키는 경찰이다.

2) 고등경찰의 이념

(1) 황국경찰의 신조[67]

경찰은 국가 질서의 유지와 국민 보호를 위해 존재하는 제도이자 작용(作用)이다. 제도든 작용이든 결국 사람에 귀결되는 것이고, 즉 경찰관 개개인의 일거수일투족이 현실의 문제로 나타나는 것이다.

따라서 경찰관 각 개인의 행위는 어떠한가. 신념에 의해 구현되는 행위 여부가 경찰의 위신을 좌우하고 나아가 국가 부흥에 중대한 영향을 끼치는 것은 두말할 필요도 없는 사실이다. 일본 황국경찰관은 이 점을 깊이 생각하여 확고한 신념을 파악하고 견지함으로써 '실천'

67 島村一, 1944,『高等警察概要』, 大阪府 警察演習所, 6~7쪽.

하지 않으면 안 된다.

이 점에 관해 경찰강습소 교장이자 현 흥남(興南) 칙임관(練成官)인 존경하는 가쓰라 사다지로(桂定治郎) 각하는 저서 『경찰관을 위하여』에서 사대행칙(四大行則)을 다음과 같이 주장했다.

"나는 일본 경찰관이 지켜야할 행칙(行則)의 근본정신은 일본 신민이 걸어가야 할 길과 합치한다고 믿는다. 경찰관은 신민 가운데 임명한 특정 사람들이므로 국가의 치안유지라는 특별한 임무를 완수해야 할 지위에 있다. 책임과 의무를 다하는 방법 등 지엽적인 문제는 차치하고라도 경찰관이 지켜야 할 행칙의 근본(根本)과 일반 일본 신민의 행동규범이 별개의 동떨어진 길이 있을 리 만무하다. 왜냐하면 일본 신민의 걸어야 할 도(道)가 대일본제국의 만세일계의 천황폐하를 대군(大君)으로 모시고 어버이로 경배하며 만민이 어전에 엎드리는 신성한 국체에서 시작되는 것처럼, 경찰관이 걸어야 할 도(道) 역시 근원을 파고들면 동일한 국체에서 기인한다는 사실을 알기 때문이다"

이상과 같은 입장에서 나는 경찰관 윤리의 근본을 다음과 같이 확신한다.

1. 대일본제국의 경찰관은 일천만승(一天萬乘)의 천황폐하에 귀일하고 받들기를 마음 깊이 간직할 것(귀일의 심원),
2. 일천만승의 천황폐하에 귀일하고 받드는 것에 반드시 나를 바칠 것(몰아의 마음),
3. 나를 멸하기 위해 행왕좌와(行往坐臥)일 것(행의 생활),
4. 그러므로 이러한 행동은 경찰관이 온전히 경찰관이 됨으로써 실현된다.

그렇다, 경찰관의 행위는 단지 일 경찰관의 행위가 아니라 연원을 따라가면 상지존(上至尊)의 황국을 다스리시는 행위의 발현이라 할 수 있다. 그러므로 경찰관인 자가 존엄하기 그지없는 국체에 철저히 임하고 마음으로 체득하여 이를 체현함으로써 직무에 임해야 하는 것이다.

(2) 경찰의 근본이념 (관찰의 요체)[68]

'경(警)'은 훈계하다는 뜻으로 방비하다, 주의하다, 경계하다, 깨우침 등이고, '찰(察)'은 보다는 뜻으로 살펴보다, 지켜보다, 상세한 것 세세한 데까지 미치는 것, 날카로운 것, 생각하다, 밝히다 등의 뜻이다. 즉 사회에 대해 민감하게 파악하고 성전수행의 과정에서 생기는 모든 장해를 예방하고 배제하도록 함으로써 건국 이상의 달성, 팔굉위우(八紘爲宇)의 현현, 황국 융성에 기여함에 있다. 사회에 대한 관찰을 어떻게 하느냐가 매우 중요함은 두말할 필요 없다.

경찰의 공로자이자 대선배인 가와지(川路) 대경시는 '경찰의 감'에 대해 '소리가 없는 것을 듣고 형태가 없는 것을 보는' 민완을 겸비해야 한다고 가르친다. 즉 단지 육안과 육성이 아니라 관찰하는 눈, 마음의 귀로 보고 듣지 않으면 절대 치안 확보는 불가능에 가깝다.

이러한 무성의 것을 듣고 무형의 것을 보는 예민함을 근본에 두고 어떤 입장에서 어떻게 볼 것인가. 1940년(昭和 15) 봄부터 경찰강습소 제30기 본과생으로 재학하고 실무연구의 특고반에 편입되어 졸업 직전에 각 반이 연구사항을 발표할 때, 소속반을 대표하여 내가 말했던 한 구절을 인용함으로써 설명을 대신하기로 한다.

"저는 도쿄 시내를 잘 모릅니다. 우선 자동차와 전차를 이용해서 도쿄 시내를 구경(시찰)한다고 합시다. 그곳에는 구석구석 콘크리트로 포장된 도로와 무수하게 짜여진 교통망, 사람과 물건, 사람과 사람, 물건과 물건이 복잡하게 얽혀있는 상태를 발견하게 됩니다. 그리고 근대 건축미와 장엄함을 자랑하는 제국의회의 의사당, 소리로 유명한 아사쿠사(浅草)의 관음당, 아코(赤穂) 무사로 유명한 료고쿠바시(兩國橋) 등도 볼 수 있습니다. 이어 마루이(丸井) 빌딩 옥상에서 도쿄 시내를 본다고 합시다. 어느 정도 도쿄 시내의 일각, 시내의 모습과 도로, 강, 경시청, 내무성 건물 등도 볼 수 있을 겁니다. 이번에는 아사쿠사 오층탑(五重の塔) 정상에 올라 내려다본다고 합시다. 그곳은 같은 도쿄 시내이지만 마루이 빌딩에서 본 것과 다른 시야가 펼쳐질 것입니다. 또 비행기를 타고 3천 미터 상공에서 도쿄를 내려다본다고 합시다. 그곳에는 마루이 빌딩과 아사쿠사의 오층탑, 제국의회의 의사당, 료쿠바시, 도쿄시민의 생명줄로 의지하는 무라야마(村山) 저수지 등, 정치, 경제, 문화의 중추지 도쿄시의 외형과 전모가 발밑에 조그맣게 마치 한 폭의 모형도를 보듯 펼쳐질 것입니다.

---

68 島村一, 『高等警察概要』, 大阪府 警察演習所, 1944년, 16-20쪽

저는 뇌리에 한 줄기 강물을 그려봅니다. 어디에서 흘러나오고, 또 어디로 흘러가는지 모릅니다. 또 강기슭에는 흙으로 만든 둑인지 돌로 만든 둑인지 알 수 없지만 도도하게 흘러갑니다. 그리고 멈추지 않고 흐르다 호우를 만나면 엄청난 기세로 흐릅니다. 이 흐르는 강물은 강 전체의 운명에 따르는 것이 당연하고, 강에서 따로 고립될 수 없으며 그때의 강의 흐름에 맡겨야 한다는 사실은 두말할 필요 없을 것입니다. 또한 강에서 물고기의 움직임을 주시하려 한다면 물속에 뛰어들어서는 절대 제대로 모습을 볼 수 없는 법이니, 조용히 강가에 서서 바라볼 때 비로소 물고기의 동정을 제대로 모습을 볼 수 있을 것입니다.

이상이 우리들 특고경찰의 직무수행에 대한 근본적인 시각, 사상동향에 대한 시각, 시대사조에 대한 생각입니다. 이는 단지 특고 담당뿐만 아니라 경찰관 전체의 근본적인 이념이어야 한다고 굳게 믿습니다.

(중략)[69]

이것이 요직을 담당하는 특고경찰에 종사하는 자는 우선 국체의 본의를 체득하고 지극한 환희와 무한한 감격으로 크고 넓은 시야로 국민사상의 동향을 통찰하고 단순한 정보 수집이나 천편일률적인 단속에 매몰되지 말고 담당 직무를 통해 국민사상을 지도하고 선도하여 황국 신민으로서의 본분을 다하도록 해야 할 것입니다. 그것이 우리들의 신념이고 사명이요, 확신이어야 한다고 생각합니다"

3) 고등경찰의 업무

◆ 경찰관의 집무[70]

경찰관의 집무는

내근 서무계(접수통계) 노정계(勞政係) 경방계(警防係) 위생계 회계계 사법 사무계

별근 사법계(형사방범교호(刑事防犯教護)) 특고계(특고외사정보) 경제보안계

외근 파출소 주재소 근무원

69 원문대로임.

70 島村一, 1944,『高等警察概要』, 大阪府 警察演習所, 4쪽.

으로 나뉘며, 이 밖에 유치장 간수, 교통계 등 근무 형태를 달리하지만 단지 사무 처리상 편의에 지나지 않는다. 특히 외근원은 대부분 경찰 부문 전반에 걸쳐 위 내용을 처리해야 마땅하다.

경찰관 배치 및 근무

순사 배치 및 근무 개칙(概則)[1904년(明治 37)] 7월 내무성 훈령 제16호

제1조 순사는 순사부장 및 내근, 외근 특무형사 및 교습 중인 순사를 구별하고, 배치와 근무 방법은 청부현(廳府縣) 장관이 이를 정한다.

(중략)

4. 이상의 의미에서 고등경찰을 관장하는 곳은,

(1) 내무성의 경보국 보안과, 검열과, 외사과, 경무과의 방범계이며,

(2) 해당 부(府)경찰본부는 특별고등경찰과, 외사과, 정보과(경찰국장 서기실)이다.

(3) 각 경찰서는 특고계이다.

4) 특별고등경찰로의 변천과 특고 조직도

◆ 경찰서 등에서의 고등경찰 전무계명(專務係名) 변천의 경위[71]

① 과거 고등경찰은 각 부현의 고등과 1과에서만 관장하게 했는데, 메이지(明治) 말기에서 다이쇼(大正) 시대 즉 1910년대에서 1920년대에 걸쳐, 또 쇼와(昭和) 시대인 1930년대에 물질 문명의 이입과 더불어 개인 본위의 자유 평등사상의 폐해가 다방면에 침투하여 사회운동이 발흥하고 나아가 첨예화하기에 이르러 이에 대한 단속 강화를 위해 진용정비를 통감하게 되었다.

② 1907년(明治 40) 경시청에 별과 설치를 시작으로 1928년(昭和 3) 7월 마침내 전국 각 부현에 기존의 고등과 이외에 1과를 설치하여 고등의 특별(特別) 부서로서 특별고등경찰과(특고과)가 탄생했다.

③ 각 부 산하의 경찰서는 이전부터 고등경찰전반(특고, 외사, 정치)의 사무를 위해 고등계를 임명하고 있었는데, 본부에 특고과 설치 후 이를 계통적으로 구분하여 고등계, 특고계로

71 島村一, 1944, 『高等警察概要』, 大阪府 警察演習所, 4~6쪽.

나뉘게 되었다. 당시 경찰은 정당정치의 소용돌이에 휘말려 어려움을 겪었고 특히 고등경찰은 빈축을 사고 개탄스러운 상황에 처하게 되었다.

만주사변을 계기로 경찰정신 앙양이 강조되고 점차 각성의 시기가 도래했다. 1935년(昭和 10) 9월 거의 전국적으로 이루어진 지방의회(부현회의원) 의원선거에서 자타 공히 황국경찰 본연의 모습으로 온전히 돌아오게 되었다. '고등'이라는 명칭이 기존 관념에서는 좋지 않다고 하여 '정보'로 바꾸고 본부 고등과는 정보과로, 경찰서의 고등계는 정보계로 했다. 선거 관계법령의 개정과 더불어 단속의 중임을 맡게 된 경찰은 전반에 걸쳐 재탄생하였다.

④ 특히 특고계와 정보계를 합쳐 치안계로 명칭을 변경하고 1942년(昭和 17) 1월 다시 특고계로 개칭되었다. 특고경찰은 고등경찰의 한 부서이다. '행랑을 빌려주고 안채까지 뺏긴다'라는 옛말처럼 원래 고등에서 분리된 것인데 특고의 역할이 점차 강화되어 특고경찰이 고등경찰 전체를 지칭하는 상황이 되었다.

1945년 이전(戰前)의 내무성 조직 약도

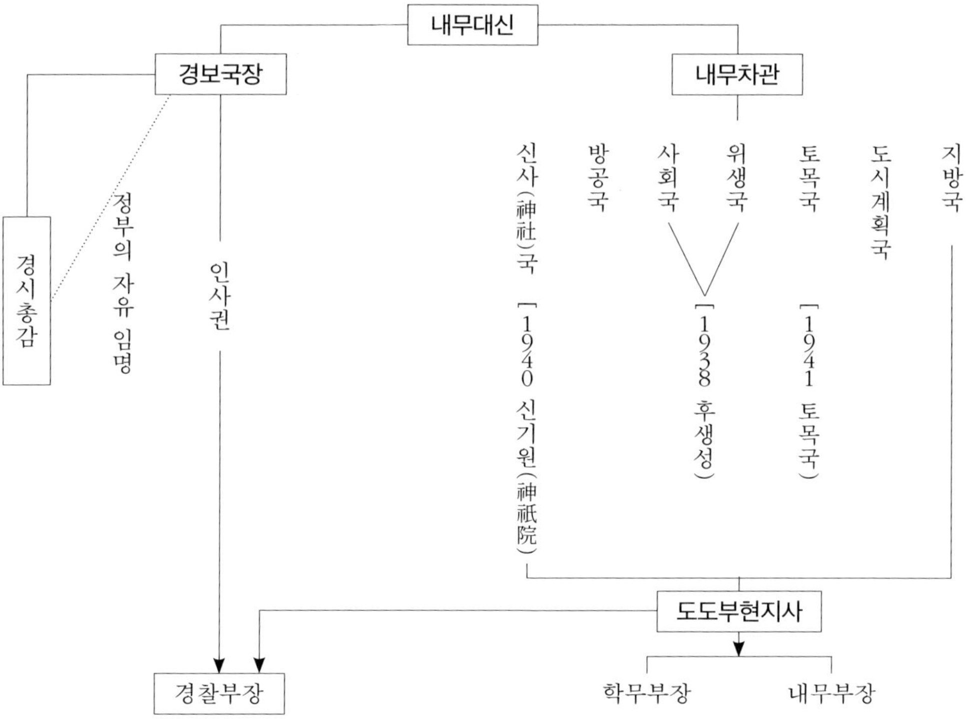

출전: 宮下弘 외, 1978, 『특고의 회상-어느 시대의 증언(特高の回想-ある時代の證言)』, 田畑書店.

1929년 당시의 특고과

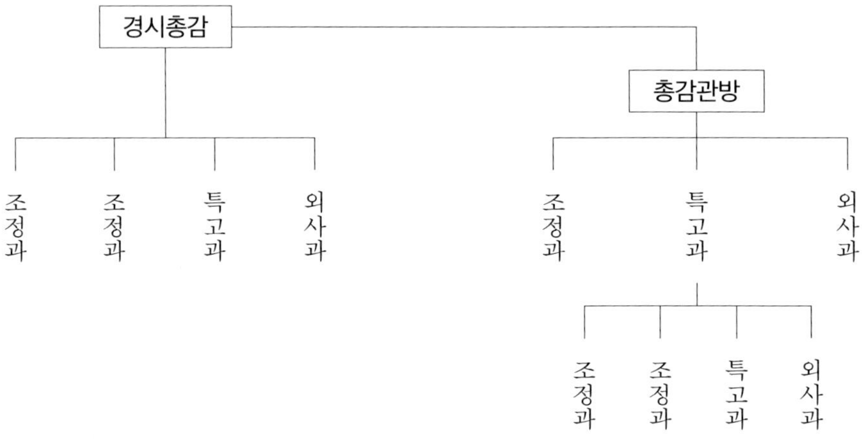

1932년 6월 총감관방에서 분리되어 특고부로 승격

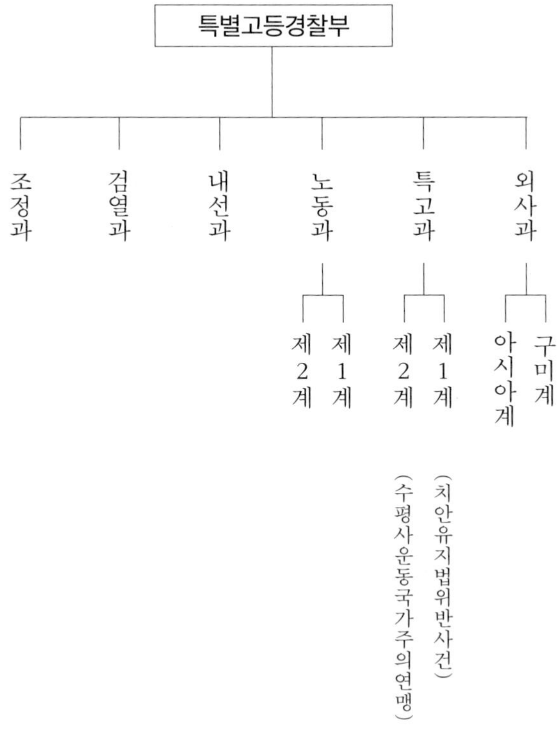

1936년 7월 특고부 기구 확충

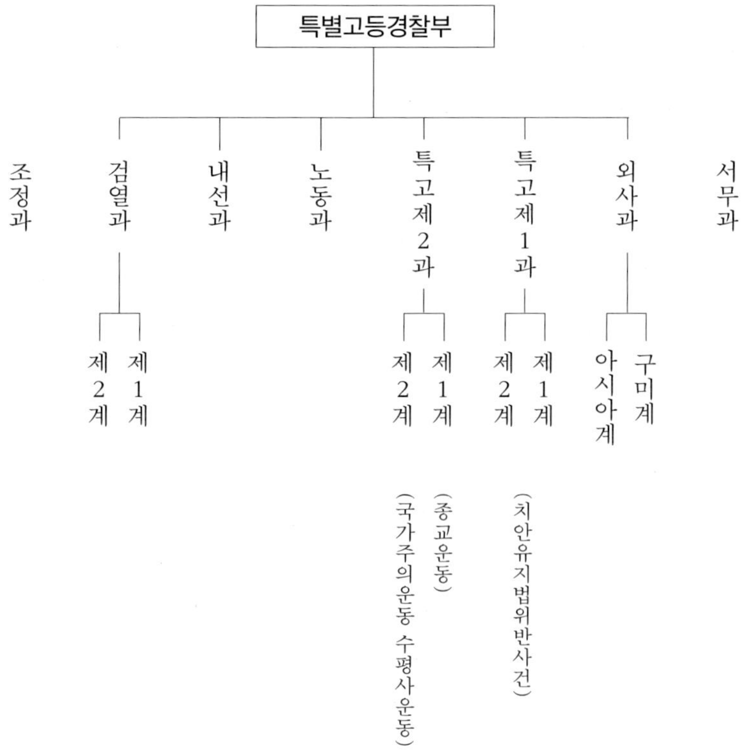

출전: 宮下弘 외, 1978, 『특고의 회상-어느 시대의 증언(特高の回想-ある時代の證言)』, 田畑書店.

5) 특별고등경찰

(1) 특별고등경찰의 개념[72]

① 특고경찰이란 무엇인가

사회운동을 단속의 대상으로 하는 경찰을 말한다. 사회란 무엇인가.

주(註) 2 - 사회란 다수에 의한 결집 본능과 이해관계로 공동생활을 영위하는 상태를 말

72 島村一, 1944, 『高等警察概要』, 大阪府 警察演習所, 21~23쪽.

한다. 사회는 두 가지 형태로 나뉜다. 하나는 본연 사회 혹은 기초적 사회라는 것으로 민족 본연의 사회이다. 부부, 부모 자식, 형제, 자매가 서로 모여 한 가족을 이루고 친족 혈연이 서로 결합한 것이고, 다른 하나는 기능(機能)사회 혹은 기성(機成) 사회로 대표적인 것이 국가이다. 이웃이 모인 시정촌(市町村), 학교, 회사, 은행 등이 모두 여기에 속하는 종류다. 전자는 자연발생적인 사회이고 후자는 만들어진 조직 사회다.

② 사회운동이란 무엇인가

사회운동이란 사회 문제를 해결하고자 행하는 '아래로부터의 방법'이다. 사회운동은 사회사상을 기초로 행하는운동이자 당시 사회(국민)사상을 현실화한 것이라 할 수 있다.

③ 사회운동은 왜 일어나는가

▲ 자신의 욕망과 귀결

인류생활을 영위하고 사회 제도를 형성하며 국가생활이 존재한다면 '보다 나은 사회'에 대한 욕구가 있는 법이기 때문에,

가. 사회 제도의 결함을 시정하고

나. 향상시켜 만족감을 달성하려 하며, 그로 인해 일어나는 사안과 사회 문제에 대해 어떤 방법으로든 해결하려고 노력한다.

▲ 욕망 달성의 수단

사회 문제를 해결함에 있어 두 가지 방법이 있다. 첫째, '위로부터의 방법'인데 국가 스스로 행하는 경우이며 '사회정책'이라 부른다. 둘째, 아래로부터의 방법인데 민중 스스로의운동이며 곧 '사회운동'이다.

(2) 특고경찰 대상으로서의 사회운동

사회운동이라 해도 범위가 매우 넓고 전부가 특고경찰의 대상(객체)이 되는 것은 아니다.

특고경찰은운동으로 생기는 사회악을 제거하기 위해 행하는 것이다.

주(註) 1 – 사회운동은 분야에 따라 다종다양하다. 노동운동, 농민운동, 종교운동, 문화운동, 수평운동, 정치운동 등 끝이 없지만, 전부가 특고경찰의 단속 대상이 되는 것은 아니다. 도덕적

견지에서 행하는 것이 있고 또 순전히 학술적 입장에서 연구하는 경우도 있으니 아무 폐해가 없는 것에 대해서는 필요가 없다. 예를 들어 금주(禁酒)동맹이나 연구회와 같은 종류이다.

즉 사회운동에서 합법 온건한 것은 애초부터 억압해서는 안 되지만 만일 목적과 수단에서 국법을 범하고 수상하고 과격한 언동으로 치안경계에 장해를 초래할 우려가 있는 사회운동에 대해서는 단호한 단속을 해야 한다.

다시 말하면 일본 국체와 결코 공존할 수 없는 주의운동, 좌익 관련은 수단이 아무리 온건해도 단호하게 척결함과 더불어, 국가주의(일본주의)운동인 우익 관련 또한 불온한 수단에 대해서는 단속을 가하여 질서를 유지하고 황국 진운에 기여해야 한다.

(3) 특고경찰의 치안대책 활동

① 치안유지에 관한 건 〈1937년(昭和 12) 7월 17일〉 [보발내(保發內) 82호][73]

▲ 내무성 경보국 보안과장이 각 청부현 경찰부장에게 보냄

이번 사변에 관한 국내 치안유지에 대해서는 이달 11일 경보국장이 각 청부현 장관 앞으로 우선 전보로 통첩한 바이지만 사변의 추이, 진전에 의해 거국협력을 저해하여 치안상 우려할 사태를 유발할 걱정이 없다고 할 수 없다. 각 위는 특히 다음 각항에 유의하여 거국협력의 철저를 꾀하여 국내 치안 확보에 대해 빈틈이 없도록 기해 주기 바람.

1. 불온 행동 시찰 단속
   (1) 사변을 기하여 국내 개조를 강행하고자 하는 직접 행동에 대한 사찰 내탐에 노력할 것.
   (2) 사변을 기회로 민간 급진분자에게 무기 탄약 등이 유입하지 않도록 경계할 것.
2. 반전반군 언동 단속
   (1) 반전, 반제운동에 대해서는 엄중한 단속을 가할 것은 물론이고, 평화 옹호운동에 대해서도 좌익분자 또는 외국인의 책동이 없도록 주의할 것.
   (2) 집회 그 외의 특히 군부를 중상(中傷)하고, 군사행동을 제국주의적이라고 하는 등의

73 內務省 警保局 保安課, 1939, 『特別高等警察例規集』, 220~224쪽.

언동에 대해서는 엄중한 단속을 가할 것.

(3) 이번 사변을 파쇼의 결과라고 하는 반파쇼 인민전선적 언사에 대해서는 엄중한 단속을 가할 것.

(4) 공산주의계 단체 및 동 분자가 주최하는 시국에 관한 집회는 될 수 있는 한 설득하여 중지시킬 것.

(5) 출정군인에 대한 위문문, 위문품 등을 이용 혹은 구실로 반전적 선동문서를 송부하는 등의 일이 없도록 주의할 것.

(6) 좌익분자가 군수품 공장에 노동쟁의를 유발하는 등의 책동을 하지 않도록 주의할 것.

3. 각종 분쟁의(紛爭議) 단속

노동쟁의, 소작쟁의, 그 외 각종 분쟁이 발생할 조짐이 있는 경우에는 관계자 쌍방을 설득하여 쟁의가 발생하지 않도록 적당한 조치를 강구하여 쟁의를 미연에 방지할 수 있도록 노력할 것.

4. 불령선인 단속

(1) 해항 경비에 허술한 구석이 없도록 철저를 기할 것.

(2) 내지 거주 용의 조선인(특히 학생 생도) 중에 시국에 편승하여 조선 내에서 일반 조선인의 불온불령 행동을 선동할 우려가 있는 자의 조선 도항은 설득하여 중지시킬 것.

(3) 언문 신문 그 외 언문 문서 내용에 주의할 것.

(4) 조선인의 집회에서의 언론에 주의할 것.

(5) 다수의 조선인이 노동하는 공사장 또는 군수품 공장에서 일하는 조선인에 대한 시찰, 단속을 강화할 것.

5. 외국인의 보호

(1) 외국공관원의 신변 보호에 대해 특히 유의할 것.

(2) 중국인에 대한 폭행, 그 외 경찰 사고 발생을 미연에 방지는 데에 힘쓸 것.

6. 외국인의 시찰 단속

(1) 입출국 외국인에 대해 시찰 단속을 강화하고 외부 간첩(外諜) 용의자 색출에 힘쓸 것.

(2) 이미 시선 내에 있는 용의 외국인에 대해서는 상시 미행, 잠복 그 외 적당한 방법에 의해 그들의 행동을 감시하고 모르는 사이에 시선 바깥으로 일탈하지 않도록 할 것.

(3) 중국, 소련방 및 영국공관 등 출입자의 동정에 특히 주의할 것.

(4) 외국공관원, 외국 통신원, 외국어 신문기자(본국인을 포함) 등의 행동에 대해서는 특히 유의할 것.

(5) 중요 군사 시설, 군수품 공장, 군대 및 군수품 수송 장소인 정거장, 항만 등에서의 외첩 활동을 경계할 것.

(6) 좌익분자의 왕래에 주의하고 그 첩보 책동에 대해서는 물론, 반전반군 사상의 선전, 제네스트 선동 등 각종 모략 행위의 단속을 엄중히 할 것.

(7) 라디오 이용에 의한 통신연락망 색출에 힘쓸 것.

(8) 프로에스 관계자의 시국 정보에 관한 국제연락에 주의할 것.

(9) 항일 또는 중국 구원을 목적으로 하는 각종 책동을 단속할 것.

(10) 외국 대공사관원, 영사관원의 동향, 외국신문, 통신의 논조 및 일반재류 또는 왕래 외국인의 의향 등을 끊임없이 시찰 모집할 것.

7. 그 외

(1) 함부로 유언비어를 퍼뜨려 재계를 교란하고 그 외 인심을 어지럽히는 자는 엄중하게 단속할 것.

(2) 사변을 기회로 사리를 얻기 위해 재계를 교란하려는 자는 엄중하게 단속할 것.

(3) 국민 각 계층의 사변에 대한 의향에 대해 항상 주의를 기울일 것.

▲ 한구(漢口) 공략[74] 전후의 치안유지에 관한 건[75]

1938년(昭和13) 7월 30일 [경보국 보발갑 제26호](경보국장이 각 청부현 장관 앞으로 보냄

중일전쟁 발생 이래 국내 치안 확보가 특히 중요함에 비추어 그 구체적 방책에 관해 이미 누차 지시, 통첩 등에 의해 각위의 배려를 번거롭게 한 바, 성전(聖戰)의 목적 달성상 지대한 영향이 있는 한구공략도 거의 앞을 내다볼 수 있는 상황이지만 한구공략은 단순히 군무적

74 제2차 중일전쟁 중 대규모의 중일 교전. 1938.6.11~1938.10.27. 4개월 반 동안 안휘, 하남, 강서, 절강 및 호북 지방의 광대한 지역에서 교전이 이루어짐. 이 전쟁의 비용 확대로 1938년 5월 5일 국가총동원법을 시행.

75 內務省 警保局 保安課, 1939, 『特別高等警察例規集』, 225~226쪽

으로 중요할 뿐 아니라 외교적, 정치적 내지 사상적 영향 등이 매우 심대하다. 그리하여 한구공략의 시기가 절박함에 따라 최근 국제 정세가 갑자기 미묘하게 긴장이 되고 있을 뿐 아니라 국내 제반 정세 역시 경계를 필요로 하는 양상이 적지 않다. 특히 한구공략 후의 사변대처책과 관련하여 국내 제방면의 사상적, 정치적 동향은 점차 복잡, 심각화하고 있어서 전쟁 수행상의 절대적 요구인 국내 치안의 전도는 실로 용이하지 않은 것으로 생각된다. 각위는 이번 성전(聖戰)의 성질과 국제 정세의 동향에 비추어 치안 상황로 인해 조금이라도 전쟁 목적 달성에 장해를 초래하는 일은 절대로 없도록 국내 치안유지에 대해 특히 한층 더 유의하고 부하를 독려하여 관계방면과의 연락을 밀접히 하면서 여러 방책을 연구 실시하여 그 직책 달성에 만전을 기해 주길 바란다.

또한 치안의 관점에서 유의할 국내 제반 정세에 관한 전망 및 여러 사사건건 정치적운동의 구체적 상황과 이에 대처할 일반 원칙적 방책에 관해서는 별도로 치안대책 요강을 첨부하므로 귀 관내의 치안유지 방책에 관해서도 이를 기준으로 하여 고려해 주길 바란다. (후략)

② 치안 대책에 관한 통첩[76]

▲ 치안 대책 요강[77]

1. 당면한 사회 정세의 전망

전시하 사회 정세의 동향은 기본적으로는 사변의 추이와 표리관계에 있는 것은 물론이지만, 특히 도래할 한구공략 전후에서는 그 군사적, 사상적, 정치적, 국제적 영향이 심대한 것이 있으므로 치안유지의 관점에서도 극히 주의를 요하는 정세를 포함할 전망이다.

현재 제반 정보를 종합 판단하면 이 시기에 치안의 관점에서 사회 정세의 중점은 대개 다음과 같은 것으로 관측된다.

(1) 한구 공략 전후의 사변 일체를 중단하고자 하여 이 때문에 국민정부와의 타협, 영불

---

76 통첩이란 행정관청이 관하의 기관·직원 또는 지방 자치 단체 등에 대하여 어떤 사항을 통지하는 형식을 말한다. 주로 훈령의 성질을 가지는 경우가 많다.

77 內務省 警保局 保安課, 1939, 『特別高等警察例規集』, 227~234쪽

등 종래 국민정부를 원조한 제3국의 조정 중재를 책동하는 일부운동이 대두될 가능성이 존재하는 점

(2) 공산주의, 자유주의, 제국주의 등을 배격할 사상적 혹은 정치적 주장에 기초하고 더욱 전쟁 진전을 꾀하고 국민정부와의 타협을 반대하는 것은 물론, 나아가 혹은 소비에트 연방이나 영국 등에 대하여 전쟁조차 시작해야 한다는 집요하고도 과감한운동이 점점 강화 확대될 가능성이 존재하는 점

(3) 사변에 즉응할 전시 재정 경제를 강화할 필요에 따라 경제 양상을 근본적으로 개혁하고자 하는운동이 격화할 가능성이 존재하는 점

(4) 경제 통제 강화에 따라 직접 가장 큰 희생을 당하는 중소상공업자, 근로자 및 물가 등귀 등에 따른 노동농민층을 비롯하여 널리 국민 일반층의 생활이 궁박함으로 인한 불평불만이 자연발생적으로 폭발할 위험성이 존재하는 점

(5) 이상에서 서술한 바와 같은 정세에 편승하여 날뛰고자 하는 공산주의적 또는 인민전선적 반전적 책동과 어느 종류의 정치적 의도를 갖는 작위적 선전 선동이 횡행할 우려가 있는 점

즉 첫째로 화평공작에 관해서는 이미 "정부 및 군에서 일부 구체적운동이 이루어지고 있다"라는 설이 항간에 유포되고 있으며 이에 대하여 "친영적 상층부 및 재벌 방면에서는 호기가 도래했다고 하여 그 조류에 편승하여 화평 분위기 조성에 노력하고 있다"는 정보 역시 적지 않다. 그 동향은 엄중히 주의할 필요가 있다.

두 번째로, 올 1월 16일 정부 성명 이래 이번 성전(聖戰)의 도의적 의의를 문자 그대로 습득하고 실천하고 있는 순진한 국민층은 이상과 같은 이른바 타협적 방책 또는 책동에 대해서는 틀림없이 의외라며 심대한 불만을 품게 될 것이다. 또한 이른바 혁신적 분자의 경우에는 과연 이러한 친영적 중신층(重臣層)이 획책하는 것이라고 하여 맹렬 과감한 반대 행동으로 나오거나 때로는 비합법적 수단으로 나올 우려가 있기 때문에 치안상 가장 경계를 할 필요가 있다. 그중에서도 특히 우가키 외무대신에 대해서는 이미 취임 당초부터 이를 좋아하지 않는 방면이 상당히 있다. 더욱 최근에는 화평공작 당면의 중심인물로 지목되고 있는 실정을 감안하면 경우에 따라서는 직접 행동조차 유발할 위험성을 감추고 있다.

세 번째로, 사변 발생 이래 혁신부층에서는 일찍이 전시 체제의 확립을 강조하고 있는데 실제로 당국에 의해서 행해지고 있는 경제통제의 실정에 대해서는 "이른바 위장적 전시 체제로 함부로 중소상공업자에게만 희생을 부담시키고 있을 뿐 아니라 지금 경제기구의 근본적 혁신을 기하지 않으면 황국의 전도는 실로 우려해야 할 상황이므로 신속히 발본색원적 개혁을 강행해야 한다"는 주장은 날이 갈수록 점차 힘을 얻고 있다. 이에 더하여 혁신부층에서는 다시 "당면의 책임자인 이케다(池田) 대장대신(大蔵大臣)[78]은 우가키 외무대신과 함께 현상 유지적 금융자본가의 대변자적 지위를 고집하고 있다"면서 상당한 반감을 격발하고 있는 사실도 특히 주의할 필요가 있다.

네 번째로, 전쟁의 신단계에 즉응하고자 새로이 수립된 물자동원계획에 입각한 각종 물자의 통제는 현재 나날이 실시 중인데, 이러한 통제는 앞으로 점차 강화될 필요성이 생겨남과 함께 점차 광범위하게 통제가 실시될 것으로 생각된다. 그 결과는 국내 일부 산업의 파행적 은진(殷賑)[79]을 초래함과 함께 중소상공업자 및 종업원 중 국책의 희생이 되어 생활의 근저를 잃는 사람이 점차로 증가하게 될 것이다. 또한 생활필수품의 제한 물가의 앙등으로 인한 경제적 궁핍은 노동 농민층뿐 아니라 전 국민으로 파급, 심각화하는 경향이 있다. 이러한 일반 국민층은 위정자의 말을 믿고 실로 성전(聖戰) 목적 달성을 위해 모든 궁핍을 극복, 인내하고 있는 사람들 ■■■■의 취급 여하에 따라서는 자연 발생적 내지 일부 음모가의 ■■에 의해 불만이 폭발하여 군중 봉기 등의 불상사를 야기할 위험이 있어서 실로 주의를 요하는 것이다.

다섯 번째로, 귀환 장병, 출정 및 전사자 유가족 및 사변에 의해 직간접적으로 희생이 된 계층의 사변의 추이에 대한 관심이 보다 심각하면서도 진지하기 때문에 항상 위로하고 도와주는 마음가짐을 가지는 것은 물론이거니와 이들의 동향에 매우 주의할 필요가 있다.

마지막으로 이상과 같이 객관적 여러 상황하에서 극좌 일파는 점차 첨예분자를 획득하여 각종 단체에 잠입하여 일반 근로대중의 당면한 생활상의 구체적 요구에 편승하여 반전 반군 사상을 선전 책동함으로써 인민전선운동의 전개를 꾀하고 전쟁을 내란으로 이끌어 일거

---

78 일본의 재무담당 기관인 대장성(大蔵省, 일본음으로 오쿠라)의 장관을 이르는 말이다.

79 번화하고 활기차게 성하다는 뜻이다.

에 불령한 목적 달성을 기하고자 한다. 이들 분자의 책동에 대해서는 무엇보다 깊이 경계를 할 필요가 있는 것은 물론이지만 다른 한편으로 자유주의자, 민주주의자, 공식적 인도주의자 등의 전쟁 반대 내지 회피적 언론에 대해서도 이것이 일반 민심에 미치는 영향이 심대한 것임을 고려하여 특히 주의 경계를 행할 필요가 있다. 이상에서 서술한 바와 같이 현재 여러 정세는 모든 부면에서 극히 우려할 씨앗을 품고 한구공략 전후에는 일제히 표면화할 태세를 보이고 있어 치안상 가장 주의를 요하는 사태에 당면한 것으로 사료된다.

2. 당면한 치안유지의 근본 방침

전시하에서 당면한 치안 확보를 위해 가장 중요한 것은 경찰관 자신에 대한 ■■익찬(■■翼贊) 사신봉공(捨身奉公)의 열의를 품게 함과 함께 온갖 어려움을 무릅쓰고 일에 임하는 불요불굴의 결의를 굳게 다지게 하는 것 및 내외 정세의 추이에 대한 투철한 판단을 얻게 하는 것을 우선으로 해야 할 것이요, 치안경찰 업무 실시 시에는 민중과 접촉하는 모든 경우를 이용하여 성전(聖戰)의 의의, 목적을 간곡히 유시(諭示)하여 황국민으로서의 멸사보국의 결의를 굳게 하도록 지도함과 동시에 직접 간접 국가의 희생이 되는 계층 즉 치안상 우려할 원인이 되는 방면에 대해서는 관계 방면과 긴밀한 연락하에 적절한 조치를 강구하고, 물심양면 모두 성의를 다하고 협력을 아끼지 않도록 각별한 노력을 기울여 사단의 미연 방지에 전력을 다하고 만일에라도 사단이 발생하는 경우는 확대 방지를 위해 확고한 제압을 가하는 등 임기 조치를 강구하여 사변하 치안이 미동도 하지 않게 하는 절대적 책임이 있다는 것을 깊이 자각하고 이를 달성하는 것을 근본 방침으로 한다.

4. 조선의 재판 기구와 주요 사상검사

〈자료 189〉 재판기구

[조선총독부, 『조선사법일람(朝鮮司法一覽)』, 1935년 10월 조사]

1) 조선총독부 재판소 직원정원령

1920년(大正 9) 12월 〈칙령 제567호〉(1935년(昭和 10) 10월 1일 현행

제1조 조선총독부 판사, 조선총독부 검사 각 직원의 정원은 다음과 같다.

고등법원

장 칙임 1명

부장 칙임 1명

판사 칙임 또는 주임 8명

고등법원 검사국

검사장 칙임 1명

검사 칙임 또는 주임 2명

복심법원

장 칙임 3명

부장 칙임 또는 주임 7명

판사 주임 22명

복심법원검사국

검사장 칙임 3명

검사 칙임 또는 주임 7명

지방법원 및 지방법원지청

지방법원장 칙임 또는 주임 11명

부장 주임 11명

판사 주임 137명

지방법원 검사국 및 지방법원지청 검사분국

지방법원 검사정 칙임 또는 주임 11명

검사 주임 69명

칙임인 고등법원 판사, 고등법원 검사, 복심법원 부장, 복심법원 검사, 지방법원장 및 지방법원 검사정은 총원 6명을 초과할 수 없다.

제2조 앞 조에 게재된 자를 제외한 그 밖의 조선총독부 재판소 직원의 정원은 다음과 같다.

서기장 4명

통역관 4명

서기, 통역생 전임 730명

부칙(생략)

2) 조선총독부 재판소 일람표[1935년(昭和 10) 10월 1일 현재]

고등법원	복심법원	지방법원	지청	출장소
경성	경성	경성	개성 - ×여주 - 수원 - 인천 - 춘천 - 철원 - 원주	광주 - 의정부 - 연천 - 포천 - 가평 - 양주 - 이천 - 김양장 - 안성 - 평택 - 영등포 - 김포 - 강화 - 문산 - 장연 - 인제 - 양구 - 준양 - 정선 - 평창 - 영월 - 횡성 - 홍천 - 화천 - 김화 - 평강 - 이천
		공주	대전 - 강경 - 홍성 - 서산 - 청주 - 충주	보은 - 옥천 - 영동 - 진천 - 괴산 - 음성 - 제천 - 단양 - 조치원 - 부여 - 대천 - 청양 - 예산 - 당진 - 온양 - 천안
		함흥	북청 - 원산 - 강릉	통천 - 고성 - 양양 - 삼척 - 울진 - 정평 - 영흥 - 고원 - 문천 - 안변 - 홍원 - 이원 - 단천 - 신흥 - 장진 - 풍산 - 삼수 - 갑산
		청진	성진 - 회령 - 웅기	경성 - 명천 - 길주 - 부령 - 무산 - 종성 - 온성 - 경원 - 나진
	평양	평양	안주 - 덕천 - 진남포	순천 - 맹산 - 양덕 - 성천 - 강동 - 중화 - 용강 - 강서 - 영유 - 개천 - 영원
		신의주	정주 - 영변 - 강계 - 초산	의주 - 귀성 - 태천 - 운산 - 희천 - 박천 - 선천 - 철산 - 용암포 - 삭주 - 창성 - 벽동 - 위원 - 자성 - 후창
		해주	서흥 - 사리원 - 송화	연안 - 김천 - 남천 - 신계 - 마산 - 장연 - 은율 - 재령 - 안악 - 신천 - 황주 - 수안 - 곡산

	대구	대구	김천 - 상주 - 안동 - ×의성 - 경주	군위 - 청송 - 영양 - 진덕 - 포항 - 영천 - 경산 - 청도 - 고령 - 성주 - 왜관 - 선산 - 문경 - 예천 - 영주 - 내성 - 울릉도
		부산	마산 - 밀양 - 통영 - 진주 - 거창	의령 - 함안 - 창령 - 양산 - 울산 - 동래 - 김해 - 고성 - 거제 - 사천 - 남해 - 하동 - 산청 - 함양 - 합천
		광주	순천 - 목포 - 장흥 - 제주	담양 - 곡성 - 구례 - 광양 - 여수 - 고흥 - 보성 - 벌교 - 화순 - 강진 - 해남 - 영암 - 나주 - 함평 - 영광 - 장성 - 완도 - 진도 - 서귀포
		전주	남원 - 정읍 - 군산	서천 - 진안 - 금산 - 무주 - 장수 - 임실 - 순창 - 고창 - 부안 - 김제 - 이리

* ×표는 당분간 민사 및 형사 사무(등기 사무를 제외)를 정지함.

3) 조선총독부 재판소의 명칭, 위치 및 관할 구역[1935년(昭和 10) 10월 1일 현재]

명칭 및 위치			관할구역
고등법원	복심법원	지방법원	도
고등법원 (경성부)	경성	경성	경기도, 강원도(통천군, 강원, 양양군, 고성군, 울진군, 삼천군을 제외)
		공주	충청남도(서천군 제외), 충청북도
		함흥	함경북도, 강원도내 통천군, 강릉군, 양양군, 고성군, 울진군, 삼척군
		청진	함경북도
	평양	평양	평안남도
		신의주	평안북도
		해주	황해도
	대구	대구	경상북도
		부산	경상남도
		광주	전라남도
		전주	충청남도내 서천군, 전라북도

〈자료 190〉 조선의 사상 판검사진

[김병로, 1935, 〈반도의 사상 판검사진, 고등·복심·지방의 삼 법원을 통하여〉, 《삼천리》]

◆ 〈반도의 사상 판검사진, 고등·복심·지방의 삼 법원을 통하여〉

[1] 사상운동이 있으매 사상사건이 생기고 사상사건이 너무 자꾸 생겨서 나중에 사상부가 생겨 전임하는 판검사까지 있게 되었다.

그것이 1929년(昭和 4) 이 해를 전후하여 반도 사회에는 사상사건이 폭주하였다. 그래서 어느 법원이나 치안유지법 위반과 보안법, 제령을 위반한 모든 사건이 몰려 있지 않은 곳이 없었다. 이 추세를 간파하고 총독부 법무국에서는 우선 주요한 사법기관에 사상부를 신설하고, 그 방면 지식 있는 사람을 추려 사상부 판검사로 진용을 다져 놓았다. 최초로 설립된 곳이 경성지방법원과 경성복심법원이고, 올해부터인가 평양과 대구에도 설치하기로 되었다.

그래서 사상부가 신설된 이후는 일체의 사상관계 사건은 이 판검사의 손으로 처결되고 있다.

1929년이라면 도쿄지방에서는 전협계(全協系)의 활동이 가장 맹렬하던 때로, 그로부터 만주사변이 일어나기 전의 1932년경까지는 이를테면 사상운동이 가장 치열하던 때로 사노 마나부(佐野學) 사건, 가와카미 하지메(河上肇) 사건, 아타미 공산당 사건, 오모리의 은행 테러 사건 등, 실로 아주 많았다. 조선 내에서도 김약수(金若水), 권오설(權五卨) 등등의 제1차 사건 뒤를 이어 제2차, 제3차, M·L당, 강원도의 기억당, 민중대회 사건, 김찬(金燦) 사건, 여운형(呂運亨) 사건, 안창호(安昌浩) 사건, 나석주(羅錫疇), 이수흥(李壽興) 사건 등 실로 세간 이목을 놀라게 하는 큰 사건이 뒤를 물고 일어났을 뿐만 아니라 더욱이 사형 언도 20여 명을 내어 온 세상의 눈과 귀를 모으고 있는 저 간도 공산당 사건 등.

그 뒤로 연달아 더 큰 사건이 자꾸 일어났다. 그러다가 작년과 올해 두 해에 이르러서는 이런 종류의 사상사건이 줄어들었다. 지방에서의 작은 사건은 아직도 끊이지 않고 있으나, 조선의 큰 사건으로 그리 크게 기억할만한 사건은 없다고 볼 수 있다.

그런데 최근 오사카마이니치신문 보도에 따르면 대구에 있는 재판소의 사상부 판검사는 이제는 법원에 앉아서 사건이 들어오기 전에 미리 가두에 나서서 사상을 선도하여 사전에 범죄를 미연에 방지하겠다며 애국부인회 등 각 단체나 자제를 많이 가진 가정을 방문하는 중이라 전한다. 사상 판검사의 활동이 길거리에까지 미치는 추세는 자못 주목할 바이거니와, 어쨌든 오늘날의 조선에 있어 현재 조직되어 있는 사상 판검사 진용을 전망하여 본다는 것은 시의에 적합한 일이리라.

이참에 한 마디 첨가할 것은 아까도 기술하였지만, 서울에 있는 지방, 복심, 고등에도 법원에 사상부가 신설된 것은 1929년이었으나, 그전에도 사상사건이 끊이지 않았다는 것이다. 그러기에 그 이전에까지 소급하여 큰 재판사건을 취급하던 검사, 판사를 아는 정도까지 모조리 말하려 한다.

[2] 저 유명한 1919년의 33인 사건의 사건을 취급한 분은 검사로는 경성지방법원 검사국 사카이 조사부로(境長三郎) 씨였고, 재판장으로는 동 지방법원의 다치카와 이치로(立川一郎) 씨였다. 그때 재판정에는 하나이 다쿠조(花井卓藏), 우자와 후사아키(鵜澤聰明)[80] 등 도쿄 법조계의 쟁쟁한 일류인물을 위시하여 서울에서도 허헌(許憲) 씨 등 모든 인물이 변호사석에 섰으며, 피고들도 손병희 이하 33인에 달하는 합병 이래 최대의 사건이었다. 아직도 세인의 기억에 남아 있는, 그 당시 저 유명한 허헌 씨로부터 제기된 항소 불수리의 판결도 또 다치카와 재판장이 판결을 내린 것이었다. 사람 됨됨이로 보면 다치카와 씨는 준엄한 성격의 소유자로 공주지방법원장까지 한 사람이고, 당시 검사로 있던 사카이 조사부로 씨는 나중에 고등법원 검사장까지 오른 사람이다. 대체로 판검사 등 사법관은 그 직책상 관계도 있겠지만 민간 인사와의 교제를 꺼리는 경향이 있는데 사카이 씨만은 그와 달리 민간과의 교제가 많았고, 또한 술을 좋아해 술잔을 기울이던 호방한 성격의 일면이 있었다. 작년에 퇴직한 것으로 기억한다.

[3] 그런 뒤 33인 사건 이후로 조선 전역을 놀라게 한 대사건을 말하면 제1차 조선공산당 사건이리라. 이 사건은 현재 고등법원 판사로 있는 고이 세츠조(五井節藏) 씨가, 당시 경성지

80 원문에는 鵜崎聰明으로 표기되어 있으나, 鵜澤聰明의 오기로 추정됨.

방법원 판사로 있으면서 심리와 언도를 하였고 검사는 역시 현재 경성 고등법원검사로 있는 당시 경성지방법원 검사이던 모리우라 후지오(森浦藤郎) 씨가 맡았다. 생각건대 모리우라 검사는 조선에서 사상사건을 가장 많이 취급한 전문가일 것이다. 모리우라 씨는 사건을 신중하게 취급하는 특징이 있다. 그의 부친은 이전에 경상도 경찰부장으로도 있었던 이요, 예전 법무국장이던 와타나베 도오루(渡邊暢) 씨와는 남매간 사이에 있는 이였다. 김대봉(金大鳳), 김약수, 박헌영(朴憲永) 등 거물을 앞에 놓고, 당시 젊은 이 검사는 취조에 상당히 고심하였다는 말을 들었다. 그럴 것이 공산당이라 하면 그 당시는 도쿄에서도 없었다. 일본 전국 내에서 최초의 대사건으로 그네의 배후 연락 관계 같은 것은 알아내기가 더욱 힘들었을 것이다. 그 뒤를 계속하여 제2, 제3차 뒤를 물고 일어나는 모든 공산당 사건은 대개 이 고이 재판장, 모리우라 검사의 '콤비'가 되어 나갔다.

모리우라 씨의 손에 걸린 사건은 이 밖에도 또 광주학생사건의 뒤를 이어 일어났던 허헌, 홍명희(洪命憙), 이관용(李瓘鎔), 조병옥(趙炳玉)씨 등의 민중대회 사건이 있다.

상하이 위안둥운동장에서 붙잡혀 온 여운형 씨를 취급한 것도 모리우라 검사였고, 요사이 임시출옥되어 나온 안창호도 그의 손이었으며, 북만주에서 들려 나온 오동진(吳東振)도 또한 그랬었다. 아마 내 기억이 분명치는 못하나 강원도의 기억당 사건도 모리우라 검사가 담당이었던 듯하다.

이리하여 지금 조선의 최고재판소인 고등법원의 사상사건은 고이 판사, 모리우라 검사 두 사람 손으로 처리되어 가고 있다.

[4] 경성복심법원 사상부에는 부장 스에히로 기요요시(末廣淸吉) 판사가 있고, 검사로는 이토 노리오(伊藤憲郎) 씨가 있다. 스에히로 재판장이 취급한 사건 또한 다수이고, 이토 노리오 검사 손으로 취급한 사건과 인물 범위도 상당히 넓었다. 그리고 경성지방법원에는 현재 판사로 야마시타 히데키(山下秀樹) 씨가 있고, 예심판사에 마스무라 후미오(增村文雄) 씨가 있으며, 검사로는 경성복심법원 검사인 이토 노리오 씨의 겸무와 사사키 히데오(佐佐木日出男) 씨 등 네 명으로 사상부 진용을 구성하고 있다.

그런데 여기에서 생각나는 것은 간도 공산당 폭동사건이다. 피고인 수 120여 명을 간도 총영사관으로부터 송치받은 뒤, 이 재판을 위하여 담당 판검사는 몹시 고심하였다는 말을 들었다. 그래서 재판소 구내에 백여 명을 한꺼번에 수용할 특별법원을 새로 만든 것도 이 사건 때문이었다.

그리고 세인의 시선을 끈 점은 20여 인이나 사형 언도를 한 점이다. 아직 고등법원에 상고 중이라 그 결과가 어떻게 될는지는 모를 일이지만 어쨌든 20여 명이라는 많은 사람에게 사형 언도를 낸 사건으로 말하면 일본 전체 재판사상에서 보아도 극히 드문 대사건이다. 다만 1886년(明治 19), 무슨 연대의 XX사건 때 70여 명을 사형한 일이 있고 난 뒤, 고토쿠 슈스이(幸德秋水)의 대역사건 때도 사형수는 불과 5, 6명에 불과하였다. 아마 전기 연대사건을 제외하고는 가장 큰 사건이리라.

이때의 지방법원재판장이 야마시타 히데키 검사였다. 그리고 김찬의 사건은 재판장에 야마시타 히데키, 검사에 사사키 히데오, 두 명이었으며, 테러 사건으로 세상 이목을 놀라게 만든 동척(東拓)의 나석주 사건과 이수홍 사건 등은 벌써 오래전 일이 되어 잘 기억이 나지 않는다. 더구나 1907년인가 1910년에 있었던 윤치승 씨의 105인 사건은 우리가 아직 도쿄의 법학생 시대의 일이었기 때문에 잘 모르겠다.

[5] 서울 진용은 그렇다고 하지만 지방은 어떤지. 사상부가 평양과 대구에 신설되기로 되었지만, 아직 실현되기 전이어서 서울만큼 진용이 정제되지 못한 감이 있는 것은 피치 못할 일이다. 평양 복심법원에는 판사에 부장 야기 쇼헤이(矢木正平)[81] 씨가 있고 아까 말한 모리우라 후지오 씨가 있으며 대구 복심법원에는 판사부장에 기타 키미오(木多公男) 씨가 주로 사상사건을 처결하고 있다. 이제 상기한 바를 종합하여 보면

- 고등법원

  사상부 판사 고이 세쓰조(五井節藏)

  판사 모리우라 후지오(森浦藤郎)

  주요 취급 사건=제1차 공산당, 제2, M.L당 사건, 제4, 제5차 공산당 사건, 민중대회 사건, 여운형 사건, 안창호 사건 등등

81 야기 쇼헤이의 한자 표기가 원문에는 矢木止平로 되어 있으나 矢木正平의 오기로 보임.

- 경성복심법원

  사상부 판사 스에히로 기요요시(末廣淸吉)

  검사 이토 노리오(伊藤憲郎)

  주요 취급 사건= 연통제 사건 등등

- 경성지방법원

  사상부 판사 야마시타 히데키(山下秀樹)

  예심판사 마스무라 고지(增村浩司)

  검사 이토 노리오(伊藤憲郎)

  사사키 히데오(佐佐木日出男)

  주요 취급 사건 = 간도공산당 사건, 김찬 사건, 기타

- 평양 복심법원

  판사 야기 쇼헤이(矢木正平)

  검사 모리우라 후지오(森浦藤郎)

- 대구 복심법원

  판사 혼다 기미오(本多公男)

이상이 현역이고 33인의 역사적 재판에서는 다치카와 이치로(立川一郎), 사카이 조사부로(境長三郎)의 두 판검사가 있었다.

[6] 이상으로 대략 사상진을 둘러보았다고 믿거니와 이 밖에도 사상사건에 관여한 판검사가 많았던 것을 첨가하며, 시일이 촉급하여 충분히 생각해 내지 못함을 유감으로 안다. 끝으로 각 법원의 조선인 판검사를 보면 아래와 같다.

- 조선인 판검사 조사

  조선 사람 판검사를 조사하여 보면 고등법원에는 판사도 검사도 1인도 없으며

  경성복심법원에 판사 두 분이 있는데

  4등 6급 백윤화(白允和), 4등 7급 오완수(吳完洙)

의 두 사람이요. 검사는 없으며

경성지방법원에는 판사 세 분이 있는데

5등 7급 김영환(金永煥), 5등 9급 김세완(金世玩)

6등 9급 이상기(李相基), 사법시보 김광근(金光根)

검사국에 검사로 한 분

4등 6급 민병성(閔丙晟)

이 있으며 지방으로 떨어져

평양 복심법원 판사에

5등 8급 원종억(元鍾億)

씨가 있고 검사는 없으며

대구 복심법원에는

4등 7급 양원용(梁源容), 5등 7급 조진호(趙鎭鎬)

6등 8급 김준평(金準枰)

이 재임 중이다. (1934년 7월 1일 현재 조사)

〈자료 191〉 사상검사 주요 약력표

(水野直樹, 2009,「植民地朝鮮の思想検事」,『日本の朝鮮台湾支配と植民地官僚』)

이름	생년	본적지	학력	고등 문과 시험	일본에서의 경력	조선에서의 경력	그 외 경력	전후 경력	유형, 비고
이토 노리오 (伊藤憲郎)	1892	아오모리 (青森)	18. 도쿄 제국대학 (東京帝大)	-		18. 경성지법 사법관 시보 20. 정읍지청 판사, 경성지법·해주지법·경성복심 27. 평양복심겸 고등법원검사 30. 법무국 법무과(겸-33) 33. 경성복심 겸 경성지법검사 35. 광주지법검사 대구복심·전주지법·부산지법·평양지법검사 41. 부산지법검사정	44. 국민총력 조선연맹 총무부장 44. 야마토(大和) 동맹이사 45. 조선문인보국회 이사장	45. 8 경성 내지인 도움회(世話会) 차장	판사 ↓ 검사

이름	생년	본적지	학력	고등 문과 시험	일본에서의 경력	조선에서의 경력	그 외 경력	전후 경력	유형, 비고
모리우라 후지오 (森浦藤郎)	1895	돗토리 (鳥取)	21. 도쿄 제국대학 (東京帝大)	-		21. 경성지법사법관시보 23. 대구지법 검사 인천지청·경성지법·신의주지법·평양복심 겸 고등법원 34. 법부국행행과장(법무과겸임) 38. 경성복심검사 41. 법무국형사과장 43. 고등법원검사 44. 경성지법검사정			검사
사사키 히데오 (佐々木日出男)	1895	미야기 (宮城)	22. 도쿄 제국대학 (東京帝大)	-	22. 오사카(大阪)지재사법관시보 24. 모리오카(盛岡)지재예비판사	25. 경성지법판사 마산지청·부산지법·대구복심 32. 경성비법검사 평양복심겸 고등법원 35. 경성복심판사 37. 전주지법판사 39. 평양지법판사 42. 고등법원판사			내지 ↓ 판사 ↓ 검사 ↓ 판사
쓰쓰미 요시아키 (堤良明)	1879	사가 (佐賀)	08. 교토 제국대학 (京都帝大)	-	08. 나가사키(長崎)지재사법관시보 10. 同 예비검사 14. 변호사	31. 인청지청검사 32. 목포지청 37. 경성복심검사 37. 경성관찰소보도관 39. 11 사망			내지 검사·변호사 ↓ 조선 검사
야마시타 히데키 (山下秀樹)	1895	효고 (兵庫)	21. 교토 제국대학 (京都帝大)			21. 경성지법사법관 시보 22. 부산지법판사 전주지법·경성복심·경성지법 35. 경성지법부장 39. 고등법원 40. 경성관찰소보도관·경성복심검사 41. 광주지법원장 44. 신의주지법원장		평양인민교화소에서 사망	판사 ↓ 검사 ↓ 판사
나가사키 유조 (長崎祐三)	1901	사가 (佐賀)	27. 교토 제국대학 (京都帝大)	28. 사법과		29. 대구지법관시보 32. 동 예비검사 32. 동 검사 전주지법 34. 충주지청 검사 37. 경성지법검사·경성관찰소보도관 39. 신의주지법검사·신의주관찰소 보도관 41. 경성복심검사·경성관찰소보고관	41. 조선문인협회 평의원	46. 3 서울에서 횡령죄로 징역 1년 6월 47. 1 철수	검사

이름	생년	본적지	학력	고등 문과 시험	일본에서의 경력	조선에서의 경력	그 외 경력	전후 경력	유형, 비고
사사키 요시히사 (佐々木義久)	1896	나가사키 (長崎)	21. 도쿄 제국대학 (東京帝大)			25. 경성지법사법관 시보 27. 공주지법판사 신의주지법 29. 경성지법검사 인천지청 춘천지청 경성지법 32. 부산지법판사 33. 광주지법판사 37. 대구복심검사·대구관찰소 보도관 40. 전주지법판사 43. 광주지법판사			판사 ↓ 검사 ↓ 판사
유키모리 마코토 (行森孚)	1903	오카야마 (岡山)	29. 경성 제국대학	31. 사법과		32. 대구지법사법관 시보 34. 부산지법 예비검사 35. 정읍지청검사 36. 철원지청검사 38. 경성지법검사 39. 경성복심검사·경성관찰소 보도관 40. 대구복심검사·대구관찰소 보도관			검사
사이토 고로 (斎藤五郎)	1903	교토 (京都)	26. 도쿄 제국대학 (東京帝大)	28. 사법과		29. 평양지법사법관 시보 31. 동 검사 함흥지법 34. 청주지청검사 37. 평양복심사·평양관찰소 보도관 39. 해주지법검사 42. 고등법원검사			검사
요다 가쓰미 (依田克己)	1900	돗토리 (鳥取) [효고(兵庫)]	25. 도쿄 제국대학 (東京帝大)	26. 사법과		29. 부산지법사법관시보 32. 부산지법예비검사 청진지법판사 35. 경성지방검사 36. 홍성지청검사 37. 경성복심사·경성관찰소 보도관 39. 평양복심검사·평양관찰소 보도관 41. 광주지법검사·광주관찰소 보도관 44. 부산지법 차석검사		46. 변호사 [오이타(大分)] 70. 오이타 변호사회장	검사 ↓ 판사 ↓ 검사

이름	생년	본적지	학력	고등 문과 시험	일본에서의 경력	조선에서의 경력	그 외 경력	전후 경력	유형, 비고
시즈나가 세이사쿠 (静永世策)	1908	오사카 (大阪)	32. 도쿄 제국대학	31. 사법과		32. 대구지법사법관시보 34. 대구지법예비검사 35. 대구지법검사 37. 마산지청검사 39. 대구복심검사 41. 평양복심검사 · 평양관찰소 보도관 42. 고등법원 검사 43. 부산지법 검사 ? 경성지법 검사(경제계)		오사카에서 검사, 재일조선인을 박해(동아일본 47.7.20) 48.변호사 (오사카)	검사
나카가와 무네타카 (中川宗孝)	1899	나라 (奈良)	29. 교토 제국대학	28. 행정과 29. 사법과		31. 대구지법사법관 시보 32. 대구지법예비판사 · · 판사 · 목포지청 35. 강경지청판사 37. 대구복심 · 지법판사 41. 신의주지법판사 42. 평양복심검사 · 평양관찰소 보도관			판사 ↓ 검사
요네하라 사키 (米原先)	1903	돗토리 (鳥取)	28. 교토 제국대학	27. 사법과		29. 평양지법사법관 시보 30. 광주지법판사 31. 광주지법검사 개성지청 · 함흥지법 35. 철원지청검사 37. 신의주지법검사 · 신의주관찰소 보도관 39. 고등법원 겸 평양복심검사 43. 경성지법 검사			판사 ↓ 검사
사토 히로시 (佐藤豁)	1905	홋카이도 (北海道) 가나가와 (神奈川)	29. 도쿄 제국대학	28. 행정과 29. 사법과		30. 경성지법사법관시보 32. 경성지법검사 개성지청 · 경성지법 35. 진남포지청 검사 37. 대구복심검사 39. 마산지청 검사 41. 신의주지법검사 · 신의주관찰소 보도관 42. 고등법원검사 · 법무국보호과장(겸임) 44. 법무국 형사과장		46. 도쿄공소원 검사 등 75. 변호사 [요코하마(横浜)]	검사

이름	생년	본적지	학력	고등 문과 시험	일본에서의 경력	조선에서의 경력	그 외 경력	전후 경력	유형, 비고
다나카 세이이치 (田中誠一)	1901	사가 (佐賀)	27. 도쿄 제국대학	27. 사법과		28. 경성지법사법관 시보 29. 경성지법예비판사 청진지법·경성지법·경성복심 35. 경성지법 판사 38. 함흥지법 검사 39. 대전지법 검사 40. 부산지법 검사 41. 고등법원 검사 42. 신의주지법검사·신의주관찰소 보도관 44. 대구지법 차석검사		검사 72. 변호사 [사가(佐賀)]	판사 ↓ 검사
가가와 스나오 (香川愿)	1902	가가와 (香川)	25. 와세다 대학 (早稲田大) 법학부	27.사법과	25. 도쿄지재 서기 27. 가고시마지재 예비검사	30. 부산지법검사 수원지청·인천지청·경성복심 35. 경성지법 검사 37. 광주지법검사·광주관찰소 보도관 39. 함흥지법검사·함흥관찰소 보도관 41. 이후 없음		63. 변호사(도쿄)	검사
마쓰모토 다카요시 (松本孝義)	1900	와카야마 (和歌山)	26. 교토 제국대학	25. 사법과 26. 행정과		28. 평양지법사법관 시보 29. 전주지법검사 정읍지청 34. 청진지법검사 37. 공주지법검사 38. 광주지법검사·광주관찰소 보도관 41. 대구지법검사 43. 평양복심검사		와카야마 (和歌山) 지검 등 70. 변호사 (와카야마)	검사
사가라 하루오 (相良春雄)	1900	시즈오카 (静岡)	25. 주오대학 (中央大)	27. 사법과	28. 나고야지배사법관시보 29. 동 예비검사	30. 경성지법검사 35. 해주지법검사 37. 청진지법검사·청진관찰소 보도관 41. 부산지법검사 43. 대구지법검사 44. 서대문형무소장		요코하마 지검·후쿠오카 고검 등 69. 변호사 (시즈오카)	검사 ↓ 현소장
쓰보타니 히사쓰구 (坪谷久次)	1903	니가타 (新潟)	28. 와세다 대학 (早稲田大) 전문부	28. 사법과		29. 부산지법사법관 시보 31. 광주지법판사 36. 함흥지법판사 38. 경성지법판사 40. 경성복심판사·경성관찰소 보도관 41. 청진지법검사·청진관찰소 보도관		48. 평양에서 처형	판사 ↓ 검사

이름	생년	본적지	학력	고등문과시험	일본에서의 경력	조선에서의 경력	그 외 경력	전후 경력	유형, 비고
오마치 와사키치 (大町和左吉)	1895	가고시마 (鹿児島)	17. 호세대학 (法政大) 전문부	22. 변호사 시험	12. 히로시마 (広島) 우편국 사무원	26. 청주지법판사 전주지법 27. 개성지청검사 청진지법·전주지법 35. 함흥지법검사 37. 함흥관찰소 보도관(겸임) 38. 대구지법검사 43. 해주지법검사 44. 청진지법검사 정			검사
이케다 다다야스 (池田忠康)	1901	에히메 (愛媛)	25. 교토 제국대학	25. 행정과 27. 사법과		28. 경성지법사법관 시보 29. 경성지법검사 춘천지청·대구복심 겸 대구지법 35. 전주지법검사 38. 함흥지법검사·함흥관찰소 보도관 39. 군산지청검사 41. 정읍지청검사 42. 경성지법검사		47. 다카마쓰 (高松) 고검 등 71. 변호사 (에히메)	검사
아오야나기 고로 (青柳五郎)	1906	후쿠오카	31. 규슈 제국대학	33. 사법과		34. 경성지법사법관 시보 36. 경성지법검사 37. 정읍지청검사 39. 수원지청검사 41. 군산지청검사 42. 함흥지법검사·함흥관찰소 보도관 44. 경성복심검사	아오야나기 쓰나타로 (青柳綱太郎) [호 남명(南冥), 재조선저널리스트]의 아들	51. 변호사 [구루메(久留米)]	검사
사카모토 이치로 (坂本一郎)	1909	효고 (兵庫)	32. 교토 제국대학	31. 사법과		32.평양지법사무관 시보 34.신의주지법예비검사 35.신의주지법검사 36.사리원지청검사 38.청주지법검사 39경성지법검사·경성관찰소 보도관 40.고등법원검사·법무국 형사과 사무관 42.전주지법검사 43.대구지법검사 44.함흥지법검사·함흥관찰소 보도관		48. 변호사 (교토) 54. 교토 변호사협회 (京弁) 부회장	검사

이름	생년	본적지	학력	고등문과시험	일본에서의 경력	조선에서의 경력	그 외 경력	전후 경력	유형, 비고
스기모토 가쿠이치 (杉本覚一)	1903	오이타 (大分)	30. 니혼대학 전문부	30. 사법과 · 행정과		32. 대구지법사법관 시보 34. 평양지법예비검사 35. 평양지법검사 37. 충주지청검사 38. 춘천지청검사 40. 경성지법검사 · 경성관찰소 보도관 42. 경성복심검사 43. 고등법원 겸 평양복심검사			검사
고이소 쇼고 (小磯省吾)	1906	사이타마 (埼玉)	30. 도쿄 제국대학	31. 사법과		37. 광주지법검사 38. 회령지청검사 40. 평양지법검사 41. 경성복심검사 · 경성관찰소 보도관 42. 경성지법검사 43. 경성복심검사			검사
구로가와 마모루 (黒河衛)	1909	히로시마 (広島)	32. 교토 제국대학	35. 사법과		36. 평양지법사법관 시보 38. 평양지법검사 41. 대구지법검사 42. 정읍지청검사 43. 경성지법검사 · 경성관찰소 보도관			검사
다케우치 이타루 (竹内至)	1911	나가노 (長野)	도쿄 제국대학			37. 평양지법사무관시보 39. 대구지법검사 42. 경성지법검사 43. 경성복심검사 · 경성관찰소 보도관			검사
구로세 쇼오타로 (黒瀬正太郎)	1905	교토	30. 도쿄 제국대학	29. 사법과		31. 대구지법사법관 시보 32. 대구지법검사 김천지청 35. 경성지법검사 37. 법무국 법무과 사무관(겸임) 40. 법무국 형사과 사무관 41. 총독관방심의실 사무관(겸임) 43. 경성복심검사		요코하마 B급전범 재판변호사, 변호사(교토), 교토외대고문	검사 (법무국 사무관)
오사카 모리오 (大坂盛夫)	1897	구마모토 (熊本)	23. 도쿄 제국대학		23. 도쿄지재 사법관시보 26. 미야자키지재 예비검사	32. 함흥지법검사 경성지방 35. 평양지방검사 41. 보호교도소장 44. 경성지법검사(겸임) 44. 11.7 광주지법검사 정 (총독부 관보 1944년 11월 10일)		나가사키(長崎) · 후쿠오카(福岡)에서 검사. 67. 변호사	검사

이름	생년	본적지	학력	고등 문과 시험	일본에서의 경력	조선에서의 경력	그 외 경력	전후 경력	유형, 비고
모로오카 이치로 (諸岡市朗)	1897	사가 (佐賀)	28. 니혼대학 법문학부	28. 사법과 29. 행정과		24. 대구지법·함흥지법사법관 시보 32. 함흥지법예비검사 32. 함흥지법검사 34. 홍성지청검사 35. 북청지청검사 38. 평양지법검사 41. 평양지법 검사국 진남포 분국 검사 44. 11.7 보호교도소장(총독부 관보 1944년 11월 10일) 45. 8.15 보호교도소장			검사
무라타 사분 (村田左文)	1898	구마모토	22. 도쿄 제국대학			22. 경성지법사무관 시보 24. 경성지법판사 대구복심·경성지법 32. 경성복심검사 경성지법 35. 평양복심 겸 고등법원검사 41. 대구복심검사 43. 경성복심검사 44. 고등법원 검사	경성복심 예심판사로서 사상사건전문 (동아법정신문 31.6.20)		판사 ↓ 검사
이와기 요시사부로 (岩城義三郎)	1887	와카야마 (岡山)	19. 교토 제국대학		19. 히로시마지재 사법과시보 21. 도쿄지재판소	21. 대구지법검사 25. 경성지법검사 정 마산지청 31. 함흥지법검사 정 광주지법 평양지법검사 35. 평양복심검사 38. 해주지법검사 39. 청진지법검사 41. 함흥지법검사 43. 신의주지법 검사			검사
모토하시 아키타로 (元橋暁太郎)	1892	나라	17. 교토 제국대학			17. 대구지법사법관 시보 20. 대구지법판사 20. 부산지법검사 24. 평양지법 25. 춘천지청 27. 경성지법 30. 부산지법 31. 부산지법검사 정 35. 청진지법검사 정 39. 광주지법검사		평양인민 교화소에서 사망	검사

이름	생년	본적지	학력	고등 문과 시험	일본에서의 경력	조선에서의 경력	그 외 경력	전후 경력	유형, 비고
마쓰마에 겐스케 (松前謙助)	1894	야마구치 (山口)	22. 교토 제국대학		22. 우라와(浦和)지재 사법관시보 23. 도쿄지재 예비검사	24. 광주지법검사 24. 정읍지청 25. 경성지법 29. 인천지청 30. 대구지법 31. 대구지법검사 정 32. 함흥지법검사 34. 광주지법검사 35. 부산지법검사 38. 경성지법검사 40. 대전지법검사 43. 함흥지법검사			검사
사케미 치쓰구 (酒見緻次)	1896	후쿠오카	22. 교토 제국대학			22. 경성지법사법관 시보 24. 대구지법판사 26. 대구지법검사 28. 경주지청 29. 대구지법 30. 경성지법 31. 경성복심검사장 32. 법무국 법무과 사무관 겸 고등법원 검사 34. 경성지법검사 38. 부산지법검사 39. 대구복심검사 41. 전주지법검사			검사
히라이시 하야시 (平石林)	1900	야마나시 (山梨)	22. 니혼대학 전문부	30. 사법과		33. 대구지법사법관 시보 35. 함흥지법 예비검사 37. 경성지법검사 40. 사리원 지청검사 41. 보호교도소 교도관 겸 경성지법검사			검사
오쿠니 마사오 (大国正夫)	1906	교토	31. 교토 제국대학	32. 사법과		33. 부산지법사법관 시보 35. 부산지법예비검사 37. 인천지청검사 40. 청진 지법검사 43. 경성지법검사		58. 변호사 (교토) 63. 교토변호사회 부회장	검사
도자와 시게오 (戸澤重雄)	1895	야마가타 (山形)	10. 도쿄 제국대학		도쿄지재검사, 도쿄공소원사 상계검사, 대심 원검사, 나고야 고소원검사	43. 경성지법검사 정(매일신보 43년 2월 17일)		46. 변호사 (제2도쿄)	내지 검사 ↓ 조선 검사

이름	생년	본적지	학력	고등 문과 시험	일본에서의 경력	조선에서의 경력	그 외 경력	전후 경력	유형, 비고
마에다 다치마 (前田多智馬)	1901	돗토리	도시샤(同志社) 중학, 해군병학교	29. 사법과	29~37. 변호사(오사카)	37. 평양지법검사 38. 청진지법검사 41. 신의주지법검사 45. 8.15 대구보호관찰소장(전임)(대구복심검사 겸임-조선연감 1945년판)		47~53. 검사 81. 변호사(고베)	검사
다니가와 하치로 (谷川八郎)	1907	미에 (三重)	29. 니혼대학	30. 사법과		39. 경성지법판사 42. 해주지법판사 45. 8.15 평양보호관찰소장(전임)		50. 변호사(제1도쿄) 76. 제1도쿄 변호사회장·일본변호사 연맹부회장	판사·보호관찰소장
이노우에 요시아키 (井上義明)	1905	도쿄	30. 도쿄 제국대학	31. 사법과		33. 부산지법사법관시보 34. 전주지법검사 36. 홍성지청검사 37. 진남포지청검사 41. 전주지법검사 42. 대구복심검사 45. 8. 15 신의주보호관찰소장(겸임)			검사
핫토리 료이치 (服部良一)	1902	가나가와 (神奈川)	게이오 대학	불명		37. 함흥지법 검사 40. 안동지청 검사 42. 부산지법 검사 45. 광주지법 검사 겸 광주보호관찰소장 45. 8.15 광주보호관찰소장(겸임)			검사
이토오 기요시 (伊藤清)	1906	이와테 (岩手)	32. 니혼대학	33. 사법과		35.경성지방사법관시보 37.함흥지방검사 38.경성지법·개성지청 검사 43.해주지법 검사 1945.8.15 청진보호관찰소장(겸임)		변호사(제2도쿄), 일본변화사연맹이사, 사법연수소교관	검사

출전: 水野直樹, 2009,「植民地朝鮮の思想検事」,『日本の朝鮮台湾支配と植民地官僚』30, 397~400쪽.
주1) 학력과 경력 등에 기재된 숫자는 연도를 표기한 것이다. 예) 22 → 1922년
주2) 1923년까지 제국대학 법과졸업생은 무시험으로 사법관시보에 임용되었다.
주3) 지법(地法)=지방법원, 복심(覆審)=복심법원, 검사(檢事)=검사국검사, 관찰소=보호관찰소
주4) 지청의 경우는 소속 지방법원명을 생략하였다.
주5) 전후의 경력에 대해서는 미조사 부분이 많다.
(전거)『조선총독부 및 부속관서직원록(朝鮮総督府及附属官署職員録)』(국사편찬위원회 데이타베이스); 사법협회편, 1936,『조선사법대관(朝鮮司法大観)』; 조선인사흥신록편찬부편(조선신문사), 1935,『조선인사흥신록(朝鮮人事興信録)』; 경성일보사『조선연감(朝鮮年鑑)』1945년판; 사하라 이즈미(佐原泉)편, 1977,『전국변호사대관(全国弁護士大観)』, 법조공론사; 1945년은 조선 관계 잔무정리사무소,『사무소의 연혁과 사무개요』; 1950년[해외인양관계사료집성(국외편) 제24권(조선편 제7), ゆまに書房, 2002년 수록]의「1945년 8월 15일 현재 구 조선총독부 제1차 소속관서 과장이상의 일람표」에 의함.

VI

사상통제의 방법과 관리 체계

해제

패전 후 일본은 사상 탄압과 식민지 침탈의 역사를 지우기 위해 사료를 소각하여 역사의 저편으로 묻어 버리고자 했다. 다행히 오기노 후지오(荻野富士夫)의 『특고경찰체제사-사회운동 억압 단속의 구조와 실태(特高警察体制史-社会運動抑圧取締の構造と実態)』(1988), 『특고경찰 관계자료 집성(特高警察關係資料集成)』(2004)이 편찬되어 비밀경찰, 특고경찰의 비밀문서가 세상에 알려지게 되었다. 이처럼 우리가 접근할 수 있는 사료들은 경찰 당국에 의해 생산된 문건 중 극히 일부이지만 현재의 제한된 사료만으로도 제국주의 공안세력에 의한 사상탄압의 만행이 어느 정도인지 가늠할 수 있다. 이 장에서는 특히 내무성 경보국, 특고경찰부 등의 일선 조직들이 어떠한 지침으로 지휘되고 보고하며 활동하는가에 대한 구체성을 띤 사료를 중심으로 구성하였다. 그래서 이와 관련하여 본 장에서는 『조선사회운동 단속법요의』(1933), 『사법보호』(1941~1942)라는 자료의 인용이 많다.

먼저 '사상통제를 위한 기반 구축'을 위한 조직으로서 일본 내무성 경보국 특고경찰부 등의 공문서 자료를 조사한 결과물이다. 그들은 사상 탄압과 단속을 위한 관리 체계로서 '요시찰 대상'을 체계적으로 분류하고, 특고경찰이 작성할 요시찰인 조사보고서에 세세하게 지침을 규정해 두었다. 이를 바탕으로 정기보고, 수시보고를 통해 정밀하게 관리했으며, 그 결과물은 『특고월보』로 비밀 출판하여 관계당국이 공유했다. 1931년 특고 외사과장회의 주의사항에 의하면, 『특고월보』가 특고경찰 외부에 새어 나가는 것을 극도로 경계하고 있고(6장 「특고월보 취급방법에 관한 건」 참조), 1929년 내무성 경보국장이 각 청부현 장관에게 보낸 공문서에 의하면 요시찰 단속 대상임을 알 수 있는 용어들, 즉 '시찰 중', 혹은 '주의 중' 등을 '기재하지 말 것'이라며 매우 세밀하게 지정하고 특별히 기밀 사항에 대한 정보 보안을 주지시키고 있다(6장 「특별고등경찰 관계 사상 단체 등의 내용조사에 관한 건」 참조). 이러한 사료들을 통해 일본 공안 당국이 얼마나 사상통제 활동을 비밀리에 전개하고 내밀하게 관리했는지 알 수 있다.

구체적으로는 사상 탄압과 단속을 사명으로 하는 특고경찰이라는 조직이 내부지침서로 비밀리에 출판한 『특별고등경찰예규집』(1939)에서 중요한 사항들을 추려서 정리하였다. 이는 사상 탄압·단속을 위한 관리체계를 다룬 문서로서 요시찰 대상에 대한 보고, 요시찰인 조사보고서 작성 지침, 요시찰 명부를 주목할 필요가 있다. 그리고 이들 중 '특별요시찰' 대상을 설정해 "특별요시찰인 명부"를 작성하여 '특요선(特要鮮)', 즉 특별요시찰 조선인은 외지 관계 관청에 통보하도록 했으며, 이들에 대한 감시와 미행을 진행하였다. 특고경찰의 사상 탄압·단속을 위한 지침은 조선인 시찰 및 단속과 관련하여 보다 치밀하게 전개되었는데, 재일본 조선인의 시찰과 재일본 조선인유학생에 대한 시찰이 보다 강화되었다. 이러한 조선인에 대한 사상 탄압과 단속을 위한 장치는 공안 당국의 정보 수집을 위한 경비선 및 경비전화망의 설치, 그리고 불온문서 취급에 관한 지침과 경찰 인력의 조선어 습득으로도 나타난다.

이어 '사상통제의 방법'에서는 조선에서의 결사, 집회, 대중운동, 공안 관련 특수 행위의 단속과 관련하여 나카가와 리키치(中川利吉)의 『조선사회운동 단속법요의』(1933)라는 사료를 주목하였다. 여기에서는 치안경찰이 일본 국내 법령과 조선에서의 법령을 구체적으로 현장에서 어떻게 적용시킬 것인가에 대해 상세히 다루고 있다, 이를 통해 실제적인 탄압 양상을 유추해 볼 수 있다. 아울러 일본인과 조선인에 대해 어떻게 차별적으로 법 적용을 했는지도 명확히 알 수 있는 자료이다. 구체적으로는 조선인의 비밀결사로 조선공산당, 고려공산청년회, 반제동맹 등을 주목하고 있다. 특히 결사의 행동강령, 정책, 당면 슬로건 등에서 '불온하다'라고 규정하는 실제적인 사례가 있는데, 치안유지법에 규정된 국체 변혁과 사유재산제도의 부인 이외에 '황실 존엄 모독', '일본제국주의 타도', '식민지 해방', '조선의 ×× 혁명'과도 같은 슬로건 내용이 적시되었다. 결사금지 명령 위반에 대해 조선총독이 행정집행령을 내려 강제처분할 수 있었다.

끝으로 1930년대 중반에서 패전까지 가장 중심이 된 사상통제의 제도로서 '전향과 보호관찰제도'가 있다. 사상 전향은 가장 비열한 사상 탄압의 사례로서 독립운동, 사상운동을 전개했던 조선인들에게 정신적 상흔을 남겼다. 사상 전향에 대한 그들의 이념과 제도는 일제강점 말기에 가장 비인도적인 형태로 전개되었다. 보호관찰은 사상범이 법률에 의해 정해진 형을 마친 후에도 그들의 신체를 구속하는 초법적이며 반인권적인 제도이다. 우선, 1940년대 초반 출간한 『사법보호』라는 출판물에 실린 자료를 중심으로 정리하였다. 당시 경성지방법원 검사로 재직한 사상검사, 보호관찰제도의 일선에 있던 경성보호관찰소장 등의 글을 통해 전향제도의 일본 측 의도와 배경을 볼 수 있다. 그들은 사상 전향의 대상자를 세밀하게 분류하여 관리하였으며, 끊임없이 그들의 사상을 의심하고 '전향'의 진의를 의심했다. 사상 전향의 분류, 사상 전향제도와 보호관찰, 보호관찰제도 등의 억압적 활동을 통해 사상 탄압 및 억압, 단속의 구조와 실태를 알 수 있다. 특히 '대화숙' 관련 자료는 일제강점 말기 사상 전향과 보호관찰제도의 또 다른 단계로의 변이를 단적으로 보여 준다. 일제의 사상통제 과정은 강력한 법령의 제정을 통해 감시, 사찰, 요주의 인물에 대한 명부 작성, 검거, 고문, 재판, 선고, 수감, 출옥 후의 감시와 사찰이라는 식으로 끊임없이 '불온사상 박멸'을 위한 도돌이 행진을 거듭하는 것이었다. 그 방법도 여의치 않자, 이제 회유와 사상 전향 정책을 시도했으며, 마지막에는 보호관찰제도라는 미명하에 '세뇌'를 불사하여, 개인의 정신세계를 마음대로 조종하고자 했다.

이와 같이 일제강점기 사상통제의 역사를 살펴보면, 눈에 보이지 않는 정신적 영역조차 구속하고 소유하고자 했던 제국주의자들의 욕망과 그럼에도 불구하고 그것을 결코 달성할 수 없다는 불안감이 끊임없이 착종하고 있던 모습을 발견할 수 있다.

윤소영

1. 사상통제를 위한 기반 구축

〈자료 192〉 사상통제를 위한 기반 구축

[내무성 경보국 보안과, 1939, 『특별고등경찰예규집(特別高等警察例規集)』[1]]

1) 사상 탄압·단속을 위한 관리 체계(〈자료 192〉의 111~117쪽)

(1) 요시찰 대상에 대한 관리

◆ 정기 보고

제86조 정기 보고를 월보, 연 2회보, 연보 3종으로 나누어 보고한다. 정기 보고는 반드시 소정의 기한 내에 보고해야 한다. 단, 해당 사항이 없더라도 내용을 보고해야 한다.

제87조 이하 조사표(월보)는 매월 그달에 발생한 해당 사항에 관하여 다음 달 10일까지 내무성에 필착하도록 보고해야 한다. 단 보고 양식은 각각의 양식[2]에 의하는 것으로 한다.

◆ 수시 보고

제98조 하기 각호 중 어느 하나에 해당하는 단체가 조직되었을 때는 관할 청부현에서 각각의 양식[3]에 의해 명부를 작성하여 사본에 회칙, 규약 등을 첨부하여 신속하게 신고해야 한다. 신고 후에는 단체의 해산, 소멸, 기타 명부 기재 사항 등에 현저한 변

---

1 『특별고등경찰예규집』은 일본 내무성 산하 경보국 보안과가 내부 지침(心得), 훈령, 통첩, 지시사항 등의 공문서를 모아 편찬한 내부 지침서이다.

2 원문은 '제2호 양식 내지 제8호'으로 되어 있으나 여기서는 정기 보고의 보고서 양식을 생략했다. 『특별고등경찰예규집』, 111~118쪽 보고서 양식의 리스트가 실려 있다.

3 원문은 '제57호 내지 60호'으로 되어 있으나 여기서는 수시 보고의 보고서 양식을 생략했다.

동이 있었을 때는 매회 보고를 해야 한다. 단, 융화 단체 및 각 단체 명부[4]는 관할 청부현에서 작성하여 비치하되 내무성에 신고할 필요는 없다.

- 국가(농본)주의사상 단체
- 조선인(대만인) 또는 조선(대만) 문제에 관한 단체
- 사상 문제, 사회 문제, 기타 연구 단체

제99조 치안유지법 위반사건 피의자를 검거했을 경우에는 그때마다 매회 신속하게 보고서 양식[5]에 의해 보고해야 한다.

제100조 제2절의 단체 명부는 본부, 지부의 관계 등 특히 관계가 밀접한 청부현에도 송부하고 분명한 변동이 있을 시 통보해야 한다.

제101조 제2절의 단체를 관할하는 기관에 변동이 있을 때는 구 관할청에 명부를 송부하고 신 관할 청부현에서는 명부 편입 절차를 밟음과 동시에 내용을 보고해야 한다.

(2) 요시찰인 조사보고서 작성 지침(<자료 192>의 214~215쪽, 「通牒」)

◆ 특별고등경찰 관계 사상 단체 등의 내용 조사에 관한 건

〈1929(昭和 4)년 8월 26일〉 [경보국 보발갑(保發甲) 제59호][6]

- 내무성 경보국장이 각 청부현 장관에게 보냄

특별고등경찰 관계 각종 단체의 내용 조사에 관하여 경찰관청 이외에서 조회가 있을 때에는 경찰기밀에 관한 사항에 대해 1923년(大正 12) 6월 26일 경보국 보발갑(保發甲) 제34호 및 1928년(昭和 3) 10월 6일 보발갑(保發甲) 제67호 통첩 등의 취지에 의거하여 처리할 것으로 생각되나 특히 다음 사항에 대하여 유념해 주길 바람. 최근 문의를 받은 바도 있어서 보다 확실히 해두고자 함.

---

4 원문에는 제2호, 3호, 4호, 5호라고 되어 있으나 여기서는 생략하고 단체 명부 중 조선 관련 명부만 실었다.

5 원문은 제62호 양식이다.

6 보발갑(保發甲) 제59호는 경보국 문서 번호를 의미한다.

기(記)

① 각종 단체의 관계자에 대해서는 특별요시찰인, 노동요시찰인, 사상요주의인물 등의 경찰 부호를 기재하지 말 것.

② 이와 같은 인물의 약력에 대해서도 요시찰인, 요주의인물로 편입하고 '시찰 중' 또는 '주의 중' 등의 기재를 하지 말 것.

③ 각종 단체의 목적, 주의 등에 대해서는 단순한 경찰의 추측에 입각하여 단속 대상으로 삼고 있는 사실을 그대로 기재하지 말 것.

④ 구체적으로 경찰 단속방침을 기재하지 말 것.

⑤ 각종 단체의 행동에 대해서는 집회 그 외에 경찰 단속 상황을 기재하지 말 것.

⑥ 비밀결사와 같이 단순한 추측에 입각하여 마치 확실하게 존재하는 듯이 기재하지 말 것.

(주-제2편 특별고등경찰 집무 지침 제16조에 채택)

◆ 보고서 양식[7] <도래 요경계(要警戒) 조선인(대만인) 보고>(양식6 참조)

주의 사항

1) 이 표는 맨 처음 상륙지 관할 청부현에서 작성한다.

2) 출발지는 맨 처음 여행을 시작한 지역의 도, 읍, 명을 기입한다.

3) 행선지는 일본 내지에서의 행선지를 가능한 한 상세히 기입할 것.

4) 요시찰인의 경우에는 종류별 구별 및 편입청을 서명의 우측 상부에 기입할 것.

◆ 보고서 양식[8] <치안유지법 위반 기소자 조사>

주의 사항

1) 범죄 사실은 당원, 동맹원, 전협원(全協員) 또는 각각 날자별 및 그 가입 연월일, 조직 내 지위, 기타운동 상황 등을 간결하게 기입할 것.

2) 단체 관계는 검거한 당시 관련 당 이외의 단체를 모두 기입할 것.

---

7 원문은 제1호 양식.

8 원문은 제2호 양식.

3) 학력은 최종 학력을 기입할 것.

4) 직업은 검거 당시의 직업을 기재할 것.

5) 연령은 만 나이가 아니라 검거 당시의 나이로 기재할 것.

6) 조선인(대만인)에 대해서는 비고란에 내지 도래 연월일 및 조선(대만) 재류 중의 단체 관계를 기입할 것.

◆ 보고서 양식[9] <조선인(대만인) 단체별 조사>

주의 사항

1) 이 조사에는 내선인(대만인)에 의한 각종 단체 중 조선인(대만인)의 가입 인원이 총인원의 10% 이상인 단체를 전부 집계할 것.

2) 대만인은 별지에 기입할 것.

3) 인원은 조합 가입원, 영향하에 있는 분자를 구별하고 영향하에 있는 분자는 각 란에 ( )를 넣어 옆에 기입할 것.

4) 민족주의 계열 단체 특히 학생단체 중, 근래 공산주의적 색채가 농후하여 주류가 공산주의 계열 단체에 편입했다고 인정되는 경우에 그 점을 판별할 것.

5) 융화, 친목 기타 단체는 각 지역의 숫자가 매우 많은 관계로 상당수의 단체가 있는 청부현은 그 중 필요하다고 판단하는 것을 예시하고, 그 밖에는 '외 몇 개 단체, 몇 명'이라고 부기해도 된다.

(3) 요시찰인 명부[10]

◆ 요시찰 명부 기재 사항

① 성명 위계, 훈등, 작위

② 종별: 본 내규 제1조에 적힌 종별 해당 사항을 기입한다. 예를 들면 갑호의 1, 혹은 을

9 원문은 제36호 양식.

10 내무성 경보국 보안과, 『특별고등경찰예규집』, 1939년, 215쪽.

호의 2

③ 생년월일: 명치(明治), 대정(大正) 등으로 환산하여 기입. 생년월일이 불명일 때는 연령 기입, 조사연월일을 괄호 안에 기록.

④ 본적 신분: 본적지명 양반, 유생, 상민(常民) 등의 구별을 기입.

⑤ 거주지 편입청 및 연월일: 제1란에 거주를 시작한 연월일, 제2란에 거주지, 제3란에 거주지 편입 연월일 및 편입청 기록.

⑥ 인상 및 특징: 신장, 골격, 체형, 얼굴색, 눈썹, 눈, 코, 입, 이, 귀, 두발, 상투 등의 상태 및 기타 특징에 대해 상세히 기록.

⑦ 계통 맥락 관계 및 숭배자: 배일주의 당파의 소속 또는 유력한 배일주의 등과의 맥락 관계, 숭배하는 인물, 그 외 이념, 사상 및 배일 행동의 연락 관계 등을 나타내는 사항을 기입.

⑧ 교제자 성명: 내외인의 구별 없이 교류가 있는 자 및 주의를 요하는 교제자의 성명 기입.

⑨ 명부 편입 사유: 요시찰인임을 확인하고 명부에 편입하게 된 유래를 기입.

⑩ 경력 및 언동: 시찰 단속 상 참고가 될 만한 각종 중요사항을 기입.

◆ **특고월보 취급방법에 관한 건** (1931년 특고외사과장 회의 주의 사항)

특고월보는 만약에 내용이 특고경찰관리 이외로 새어나가는 일이 있으면 사찰 내탐 및 특고경찰사무 수행 상 지장을 초래하는 바가 적지 않으므로 취급방법에 특히 한층 유의하길 바람.

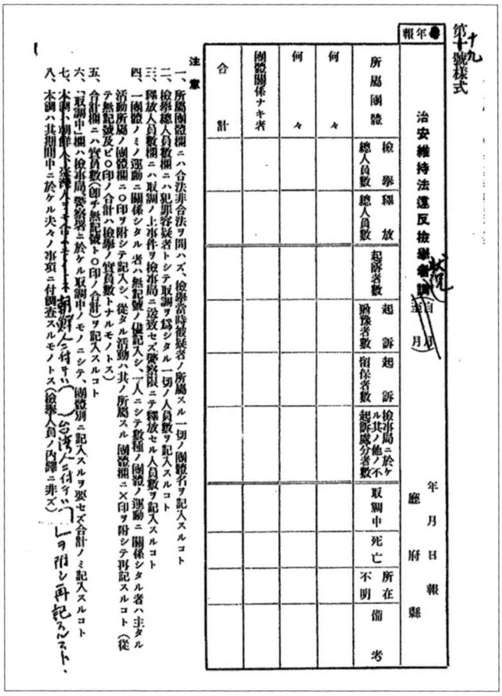

第十九號樣式 (form number handwritten)

治安維持法違反檢擧者調（自　月 至　月）

年　月　日報　廳府縣

所屬團體	檢擧總人員數	釋放總人員數	起訴者數	起訴猶豫者數	起訴留保者數	檢事局ニ於ケル其ノ他ノ不起訴處分者數	取調中	死亡	所在不明	備考
何々										
何々										
團體關係ナキ者										
合計										

注意

一、所屬團體欄ニハ合法非合法ヲ問ハズ、檢擧當時被疑者ノ所屬スル一切ノ團體名ヲ記入スルコト
二、檢擧總人員數欄ニハ犯罪容疑者トシテ取調ヲ爲シタル一切ノ人員數ヲ記入スルコト
三、釋放人員數欄ニハ取調ノ上事件ヲ檢事局ニ送致セズ警察限ニテ釋放セル人員數ヲ記入スルコト
四、一團體ノミノ運動ニ關係シタル者ハ無記號ノ儘記入シ、一人ニシテ數種ノ團體ノ運動ニ關係シタル者ハ主タル活動所屬ノ團體欄ニ○印ヲ附シテ記入シ、從タル活動ハ其ノ所屬スル團體欄ニ×印ヲ附シテ再記スルコト（從テ無記號及ビ○印ノ合計ハ檢擧ノ實員數トナルモノトス）
五、合計欄ニハ實員數（即チ無記號ト○印ノ合計）ヲ記入スルコト
六、「取調中」欄ハ檢事局、警察署ニ於ケル取調中ノモノニシテ、團體別ニ記入スルヲ要セズ合計ノミ記入スルコト
七、本調ハ朝鮮人……
八、本調ハ其期間中ニ於ケル夫々ノ事項ニ付調査スルモノトス（檢擧人員ノ內譯ニ非ズ）

양식1 <치안유지법 위반 검거자 조사>

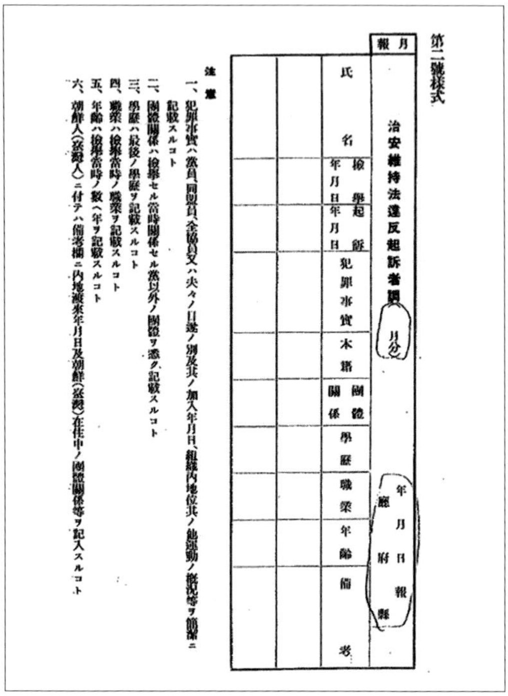

第二號樣式

月報

治安維持法違反起訴者調（　月分）

年　月　日報　廳府縣

氏名	檢擧年月日	起訴年月日	犯罪事實	本籍	團體關係	學歷	職業	年齡	備考

注意

一、犯罪事實ハ黨員、同盟員、全協員又ハ夫々ノ目途ノ別及其ノ加入年月日、組織內地位其ノ他運動ノ概況等ヲ簡潔ニ記載スルコト
二、團體關係ハ檢擧セル當時關係セル黨以外ノ團體ヲ悉ク記載スルコト
三、學歷ハ最後ノ學歷ヲ記載スルコト
四、職業ハ檢擧當時ノ職業ヲ記載スルコト
五、年齡ハ檢擧當時ノ數ヘ年ヲ記載スルコト
六、朝鮮人（臺灣人）ニ付テハ備考欄ニ內地渡來年月日及朝鮮（臺灣）在住中ノ團體關係等ヲ記入スルコト

양식2 <치안유지법 위반 기소자 조사>

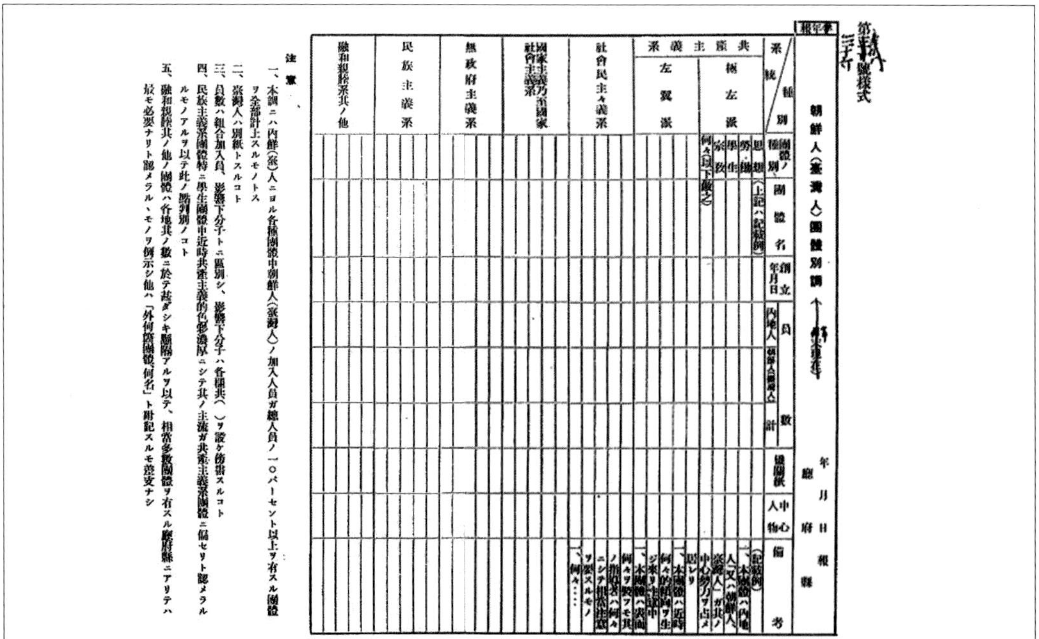

第二十號樣式 (form number handwritten)

朝鮮人（臺灣人）團體別調

年　月　日報　廳府縣

系統／種別	團體ノ種別	團體名	創立年月日	員數 內地人	員數 朝鮮人（臺灣人）	員數 計	機關紙	中心人物	備考
共產主義系 極左派	思想	（上記ハ記載例）							（記載例）一、本團體ハ內地人又ハ朝鮮人（臺灣人）ガ其ノ中心勢力ヲ占メ居レリ
	勞働								一、本團體ハ近時何々的傾向ヲ生ジ來リ注意中
	學生								一、本團體ハ表面何々ヲ裝フモ其ノ指導者ハ何々ニシテ相當注意ヲ要スルモノ
	宗教								一、何々……
	何々（以下倣之）								
共產主義系 左翼派									
社會民主々義系									
國家社會主義乃至國家主義系									
無政府主義系									
民族主義系									
融和親睦系其ノ他									

注意

一、本調ニハ內鮮（臺）人ニヨル各種團體中朝鮮人（臺灣人）ノ加入人員ガ總人員ノ一〇パーセント以上ヲ有スル團體ヲ全部計上スルモノトス
二、臺灣人ハ別紙トスルコト
三、員數ハ組合加入員、影響下分子トニ區別シ、影響下分子ハ各欄共（　）ヲ設ケ傍書スルコト
四、民族主義系團體特ニ學生團體中近時共產主義的色彩濃厚ニシテ其ノ主流ガ共產主義系團體ニ偏セリト認メラルルモノアルヲ以テ此ノ識判別ノコト
五、融和親睦其ノ他ノ團體ハ各地其ノ數ニ於テ甚ダシキ懸隔アルヲ以テ、相當多數團體ヲ有スル廳府縣ニアリテハ最モ必要ナリト認メラルヽモノヲ例示シ他ハ「外何個團體、何名」ト附記スルモ差支ナシ

양식3 <조선인(대만인) 단체별 조사>

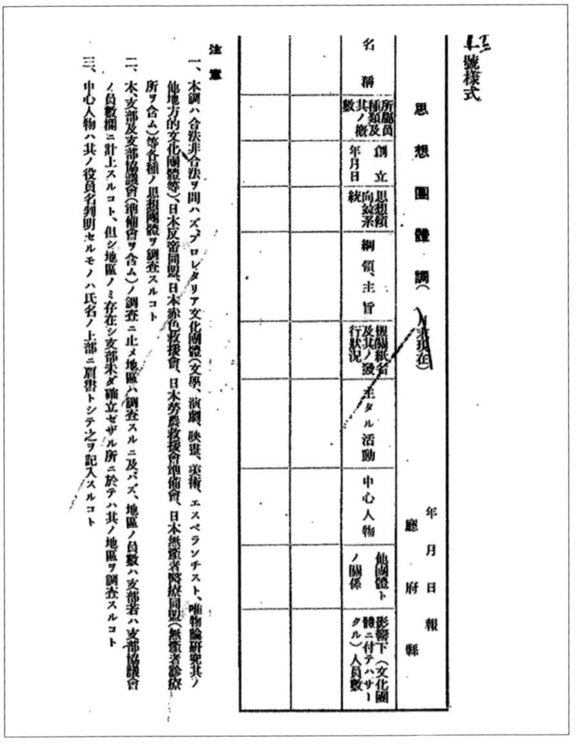

號樣式

思想團體調（　月末現在）

年　月　日報

廳府縣

名稱	所屬員ノ種類及其ノ數	創立年月日	思想的傾向系統	綱領、主旨	機關紙名及其ノ發行狀況	主タル活動	中心人物	他團體トノ關係	影響下（文化團體ニ付テハサークル）人員數

注意

一、本調ハ合法非合法ヲ問ハズプロレタリア文化團體（文學、演劇、映畫、美術、エスペランチスト、唯物論研究其ノ他地方的文化團體等）、日本反帝同盟、日本赤色救援會、日本勞農救援會準備會、日本無産者醫療同盟（無産者診療所ヲ含ム）等各種ノ思想團體ヲ調査スルコト

二、本支部及支部協議會（準備會ヲ含ム）ノ調査ニ止メ地區ハ調査スルニ及バズ、地區ノ員數ハ支部若ハ支部協議會ノ員數欄ニ計上スルコト、但シ地區ノミ存在シ支部未ダ確立セザル所ニ於テハ其ノ地區ヲ調査スルコト

三、中心人物ハ其ノ役員名判明セルモノハ氏名ノ上部ニ肩書トシテ之ヲ記入スルコト

양식4 <사상 단체 조사>

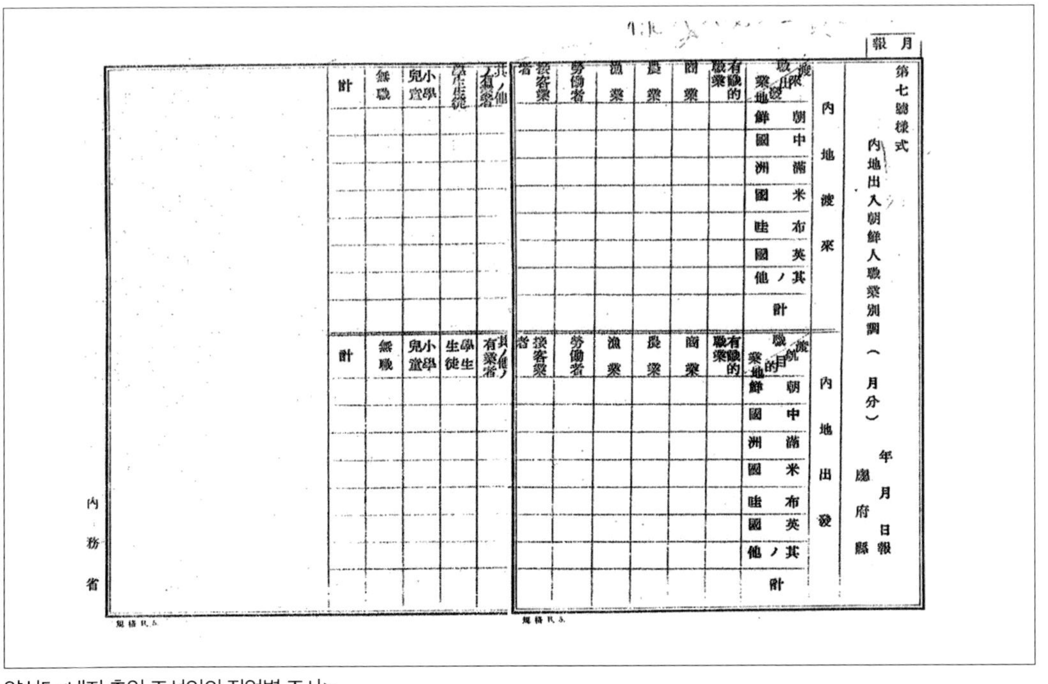

月報

第七號樣式

內地出入朝鮮人職業別調（　月分）

年　月　日報

廳府縣

內地渡來

渡航地 / 職業	有職的職業	商業	農業	漁業	勞働者	接客業者	其ノ他ノ有業者	學生生徒	小學兒童	無職	計
朝鮮											
中華民國											
滿洲國											
米國											
布哇											
英國											
其ノ他											
計											

內地出發

渡航地 / 職業	有職的職業	商業	農業	漁業	勞働者	接客業者	其ノ他ノ有業者	學生生徒	小學兒童	無職	計
朝鮮											
中華民國											
滿洲國											
米國											
布哇											
英國											
其ノ他											
計											

內務省

양식5 <내지 출입 조선인의 직업별 조사>

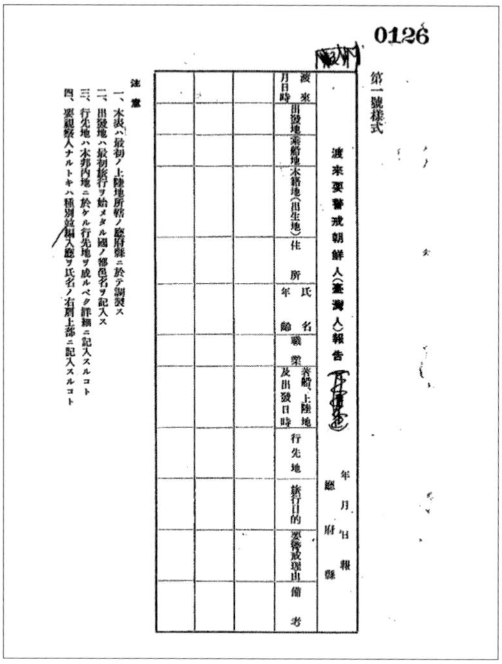
第一號樣式

渡來要警戒朝鮮人(臺灣人)報告

양식6 <도래 요경계 조선인(대만인) 보고>

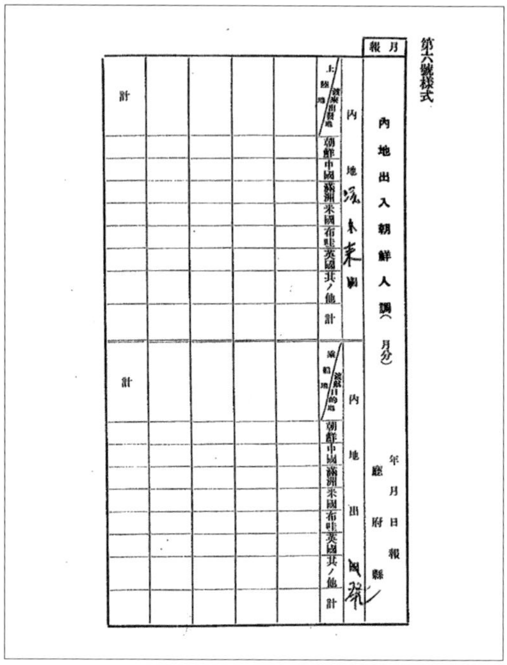
第六號樣式

內地出入朝鮮人調(月分)

양식7 <내지 출입 조선인 조사>

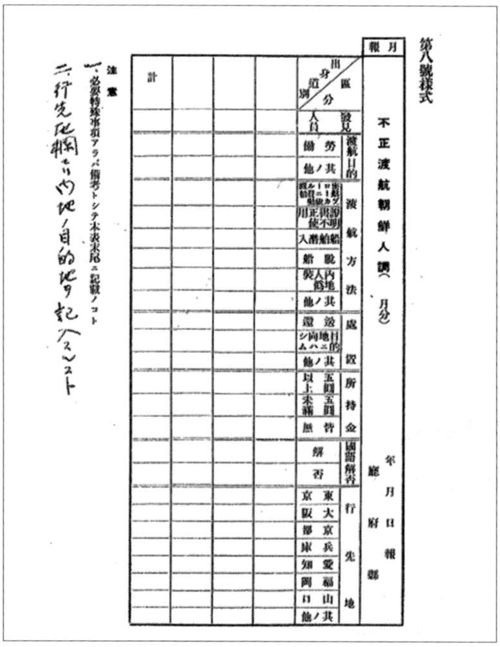
第八號樣式

不正渡航朝鮮人調(月分)

양식8 <부정 도항 조선인 조사>

주의: 1) 필요한 특수 사항이 있으면 이 표의 말미에 비고 항목으로 기재할 것. 2) 행선지란 보다 내지의 목적지를 기입할 것.

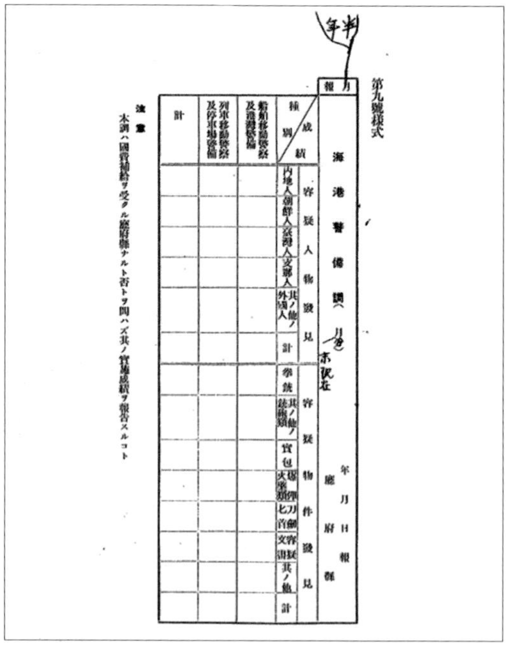
第九號樣式

海港警備調(月分)

양식9 <해항 경비 조사>

주의: 이 조사는 청부현의 국비 수급 여부와 무관하게 그 실시 성적을 보고할 것.

2) 〈특별요시찰〉의 설정과 감시[11] [〈자료 192〉의 46~62쪽, 「특별요시찰인시찰내규(特別要視察人視察內規)]

(1) 특별요시찰 대상자의 구분

제1조 특별요시찰인이란 사상, 행동이 불온하고 과격하여 치안을 해칠 우려가 있어 특고의 경찰 업무상 특히 시찰이 필요하다고 인정한 자를 말한다. 특별요시찰인은 다음과 같이 종류에 따라 구별한다.

① 공산주의 특별요시찰인[약칭 특요공(特要共) 또는 공(共)] - 공산주의 사상을 가지고 있어 치안유지법을 위반하는 행위를 할 우려가 있는 자.

② 사회주의 특별요시찰인[약칭 특요사(特要社) 또는 사(社)] - 사회주의, 사회민주주의사상을 가지고 있어 노동쟁의, 소작쟁의 등에 관하여 치안을 어지럽히는 행위를 할 우려가 있는 자.

③ 무정부주의 특별요시찰인[약칭 특요무(特要無) 또는 무(無)] - 무정부주의사상을 가지고 있어 치안을 어지럽히는 행위를 할 우려가 있는 자.

④ 기타(他種) 특별요시찰인[약칭 특요타(特要他) 또는 타(他)] - 이상 어느 종류로도 구별하기 어려운 자.

조선인 또는 대만인 중에 앞 항의 각종 이념 혹은 민족주의를 신봉하는 자는 물론이거니와 가령 일정한 이념을 가지고 있지 않더라도 정사(政社) 혹은 시사에 관하여 언동이 불온, 과격하여 치안을 해칠 우려가 있는 자, 기타 공공질서를 유지하고 국민의 안전과 재산을 보호하기 위해 주의가 필요한 자로, 특히 시찰이 필요할 것으로 판단되는 경우에는 이를 특별요시찰인으로 하여 다음과 같이 종류에 따라 구별한다.

① 조선인 특별요시찰인[약칭 특요선(特要鮮) 또는 선(鮮)]

② 대만인 특별요시찰인[약칭 특요대(特要臺) 또는 대(臺)]

---

11 「특별요시찰인 시찰내규」는 제1조에서 제35조로 구성되어 있는 전문을 실었다.

특별요시찰인은 모두 갑호 및 을호로 나누어 치안을 해칠 우려가 특별히 현저한 자를 갑호[약칭 예를 들어 특요공갑(特要共甲) 또는 공갑(共甲)]라고 하고, 그 밖의 사람을 을호[약칭 예를 들어 특요사을(特要社乙) 또는 사을(社乙)]라고 한다.

(2) 특별요시찰인 명부

제2조 특별요시찰인에 대해서는 거주지[입영자는 위수지(衛戍地)[12], 입감자는 형무소 소재지, 외지 또는 외국에 거주하는 자는 본적지], 관할 청부현은 갑호와 을호에 대해서 각각의 양식(양식10. 양식11 참조)[13]에 의한 명부를 작성하여 비치해야 한다.

제3조 새로이 특별요시찰인으로 편입된 자가 있을 때는 명부의 등본 1부를 첨부하여 내무성에 보고하고 양식(양식10. 양식11 참조)[14]의 약식 명부의 필요 사항을 각 청부현 및 다음의 관청에 통보해야 한다. 단, 특요선[特要鮮, 특요대(特要臺)] 갑의 경우는 조선총독부(대만총독부), 경시청, 오사카, 효고(兵庫), 나가사키(長崎), 야마구치(山口) 및 후쿠오카(福岡)의 각 부현 및 본적지 도(道), 주(州) 장관에게도 명부 사본을 송부해야 한다.

① 상해 주재 내무서기관[나가사키 외사과장 전교(轉交)]

② 조선총독부 경무국장, 경기도, 평안북도, 경상남도, 전라남도, 함경남도, 함경북도, 각 지사

③ 대만총독부 경무국장

④ 가라후토청장관

⑤ 관동국 사정(司政) 부장, 관동주청(關東州廳) 장관

⑥ 헌병사령관

⑦ 해당 청부현 관할 헌병대장

---

12 군인 외출·외박 구역,

13 원문은 제1호 양식, 제2호 양식.

14 원문은 제3호 양식.

⑧ 도쿄형사지방재판소 검사정, 오사카 공소원 검사장

앞 항의 경우 명부 각 란(欄)의 사항 중 조사에 시일이 걸리는 경우에는 판명된 사실을 명부를 작성하고 그 밖의 사항은 추가 보고해야 한다.

제4조 통보를 받은 각 청부현은 정해진 양식[15]의 약식 명부를 작성하고 각각 종류별로 정리, 보관해야 한다.

제5조 삭제

제6조 명부 기재 사항에 변동이 있을 때는 그 내용을 내무성에 보고하고 아울러 관계 관청에 통보해야 한다.

제7조 제2조의 관할 변동이 있을 때는 구 관할 관청은 명부에 사진, 필적을 첨부하여 새 관할 관청으로 송부해야 한다.

앞 항의 경우 새 관할은 명부 편입 절차를 밟음과 동시에 그 내용을 보고하고, 각 청부현 및 관계 관청에 통보해야 한다.

제8조 앞 조의 절차는 특별요시찰인이 전거(轉居)한 지역이 판명된 후에 해야 한다. 외지 또는 외국으로 전거한 경우에는 목적지로 내지 항만을 출발한 것이 명백한 후에 해야 한다.

제9조 특별요시찰인의 사상, 행동의 변화, 사망 또는 내지 퇴거(특요선, 특요대에 한함. 성묘, 귀성 등 일시적 퇴거는 이에 포함되지 않음) 등에 의해 특별요시찰인으로 지정할 필요가 없어졌을 때는 지체 없이 명부에서 삭제함과 동시에 사유를 갖추어 보고하고 아울러 각 청부현 및 관계 관청에 통보해야 한다. 또한 삭제한 명부는 별도로 보관해야 한다.

제10조 명부 제시에 대하여 지방재판소 검사정으로부터 교섭이 있을 때는 극비리에 내시(內示)해야 한다.

제11조 징병 적령자 중에 특별요시찰인이 있을 경우, 관할 관청은 주소, 성명을 매년 3월 말일까지 해당자의 본적지, 소속 연대구 사령관에게 비밀리에 보고해야 한다.

제12조 항상 관내 요주의 인물 발견 및 그 언동의 내사에 힘써 특별요시찰인으로 편입시키는 것이 적당하다고 판단되었을 때는 지체 없이 편입 절차를 밟아야 한다.

15 원문은 제3호 양식.

제13조 특별요시찰인의 각종 단체 관련한 교섭, 맥락 관계에 관해 특히 주의 시찰해야 한다.

제14조 특별요시찰인 그 밖에 주의가 필요한 인물의 시찰에 즈음해서는 특히 왕래, 통신, 회합, 저역서, 출판, 선전 선동, 자금 수수, 흉기 소지 등에 주의하여 배후의 동정을 살피는 데 힘써야 한다.

제15조 특별요시찰인 중에 소재 불명이 된 자가 있는 경우에는 발견에 힘씀과 동시에 본적, 성명(별명도), 종별(種別), 인상, 특징, 방문 장소 및 소재 불명이 된 당시의 상황, 기타 참고할 만한 사항을 갖추어 보고하고, 아울러 필요한 경우에는 관계 청부현에(특히 특요선, 특요대의 경우에는 외지 관계 관청 및 상해 주재 내무서기관에게도) 통보해야 한다.

제16조 특별요시찰인의 언동 중 주의를 요하는 것이 있는 경우는 이를 내무성 및 관계 관청에 보고할 것. 특히 범죄와 관련 있고, 그 밖에 필요하다고 판단될 때는 관할 검사정에게 보고하고 중요한 일에 대해서는 관할 검사장 및 사법대신에게도 보고해야 한다.

제17조 특별요시찰인의 내지에서의 일시적인 여행으로 아무런 주의를 요하는 사정이 없는 경우에는 관계 청부현간의 상호 정보 교환을 통해 과오가 없도록 한다. 내무성으로의 보고는 생략할 수 있다.

제18조 특별요시찰인 또는 특히 주의를 요하는 인물이 일시적으로 내지를 떠나고자 하는 경우에는 승선지 관할 관청으로 본인 도착 이전에 적절히 전화, 전보 혹은 서면으로 통보해 두어야 한다.

제19조 새로 외지 또는 외국에서 도래한 조선인(대만인)의 동정에 대해서는 특히 주의하여 특별요시찰인에게 해당하는 의심이 있는 자에게는 명부 편입전이라 하더라도 주소, 성명, 연령, 인상, 특징 등을 내무성 및 관계 각 청부현에 통보해야 한다.

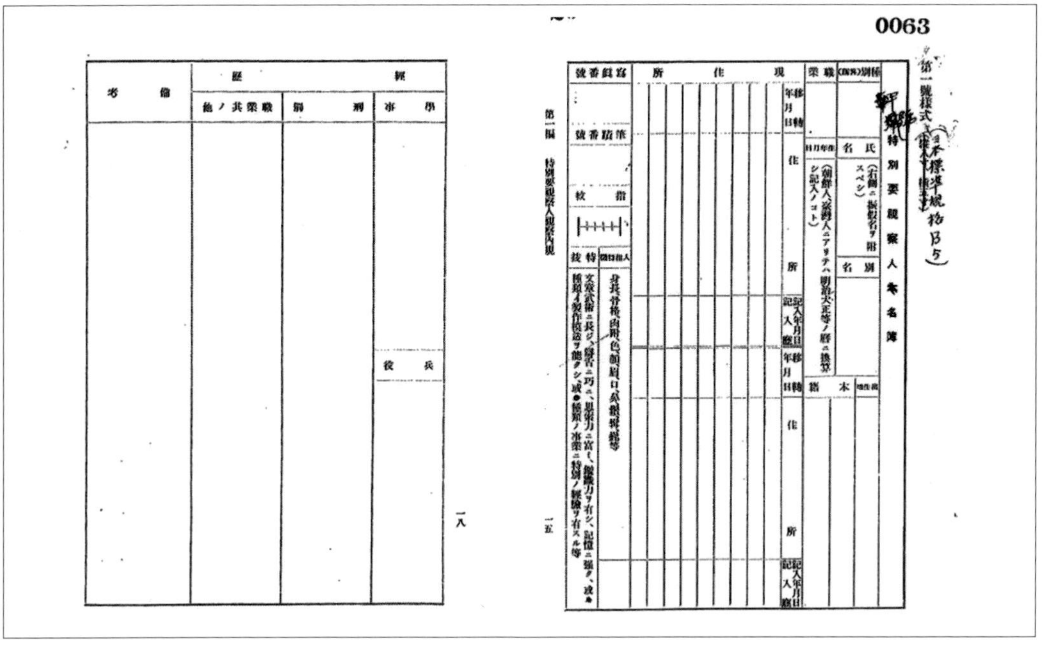

양식10 <특별요시찰인 명부-1>

<인상특징> 신장, 골격, 몸집의 정도, 피부색, 얼굴, 눈썹, 입, 코, 수염, 구레나룻 등

<특기> 문장, 무술에 뛰어나다, 능수능란한 변설, 풍부한 사색력, 감식력을 소유하고 있다거나 혹은, 기억력이 좋다, 어떤 것을 제작하거나 모조를 잘한다거나 어떤 종류의 사업에 특별한 경험을 가지고 있다 등

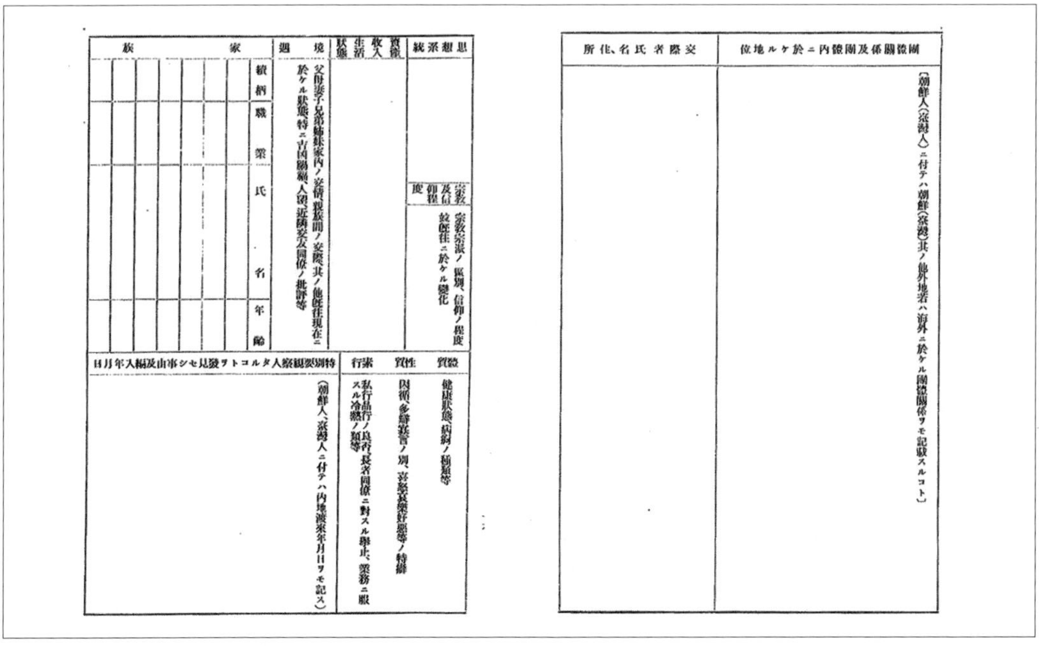

양식11 <특별요시찰인 명부-2>

(3) 감시와 미행

제20조 특별요시찰인 또는 특히 주의를 요하는 인물에 대하여 단속상 특히 필요하다고 판단될 경우에는 잠복, 감시 또는 미행을 해야 한다.

제21조 앞 조의 경우에는 담당자의 인선, 시찰상의 주의 사항 등에 특히 유의하여 은밀하고 교묘한 방법에 의해 효과를 거둘 수 있도록 노력해야 한다.

제22조 미행 인계는 인접 청부현에 순차적으로 한다. 단, 시의에 따라 직접 행선지 또는 그 밖의 청부현에 인계할 수 있다.

제23조 미행 인계를 위해서는 인계를 받을 청부현(부득이한 경우에는 경찰서)에 대하여 전화, 전보, 기타 편리한 방법으로 다음 각호의 사항을 예보하고 인계 가능한 시간적 여유를 줄 필요가 있다. 전보로 통보할 경우에는 각호의 사항 중 적절히 생략할 수 있다.

1. 피미행자의 종류별 구별(특별요시찰인인 경우), 본적, 주소, 성명(별명도), 연령, 직업, 인상, 특징, 복장 및 휴대품
2. 미행 담당 인원수 및 인계 예정 장소 및 일시
3. 피미행자의 행선지, 출발 장소, 일시, 여행 방법(예를 들어 도보, 전차, 기차, 선박 등) 및 그 경로
4. 미행을 필요로 하는 이유

제24조 미행을 인계할 때는 예보한 인계 장소에서 인계받는 사람에게 하는 것으로 한다. 기차, 전차 등을 탈 때 미행자는 남의 이목을 끌지 않는 정도에서 정차하기 전부터 '손수건' 등을 창밖으로 흔들거나, 혹은 차창 밖으로 거수를 하는 방법으로 인계받을 사람에게 소재를 알리고, 한 정거장 또는 두 정거장 사이를 인수 받을 사람과 동승하여 완전히 인계를 마친 후에 교대하는 것으로 한다. 단, 정차 시간을 길게 하여 그 사이에 완전히 인계를 마칠 수 있는 경우에는 동승을 생략할 수 있다. 수로(水路)인 경우에는 당초의 선착지에서 인계를 하거나 혹은 정박 시간이 짧아 완전히 인계를 마치기 어려울 때는 다음 선착지까지 동승하는 것으로 한다.

제25조 피미행자가 출발한 후 예정되어 있던 행선지, 경로 혹은 여행 방법 등을 변경하여 예정된 대로 인계를 할 수 없을 때, 미행자는 완전히 인계를 마칠 때까지 그대로 미행을 계속하다가 기회를 보아 적절한 방법을 강구하여 가장 가까운 곳에 있는 경찰

서 또는 경찰서원에게 인계하는 것으로 한다. 단, 경찰서원에게 인계한 경우에 인계자는 인계를 받은 자의 소속 경찰서로 지체 없이 인계 요항(要項)을 통지해야 한다.

제26조 어떤 사고에 의해 인계를 받기로 한 자가 예정된 장소로 올 수 없어 인계를 하지 못하게 된 경우의 조치에 대해서도 앞 조와 동일하다.

제27조 피미행자가 만일 미행을 놓쳤을 경우에는 즉시 수배하여 소재 파악에 힘써야 한다.

제28조 미행 인계 시에는 인계자 및 인계를 받는 자는 서로 명함을 교환하거나 혹은 경찰수첩을 서로 제시하고 인계자는 인계를 받는 자에 대하여 미행 인계서를 교부하는 것으로 한다.

제29조 앞 조의 미행 인계서는 피미행자 한 사람씩 제4호 양식에 의해 작성하고 순차적으로 인계하는 것으로 한다.

◆ **미행인계서** (양식12, 양식13 참조)

〈주의 사항〉

① 본 문서는 최초 미행에 착수한 경찰서에서 이를 열람하고 행선지 경찰서에 이어서 인계할 것.

② 미행 중에 인상, 특징, 행선지, 여행 목적, 복장 및 휴대품 등에 변화가 있을 때에는 각란의 기입 사항을 상응하여 정정할 것.

③ 미행 도중에 피미행자의 언동에 관해 특히 주의를 요하는 사실이 있을 때는 미행자가 요지를 인계서의 해당하는 란에 기입하고 상황을 구두로 인계할 것.

〈미행인계서 기입 사항〉

① 피미행자의 본적, 주소, 직업, 성명, 연령

② 인상 / 특징

③ 특별요시찰인 경우는 종별, 그렇지 않을 경우는 미행 이유

④ 출발지 및 월일시 / 행선지 / 여행목적

⑤ 복장 및 휴대품 등 / 비고

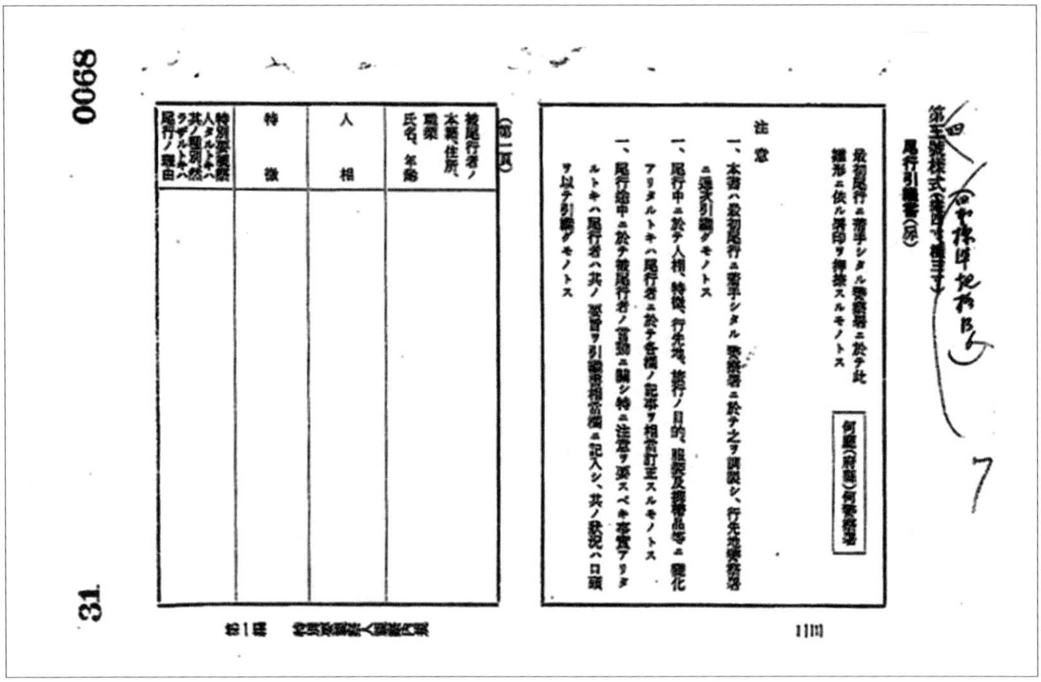

第三號樣式(第四條ニ據ル)

尾行引繼書(表)

最初尾行ニ着手シタル警察署ニ於テ此雛形ニ依ル謄印ヲ押捺スルモノトス

何廳(府縣)何警察署

注意

一、本書ハ最初尾行ニ着手シタル警察署ニ於テ之ヲ調製シ、行先地警察署ニ送致引繼グモノトス

一、尾行中ニ於テ人相、特徴、行先地、旅行ノ目的、服裝及携帶品等ニ變化アリタルトキハ尾行者ニ於テ各欄ノ記事ヲ相當訂正スルモノトス

一、尾行途中ニ於テ被尾行者ノ言動ニ關シ特ニ注意ヲ要スベキ事實アリタルトキハ尾行者ハ其ノ要旨ヲ引繼書相當欄ニ記入シ、其ノ狀況ハ口頭ヲ以テ引繼グモノトス

(第一頁)

被尾行者ノ本籍、住所、職業、氏名、年齡	
人相	
特徴	
特別要視察人タルトキハ其ノ種別然ラザルトキハ尾行ノ理由	

31

0068

양식12 <미행인계서-1>

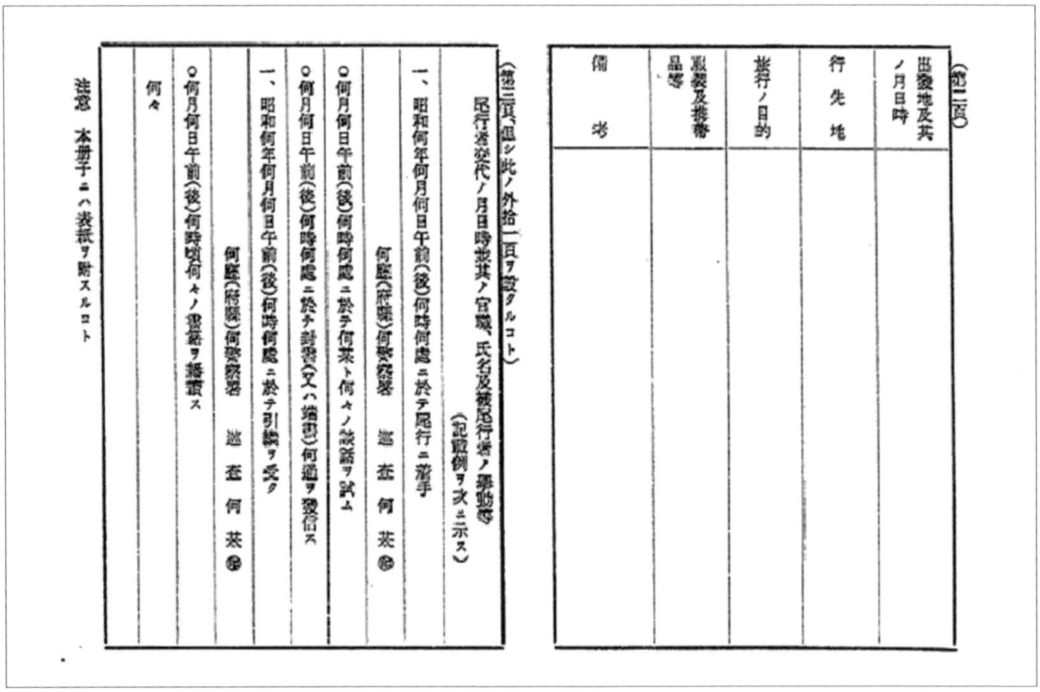

(第二頁)

出發地及其ノ月日時	行先地	旅行ノ目的	服裝及携帶品等	備考

(第三頁但シ此ノ外拾一頁ヲ設クルコト)

尾行者交代ノ月日時並其ノ官職、氏名及被尾行者ノ擧動等

（記載例ヲ次ニ示ス）

一、昭和何年何月何日午前(後)何時何處ニ於テ尾行ニ着手

何廳(府縣)何警察署　巡査　何某　印

○何月何日午前(後)何時何處ニ於テ何某ト何々ノ談話ヲ試ム

○何月何日午前(後)何時何處ニ於テ封書(又ハ端書)何通ヲ發信ス

一、昭和何年何月何日午前(後)何時何處ニ於テ引繼ヲ受ク

何廳(府縣)何警察署　巡査　何某　印

○何月何日午前(後)何時頃何々ノ書籍ヲ購讀ス

何々

注意　本冊子ニハ表紙ヲ附スルコト

양식13 <미행인계서-2>

◆ 특별요시찰인에 대한 정보 수집: 사진 촬영, 지문 채취

제30조 특별요시찰인 또는 특히 주의를 요하는 인물에 대해서는 기회가 있을 때마다 사진 및 필적(펜, 철필도 포함)을 가능한 다양한 종류의 것을 수집해야 한다.

제31조 앞 조의 사진에 관해서는 다음의 표준에 의해 조치를 취해야 한다.

1. 촬영할 경우

(가) 검속 또는 구류했을 때 촬영할 것

(나) 동일인이라도 복장, 두발, 수염의 길이 등에 의해 용모, 기타 현저한 변화가 있는 경우에는 촬영할 것.

(다) 모든 기회에 모든 종류의 수단을 강구하여 촬영한 것을 입수하여 복제해 둘 것.

2. 촬영 방법

(가) 원칙적으로 정면 탈모 사진(반신)으로 하고, 특히 필요하다고 판단되는 사람에 대해서는 옆면 사진도 촬영할 것.

(나) 성명(가능한 한 자필 서명)을 사진 앞면에 복사할 것.

3. 배포

(가) 관내 편입자 또는 타청(他廳) 편입자 중 관내에 관계가 있는 자의 사진은 필요에 따라 가능한 한 관내 각 경찰서에 배포하고 항상 담당자에게 미리 알려둘 것.

(나) 수배, 그 외에 다른 관계상 필요가 인정될 때는 관계 관청에 가능한 한 소요 부수를 가늠하여 송부할 것.

4. 정리 방법

(가) 사진은 분류, 정리하고 명부 혹은 사진첩에 첨부하여 보관해 둘 것.

(나) 원판은 정리한 후 보관해 둘 것.

(다) 사진 및 원판에는 반드시 촬영 혹은 입수 연월일을 기입할 것.

제32조 특별요시찰인 또는 특히 주의를 요하는 인물에 대해서는 지문을 채취해야 한다.

제33조 지문 채취에 관해서는 다음의 표준에 의해 조치를 해야 한다.

1. 검속 또는 구류를 했을 때는 양식(지문원지)[16]에 의해 1인당 지문 원지 3매를 작성

16 원문은 제5호 양식.

하고 지문 원지 보관청(이하 간단히 원지 보관청이라고 칭한다)에 각 1매를 송부할 것.

2. 용의자를 검속 또는 구류했을 때는 지문 원지 3매를 채취하여 그 중 1매를 신속하게 가장 가까운 원지 보관청에 송부하고 조회할 것.
원지 보관청은 위의 조회가 있었을 때는 신속하게 필요한 사항을 회답하고, 발견하지 못할 경우에는 원지에 용의자 지문이라고 붉은 색으로 써서 보관할 것.

3. 원지 채취청은 원지를 원지 보관청에 송부할 경우에는 양식(지문 소표(小票))[17]에 의해 지문표를 작성하고 관청에 보관할 것.

4. 원지 보관청은 지문 원지에 의거하여 양식(성명색인표)[18]에 의한 성명, 색인표 및 본명 이외의 이명(異名)이 있는 자에 대해서는 양식(이명색인표 양식)[19]에 의한 이명색인표를 작성할 것.

5. 지문 채취 후 상당히 시간이 경과한 자, 또는 원지 보존이 필요 없다고 판단될 경우에는 명부 편입청 또는 거주지 관할청이 관련 취지를 신속하게 원지 보관청에 통보할 것.

6. 원지 보관청은 이하 방법에 의할 것.
(가) 원지는 이하의 분류 방법에 의할 것.
(나) 원지가 중복된 경우, 전후 두 지문에 차이가 있을 때는 시간상 나중의 원지에 앞의 원지의 소요 사항을 옮겨 적은 후 앞의 원지를 폐기하고, 전후 지문의 차이가 없을 때는 시간상 앞선 원지에 새로운 기재 사항을 옮겨 적은 후 나중의 원지를 폐기할 것. 단, 지문이 선명하지 않을 때는 예외이다.
(다) 원지 기재 사항의 변동 보고가 있을 때는 즉시 이를 정리하고, 사망 혹은 보관할 필요 없다는 통보가 있을 때는 원지를 파기할 것.

7. 앞 호는 지문표에도 이를 준용할 것.

8. 경시청은 매월 양식(지문채취자조사)[20]에 의해 각 청부현의 지문 피채취자 조사를

17 원문은 제6호 양식.
18 원문은 제7호 양식.
19 원문은 제8호 양식.
20 원문은 제9호 양식.

다음 달 10일까지 내무성 및 원지 보관청에 통보할 것.

9. 이미 형사 지문을 채취한 사람에 대해서는 지문 원지 사본을 작성하여 원지가 작성될 때까지 이것을 사용할 것.

10. 경시청, 오사카부, 후쿠오카현을 원지 보관청으로 한다.

第34조 폭발물, 변장 무기, 권총, 단총, 약품, 기타 위험 우려가 있는 물건의 수입과 이입, 소지, 수수, 은닉에 대해서는 엄중한 단속을 하고 특히 출처, 목적 등을 밝혀야 한다.

앞 항의 위험물 수수, 휴대 거부, 그 밖의 단속에 관해서는 특히 관련 각 과 및 각 청과의 연락을 긴밀하게 하여 단속 상 실수가 없도록 해야 한다.

第35조 '다이너마이트' 그 밖의 폭탄류를 사용하는 광산, 공사장 등에 대해서는 특히 시찰을 엄중히 하고, 이런 종류의 위험물 분실, 도난 등이 있어 특고의 업무상 주의를 요한다고 판단되는 경우에는 즉시 각 청부현에 수배하여 이를 발견하는 데에 힘쓰는 한편 동시에 그 내용을 보고해야 한다.

앞 항의 위험물을 입수하기 쉬운 노동에 종사하는 자에 대해서는 항상 행동을 엄격히 주의하고 단속 상 실수가 없도록 해야 한다.

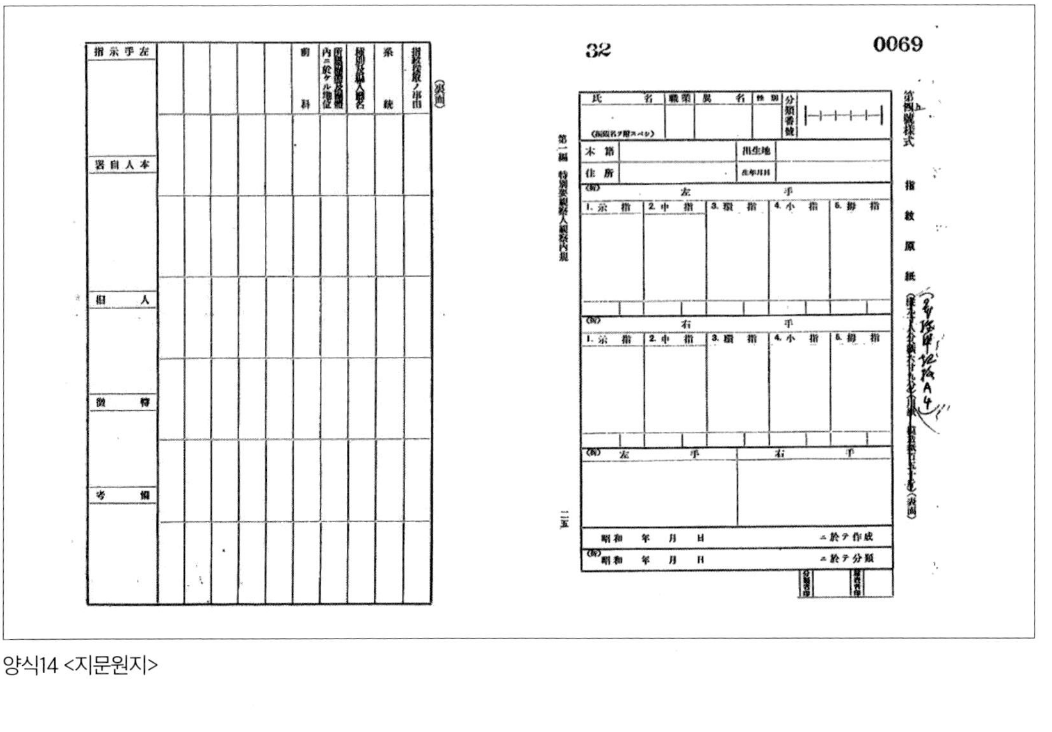

양식14 <지문원지>

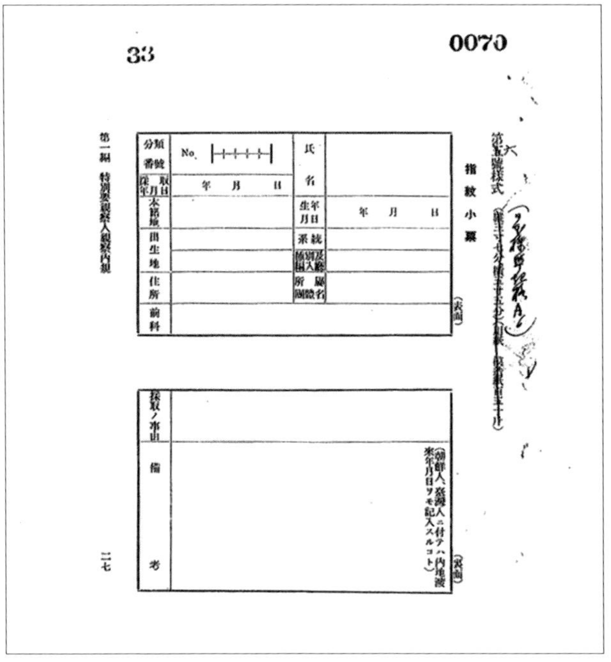
33 0070

第六號様式

指紋小票

(表面)

分類番號	No.	氏名	
採取年月日	年 月 日		
本籍		生年月日	年 月 日
出生地		系統	
住所		所屬團體名	
前科			

(裏面)

採取ノ事由	
備考	(朝鮮人、臺灣人ニ付テハ內地渡來年月日ヲモ記入スルコト)

第一編 特別要視察人視察內規

二七

양식15 <지문 소표>

◆ 특별요시찰인 시찰 내규 개정에 관한 건 <1938년(昭和 13) 10월 5일>

- 경보국 보안과 가토(加藤) 사무관이 각 청부현(廳府縣) 특고과장에게 보낸 문서

특별요시찰인 약식 명부에 관해서는 서두에 있는 내규에 의해 전국의 특별요시찰인 명부를 실제로 각 청부현(廳府縣)에서 정리하고 있는데 지나치게 상기 형식에 치우쳐 이에 소요되는 비용 및 노력에 비하여 그다지 실효가 없다는 문제가 있었다. 그래서 이번에 이를 폐지하고 대신 성명, 기타 필요 사항 등을 교환하는 정도의 동(同) 내규를 개정함으로써 경찰 사무의 쇄신과 능률 향상에 이바지하는 것이 타당할 것으로 사료된다. 별지 개정안에 대해서 무엇이든 의견이 있으신 경우에는 수고스럽더라도 10월 말일까지 담당관 앞으로 연락을 주시면 회신하도록 하겠다.

- 특별요시찰인 시찰 내규 개정안(밑줄 부분은 개정하고자 하는 부분)[21]

제3조를 다음과 같이 개정한다.

---

21 內務省 警保局 保安課, 1939, 『特別高等警察例規集』, 34~36쪽.

새로이 특별요시찰인으로 편입된 자가 있을 때 갑(甲) 호의 경우에는 이 명부 및 약식 명부의 등본 각 1부를, 을(乙) 호의 경우는 약식 명부 등본 1부를 첨부하여 내무성에 보고해야 한다. 또한 어떤 경우라도 양식(특별요시찰인 약식명부)[22]의 2 약식 명부가 필요한 사항을 각 청부현 및 이하에 기록하는 관청에 통보해야 한다. 단 특별요시찰 조선인(특별요시찰 대만인) 갑의 경우는 조선총독부(대만총독부), 경시청 및 야마구치현(山口縣)에도 명부 등본을 송부해야 한다.

① 상해(上海) 주재 내무서기관[나가사키현(長崎縣) 외사과장(外事課長) 전교(轉交)로 부칠 것]

② 조선총독부 경무국장, 경기도, 평안북도, 경상남도 각 지사

③ 대만총독부 경무국장

④ 가라후토(樺太, 사할린) 장관

⑤ 관동국 경무국장, 관동주 장관

⑥ 헌병사령관

⑦ 해당 부현(府縣) 관할 헌병대장

⑧ 도쿄(東京) 형사지방재판소 검사정, 오사카(大阪) 공소원(控訴院) 검사장

앞 항의 경우 명부 각 란(欄)의 사항 중 조사 상 시일이 필요한 경우에는 명확히 밝혀진 사실에 대해 명부를 작성하고 그 밖의 사항은 추가 보고해야 한다.

제4조를 다음과 같이 개정한다.

각 명부 기재 사항에 변경이 있는 경우에는 그 내용을 내무성에 보고하고, 아울러 앞 조의 관계 관청에 통보해야 한다.

(후략)

22 원문은 제2호 양식.

- **특별요시찰인 약식 명부 양식**(양식16, 17 참조)

〈기입 사항〉

① 종별

② 본적 주소 성명 생년월일

③ 이명(異名)

④ 편입청 및 이동 연월일

〈주의 사항〉

약식 명부는 공산주의자, 사회주의자, 무산주의자, 기타, 조선, 대만으로 분책, 정리할 것.

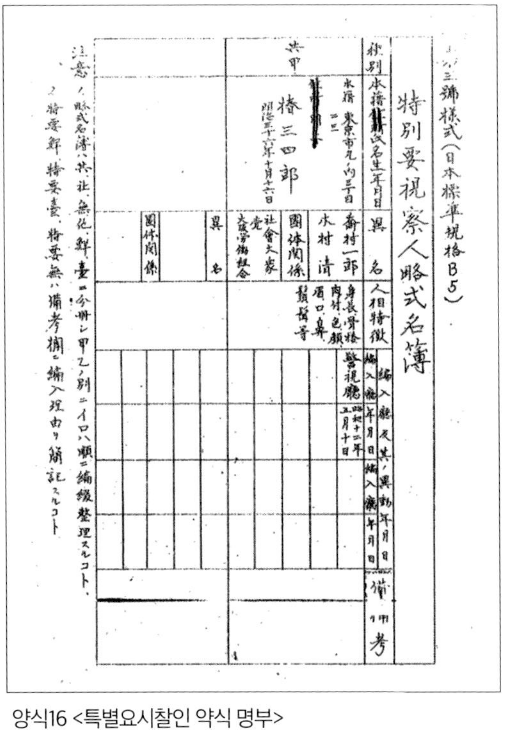

양식16 <특별요시찰인 약식 명부>

주의: 1. 약식 명부는 공산주의자, 사회주의자, 무산주의자, 조선인, 대만인으로 나누어 엮고, 갑을로 나누어 가나 순으로 철하여 정리할 것.

2. 특별요시찰 조선인, 대만인, 무산주의자는 비고란에 편입하고 이유를 간략히 기록할 것.

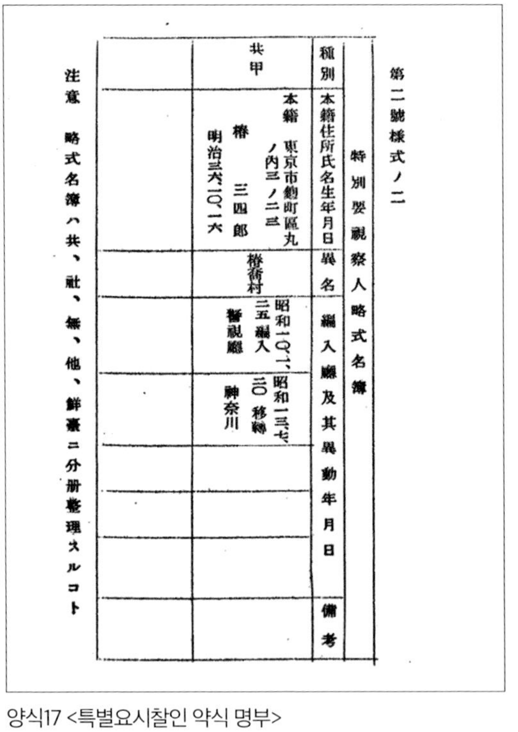

양식17 <특별요시찰인 약식 명부>

주의: 약식 명부는 공산주의자, 사회주의자, 무산주의자, 기타, 조선, 대만으로 분책, 정리할 것.

3) 사상 탄압·단속을 위한 지침

(1) 조선인 시찰 및 단속 보고 지침(<자료 192>의 306쪽)

◆ 요시찰 조선인 명부 작성 지침

- 조선인 시찰 단속상 조선, 대만, 가라후토 및 관동주와의 연락에 관한 건. 명령에 의한 통첩 〈1916년(大正 5) 8월 10일〉 [내무성 비(秘) 제1640호] - 경보국장이 청부현 장관에게 보냄.

조선총독부 관할 요시찰 조선인 명부 및 이동(異同) 사항에 대한 내무성에 내첩(內諜)하는 방법은 동 부(府)와 협의를 마침. 해당 명부는 지난번부터 송부를 접하고 있는 바, 이들 요시찰 조선인에 관한 다음 사항은 특수한 것을 제외하고 이 명부에 의거하여 조사해야 한다. 필요한 경우에는 일단 경보국장에게 조회해 주길 바란다. 또한 내지에 거주하지 않는 요시찰 조선인의 왕래, 발착(發着) 혹은 언동 중에 내지와 관계가 있고 주의를 요하는 것은 수시로 관계청 및 경보국장에게 알리고, 통보 방면은 조선총독부, 대만총독부 가라후토 청 및 관동도독부이며 관련 협의를 마쳤음. 해당 통보를 접한 경우에는 시찰 단속상 상응하는 조치를 하고 중요사항에 관한 보고 및 관계청에 대한 통보방법은 적절하게 조치해 주길 바람.

- 요시찰 조선인 명부

이에 본문 기재의 요시찰 조선인 명부는 내무성에서 별기한 양식으로 경시청 및 야마구치현 양 청으로 이첩하기로 하였음을 양지하길 바람.

기(記)

1. 원적, 주소, 신분, 직업
2. 시찰사유, 교우관계, 인상(人相), 특징
3. 경력 개요, 자산
4. 가족 성명, 세력 및 신용 정도(양식은 생략)

◆ 요시찰 명부의 실제 사례: 이광수의 경우

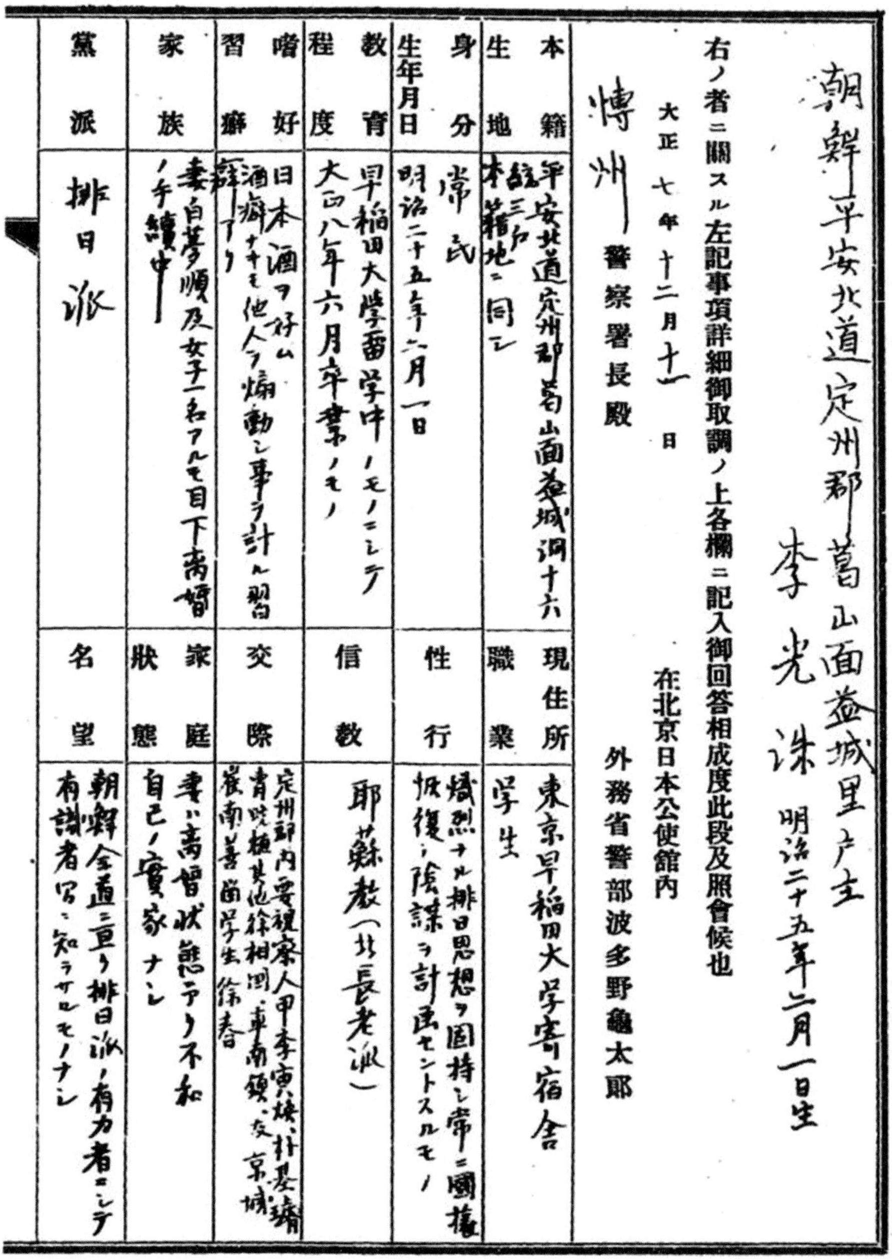

朝鮮平安北道定州郡葛山面益城里户主 李光洙 明治二十五年二月一日生

右ノ者ニ關スル左記事項詳細御取調ノ上各欄ニ記入御回答相成度此段及照會候也

大正七年十二月十一日

在北京日本公使館内

外務省警部波多野龜太郎

博川警察署長殿

本籍	平安北道定州郡葛山面益城洞十六 統三戸
生地	本籍地ニ同シ
身分	常民
生年月日	明治二十五年二月一日
教育程度	早稲田大學留学中ノモノニシテ大正八年六月卒業ノモノ
嗜好習癖	日本酒ヲ好ム 酒癖ナキモ他人ヲ煽動シ事ヲ計ル習癖アリ
家族	妻白惠順及女子一名アルモ目下離婚ノ手續中
黨派	排日派
現住所	東京早稲田大学寄宿舎
職業	学生
性行	熾烈ナル排日思想ヲ固持シ常ニ國權恢復ノ陰謀ヲ計画セントスルモノ
信教	耶蘇教(北長老派)
交際	定州郡内要視察人甲李寅植、朴基璿 青咲植其他徐相潤、車南鎮、交 京城 崔南善 留学生徐椿
家庭狀態	妻ト離婚状態アリ不和 自己ノ實家ナシ
名望	朝鮮全道ニ亘リ排日派ノ有力者ニシテ有識者間ニ知ラサルモノナシ

출전: 〈기밀 제82호(機密 第82号)〉「요시찰 조선인 이광수에 관한 건(要視察朝鮮人李光洙に関する件)」, 『불령단관계잡건-조선인의 부-재지나각지1(不逞團關係雜件-朝鮮人의部-在支那各地1)』, 1919.

조선 평안북도 정주군 갈산면 익성리 호주
이광수 1892년 2월 1일생
위 자에 관한 다음 사항을 상세히 조사한 다음 각 란에 기입하여 회신해 주기 바라며 조회합니다.

1918년 12월 11일 박주(博州) 경찰서장 귀하
재북경일본공사관 내 외무성경부 하타노 가메타로(波多野亀太郎)

본적/출생지	평안북도 정주군 갈산면 양성동 16통 3호/본적지와 같음
현주소/직업	도쿄와세다대학 기숙사/학생
신분/생년월일	상민/1892년(明治 25) 2월 1일
성행(性行)	치열한 배일사상을 고집하고 항상 국권 회복의 음모를 계획하려는 자
교육정도	와세다대학 유학 중인 자로 1919년 6월 졸업예정
신앙	기독교(북장로파)
기호 습관	니혼슈를 좋아함. 술버릇은 없지만 타인을 선동하여 일을 도모하는 습관이 있음
교제	정주군내 요시찰인 갑 이인환, 박기서, 조만식 그 외 서상국, 차남진, 및 경성 최남선 유학생 서춘
가족	처 백O순 및 여자 1명이 있는데 현재 이혼 수속중
가정상태	처는 이혼상태이며 불화, 자신이 소유한 주택 없음
당파	배일파
명망	조선 전국에 걸쳐 배일파의 유력자로, 유식자 간에 모르는 자가 없음

(2) 일본 거주 조선인에 대한 시찰 및 조사(<자료 192>의 105~110쪽)

◆ 내지 거주 조선인의 시찰

제70조 내지 거주 조선인에 대해서는 거주지 관할 청부현에서 가능한 한 명부를 작성하고, 본적, 출생지, 주소, 성명, 별명, 생년월일, 성별, 직업, 성행, 인상, 특징, 도래 연월일, 가족 관계, 교우 관계, 단체 관계 등, 경찰 단속에 필요한 사항을 기입하고 변동이 있을 때마다 정리하여 항상 소재를 밝혀 두는 방법을 강구해야 한다.

제71조 내지 거주 조선인 밀집지대, 가동(稼動) 장소, 노무자 합숙소 등에 대해서는 끊임없이 엄밀한 시찰을 하여 용의자 발견에 힘써야 한다.

제72조 내지 기업가가 조선 내에서 조선노동자를 모집하는 경우에는 이하의 통첩에 의해

조치해야 한다.

「조선인노동자 모집에 관한 건」〈1918년(大正 7) 12월 12일〉 [경각(警閣) 제420호]

「조선인노동자 모집에 관한 건」〈1923년(大正 12) 5월 14일〉 [내무성 각경(閣警) 제3호]

「조선인노동자 모집에 관한 건」〈1929년(昭和 4) 5월 7일발〉 [사(社) 제30호]

「조선인노동자 모집원 취급에 관한 건」〈1926년(大正 15) 9월 20일〉 [조보비(朝保秘) 제1170호]

「노동자 모집 단속 규칙」〈1918년(大正 7) 1월 12일〉[총독부령 제6호 개정] [1919년(大正 8) 8월 제133호]

第73조 내지 거주 조선인, 대만인 중에 각종 공공연한 의원 선거에 즈음하여 입후보한 자가 있을 때는 그 상황에 대하여 필요 사항을 보고해야 한다.

내지 거주 조선인, 대만인 각종 의원의 언동 중 중요한 것은 때때로 보고해야 한다.

第74조 조선인, 대만인 학생 및 종교가의 동정에 대해서는 충분히 주의해야 한다.

第75조 조선인(대만인)만으로 이루어져 있거나 혹은 주로 조선인(대만인)으로 이루어져 조직된 단체 또는 조선인(대만인)을 보호하거나 보좌한 경우, 그 밖의 다른 조선(대만) 문제에 관한 단체에 대해서는 제26조 및 제27조에 준하여 시찰 단속을 해야 한다.

내선협화(內鮮協和) 취지에 어긋나는 단체는 가능한 한 사전에 그 조직이 성립되지 않도록 적절히 조치를 강구함과 동시에 매번 보고해야 한다.

第76조 내지인 관계 각종 단체 내에 조선인(대만인) 가입자가 있는 경우에는 그 가입자의 지위 및 동정, 그 단체 자체의 조선(대만) 문제에 관한 책동 상황, 그 밖에 소요 사항을 조사하여 필요에 따라 적절히 단속을 해야 한다.

第77조 외지 혹은 해외와 내지 사이를 왕래하는 조선인(대만인)에 대해서는 특히 주의를 하여 선착지 또는 승선지의 관할 청부현에서 엄밀한 검색을 이행하고 요주의 인물 색출에 힘써야 한다.

第78조 외지 및 해외에서 도항(재도항을 포함)하는 조선인(대만인) 중 중요시찰인 혹은 특히 주의를 요한다고 판단되는 인물에 대해서는 제1호 양식에 의해 각 사항을 조사하여 내무성 및 행선지 청부현에 통보해야 한다.

제79조 외지 혹은 해외로부터 도래하는 조선인(대만인)에 대해서는 폭발물, 변장 무기, 권총, 단총, 약품, 그 밖의 위험 우려가 있는 물건 소지, 은닉에 대해 특히 엄중한 검색을 실시하여 이를 색출하는 데 힘써야 한다.

앞 항의 위험물을 발견했을 때는 정규 절차를 거쳐 이입된 것인지 어떤지 조사를 함과 동시에 가령 조선(대만)내에서 정규 허가를 받은 것이라도 내지에서 이를 휴대하는 것에 대해서는 엄중하게 신원 등을 조사한 후에 사정상 부득이한 경우를 제외하고 허가를 하지 않는 방침을 취해야 한다.

제80조 부정 도항한 조선인을 발견했을 때는 필요 사항을 조사하고, 깨닫도록 잘 타일러 조선으로 돌아가도록 적절히 조치를 강구하고 내무성, 관계 청부현 및 조선 관계 관청에 통보해야 한다. 이상(以上)을 취급할 때는 용의, 불령한 인물이 아닌지에 대해 특히 엄중한 조사를 할 필요가 있음은 물론이거니와 용의점이 없는 한, 단순히 부정 도항자라는 이유로 함부로 부당하게 가혹한 조사를 하는 일이 없도록 주의해야 한다.

제81조 해외, 그 외의 지역에서 불온, 반역 행동을 목적으로 내지로 잠입하는 불령 인물에 대해서는 필요에 따라 선박, 열차 내 이동 등에 대하여 경찰, 경계를 실시하고, 주요한 선차(船車) 발착장의 경비, 검색에 힘쓰는 한편, 때때로 접객업자 등에 대한 임검(臨檢) 집행 등 유효하면서도 적절한 수단을 강구하여 엄중한 사찰, 경계를 해야 한다. 이 외에도 평소 관내 거주 및 왕래 조선인의 동정에 충분히 유의하는 등, 이의 색출, 체포에 대하여 최선의 노력을 해야 한다.

제82조 앞의 여러 조의 검색 실시에 대해서는 해당 업무자, 종업원은 물론, 관계 세관, 철도 당국 등과 항상 긴밀한 연락, 협조를 유지하도록 노력해야 한다.

제83조 외지 및 해외에 있는 조선인(대만인) 주의자(主義者)와 내지 거주 동지와의 연락, 협력에 대해서는 항상 주도면밀한 주의를 하고, 특히 통신, 왕래에 대하여 엄중하게 시찰, 내사(內査)를 해야 한다.

제84조 외지에서 편입한 요시찰인의 왕래, 거주에 대해서는 동정을 감시하고, 내지 및 외지 관계 관청에 통보하는 것 외에도 중요 사항에 관해서는 내무성에 보고해야 한다.

제85조 조선인, 대만인의 단속에 관해서는 특히 외지 관계 관청 및 해외에 설치한 관헌과 긴밀한 연락, 협조를 유지하도록 힘써야 한다.

◆ 내지 거주 조선인의 시찰 단속에 관한 건

〈1933년(昭和 8)〉 - 특고 외사과장 회의 지시사항

내지 거주 조선인으로 특고경찰상 사찰 경계를 요하는 자의 숫자가 최근 증가하고 있는데, 그 중 극좌운동 분야에서 항상 각종 행동적 방면을 분담하여 걸핏하면 교묘하고 과격한 행동을 하는 경향이 더욱 현저할 뿐 아니라, 일부 지도 분자 중 조선 내 동지와 책응하고 조선 내의 주의(主義) 선전 선동에 광분하는 자가 적지 않은 실상이다. 다른 한편으로 민족주의계 내지 조선인도 항상 상해 불령분자 등과 연락을 획책하여 내지 잠입의 기회를 부여하고, 혹은 사주를 받아 반역을 감행하는 경우가 없지 않은 상황이므로 내지 거주 조선인의 동정을 부단히 주의하고 용의 조선인의 발견에 노력하며 단속 상 소홀함이 없도록 해 주길 바람.

◆ 내지 거주 조선인의 단속 및 보호에 관한 건

〈1934년(昭和 9)〉 - 특고 외사과장 회의 지시사항

최근 조선 내의 불황과 더불어 내지로 도래하는 조선인의 수가 증가하는 경향이 있는데, 이들 내지 거주 조선인 중에는 극좌운동에 가담하여 과격한 행동을 취하거나, 혹은 절도, 사기 등 각종 죄를 범하여 형법에 저촉되는 자가 많을 뿐 아니라, 빈번히 각지에 차지차가(借地借家) 분쟁, 노동쟁의, 내선인 간의 분쟁 사건 등을 야기하고 있다. 이러한 것은 비단 내지의 치안유지상 극히 우려할 만한 사태일 뿐 아니라, 나아가 내선융화를 저해하고 조선 통치에 끼치는 영향도 가늠할 수 없으므로 앞으로 한층 불량선인에 대한 단속을 철저히 함과 동시에 관계 방면과 협력하여 내선인 상호간의 융화 촉진 및 일반 내지 거주 조선인의 보호를 위해 최선을 기울여주길 바람.

(3) 재일본 조선인 유학생에 대한 시찰(<자료 192>의 311쪽)

◆ 조선인 유학생의 재학증명서에 관한 건

〈1934년(昭和 9) 8월 16일〉 [경보국 보발갑(保發甲) 제20호]

-경보국장이 각 청부현 장관에게 보냄.

이에 관하여 당 내무성 차관과 문부성 차관과의 사이에 다음과 같이 조회가 있었다. 현재

조선인 유학생의 재학증명서에 사진을 첨부하기로 하였으므로, 이를 양지한 후 단속 상 과오가 없도록 해 주길 명에 의해 통첩함.

◆ 조선인 유학생의 재학증명서에 관한 건

〈1934년(昭和 9) 6월 26일〉 [경보국 보발을(保發乙) 제12호]

-내무차관이 문부차관에게 보냄.

최근 조선인 노동자로 내지에 도래하는 자가 매우 다수이며, 이 때문에 내지 노동자 및 종래부터 내지에 거주하는 조선인 노동자의 실업을 한층 심각하게 만드는 것은 물론, 조선인 관계의 각종 범죄, 차가(借家) 분쟁, 위생 풍속상의 문제 등 각종 문제를 야기하고 있다. 단지 내지 치안 상 우려할만한 사태를 발생시킬 뿐 아니라 나아가서는 내선융화의 근본정신을 저해하는 일이 적지 않은 상황이다. 또한 최근 상해 방면의 불령선인의 활동이 매우 창궐한 틈을 타 내지에 잠입하여 흉포한 반역 행위를 하는 등 여러 가지를 획책하고 있어서 불령선인 잠입에 대한 경계경비가 현재 긴요한 실정이다. 따라서 당 내무성에서 사전에 조선총독부와 협의한 후 조선인 노동자로 내지에 도항하는 자에 대해 신원 및 도항 사유 등 조사 상 지장이 없는 한 도항증명서를 교부 휴대하도록 하였다. 이에 따라 한편으로는 취직 가능성 없이 도래 후 즉시 직업을 구하려 전전하며 방황하는 이른바 만연(漫然)도항자[23]가 되는 것을 방지함과 동시에, 다른 한편으로 불령인물의 잠입을 경계 저지할 목적에 이바지하는 것이다. 그런데 만연도항자로 도항을 저지당한 자가 안으로는 종종 조선인유학생의 재학증명서를 위조하거나, 혹은 타인의 재학증명서를 빌려 학생으로 가장하여 도항목적을 달성하는 자가 적지 않다. 이래서는 모처럼의 만연도항노동자 저지의 제도가 효과를 거둘 수 없을 뿐 아니라, 이러한 부정수단이 쉽게 행해진다면 이 방법으로 앞에 서술한 불령인물의 내지 잠입을 언제 당할지 알 수 없으므로 재학증명서를 소지한 유학생이라 해도 과연 진짜 학생인지 아닌지 일단 조사 단속할 필요가 있다고 본다. 그래서 최근 실제 취급에서는 재학증명서 소지자에 대해서도 내지 재도항에 앞서 조선 내 관할경찰서에서 일단 본인인지를 확인하고, 증명서 여백에 본인임을 증명하는 인상, 특징 등을 기입하는 방법을 취하고 있는 상황이

23 뚜렷한 목적 없이 도항하여 떠도는 자.

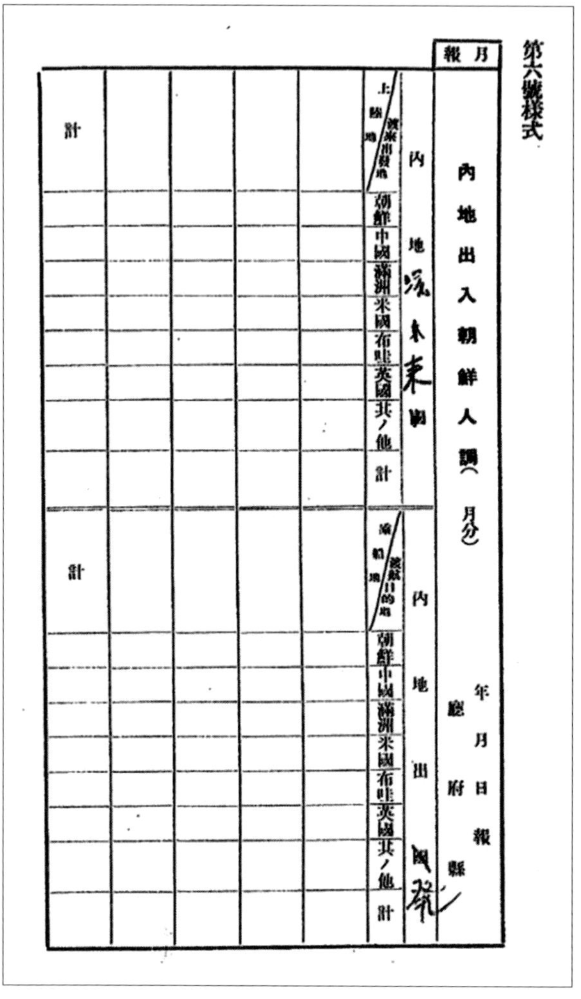

第六號様式

月報

內地出入朝鮮人調（　月分）

年　月　日報　廳府縣

內地渡來		
上陸地／渡來前居住地		
朝鮮		
中國		
滿洲		
米國		
布哇		
英國		
其ノ他		
計		計
內地出國		
乘船地／渡航目的地		
朝鮮		
中國		
滿洲		
米國		
布哇		
英國		
其ノ他		
計		計

양식18 <내지 출입 조선인 조사>

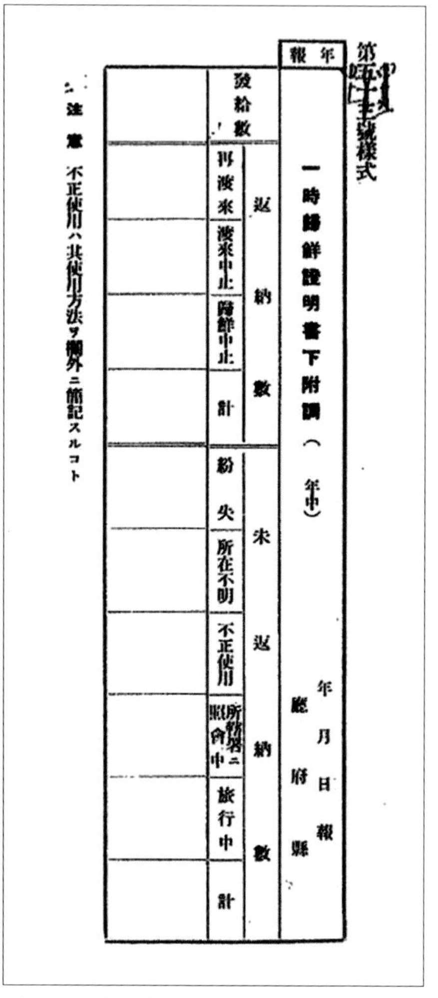

年報

一時歸鮮證明書下附調（　年中）

年　月　日報　廳府縣

發給數		
返納數	再渡來	
	渡來中止	
	歸鮮中止	
	計	
未返納數	紛失	
	所在不明	
	不正使用	
	所轄署ニ照會中	
	旅行中	
	計	

注意　不正使用ハ其使用方法ヲ欄外ニ簡記スルコト

양식19 <일시귀선증명서 하부(下附) 조사>

다. 그런데 이러한 취급은 유학생 일반을 위험시하여 함부로 경찰이 가혹한 취급을 한다고 오해를 불러일으켜 학생, 부형의 인심을 자극하고 종종 비난 공격의 대상이 되어 내선융화에 바람직하지 않은 결과를 낳을 것이 우려된다. 이는 분명 유학생 재학증명서의 부정사용에서 생겨난 자연스러운 귀결이다.

부정사용을 완전히 저지할 방도는 조사를 하는 자와 받는 자 쌍방이 번잡하고 불쾌한 수속을 면하고 피차 편익을 누리는 점이 적지 않다고 인정되는 하나의 방법으로 각 학교에서 일반학생(일반학생에 대해 곤란한 사정이 있다면 조선인유학생)에게 재학증명서를 발급할 경우에는 반드시 본인의 사진을 증명서에 붙이고 쉽게 고치지 못하도록 인각기 등을 사용하여 엄중 계인한 다음 교부한다면 부정사용을 적지 않게 방지할 수 있을 것이다. 따라서 그만큼 수속을 생략할 수 있고 학생 자신에게도 편익이 적지 않을 것이다. 따라서 본 건을 심의하여 일반학생에게 실시하도록 배려해 주길 바람.

또한 종래 사립학교 등에서 조선 내에서 입학금 등 소정의 비용을 송부하여 입학 지원할 때 학력, 수학능력 등에 아무런 전형 조사도 하지 않고 직접 허가를 부여하여 재학증명서를 우송하고 혹은 학교에 따라서는 직원을 조선에 출장 보내 다수의 입학지원자를 모집하고 앞서와 마찬가지로 거의 전형 과정 없이 그 자리에서 입학금과 교환하여 재학증명서를 교부하는 경우도 있는데, 이러한 입학허가자 중에 당초부터 아무런 입학 의사 없이 통상의 노동자가 부정도항의 방편으로 삼아 입학지원을 하는 것으로 판명된 자도 적지 않은 실정이다. 이 또한 만연도항 저지 및 불령인물 경계를 위해 앞서 서술한 증명서의 위조, 차용 등의 경우와 마찬가지로 간과할 수 없는 바이므로, 이 점에 관해서도 학교 당국의 반성을 촉구하도록 적절히 배려해 주길 바람. 이에 대해 의견을 구하고자 한다.

◆ 조선인 학생 생도의 재학증명서에 관한 건

[문부성 관보(官普) 169호]24 - 문부차관이 내무차관에게 보냄.

1934년(昭和 9) 6월 28일 경보국 보발을(保發乙) 제12호로 조회한 표기의 건을 수용하고 별지대로 문부성 직할 학교장, 공립사립각대학장, 전문학교장, 고등학교장 및 각 지방장관 앞으로 통첩을 하였으므로 양지바람.

조선인 학생 생도의 재학증명서에 관한 건(1934년 8월 11일 문부성 관보 169호, 문부차관 발)

이번 내무차관이 조선인 학생 생도에게 재학증명서를 교부할 때 특히 취급을 신중히 하도록 신청했다. 종래 조선인으로 만연 내지도항을 꾀하는 자는 관계관청에서 설득 방지 방법을 강구해 왔던 바. 최근 내지 제학교의 재학증명서를 차용, 개착하고 또 서신으로 입학수속을 하고 재학증명서를 송부 받아 이를 사증으로 하여 내지에 도항하고 혹은 내지 학교 관계자가 조선으로 가서 입학자를 모집하는 경우, 거짓으로 이에 응하여 재학증명서 또는 차

---

24 内務省 警保局 保安課, 1939,『特別高等警察例規集』, 312쪽.

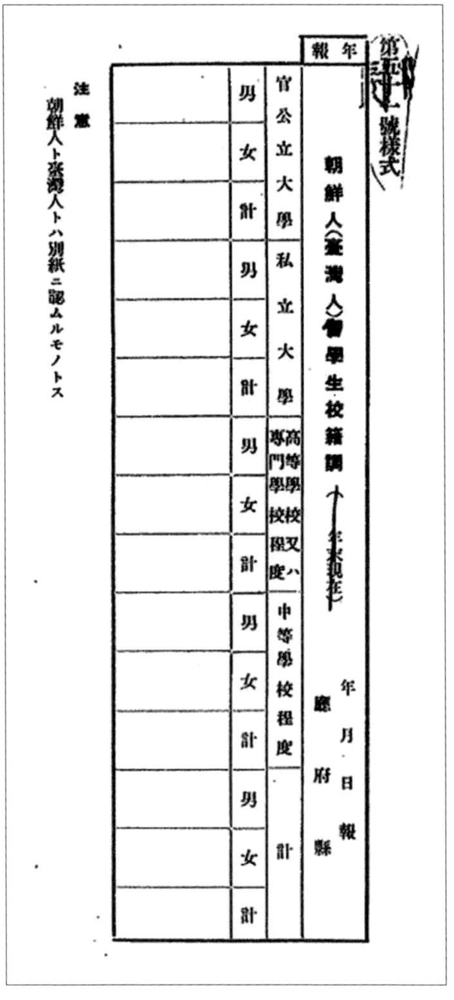

第二十號様式

朝鮮人（臺灣人）留學生校籍調（　年末現在）

年　月　日報

廳府縣

官公立大學			私立大學			高等學校又ハ專門學校程度			中等學校程度			計		
男	女	計	男	女	計	男	女	計	男	女	計	男	女	計

注意 朝鮮人ト臺灣人トハ別紙ニ認ムルモノトス

양식20 <조선인 유학생 교적 조사>

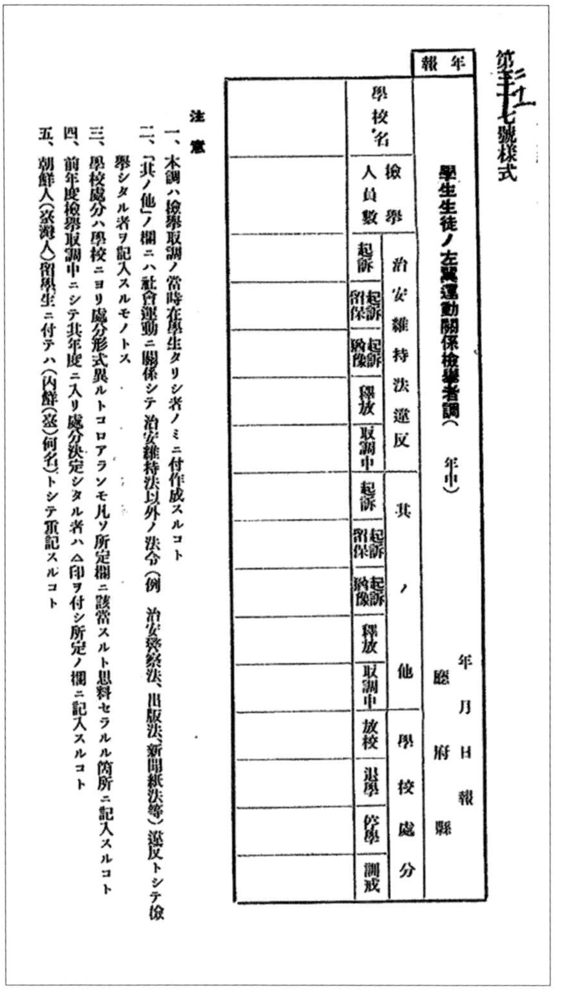

第二十一號様式

學生生徒ノ左翼運動關係檢擧者調（　年中）

年　月　日報

廳府縣

學校名	檢擧人員數	治安維持法違反					其ノ他					學校處分			
		起訴	起訴留保	起訴猶豫	釋放	取調中	起訴	起訴留保	起訴猶豫	釋放	取調中	放校	退學	停學	譴戒

注意

一、本調ハ檢擧取調ノ當時在學生タリシ者ノミニ付作成スルコト

二、「其ノ他」ノ欄ニハ社會運動ニ關係シテ治安維持法以外ノ法令（例 治安警察法、出版法、新聞紙法等）違反トシテ檢擧シタル者ヲ記入スルモノトス

三、學校處分ハ學校ニヨリ處分形式異ルトコロアランモ凡ソ所定欄ニ該當スルト思料セラルル箇所ニ記入スルコト

四、前年度檢擧取調中ニシテ其年度ニ入リ處分決定シタル者ハ△印ヲ付シ所定ノ欄ニ記入スルコト

五、朝鮮人（臺灣人）留學生ニ付テハ（内鮮（臺）何名）トシテ重記スルコト

양식21 <학생생도 좌익운동 관계 검거자 조사>

량 선박 할인증을 즉시 교부받아 그 인솔 하에 내지에 도항 후 즉시 소재를 감추는 자가 적지 않다. 이러한 것은 단지 당국의 방침에 위배될 뿐 아니라 근자에 상해 방면의 불령선인의 활동이 민활하여 이러한 방법에 의해 내지 잠입을 기도할 우려가 있음에 비추어 엄중경계가 필요하다. 이에 대해 특히 취급을 신중히 하고 다음과 같이 적당한 방책을 강구하여 만전을 기하고자 함. 참고를 위해 별지를 내무차관 통첩사본을 첨부함.

기(記)

1. 재학증명서에 본인 사진을 첨부하고 이에 인각기 등으로 계인(契印)을 하는 등 대여, 개작의 우려가 없도록 할 것
2. 때때로 재학증명서를 검사하고 항상 소재를 확인하여 분실하거나 대여할 소지가 없도록 할 것.
3. 재조선 입학지원자에 대해서는 본인이 학교에 도착한 후 정식으로 수속을 종료하기 이전에 재학증명서 또는 차량선박할인권 등을 송부하지 말 것.
4. 사립학교 관계자가 조선에 가서 학생을 모집할 때에는 특히 선발과 감독을 엄중히 하고 부정도항의 방편으로 이용당하지 않도록 주의할 것.

〈자료 193〉 정보 수집 및 사상통제를 위한 장치

[조선총독부 경무국(朝鮮總督府 警務局), 1923·1925, 『조선경찰지개요(朝鮮警察之概要)』]

1) 경비선 및 경비전화망[〈자료 193〉의 1923년판, 99~102쪽, 「경비선경비전화(警備船警備電話)」]

◆ 경비선

조선 해안선은 5,691리[25]로 경비를 위해 기선 5척, 발동기선 22척을 연안 21개소에 배치했지만 아직 연안 요지에 보급하기에는 부족하다. 또한 해운의 발달, 어업 진흥 등에 의해 해상의 경찰사고가 점점 증가하므로 이에 매년 경비선 건조 계획을 세워 수상경비의 충실을 기하고 있다.

◆ 경비전화의 가설

조선은 총면적 14,312 방리(方里)인 데 대해 가설 연장 거리(里程) 1919년(大正 8) 7월(제도 개정 전) 1,647리에 불과하여 1923년(大正 12)에 신규 가설 계획이 있지만, 가설선 연장 거

---

25 리, 방리는 일본어 원문 그대로 남겼다.

리 216리 13정이다. 현재 경찰관서 주재소 상호간의 연장 거리 7,540리 정도에 대해 경비전화선의 연장 리정 1,671리, 공중전화선 1,121리로 차이가 너무 현저다. 이를 부서 수와 비교하면 경찰 구획은 별항과 같이 면적은 광대하고 1개 경찰서가 254 방리를 관할한다. 경찰서 주재소 간의 거리는 30리 이상인 것이 적지 않다. 게다가 공중전화가 주재소에는 가설되지 않고 경비전화라 해도 경성 부내를 제외하고 공중전화선과 겸용하고 있어서 전화통신이 번잡한 현재에는 통화가 항상 폭주하여 장소에 따라서는 통신 불능인 적도 있다. 경찰사무 처리상 끼치는 지장이 적지 않은데 주변의 상황은 더욱 이용의 필요성이 대두하고 있다. 아무쪼록 등한시하지 말고 제도 개정 후에는 한층 증설을 시도하여 1910, 1911년 경성을 중심으로 부산, 원산, 의주, 해주, 공주, 청주 거리를 약 437리로 연장하고, 장거리 경비전화를 가설하여 연선 각 서 사이에도 통화할 수 있도록 할 뿐 아니라, 매년 증설 계획을 세워 착착 준공을 하고 있다. 이미 가설개소 부서소(部署所)의 수 2,770에 대해 842개소, 그 외 공중전화 255개소를 가설했다. 경성에는 경비전용 전화가 있고 경무국 부서 및 각 파출소 144개소에 가설했다.

전화 가설 개소 조사표 (출전: 『朝鮮警察之概要』, 1923, 101~102쪽)

도별 종별	부서			주재소			파출소			출장소		
	부서수	공중전화	경비전화	주재소수	공중전화	경비전화	파출소수	공중전화	경비전화	출장소수	공중전화	경비전화
경기도	27	43	57 ×5	221	-	43	79	12	×66 2	13	1	1
충청북도	11	4	9	96	-	30*	1	-	1	△3 3	-	-
충청남도	15	×5 1	14	159	3 ×1	26 ×1	5	2 ×2	- ×1	4	1	-
전라북도	15	4 ×4	13	22	-	22	6	3 ×3	1 ×1	-	-	-
전라남도	23	10 4	19	239	6	33	6	5 ×1	-	3	-	-
경상북도	24	7	14* 1	189	3	21	9	8	-	-	-	-

경상남도	24	16	16	231	5	11	17	16	-	6 △5	-	-
황해도	19	4	15	211	10	37 ×1	4	2	-	1 △6	-	-
평안남도	17	7 ×2	12 2	159	4	31 2	19	13 ×3	-	5 △2	-	-
평안북도	25	5	27	192	-	75 3	8	4	-	69	-	5 ×2
강원도	23	2 ×2	21	163	-	40 ×3	2 △2	- ×1	-	3 △1	-	-
함경남도	21	6	14 2	164	2	31 ×16	6	4 ×2	-	12	-	- ×1
함경북도	20	5	22	112	6	53 ×6	5	2 ×1	2	43	-	2 ×6
총계	264	28 ×13	253 10	2,158	39 ×1	456 ×32	167 △2	71 ×2	68 ×6	162 △17	2	8 ×9

비고: ×는 경성에 가설한 경찰전용전화이다. △는 산림감시소 및 청원순사대기소이다.

2) 사상통제의 기술로서의 언어 습득(〈자료 193〉의 1925년판)

◆ 경찰 관리의 한국어 일본어 해득 정도 조사표(1925)

경찰관리 어학 능률 조사표(1) (출전: 『朝鮮警察之概要』, 1925, 86쪽)

		번역통역 유창함				번역 가능, 통역 불충분				통역 가능, 번역 불충분			
		경부	경부보	순사	계	경부	경부보	순사	계	경부	경부보	순사	계
경기도	내지인	2	16	29	47	1	2	23	26	-	7	118	125
	조선인	17	12	297	326	-	-	97	97	-	-	371	371
충청북도	내지인	2	1	14	17	-	-	17	17	-	1	43	44
	조선인	3	5	96	104	-	-	36	36	-	-	70	70
충청남도	내지인	1	2	9	12	3	3	38	44	-	8	50	58
	조선인	5	7	143	155	-	-	64	64	-	-	141	141

전라북도	내지인	2	7	26	35	4	5	3	12	4	7	106	117
	조선인	4	8	144	156	-	-	23	23	-	-	230	230
전라남도	내지인	3	7	18	28	6	7	29	42	1	5	97	103
	조선인	6	9	231	246	-	-	28	28	-	-	258	258
경상북도	내지인	6	8	45	59	6	8	45	59	4	9	110	123
	조선인	5	11	277	293	-	-	149	149	-	-	169	169
경상남도	내지인	3	5	18	26	4	11	18	33	1	9	121	131
	조선인	6	10	170	186	-	-	38	38	-	1	317	318
황해도	내지인	5	7	54	66	4	1	31	36	3	5	92	100
	조선인	5	4	125	134	-	-	86	86	-	-	209	209
평안남도	내지인	4	3	32	39	2	7	30	39	-	10	89	99
	조선인	7	11	276	294	-	-	34	34	-	-	152	152
평안북도	내지인	7	9	38	54	2	4	56	62	-	5	157	162
	조선인	10	12	316	338	-		63	63	-	-	282	282
강원도	내지인	3	4	24	31	3	4	23	30	3	13	77	93
	조선인	4	5	167	176	1	-	83	84	-	-	183	183
함경남도	내지인	-	4	19	23	1	1	20	22	6	15	122	143
	조선인	7	8	137	152	-	-	43	43	-	-	295	295
함경북도	내지인	3	5	20	28	3	1	19	23	6	9	42	57
	조선인	5	3	114	122	-	-	42	42	-	-	240	240
계	내지인	41	78	346	465	37	52	378	367	28	103	1224	1,355
	조선인	84	105	2,493	2,682	1	-	786	787	-	1	2,917	2,918

경찰관리 어학 능률조사표(2) (출전: 『朝鮮警察之槪要』, 1925, 86쪽)

		번역통역 불충분하나 대화 가능				단어를 알고 다소 판단할 수 있음				전혀 불가능			
		경부	경부보	순사	계	경부	경부보	순사	계	경부	경부보	순사	계
경기도	내지인	17	27	425	479	23	22	517	562	-	-	2	2
	조선인	-	-	102	102	-	-	35	35	-	-	-	-
충청북도	내지인	10	17	107	134	2	5	98	105	-	-	4	4
	조선인	-	-	24	24	-	-	6	6	-	-	-	-
충청남도	내지인	3	10	185	198	11	6	154	171	1	-	15	16
	조선인	-	-	14	14	-	-	-	-	-	-	-	-
전라북도	내지인	7	11	226	244	2	-	149	151	-	-	-	-
	조선인	-	-	16	16	-	-	-	-	-	-	-	-
전라남도	내지인	9	12	263	284	8	11	279	298	-	-	23	23
	조선인	-	-	23	23	-	-	-	-	-	-	-	-
경상북도	내지인	5	5	304	314	-	-	233	233	-	-	13	13
	조선인	-	-	12	12	-	-	-	-	-	-	-	-
경상남도	내지인	9	23	310	342	10	4	298	312	-	-	8	8
	조선인	-	-	56	56	-	-	2	2	-	-	-	-
황해도	내지인	8	18	273	299	1	9	150	160	-	1	2	3
	조선인	-	-	41	41	-	-	1	1	-	-	-	-
평안남도	내지인	11	8	296	315	6	7	168	181	-	-	3	3
	조선인	-	-	17	17	-	-	-	-	-	-	-	-
평안북도	내지인	15	29	669	713	4	10	1039	1053	-	-	-	-
	조선인	-	-	29	29	-	-	-	-	-	-	-	-

강원도	내지인	7	13	231	251	9	7	165	181	1	1	12	14
	조선인	-	-	17	17	-	-	-	-	-	-	-	-
함경남도	내지인	9	164	406	579	8	4	224	236	-	1	11	12
	조선인	-	-	29	29	-	-	-	-	-	-	-	-
함경북도	내지인	8	12	294	314	4	9	405	418	-	-	9	9
	조선인	-	-	25	25	-	-	3	3	-	-	-	-
계	내지인	118	349	3,999	4,466	88	94	3,879	4,061	2	3	102	107
	조선인	-	-	405	405	-	-	47	47	-	-	-	-

3) 불온문서 취급에 관한 지침(〈자료 192〉의 214쪽)

◆ 불온문서 취급방법에 관한 건

〈1932년 12월 21일〉 [경보국 보발갑(保發甲) 제81호]

- 내무성 경보국장이 각 청부현 장관에게 보냄

최근 유언비어와 허보(虛報)로 인심을 혼란시키거나 사람의 명예, 신용 등을 훼손하고, 그 외 단체 혹은 가장단체의 위력을 보여 생명, 신체 등에 대한 협박 행위를 하는 자가 많고, 특히 은밀하게 문서로 범행을 감행하려는 자가 적지 않은 실정이다. 이와 같은 행위에 대해 종래 엄중 단속해왔다고 믿지만, 이른바 불온문서의 남발은 시기적으로 세인을 불안에 빠뜨리는 일이 심각하다. 또, 경제계에 미치는 악영향이 적지 않으므로 차제에 해당 사범이 발생할 때에는 관할 검사국과 긴밀한 연락을 취하여 철저하게 행위자를 추궁 천명하여 형법, 폭력행위 등 처벌에 관한 법률, 경찰범 처벌령, 출판법, 우편법 등 관계법규의 운용과 바람직한 방법에 따라 행위 근절을 위해 가장 유효적절한 조치를 해 주길 바라며 명에 의해 통첩하는 바이다.

추후 본 건에 관해서는 사법성에서 별도의 통첩을 마치게 될 것이므로 유념 바람. (중략)

국가주의사상, 정치단체의 강령, 주장, 정책 등이 과격하고 안녕질서를 문란하게 할 우려가 있는 것에 관해서는 가능한 결사 조직 전에 적절하게 훈시하여 삭제 또는 수정하고, 또 교화, 사상 단체를 표방하지만 강령의 내용,운동의 실제 등에 비추어 정치결사로 취급해야 할 것에 관해서는 정해진 규칙의 수속을 밟을 수 있도록 취급상 주의하기 바란다.

◆ 경찰관의 언동에 관한 건(1932년 특고 외사과장 회의 주의사항)

각종 쟁의의 단속 및 피고인의 취조 그 외의 경우에 종종 부주의하게 한 경찰관의 언동이 오해를 초래하여 물의를 일으킬 뿐 아니라 오히려 역선전에 이용당하는 일이 있음은 특히 유감으로 여기는 바이다. 각위(各位)는 관계 경찰관을 신칙(申飭)하여 조금도 경찰의 위신을 해치는 언동을 하지 않도록 특별히 주의하길 바람.

2. 사상통제의 방법: 조선에서의 결사, 집회, 대중운동에 관한 단속 및 규정 적용

〈자료 194〉 사상통제의 방법: 조선에서의 결사, 집회, 대중운동에 관한 단속 및 규정 적용

[나카가와 리키치(中川利吉)[26], 1933, 『조선사회운동취체법요의(朝鮮社會運動取締法要義)』, 제국지방행정학회 조선본부(帝國地方行政學會 朝鮮本部)]

1) 결사(〈자료 194〉의 125~151쪽)

(1) 결사의 개념

결사는 공동의 목적을 위해 다수의 사람이 계속적으로 결합하는 단체를 말한다. 따라서 결사는 다음 요건을 구비할 필요가 있다.

① 공동 목적이 있을 것을 요한다

결사는 구성원이 모두 공통의 목적을 가지며, 목적을 위한다는 뜻을 소통할 것을 요한다. 하지만 그 목적이 반드시 단일할 필요는 없다. 두 종류 또는 여러 종류의 복합적인 목적을 가질 수 있다. 목적이 시종일관 불변할 것을 요하지 않는다. 즉 중도에 목적의 전부 또는 일부가 변경되어도 결사이다. 보통 일반적으로 결사에는 소위 주의, 강령과 같은 성문으로 목적을 표시하는 사례가 있지만, 이 또한 반드시 필요한 것은 아니다. 다만 구성원 간에 공동의 목적을 위한다는 각각의 공통적인 의사가 있으면 충분하다.

② 다수인의 결합일 것을 요한다

결사는 다수인의 결합이다. 따라서 구성원이 항상 반드시 복수일 것을 요한다. 인원에 대

26 나카가와 리키치(中川利吉)는 당시 경기도 경찰부 고등과 소속. 이 책의 서문에 조선에서의 사회운동 단속의 현장에 있는 경찰들의 예비적 지식을 위해 집필한다고 되었다.

해서는 2인 이상일 것 외에 일정한 제한은 없다. 즉 결사의 실제를 인식할 수 있는 인원이면 족하다. 한편 결사는 다수인이 공동의 의사를 가지고 결합할 것을 요한다. 결합은 공동 목적 실행을 위한 의사의 결맹(結盟)이지만, 그 방법이 반드시 회합하여 결맹할 것을 요하지 않는다. 문서 또는 구두의 신청을 보냄으로써 의사의 합치를 도모해도 상관없다. 연판장 또는 '사발통문'과 같은 것이다. 하지만 일정한 맹약 문장의 작성이 성립 요건은 아니다. 만일 결합을 맹약한 사실이 있으면 충분하다고 간주한다.

③ 계속적 단체일 것을 요한다

결사는 계속적 단체일 것을 요한다. 즉 공동의 목적을 위한 결합이 시간적, 공간적으로 지속성을 가질 것을 요한다. 그냥 일시적인 회합은 집회이고 결사가 아니다. 시간적인 존재는 결사가 사회 통념상 지속적인 존재를 필요로 하는 성격이라면 충분하고, 반드시 현실적으로 일정 기간 지속되는 것을 필요로 하지 않는다. 그러므로 결사의 창립총회에서 해산 명령을 받더라도 결사의 성격이 없어지는 것은 아니다.

(2) 결사의 종류

① 정사(政事) 결사, 비정사(非政事) 결사

이 구별은 결사의 목적에 따른 구별이고 결사의 목적은 국가 또는 지방자치단체의 정사에 영향을 미치는 사항인 경우, 이를 정사 결사라고 한다. 그리고 정사에 영향을 미치는 사항은 결사의 주 목적이건 종 목적이건 상관없다. 국가의 정사에 참여하는 것을 목적으로 하는 정당은 물론 지방자치체의 쇄신 혁신, 선거제도의 획득을 목적으로 하는 정치연구회, 도정(道政)조사회, 국민협회 등은 대체로 정사 결사에 속한다. 경제적인 목적인 노동조건의 개선, 소작제도의 개정을 목적으로 조직하는 노동조합, 농민조합 등도 소위 강령정책 중에 정치적 해결을 요하는 사항, 예를 들어 노동조합, 농민조합법의 제정 촉진, 무산 계급 억압법령의 철폐, 산업합리화 반대, 8시간 노동제의 확립, 만주국 독립반대, 식민지 반식민지 해방, 조선인의 참정권을 부여하라 등을 내걸고, 실제 운동상 정치운동에 참가하는 것은 그 결사의 주목적이 경제문제에 있더라도 또한 정사 결사로 봐야 한다.

단, 본래 정사에 관한 사항을 목적으로 하지 않는 결사가 우연히 정치적 활동을 한 것이라면 정사 결사라고 할 수 없다. 또 조선 각지에 산재하는 ××청년동맹, ××청년연맹의 청년단체는 모두 청년의 독자적인 입장에서 음으로 양으로 정치적 요구를 내거는 것이 많으므로, 엄밀하게 본다면 대부분 정사 결사에 속하는 것이라고 할 수 있다. 위에서 정사 결사가 아닌 것은 강학(講學)을 위한 비정사 결사라고 한다.

공사(公事) 결사란 정사에 관한 사항 이외의 공공의 이해에 영향을 미치는 사항을 목적으로 하는 것을 말한다. 예를 들어 학술기예, 자선, 수리, 위생, 교통 등에 관한 사항을 목적으로 하는 결사이다. 사사(私事) 결사란 전적으로 사생활에 관한 사항을 목적으로 하는 것을 말한다. 예를 들어 사교클럽, 마작클럽, 바둑클럽 등 사생활에 관한 사항을 목적으로 하는 것이다.

② 비밀결사

비밀결사란 결사의 구성원 이외에 특히 국가기관에 대해 결사의 존재, 목적 등 단체에 관한 사항을 숨기고 국가에 알리지 않을 것을 약속하는 것을 말하는데, 내용이 정사에 관한 것이든 공사에 관한 것이든 기타 학술, 종교, 경제, 사적 이익에 관한 것이든 불문한다. 한편, 아무리 과격하고 불령한 사항을 목적으로 하는 결사라도 존재, 조직목적, 사항 등을 사회적으로 공공연히 표방하고 국가기관에 기밀로 하지 않는 것은 비밀결사라고 할 수 없다. 오늘날 비밀결사의 대표적인 것은 조선공산당, 고려공산청년회, 반제동맹 등이다.

③ 내지인 결사, 조선인 결사

조선에서는 결사 단속에 관해 내지인과 조선인의 법규를 달리하므로 결사단속에 관해 내지인 결사인지 조선인 결사인지를 구분할 필요가 있다. 구분하는 기준은 결사가 내지인 한정, 또는 조선인 한정의 경우는 아무런 문제가 없지만, 결사 가운데 내지인 조선인이 혼재된 경우는 구분하는 기준을 어디에 둘 것인지에 대해 법문의 명시하는 바가 없기 때문에 이의 구별에 의견이 일치하지 않는데, 이는 해당 결사의 주간(主幹) 및 간부 등이 내지인인 경우에는 사원 중에 조선인이 있어도 내지인 결사로 보고 그렇지 않은 경우에는 조선인 결사라고 해석한다. 결사의 주간 및 지도 간부, 사원 중에 내지인과 조선인이 혼재하는 경우에는 결사의 목적 내용을 조사하여 어느 쪽인지 판정해야 한다.

이에 이들 내선인이 혼재한 결사가 위법인 경우, 이에 대한 처벌 조항을 어떻게 적용할 것인지 의문이 있는데 내지인에 대해서는 보안규칙, 조선인에 대해서는 보안법을 적용하는 것을 원칙으로 한다. 이 경우에도 위의 원칙을 관철하고 내선인에게 각각의 법규를 적용해야 한다고 해석하는 것이 타당하다. 이때 동일 행위에 대해 형(刑)의 양정(量定)[27]에 경중이 생기는 것도 단속법규를 달리하기 때문에 어쩔 수 없는 일이다.

(3) 조선에서의 결사에 대한 단속 규정

조선에서의 결사에 대한 단속 규정은 보안규칙[1906년(明治 39) 통령 제10호], 보안법[1907년(광무 11) 7월 법률 제2호], 치안유지법[1925년(大正 14) 4월 법률 제46호], 집회단속에 관한 건[1910년(明治 43) 8월 부령 제3호] 등 4종의 법규가 존재한다. 이들 법규는 어떤 것은 내선인에게 각각 달리 적용하고, 어떤 것은 지역을 달리하는 등 취급에서 번잡할 뿐 아니라 규정 내용도 결사 단속 법규로서는 매우 개괄적이고 일반적이어서 상세한 규정이 결여되어 있으므로, 단속을 할 때 결사의 자유와 치안경찰상의 필요를 고려하고 공정한 판단을 잘못 내리지 않도록 주의해야 한다.

◆ 조선에서의 결사 단속 규정

치안유지법 1925년 4월 법률 제46호

보안규칙 1906년 통령 제10호

제3조 명의에 상관없이 금품의 모집을 하고 또는 단체에 가입을 권유하려 할 때는 미리 목적 방법을 부기하여 이사관의 허가를 받아야 한다.

보안법 1907년 7월 법률 제2호

제1조 내부대신은 안녕질서를 유지하기 위해 필요한 경우에 결사의 해산을 명할 수 있다.

헌법

제29조 일본 신민은 법률의 범위 내에서 언론 저작 인행(印行) 집회 및 결사의 자유를 가진다.

---

27 형법에 규정된 범위 안에서 범죄자에게 줄 형벌의 종류와 정도를 결정하는 법원의 활동.

경찰범 처벌규칙

제1조의 8호 단체가입을 강청하는 자

이렇게 내지에서는 결사단속에 관해 정사 결사, 비정사 결사, 공사 결사, 비공사 결사 등의 구분에 따라 각종 단속 규정이 존재하는데, 조선에서는 결사의 종별에 따라 단속을 구별하는 어떠한 규정도 존재하지 않는다.

(4) 결사의 제한

제1항 신고

내지의 치안경찰법에 의하면, 정사에 관한 결사를 조직하는 경우에 결사 조직의 날로부터 3일 이내에 사명, 사칙, 사무소 및 주간의 성명을 사무소 소재지의 관할 경찰서에 신고를 명하고 있다. 이에 반해 조선에서는 이와 유사한 규정이 전혀 없으므로 신고를 하건 안하건 결사 조직자의 자유에 일임하는 형태이다. 조선인의 결사 조직 준비 행위인 집회에 대해서는 보안법 제2조에 의해 필요에 따라 제한 금지할 수 있으므로 간접적으로 조직을 단속할 수 있다고 해석할 수 있다. 뿐만 아니라 경우에 따라서는 결사의 해산을 명할 수 있으므로 결사를 조직하려는 자는 편의상 사전에 구두 또는 서면으로 내용을 신고하고 집회 금지 또는 결사 해산의 행정처분을 받지 않도록 하는 것이 편리하다. 따라서 신고 규정이 없더라도 임의 신고를 하는 것이 결사 조직 상 쌍방에게 이익이 되는 바가 많을 것이다.

또 내지인의 결사에 대해서는 이 경우 조선인의 경우와 동일하게 해석해서는 안 된다고 주장하는 이가 있지만, 사회 국가의 안녕질서를 해치는 이상 단속할 규정이 없다고 방임할 이유가 없으며 간접적으로 단속할 수 있다고 본다. 그러므로 내지인에 대해서도 결사를 조직하려는 자는 미리 단속 관헌의 이해를 얻는 것이 득책이라 할 것이다. 이 경우에 내지인이 조직하는 결사에 가입 권유를 하려 한다면 미리 도지사의 가입권유 인가를 요청하는 것이 필요하다. 이 점에서 조선인에 대한 단속과 성격을 달리 한다.

다음으로 비정사 결사도 전자와 마찬가지로 신고 규정이 없지만 동일하게 해석할 수 있다. 다만 특수한 결사로 경찰의 단속을 받는 것은 규제에 따라 경찰서의 허가, 인가를 요한다. 예를 들어 요리점영업조합, 숙박영업조합, 음식점조합, 유곽조합 등은 특수하게 경찰 단속에 속하는 것이다. 또 의사회, 변호사회, 약제사회, 학교조합 등의 결사 조직은 법규에 따라 강제하는 것으로 법문에 의해 소정의 절차를 요구한다.

제2항 결사 사원의 제한

일반 결사에 대해서는 몇 명이 가맹하든 자유이다. 다만 내지에서는 일정한 신분 지위를 가진 자는 정사 결사의 사원이 되는 것을 치안경찰법 제5조 제6조에 따라 금지한다. 그런데 조선에서는 사원 제한에 관해 아무런 직접적인 명문이 없다. 따라서 사원 제한에 대해 의문이 적지 않다. 이하 각 경우에 관해 연구해야 한다.

(중략)

④ 관공사립학교의 교원, 학생, 생도

조선의 관공립학교의 교원은 대개 관리이거나 준관리이므로 관리 복무규율에 따라 금지하는 것은 교직자의 지위, 신분으로 인해 당연히 그러하고, 성직자와 마찬가지로 정사 결사 가입을 금지한다. 사립학교 교원은 자유롭게 방임하는 형태로 법문이 정하는 바가 없으므로, 소속 학교의 교칙 등에 의해 제한을 두거나 또는 안녕질서를 해쳐 교직자의 임무에 위배된다고 하는 간접적인 방법에 의해 금지시키는 수밖에 없다. 학생 생도 역시 단속 규정의 명문이 없으므로 교칙에 의한 간접적인 방법으로 가입을 저지하는 수밖에 없다.

⑤ 여자

조선에서는 여자라는 이유로 정사 결사에 가입을 저지하는 법문이 없다. 또 여자로서 특수(앞에서 언급) 신분을 가지지 않는 이상 저지할 이유가 없다.

⑥ 미성년자

미성년이라는 이유로 정사 결사에 가입할 수 없다는 취지를 규정하는 명문이 없으므로(내지에서는 금지한다) 조선에서는 저지할 이유가 상당한 경우에 경찰관리가 설득하는 형식으로 방어하는 이외에 금지할 방법이 없다.

⑦ 공권 박탈 및 정지 중인 자

이들은 정사 결사에 가입할 수 없다는 치안경찰법 규정이 있지만, 조선에는 이 법이 시행되지 않아서 가입이 자유롭다고 해석해야 한다. 하지만 이들이 결사에 가입하고 안녕질서를 어지럽히는 경우에는 보안법(조선인 한정) 제1조에 의거하여 결사 조직을 금지할 수 있으며, 또 내지인에 대해서는 도지사가 보안규칙 제3조에 의거하여 인가하지 않을 수 있다.

⑧ 외국인

외국인이 정사 결사에 가입할 수 있는지 없는지에 대해서는 조선에 명문이 없지만, 일본 헌법 제29조에 일본 신민은 법률의 범위 내에서 결사의 자유를 인정한다고 규정할 뿐, 이러한 종류의 외국인의 권리에 대해서는 아무런 규정이 없다. 조약에 아무런 규정이 없지만 일본에서는 외국인의 참정권을 허용하지 않는다. 나아가 1918년(大正 7) 2월 조선총독부령으로 '외국인 도래에 관한 건'(1918년 1월 내무성령 외국인에 관한 건)을 정하였는데, (1)제국의 이익에 위반하는 행동을 하거나 적국의 편의를 도모하는 자, (2)공안을 해치거나 풍속을 문란하게 만들 우려가 있는 자, (3)부랑 또는 걸식을 상습적으로 하는 자 등의 입국을 제한하였다. 외국인의 일본 정사 결사에 가입하는 것은 제국의 이익에 반하고 공안을 해치는 것은 두말할 필요 없다. 그러므로 외국인의 정사 결사 가입은 내지의 치안경찰법 제6조와 같은 규정이 없더라도 엄중하게 금지하고 이들이 일본에 거주하는 것이 국가 존립상 위해가 되는 경우에는 국외로 추방시킬 수 있다.

(후략)

(5) 결사에 관한 경찰의 단속

제4항 경찰관의 심문(尋問)

결사에 관해 경찰관이 단속에 필요한 심문을 할 수 있는가. 조선총독은 필요한 경우 결사의 해산을 명할 수 있다. 단속 보조기관인 경찰관이 결사해산을 명할 필요가 있는지 여부를 조사할 권한을 가지고 있으므로, 그 준비행위로 경찰관이 단속에 필요한 심문을 할 수 있다. 결사 성립 전에도 보안법 제2조의 반면해석(反面解釋)에 의해 심문할 수 있다. 하지만 결사의 사원

(社員) 또는 주간(主幹)은 이에 반드시 답변할 의무를 갖지 않는다. 답하지 않거나 허위의 답변을 해도 곧바로 처벌되는 일은 없다. 그러므로 경찰관의 심문할 수 있는 범위는 결사에 관한 사항에 국한된다. 또 결사의 종류는 불문한다. 심문의 방법은 서면이든 구두이든 상관없다.

제5항 가입 권유의 제한

경찰범 처벌 규칙 제1조 8호에 의하면 단체 가입을 강제하는 자는 처벌되므로 누구든 단체 가입을 강청(强請)하거나 권유할 수 없다. 강청이란 상대방이 가입을 거절 하는데 굳이 가입을 요구하는 것을 말한다. 따라서 상대방의 의사에 반해 행할 것을 요한다.

또 내지인은 단체 가입을 권유할 때 사전에 목적, 방법을 구비하여 도지사에게 신고하고 인가를 받을 것을 요한다. 만약 도지사의 인가 없이 가입을 권유하는 자는 보안규칙 제3조에 의해 처벌된다. 이 밖에 의사회, 약제사회 등 반드시 가입을 요하는 것, 또는 조선에서의 수리조합처럼 법령에 의해 일 지방과 관계하는 자가 반드시 가입을 요하는 것 등이 있다.

(6) 결사의 해산(금지)

◆ 결사 금지 규정

내지의 입법 사례에 의하면 결사 금지에 절대적 금지, 즉 법률에 의해 처음부터 조직을 허용하지 않고 만약 조직하는 경우 곧바로 범죄로 간주하여 처벌하는 것, 그리고 현존하는 결사를 행정처분에 의해 금지, 소멸시키는 것, 두 가지로 나뉠 수 있는데, 조선에서는 성격이 다르다.

◆ 절대적 금지

조선에서 법률에 의해 절대적으로 결사의 존재를 허용하지 않는 것은 치안유지법의 결사인데, 국체를 변혁하고 사유재산제도를 부인하는 것을 목적으로 하는 결사이다. 비밀결사는 내지와 달리 조선에서 절대적으로 금지하지는 않는다. 그러므로 법에 저촉되지 않는 이상, 비밀결사도 조직할 수 있다. 다만 비밀결사를 금지하지 않는 것은 전적으로 법문이 미비하기 때문이다.

㈜ 비밀결사의 의의[1924년(大正 13) 10월 10일 대심원 판결]

◆ 행정처분에 의한 금지

안녕질서 유지를 위해 필요한 경우에는 조선총독이 결사의 해산을 명할 수 있다.

- 결사의 사전 금지를 할 수 있는가

보안법 제1조 및 보안규칙 제3조에 대한 표면적인 해석에 의하면, 조선에서 결사를 조직하는 경우 사전에 금지시킬 수 없는 것처럼 보인다. 즉 보안법 제1조에 "안녕질서 유지를 위해 필요한 경우 해산을 명할 수 있다"라고 규정되어 결사 조직 성립 후에 안녕질서를 해치는 경우에만 해산을 명한다고 해석할 수 있다. 또 보안규칙 제3조에 "명의가 무엇이든 단체에 가입을 권유하려는 경우에는 사전에 목적, 방법을 구비하여 이사관(도지사)의 인가를 요한다"라고 규정한 것은 결사 성립 후에 가입 권유에 대한 제한으로 전자와 마찬가지로 성립 전의 결사 단속과 관계가 없는 법조인 것처럼 보인다. 하지만, 보안법 제1조는 반드시 결사 성립 후의 단속을 규정하는 것이 아니고 이 조에서 사용하는 '해산'이라는 용어는 이 법 제4조에서 말하는 금지와 같은 의미로 결사 금지의 결과라는 측면에서 볼 때 해산을 규정한 것으로 해석해야 한다. 따라서 이 조는 안녕질서를 해치는 결사의 조직 행위에도 적용할 수 있다. 그러므로 조직 중인 결사로 안녕질서를 해치는 것에 대해서는 조직 금지를 명할 수 있다.

다음으로 내지인이 조직하는 결사의 금지에 대해서는 특히 법의 명시가 없으므로 헌법 제29조 및 경찰 비례의 원칙에 따라 단속을 시행해야 한다. 즉 일본 제국헌법이 보장하는 결사자유권은 적극적으로 결사를 조직할 수 있음을 규정하는 것이 아니고, 다만 소극적으로 국가로부터 위법의 명령 강제를 받지 않을 것에 있다. 즉 적극적으로 어떤 일을 할 수 있는 권리가 아니라, 국법이 정하는 것이 아닌 국가 권력에 의해 각 인이 천연(天然)의 자유를 구속 받지 않는 헌법에 정해진 바의 결사 자유권의 내용이다. 과연 그렇다면 조직하려는 결사, 또는 조직하는 결사가 국가 사회의 공안을 해칠 우려가 있는 경우에 직접 명문이 없더라도 경찰관리가 행정경찰규칙이 명하는 바에 의해, 국가 인민에 대한 해악을 방어할 목적으로 이를 저지하고 선도하는 것은 전혀 임무에 반하는 것이 아니다. 다만, 조선인에 대한 경우 조선총독은 결사 해산의 명령을 내릴 수 없다.

-결사 조직 후의 금지

결사 조직 후에 결사는 안녕질서를 어지럽힐 우려가 있는 경우에 조선총독이 필요에 따라 결사 계속을 금지하기 위해 해산을 명할 수 있다(보안법 제1조). 내지인에 대해서는 앞에서 언급하듯 아무런 규정이 없지만 국가의 안녕질서를 해치는 결사의 존재를 법 규정이 없다는 이유로 허용 방임할 수 없다. 그러므로 이러한 결사는 존속을 저지하고, 도지사는 사원의 모집을 불허하며 결사 계속을 저지하여 경찰 본래의 목적을 관철해야 한다.

◆ 외국인의 결사

조선 내에서 외국인의 결사를 인정할지 어떨지는 의문이지만, 외국인도 합법적으로 외국에서 도래하여 제국 제반의 법령을 엄수하고 제국의 안녕질서를 해치지 않는 이상 외국인의 결사라도 금지할 이유가 없다. 따라서 내지에서는 외국인의 결사 가입에 관해 정사 결사를 절대로 금지하고 기타 비정사 결사는 공안을 해치고 풍속을 어지럽히지 않는 한 인정하는 상태인데, 조선에서도 이와 동일하게 해석하고 단속을 하는 것이 타당하다고 믿는다.

여기서 문제가 되는 것은 외국인이 조직하는 외국 정사 결사의 지부를 일본 내에서 인정할지 어떨지의 문제이다. 생각건대 외국인에게 정사 결사의 가입을 금지하는 이유는 외국인은 제국신민이 아니므로 일본 통치권에 참여시킬 때 국가의 독립성을 저해하고 국가의 이익에 위배되기에 외국인에게 참정권을 부여하지 않는 것과 동일한 이유로 외국인의 일본 정사결사의 가입을 금지하는 것이다. 외국인이 외국에서 활동을 주목적으로 하는 외국 정사 결사(예를 들어 중화민국 국민당 지부)의 가입을 금지하는 것은 아니지만, 외국인의 단체로 일본의 이익과 상반되고 안녕질서를 해치거나 국가 상호간의 국교를 저해하는 성격의 것은 마땅히 이를 금지하는 수단으로 결사의 조직자를 국외로 추방할 수 있음은 두말할 필요 없다. 따라서 중화민국 국민당 지부와 같은 일본 내에서 대일 경제의 단교를 말하고 일본 제국의 외교를 비방할 때 당원의 국외 추방은 국제관례에 비추어 만국이 인정하는 바이다.

- 치안경찰법

제6조 일본 신민이 아닌 자는 정사 상의 결사에 가입하고 또는 공중을 회동하는 정담 집회의 발기인이 될 수 없다.

제22조 제5조 또는 제6조를 위반하는 자는 20엔 이하의 벌금에 처한다. 제5조 또는 제6조를 위반하고 입사한 자 또한 동일하다.

㈜ 1892년 국제법 협회 결의의 입국 금지 및 추방 규정

제6조 풍속 문화의 근본적인 차이, 혹은 무리를 지어 도래하는 외국인의 위험한 단체, 또는 증가하는 것 등의 공익상 중대한 이유가 있는 경우에 한해 국내에서의 외국인의 자유로운 왕래를 일반적으로 영구적으로 금지할 수 있다.

◆ 결사 금지의 사례

안녕질서를 유지하기 위하여 결사의 금지가 필요한지 여부는, 우선 당시의 객관적인 정세, 결사의 내재적 목적, 의식을 종합적으로 고찰하여 판단해야 하며, 일반적이고 추상적이며 설명하기 어려운 점이 있더라도 결사 금지의 이유가 되는 불온한 내용을 이루는 강령 정책에 대해 설명해야 한다. 최근의 사회운동에서 결사는 행동강령, 정책, 또 이로부터 직접 나온 '당면의 슬로건', 임시적이고 특수한 사정에 적용하는 '임시 슬로건' 등을 내걸고 결사의 지도 원리를 표현하는데, 이 가운데 불온하다고 판정되는 것, 또는 장소, 시간, 설명 방법에 따라 불온, 온당으로 해석하는 실제 사례를 들면 다음과 같다.

강령, 슬로건 자체가 불온한 것

- 추상적인 것

㉠ 국체 변혁

㉡ 사유재산제도의 부인

㉢ 정체의 변혁 또는 조헌(朝憲) 문란

㉣ 황실존엄 모독

㉤ 소요 또는 혁명의 선동 및 암시

- 구체적인 것

㉠ 일본제국주의 타도

㉡ '소비에트 러시아'를 지켜라

㉢ 식민지 반식민지 해방

㉣ 식민지 ××교육 반대

㉤ 언론 집회결사의 절대자유 획득

㉥ 착취 없는 신사회의 건설

㉦ 조선의 ××혁명

- 설명 방법, 때, 장소에 따라 불온한 것

㉠ 중국혁명의 불간섭

㉡ 토지는 노동자 농민에게

㉢ 시간외 노동의 완전한 금지

㉣ 재판의 전면 공개

㉤ 재향군인회, 청년훈련소의 폐지

이상은 단지 개괄적인 설명에 불과하고, 표면적으로 합법 결사일지라도 이면에서 비합법 목적을 띤 것이 있고, 또 행동강령 및 정책만으로는 온당과 불온을 판정하기 어려우며 결사의 성격, 행동, 인물 등의 상세한 조사를 하지 않으면 시비의 판단이 곤란하다.

일본에서 결사 금지는 농민노동당이 1925년(大正 14) 12월 1일 금지되었고, 1928년(昭和 3) 4월 10일 노동농민당, 일본노동평의회, 전일본무산청년동맹의 금지, 최근에는 1931년(昭和 6) 7월 전국노동대중당 결성에서 '자본가, 지주 정부 타도', '착취 없는 사회의 건설' 등의 슬로건이 공안을 해치는 것으로 문제를 일으킨 사례가 있다.

만약 이 금지 명령에 불복하는 경우가 있더라도 조선에서는 행정재판소 출소의 권한이 없다. 또 결사 금지 명령을 위반하고 결사를 조직하는 자가 있지만, 조선총독은 행정집행령을 내려 실력으로 사무소, 집회소를 폐쇄하고 필요한 강제처분을 할 수 있다.

◆ 결사에 대한 처벌

결사에 대한 처벌(치안유지법 제외)은 조선 현행법령으로 보안규칙 제3조 및 제10조, 보안법 제1조 및 제6조, 경찰범 처벌규칙 제1조의 8호 규정이 있을 따름이고 상세한 벌칙이 없다.

① 내지인이 단체 가입을 권유하려고 할 때 도지사의 인가를 얻지 못하면 3개월 이하의 중금고(징역) 또는 50엔 이하의 벌금에 처한다. 여기서 중금고란 구 형법의 형으로 현재의 징역형에 해당한다(형법시행법 제2조)

② 조선인이 조선총독이 내린 결사 해산 명령을 위반하는 경우는 보안법 제6조 형사령 제42조에 따라 20일 이하의 구류 또는 과료 혹은 10개월 이하의 금고에 처한다.

③ 내선인을 불문하고 단체 가입을 강청하는 자는 구류 또는 과료에 처한다(경찰범 처벌규칙 제1조의 8호)

이상과 같이 현행의 결사 단속 벌칙은 규정이 각각 달라서 단속이 대조적이어야 할 결사가 정사 결사건 비정사 결사건 아니면 비밀결사건 구별하지 않는다.

④ 외국인의 결사위반

외국인의 결사 위반에 관해 조선에서는 내지의 치안경찰법 제6조, 제23조와 같은 규정이 없고, 다만 단속 방침으로 내지인과 마찬가지로 취급할 뿐이다. 위반자에 대해 모든 경우에 형벌을 가하기 어렵고, 외국에 대한 특수한 단속으로 간접적으로 1918년(大正 7) 2월 총독부령 제14호에 의해 제국의 이익을 배반하고 공안 풍속을 해침으로써 국가 자위상의 권리에 기초하여 국외로 추방할 수 있음은 여러 차례 설명한 바와 같다.

2) 집회(〈자료 194〉의 152~206쪽)

(1) 집회 관련 적용 법령

◆ 헌법

제29조 일본 신민은 법률의 범위 내에서 언론 저작의 간행과 집회 결사의 자유를 가진다.

◆ 보안법

제2조 경찰관은 안녕질서의 유지를 위해 필요한 경우에 집회 또는 다중운동 또는 군집을 제한 금지하고 또는 해산할 수 있다.

제3조 경찰관은 앞의 2조의 경우에 필요하다고 인정되는 때는 흉기 및 폭발물 기타 위험

한 물건의 휴대를 금지할 수 있다.

◆ 집회단속에 관한 건 〈1910년(明治 43) 8월〉 [부령 제3호]

개정 1910년(明治 43) 9월 제8호

당분간 정치에 관한 집회 또는 야외의 다중집회를 금지한다.

단, 야외의 설교 또는 학교 생도의 체육운동 등의 집합으로 관할 경찰관서에 허가를 얻은 것은 그렇지 아니하다.

본령(本令)을 위반하는 자는 구류 및 과태료에 처한다.

본령(本令)은 발포일부터 시행한다.

(2) 집회의 단속

◆ 조선에서의 집회단속 규정

조선의 집회단속 법령은 보안법 및 경성에서의 내선인 집회에만 적용하는 1910년 통감부 경무총감부령 제3호, 집회단속 규정이 있을 따름이고, 운용에 있어 단속하는 관리에게 자유 재량의 여지를 남기고 있었다. 특히 경무총감부령은 경성의 정치에 관한 집회 및 옥외 집회를 금지시킬 뿐 경성 이외의 지역에서는 1910년(大正 9) 10월 부령 제160호 형사자(刑死者)의 분묘(墳墓), 제사, 초상 등의 단속에 관한 건에 의거해 '사형에 처해진 자, 사형집행 전에 사망한 자, 또는 무기 징역 금고에 처해져 형 집행 중에 사망한 자'의 추도를 목적으로 집회하는 것을 금지시킨 것 외에, 지방에서 내지인의 집회단속에 관해 아무런 규정이 없으므로 이를 자유롭게 방임할 것인지 아닌지 의문이 없지 않았다. 그럼에도 오늘날 법령이 미비하여 어떤 종류의 집회든 불문하고 방임할 이유가 없으니, 경찰관이 안녕질서를 유지하고 선량한 풍속을 해치지 않도록 필요한 단속을 해야 하므로 이하 내선인의 단속을 설명하고자 한다.

주(註) 1910년 통감부 경무총감부령 제3호의 효력에 관해 2종의 견해가 있다.

① 총감부령 제3호 집회단속은 경성부 내에서의 내지인에게만 적용된다고 하는 것.

② 총감부령 제3호 집회단속은 경성부 내에서의 내선인에게 적용된다고 하는 것.

앞의 두 가지 설이 있지만, 전자는 조선에서의 병합 이전의 한일법령으로, 명치 연호의 것은 내지인에게만 적용하고, 한국 연호의 것은 조선인에게만 적용한다는 단순한 견해에 의한 것이다. 경무총감부령 제3호가 한일병합 이전의 법령이므로 내지인에게만 적용된다고 해석하는 것은 1910년 8월 부령 제3호가 제정 당시 효력이 경성부 내의 내지인 및 조선인에 대해 미치는 것이므로 병합 후의 오늘날 1910년 제령 제1호 및 제8호에 의해 효력을 지속하는 이상, 제정 당시의 취지에 기초하여 내선인에게 유효하다고 주장하는데 지장이 없다. 병합 전의 명치 연호의 법령이라는 형식론에 의해 내지인에게만 유효하다고 주장하는 것은 잘못이다(오늘날 1910년 6월 부 칙령에 의해 논의의 여지가 없다).

(3) 집회에 대한 제한

집회란 다수인이 공동의 목적을 달성하는 수단으로 일정한 장소에서 회합하는 것을 말한다. 따라서 다수인이 회동하는 이상, 목적, 정사에 관한 강담과 논의를 하건 하지 않건 집회에 다름없다. 집회는 목적에 따라 정사 집회, 비정사 집회로 나뉜다. 비정사 집회는 공사 집회와 사사 집회로 나뉠 수 있다. 그 중 정사 집회 및 어떤 종류의 공사 집회는 단속에서 약간 다르게 취급한다.

보안법 제2조는 "경찰관은 안녕질서를 유지하기 위해 필요한 경우에 집회 또는 다중의 운동, 또는 군중을 제한하고 금지하며 또는 해산시킬 수 있다"고 규정하고, 경무총감부령 제3호 집회단속은 "당분간 정치에 관한 집회 또는 야외의 다중 집회를 금지한다. 다만 야외의 설교 또는 학교생도의 체육운동 등의 집회로 관할 경찰서의 허가를 얻은 것은 해당되지 않는다"라고 규정한다. 경성에서의 정사에 관한 집회, 옥외 집회는 금지되고, 그 효력이 보안법 제2조와 더불어 효력을 발휘한다. 앞의 설명처럼 경성에서의 집회단속 규정은 경성 이외의 지역에 미치지 않으므로 집회단속에 관해 장소에 따라 관대함과 엄격함의 차이가 있어 큰 비난을 면하기 어렵다.

그렇지만 이 규정은 한일병합 당시 정사 집회 또는 다중운동에서 발생하는 위험을 예방하기 위한 취지에서 제정한 것이다. 병합 후 오늘날 시정의 큰 줄기가 확립되었고 국민치평(國民治平) 즉 태평성세의 시대가 되었으니 제정 당시의 취지 이상으로 엄격하게 해석할 이유도 없을 뿐 더러 민의의 창달(暢達)을 도모함에 있어 집회의 단속, 공공 안녕 유지의 필요에 머물러야 한다. 만약 시류에 맞지 않게 엄격한 법이론에 의거하는 것은 지방제도를 일부 개정하여 시행하는 오늘날, 오히려 예기치 못한 손실을 맞이하게 될 것이다. 따라서 단속 임무를 담당하는 자는 공안을 유지하고 풍속을 해치지 않는 한 임기응변의 조치를 취해야 한다.

(가) 집회의 종류에 따른 제한

① 옥외 집회

옥외 집회는 조선에서의 정사 집회 및 공사 집회가 치안에 방해되는 것을 절대적으로 금지하며, 경성 이외의 지역에서는 경무총감부령 제3호의 효력이 미치지 않아서 의문인데, 보안법 제2조의 규정이 있으므로 함께 어우러져 조선인의 옥외에서의 정사 집회 및 어떤 종류의 공사 집회는 금지시킬 수 있다고 해석해야 마땅하다. 그렇지만 옥외에서의 설교, 학생 생도의 체육운동은 경찰서장의 허가가 있는 경우에는 옥외 집회라도 할 수 있다.

내지인의 옥외 집회에 관해서는 무엇이건 경성부 이외에는 별다른 단속 규정이 없으므로 공안 풍속을 해치지 않는 한 행할 수 있다.

② 옥내 집회

옥내 집회도 정사에 관련된 것이 아니면 공안을 해치지 않는 한 경찰서장의 승인을 거쳐 개최할 수 있지만, 야외집회의 단속에 관해 보안법 제2조 제4조 및 1910년(明治 43) 부령 제3호 집회단속의 규정을 엄격하게 해석하면 부회 의원, 읍회 의원 등의 정담 연설도 경성부내에서는 엄금하게 되고, 지방에서는 조선인에 대해서만 정사 집회 및 공사 집회 등을 단속하도록 되어 이래저래 차별이 심하다는 비난을 피할 수 없다.

그러므로 조선 지방선거 단속규칙 제4조[1931년(昭和 6) 3월 추가]에 의하면, "의원후보자 또는 전 조항의 규정에 근거해서 신고한 선거활동가가 아니면 부회 의원의 선거운동을 할 수 없다. 단 연설 또는 추천장에 의한 선거운동은 제한되지 않는다"라고 규정되어 있으므로, 선거운동에 대한 정담 연설 즉 정사 집회를 인정하는 것으로 해석해야 하며, 그렇다면 경성에서의 집회를 금지하는 규정에 대해서도 의구심이 들지 않을 수 없다. 즉 신법은 구법에 우선하고 특별법은 보통법에 우선한다는 이론에 일관하여 조선 지방선거 단속규칙에 근거하여 정사 집회를 인정한다고 해석해야 마땅하다(반대주장 있음).

이에 그 범위를 선거운동에 관한 정사 집회에 국한시킬지 여부는 의문이다. 따라서 단속 임무를 담당하는 자는 국가의 이익과 사회의 질서 유지를 고려하여 공평한 판단에 기초하여 단속함과 동시에 공공의 안녕 유지를 위해 필요한 한도 내에서 정사 집회를 제한해야 한다.

③ 정사 집회

여기서 정사란 국가 또는 지방공공단체의 제도 시행 및 그것의 통용에 영향을 주는 사항을 말한다. 소위 정담연설, 시사 문제를 논의하는 경우는 물론이요, 명칭의 여부와 상관없이 정치에 관한 것은 이에 포함된다. 예를 들어 농민조합은 경제투쟁을 주목적으로 조직된 것이지만, 좌익적인 조합은 경제운동과 정치운동을 구별하지 않을뿐더러 농민의 입장에서의 정치적인 요구를 하는 회합도 있을 수 있다. 즉 농민조합의 규약에 선거권의 확장, 자치제의 확립, 법제의 신설개발, 세제의 변경 등을 내걸고 이를 목적으로 회합하는 경우에는 농민조합의 정사에 관한 집회이다. 그러나 때로는 지주에 대한 경제투쟁의 회합일 수도 있으므로 회합이 곧 정사집회라고 속단할 수는 없다.

그러므로 조선에서 위의 설명처럼 정사에 관한 집회는, 1910년 8월 부령(部令) 제3호에 의거하여 경성에서는 금지하고 지방에서는 방임하는 상태이므로 단속하기에 불편하지 않을 수 없는데, 조선인의 집회단속에 관해서는 보안법 제2조와 함께 경찰관의 재량에 따라 금지할 수 있으며 정치 집회에 대한 자유는 인정되지 않는다.

(나) 정사 집회의 신고

내지에 적용되는 치안경찰법에 의하면 정사 집회는 3시간 전에 신고가 필요하지만, 조선에서는 이에 관한 어떠한 직접적인 명문(明文)이 없어서 신고를 하는가 안 하는가는 전적으로 발기인 또는 사회자의 자유에 속하는 듯하다. 그러나 보안법 제2조의 규정이 있으므로 조선인의 정사 집회에 대해 신고를 하도록 하고, 이를 거부할 수 있다. 따라서 조선인의 정사 집회에 대해 당국이 허가주의를 취하더라도 전혀 잘못된 것이 아니다.

내지인의 정사 집회에 대해서는 경성의 단속규정 외에 아무런 근거 법규가 없으므로 단속 상 이에 대한 신고를 강제할 수 없음은 물론, 조선인의 집회처럼 사전에 금지시킬 일을 할 수 없다. 따라서 단속의 어려움이 불가피하다.

이처럼 이상의 조선인 집회에 관해서는 신고를 하지 않은 이유를 들어 그것의 존재를 인정하지 않는다. 따라서 계속성을 부인하고 개회를 금지하고, 중지 혹은 해산을 명령할 수 있을지 여부는 의문이지만, 보안법 제2조에 의거하여 신고를 하지 않은 동기가 불온하며, 집회의 내용 자체가 이미 해산의 이유를 구비하는 경우에 해산시킬 수 있음은 두말 할 필요 없다. 그러나 단지 신고를 하지 않은 이유로 해산시키는 것은 위법이다.

(다) 정사 집회의 장소 제한

집회의 장소는 일반적으로 자유지만, 다음 장소는 정사 집회에 사용할 수 없다.

① 사원, 교회당, 강의소(講義所)

사원은 1911년 7월 제령 제7호 사찰령에 의거하여 지방장관의 허가 없이는 종교 목적 이외에 사용할 수 없다. 교회당, 설교소, 강의소 종류는 안녕질서를 해치는 경우에 설립자 또는 관리자에 대해 사용을 정지 또는 금지시킬 수 있다.

② 선거회장

조선 지방선거 단속규칙 제4조에 의하면 선거회장 내에서의 연설, 토론을 금지한다.

③ 학교 및 서당

학교, 서당에 대해서는 의문이 있다. 서당 규칙 제5조에 도지사가 서당이 공안을 해치거나 또는 교육상 유해하다고 인정되는 경우에는 폐쇄를 명할 수 있고, 교사의 변경 또는 필요한 조치를 명할 수 있다고 규정한다. 다른 일반 학교에서 시정의 선악을 논평하고 노동쟁의와 소작쟁의의 경우에 비판적인 연설의 회장으로 삼고, 또는 경제문제, 사상 문제를 논쟁하는 것은 학교 본래의 사명에 위반하며 교육의 목적에 부합하지 않으므로 이러한 집회에 학교가 사용될 수 없음은 당연하다.

(라) 집회의 시간 및 발기인, 회동자의 제한

① 시간의 제한

집회 시간에 관해서는 법문에 명시되어 있지 않다. 그러므로 집회자의 자유를 원칙으로 하되 원래 집회의 단속은 다수인의 집회가 군중심리에 지배되어 왕왕 공공의 위험이 일기 쉽고 나아가 소요 폭행을 초래할 위험이 있어 일정한 제한을 두는 것이니, 야간의 옥외 집회, 제전(祭典), 기타 사람들이 가장 붐비는 시간의 옥외 집회, 풍속을 해칠 만한 장소에서의 야간 집회 등에 관해 보안법 제2조에서 명시하는 바에 근거하여 시간제한 또한 행할 수 있다. 단 내지인의 집회에 대해서는 법규에 근거하는 바가 없다면 임의 협정하여 이를 변경하는 수밖에 없다.

② 발기인 및 회동자의 제한

조선에서는 발기인 및 회동자의 제한을 내지처럼 제한을 명시하지 않았다. 그렇지만 단속관은 조선인의 집회에 대해 보안법 제2조의 규정에 의거하여 발기인 회동자 제한을 할 수 있다.

즉 조선에서는 안녕, 질서 유지를 위해 필요한 경우에 제한할 수 있으며 안녕, 질서 유지를 위해 필요한 경우.(후략)

③ 기타 특수 인물의 제한

무정부주의, 공산주의, 민족주의 등을 신봉하고 평소의 언동이 거칠고 과격하여 군집을 선동하고 또는 폭력적인 행위를 감행하는 자가 집회의 발기인 또는 회동자가 되는 것을 금지시킬 수 있다. 집회가 정사 집회이든 비정사 집회이든 불문한다.

④ 위험한 물건을 휴대한 자

보안법 제3조에 의하면 경찰관은 필요한 경우, 집회에 흉기, 폭발물, 기타 위험한 물건의 휴대를 금지시킬 수 있다는 취지를 규정한다. 따라서 집회에 회동하는 자로 위험한 물건을 휴대하는 자는 집회에 참가하는 것을 금지시킬 수 있다.

위험한 물건이란 총포, 화약류는 물론, 단도, 비수, 곤봉, 괭이, 낫, 망치 등 사람을 살상하고 인체에 위해를 가할 만한 일체의 물건을 말한다. 예를 들어 회장에 투기할 목적으로 휴대하는 뱀도 위험한 물건이라 할 수 있다.

휴대 방법은 손에 들거나 어깨에 짊어지거나 허리에 차는 것, 소매 또는 품에 넣는 것을 불문하고 적어도 휴대한 사실이 있으면 족하다. 또 휴대는 직접 하는 것을 요하지 않는다. 타인에게 휴대하게 하고 함께 회동하는 것도 휴대라고 해도 지장이 없다. 그러므로 이들 위험한 물건은 가영치(假領置)하고 휴대한 자를 검속할 수 있다.(후략)

(4) 집회에서의 언론단속

◆ 경찰관의 임감(臨監)

조선에서는 집회에 대한 경찰관 임감과 관련하여 치안경찰법 제11조와 같은 규정이 없다. 하지만 보안법 제2조에 의하면 경찰관이 안녕질서 유지를 위해 필요한 경우 집회를 제한, 금지, 해산시킬 수 있기 때문에 당연히 이러한 처분을 행하기 위해 집회에 대해 임감할 수 있고, 임감할 수 있는 집회의 종류는 정사 집회와 비정사 집회를 불문한다.

(가) 경찰관이 임감할 수 있는 집회

경찰관이 임감할 수 있는 집회는 안녕질서를 방해하는 집회에 한한다. 그래서 안녕질서를 방해하는가 안하는가의 판정은 경찰관의 자유 판단에 맡겨질 수밖에 없다.

오늘날과 같은 사회 문제 및 사상 문제가 고조되는 시대에는 과거의 정사 집회 이상으로 사회 문제, 사상 문제를 중심으로 하는 집회가 오히려 위험성을 띠고 안녕질서를 방해하는 정도도 훨씬 심각하다.

요컨대 경찰관이 임감을 하는 집회는 옥내건 옥외건 경찰이 필요하다고 판단하는 경우 경찰관이 자유롭게 임감할 수 있다. 단 도회, 부회, 읍회, 면협의회 등은 의장의 경찰권이 원칙적으로 의장에게 주어지므로 경찰관의 임감을 인정하지 않는다. 그러므로 경찰관이 집회에 임감하는 경우에는 집회의 발기인 또는 주요 회동자가 경찰관에게 요청하는 자리를 제공할 의무가 있다. 경찰관의 임감은 집회단속을 위해 있는 것이므로, 만일 발기인이 마련한 자리가 단속에 불편할 경우에 이를 감수한다면 임감의 목적을 달성하기 어렵다. 그러므로 경찰관은 단속을 위해 가장 편리한 장소를 지정하고 임감석을 두게 할 수 있다.

(나) 학교 내의 집회 임감

근래 학원의 자유를 운운하며 학교 내부의 경찰권의 배격을 주장하는 자가 있는데, 무릇 학교는 치외법권의 구역이 아니다. 치외법권이 없는 이상 어떤 장소이든 경찰권이 발동되는 것이 당연하다. 학교 내에서 공산주의를 선전하고 혁명운동의 토론, 연구, 실행의 협의를 해도 이를 학원의 자유로 방임한다면 국가의 존립을 위태롭게 하고 사회질서를 문란하게 만들 것은 분명하다. 원래 학교에는 학교로서의 감독권이 존재하고 위와 같은 사태의 존재를 허용하지 않아야 하는데 특수한 사정이 존재하고 학교 당국의 단속 감독만으로는 도저히 그러한 위험의 제거를 기대하기 어려운 경우가 있다면 경찰관이 학교 내의 집회에 임석 단속을 행하는 데 주저할 필요가 없다.

(다) 임감 경찰관의 심문(尋問)

경찰관은 필요한 경우 집회의 제한을 둘 수 있으므로(보안법 제2조) 그 전제로서 단속에 필요한 사항의 심문을 할 수 있다. 상대는 집회 발기인 또는 주요 회동자이다.

그리고 심문은 개회 전이든 개회 후든 불문하고 집회에 관한 사항이라면 심문을 할 수 있다. 즉 단속의 필요에서 출석 변사의 성명, 강연 제목, 회동자의 종류, 집회 목적, 내용 등의 심문을 할 수 있다. 또 필요에 따라 집회 목적, 방법, 의사 내용, 변사의 성명, 강연 요지 등을 서면으로 제출하게 해도 상관없다. 심문은 구두이든 서면이든 제한되지 않을 뿐 아니라, 실제적인 문제로 구두 심문보다 서면 심문, 즉 답변으로 하는 편이 편리하고 타당한 경우가 있다.

(라) 특정행위의 제한 금지

집회에서 고의로 소동을 일으키고 난폭한 행위를 하는 이가 있는 경우에 경찰관은 이를 제지할 수 있다. 즉 이유 없이 큰소리로 소란을 피우며 연설을 방해하고 혹은 폭력을 써서 회장을 혼란스럽게 하는 경우에는 사안에 따라 회장에서 퇴거를 명령하고 경우에 따라 행정집행령 제1조에 소위 공안을 해치는 자로 검속할 수 있다.

(마) 위험물의 휴대금지

보안법 제3조에 의거하여 집회자의 흉기, 폭발물, 기타 위험한 물건의 휴대를 금지할 수 있다. 즉 이 규정은 형식적인 휴대 금지가 아니라 실질적인 휴대 금지를 하는 것이므로, 손에 들거나 어깨에 지거나 허리에 차는 것을 가리키는 것이 아니라 어떠한 곳이든 소지하는 것을 휴대 금지하는 것이 법률 취지(法意)이다. 따라서 경찰관이 소지 여부를 찾기 위해 사람의 신체를 검사할 수 있다. 집회에 무기, 흉기 등의 휴대를 금지하는 이유는 소요 폭행 등의 경우에 위험을 고려하여 마련한 것이며, 집회의 성격, 정세 등에 따라 소요 폭행을 유발하기 쉬운 경우에는 특히 단속을 엄중하게 할 필요가 있다.

또 소작쟁의, 노동쟁의, 무산자대회 등 대체로 분위기가 험악한 경우에는 입장자의 신체 검사를 할 수 있다.

(주) 총포화약단속령시행규칙

제19조 권총 또는 총을 운반하고 또 휴대하는 자는 종류, 수량, 사유 및 운반하는 경우에는 운반일시, 방법, 통로 및 발착 장소를 구비하고, 운반에 대해서는 발송지를, 휴대에 대해서는 주소지를 관할 경찰서에 허가를 얻어야 한다. 단 총포에 관한 영업을 하는 경우에는 해당되지 않는다.

(바) 임감 경찰관은 제복 의무가 아니다

조선에서는 본 건에 관해 아무런 규정이 없다. 원래 집회 임감은 제복 경찰관에 제한된다고 생각하지만, 일반적으로 정복 경찰관이 임감하는 것은 집회와 같이 다수인을 대상으로 하는 경우에 직무집행상의 편의를 위해 하는 것으로 집회의 성격 또는 주위 상황에 따라 제복 경찰관보다 사복경찰관이 편리하고 적당한 경우가 있는데 그런 경우에는 사복 경찰관이 임감하는 편이 경찰 본래의 목적에 부합할 것이다. 이에 특별히 사복 임감을 배제할 이유는 없다.

◆ 집회에서의 언론의 제한

조선의 집회에서의 언론 제한 규정

(1) 보안법 제2조, 제4조 및 제7조

(2) 경찰범 처벌규칙 제1조 제20호

(3) 형사자(刑死者)의 분묘, 제사, 초상 등의 단속에 관한 건 제4조

등이고, 내지의 치안경찰법 제9조, 제24조와 같이 구체적으로 명시되어 있지 않지만, 안

녕질서를 해하고 풍속을 어지럽히는 한 이를 제한할 수 있다. 그렇다면 어떤 언론이 제한될 수 있는가.

(가) 공판 전의 예심에 관한 사항

여기서 예심에 관한 사항이란 예심에 관한 일체의 사항을 포함하며, 피고인, 증인, 참고인 신문(訊問)의 전말, 조사, 압수 등 예심 판사의 직무 집행에 관한 일체의 사항을 말한다. 그러므로 조선에서는 이에 관한 직접 명문이 없지만 형사소송법 제296조 및 신문지 규칙 제10조 5호 등의 법의(法意)에 의거하더라도 치안을 방해하고 풍속을 저해하는 바가 있다면 당연히 금지해야 한다.

(나) 방청을 금지하는 소송에 관한 사항

재판 공개는 이를 원칙으로 하는데 공판 내용이 안녕질서를 해치하고 풍속을 어지럽히는 바가 있는 경우에는 재판장이 공개를 금지하고 방청을 금지할 수 있다. 이 경우에 소송 내용 즉 공판 내용을 강담, 논의하는 일은 안녕질서를 방해하고 풍속을 해칠 우려가 있으므로 공개를 금지하는 사항을 논의하게 되어 법문의 명시가 없더라도 당연히 금지하는 것에 속한다.

(다) 범죄를 선동하고 혹은 비호하는 언론

국가 법률이 정하는 범죄를 저지르는 행위를 선동하고 혹은 그 행위를 비호하는 것은 국권을 무시하는 일이며 본디 공안을 해치는 일이다. 만약 이 선동이 국체를 변혁하고 사유재산제도를 부인하는 일을 목적으로 하며 치안유지법 제3조의 행위를 감행할 때 동 법에 의거하여 처단된다.

(라) 범죄인 혹은 형사피고인을 칭찬, 동정하고 구호하는 언론

범죄인이란 형사상의 죄를 범하고 판결이 확정된 자, 형사피고인이란 범죄자로 형사소추를 받아 아직 판결이 확정되지 않은 자를 말한다.

상휼(賞恤)이란 칭송하고 동정하는 것을 말하는데, 물질적인 보조를 제공하는 것이건 이를 찬양 예찬하며 정신적인 위안을 제공하는 것이건 상관없이 집회에서 형사피고인, 범죄

인을 찬양하고 동정을 표하는 행위는 무엇이든 상휼에 해당한다.

(마) 기타 안녕질서를 해치고 풍속을 해칠 우려가 있는 사항

안녕질서를 해치고 풍속을 어지럽히는 사항의 강담, 논의에 관해서는 보안법 제2조에 의거하여 금지한다. 이에 앞의 1, 혹은 4에서 설명한 외에 안녕질서를 해치고 풍속을 어지럽히는 언론은 금지할 수 있다.

◆ 집회에서의 언론의 중지

(가) 중지 및 주의(主意)의 의의

언론의 중지는 강담, 논의를 중지시키는 처분으로 언론 자유에 대한 최대의 처분이다. 따라서 이를 행할 때 법률상의 근거가 필요하다. 중지의 목적은 언론을 계속하게 하는 것이 경찰에 지장이 있는 경우, 다시 말하면 사회적 장해를 초래할 우려가 있는 경우에 언론을 봉쇄하고 일어날 수 있는 장해를 방지하려는데 있다. 그러므로 언론의 중지는 논의를 계속하게 하지 않는 것이 절대 요건이다.

주의, 언론 단속에 있어 중지 처분 외에 종종 '주의'을 주는 일이 있다. 이 주의는 법률 규정에 의거하여 행하는 것이 아니므로 법률상 효과를 거두는 처분이 아니다. 즉 중지를 명령하는 전제로 변론이 소위 '위험구역'에 접근하고 있음을 경고하는 것에 지나지 않는 사실 행위이다. 그러므로 주장의 방향을 전환하거나 어조를 바꾸지 않는다면 중지된다는 것을 알려 변사의 반성을 촉구하기 위한 행위이므로 단속관이 주의를 반드시 행할 필요는 없다. 주의를 주지 않고 곧바로 중지를 명령해도 상관없다.

다만, 실제적인 단속에서 언론에 대한 최대의 제한인 중지를 정면으로 행하지 않고 되도록 피하여 변사에게 주의를 주고 변사가 반성하게 함으로써 최후의 수단으로 중지를 명하는 것이 타당하다고 본다.

(나) 중지권자

중지를 명령하는 권한을 누가 가지는가에 관해 보안법 제2조, 제4조에 경찰관이라고 규정

된 것에 의거하여 경찰서장인 경찰관, 서장이 아닌 경부, 경부보, 순사가 이에 모두 포함된다.

순사가 단독 의견으로 언론을 중시시킬 수 있는가에 관해 기존에는 소극적인 주장이 있었지만 1926년(大正 15) 7월 대심원 판결로 의문이 해소되어 순사도 단독으로 장의 지휘를 받지 않고 독자 판단으로 언론을 중지시킬 수 있다고 명시하였다. 여기서 문제가 되는 것은 다음 두가지 점이다.

① 언론 중지를 명령하는 것은 소위 임감 경찰관에 국한하는가.

집회단속에 관해 경찰관을 임감시키는 것은 단속 상의 필요에 의해 하는 것으로 때에 따라 임감 형식을 띠지 않고 회장을 단속하는 형식으로 현장에 임하는 경우가 있다. 이러한 경우에 회장에서 언론이 불온하고 안녕질서를 해치는 일이 있을 때 회장 단속의 경찰관이 곧바로 언론 중지를 명령할 수 있다. 따라서 임감자에 국한하지 않고 비임감 경찰관도 언론을 중지시킬 수 있다.

② 사복경찰관은 언론을 중시시킬 수 있는가.

보안법 규정을 봐도 경찰관 운운이라고 할 뿐 제복 경찰관, 사복 경찰관을 구별하지 않으므로 사복 경찰관도 언론을 중시시킬 수 있다고 해석하는 것이 타당하다. 즉 제복 경찰관을 임감시키는 일이 경찰의 측면에서 타당하지 않은 경우가 있을 뿐 아니라, 발기인, 사회자 측에서 제복의 임감을 반기지 않는 경우 등, 특수 집회에서 사복 경찰관이 임감할 필요가 있는 경우가 있다. 그러나 사복 경찰관이 중지를 명령하는 일은 중지의 효과를 철저하게 하기에 곤란하거나 단속상 불편을 겪는 경우가 있기 때문에 가능한 제복 경찰관이 행하는 것이 마땅할 것이다.

(다) 중지, 주의를 내릴 수 있는 언론

보안법 제2조에 의하면 안녕질서의 유지를 위해 필요한 경우 집회를 제한, 금지, 해산할 수 있다고 규정하고 있으므로 경찰관이 안녕질서 유지를 위해 강담, 논의를 중시시킬 수 있다.

이에 실제적인 문제로 무엇을 표준으로 안녕질서를 해치는지 아닌지를 판정할까에 대해 많은 의문이 있는데 집회에서의 언론 내용만을 가지고 이를 결정하는 것은 타당하지 않은 경우도 있음을 특히 주의해야 한다.

즉 집회 장소, 집회자, 또는 변사의 인적 관계, 회장 내부의 분위기, 변사의 태도, 동작 등도 언론의 내용과 함께 참작하고 고려할 필요가 있다.

예를 들어 공장주, 중역, 지주 등의 주거 또는 저택 부근에서 쟁의, 연설회를 개최하고 자리에 경영자, 사장, 중역, 지주, 마름, 관리인 등을 마치 악귀인 양 비방하고, 회장 내에 증오심을 촉발시키고 선동하는 경우에 언론을 제한함으로써 오히려 회장의 반항심을 증폭시키고 폭력 소요에 나설 우려가 있는 경우, 또는 회장 내부의 분위기가 매우 험악하여 내용 여부에 상관없이 논의를 계속하는 것이 경찰의 측면에서 장해를 초래할 우려가 있는 경우, 또는 입 밖으로 발산하는 언어는 매우 차분하고 평범해도 풍모와 동작에 있어 경찰서, 공장, 농장 등의 습격의 동작을 연출하고, '망치'와 '낫'으로 폭력을 행사하는 행동, 동작을 하거나 또는 투석의 동작을 하는 경우에는 마찬가지로 안녕질서 유지를 위해 필요한 사태이다. 실제 운용에 있어서는 원만한 상식에 호소하고 경찰 측면에서 비례적인 원칙에 의거하여 적정하고 타당한 조치를 취하는 것이 중요하다. 다음에서 변론을 중지시키는 경우를 설명하겠다.

(중략)

(라) 안녕질서를 해치는 언론을 행하는 경우

어떤 사항이 안녕질서를 해칠 우려가 있는가를 판단하는 것은 매우 곤란한 문제이다. '안녕질서 방해', '안녕질서 문란'이라는 용어는 경찰법 곳곳에서 발견되지만, 어떤 사항이 안녕질서 방해에 해당하는지 구체적인 예시가 없고, 첫째 경찰관의 자유 결정에 맡겨지고 있는 것으로 보인다. 따라서 때로는 내용의 심도와 정도의 강약에 있어 부당함과 타당함의 문제가 생기는 것을 막을 수 없다. 즉 안녕질서를 해칠 우려가 있는지 여부는 시대, 장소, 인적, 물적 관계 등에 따라 제각각 다르다는 것은 앞서 언급한 바와 같고, 내용을 일률적으로 규정하고 설명하기는 어렵다. 이에 주의할 점은 보안법 제2조는 안녕질서에 대해서만 규정하고 풍속을 저해하는 경우는 규정하지 않은 감이 있지만, 동 법의 안녕질서 유지를 위해 필요한 경우란 풍속을 저해하는 경우도 포함한다고 광의로 해석하는 것이 타당할 것이다.

또 내지인의 언론 단속에 있어 독립적인 법규가 결여되어 있으므로 헌법 제29조, 집회단속에 관한 건, 조선 지방선거 단속규칙, 경찰 비례의 원칙 등에 의거하여 적절하게 단속하는 것 외에는 방법이 없다.

① 공판에 들어가기 이전의 예심에 관한 사항을 논의하는 경우

사례:

“××공산당 사건은 ××법원의 예심으로 넘겨지고 ××판사가 취조(取調)하고 있는데 어제의 취조에서 피고 ××씨는 당국의 ××을 원통하고 분하게 여겨…── 중지”

② 방청금지 소송에 관한 사항을 논의하는 경우

사례:

“어제 ××법원에서 개정된 간도××공산당 사건의 공판은 부르주아 재판장의 손에 의해 ××재판을 강행하고 우리들 동지 ××군을 ××××하려 했다.── 중지”

③ 범죄를 선동하거나 비호하는 사항

사례:

“우리들은 난폭 잔학한 가혹 정치의 압박과 공격을 감수하며 수 십 년을 인내했다. 지금은 저 증오하는 ×××를 반성하게 만들도록 우리 동지들이 일어나…──중지”

“제국주의의 화신 ×××을 피의 잔치로──중지”

“자본주의 ××××은 보안법, 치안유지법으로 우리들을 ××에 처넣는다. 그러나 우리들이 ××에 처넣어지는 것은 우리의 행동이 그야말로 ××──중지”

④ 범죄인 또는 형사피고인을 찬양 비호하는 언론

사례:

“지난 ××년(大正 ×) ×월 ×일 탐관오리에게 붙잡힌 동지 ×××군은 우리들 ××의 잊을 수 없는 의사(義士) ──중지”

“××××은 계급운동의 희생자이다. 우리는 ××× 인도적으로──중지”

“××은 ××민족을 노예적 굴욕 생활에서 구제한 사람이므로 우리는 그의 자손을 위해 돈을 걷어 사(思)──중지”

⑤ **형사피고인을 모함하는 언론**

사례:

"×××의 기소는 당연하다. 그와 같은 비리횡도(非理横道)의 인물을 오늘날까지 사회가 용인한 것은 불가사의하다. 그의 가렴주구는 그 밖에도 ××방면에서 ××엔 정도를 강탈했다——중지"

⑥ **형사자를 칭송하는 언론**

1920년(大正 9) 부령(府令) 제160호 제4조

사례

"×××일당의 ×××씨는 반동의 풍랑에 빼앗겨 ××형무소의 단두대에 올라 혁명의 ××를 흘렸지만, 그의 ××은 영원하여 우리들 ×××의 ×가 되고 정신으로 바뀌어 ××——중지"

⑦ **황실 존엄을 모독하는 언론을 행한 경우**

만일 황실 존엄을 모독하는 언론을 행하는 경우에는 곧바로 중지를 명할 수 있다.

⑧ **국체를 변혁하려는 언론**

사례:

"일본제국주의를 타도하라——중지"

"권력은 모두 죄악이다. ×××으로 인해 지배는——중지"

"우리들 무산 계급의 독재××——중지"

"파시스트적인운동은 결론적으로 ××× 고양의 반동 작용이며 이는 분명 자본주의 국가의 ××을 설명하는 ××——중지"

⑨ **헌법의 근본을 불법으로 변혁하려는 언론**

국체 변혁과 유사하지만 사실상 그렇지 않은 경우가 있다. 즉 추밀원의 폐지, 의회 제도의 부정 등을 의미한다. 다만, 정치적 의견에 대해서는 간섭하지 않는다.

사례:

"노동자 농민을 착취하고 탄압하는 것 밖에 못하는 의회는 대중의 힘으로――중지"

"자본주의 국가의 양로원 추밀원은 음모정치의 흑막이다. 이에 무산 계급의 폭력에 호소하여――중지"

⑩ 총독 정치를 비난 공격하는 언론

정치적 의견으로 주장하는 것은 굳이 간섭해서는 안 된다. 그러나 제국 통치에 관해 의구심을 품게 만드는 논의는 단호하게 제한해야 한다.

사례:

"××총독은 3천만 민중의 ××정신에 상처주고――중지"

"××의 탐관오리는 ××의 고혈을 짜내고――중지"

"××정치 하에서 소민(小民)은 개구리가 물에 뜨듯――중지"

"산미계획 및 ××이민계획은 무산대중을 노예××――중지"

이상에서 극단적인 사례를 들었지만, 이러한 어구를 사용하지 않더라도 전체 취지가 제국통치의 반대, 총독 정치의 부정에 있는 경우에는 당연히 중지해야 한다.

⑪ 공산당을 지지, 긍정하고 공산주의, 무정부주의의 선전 선동이 되는 언론

공산당을 지지, 선전하는 것은 위의 각 호에 해당하는 경우가 많지만, 더욱 상세하게 기술하면 다음과 같다.

(1) 조선공산당·고려공산청년회의 존재를 선전하고, (2) 공산당의 조직, 강령, 슬로건을 인정, 주장하고, (3) 공산당운동을 지원하고, (4) 러시아 혁명의 선전, 소비에트 러시아에 대한 지지, 찬양 (5) 마르크스주의, 레닌주의, 크로포트킨주의를 지지하고 예찬, 선전 (6) 기타 공산주의 이론에 의한 비합법운동의 선전선동 등이 있는 경우에는 곧바로 중지를 명할 수 있다.

사례:

"조선공산당 및 고려공산당은 조직 이래 수차례의 공격에 항거하여 지금은――중지"

"반동제국주의 폭압 ×××공산당간부는――중지"

"프롤레타리아 ××은 일국일당주의를 ×××하고 ——중지"

"금일 노동자 농민을 위해 이익을 주장하는 공×× 중지"

"신간회는 반동주의 ××제국의——중지"

"바야흐로 우리 ××교는 당, 종리원(宗理院)이 하나가 되어 독(獨)——중지"

"보라, 러시아의 제2차 5개년 계획이 빛난다——중지"

"××에서의 파쇼의 풍랑이 반동(反動)——중지"

"세계 무산 계급이여, 반제국동맹의 깃발 아래 결집하여 우리 조국 노(勞)××——중지"

이상의 예시에서 보듯 이들 언론에 제한을 가해야 하는 것은 당연하지만, 종종 '프롤레타리아' '부르주아' '파시즘'의 용어를 사용하는 정도의 언론에 대해 부당함을 말하는 이가 있는데, 단속의 임무를 담당하는 자는 중지 판단을 잘못하지 않도록 주의해야 한다.

⑫ 군사 또는 외교적 기밀에 속하는 사항

사례:

"×××국은 제국과 교전하기 위해 ×××일 군대를 ××에 진술시키고 대기 중이니 가까운 장래에——중지"

"××국 공사는 ××일 제국의 국정조사의 밀명을 각지 영사에게 보내 ××을 준비——중지"

⑬ 기타 폭행의 선동, 다중운동의 선동, 반역심의 도발 등 안녕질서를 해치는 언론

사례:

"××운동은 슬로건을 내걸고 오늘날까지 싸워왔는데 그것을 관철하여 목적을 달성한 것이 하나도 없다. 그것은 우리의 힘이 부족해서가 아니라 ××의 집회다중운동의 단속이 야수와도 같기 때문이다.——중지"

"부르주아들은 우리 무산자를 무시하고 부정비리를 저지른다고 우리들이 폭로——중지"

"제군, 공장은 감옥이다. 이것을 부수자.——중지"(중략)

◆ 풍속을 저해할 우려가 있는 언론을 행하는 경우

어떠한 사항이 풍속을 어지럽히는지는 때, 장소, 인적 관계에 따라 다른 경우가 있어서 일률적으로 규정하기 어렵지만, 1913년(大正 2) 3월 보발(保發) 제128호 영화 검열에 관한 규정 등에 어떤 사항이 풍속을 해치는지 대체적인 표준이 명시되었는데 다음과 같다.

① 인륜을 어지럽히는 사항

친자 형제 간의 연애, 갈등 등 반인륜에 관한 사항

② 외설(猥褻)에 관한 사항

남녀 간의 교섭을 노골적으로 논의하는 경우

③ 잔인에 관한 사항

짐승처럼 인간의 혹사, 학대 등의 정황을 늘어놓고 청중에게 나쁜 감정을 품게 하는 경우

④ 기타 선량한 풍속을 저해하는 사항

효도봉양, 부모 공경의 도를 부정하고 국민의 도의심을 파괴하는 경우

사례:

"조선의 유교는 무산 계급이 노예적 굴욕생활을 감수하게 하고 민족정신을 손상시킨다. 공자의 죄가 가볍지 않다.——중지"

◆ 집회의 언론 중지와 유사한 단속을 해야 하는 경우

즉 불온 문서의 낭독, 동작의 형용, 불온 게시 등이 이에 속한다.

① 집회에서 말을 사용하지 않고 동작 형용만으로 의사표시를 하는 경우

예를 들어, 말을 중지당한 경우, 또는 중지당할 것을 예견하고 일부러 말을 사용하지 않고 동작 형용, 몸짓, 손짓으로 불온한 행동을 사주하는 경우, 즉 공장 습격 점령, 경찰서, 주재소의 습격 등의 동작을 취하고, 낫, 망치, 곤봉을 휘두르는 손동작을 하며 폭행 소요(暴行騷擾)를 선동하는 것이다. 이 경우 동작을 금지하고, 경우에 따라서는 검속할 수 있다.

그리고 이들 경우에 보안법 제4조에 해당하는 것으로 집회가 공개적인 장소임은 당연하다.

② 집회에서 내용이 불온한 '축사' '메시지' 등을 낭독하는 경우

노동조합, 농민조합, 청년회, 기타 사상 단체 등의 회합에서 또는 쟁의비판 연설회, 지방적 문제에 대한 관계부민(關係部民)의 면민(面民)대회, 군민대회, 부민대회에서, 모성단체, 우의(友宜)단체, 지방민 등이 격려, 선동, 기타 내용이 불온한 문서를 보내와 '메시지', 축사라고 하여 석상에서 이를 낭독하는 경우가 있다. 이들은 낭독자 자신의 의사표시가 아니므로 이론상 강담, 논의라고 하기 어렵지만, 보안법 제4조에 규정하는 공개 장소에서의 문서 낭독에 다름 아니다. 그러므로 경찰관은 이 종류의 행위가 안녕질서를 문란하게 할 우려가 있다고 인정될 때 이를 금지시킬 수 있으며 본인이 가져온 것이 아닌 경우 검속할 수 있다.

③ 회장에 게시한 '슬로건' 중에 불온한 것이 있는 경우

집회 장소는 보안법 제4조에서 말하는 공개 장소이어야 한다. 그래서 슬로건 게시가 이 조에서 말하는 문서, 도화의 게시에 해당하고 그 내용이 불온한 경우에는 철거시킬 수 있다. 예를 들어, '일본제국주의전쟁 절대 반대' '언론 집회결사의 자유를 달라', '우리 조국 소비에트 러시아를 지키자', '생산기관을 노동자의 손에 넘기라', '조선공산당 ××' 등과 같은 것은 안녕질서를 해치는 것이 분명하다.

(5) 집회 중지명령

◆ 중지명령의 효력

집회에서 언론을 중지시키는 경우에 그것을 발하는 중지 명령이 어떤 효과를 발생시키는지는 가장 중요한 문제이다.

보안법 제2조 및 제4조는 경찰관은 "필요한 경우 집회를 제한 금지 해산할 수 있고", "공공 장소에서 언어 형용 기타 행위를 금지할 수 있다"고 하여 이를 위반한 자는 20일 이하의 구류 또는 10개월 이하의 금고에 처한다고 보안법 제6조에 규정하고 있는데, 이 규정의 운용에 관해서는 두 세 가지의 이견이 있다. 또 행정의 실제에서 취급을 할 때 두 세 가지의 경향이 있다.

즉 언론의 중지는 일반적으로 집회의 강담, 논의의 전부를 중시하는 효과를 동반하는 것이

아니며, 구체적인 현실에 강담, 논의하고 있는 그 사람의 언론을 중시함은 전혀 이견이 없다.

여기서 문제가 되는 것은,

(가) 그 사람의 강담 논의를 중지한다는 것은 현재 행하고 있는 논의 그 자체를 중지하는 것에 그치고, 다른 제목으로 전혀 다른 논의를 하는 것은 동일 집회에서 지장이 없다고 해석하는 것,

그리고 반대론자는 중지란 법문에 나타내는 것처럼 강담 논의를 중지하는 것이므로 일단 중지를 명받은 자는 가령 전혀 별개의 논지를 주장한다고 해도 동일 집회에서는 다시 행할 수 없다고 설명한다.

전자의 주장이 정당하다고 본다.

보안법 제2조 및 제4조에 의거할 경우, '집회의 제한 금지 해산', '언어 형용 등의 금지'라고 명시함으로써 마치 이 문제를 적극적으로 취급하는 것같은 의구심이 들게 된다. 하지만, 실제 문제로써 일단 지장이 없다고 집회를 인정한 이상, 한번 중지를 명령한 것은 동일 집회에서 다시 논의를 할 수 없다고 한다면 부당할 뿐 아니라, 만약 최근의 집회, 노동조합, 농민조합, 청년회, 무산정당 등의 소위 단체운동이 점점 달아오르는 때에는 대회, 총회, 협의회 등이 여러 날에 걸쳐 이루어지는 것이 일반적인데, 이러한 경우에 중지 명령을 받은 자가 회합 중에 발언 논의를 할 수 없다고 한다면 법의 목적 이외에 현저하게 언론의 압박 침해가 될 것이다.

따라서 한번 중지를 명령받은 자라도 전혀 다른 제목으로 다시 별개의 강담 논의를 하는 것은 법이 금하는 바가 아니다. 이에 중지 효과는 그 사람의 변론을 그 사항에 한해 중단시키는 것에 머무르고, 동일인이 동일 집회에서 전혀 별개의 논의를 하는 경우에는 논의의 내용을 다시 중지할 필요가 있는 경우에는 별개의 문제로서 그렇지 않은 경우에는 허용하는 것이 타당하다.

단, 언론이 과격하고 위험성이 있는 자는 동일 집회에서도 언론을 금지할 수 있다.(별항 금지의 항 참조)

(나) 일단 명한 금지처분은 취소할 수 있는가. 예를 들어 상급 경찰관이 하급 경찰관이 내린 중지를 부당하다고 취소할 수 있는가. 또 중지를 명한 경찰관이 자신이 한 중지명령을 취

소할 수 있는가.

또는 변론 중지를 명한 그 명령을 따르지 않고 계속 논의를 이어가려는 자, 혹은 곧바로 다른 자가 대신 논지를 계속하는 경우는 어떻게 할 것인가 등의 문제에 관해 다음에서 설명한다.

① 상급 경찰관은 하급 경찰관의 중지를 취소할 수 있는가

경찰관이 집회를 단속하는 것은 보안법 제2조 및 제4조의 특히 경찰관에 부여된 독자적인 권한이다. 그러므로 이 법에 경찰관이란 순사, 경부, 경시의 구별 없이 모든 경찰관을 포함하는 것으로, 경찰관은 계급의 상하를 불문하고 보안법 제2조 및 제4조의 직무를 행할 수 있다. 그리고 이 법에 기초하여 경찰관의 언론 제한 처분은 사안이 급박하여 현장에 있는 관리가 당장 이를 행하지 않으면 시기를 놓치고 경찰 본연의 목적을 달성할 수 없는 경우가 적지 않음을 우려하여 경찰관의 신분을 가진 자에게 특별한 권한을 부여한 것이다. 경찰 처분을 행하는 권한은 원칙적으로 경찰관청에 귀속된 제도에 예외를 인정한 것이다.

즉 언론단속을 담당하는 경찰관은 계급의 상하, 권한의 범위 제한 없이 자신의 판단에 따라 독립적으로 직무를 집행할 수 있다는 취지를 정한 것이라 할 수 있다. 그러므로 강담 논의의 단속은 항상 그 사람의 변론을 중심으로 하는 객관적 정황에 의해 자기 독립적인 판단에 따라 결정할 것이 요구되며, 중지의 필요가 있는지 없는지 여부는 우선 단속 경찰관 개인의 자유 재량에 맡겨질 수 밖에 없다.

따라서 단속 경찰관이 필요하다고 인정하고 중지를 명한 사안이 제삼자의 관찰과는 다른 경우가 있더라도 중지 명령은 당연히 효력을 가지며 명령과 동시에 법률상의 효과가 생기고 가령 상급 경찰관이라도 이를 취소할 수 없다.

그렇지만 중지 명령이 매우 부당한 경우에는 중지를 취소하는 일 없이 중지자 자신, 혹은 상급 경찰관이 다시 논의를 허용하는 것은 상관 없다.

② 중지를 명령한 경찰관은 스스로 그 부당함을 인정하고 이를 취소할 수 있는가

중지는 중지 명령과 동시에 법률상의 효과가 생기고 이를 위배하는 자는 보안법 제6조에 의해 처벌받을 뿐 아니라, 중지 명령은 관청이 하는 경찰처분이 아니고 경찰관 독자적인 권한으로 행하는 사실 행위이다. 그러므로 만일 중지를 명하려고 하는 때는 중지의 결과 즉 그 영향하는 바를 충분히 성찰하고 행해야 하며 한번 이를 행했을 때는 이를 취소 또는 정정할 수 있는 것이 아니다. 실제적인 문제로 언론의 중지를 명하는 경우, 변사 또는 청중이 그 부당함을 힐난하며 떠들썩한 비난의 목소리가 일고, 회장은 시끄러워 지고 수습할 수 없는 사태가 일어나는 경우가 종종 있다. 이런 경우 일단 내린 중지 명령을 취소하는 것은 아무튼 부당한 조치가 아닐 수 없다. 그렇지만 중지가 명백하게 부당한 사실로 판명되는 때는 중지를 취소하는 일 없이 다시 발언을 허용할 수 있다.

③ 중지를 명한 경우에 당장 타인이 이를 대신하여 동일한 논지를 진행하려 할 때

이러한 사실이 발생할 경우에는 당장 중지를 명할 수 있음은 물론 그 논지가 불온하고 과격함에 있어 그 원인이 되는 원고, 의안, 보고 초고 등을 영치(領置)할 수 있다.

이러한 사례는 노동조합, 농민조합, 청년동맹 등의 대회, 협의회의 경우에 종종 나타나는 현상이다. 불온한 언론의 원인이 되는 것이 축사, '메시지' 등이어도 영치할 수 있다.

④ 변론 중지를 명했음에도 이를 따르지 않고 계속하려는 경우

행정집행령 제1조에 의거하여 공안을 해치는 자로서 3일 이내 검속(檢束) 할 수 있다.

(6) 집회의 해산

집회의 해산이란 집회를 소멸시키는 처분이다. 따라서 앞에서 언급한 집회 금지와 달리 집회 성립 이전에 집회 해산은 있을 수 없다. 즉 한번 성립한 전제로 성립한 집회를 중단하고 소멸시키는 처분을 말한다. 그러므로 해산 효과는 집회 자체의 존재를 잃는 것이고 몇 명이든 그 자리에서 다시 강담 논의를 할 수 없음은 물론, 회동자 또한 해산시키는 효과를 동반한다.

- 해산시킬 수 있는 경우

보안법 제2조에 의하면 안녕질서 유지를 위해 필요한 경우에 경찰관은 집회를 해산시킬 수 있다고 규정한다. 여기서 말하는 해산은 옥외 집회이든 옥내 집회이든 불문하고 모든 집회를 포함한다.

그러므로 보안법 제2조의 안녕질서 유지를 위해 필요한 경우란, 각 구체적인 사실에 비추어 객관적인 정세에 따라 판단하는 문제인데, 각각의 경우를 고찰하건대 다음의 여러 가지 경우를 들 수 있다.

(가) 집회의 강담 논의의 내용이 매우 불온, 과격하여 특정 일부의 논의를 중지시키는 것만으로는 단속의 목적을 달성하기 어렵고, 다른 한편 집회를 여전히 존속시킴에 있어 점점 불온, 과격한 논의를 할 우려가 있는 경우.

(나) 어떤 사람이 행한 연설에 자극, 흥분한 청중이 갑자기 동요하고 불온한 형세를 보이고, 방임하면 사태를 점차 악화시켜 소요, 폭행 등의 불온한 행동에 나설 우려가 있는 경우. 예를 들어 소작쟁의 비판연설회 등에서 한 변사가 지주, 마름, 관리인의 횡포와 냉혹함을 부르짖고 반역의 심리를 도발하자 청중이 갑자기 동요하며, 지주, 마름 등에 대한 대중적인 시위에 나서려는 형세를 조성하는 경우.

(다) 회장의 집회자가 열광, 흥분하여 불온한 분위기가 팽배해지고 그 집회를 지속시키는 것이 여러 가지 장해를 일으킬 우려가 있는 경우.

(라) 집회 참석자들이 갑, 을 두 파로 나뉘어 서로 항쟁 반목하여 집회를 계속하기에는 폭력 투쟁 등의 사태가 일어나 치안을 교란시킬 우려가 있는 경우.

예를 들어 노동조합, 청년동맹 등의 연설회 또는 대회 등에 파벌 계통을 달리하는 분자가 뒤섞여 회장의 소란을 기도하고 매사에 반대를 표명하여 양자 간에 항쟁 반목이 더욱 첨예해지는 경우.

(마) 집회 그 자체는 위험의 우려가 없지만 외부적인 원인에 의해 집회의 지속이 위험한 경우.

예를 들어 지방 문제에 관해 이해가 상충하는 일파가 다른 일파의 집회를 방해하는 경우. 또는 좌익 단체의 연설회에 반동분자가 소위 난입 계획을 시도하여 집회를 지속하는 것이 위험한 우려가 있는 경우.

(바) 기타 장소, 시간상의 관계로 어떤 종류의 집회를 지속하는 것이 위험을 발생시킬 우려가 있는 경우.

예를 들어 공장 부근에서의 쟁의 비판 연설회, 일몰 후의 좌익 단체의 옥외 집회, 또는 좌익단체 기념일에 반동 단체의 옥외 집회 등 간접적인 원인으로 위험이 발생할 가능성이 있는 경우.

(사) 금지된 집회를 다시 다른 명목으로 개최하고 금지된 집회와 동일 목적을 달성하려는 경우.

예를 들어 공산주의 단체의 발회식이 사전에 금지되자 다른 좌담회, 강연회 등의 이름으로 소기의 회합 목적을 이루려는 경우.

(아) 비밀 집회를 개최하고 불온 과격한 사항을 토론하려는 경우.

- 해산명령권자

해산 명령은 경찰관으로 순사, 경부, 경시의 구별 없이 모두 독자적인 권한으로 이를 내릴 수 있다.(상세 중지의 항 경찰관의 권한 참조)

- 집회 해산의 효과

경찰관이 집회 해산을 명한 때는 해산 집행의 수단으로 회중 및 집회의 주최자를 현장에서 퇴거시킬 수 있다. 해산명령에 반항하여 퇴거하지 않고 소란을 피우는 자는 검속할 수 있다.

(7) 집회의 금지

- 집회 금지의 의의

집회 금지란 처음부터 집회를 성립시키지 않는 처분으로 집회 해산과 성격을 달리한다. 즉 해산은 일단 성립한 집회를 소멸시키는 처분임에 반해, 금지는 개회에 앞서 금지하여 성립이 안 되게 하는 효과를 발생시키는 것이다. 금지가 사전 처분임에 반해 해산은 사후 처분의 성격을 가진다.

- 집회 금지를 할 수 있는 경우

집회 금지를 할 수 있는 것은 옥내 집회든 옥외 집회든 상관없다. 다만, 조선에 있어

1910년(明治 43) 8월 부령(部令) 제3호에 의해 경성에서의 내선인 정치에 관한 집회 및 옥외의 다중 집회는 법문상 금지되어 있지만, 금일 과연 본 법문을 어느 정도까지 적용할 것인지에 대해 그 후의 사정에 비추어 다소 의문스럽다. 하지만 안녕질서 유지를 위해 지장이 없는 한 특별히 정치 집회를 금하고 민의의 발달을 저지할 이유는 없다.

집회 금지를 할 수 있는 경우는 안녕질서의 유지를 위해 필요한 경우인데, 어떤 경우가 안녕질서를 유지하기 위해 필요한지는 앞에서 집회의 중지, 해산의 경우에서 살펴보았다. 또 법에서 특별히 집회를 금지하는 경우를 들면 다음과 같다.

(가) 사형자의 추도를 위한 집회

사형자는 국금(國禁) 국법을 어기고 국민 단체 생활의 장해가 되는 해악을 끼친 자로 그를 추도하기 위한 집회를 하는 것은 당연히 금지되어야 한다[1910년(大正 9) 10월 부령(府令) 제160호].

(나) 전염병(법정 전염병)이 유행하거나 유행할 우려가 있을 때는 도지사가 집회를 금지할 수 있다. 전염병을 예방하고 국민의 보건유지 상 당연한 일이다[1915년(大正 4) 6월 제령 제2호 전염병 예방령 제17조 3호].

이상의 두 가지 경우 (가)는 특정 목적에 국한된 집회이고 후자는 모든 집회를 금지할 수 있는 것이다.

- 집회 금지의 효과

집회를 금지할 수 있는 경우, 원인이 내용 목적에 있는 경우는 내용 목적을 변경하지 않는 한 다시 개회할 수 없다. 하지만 금지 효과는 집회에 한정되므로, 다시 동일한 내용 목적으로 개회하려고 하는 경우에는 다시 금지할 필요가 있다. 게다가 금지 원인이 장소, 시간적인 사정에 기인하는 경우에는 장소의 변경, 시간의 추이에 따라 다시 개회를 할 수 있음은 물론이다.

따라서 내용 목적의 부당함에 의해 금지 명령이 내려진 경우에 집회의 명의, 또는 사회자를 변경하더라도, 동일 내용을 논의할 우려가 있는 경우에는 당연히 금지할 수 있다고 해석하는 것이 타당하다. 그러므로 일단 집회 금지를 명한 경우에 명령 내용에 따라 이미 집합하는 회집이 있으면 해산하고 사회자는 집회를 하지 않을 의무를 진다. (상세 해산의 항 참조)

(8) 위법 집회의 처벌

집회는 앞에서 언급한 단속규정의 범위 내에서 행해야 하고 제한을 일탈하고 불법에 이르는 경우에는 당연히 처벌을 면할 수 없다.

① 경찰관이 안녕질서 유지를 위해 행하는 명령에 위반하는 자(보안법 제2조 및 제4조 제5조)는 20일 이하의 구류 또는 과료(科料), 또는 10개월 이하의 금고에 처한다.

② 무기 및 폭발물 기타 위험한 물건의 휴대 금지를 위반하는 자(보안법 제3조)는 20일 이하의 구류 또는 과료 또는 10개월 이하의 금고에 처한다.

③ 경성 부내에서의 내선인이 정사집회 또는 옥외집회를 하는 경우, 또는 허가 없이 옥외의 설교 또는 학교 생도의 체육운동 등의 집회를 하는 자[1910년(明治 43) 부령 제3호]는 구류 또는 과료에 처한다.

④ 불온 연설 또는 낭독을 하는 자는 구류 과료에 처한다(경찰범 처벌 규칙 제1조 20호)

⑤ 형사자를 추도하는 집회를 하는 자[형사자 분묘 제사 초상 등 단속에 관한 건 1910년(大正 9) 10월 부령 제160호]는 1년 이하의 징역 금고 또는 구류 또는 2백 원 이하의 벌금에 처한다.

⑥ 전염병이 유행하거나 유행할 우려가 있을 때 도지사가 내리는 집회금지, 제한명령을 위배하는 자(전염병 예방령 제17조 및 제24조)는 2백 원 이하의 벌금 과료에 처한다.

3) 다중운동(〈자료 194〉의 207~223쪽)

(1) 다중운동의 의의 및 단속규정

(가) 다중운동의 의의

다중운동이란 다수인이 특정의 공동 목적을 가지고 한시적으로 공동의 동작을 하는 것을 말한다. 그러므로 다중운동은 다수인의 공동 의사표시를 하는 형태이며 다수인의 공동 의사 표시를 하는 수단이다. 따라서 다중운동은 다수인이 공동의 목적을 가질 것이 필요하고 이러한 점에서 앞에서 언급한 집회, 결사와 동일하며 군집과는 다르다. 하지만 이러한 공동 목적은 다수인이 회동하는 당초부터 가져야 할 것을 필요로 하지 않는다. 공동 목적의 의사가 없는 다수인이 막연하게 집합하여 우연히 의사의 합치를 보이고 공동 목적을 위해 하는 행위에 나설 때 이를 다중운동이라 할 수 있다. 예를 들어 모 항구의 부두에서 하역 인부가 휴식을 위해 막연하게 광장에 모여 잡담하다 우연히 임금 문제에 대해 언급하고, 그러다 갑자기 인부대회를 개최하여 사업주에 요구할 요구 조건의 결의를 하고 나아가 대오를 조직하여 사업주 또는 선박회사 부근에서 시위운동을 하려 한다. 또는 수리조합문제, 학교비 문제 등을 위해 집합한 소작인이 갑자기 바뀌어 소작료 감액운동 등의 거사에 나서는 사례는 각각 집회 후에 우연히 공동 목적을 가지게 된 것으로 모두 다중운동이다. 또 다중운동은 다수인의 공동 행동을 요하므로 다수인이 공동 목적을 가지더라도 목적을 위해 공동 행동을 취하지 않는 경우에는 다중운동이라고 말하기 어렵다.

다음으로 다중운동은 다수인의운동이 장소를 이동하여 이루어지는 것을 요한다. 이 점에서 옥외집회와 다르고 군집과 약간 유사한 점이 있다.

그렇지만 여기서 소위 장소 이동이란, 반드시 지역적으로 이동하는 것을 요하지는 않는다. 행동의 성격에서 이동성이 있고 목적이 다수인의 공동동작에 의해 목적의사를 표시하는 것이면 충분하고, 일정한 지역 내에서 오가더라도 다중운동임에는 틀림없다. 예를 들어 모 공장의 직공이 대오를 이루어 공장 내를 돌며 이동해도 다중운동이다. 작업을 포기하고 공장 구역 내를 걸어다는 것도 다중운동임에 틀림없다. 그러하기에 다수인이 공동의 의사를 공동의 동작으로 표현하려고 하는 경우는 모두 다중운동이다. 따라서 공장을 점령하고 농성을 하거나 작업장 내에 주저앉아 '단식투쟁'을 하는 것도 다중운동이다.

(나) 조선에서의 다중운동의 단속법규

조선에서의 다중운동 단속규칙으로 현존하는 것은, (1)보안법 제2조, 제3조 및 제4조, (2)1910년(明治 43) 8월 부령 제3호로 기타 내지의 치안경찰법과 같은 상세한 단속 규정이 없다. 경찰범 처벌규칙 제1조 19호에서 다중이 집합하여 관공서에 청원 또는 진정하는 것을 금지하는 규정이 있지만, 이들 단속규정에 관해 집회, 결사, 군집 등의 경우처럼 내선인 각각에 대해 단속의 취지가 달라서 법의 미비함을 피할 수 없다.

(2) 다중운동의 제한

(가) 다중운동의 신고

조선에서는 집회와 마찬가지로 신고에 관해 직접적인 명문이 없다. 하지만 보안법 제2조의 법의(法意)에 의거하여 경찰관이 다중운동의 제한, 금지를 할 수 있는 이상 이에 대해 신고를 명하지 않을 이유가 없다. 또 경성부내에서의 집회단속에 관해 옥외의 설교 또는 학교생도의 체육운동 등의 집합에 관할 경찰서장의 허가를 요한다는 내용을 규정하는 취지가 있으므로 이보다 사태가 중대한 다중운동에 대해 당연히 신고를 요한다. 따라서 단속상 필요에 따라 일시, 장소, 목적, 사회자, 인원 등을 신고하게 하는데 지장이 없다. 하지만 사회자가 신고를 하지 않더라도 처벌할 수는 없다. 그러므로 다중운동이 두 개 지역의 경찰서 관할에 걸쳐있을 때 양쪽 경찰서에 신고해야 하는가가 문제가 되는데, 실제적인 문제로서 출발지의 경찰서에 신고하는 것으로 충분하다.

(나) 다중운동의 심문(尋問)

집회의 경우와 동일한 이유로 경찰관은 단속상 필요한 사항을 심문할 수 있다. 수단 방법은 앞서 집회에서 서술한 바와 같이 해석할 수 있다. 시기는 다중운동 개시 전과 개시 후를 불문한다. 단, 사회자, 발기인이 심문에 답하지 않더라도 처벌할 수 없다.

(다) 특정 행위의 제한

다중운동의 경우, 회동자 중에 고의로 소란, 난폭한 행동을 하는 자가 있을 때는 검속하여 처벌할 수 있다. 예를 들어 다중운동에 대해 장난을 치거나 회동자를 방해하는 경우이다(경찰범 처벌 규칙 제1조 제36호 및 제38호).

다음의 어떤 행위가 소란이 되거나 난폭한 행동이 되는지는 집회의 경우에서 설명한 것과 대략 동일하다. 예를 들어,

① 시위운동의 행렬 중 ××만세를 크게 외치는 것

② 타도일본제국주의 등의 격한 언사를 써서 대중을 선동하는 것

③ 행렬 속에서 불온 과격한 선동 연설을 하는 것

④ 비라, 격문을 배포하려는 것

⑤ 단속관을 방해하여 대중의 기세를 모으려는 것

이상이 소란, 난폭함의 사례이다.

(라) 휴대품의 제한

보안법 제3조에 의하면 다중운동 시 집회와 마찬가지로 흉기 및 폭발물, 기타 위험한 물건의 휴대를 금지할 수 있다는 취지를 정하고 있다.

특히 다중운동은 소위 군집심리에 지배되어 위험성이 가장 크다. 최근의 사회운동가가 목적하는 대중운동은 태극기, 노농기, 회기(會旗), 조합기, '슬로건'을 크게 쓴 깃발을 휘두르며, 망치, 낫, 괭이, 톱 등의 노동도구를 휴대하고 ××만세, 혁명가, 노동가, 농민가를 소리 높여 부르며, 심한 경우는 '아이고 아이고[哀號]'를 외치며 군집심리를 부채질하여 군청, 경찰서, 주재소, 공장, 지주, 마른 등을 습격하는 사례가 있으므로 휴대품의 제한에 대해서는 특단의 주의가 필요하다.

(마) 기타 제한

(전략) 특히 최근 사회운동에서의 시위운동은 노동자, 농민의 위력을 과시하고 주장을 일반 여론에 호소하여 인도적인 동정을 환기시키려고 하면서 동시에 자본가, 지주, 관헌을 압박하여 소기의 목적을 달성하려 한다. '메이데이'와 기타 사회운동의 기념일에는 노동자, 농민의 주장을 보급하여운동의 진전을 획책하고자 하고 쟁의도 유리한 해결 조건을 획득하려고 하는 것인데 때로는 불평불만을 폭력으로 폭발시키려 한다. 어떤 경우에는 불온 과격한 목적을 띤 행동대라 칭하는 이들이 지도하여 폭동으로 인도하려는 자가 있으니, 시위운동이 성격상 많은 위험을 내포하고 있다고 할 수 있다. 따라서 이에 대한 제한은 엄중할 필요가 있지만 지나치게 엄격하면 비밀리에 이루어져 단속하기가 매우 곤란해지므로 사전에 사찰을 엄중하게 하여 불온 불령분자의 개입을 차단하고, 은밀하게 제한을 시행하여 원만하고 철저하게 단속을 해야 한다. 그리고 제한은운동 개시 전에 필요사항을 제한하도록 하고

경우에 따라운동 개시 후에도 제한 할 수 있다.

이 제한의 주안점은 책임 관념이 강한 통제자가 존재하여 목적이 타당하고 온건하며 군집 심리를 자극하거나 심각하게 만들지 않도록 다중운동에 관계없는 구경꾼 등의 오합지졸이 합세하지 않는 대형으로 만들도록 주의를 기울여야 한다.(후략)

(3) 다중운동의 금지

다중운동 또한 보안법 제2조에 의거하여 안녕질서 유지를 위해 필요한 경우에는 금지할 수 있다. 여기서 안녕질서 유지를 위해 필요한 경우란, 집회의 경우와 다르게 객관적 정세 및 원인 조건이 상이하다. 집회는 언론에 의한 것을 주요 조건으로 하고 나머지는 행동에 의한 것을 본질로 삼는다. 집회는 동일 장소에서 행하는 것에 반해 다중운동은 장소를 이동하여 행하는 점이 단속에서 대조적으로 상이하다는 것을 잊어서는 안 된다.

그래서 다중운동을 금지 하는 것은 이에 대한 전망을 필요로 한다. 즉 어떤 목적으로 하는지, 다른 목적에 이용하는 것은 아닌지 등의 필요한 전망을 하고 합리적으로 판단하여 독자적인 권한으로 단속해야 한다. 이제 금지해야 하는 경우를 설명하겠다.

(가) 목적이 시위를 위한 것

다중운동의 목적이 시위에 머무는 것은 반드시 치안을 방해하는 것은 아니다. 예를 들어 학생 생도의 깃발 행렬, 제등 행렬 등과 같이 어떤 특정 사항의 시위 선전에 있는 경우는 굳이 금지하지 않는 것이 당연하고, 목적이 교육, 도덕, 종교, 또는 국가 관념 고양의 영역을 벗어나는 경우에는 금지해도 상관없다.

여기서 주의할 점은 최근 사회운동이 행하는 시위운동은 목적이 예컨대 오로지 시위에 있지만, 처음부터 폭력 행위를 하지 않으리라고 보장할 수 없는 경우가 매우 많다. 메이데이 시위 행렬, 청원 진정 행렬 등에서 목적 그 자체는 온당하지만, 군집심리가 횡행하는 단체행동에서 오늘날 조선민중과 같이 단체 훈련이 결여된 자들은 단속 관헌의 처치 여하, 과격분자의 선동에 따라 폭행을 목적으로 하는 단체로 변화할 우려가 충분히 있으며, 이러한 것에 대해서는 목적이 시위를 위한 것도 주위 상황을 참작하여 금지할 수 있다.

(나) 목적이 폭행 소요인 것

반동 단체나 극좌단체의 '행동대', 테러대가 이에 속한다. 1930년(昭和 5) 6월 함남(咸南) 단천(端川)의 단천농민조합원의 폭동사건, 1931년 5월 원산공산당원의 동지 시신 탈취 사건, 1930년 5월 간도공산당 폭동사건, 1926년(大正 15) 이왕 전하 국장 당시의 불온계획 사건 등 크고 작게 열거할 수 없을 정도이고 이들은 처음부터 폭행 소요를 목적으로 확대를 기도한 것, 검속자의 탈환, 지주 마름, 자본가를 습격하는 것 등인데, 이러한 다중운동은 안녕질서를 방해하는 것이며 당연히 사전에 금지되어야 한다.

(다) 다중운동을 선동하여 폭력화하려는 것

다중운동의 단체 내에 비밀리에 반동단체나 좌익적 '분파'를 만드는 자가 외부의 세력과 교묘하게 연합하여 다중운동을 폭력행위로 인도하려는 경우를 말한다. 대중의 제일의적 요구, 즉 경제적 해결의 도모를 최종 목적으로 하지 않고 합법운동을 가장하여 정치 투쟁으로 인도하려는 것이다. 이러한 경향과 정세가 있는 다중운동은 금지하고 준비 행위에서 다른 벌 조항에 해당하는 것은 마땅히 처벌해야 한다.

(라) 기타 다중운동의 위력을 악용하는 것

동일 종류의 어떤 사업에 동맹파업 등이 발생하고 폭행 소요를 감행하는 경우, 이와 비슷한 시기에 다른 동종 사업의 노동자가 동맹파업을 기도하여 전자와 같은 수단에 나서도록 세력을 드러내고 교묘하게 기회를 잡아 유리한 해결조건을 받아들이도록 하는 경우, 이러한 목적을 가진 다중운동은 안녕질서를 해치므로 금지해야 한다.

(마) 기타 제사 종교의 행렬, 학생의 행렬 행진 등에서 폭행 기타 불온 계획을 목적으로 하는 것

사회 일반의 관례상 제사 종교 학생의 행렬 등은 불온 계획이 없으므로 이를 함부로 금지해서는 안 된다. 하지만 조상신의 제전에서 단체의 위력을 사용하여 가마를 어떤 종류의 인물의 집에 메고 가서 폭행을 하고[1931년(昭和 6) 인천 수원에서의 사건], 공산당원의 사망을 당 장례로 하려고 하거나 축제일의 학생 깃발 행렬 또는 제등 행렬을 이용하여 불온한 시위운동을 하려는 것과 같이 위험 발생의 우려가 있을 때는 금지할 수 있다. 그럼에도 금지 명령

에 따르지 않는 경우에는 보안법 제6조에 의거하여 20일 이하의 구류 또는 과료, 10개월 이하의 금고에 처하는 것은 집회의 경우와 동일하다.

(4) 다중운동의 해산

보안법 제2조에 의하면 안녕질서의 유지를 위해 필요한 경우 경찰관이 다중운동의 해산을 명할 수 있다고 다중운동 해산에 대해 규정한다. 여기서 말하는 다중운동의 해산은 집회해산과 마찬가지로 한번 성립한 운동을 소멸시키는 처분이므로 의의와 효과가 집회의 경우와 거의 동일하다.

다중운동의 실체를 소멸시키는 점에서 금지와 동일하지만 금지는운동 개시 전의 처분임에 반해 해산은 언제나운동 개시 후의 처분이다. 그렇다면 어떤 경우에 해산시킬 수 있는가 하면 당시의 객관적인 정세에 기반해 판단할 문제이고 사전에 일정한 규범을 정하는 것은 불가능하다. 중요한 경우를 열거하면 다음과 같다.

① 행렬 진행 중에 대오를 무너뜨리고 소란과 폭력의 우려가 있는 경우.
② 시위운동의 제한 금지 사항에 반하는 행동을 하는 경우.
③ 혁명가, 노동가 등 불온한 노래를 소리 높여 부르거나 격문을 배포하여 불온 행동을 보이는 경우.
④ 거리에서 선동 연설을 하고 다중운동을 혼란으로 유도하려는 경우.
⑤ 운동을 이용하여 방향을 전환시켜 지주, 자본가, 학교, 경찰서, 주재소, 면사무소 등을 습격할 우려가 있는 경우.
⑥ 운동 참가자 중에 다수의 요주의 위험인물이 혼재해 있는 경우.
⑦ 다중운동으로 전혀 통제가 없이 감독자, 책임자가 없는 것.
⑧ 야간 다중운동 또는 일몰 후로 이어지는 다중운동.

해산할 수 있는 개요는 이상과 같지만 안녕을 해친다고 판단되는 경우에는 단호하게 해산할 수 있어야 한다.

이러한 다중운동의 수단은 시간의 흐름과 함께 방법 전술이 변화하고, '옥상데모', '기아 행진', '장례식 데모', '식량운반데모', '둥둥', '술자루 데모', '쟁의해결 기원제', 특수한 행위로 '굴뚝 오르기', '지붕 오르기', 광산쟁의에서의 '지렁이 데모' 등 열거하면 셀 수 없이 많은 상황인데, 이들의 다중운동이 해산 명령에 응하지 않을 때 경찰관은 실력으로 해산할 수 있어야 하며 그 수단으로 중심인물의 검속이 있을 수 있다.

(5) 다중운동의 처벌

(가) 경찰관이 안녕질서의 유지를 위해 다중운동에 내린 제한, 금지, 해산 명령을 위반한 자 및 흉기, 폭발물, 기타 위험 물건의 휴대 금지 명령을 위반한 자는 10개월 이하의 금고 또는 20일 이하의 구류, 과료에 처하고, 위 물건을 범인이 소유하는 때는 정상(情狀)에 의해 이를 몰수한다(보안법 제6조).

(나) 내지인 및 외국인에 대해서는 처벌 명문이 없지만 다른 일반 경찰법규가 나타내는 바에 의해 해당 사항을 처단할 수 있다(경찰범 처벌규칙, 행정집행령, 보안규칙, 폭력행위 처벌에 관한 건).

4) 조선에서의 공안 관련 특수행위의 단속(〈자료 194〉의 224쪽)

(1) 공안을 해치는 특수행위의 단속 규정

◆ 정치에 관한 불온행동의 단속

- 보안법 제5조의 규정(조선인에만 적용)

제5조 내부대신은 정치에 관해 불온한 동작을 할 우려가 있다고 인정되는 자에 대해 그 거주 장소에서 퇴거를 명하고, 또 1년 이내의 기간을 특정하여 일정 지역 내에 범입(犯入)을 금지할 수 있다.

보안법 제5조에 "조선총독은 (경무총장) 정치에 관해 불온한 동작을 할 우려가 있다고 인정되는 자에 대해 그 거주 장소에서 퇴거를 명하고, 또 1년 이내의 기간을 특정하여 일정 지역 내에 범입을 금지할 수 있다"(보안법 5조)라고 되어 있다. 즉 정치상 공안에 악영향을 끼치는 언론 행동을 할 우려가 있는 인물에 대해 사실상 구체적으로 불온한 동작을 했는지 여부와 상관없이, 조선총독의 인정으로 어떤 장소에 거주하는 것을 금지하고 또 1년 이내 일정 구역 내에 거주를 제한하여 그 제한된 장소 이외에는 출입하는 것을 금할 수 있다. 이 행정처분은 조선인에게만 적용하는 것으로 이와 같이 절대적인 자유를 제한하는 행정처분은 내지에서 유례를 찾아볼 수 없으며 조선인에게만 적용하는 특수한 법문이다. 따라서 보안법 제5조의 적용에 있어 진중한 태도를 가지고 치우침이 없도록 판단을 그르치지 않게 마땅히 주의해야 한다.

벌칙 20일 이하의 구류 또는 10개월 이하의 금고

- 보안법 제7조의 규정 및 해설

제7조 정치에 관하여 불온한 언론, 동작 또는 타인을 선동, 교사 혹은 사용하고, 또는 타인의 행위를 간섭하여 치안을 방해하는 자는 50 이상의 태형, 10개월 이하의 금옥(禁獄), 또는 2년 이하의 징역에 처한다.

이 조는 정치에 관한 불온행동을 단속하는 규정으로 원래 구 한국에서 공포된 법률이지만 한일병합 후 조선에서 제국의 정치상 치안에 대한 보증(保證) 규정하기에 이른 것으로 조선인에게만 적용된다.

이 조의 죄 성립 요건

본 죄가 성립하려면 다음의 어느 하나에 해당하는 행위가 치안을 방해함으로써 성립한다.

(2) 공안을 해치는 특수행위의 단속 대상

(가) 정치에 관해 불온한 언론, 동작을 하는 것

여기서 정치는 제국 주권의 작용인 권력 행사 방법, 혹은 권한 분배의 조직에 관한 사항만을

* 조선독립의 희망을 달성할 목적으로 다수 공동하여 조선 독립 만세를 소리 높여 외치고 시위운동을 하여 치안을 방해하는 때는 1919년 제령 제7호 정치에 관한 범죄처벌의 건 제1조 제1항에 소위 정치 변혁을 목적으로 하여 다수 공동의 안녕질서를 방해하는 자에 해당함과 동시에 그 행위가 정치에 관해 불온한 언론, 동작을 함으로써 치안을 방해하는 것으로 보안법 제7조에 해당하는 것이 된다(1919년 6월 12일 고등법원).
벌칙 20일 이하의 구류 또는 10개월 이하의 금고, 2년 이하의 징역

가리키는 것이 아니라, 제국 주권의 존립에 관한 사항 모두를 합쳐서 칭하는 법의이다*.

불온한 언론, 동작이란 치안을 방해할 수 있는 정도의 언론, 강담, 연설, 신체적인 동작을 말한다. 어떤 언론, 동작이 치안을 방해할 것을 요하는가에 대해 법문에 명시되어 있지 않으므로, 행위 당시의 일반적인 관념에 비추어 불온하다고 인정되는 언론, 동작을 함으로써 치안을 방해하는 이상 이 조의 죄를 구성한다.

그러므로 이상의 불온 언론, 동작이 치안 방해의 결과를 낳는다고 간주하는 데는 이런 종류의 언동을 불특정 다수인이 시청(視聽)했는가, 혹은 시청할 수 있는 상태에서 감행될 것을 요하는 것으로 불특정 다수인이 시청한 이상, 각 인이 비밀을 지킬 것을 약속했는지 아닌지의 여부를 묻는 것은 아니다.(중략)

(나) 정치에 관해 타인을 선동, 교사, 사용하는 일

이 행위에 대해 선동, 교사가 있다고 죄의 책임을 지우기 위해서는 피선동자, 피교사자가 선동 혹은 교사에 응하여 목적한 범죄 행위를 할 것을 반드시 요하지는 않지만, 선동자 또는 교사자가 피선동자 또는 피교사자에게 선동 혹은 교사의 목적인 범죄 행위를 할 것을 도발하고 또는 결의하게 하는 행위가 있음을 가지고 충족된다.(중략)

(다) 정치에 관한 타인의 행위에 간섭하는 일

타인의 행위에 간섭하는 일은 타인의 행위에 관계하는 것을 말한다. 즉 일정한 주의 의견이 있는 것이 아니라 타인의 선동에 응해 부화뇌동하는 것이다.

그러므로 이상의 행위가 치안을 방해하기 위해서는 정치에 관해 불온한 언론, 동작을 하거나, 또는 타인에게 불온한 언론, 동작을 해야 한다고 선동 교사를 하거나, 또는 불온한 언동, 동작을 하기 위해 타인을 사용하거나 또는 타인의 행위에 간섭하는 행위가 있을 것을 요한다. 이에 가령 다중과 함께 이러한 행위를 하려고 기도하여 동지를 규합하고 또는 준비 행위를 하여 그 일이 불온한 언론, 동작, 기타에 해당하는 경우라도 그 행위가 비밀리에 행해지고 일 지방의 평온을 해칠 정도에 달하는 것이 아닐 때는 이 조에 비추어 처벌할 수 없다고 해석해야 한다.

그러므로 일 지방의 평온을 해친다고 간주하기에는 이러한 행동이 공중이 시청할 수 있는가 또는 공중이 시청할 수 있는 장소에서 행해질 것이 필요하다.

① 이 조와 형법 사기죄, 공갈죄와의 관계

(중략)

② 이 조와 제령 제7호와의 관계

보안법 규정 중에 1919년 제령 제7호의 규정에 저촉하고, 혹은 중복하는 부분은 동 제령(制令)의 시행에 의해 자연히 폐지되었지만, 그렇지 않은 부분은 여전히 효력이 있고 보안법 제7조의 규정은 동 제령 제1조에 소위 다수 공동하는 것이 아니고 행하는 경우에 적용한다고 고등법원에서 1912년(大正 1) 11월 19일 판시함으로써 이후 보안법 제7조의 규정이 적용범위가 현저하게 축소되어 다수 공동으로 보안법 제7조 소정의 행위를 하는 경우에 적용되지 않게 되었다. 게다가 치안유지법이 제정되고 정치에 관한 범위는 오로지 제국 주권의 권력 행사 방법 혹은 권한 분배의 조직에 관한 사항만을 지칭하는 것으로 되었다.

- 조선인에게만 적용된 게시 낭독의 금지

제2절 공중이 자유롭게 교통할 수 있는 장소에서의 게시, 낭독 등의 금지(조선인만 적용)

보안법

제4조 경찰관은 가로(街路), 기타 공개 장소에서 문서, 도화(圖畫)의 게시 및 공포(公布), 낭독 또는 언어, 형용 그 밖의 행위를 하여 안녕질서를 어지럽힐 우려가 있다고 인정될 때는 금지를 명할 수 있다.

보안법 제4조에 의하면 경찰관은 가로(街路), 기타 공개 장소에서 문서, 도화(圖畫)의 게시 및 공포(公布), 낭독 또는 언어, 형용 그 밖의 행위를 하여 안녕질서를 어지럽힐 우려가 있다고 인정될 때는 금지를 명할 수 있다. 여기서 공개 장소란 공중과 접촉할 수 있는 장소를 총칭한다. 보안법 제4조는 규정의 행위 그 자체를 금지하는 것이 아니라 그 행위가 공중과 접촉하는 장소에서 이루어지는 것을 금지하는 것이고 그 이유는 공안 풍속의 유지를 목적으로 하는 것에 다름 아니다.

나아가 이 조에서 말하는 문서, 도화는 출판법 상의 문서, 도화보다 그 의미가 넓고 반드시 인쇄에 의할 것을 요하지 않는다. 단순한 낙서도 포함하는 것으로 해석해야 한다. 또 언어,

형용 중에는 시와 노래의 낭송도 포함한다.

그러므로 가로, 기타 공개 장소에서 안녕질서를 해치고 풍속을 어지럽히는 것이 있는 경우에는 경찰관의 인정에 의해 어떤 행위가 어떤 장소에서 공안, 풍속을 해치는가를 정하여 금지할 수 있으므로 전적으로 경찰관의 자유 판단에 맡겨져야 한다. 이 금지 명령을 위반하는 자는 20일 이하의 구류, 과료 또는 10개월 이하의 금고에 처한다(보안법 제6조 조선판사령 제42조).

(후략)

(3) 조선 거주 일본인 부랑인에 대한 단속

◆ **부랑인에 대한 단속** (내지인에게만 적용)

부랑인이란 일정한 주소 또는 거주지 없이 또 생업을 갖지 않고 여러 곳을 배회하는 자를 말한다. 조선에서 부랑인에 대한 단속 규정이라 할 만한 것은 경찰범 처벌령 제1조 제2호 및 내지인에 적용하는 보안규칙 제1조의 규정에 불과하다.

- 보안규칙

제1조 이사관은 일정한 주거 또는 생업을 갖지 않고 평소에 거친 언론, 행위를 일삼는 자에 대해 일정한 기간 내에 주거를 정하고나 생업을 구할 것을 명할 수 있다.

전 항의 명령을 받은 자로 주거를 정하거나 생업을 구하는 때는 이사관에게 신고해야 한다.

보안규칙에서 부랑인이란 일정한 주거 또는 생업을 갖지 않고 거친 언론, 행위를 일삼는 자를 가리킨다. 여기에 생업이란 생활의 기초를 이루는 직업으로 합법적인 것을 가리킨다. 따라서 적법한 이상 종별을 묻지 않는다. 이 조에서 말하는 부랑인은 보통 일반적으로 가리키는 폭력단원 같은 자를 말하고 경찰범 처벌규칙에서 말하는 부랑자 및 걸인과는 종류가 다르다.

도지사는 이와 같은 자에 대해 일정 기간 내에 주거를 정하고 또는 생업을 구할 것을 명할 수 있다. 주거, 직업을 각각 그 한 쪽을 구할 것을 명할 수 있고 동시에 양자를 모두 구할 것을 명할 수 있다. 이 작위(作爲) 의무를 명하는 것을 경찰법상 예계(豫戒) 명령이라고 한다.

이러한 도지사의 작위 의무 명령을 받은 자는 일정한 가간 내에 주거를 정하고 또는 생업을 구하여 도지사에게 신고할 것을 요한다. 정당한 사유 없이 작위 의무를 위반한 자 및 주거를 정하고 생업을 구하면서 이를 도지사에게 신고하지 않는 자에 대해서는 3월 이하의 유기징역 또는 50원 이하의 벌금에 처한다(보안규칙 제1조 및 제10조).

그리고 이 조는 다른 보안규칙 규정과 마찬가지로 한국병합 이전의 보호정치 시대에는 내지인을 조선 내를 횡행하며 사기, 기타 수단으로 재물을 취득하는 자, 또는 일정한 주소, 생업 없이 거친 언동을 하고 한국 내의 치안을 방해하는 자를 단속하기 위해 제정된 것이지만, 한국병합 이래 각종 법령이 완비한 오늘날 제정 초기의 취지에 의해 이를 활용할 기회는 감소하고 있다.

(4) 형사자의 분묘, 제사, 초상 등의 단속(내선인에 적용)

대체로 국가의 금령을 범하고 형벌을 받은 자는 비사회적 위험성을 가지며, 인류 공동생활의 질서를 어지럽히고 시대의 도덕관념에 용인될 수 없는 행위를 한 자이므로 그 행위야말로 단체생활의 유지, 발달에 있어 배격해야할 것임에 틀림 없다. 그런데 이들 범인을 칭송, 비호하는 것은 국가가 범죄인에게 악에 대한 대가로 부과한 형벌의 효력을 삭감시킬 뿐 아니라 국민 단체생활의 질서를 파괴하기에 이를 것이다. 그러므로 조선에서는 1920년(大正 9) 10월 부령 제160호 '형사자의 분묘, 제사, 초상의 단속에 관한 건'을 제정하고 형사자에 대한 일정한 행위를 금지한다.

여기서 형사자란 사형이 집행된 자, 사형에 처해져 집행 전에 사망한 자 및 무기징역 금고에 처해져 집행 중에 사망한 자를 말한다(제1조). 그리하여 단속에 관해 이 법은 절대적 금지사항, 상대적 금지사항을 규정하는데 다음과 같다.

- 절대적 금지사항

어떤 자이든 다음에 열거하는 사항은 이를 행할 수 없다.

(가) 형사자를 위해 공공연히 장례 또는 제사를 행하는 것(제3조).

(나) 형사자의 사진, 기타 초상, 또는 필적의 종류를 공공연히 진열하거나 배포하는 것(제4조).

(다) 형사자를 칭송하는 행위를 하는 것(제4조).

(라) 형사자를 추도하기 위해 집회를 여는 것(제4조).

(마) 형사자의 형상 또는 기념비를 건설하는 것(제4조).

- 상대적 금지사항

형사자의 분묘 또는 묘표를 건설 및 철거 개조를 하는 경우, 이 규정은 허가를 보류하는 금지사항이므로 이 행위를 하려는 자는 그 위치, 구조, 설비를 구비하여 도지사의 인가를 요한다. 절대적 금지사항 및 상대적 금지사항을 위반하여 건설한 분묘, 묘표, 형상, 또는 기념비가 있는 경우는 도지사가 철거 또는 개조를 명할 수 있다(제6조). 이밖에 도지사는 안녕질서를 유지하기 위해 필요하다고 인정될 때는,

① 유기 징역 또는 금고형에 처해지고 집행 중 사망한 자

② 금고 이상의 형에 해당하는 범죄에 관해 수사 기소 또는 구류 중 사망한 자

③ 범죄 현행 당시 사망한 자

위의 ①과 ③에 해당하는 자의 묘표 또는 분묘의 건설에 대해서는 허가를 받게 하고, 또는 형사자에 대해 언급한 절대적 금지행위를 하려는 경우는 그 행위를 금지하고 이미 건설한 분묘, 묘표, 형상 또는 기념비에 대해 철거와 개조를 명할 수 있다. 또 도지사는 금고 이상의 형에 해당하는 범죄에 관해 수사 기소 또는 구류 중 사망한 자에 대해 사진, 기타 초상 또는 필적 종류를 공공연히 진열하거나 배포하고 칭송하는 행위를 금지할 수 있다(제7조).

벌칙 이 법 규정 사항을 위반하는 자는 1년 이하의 징역, 금고, 또는 구류, 또는 2백 원 이하의 벌금 혹은 과료에 처한다(제6조 제7조).

◆ 집회·결사·다중운동에 적용하는 법령의 근거 및 관련 사항

〈옥내집회〉

종류		근거	허가 필요 여부	의무자	기간	신청 신고 내용	신청장소	제한사항	비고	
정사집회		임시법3 동칙(同則) 3	허가 필요	발기인	이틀 전	장소 목적 개최연월일시	집회장 소재지 경찰서	발기인의 제한(치경 5, 6조)	개최가 정해진 시각에서 3시간을 넘겨 개최하지 않거나, 혹은 3시간 이상 중단할 때는 허가 또는 신고의 효력을 잃는다.(임시법 시행규칙 제3조 제3항) ◎비고 현재 지정된 것 없음	1.임감(臨監)(치경 제11조) 2.언론의 제한(치경 제9, 10조) 3.취소(임시법 제8조) 4.금지(임시법 제8조) 5.해산(치경 제8조) 6.휴대품의 제한(치경 제13조) 7.특정행위의 금지제한(치경 제12조)
정사집회 중(해석)	1.공중을 회동시키지 않는 집회 특정인이 다수이나 특정인이라고 인정하기 어려운 경우	임시법3 동칙3 제1항	허가 필요	발기인	이틀 전	장소 목적 개최연월일시	집회장 소재지 경찰서	있다고 해석		
	2.공중을 회동시키지 않는 집회 회동자 2천명 이상이나 특정인으로 인정되는 경우	임시법3 해석상 동칙3 제2항	신고	발기인	6시간 전	장소 목적 개최연월일시	집회장 소재지 경찰서	없음		
	3.공중을 회동시키지 않는 집회 특정인으로 20인이내의 경우	임시법3 해석상	필요 없음							
	4.법령으로 조직된 의회의 의원후보자의 전형회	임시법2 동칙3 제2항	신고	발기인	6시간 전	장소 목적 개최연월일시	집회장 소재지 경찰서	없음		
	5.선거운동을 위한 집회	임시법3 동칙 3 제2항	신고	발기인	6시간 전	장소 목적 개최연월일시	집회장 소재지 경찰서	없음		
사상집회		임시법4 동칙4	허가 필요	발기인	이틀 전	장소 목적 개최연월일시	집회장 소재지 경찰서	없음		
명령지정 공사 집회		임시법4 동칙3	허가 필요	발기인	이틀 전	장소 목적 개최연월일시	집회장 소재지 경찰서	없음		
명령지정 이외의 공사 집회										
사사 집회										
법령으로 조직된 의회의 의사 준비를 위한 집회(임시법 6조)										
비밀집회(임시법 3, 12, 동 시행규칙 4)										
법령으로 조직된 의회의 의사, 즉 제국의회, 도부현회, 시정촌회 등										

〈옥외 집회〉

	근거	허가 필요여부	의무자	신청기간	신고내용	신청 장소	
목적 여부를 불문함	임시법5 동칙5	허가 필요	발기인	이틀 전	장소 목적 연월일시		1.임감(치경11조) 2.언론의 제한(치경 제9, 10조) 3.취소(임시법제8조) 4.해산(치경제8조) 5.휴대품의 제한(치경제13조) 6.특정행위의 금지제한(치경12조)
장제(葬祭), 강사(講社), 학생, 생도의 체육운동, 기타 관례적으로 허락되는 것은 허가, 신고 필요 없음.							

〈결사〉

종류	근거	허가 필요여부	의무자	신고사항	경유	신청관청 허가관청	제한사항
정사결사	임법2 동칙1	필요	발기인	사명 사칙 사무소 주간자 성명	지방 장관	내무대신	1.사원의 제한(치경5조) 2.사칙에 관한 제한(치경7조) 3.검문에 답할 의무(치경11조) 4.허가취소(임시법8조)
사상결사	임시법4 칙4	필요	발기인	동	동	동	1.경찰관 검문에 답할 의무(치경 제11조) 2.사칙에 관한 제한(치경 제7조) 3.허가취소(임시법 제8조)
명령지정 공사결사	◎현재 지정된 것이 없음	필요	발기인	동	동	동	1.경찰관 검문에 답할 의무(치경 제11조) 2.사칙에 관한 제한(치경 제7조) 3.허가취소(임시법 제8조)
기타 공사결사							1.경찰관검문에 답할 의무(치경 제11조) 2.사칙에 관한 제한(치경 제7조) 3.행정처분에 의한 금지(치경 제8조 제2항)
사사 결사							1.경찰관검문에 답할 의무(치경 제11조) 2.사칙에 관한 제한(치경 제7조) 3.행정처분에 의한 금지(치경 제8조 제2항)
비밀결사 1. 치법2조 11조 4조, 동법 시행규칙 4조 2. 임안유지법1, 2, 3,7,10조, 각 결사48조의 집단							
주(註) 법령으로 조직된 의회의 의원의사준비를 위해 서로 모인 것(이른바 원내 교섭단체)은 정사결사로 취급하지 않는다(임법 제6조).							

〈다중운동〉

옥외 집회와 마찬가지로 신청내용에 '통과하는 노선'도 기재해야 한다. 임법 제5조, 동칙 제5조

Ⅶ

기타 중요 자료

1. 조선인의 일본 도항에 관한 문서[1]

◆ 조선인 내지 도항 외 4개항에 대한 사무 취급 방법 연락에 관한 건(명에 의해 통첩함)

[1918년(大正 7) 7월 12일] 〈내무성 비(秘) 제1528호〉-경보국장이 각 청부현 장관에게 보냄.

이 건에 관해 조선총독부에서 별지대로 요망 사항을 전달해왔음. 이는 경찰사무의 연락상 필요한 것으로 인정되므로 향후 해당 사항이 발생할 경우는 이 희망 사항에 의해 조치해 주기 바람. 또한 참고를 위해 노동자 모집단속규칙, 취급 수속 일부를 첨부해 둠.

추신: 이 건은 이미 금년(1918년) 5월 경찰부장 회동 때 협의한 사안임을 만일을 위해 밝혀 두는 바이다.

조선총독부 요망 사항

- 조선인 노동자의 내지 도항에 관한 건

내지 도항 조선인 노동자의 수가 예년에 비해 많고, 특히 최근 내지 산업계의 발흥에 따라 노동력 공급 부족이 초래됨과 동시에 그 사용을 목적으로 하여 모집을 하는 자가 현저히 증가함에 이름. 관련 단속에 관해서는 종래 법규에 의거할만한 것이 없고 편의의 수단으로 상당한 조치를 강구해 왔는데, 금년 1월 조선총독부령 제6호 노동자모집취체규칙[1918년(大正 7) 2월 4일 관보 제1650호 등재]가 반포됨에 따라 이에 입각하여 모집자로 하여금 신청 허가를 받게 하여 일정한 표준에 부합하는 고용계약서안을 신청 요건으로 함으로써 응모자를 보호하기 위해 노력함. 또한 도항후 실직자 혹은 질병 등으로 곤경에 처해 내지에서 공안상 문제를 발생하지 않도록 기하고 있음. 그렇지만 이들 노동자의 응모 도항 후의 보호, 단속 관계는 모두 내지에 존재하여 허가 관청인 조선경무관헌의 권한이 직접 이에 미치지 않기 때

1 内務省警保局保安課, 1939, 『特別高等警察例規集』, 306~308쪽

문에 확실히 그 목적을 달성할 수 없는 경우가 많음. 그 중 사용자가 계약에 정한 의무를 이행하지 않거나 혹은 함부로 허가를 받은 목적 이외의 사업에 사용하고 그 외 이반행위에 의해 허가가 취소된 결과, 조건에 따라 응모자의 송환을 명하는 경우 등에서는 그 집행은 일일이 내지사업지 관할 지방관청의 협력을 기다리지 않으면 충분한 효과를 거두기 어려우므로 특히 이 점에 대해 유의하여 신청자가 있을 때는 허가 여부에 관한 의견, 노동자 취업상황의 통보 등 장래 한층 연락을 긴밀히 할 것을 희망함.

(중략)

- 형사 시찰인의 시찰에 관해 서로 통보 연락하여 사찰 효과를 거둘 필요가 있음. 따라서 장래 빠짐없이, 그리고 한층 확실하게 상호 연락 통보를 열심히 하기 바람.
- 조선인의 내지에서의 범죄에 관해서는 종래 그 사실 개요 및 재판 결과를 통보받는 부청이 있음. 이는 가장 필요하다고 인정되는 것이므로 각 부청은 일제히 이 통보를 받도록 할 것을 희망함.
- 각 부청에서 범죄 수배 등 직접 경무총감부에 조회하는 경우가 있음.(혹은 그 관할을 잘못 알고 조회하는 경우가 있음) 긴급한 경우에는 관할 경무부에 대해 조회하는 것이 편리함. 그렇지 않으면 시기를 놓칠 우려가 있음. 따라서 장래에 긴급한 일은 직접 관할경찰서(헌병분견소를 포함)에 조회하게 할 수 있도록 할 것을 희망함.
- 조선인이 소지한 용의 문서 등을 내지에서 발견하고 그 사건이 조선내와 관계가 있다고 인정될 경우, 사건 내사 등 조회를 받을 때에는 지장이 없는 한 원문을 송부해 주길 바람. 사본으로는 종종 언문 등에 잘못된 사본이 있어서 판독이 곤란할 뿐 아니라 사건 발견이 어려움.
- 조선인의 신원 조사 조회를 할 경우 종종 김 아무개, 박 아무개 등으로 기재하는 경우가 있고, 원적 무슨 도(道) 이하 미상, 아무개라고 기재되어 있어 조사가 곤란한 경우가 있음. 전자의 경우에는 피조사자가 언문을 아는 사람일 때는 문서에 성명을 기재하게 하여 그대로 조회서에 첨부하고, 후자의 경우에는 가능한 한 본인에게 상세히 확인해 주기 바람. 본인의 진술이 애매하다고 판단될 경우에는 친척, 오랜 지인 등을 확인하여 기재하도록 배려해 주기 바람.

- 내지에 발행소를 두고 있지만 주로 조선 내에서 반포를 목적으로 하는 신문지 또는 잡지 기사이며 조선내의 치안 혹은 풍속상 유해하다고 판단되는 경우는 그때마다 관할지방장관이 경무총감 앞으로 그 요령을 전보해 주기 바람.

현재 이 항에 해당하는 신문, 잡지는 이하와 같다.

제호: 《기독청년》, 《동아시론》, 《여자계(女子界)》, 《정신보》, 《학지광》, 《농계(農界)》, 《일본공론』, 《조선공론》, 《육합잡지(六合雜誌)》, 《반도시론》 / 발행지: 도쿄시(東京市)

제호: 《만선팩(満鮮パック)》 / 발행지: 오카야마시(岡山市)

제호: 《만선상론(満鮮詳論)》 / 발행지: 오카야마시(岡山市)

제호: 《선만공업(鮮満工業)》 / 발행지: 후쿠오카시(福岡市)

◆ 별기(1) 조선인 내지 도항 제한에 관한 건[2]

[1938년(昭和 13) 7월 1일] 〈관경비(管警秘) 제407호〉

- 척무차관 오기와라 히코조(荻原彦三)가 내무차관 다치 데쓰지(館哲二) 앞으로 보냄.

이 건에 관하여 조선총독부 및 조선총독부 경무국장이 별지 사본과 같은 의뢰 문서를 보내왔는데, 이 요망 사항에는 일리가 있다고 판단되니 고생스럽겠지만 가능한 한 신속히 요청이 달성되도록 처리해 주기를 바란다. 이 요망 사항 중 1934년(昭和 9) 10월 내각회의(閣議) 결정의 근본방침에 저촉되는 현행 단속제도를 전면적으로 철폐하는 것은 여러 가지 정세상 앞으로 더욱 협의를 거쳐 해결하기로 하고 우선 당장은 도항단속 완화에 관한 조선총독부의 요망 사항에 대하여 급히 해결책을 막힘없이 진척시키고자 한다. 이에 상기 요망 사항에 대하여 수고스럽겠지만 어떤 회답을 듣고자 이 일에 대해 공문을 보내 확인하는 바이다.

추신: 본건은 후생차관 앞으로 같은 문서를 보내어 이 건에 대해 확인중에 있음을 만일을 위해 덧붙여 밝혀 둠.

---

2 内務省警保局保安課, 1939, 『特別高等警察例規集』, 329쪽

[1938년(昭和 13) 3월 23일]

- 조선총독부 경무국장 미쓰하시 고이치로(三橋孝一郎)가 척무성 조선부장 오기와라 히코조(荻原彦三) 앞으로 보냄.

(별지)

- 조선인의 내지 도항 제한에 관한 건

이 건에 대하여 이번에 별도로 총독이 척무성대신 앞으로 말씀을 드린 바와 같이 조선인 내지도항단속은 내선일체의 정책을 실현하는 데에 있어 일대 장해가 되고 있는 실정이기 때문에 이번 기회에 신속하게 조선과 내지에서 모두 일제히 이 제도를 철폐하는 것은 특히 시국이 시국인만큼 중요한 사항이다. 하지만 만일 일제히 철폐하는 것이 곤란한 특별한 사정이 있는 경우에는 급한 대로 우선은 조선측 단속은 현재와 같이 하되 내지측 도항단속을 철폐하여 이중으로 단속을 하는 번거로움을 피함과 동시에 이 제도를 운용함으로써 발생하는 별지 요망 사항에 기재되어 있는 바와 같은 여러 가지 마찰을 최대한 배제하기로 하고자 하니 이상의 실정을 신중히 양해하고 이번 기회에 특히 상기 요청이 달성되도록 고생스럽겠지만 내무성, 후생성 두 당국이 주선해 주셨으면 하여 공문을 보냅니다.

추신: 참고서류 별책대로 첨부했음을 덧붙여 밝혀두는 바임.

◆ 조선인의 내지 도항 제한에 관한 건[3]

[1938년(昭和 13) 3월 23일]

- 조선총독 미나미 지로가 척무대신 오타니 손유(大谷尊由) 앞으로 보냄

이번 지나사변 발발 이래 드디어 조선동포 2천 3백만의 국민적 자각이 앙양됨과 동시에

3 內務省警保局保安課, 1939, 『特別高等警察例規集』, 331~332쪽.

시국 인식이 점점 철저해져 전조선 여러 곳에서 피력되고 있는 애국의 적성(赤誠)[4]이 팽창하여 실로 내선일체의 경지에 도달하고 있는 바이다. 그러나 이 반도 통치상 미증유의 정신적 각성기를 만나 이번에 조선인 지원병제도 실시를 보고 나아가 이와 표리관계에 있는 조선교육령의 개정 단행에 이르렀다. 바야흐로 조선 전민중은 일본제국 신민의 영예와 자부를 갖고 국민적 사명 수행에 매진하고 있다. 이리하여 반도 통치의 목표인 조선의 완전한 일본화 즉 내선일체의 이상은 순조롭게 그 성과를 거두고 있다. 그렇지만 기왕의 시정(施政) 상의 실적을 검토하니 위와 같은 내선일체라는 대방침을 실현하기 위해 긴급히 개선을 필요로 하는 여러 제도 내지는 대책 역시 한 두가지가 아니다. 그 중 가장 큰 것은 조선인 내지 도항 제한 문제로 애당초 이 제도는 내지측의 절실한 요청에 의해 1925년(大正 14) 11월 이후 조선인 노동자 중에 어떤 목표 없이 막연히 내지로 도항하는 자들을 보호할 방법을 강구함과 동시에 내지의 노동문제의 분규를 방지할 방책의 하나로 단속을 개시한 것이다. 1934년(昭和 9) 10월 각의(閣議)에 부의하여 각의 결정사항으로 내지와 조선에 모두 이에 대한 대책 강화를 확충하고 다대한 경찰력을 투여하여 현재 그 단속에 임하고 있다. 하지만 이 단속은 제국신민인 조선인의 자유 왕래를 제한하는 것임과 함께 내지와 조선 두 곳을 단속하는 관계상 한층 조선인의 민족적 반감을 도발하고 나아가 그 단속 방법이 종종 가혹한 경향이 있어서 그로 인해 내선융합상 큰 어두운 그림자를 드리우고 있다. 가장 심한 경우는 배우자로서 내지에 재류하고 있는 남편이 있는 곳으로 도항하고자 해도 허가되지 않기 때문에 이혼하거나 가출하는 사례가 끊이지 않아 1936년(昭和 11) 한 해 동안 142건의 다수에 달했다. 그 외에 이에 버금가는 비참한 사례가 매우 많고 인도적인 측면에서 보면 간과할 수 없는 문제라서 총독부 여러 시설중 조선인 사이에 가장 심각한 불평, 반감을 양성하고 있는 것이 현실이다. 이에 조선인 유식계급 일부에서는 이 제도는 한일병합에 의해 같은 폐하의 적자인 조선인을 차별하고 일시동인의 성지에 위반되는 것이라고 극론하는 자조차 있다. 내선일체의 정책실현상 일대 장해가 되고 있는 실정에서 보면 신속히 조선과 내지 모두 일제히 이 제도를 철폐하고 내지와 조선간 자유 왕래할 수 있는 방도를 강구하는 것은 시국상 긴급히 필요한 일임을 통감하는 바이다.

---

4 마음에서 우러나오는 참된 정성이라는 의미이다.

만약 이 제도의 전면적 철폐에 관하여 전면 중지할 수 없는 사정이 있다면 우선 조선측의 단속은 종래대로 하지만 내지측은 조선측의 단속을 신뢰하고 선박과 열차(船車), 항만, 정거장 등에서 실시하는 모든 도항단속을 철폐하여 이중 단속의 번거로움을 피함과 동시에 이 제도의 운용상 발생하는 각종 마찰을 최대한 배제하는 일에 힘씀으로써 진정한 내선일체의 명랑한 분위기를 불러 와 조선인 지도상 가장 유효한 실적을 거둘 것을 희망하는 바이다. 이번에 특히 상기 요청이 달성될 수 있도록 힘드시겠지만 주선해 주시기를 바라고 이 건에 대해 말씀드립니다.

추신: 마찰 배제에 관한 상세한 요망 사항에 대해서는 별도로 경무국장이 척무성 조선부장 앞으로

확인을 위해 공문을 보냈으니 이에 양해해 주시기를 바람.

2. 도항단속의 취지에 관한 문서

◆ 조선인 내지 도항단속에 관하여 내지 당국에 대한 요망 사항[5]

[1938년(昭和 13) 3월] 조선총독부 경무국

1. 도항단속 취지에 관하여

조선인의 내지 도항단속은 내지에 도항하여 노동에 종사하는 자에 대해서만 실시되는 것으로 노동자 이외의 일반 도항자는 자유로이 왕래할 수 있다는 취지를 단속 경찰관에게 철저하게 해 주길 바람.

2. 내지 재류조선인의 취급에 대해

① 내지에 거주하는 조선인에 대하여 경찰관이 처우상 언어 태도 등에 주의하도록 하여 조선인이기 때문에 차별하여 단속을 하는 듯한 태도에 의해 불평, 반감을 유발하지 않도록 유의하게 할 것. 특히 내지에서의 선박, 열차 안에 타고 있는 조선인에 대한 이동 경찰관의 처우에 유의하게 할 것.

② 일시 귀선 증명서 발급을 내지 재류조선인 공장노동자 등 특정자에 한정하지 말고 모든 노동자 의 일시 귀선에 대해 간이한 취급에 의해 발급하는 것으로 하고 그 유효기간을 2개월(현재 1개월)로 연장하고 또 필요에 따라 수시로 연장을 인정해줄 것.

③ 부양의무자가 이미 내지에 있는 경우, 부양가족이 의무자가 있는 곳으로 도항할 경우는 행선지 관할서에 대한 도항 조회를 생략하고 자유롭게 도항을 인정할 것.

④ 내지 재류중인 이른바 불량조선인의 조선 송환을 삼가고 내지재류자는 내지 당국에서 그 교화지도에 힘쓸 것.

---

5 內務省警保局保安課, 1939, 『特別高等警察例規集』, 333~335쪽.

3. 도항 조회에 대해

조선측 경찰관헌이 내지 도항 희망자에 관한 조회를 할 때는 내지 경찰관헌은 신속히 조사 회보할 것은 물론이고, 도항이 불가한 자에 대해서는 그 사유를 도항 희망자가 납득하기에 충분하도록 상세히 조선측 경찰관헌에게 회보할 것. 종래 종종 도항을 금지하는 사유를 일률적으로 부동(不動)문자[6]로 인쇄한 것으로 회답하는 경향이 있음.

一時歸鮮證明書下附調（　年中）

年 報

發給數	返納數				未返納數					
	再渡來	渡來中止	歸鮮中止	計	紛失	所在不明	不正使用	所轄署ニ照會中	旅行中	計

年 月 日報

總府縣

注意 不正使用ハ其使用方法ヲ欄外ニ簡記スルコト

양식 <일시 귀선증명서 조사>

주의: 부정 사용은 부정 사용 방법을 난 외에 간단히 기입할 것

4. 노동자 모집에 관하여

① 내지에서의 고용주로 조선 내에서 노동자를 모집하고자 하는 자에 대해서는 내지 재류 실업 조선인 중에서 고용할 것을 권고하고 조선내에서 신규 노동자를 부정한 방법으로 유인하지 않도록 단속할 것.

만약 조선 내에서 조선인 노동자를 모집할 경우는 노동자 모집단속규칙(총독부령)에 의해 허가를 요하는 것임을 일반에 주지시킬 것.

② 내지 방면에서 조선내의 조선인 노동자 모집에 대해서는 관할 부현지사의 모집이 정당하다는 증명서를 첨부하여 신청하게 할 것. 그 실정에 의해서는 허가 방침을 취할 것임.

5. 사립학교 생도의 도항에 대해

① 사립학교에 재적하는 조선인 학생이 휴대한 재학증명서 중 종종 사진 첨부가 없는 것

6 문서에 필요한 내용이 사전에 미리 인쇄나 타이핑되어 있는 문자를 말한다.

은 반드시 사진을 첨부하도록 학교 당국에 철저하게 조치하도록 해줄 것.

② 사립학교에서 참으로 입학, 수업할 의사가 없는 자에 대해서도 재학증명서를 발급하는 경향이 있음. 이 증명서를 부정 도항에 사용하려는 자가 적지 않으므로 단속상 유의할 것.

6. 밀항자 단속에 대해

밀항자(부정 도항자 이하 같음)라 해도 발견 당시 상당한 세월이 경과하고 업무에 취직(취로)한 자에 대해서는 조선 송환을 삼가해 주길 바라며 이 송환 취급에도 일반 범죄인과 동일시하여 가혹하게 다루는 일이 없도록 조치해 줄 것.

◆ 별기(2) 조선인의 내지 도항단속에 대한 조선총독부 요망 사항에 대한 회답[7]

1. 도항단속의 취지에 대하여

종래, 노동자 이외의 일반 조선인의 도항을 자유로이 하는 점에 관해서는 관련 취지를 철저히 하기 위해 노력중이나 향후 한층 더 철저히 하는 데에 힘쓰고자 함.

불령분자의 잠입 방지 및 검거라는 입장에서 보면 도항 조선인에 대하여 연락선 또는 열차 안에서 일단 이들을 조사하는 것은 어쩔 수 없을 것이다. 그렇지만 실제 처우를 할 때는 조선 당국이 발급한 여러 관련 증명서를 존중하여 힘써 이중 단속의 폐해가 없도록 하겠음.

2. 내지 재류조선인의 취급에 대하여

① 조선인의 처우에 관해서는 귀 의견에 부응하고자 일반경찰관, 특히 평소에 가장 많이 조선인과 접하는 내선담당자(內鮮係員) 또는 이동 경찰관에 대해서 지도, 교양에 힘쓰겠음.

② 일시 귀선증명서의 발급은 공장 광산 등에 취로하는 노동자에만 그치지 않고 그 외의 노동자, 일반 사용인으로 재도래 후 취직이 확실한 자, 및 유식(有識) 직업에 종사하는

7　內務省警保局保安課, 1939, 『特別高等警察例規集』, 336~337쪽.

자 및 독립영업자 중에서 특히 희망하는 자에 대해서도 귀 뜻에 부응하도록 유효기간의 연장에 관해서도 귀 의견대로 규정을 개정했음.

③ 부양 의무자가 이미 내지에 있는 경우, 피부양자의 도항에 관해서는 부양 의무자가 단독으로 부양할 수 있는 것을 전제로 하여 처(妻)의 도항에 대해서는 취급상 특히 고려하겠음.

또한 부모 및 자녀에 대해서는 본인이 조선내에서 취로 능력이 없는 경우에 한하여, 처(妻)의 경우에 준하여 고려하겠다. 여하튼 번거롭겠지만 부양의무자의 거주지 관할 경찰서에 사전조회 수속을 밟도록 하겠음

④ 내지에서 근년 특히 협화사업의 보급을 충실히 하기 위해 거주 조선인의 교화, 지도에 완벽을 기하고 있는데, 동 사업 수행을 심히 저해하고 일반 조선인의 선도를 불가능하게 하는 자에 한하여 송환을 필요로 한다. 그렇지만 이와 같은 송환자는 앞으로 협화사업이 철저해짐에 따라 점차 사라질 것으로 생각된다.

3. 도항조회에 관하여

귀 의사에 부응하고자 노력하겠음.

4. 노동자 모집에 관하여

① 귀 의사에 부응하도록 단속하겠음.

② 이 건에 관해서는 허가가 되지 않도록 하겠음.

이 항에 관해서는 지나사변의 진전에 따라 각종 산업의 통제가 강화됨에 따라 내지 거주 조선인들 중 이직을 하는 자가 상당히 다수에 이를 예정이므로 그 대책에 관하여 적지 않은 곤란이 예상되므로 앞으로 한층 단속을 강화하고자 함.

5. 사립학교 생도의 도항에 관해서

① 재학증명서에 사진 첨부가 없는 사실을 발견할 때마다 각 부현에 해당 학교에 대해 준수하도록 엄중히 시달하고 있음.

② 입학 전의 재학증명서 발급에 관해서는 각 부현에서 학교 당국에 엄중 주의를 촉구하

고 있지만 앞으로 근절을 기하고자 함.

6. 밀항자 단속에 관하여

밀항자 단속에 관하여 현재에도 귀 의사와 같이 취급하고 있음. 또한 송환자의 취급에 관해서도 귀 의사와 같이 앞으로도 적절한 취급을 하겠음.

3. 여행증명서 및 밀항에 관한 공문서

◆ 조선인에 대한 여행증명서 건(1924)[8]

[1924년(大正 13) 2월 4일] 〈경보국 보발(保發) 제67호〉
- 내무성 경보국장이 각 청부현 장관에게 보냄

내지를 여행하는 조선인 중 신규 도래자 중에 도항증명서를 소지하지 않은 자가 있어서 조사한 결과, 해당 증명서 발급을 받았지만 관부연락선 내에서 귀현(貴縣)에 제출하여 소지하고 있지 않다고 진술하는 자가 종종 있다고 한다. 하지만 내지에서 이동하는 조선인이 모두 관부연락선으로 도래한 자라고 단정하기 어려운 사정이 있을 뿐 아니라 그 외의 부현 하에서 이들을 식별하여 시찰 단속을 하는 것은 불편함이 적지 않다고 생각된다. 이에 귀현에서 도항증명서를 회수할 필요가 있다고 인정될 때에는 그 대신에 증명서를 교부하거나 혹은 도항증명서에 사증(査證)을 하여 이를 휴대하게 하는 방법을 강구해 준다면 경계 단속상 다른 부현의 편의를 도모하는 바가 있다고 생각된다. 이 부분을 고려해 주길 바라며 회신을 부탁드린다.

◆ 밀항 방지를 위한 실시 요강-해항 경비에 관한 실시 요강 건[9]

[1932년(昭和 7) 3월 31일] 〈경보국 보발갑(保發甲) 제19호〉
- 경보국장이 교토(京都), 오사카(大阪), 효고(兵庫), 나가사키(長崎), 미에(三重), 아이치(愛知), 후쿠이(福井), 이시카와(石川), 도야마(富山), 야마구치(山口), 후쿠오카(福岡) 각 부현 지사 앞으로 보냄

---

8 內務省警保局保安課, 1939, 『特別高等警察例規集』, 310쪽.

9 內務省警保局保安課, 1939, 『特別高等警察例規集』, 340~341쪽.

3월 5일 자 경보국 보발갑 제13호 통첩 해항경비에 관한 실시 요강을 다음과 같이 명심해 주길 바람.

추신: 실시 세목에 대해서는 각 청 개개의 상황에 따라 적절하게 정해 주길 바람.

기(記)

실시 요강

1. 선박이동경찰

(1) 실시 항로 : 중국, 조선, 혹은 대만에서 또는 이들을 경유하여 내지로 향하는 일체의 항로

(2) 실시 선박 : 정기 여객선. 단 임시여객선 또는 화물선이라고 해도 필요에 따라 실시할 것.

(3) 실시 구간 : 중국, 조선 또는 대만에서의 최종 출발지에서 내지에서의 최초 기항지에 이르는 구간. 단 필요에 따라 그 구간을 연장하여 실시할 것.

(4) 실시 담당청 : 내지에서의 최초의 기항지(앞 호(前號)의 단서 조항에 있는 연장구간에 대해서는 그 최종 항구) 관할의 청부현(廳府縣)

(5) 승객 경찰관은 별도 지정한 인원수로 할 것

(6) 선객에 대한 검색에 대해서는 항해중은 물론 승선 또는 하선 때에도 철저히 하고 용의 인물의 발견에 노력할 것.

(7) 앞 호의 검색을 행함에 있어서는 특히 출발항에서의 해당 관헌, 세관 관리 및 선장 이하의 승조선원과의 연락 협조를 긴밀히 하여 빈틈이 없도록 할 것.

2. 항만경비 : 정기선, 임시선, 또는 여객선, 화물선의 구별 없이 해외 및 조선, 대만 등에서 내항하는 모든 선박에 대해 예외 없이 검색을 실시할 것. 전 항의 검색의 철저를 기하기 위해 특히 다음의 여러 사항에 유의할 것.

(1) 선박의 입항 예정 일시 및 정박 장소를 될 수 있는 한 신속히 파악하기 위해 특히 선박 회사 및 항무부와의 연락을 긴밀히 할 것.

(2) 초소, 그 외에서의 입항 선박의 감시를 엄격히 하고 특히 불시 입항선박에 대비할 것.

(3) 검색에 종사하는 경찰관으로 하여금 항구 도착(검역 등을 위해 일시 항구 바깥에 임시 정박을 할 경우에는 그 임시 정박)과 동시에 신속히 승선시킬 방법을 강구할 것.

(4) 승선객의 상륙 때에 검색 및 상륙 직후의 시찰을 위해 상당한 요원을 배치하고 한층 경계를 엄밀히 할 것.

(5) 검문을 행함에 있어서 특히 세관 당국 및 선장 이하의 승조선원과의 연락 협조를 긴밀히 하여 빈틈이 없도록 할 것. 선박 내 이동경찰을 실시하지 않는 선박에 대해서는 앞 항의 연락 협조에 관하여 각별한 주의를 기울여 평소부터 적당한 방법을 강구해 둘 것.

(6) 정박 중의 선박에서 일시 상륙하는 여객선원 또는 당해 선박에 왕래하는 인물에 대해서도 감시 경계를 태만히 하지 말 것.

3. 열차 이동경찰

(1) 실시노선 : 선박 내 이동경찰을 실시하는 선박 기항지(목적항구를 포함)를 기점(출발역에 한정하지 않음)으로 하여 도쿄로 향하는 철도 노선

(2) 실시 열차 : 별도의 지정에 따를 것.

(3) 실시 구간 : 해당 기항지의 발차역에서 검문 실시를 위해 필요하다고 인정하는 구간

(4) 실시 담당청 : 당해 기항지 관할 청부현(廳府縣)

(5) 승조 경찰관은 별도 지정 인원수로 할 것

4. 해항 경비를 위해 배당된 비용에 의해 경찰관은 모두 소정의 부서에 배속시키고 그 사무에 종사시킬 것.

전 항의 전담 경찰관에 대해서는 그 선임에 유의하고 수시로 각각 필요한 교양 훈련을 실시할 것.

◆ 미국 밀항 조선인에 대한 단속

- 미국 밀항 조선인 단속에 관한 건[10]

[명에 의해 통첩, 1918년(大正 7) 7월 6일] 〈내무성 비(秘) 제920호〉

- 내무차관이 가나가와(神奈川) 외 1현 장관 앞으로 보냄.

최근 상해에서 미국으로 도항하는 조선인 중 샌프란시스코 상륙 때 필요한 휴대금을 소지하지 않고 승선하여 호놀룰루 도착 때 이 지역(同地) 국민회에서 미국 상륙 후에 반환한다는 약속하에 해당 금액을 교부받는 방법으로 밀항을 기도하는 자가 적지 않다. 조선 통치상 이와 같은 행위에 대해 충분히 단속할 필요가 있다. 이에 대해서는 이번에 척식국장관이 향후 이러한 종류의 조선인이 일본국 내지에 기항할 때는 간곡히 설득하여 될 수 있는 한 억지할 방법을 강구해 주길 바란다는 취지의 공문을 보내왔다. 그 설득에 응하여 하선한 자에게는 다음의 방법에 의해 조치해 주길 바란다.

추신: 이 건은 척식국장관과 의논이 끝난 사항이며, 또한 사법성에서는 조선인에 대해 이민보호법[1896년(明治 29) 법률 70호]을 적용해서는 안 된다는 견해가 있었음을 만일을 위해 밝혀 둠.

기(記)

1. 상당한 자금을 갖고 내지에서 취학을 희망하는 자는 그를 재동경조선인유학생감독부에 연락하여 주선하게 할 것.

2. 그 외의 자는 다음 절차에 의해 조선으로 송환할 것.

가) 일반인은 경찰관헌이 순차적인 통보 연락 방법에 의거할 것

나) 재차 소재를 감추는 등 주의를 요하는 자에 대해서는 순차적으로 미행 방법에 의해 인계할 것.

다)송환할 경우에 관부(官府)의 비용은 관계자 각 관헌이 부담할 것

---

10 內務省警保局保安課, 1939, 『特別高等警察例規集』, 316쪽.

3. 이상, 조선인이 소지한 돈 없이 숙박료 기타 등에 관하여 구제가 필요할 경우 그를 제지한 관헌이 해당 소요 견적 금액을 잠시 기밀비 중에서 대체하고 조선총독부 경무총감에게 통보할 것.

단 이 경우 해당 관헌은 본인이 대체한 금액의 수령증을 모아 이를 경무총감부로 송부할 것.

4. 앞 항의 통보가 있었을 경우, 조선총독부 경무총감부에서는 신속히 해당 대체 금액을 반환할 것.

5. 피송환 조선인에 대해서는 귀선후 이민보호법[1906년(明治 39) 7월 13일 총감부 고시 제68호 1908년(明治 41) 개정]을 적용하지 말 것.

◆ 외국 선박을 이용한 밀항의 단속

- 조선독립운동에 관해 외국선박에 대해 주의방법 건[11]

[명에 의해 통첩, 1919년(大正 8) 4월] 〈내무성 비(秘) 제660호〉

- 경보국이 각 청부현 장관 앞으로 보냄.

이 건에 관하여 이번달 2일 대장성 차관에게 별지 갑호의 문의를 하여 확인한 바 을호와 같이 회답이 있었다. 이후 이 단속에 관해서는 세관과 협의를 마쳐 절대로 실수가 없도록 만전을 기할 것.

(별지 갑호)

조선독립운동에 관하여 외국선박에 대한 주의방법의 건 조회(내무차관이 재무차관 앞으로 보냄)

외국선박 중에서도 미국선박이 일본국 내지, 조선 및 중국과 미국 방면을 왕복하는 기선(汽船) 중, 조선독립운동에 필요한 화폐 및 선동에 사용하는 서류 외에 중요한 물건을 은닉하는 기선이 적지 않다. 임검(臨檢)이 필요하다는 정보를 접할 때마다 때가 때인 만큼 주의가

---

11 內務省警保局保安課, 1939, 『特別高等警察例規集』, 316쪽.

필요하다. 세관에서 충분히 주의를 기울이고 위에서 언급한 물건 등이 발견되었을 때는 즉시 소재지 경찰관에 통보하거나 지장이 없는 범위에서 세관 관리가 검사할 때에 가급적 경찰관리에게 시찰 편의를 부여하는 등, 미리 관계 세관과 경찰 관헌 간에 협의를 마쳐 절대로 실수가 없도록 만전을 기하고 싶으니 양해해 주시고 관계 세관에 적절히 통달해 주길 바람.

(별지 을호)[1919년(大正 8) 4월 7일] 〈관방비병(官房秘丙) 제23호〉

조선 독립운동에 관하여 외국선에 대한 주의 방법의 건에 대해 이번달 2일부 비(秘) 제660호로 받은 공문의 내용 양해함. 써 보내신 대로 세관에 통달해 두었으므로 이 건에 대해 회답함.

◆ 해항 경비 및 이동 경찰 관련 문서[12]

- 불령불온계획 단속에 관한 건

[1932년(昭和 7) 1월 23일] 〈경보국 보발갑(保發甲) 제8호〉

- 경보국장이 각 청부현 장관 앞으로 보냄.

이번달(1월) 8일 사쿠라다몬(櫻田門) 밖에서 발발한 불경사건 후 상해 불령선인 교민단이 또다시 제2, 제3의 반역을 계획 중이라는 정보가 있고, 경시총감이 1월 19일 자 선고비(鮮高秘) 제87호, '재상해불령선인 교민단 일파의 불온계획에 관한 건'을 통해 고하여 알린 바 있다. 따라서 이번 기회에 한층 엄중히 사찰, 경계에 힘써서 이들 불령한 무리로 하여금 조금도 틈을 엿볼 기회를 부여하지 않도록 하고자 한다. 특히 조선 및 상해 그 외 해외 선박 출입항 관할 도부현(道府縣)에서는 한층 주의하여 적절한 조치를 강구하고 출입 선박의 검색을 엄중히 하도록 하는 등 만전을 기해 주기를 바란다.

---

12 內務省警保局保安課, 1939, 『特別高等警察例規集』, 339~340쪽.

- 불령불온계획 단속에 관한 건

[1932년 1월 30일] 〈경보국 보발갑(保發甲) 제7호〉

- 경보국장이 각 청부현 장관 앞으로 보냄.

이 건에 관하여 1월 23일자 통첩에 대해서는 귀관(貴官)이 각각 선처하여 유감이 없도록 기하고 있을 것으로 생각된다. 최근 만주사변에 이어 중국 각지의 반일항쟁이 점차 치열해졌다. 이 기회를 틈타고자 하는 해외불령분자의 책동은 점점 활발, 대담해지는 경향이 있으니 해항(海港)에서의 경비는 엄중, 정밀하게 수행하여 이들 불령배로 하여금 절대로 잠입할 여지가 없도록 함과 동시에 내외 상응할 기회를 근절하도록 노력해 주기 바란다. 방법에 관해서는 다음 요강을 참조하여 사정이 허락하는 범위에서 적절히 고안하여 실시하기를 바라며 통첩하는 바이다.

(1) 선박내 이동경찰의 실시 또는 종업원을 증원할 것.

(2) 기항지에서의 선박내 검색은 항무부 등과의 연락을 긴밀히 하고 빈틈없고 엄중히 행할 것. 또한 선장 그 외 승조원과 밀접한 연락을 유지하여 승객의 언동에 대해 항상 세밀한 주의를 할 것.

(3) 부두, 정거장 등에서 잠복을 엄중히 할 것.

(4) 열차 내의 이동경찰 업무를 엄중히 할 것.

(5) 여관, 유곽, 조선인 식당 그 외 범죄 혐의가 있는 장소의 검색을 엄밀히 할 것.

- 해항 경비에 관한 경찰시설 및 이동경찰 실시에 관한 건

[1932년 2월 29일] 〈경보국 보발갑(保發甲) 제11호〉

- 경보국장이 오사카(大阪), 효고(兵庫), 야마구치(山口), 후쿠오카(福岡), 나가사키(長崎) 각 지사 앞으로 보냄.

이번 불령잠입자에 대한 경계가 매우 긴요하고 절박한 상황임을 감안하여 다음과 같이 각종 경찰시설 충실을 꾀함으로써 경찰 단속을 철저히 함과 관련해서는 별도 통첩대로 실시 요강에 입각하여 3월 1일부터 실시됩니다.

추신: 다음 시설에 따른 배당 요원 및 그 경비 예산은 가능한 한 별도 훈령으로 실시됨. 계획상 유감이 없도록 기할 것. 더욱 확실히 해두기 위해 덧붙여 밝혀 둠.

- 해항 경비에 관한 건

[1932년(昭和 7) 3월 5일] 〈경보국 보발갑 제13호〉

- 경보국장이 교토(京都), 미에(三重), 아이치(愛知), 도야마(富山), 이시카와(石川), 후쿠이(福井) 각 부현(府縣)의 지사 앞으로 보냄.

이번 불령잠입자에 대한 경계가 매우 긴요하고 절박한 상황임을 감안하여 다음과 같이 경찰시설의 충실을 도모함으로써 경찰 단속을 철저히 함과 관련해서는 별도 통첩대로 실시 요강에 입각하여 3월 1일부터 실시됩니다.

추신: 다음 시설에 따른 배당 요원 및 그 경비 예산은 가능한 한 별도 훈령으로 실시됨. 계획상 유감이 없도록 기할 것. 더욱 확실히 해두기 위해 덧붙여 밝혀 둠.

4. 일본 내의 언론출판집회결사 등의 임시단속법 및 조문 해설[13]

◆ 법의 개요

(가) 법 제정의 이유

단적으로 말하면 미증유의 중대사태에 직면하고 이 전쟁의 목적달성을 위해 국론통일과 악질 유언비어(데마)의 단속(取締)을 철저히 강화하여 국내 치안을 확보하기 위함이다. 즉 현 전시 하에서는 국민 모두가 하나가 되어 전쟁목적을 향해 질서 있는 행동을 취하는 것이 완승을 위한 불가결한 요건이다. 따라서 민심을 동요시키고 사회불안을 야기하며, 또는 국책에 반대하여 국론의 불일치를 초래하는 등 전쟁수행에 있어 장해가 되는 것에 대해서는 가장 준엄하게 단속해야 한다. 이미 언론문서집회결사 등의 단속에 관해서는 치안경찰법, 신문지법, 출판법 등의 규정이 있다. 유언비어에 대해서는 형법, 육군형법, 군사형법, 국방보안법, 경찰범처벌령 등의 규정이 있어서 단속을 하고 있다. 그러나 사태가 매우 중대해 지고 국내 안녕질서유지를 위해 이들 법규만으로는 불충분하므로 이를 강화하고 철저하게 하고자 이 법을 제정하게 되었다.

(나) 법의 목적

제1조에 명기된 "이 법은 전시에 있어 언론출판집회결사 등의 단속을 적정하게 함으로써 안녕질서를 유지하는 것을 목적으로 한다". 즉 역사적으로 공전의 대전쟁 하에서 치안에 중대한 영향을 미치는 언론, 출판, 집회, 결사 등의 단속을 적정하게 함으로써 국내의 안녕질서를 유지하고자 함이다. 단속을 적정(適正)하게 함으로써 순량(純良)한 정치, 사상의 국민운동과 언론문서 등의 활동을 억압하는 것이 아니라 오히려 전시 하에서 이를 크게 원조하여

---

13 島村一, 1944년, 『高等警察概要』, 大阪府 警察演習所, 155~158쪽

활발하고 왕성한 국민 사기의 앙양을 간절히 바란다. 국내치안유지는 전쟁 수행에 있어 절대 요건임은 두말할 필요 없다.

(다) 법의 내용

언론출판집회결사 등의 단속과 유언비어에 대한 단속 강화를 중심으로 한다.

개요를 열거하면 다음과 같다.

① 정사결사를 허가 제도로 한 것

종래에는 치안경찰법 제1조에 의해 신고만으로 가능함.

② 정사집회도 원칙적으로 허가제로 하고 특별한 경우에만 신고하게 한 것

이 역시 종래에는 치안경찰법 제2조에 의해 신고만으로 충분한 것.

③ 사상결사, 사상집회를 정사결사, 정사집회와 동일한 취급을 하도록 한 것. 래에는 법규상 신고도 요구하지 않고 게다가 이들운동에 의해 사회에 끼치는 영향이 정사결사, 정사집회와 전혀 다르지 않음을 통감하게 되었다. 또 양자의 구별이 곤란하므로 이번에 동일한 취급을 하게 되었다.

④ 야외집회도 허가제로 한 것

이 역시 치안경찰법 제4조에 의해 신고로 충분했음.

⑤ 다중운동 역시 허가제로 한 것

치안경찰법 제4조에 의해 신고만으로 가능했음.

⑥ 신문지법에 의한 출판물의 신규 발행을 허가제로 한 것

종래에는 신문지법 제4조에 의해 신고만으로 가능했음.

⑦ 출판물의 발매금지 처분의 실효를 거두기 위해 필요에 따라서는 사후의 발행정지를 할 수 있도록 한 것

⑧ 형행법규에 비해 형벌을 가중한 것

⑨ 유언비어에 대해서는 현행 법규의 미비점을 보완하고 악질 유언비어의 단속을 강화한 것

◆ 언론출판집회결사의 단속[임시단속법 조문 해설]

언론출판집회결사 등 임시단속법 조문별(逐條) 해설[14]

제1조

이 조는 본 법의 제정 목적을 규정한 것이다. 즉 전쟁목적 달성을 위해 언론, 출판, 집회, 결사 등의 단속을 강화하고 적정(適正)하게 하도록 법을 제정한 취지를 명확하게 했다.

제2조

이 조는 정사에 관한 결사를 허가제로 한 것이다.

종래 정사결사는 조직이 자유롭고 다만 치안경찰법 제1조에 의거하여 신고만으로 충분했지만, 이를 허가제로 함으로써 안녕유지 상 유해한 정사결사의 성립을 방지하고자 함에 있다.

이 허가제와 별도로 결사에 관해서는 치안경찰법 제8조에 '금지' 규정이 있다. 이것으로 유해한 결사는 제거할 수 있고, 과거에도 그러한 실 예가 있다. 그러나 합법적으로 한번 신고 절차를 마치고 조직된 결사를 실제로 해산시키는 일은 어지간한 경우가 아니면 힘들고, 또 상당한 충격을 주는 결과가 되기도 한다. 오히려 치안 상 부적절한 사태가 발생하지 않는 것을 보장하기 어렵다.

따라서 사태가 급박한 오늘의 정세 하에서 법제를 대외적으로는 허가 제도로 하고 안녕유지 상 장애가 되는 정사결사는 조직을 하기 전에 성립을 저지하는 것이 적절하고 허가제로 한 이유 역시 그러하다.

제3조

이 조는 원칙적으로 정사집회를 허가제로 하고 특별한 경우에만 신고하도록 했다.

1. 종래 정사에 관해 공중(公衆)을 회동하는 집회는 치안경찰법 제2조에 의해 신고만으로

14 島村一, 1944, 『高等警察概要』, 大阪府 警察演習所, 159~172쪽.

충분했지만, 이를 허가제로 하고 또.

(1) 의회 의원 후보자의 전형회

(2) 선거운동을 위한 연설회

(3) 공중을 회동하지 않는 (특정인) 집회는 명령이 정하는 바에 의해 신고하도록 했다.

2. 집회에 대한 최대 단속으로서 치안경찰법 제8조에 의한 해산을 시킬 수 있었는데, 사전 금지는 시킬 수 없었다. 따라서 사전에 안녕질서를 저해할 우려가 있다고 인정되는 집회라도 신고가 있으면 일단 이를 개최하게 한 후에 해산을 명하는 수밖에 없고, 이렇게 해서는 쓸데없이 참가자와의 마찰을 일으키고 치안상의 장애를 초래하는 결과가 된다. 그러므로 본 조를 두어 허가제로 하였고 안녕유지 상 장애가 되는 정사집회에 대해서 개최 전에 미리 이를 저지하려는 것이다.

3. 집회허가의 기준은 집회가 안녕질서를 저해할 우려가 있는지 없는지에 따른다. 즉 집회 주최자, 변사의 면모, 목적 내용, 때, 장소의 관계 등, 구체적으로 안녕유지 상 장애가 없는지 여부를 결정하는 것에 있다.

4. 이 조의 '공중이 회동하는 집회'란 주최자가 회동하는 자를 사전에 특정하는 집회를 말한다. 단,

(가) 회동하는 자가 20명을 넘지 않는 정도의 회합은 정사에 관한 것이어도 이 법이 규정하는 집회로 인정하지 않는다(따라서 허가, 신고 모두 면제된다)

(나) 회동하는 자의 범위만 특정 하는 경우에도 회동하는 자를 개별적으로 특정하지 않는 집회는 공중회동이다. 예를 들어 모 정당의 대회가 그러하다.

(다) 주최자가 회동자를 사전에 특정 하는 경우에도 인원이 다수여서 회동자를 특정하는 인물이라고 인정하기 어려운 정도의 집회는 공중집회로 해석하고 허가를 받게 한다.

5. (1) 회합 석상의 구석에서 정사와 관련한 이야기가 나오는 경우

(2) 단순한 연구에 머무는 경우

등은 정사집회가 아니다.

6. 집회 허가는 2일 전까지 회장 소재지의 관할 경찰서장이 한다. 신고로 족한 것은 개회 6시간 전이다(내무성령 제3조 제3항).

제4조

이 조는 공사결사, 공사집회도 필요에 따라 명령규정에 의해 정사결사, 정사집회와 동일하게 취급하는 취지를 규정한 것이다.

이 조에 기초하여 내무성령에 의해 사상결사 및 사상집회가 지정되었다.

이 조에서 말하는 공사결사란 공사에 관하는 것을 목적으로 조직된 것이고, 공사란 사인의 이해에 머물지 않고 공공의 이해에 관계있는 것을 말한다. 따라서 정사결사도 공사결사의 일부에 속한다.

사상에 관한 결사, 사상결사란 '일정한 사상적 주장을 실현하는 것을 목적으로 하는' 결사를 가리킨다. 다시 말하면 정사, 경제, 사회의 기구 및 제도의 개혁에 관한 사상을 실현하는 것을 목적으로 하는 결사이다.

이른바 특고경찰의 대상으로 하는 우익, 좌익의 단체, 즉 사상 단체를 말한다. 여기에서 말하는 사상이란 정사, 경제, 사회 등의 기구 및 제도의 변혁, 혹은 개혁에 관한 사상을 말하고, 학술, 종교, 문화 등의 사상을 포함하지 않는다.

정사결사와 사상결사와의 근본적인 차이는, 정사결사는 현실의 국가사회 기구제도를 긍정하고 그러한 긍정의 위에서 정사활동을 한다. 선거운동과 유세연설도 이에 포함된다.

사상결사는 현실의 국가사회의 기구 및 제도를 부정하거나, 이에 불만을 가지고 변혁 또는 개혁하려는 것이다. 현실의 기구 및 제도 하에서는 오로지 사상적 주장의 선전, 계몽 활동을 하고 향후 국가사회에서 정사적 활동을 한다는 것이다. 실제로 정사결사에 속하거나 사상결사에 속해도 곤란한 것이 있다. 안녕질서유지 상 양자의 취급에 구별을 둘 수 없기 때문에 동일하게 취급하게 되었다.

제5조

야외집회 및 다중운동도 허가를 받도록 했다.

야외집회 및 다중운동은 치안경찰법 제8조로도 사전금지를 시킬 수 있다.

그러나 신고로 충분한 경우와 허가를 받아야 하는 경우는 단속 상의 강약과 편리함에 큰 영향을 미치는 것은 당연하다.

제6조

정사결사, 정사집회여도 법령으로 조직한 의회의 의원, 의사준비를 위해 단결하거나 의사준비를 위해 회동하는 것에 대해서는 종래의 치안경찰법 정신을 답습하여 허가도 신고도 필요치 않는 것으로 했다.

제7조

이 조는 신문지법에 의한 출판물인 신문잡지류를 신규 발행하려는 자는 행정관청의 허가를 받아야 한다고 규정했다.

종래 신문지법에 의한 출판물은 신고에 의해 자유롭게 발행할 수 있었기 때문에 치안 상 유해 혹은 무익하다는 것을 미리 알아도 사전에 발행을 저지할 수 없었다. 따라서 이를 허가제로 바꾸고 치안 상 유해 혹은 무익한 신문지의 발행을 저지하려는 것이 이 조의 취지이다.

1. 이 조의 대상인 출판물은 신문지법에 의거하는 모든 출판물이다. 따라서 시사에 관한 사항을 게재하는 이른바 유보증신문지, 그렇지 않은 무보증신문지, 또는 일간신문지, 주간, 순간(旬刊), 월간 등의 잡지류를 불문하고 신문지법에 의거하여 출판된 모든 것이 이 조에 적용된다.
2. 허가 행정관청은 내무대신이다.
3. 허가를 받는 절차는 시행규칙 제6조 규정에 의해 소요사항을 구비하고 지방장관을 경유하여 내무대신에게 신청한다.
4. 이 조의 발행허가와 신문사업령 제3조 규정에 의한 신문사업 개시허가는 별도의 것이다. 다만, 보통의 일간신문지는 사업령에 의한 사업개시허가와 이 조에 의한 발행허가 양쪽을 모두 신청해야하는 번거로움이 있으므로, 단속법 시행규칙 제7조 규정에 의거하는 사업령에 의거한 사업개시 허가신청만으로 이 조의 발행허가신청을 함께 행할 수 있도록 하는 편의가 강구되고 있다.
5. 이 조와 신문지법 규정과의 관계를 정리하면 발행 신고에 관한 신문지법 제4조의 규정은 법 시행 중에 이 조에 의거하여 발행허가를 요하는 것으로 개정된 것이라 해석할 수 있다. 따라서 또다시 발행신고를 제출할 필요는 없지만 일부는 그대로 존속하여 적용되는 것이 당연하다.

제8조

허가의 취급 및 집회의 사전금지 규정이다. 이 조의 행정장관은 허가 처분을 하는, 또 신고를 수리하는 관청을 지칭한다. 따라서 결사 및 출판물 허가 취소는 내무대신이고, 집회의 허가취소 관청은 경찰서장, 제4조 신고, 집회의 금지 관청은 마찬가지로 경찰서장이다.

어떤 경우에 취소 또는 금지를 하는가. 이 조에는 단지 '필요하다고 인정되는 때'라고 되어 있는데, '안녕질서유지를 위해' 필요한 경우임은 마땅히 그러하다.

1. 집회결사관계에 대해

(1) 이로 인해 종전의 규정에서는 불가능했던 야외집회의 사전저지가 가능하게 되었다.

(2) 치안경찰법 제8조 제2항의 결사금지의 규정과의 관계는 이 조의 규정이 정사결사 및 사상결사에 대해 적용하지 않게 되는데, 기타 결사 예를 들어 종교결사, 친목단체, 수양단체의 결사에 대해서는 여전히 적용되므로 불필요한 것은 아니다.

2. 출판물관계에 대해

(1) 이 조의 발행허가 취소와 신문지법 제43조 발행금지와의 관계

신문지법 제43조의 발행금지는 재판소에서 행하는 사법처분이고, 신문지의 기사가 안녕질서를 방해하고 또는 풍속을 어지럽히는 조목(廉)에 의해 처벌로써 신문지 발행을 금지할 수 있다. 이는 재판에 의한 것이므로 유해악질이 인정되고 난 후 결국 발행금지 판결이 확정되기까지 상당한 기간을 요하고 전시 하의 치안유지 상 이러한 한가로운 조치를 기다리는 것이 허용되지 않는 경우가 많다. 발행금지와 사실상 동일하다고 인정되는 발행허가의 취소를 행정처분으로 시행하려는 것이다.

이 조의 규정에 의해 사실상 신문지법 제43조 규정은 당분간 휴면이 될 것이다.

(2) 발행허가취소의 대상이 되는 허가는 제7조의 규정에 의해 신규로 허가를 받은 것과 부칙 제5항의 규정에 의거하여 제7조의 허가를 받은 것으로 간주되는 것, 양자를 모두 포함한다.

제9조

출판물의 발행정지를 명령할 수 있는 규정이다.

1. 이 조의 대상인 출판물은 신문지법에 의거하는 것이든 출판법에 의거하는 것이든 불문하고 신문, 잡지, 단행본, 선전인쇄물 등 모든 출판물에 해당된다.
2. '발매 및 배포[頒布] 금지가 있는 경우'란 신문지법 제23조, 출판법 제19조에 의거하여 내무대신이 발매배포금지처분을 행한 경우, 그리고 국가총동원법(國家總動員法 1938년-역자) 제20조에 의거하여 내각총리대신이 발매배포금지처분을 한 경우를 말한다. 이 금지처분은 이 법 시행 후 한 차례로 족하므로 여러 차례 금지처분을 받는 것은 아니다.
3. 이 조에 의거하여 발행정지를 명하는 행정관청은 내무대신이다.
4. 발행정지의 기간에 대해서는 아무런 제한이 없지만 대체로 보통 일간신문지는 30일 이내, 월간 잡지는 6개월 이내 정도로 적당한 기간을 정해서 정지를 명한다.
5. '동일인 또는 동일사가 발행에 관여하는 다른 출판물의 발행정지'란 발매배포금지처분을 받은 출판물을 발행하는 사람, 또는 회사, 기타 단체가 발행하는 다른 출판물, 예를 들어《아사히신문》이 금지처분을 받았을 때 그 회사가 발행하는《주간아사히》,《부인아사히》와 같은 다른 정기간행물이나 같은 회사의 출판부가 발행하는 단행본, 혹은 모 서점이 발행하는 어느 단행본이 금지처분이 되었을 때 이후 같은 서점이 발행하게 될 다른 단행본, 혹은 어느 사상 단체가 발행하는 어떤 선전인쇄물이 금지처분이 되었을 때 이후 같은 단체가 발행하게 될 다른 선전인쇄물에 대하여 일정 기간 일부 또는 전부에 대해 발행정지를 명할 수 있다.

제10조

발행허가를 받지 않고 발행하려는 출판물 또, 발행정지명령을 따르지 않고 발행하려는 출판물을 압류할 수 있는 규정이다.

1. 이 조에 의거하여 압류할 수 있는 출판물은 해당 출판물의 내용의 선악을 불문한다.
2. 이 조의 행정관청은 내무대신이다.

第11조, 第16조

제11조 및 제16조는 앞의 각 조에 대한 벌칙을 규정한 것으로 전시 하의 비상입법이므로 모두 현행 각 법규와 비교하여 형벌이 가중되었다.

1. 제13조는 제7조의 규정에 위반한 자에 대한 형벌을 정한 것인데 '위반한 자'란 신문지법, 출판법, 국가총동원법 제20조에 관한 벌칙과 같이 발행인, 편집인 혹은 발행자, 저작자 등과 같이 형사책임부담자를 특히 규정하는 것이 없으므로 이 벌칙은 사실상 위반행위를 한 자는 형법 원칙에 의거하여 관계자 전원에 대해서 적용된다.
2. 신문사인 회사는 위반행위를 했을 때 단순히 법인이 처벌을 받는 것이 아니라 사정을 알고 사실상 위반행위에 관여한 사원이 전부 처벌 받는다. 또 가령 사장이라도 위반행위에 전혀 관여하지 않았을 때는 처벌받지 않는다.
3. 제16조는 출판물에 관한 앞의 3조의 죄에 대해 형법 병합죄의 규정을 적용하지 않는다는 취지를 규정한 것이다. 즉 형법 제45조 내지 제53조의 규정을 적용하지 않는다는 취지이다.

제54조의 상상적 경합, 제55조의 연속범에 관한 규정은 형법 제9장 병합죄의 장에 규정하고 있는데, 이에 적용되는 신문지법 등의 경우에는 형법 병합죄에 관한 규정을 적용하지 않는다는 취지와 동일하다.

第17조

이 조는 전시 비상 상황에서 민심을 혼돈시키고 사회불안을 조장하며, 나아가 거국일치 체제를 파괴하는 유언비어에 대해 철저하게 단속하고자 하는 취지에서 나온 것이다.

전시 하에서 민심의 비상 심리에서 자연발생적인 유언비어가 일어날 우려가 다분하다. 그리고 예상치 못한 사단을 일으키는 일이 왕왕 있을 수 있는 것이다. 또 이러한 때를 틈타 공산주의자나 적국의 모략을 생각하지 않으면 안 된다. 이를 저지하기 위해,

(1) 국민이 유언비어에 휩쓸리지 않도록 냉정하고 침착한 마음가짐을 제대로 가질 것.

(2) 서로 언동을 자중하고 경솔을 바로잡아 유언비어의 싹을 키우지 말 것.

(3) 정부가 가능한 정세를 분명히 밝혀 유언비어를 근절시키는 일이 중요하며 동시에 악질적인 유언비어를 철저하게 제압하여 사건의 발단을 방지하는 것이 필요하다.

유언비어의 단속에 관해서는 현행 형법, 육군형법, 해군형법, 국방보안법, 경찰범 처벌령 등의 규정이 있다.

가. 형법은 '민심을 혼란시키는 일' 또는 '은행예금의 편취(取付), 기타 경제상 혼란을 유발할 허위의 사실을 유포'했을 때에만 적용되고, 또 허위사실에 대해 허위라는 인식이 있어야 한다.

나. 육, 해군 형법은 군사에 관한 것임이 요건이다.

다. 국방보안법은 '외국과 통첩하고 또는 외국에 이익을 제공할 목적'을 가지고 하는 목적죄이다.

라. 경찰범처벌령은 형벌이 구류 벌금(拘留科料)에 지나지 않아 지나치게 가볍다.

모든 법규가 단속 상 불충분함은 어쩔 수 없다. 즉 시국에 관한 유언비어가 위의 각 법규만으로는 단속이 불충분하므로 이 조를 규정한 것이다.

조문 중에 '시국'이란 일본이 직면한 내외적인 국면 즉 현재의 중요한 사태를 말하는 것이다. 다시 말하자면 정치, 외교, 재정, 금융, 경제, 사회치안 등의 중요한 정세를 총칭하는 것이고 전쟁, 사변 그 자체는 물론 이와 더불어 생기는 제반 중요한 문제들을 가리키는 것이다.

시국의 '시'는 현재, '국'은 중요한 것, 따라서 과거의 사안과 현재의 문제이더라도 중요하지 않은 사안은 이 조의 '시국'에 해당되지 않는다.

'조언비어(造言飛語)'란 육군형법 제99조, 해군형법 제100조에 각각 군사에 관한 조언비어의 단속규칙이 있고, 이 조의 '조언비어'는 여기에서 용어를 가져왔다. 그러므로 조언비어란 사실무근 또는 근거박약의 것을 말하며, 말로 하는 경우는 물론 문서, 통신, 신호, 회화, 애드벌룬, 기타 방법으로 하는 경우도 포함된다. 유언부설(流言浮說), 유언비어(流言蜚語) 등의 용어는 모두 동일한 뜻을 가진다.

제18조

앞 조는 조언비어 즉 언사 내용이 허위이거나 근거가 박약한 망설(妄說)을 처벌하는 것인데, 이 조는 진짜 사실, 혹은 사상, 신앙, 억설(臆說) 등으로 사회민심을 혼란시키는 사항을 유포하는 자에 대해 단속을 가하려는 것에 있다.

이와 같이 진정한 사실, 사상, 신앙, 억설, 의견의 개진, 판단의 연설(演述) 등을 처벌한다는 취지는 이들 사항의 유포가 전시 하에서 종종 치안을 해치는 일이 있기 때문이다.

'민심을 혼란시킨다'는 것은 군의 질서를 문란하게 하고 재계를 혼란에 빠뜨리며 혹은 치안을 방해하는 사항은 물론, 기타 널리 일반의 사회민심의 불안을 조장하는 사항을 말한다. 개인 혹은 특정범위의 사람을 혼란시키는 정도의 것은 포함되지 않는다.

유포란 그 방법의 여하를 막론하고 일정한 사항을 불특정 다수인에게 전파하는 행위를 말한다. 또 특정인에게 고지하는 경우에도 그 특정인을 통해 불특정 다수인에게 전파되는 것을 인식하고 일부러 이를 행한 경우에도 유포에 해당된다.

| 자료목록

연번	소분류	편저자	문건명 (호수, 일자 등)	자료 (책)명	발행처	발행일	참고사항	본문 쪽수
신문기사								
01	신문기사		신문지법(新聞紙法) 반포(頒布)	황성신문		1907.7.29		37
02	신문기사		보안법 반포	황성신문		1907.7.31		37
03	신문기사		금수회의록(禽獸會議錄) 압수(被押)	황성신문		1908.7.18		37
04	신문기사		대한매일신보(每日報) 압수(押収)	황성신문		1908.8.9		37
05	신문기사		압수가 아닌 협의(非押乃協議)	황성신문		1909.4.21		38
06	신문기사		압수책자 수	황성신문		1909.5.27		38
07	신문기사		신경찰제 내용	황성신문		1910.6.28		38
08	신문기사		헌병경찰 동청(憲警同廳)	황성신문		1910.6.29		38
09	신문기사		경비기관 배치표	황성신문		1910.7.08		39
10	신문기사		경무과장 임명	황성신문		1910.7.20		39
11	신문기사		경시청과 유학생	황성신문		1910.7.21		39
12	신문기사		통감 마중자 주의	황성신문		1910.7.22		39
13	신문기사		황성신문(皇城報) 정간(停刊)	황성신문		1910.8.04		40
14	신문기사		검열 폐지	황성신문		1910.8.09		40
15	신문기사		파출소 증설	황성신문		1910.8.12		40
16	신문기사		해외재류인 사보(査報)	황성신문		1910.8.13		40
17	신문기사		광고 특고(特告)	황성신문		1910.8.19		41
18	신문기사		일본 13 신문의 압수	황성신문		1910.8.20		41
19	신문기사		정부 당국자의 행색	대한매일신보		1908.5.01		41
20	신문기사		본보와 신문지법의 관계	대한매일신보		1908.5.10		43
21	신문기사		서책 압수	대한매일신보		1908.7.18		45
22	신문기사		서책 압수	대한매일신보		1909.5.7		45

연번	소분류	편저자	문건명 (호수, 일자 등)	자료 (책)명	발행처	발행일	참고사항	본문 쪽수
23	신문기사		학정분서 (學政焚書)	대한매일신보		1909.5.27		45
24	신문기사		시사평론 (學政焚書)	대한매일신보		1909.8.11		45
25	신문기사		벌금 징수와 압수(徵金押物)	대한매일신보		1909.10.20		46
26	신문기사		한없이 극심함(無已太甚)	대한매일신보		1910.5.12		46
27	신문기사		압제가 이와 같음	신한민보		1909.6.9		46
28	신문기사		경관의 상여금	황성신문		1910.8.24		47
29	신문기사		3인 이상 집회 금지	황성신문		1910.8.25		47
30	신문기사		승인 후 회합	황성신문		1910.8.26		47
31	신문기사		출장 순사 위로금	황성신문		1910.9.3		47
32	신문기사		총감부 임시회의	황성신문		1910.9.6		48
33	신문기사		신문잡지 압수	황성신문		1910.9.8		48
34	신문기사		잡보 전기 압수	황성신문		1910.9.9		48
35	신문기사		그렇겠지	대한매일신보		1910.6.28		48
36	신문기사		경리(警吏)와 하사금(賜金)	대한매일신보		1910.6.29		49
37	신문기사		경무총감부(警務總監部)	대한매일신보		1910.6.30		49
38	신문기사		신문과 잡지의 이송	대한매일신보		1910.7.8		49
39	신문기사		고등순사의 만행	대한매일신보		1910.7.13		49
40	신문기사		경무총장의 경고	대한매일신보		1910.7.19		49
41	신문기사		유학생의 행동 단속	대한매일신보		1910.7.21		50
42	신문기사		경무월보 발행	대한매일신보		1910.7.28		50
43	신문기사		형사순사(刑巡)와 정탐(偵探)의 단속	대한매일신보		1910.7.30		50
44	신문기사		양반 및 유생 조사	대한매일신보		1910.8.27		50
45	신문기사		통감부 소속 정원	대한매일신보		1910.8.28		50
46	신문기사		잡보 순사 정원표 배급	매일신보		1910.10.20		51
47	신문기사		동아만화 설상가상	동아일보		1925.4.27		51
48	신문기사		경찰정치와 사상단체 치안법을 빙자(憑藉)하야	동아일보		1925.5.6		52
49	신문기사		금일부터 실시하는 "특법"치안유지법 위선(爲先)관계 당국 의견	동아일보		1925.5.12		54

연번	소분류	편저자	문건명 (호수, 일자 등)	자료(책)명	발행처	발행일	참고사항	본문쪽수
50	신문기사		치안유지법 실시에 대하여 파급되는 영향은 어떠한가(影響如何)	동아일보		1925.5.13		56
51	신문기사		사상단속(思想取締)에 대하여	동아일보		1928.5.6		58
52	신문기사		지방경찰과 사상단속(思想取締)	동아일보		1928.6.1		59
53	신문기사		이동 경찰도 실시, 연락선 엄중 경계 금일부터 열릴 각도 고등과장 회의에서 일본가는 연락선 경계방침을 토의한다. 고등과장 회의 의안(議案)	동아일보		1928.7.23		61
54	신문기사		재만 파견원 독려, 조선인 엄밀 정찰 어대전(御大典) 경계방침도 결정	동아일보		1928.7.26		61
55	신문기사		조박(조선박람회) 특별경계로 각도 고등과장 회의 요시찰 명부도 다시 작성 실행방침 세부협정	동아일보		1929.8.4		62
56	신문기사		치안유지법 철폐안 기타 중요안을 제출하는가 무산당(無產黨)의 대의회책(對議會策)	조선일보		1930.4.20		62
57	신문기사		사상검사(思想檢事)를 노국(露國) 시찰시켜 사상단속에 지식 얻고자	조선일보		1930.8.9		63
58	신문기사		내지(內地) 시사(時事) 사상단속(思想取締) 법안	매일신보		1921.12.8		64
59	신문기사		위험사상단속	매일신보		1924.12.8		64
60	신문기사		사상단속 갈수록 준엄 전 조선 고등경찰 증원 종로서(鐘路署)는 형사 10명을 이미 증원 치안유지법 실시 후 사상단속을 철저케 하고자 전 조선 각서의 고등경찰원을 증원하려고 연구 중	매일신보		1926.4.25		64
61	신문기사		학생사상단속과 교장 측 대반대	매일신보		1926.5.10		65
62	신문기사		반대운동 대두로 사상단속 대책 완화인가 전국 교수 및 학생의 강렬한 반대로 오카다(岡田) 문부대신은 내무대신과 협의하고 구체적 방안을 개정	매일신보		1926.6.20		66

연번	소분류	편저자	문건명 (호수, 일자 등)	자료 (책)명	발행처	발행일	참고사항	본문 쪽수
63	신문기사		4개대학 총장 의견 심문 후 사상단속훈령(思想取締訓令)	매일신보		1928.4.14		67
64	신문기사		사상단속기관의 충실	매일신보		1928.5.12		67
65	신문기사		사상단속 진용 경찰관 대이동	매일신보		1928.5.13		70
66	신문기사		치안유지법 개정안 조선에 물론 시행 사상범인(思想犯人) 독방수용 계획도 명년도 예산에 계상(計上)	매일신보		1928.6.29		71
67	신문기사		헌병(憲兵)을 증원(增員) 군대 사상단속(取締) 명년도(明年度)로부터	매일신보		1928.7.6		71
68	신문기사		사상경찰 설치 내주 중에 실현 칙령안(勅令案) 일부 법제국(法制局)에 회부 잔여(殘餘)는 척식국(拓殖局)에서 입안 중	매일신보		1928.7.10		72
69	신문기사		종로서 고등계(高等係)에 사복(私服) 34명 증가 고등경찰계가 커진다	매일신보		1928.8.2		72
70	신문기사		사상단속 검사 해외파견원(海外派遣員) 결정 사상단속 전문 검사 파견	매일신보		1928.9.29		72
71	신문기사		학생 사상단속 거익철저(去益徹底) 문부성 방침(文部省方針)	매일신보		1929.5.16		73
72	신문기사		수원농고 결사(水原高農結社) 사건 증인 심문에 착수 예심판사와 사상검사가 13일 수원에 출장	매일신보		1930.2.16		73
73	신문기사		사상단속(思想取締) 기타(其他)로 외지수뇌부회의(外地首腦部會議) 척무성(拓務省)에서 내월(來月) 중순 소집 근본대책을 확립	매일신보		1930.2.18		74
74	신문기사		두 사상검사 내선(來鮮)	매일신보		1930.11.10		75
75	신문기사		금년도 사상범(思想犯) 격증(激增) 인원4,012명 건수만도 360건의 다수 1월 내 구삭간(九朔間) 통계	매일신보		1930.11.28		75

연번	소분류	편저자	문건명 (호수, 일자 등)	자료 (책)명	발행처	발행일	참고사항	본문 쪽수
76	신문기사		집회단속(集會取締)의 원칙적 견해 경찰 당국의 신경과민을 난(難)함	동아일보		1932.2.21		78
77	신문기사		항만 등 교통지점에 물샐틈없는 경찰망 기차에도 사상 경관을 상치 팔도 고등과장 회의	동아일보		1932.3.18		80
78	신문기사		500명 증원 각도에 배치 사상경찰 확충의 구체안 팔도 고등과장 회의	동아일보		1932.3.19		81
79	신문기사		치안유지법 개정안(治維改正案)의 윤곽 법률 기능(法律機能)의 기형적 발전(畸形的發展)	동아일보		1933.6.27		81
80	신문기사		치안유지법(治安維持法)의 재개정안(再改正案) 역린적 결과(逆鱗的 結果)를 삼갈 일	동아일보		1934.1.21		83
81	신문기사		치안유지법 개정안(治安維持法改正案)	동아일보		1935.3.9		85
82	신문기사		금후의 사상단속(思想取締)은 지하선(地下線) 감시에 치중 경찰부장회(警察部長會議)에서 중대 논의 국외(國外)의 운동도 엄중 단속	동아일보		1935.4.23		87
83	신문기사		좌익운동과 도항자 단속 고등과장 회의에서 토의	동아일보		1935.8.22		87
84	신문기사		제령 7호(制令七號) 위반에서 치안유지법 위반으로 최근 십수 년 내에 격증되어 가는 사상 관계 범죄 경향	조선일보		1931.11.20		88
85	신문기사		사상사건 격증 검사사찰관 증원 법무국에서 연구 고안하야 평남(平南)에도 배치할 터	조선일보		1933.3.16		88
86	신문기사		조선사상범 보호관찰령(朝鮮思想犯保護觀察令) 발포	조선일보		1936.12.13		89
87	신문기사		사상범 보호관찰법(思想犯保護觀察法)에 대하여 인권(人權), 직업(職業), 명예(名譽)를 존중(尊重)하리	조선일보		1936.11.14		91

연번	소분류	편저자	문건명 (호수, 일자 등)	자료 (책)명	발행처	발행일	참고사항	본문 쪽수
88	신문기사		사상단속(思想取締) 일환(一環)으로 영화 통제책(映畫統制策) 수립 외국 제품(外國製品) 영화를 수입 제한(輸入制限) 은막상(銀幕上)에 이상(異狀) 있다.	조선중앙일보		1933.10.21		93
89	신문기사		학생 사상 단속(學生思想取締) 등 전국적으로 교육행정 쇄신(刷新) 400만 원 예산으로	조선중앙일보		1934.7.17		94
90	신문기사		집회(集會)의 엄중 감시 등 사상단속 문제 토의 회의에는 각 서(署) 형사(刑事)가 참석 생도감(生徒監) 회의 경과	조선중앙일보		1934.11.7		95
91	신문기사		검사(檢事)를 동원시켜 사상 전향(思想轉向)을 권고 법무국의 사상범(思想犯) 대책	조선중앙일보		1935.3.19		95
92	신문기사		학교 관계 사상단속코저 전임주무관(專任主務官) 증치(增置) 종래엔 법무(法務), 경무(警務) 양국(両局)에만 있더니 학무국(學務局)에도 신설(新設)	조선중앙일보		1936.1.28		96
93	신문기사		비상시국(非常時局)의 일반영(一反映) 고등경찰망(高等警察網) 확충 국제 스파이 경계(警戒) 위험 사상단속도 일층 강화(强化) 각 도 과장회의(課長會議) 내용	조선중앙일보		1936.4.11		96
94	신문기사		외국인과의 접촉 잦은 반증(反證) 법은 외인에게도 가착이 없다	매일신보		1931.3.20		97
95	신문기사		이것만 보드라도 간도치안(間島治安) 긴급(緊急) 전국 내에서도 못 보던 사건	매일신보		1931.4.1		98
96	신문기사		금년 전조선(全朝鮮) 사상사건(思想事件) 902건의 다수 인원수는 6,696명 심각화하는 사회상	매일신보		1931.12.12		98
97	신문기사		사상단속(思想取締)에 전력(全力)코자 경관(警官) 500명 증원 소요경비로 50만 원을 계상 국경 경비(國境警備)에도 주력(注力)	매일신보		1932.3.14		101

연번	소분류	편저자	문건명 (호수, 일자 등)	자료 (책)명	발행처	발행일	참고사항	본문 쪽수
98	신문기사		조선 사상경찰망의 확충협의비밀회(擴充協議秘密會) 경무국장 이하 경무국 수뇌부 내용은 자못 중대하다	매일신보		1932.3.15		101
99	신문기사		국경경비(國境警備) 완비(完備)코자 함북도(咸北道) 경관 증원 도내의 사상경찰에도 충당 순사부장(巡査部長) 20명 증원	매일신보		1932.9.3		102
100	신문기사		당국에 전국적으로 사상단속을 요구 정우사상대책특위회(政友思想對策特委會)	매일신보		1932.10.17		102
101	신문기사		이번 사법관 회의도 사상단속이 주안(主眼) 명일(明日)부터 6일간 본부(本府)에서 가사이(笠井) 법무국장(法務局長) 통재(統裁)로	매일신보		1932.10.21		102
102	신문기사		사상단속이 중요한 의제(議題) 조선의 예방운동엔 다 탄복	매일신보		1933.5.21		103
103	신문기사		학생선객(學生船客)에는 사상단속(思想取締) 여행(勵行) 부산 수상서(水上署)에서	매일신보		1933.8.2		103
104	신문기사		신문지 및 현행 출판법 근본적 개정을 단행 사상단속(思想取締)을 위하여 경보국(警保局)에서 요항결정(要項決定) 예산 계상(豫算計上)	매일신보		1933.8.19		104
105	신문기사		반군 사상(反軍思想) 단속 신치유법(新治維法)에 삽입	매일신보		1933.8.25		105
106	신문기사		교육경찰 완벽(完璧) 기(期)코자 학생계를 증원 확충 사상운동 시정교도(是正教導)에 노력 학무당국(學務當局)의 신(新) 방침(方針)	매일신보		1933.8.25		105
107	신문기사		어제 각의(閣議)로 승인된 사상단속법(思想取締法)요강 오는 65 회의에 제출	매일신보		1933.9.17		106
108	신문기사		공산이론의 오류 자성(誤謬自省) 적색의 미몽(迷夢)을 각파(覺破) 광명을 찾는 죄인의 상신서(上申書) 각지 형소로부터 재판소에 제출되어 사상 전선에 대이상(大異狀)	매일신보		1933.10.28		108

연번	소분류	편저자	문건명 (호수, 일자 등)	자료 (책)명	발행처	발행일	참고사항	본문 쪽수
109	신문기사		검거 1,696명 중 조선인 926 이 중 여자가 68명 다수 기소된 자 348명	매일신보		1933.11.21		113
110	신문기사		작년 중 1만 4천 여 금년도 연속불절(連續不絶) 간도(間島)치안유지회(維持會)의 심사 통계 적색당원(赤色黨員)의 전향귀순(轉向歸順)	매일신보		1934.1.21		113
111	신문기사		적화근절(赤化根絶)을 목표로 사상경찰 활동 충실 수형자 중의 3할은 전향(轉向)	매일신보		1934.4.7		114
112	신문기사		사상검사(思想檢事) 회동 고야마 법무상(小山法相) 훈시	매일신보		1934.5.25		115
113	신문기사		사상단속(思想取締) 주제로 도 고등과장 회의(道高等課長會議) 26일부터 개최	매일신보		1934.9.19		116
114	신문기사		범죄 수사와 사상단속 비법(思想取締秘法)을 전 조선 형사를 선발하여 경무국(警務局)에서 강습시켜	매일신보		1934.9.20		116
115	신문기사		금(今) 의회(議會)에 제출할 사상단속법안 명칭은 불법당여(不法黨與)의 처벌법 과형(科刑)은 최고 사형	매일신보		1935.1.20		116
116	신문기사		보호감찰제도 신설 등 사상단속의 새로운 진용 지지 단체의 엄벌도 일신 안 사상범의 단속을 완전무결하게 하고저 판검사 경관도 대증원	매일신보		1935.2.7		117
117	신문기사		금일부터 3일간 전조선 사법관회의 쟁의 조정, 사상단속 기타 중요 대책을 협의	매일신보		1935.4.13		118
118	신문기사		경찰부장 회의 22일부터 사상단속 경찰력 확충 기타 중요 안건 검토	매일신보		1935.4.21		120
119	신문기사		학무국에 새로 생긴 사상단속 전임관 신단을 많이 설치하면 알선 신단 설치는 자유로	매일신보		1936.1.28		120

연번	소분류	편저자	문건명 (호수, 일자 등)	자료 (책)명	발행처	발행일	참고사항	본문 쪽수
120	신문기사		연구회를 조직 사상선도에 진출 도 방침에 의해 청진서(淸津署)에서	매일신보		1936.4.11		121
121	신문기사		철옹성 같은 경찰 포진 위험사상단속에 전력 금년도 추가 예산 38만 원	매일신보		1936.5.13		122
122	신문기사		사상 전향자엔 가출옥 특전 함흥 수인 700여 명 중 1월 내 27명 허가	매일신보		1936.5.31		122
123	신문기사		취직 소개와 중매도 한다 보호관찰령의 적용자 금년엔 500명 정도《매일신보》조간 최근 출옥자와 집행유예자 중심 법무국의 조사 진행	매일신보		1937.3.7		123
124	신문기사		사상 전향자와 보호관찰사업 전과자의 낙인 묵살 그들의 전도는 광명 취직과 복교 거절의 내규 폐지를 관청과 학교에 통첩	매일신보		1937.10.21		123
125	신문기사		고등경찰과 외사(外事)경찰 확충 쇄신을 기도 총독부 본부와 각도 주최로 강습회를 개최하고 사상경찰 및 방첩경찰 철저화	매일신보		1938.3.10		124
126	신문기사		사상전향연맹 회원과 소련병(蘇聯兵)의 좌담회	매일신보		1938.10.4		124
127	신문기사		흥아의 성업에 사상 전향자여 도으라 북지(北支) 진출 알선 차 법무국장 출장	매일신보		1939.3.7		125
128	신문기사		사법보호 사업령 실시를 촉진	매일신보		1940.9.8		126
129	신문기사		사상범 예방구금령 금일 공포 가까운 시일 내 실시	매일신보		1941.2.13		126
130	신문기사		진심 전향을 교도 2년 내에 개전 안 하면 구금을 연장 검사의 권력 남용 추호도 없다	매일신보		1941.3.9		129
131	신문기사		개정 치안유지법과 사상 대책 감당치 못함(不堪)	매일신보		1942.7.12		130
132	신문기사		사상검사로 13년 도사와(戶澤) 경성 지방 검사정 부임 담	매일신보		1943.2.17		131

연번	소분류	편저자	문건명 (호수, 일자 등)	자료 (책)명	발행처	발행일	참고사항	본문 쪽수
잡지기사								
133	잡지기사	최응두 (崔應斗)	경찰시찰담	서우		1907.8.1		139
134	잡지기사	남기윤 (南基允)	경찰 성질의 관념(警察性質의 觀念)	대한흥학보		1909.3.20		147
135	잡지기사		당국의 언론 압박과 민중의 여론 격앙	개벽		1922.12.1		151
136	잡지기사		이중삼중의 악법령	개벽		1925.4.1		152
137	잡지기사		치안유지법의 실시와 금후의 조선사회운동	개벽		1925.6.1		154
138	잡지기사		을축년 중 16대 사건	개벽		1925.12.1		164
139	잡지기사	이인 (李仁)	법률 전선에서의 우리의 최소 요구 변호사 대회의 제안 해설	동광		1931.12.27		168
140	잡지기사	신태악	최근 조선의 전환 25년간	삼천리		1934.6.1		174
141	잡지기사		사상범 보호관찰법 6,800명에게 11월부터 실시	삼천리		1936.11.1		182
142	잡지기사		사상객들은 전시하에 얼마나 전향했는가	삼천리		1938.5.1		189
143	잡지기사	이종모	실시된 사상보호관찰령	조광		1937.6.1		193
144	잡지기사	시오바라 도키사부로 (鹽原時三郎)	조선의 황국신민화운동	모던일본 (조선판)		1940.8.1		196
법령								
145	법령		참방율(讒謗律)(1875)	現行法令全書		1875		208
146	법령		신문지조례(1875)	現行法令全書		1887		209
147	법령		보안조례[칙령 67호](1887)	現行法令全書		1887	칙령 제67호	212
148	법령		집회 및 정사법[법률 제53호](1890)	現行法令全書		1890	법률 제53호	214
149	법령		출판법[법률 제15호](1893)	現行法令全書		1893	법률 제15호	218
150	법령		치안경찰법[법률 제36호](1900)	現行法令全書		1900	법률 제36호	222
151	법령	森山美夫	경찰범처벌령[내무성령(內務省令) 제16호](1908)	現行韓国法典	日韓書房	1909	내무성령 제16호	226

연번	소분류	편저자	문건명 (호수, 일자 등)	자료(책)명	발행처	발행일	참고사항	본문 쪽수
152	법령		신문지법 [법률 제1호](1907)	改訂 朝鮮制裁法規		1907	대한제국 측 법규, 법률 제1호	230
153	법령		보안법 [법률 제2호](1907)	改訂 朝鮮制裁法規		1907	대한제국 측 법규, 법률 제2호	234
154	법령		출판법 [법률 제6호](1909)	改訂 朝鮮制裁法規		1909	대한제국 측 법규, 법률 제6호	235
155	법령		조선총독부재판소령 [제령 제5호](1910)	관보	내각법제국 관보과	1910.10	칙령 제236호 개정	238
156	법령		조선에서의 법령 효력에 관한 건(1910) [제령 제1호]	改訂 朝鮮制裁法規		1910	제령 제1호	242
157	법령		집회취체 [경령(警令) 제3호](1910)	改訂 朝鮮制裁法規		1910	경령 제3호	242
158	법령		조선에 시행할 법령에 관한 건 [법률 제30호](1911)	改訂 朝鮮制裁法規		1911	법률 제30호	243
159	법령		범죄즉결례 [조선총독부제령 제10호](1911)	改訂 朝鮮制裁法規		1911	조선총독부 제령 제10호	243
160	법령		범죄즉결례 중 개정 건 [제령 제12호](1912)	改訂 朝鮮制裁法規		1912	제령 제12호	245
161	법령		경찰범처벌규칙 [조선총독부령 제40호](1912)	改訂 朝鮮制裁法規		1912	조선총독부 제령 제40호	246
162	법령		조선형사령 [제령 제11호](1912)	改訂 朝鮮制裁法規		1912	제령 제11호	251
163	법령		요시찰 조선인 시찰 내규 [내무성훈(內務省訓) 제618호](1916)	現代史資料26	みすず書房	1967	내무성훈 제618호	257
164	법령		정치에 관한 범죄처벌의 건 [조선총독부제령 제7호](1919)	改訂 朝鮮制裁法規		1919	조선총독부 제령 제7호	260
165	법령		치안유지법 [법률 제46호](1925)	改訂 朝鮮制裁法規		1925	법률 제46호	260
166	법령		치안유지법을 조선, 대만 및 가라후토에 시행하는 건 [칙령 175호] (1925)	改訂 朝鮮制裁法規		1925	칙령 제175호	261

연번	소분류	편저자	문건명 (호수, 일자 등)	자료 (책)명	발행처	발행일	참고사항	본문 쪽수
167	법령		치안유지법 중 개정 건 [칙령 제129호](1928)	改訂 朝鮮制裁法規		1928	칙령 제129호	261
168	법령		불온문서 임시취체령 [조선총독부제령 제13호](1936)	改訂 朝鮮制裁法規		1936	조선총독부 제령 제13호	262
169	법령		사상범 보호관찰법 [법률 제29호](1936)			1936	법률 제29호	262
170	법령		조선사상범 보호관찰령 [조선총독부제령 제16호](1936)			1936	조선총독부 제령 제16호	264
171	법령		개정 치안유지법 [조선총독부법률 제54호](1941)			1941	조선총독부 법률 제54호	264
172	법령		조선사상범 예방구금령 [조선총독부제령 제8호](1941)			1941	조선총독부 제령 제8호	274
173	법령		조선사법보호사업령 [조선총독부제령 제9호](1942)			1942	조선총독부 제령 제9호	277
				단행본				
174	단행본	조선총독부 경무국	第20章 諸般取締狀況	朝鮮警察之 概要	大海堂	1926		291
175	단행본	조선총독부 경무국	第16章治安狀況	朝鮮警察之 概要	大海堂	1927		293
176	단행본	조선총독부 경무국	治安狀況	朝鮮警察之 概要	大海堂	1932		298
177	단행본	島村一	第2節 左翼關係	高等警察概要	大阪府警察 演習所	1944		300
178	단행본	山崎鶴松	治安維持法概論 第1編 緒論 第2編 各論	治安維持法概論	明治堂書肆	1925.09		318
179	단행본	古田正武	治安維持法	治安維持法 (경찰교양자료 제1편)	경찰강습소 학우회	1925.09		333
180	단행본	山田洋一廊	治安維持法	治安維持法解義	新光閣	1941.06		352
181	단행본	大坂盛夫	保護教導 片語—思想犯保護事業に寄す	朝鮮司法保護 1권 1호	朝鮮司法 保護協會	1941		399
182	단행본	長崎祐三	思想犯保護觀察の回顧	朝鮮司法保護 1권 2호	朝鮮司法 保護協會	1941		403

연번	소분류	편저자	문건명 (호수, 일자 등)	자료 (책)명	발행처	발행일	참고사항	본문 쪽수
183	단행본	稲光和夫	朝鮮司法保護事業令及朝鮮司法保護委員令概要(1)	朝鮮司法保護 2권 3호	朝鮮司法 保護協會	1942		408
184	단행본	大坂盛夫	朝鮮司法保護協会 -朝鮮司法保護協会設立趣旨 -朝鮮司法保護協會設立經過 -朝鮮司法保護協會會則	朝鮮司法保護 1권 1호	朝鮮司法 保護協會	1941		411
185	단행본	山形閑	朝鮮に於ける警務機関	朝鮮公論 1권 7호	朝鮮公論社	1913.10		426
186	단행본	조선총독부 경무국	朝鮮警察制度の沿革大要	朝鮮警察之 概要	大海堂	1922		431
187	단행본	石原雅二郎	思想警察	思想警察概論	松華堂書店	1930		448
188	단행본	島村一	特別高等警察	高等警察概要	大阪府 警察演習所	1944		475
189	단행본	조선총독부	재판기구	朝鮮司法一覽	朝鮮總督府	1935		492
190	단행본	김병로	반도의 사상 판검사진, 고등 · 복심 · 지방의 삼법원을 통하여	삼천리	삼천리사	1935		495
191	단행본	水野直樹	植民地期朝鮮の思想検事	日本の朝鮮・台湾支配と 植民地官僚	思文閣出版	2009		500
192	단행본	內務省警保 局保安課	사상통제를 위한 기반 구축	特別高等 警察例規集	內務省	1939		515
193	단행본	조선총독부 경무국	警備船警備電話 警察官吏語學能力調査表	朝鮮 警察之概要	大海堂	1923		547
194	단행본	中川利吉	結社 集會 多衆運動	朝鮮社會運動 取締法要義	제국지방행정 학회 조선본부	1933		554

| 참고문헌

〈단행본〉

정진석, 2009,『극비 조선총독부의 언론검열과 탄압』, 커뮤니케이션북스

副田義也, 2007,『内務省の社.史』, 東京大學出版會

奥平康弘, 2006,『治安維持法小史』,岩波現代文庫

荻野富士夫, 1984,『特高警察体制史 - 社会運動抑圧取締の構造と実態』, せきた書房

__________, 2000,『思想検事』, 岩波新書

__________, 2012,『特高警察』, 岩波新書

__________, 2018,『よみがえる戦時体制 - 治安体制の歴史と現在』, 集英社

〈논문〉

김철수, 1995,「일제식민지 시대 치안관계법규의 형성과 적용에 관한 연구」,『한국사회학』 제29집

다나카 류이치(田中隆一), 2000.10,「제국일본의 사법연쇄」,『조선사연구회논문집』 제38집

도면회, 2019,「1910년대 한국의 형사재판제도와 3.1운동」,『권력과 정치』(3.1운동 100주년 총서3), 휴머니스트

문준영, 2008.8,「이토 히로부미의 한국사법정책과 그 귀결」,『법학연구』 49권 1호, 부산대학교

문한별, 2019.12,「일제강점기 초기 교과서 검열을 통해서 본 사상통제의 양상」,『Journal of Korean Culture』, 44

송민호, 2014.8,「대한제국시대 출판법의 제정과 출판검열의 법 - 문자적 기원」,『한국현대문학연구』 43

윤소영, 2020,「일본신문자료를 통해 본 3.1운동 - 오사카아사히신문과 오사카마이니치신문을 중심으로」,『유관순연구』 25호, 백석대학교 유관순연구소

이창호, 1991,「제국주의와 한국의 법체계」,『제국주의와 한국사회』, 한울

임경석, 2014,「일본인의 조선 연구 - 사상검사 이토 노리오(伊藤憲郎)의 사회주의 연구를 중심으로 - 」,『韓國史學史學報』 29

정근식, 2003,「식민지적 검열의 역사적 기원 1904~1910」,『사회와 역사』 64

정긍식, 1999,「서구법 수용의 왜곡」,『역사비평』 봄호

최대교, 1984,「사건과 회고 - 내가 보고 들은 일들」,『사법행정』 25 - 4

최선웅, 2019.3,「일제시기 사법보호사업의 전개와 식민지적 성격 - 사상범 사법보호단체를 중심으로」,『동방학지』 186

한영학, 2011, 「광무신문지법과 일본 신문지법의 비교」, 『한국언론학보』 55-1
황민호, 2005, 「전시통제기 조선총독부의 사상범 문제에 대한 인식과 통제」, 『사학연구』79

大日方純夫, 1990, 「日本近代警察の確立過程とその思想」, 『官僚制 · 警察』, 岩波書店
水野直樹, 2008, 「植民地朝鮮の 思想検事」, 『日本の朝鮮台.支配と植民地官僚』 30

| 찾아보기

ㄴ

ㄷ

ㅅ

ㅇ

ㅈ

ㅊ

ㅌ

ㅍ

ㅎ

동북아역사재단 일제침탈사 자료총서 54
사회 · 문화편

사상통제(1)
사상통제 관련 법규와 통제 주체

초판 1쇄 인쇄 2021년 12월 20일
초판 1쇄 발행 2021년 12월 31일

기획 | 동북아역사재단 일제침탈사 편찬위원회
편역 | 홍선영 · 윤소영 · 박미경 · 복보경
펴낸이 | 이영호
펴낸곳 | 동북아역사재단

등록 | 제312-2004-050호(2004년 10월 18일)
주소 | 서울시 서대문구 통일로 81 NH농협생명빌딩
전화 | 02-2012-6065
팩스 | 02-2012-6189
홈페이지 | www.nahf.or.kr
제작·인쇄 | 청아출판사

ISBN 978-89-6187-721-3 94910
978-89-6187-720-6 (세트)